Über dieses Buch

Harville Hendrix hat uns in seinen Büchern *So viel Liebe wie Du brauchst* und *Ohne Wenn und Aber* den Weg zu einer gesunden und liebevollen Beziehung eröffnet. Gespannt warten wir auf seine Erkenntnisse über die tiefste Liebe, zu der wir Menschen fähig sind: die Liebe zu unseren Kindern. Gemeinsam mit seiner Frau Helen beschreibt er, wie Eltern ihre eigenen Verwundungen heilen und zurück zu ihrer emotionalen Ganzheit finden können, damit ihre Kinder zu glücklichen und integrierten Persönlichkeiten heranwachsen.

Wie wir unsere Eltern-Kind-Beziehung leben, lässt klare Rückschlüsse darauf zu, wie unsere eigenen Eltern mit uns umgegangen sind. Reagieren wir in manchen Situationen mit unseren Kindern ungewollt so wie unsere Eltern in unserer Kindheit, kann dies eine äußerst entmutigende Erfahrung sein.

Oder wir sehen es als Motivation, uns mit ungelösten persönlichen Themen auseinander zu setzen, deren Wurzeln in unserer Kindheit liegen. *So viel Liebe wie mein Kind braucht* zeigt, welch großes Potential für persönliche Veränderung in uns schlummert, und wie wir dadurch an einer bewussten und gesunden Beziehung zu unseren Kindern bauen können.

So viel Liebe wie mein Kind braucht

Renate Götz Verlag

Harville Hendrix, Ph.D.,

hat in Zusammenarbeit mit seiner Frau Helen LaKelly Hunt, Ph.D., die Imago-Therapie entwickelt, einen wirklich einzigartigen Heilungsprozess für Ehepaare, zukünftige Paare und Eltern. Harville Hendrix begann seine Berufslaufbahn in der pastoralen Beratung und kann inzwischen auf mehr als dreißig Jahre Erfahrung in der Erwachsenenbildung und als Paartherapeut in selbständiger Praxis verweisen. Darüber hinaus leitet er Workshops, bildet Imago-Paartherapeuten aus und hält unzählige Vorträge.

Er schrieb u.a. die Bestseller: *So viel Liebe wie Du brauchst - Der Wegbegleiter für eine erfüllte Beziehung* und *Ohne Wenn und Aber - Vom Single zur Liebe fürs Leben*. Gemeinsam mit seiner Frau Helen verfasste Harville u.a. das vorliegende Buch sowie *Receiving Love - Transform Your Relationship by Letting Yourself be Loved* und *Receiving Love Workbook: A Unique Twelve-Week Course for Couples and Singles*. (Alle genannten deutschsprachigen Bücher sind im Renate Götz Verlag erschienen.

Hellen LaKelly Hunt, Ph.D.,

ist Psychologin und aktiv in der Frauenbewegung der USA. Sie wurde für ihre Arbeit zum weiblichen Selbstbewusstsein mit einer Eintragung in der National Women's Hall of Fame geehrt. Von Beginn an war Helen LaKelly Hunt wesentlich an der Entwicklung der Imago-Methode beteiligt. Gemeinsam mit ihrem Mann entwickelte sie sowohl das Konzept der Imago-Paartherapie als auch deren Anwendung und Erweiterung für die Eltern-Kind-Beziehung. Helen und Harville haben sechs Kinder und leben in New Mexico, USA.

Harville Hendrix, Ph.D.
&
Hellen LaKelly Hunt, Ph.D.

So viel Liebe
wie mein Kind braucht

Der gemeinsame Weg in ein erfülltes Leben

Aus dem Amerikanischen übersetzt von
Margit Schröer

Fachliche Beratung: Mag^a Sandra Teml-Jetter

Renate Götz Verlag

Die amerikanische Originalausgabe erschien 1997 unter dem Titel
»Giving the love that heals - A guide for parents«
im Verlag Pocket Books, New York.
Copyright © 1997 by Harville Hendrix

Aus dem Amerikanischen übersetzt von Margit Schröer
Alle Rechte an der Übertragung ins Deutsche bei
Renate Götz Verlag, A-2731 Dörfles

Umschlagabbildung Harville Hendrix und Helen LaKelly Hunt
© by IMAGO RELATIONSHIPS INTERNATIONAL
160 Broadway, East Building, Suite 1001 New York, NY 10038 U. S. A.

Erste deutschsprachige Ausgabe, Juni 2008
© Renate Götz Verlag
A-2731 Dörfles, Römerweg 6
e-mail: info@rgverlag.com
www.rgverlag.com

Layout und Gesamtgestaltung, © Coverbild »Leberblümchen« by
outLINE|grafik . Eva Denk . A-2340 Mödling . www.outlinegrafik.at

Produktion: ueber:reuter print und digimedia gmbh
A-2100 Korneuburg, www. ueberreuter.com
Printed in Austria

ISBN 978-3-902625-01-4

Inhalt

Anmerkung der Übersetzerin	15
Einleitung	17

Teil I Verbundenheit 25
1. Eine Welt der Verbundenheit 27
   - Unser Interesse gilt den Kindern 27
   - Der Zusammenhang zwischen unserer eigenen Kindheit und unserem elterlichen Verhalten 28
   - Unsere Sicht der Dinge 30
   - Ein Riss im Wandteppich 31
   - Über die Eltern 32
   - Das Kind 34
   - Eltern und Kinder: Das Paradoxon vom Getrennt-Sein innerhalb einer Beziehung 36
   - Das Gehirn 36
   - Das Umfeld des Kindes 37
   - Die Bedürfnisse des Kindes 37
   - Ihr Ausgangspunkt ist dort, wo Sie gerade stehen 40
   - Beginnen wir mit dem, was Sie richtig machen 40
   - Über dieses Buch 41
2. Die Familie - Ursprung unserer Imago 43
   - Romantische Vorstellungen 43
   - Wie die Geschichte weitergehen könnte 44
   - Ein Erklärungsversuch - die Imago-Theorie 44
   - Gesetzmäßigkeiten der Natur 45
   - Zwei universelle Gesetze 46
   - Mehr Bewusstheit erlangen 47
   - Ein erster Einblick in die in die Imago-Theorie 48
   - Was Eltern tun können 53
   - Die Macht dessen, woran wir uns nicht erinnern 55
   - Unsere Imago 56
   - Der »Stempel« unserer Eltern 56
   - Ein tieferer Einblick in die Imago-Theorie 57
   - Unbewusste Eltern 58
   - Von unseren Kindern lernen 58
   - Die Heilung der Eltern 60
   - Der Imago-Dialog 60
   - Bewusste Eltern pflegen einen heilsamen Umgang mit ihrem Kind . 62

	Die Entwicklungsphasen	63
	Mögliche Wege für eine bewusste Zukunft	64

Teil II **Der Verlust der Verbundenheit** 65
3. Unbewusste Eltern 67
  Unbewusstes Verhalten betrifft uns alle 68
  Reaktives elterliches Verhalten 69
  Eine Lebensgeschichte 70
  Erinnerungen wachrufen 71
  Allgemeingültige Kennzeichen unbewussten elterlichen Verhaltens   72
  Symbiotische Verschmelzung 76
  Woran kann man erkennen, ob man sich symbiotisch verhält? 79
  Das Verhalten unbewusster Eltern 84
  Ein persönliches Beispiel 90
  Verhaltensweisen von minimierenden und maximierenden Eltern . 91
  Überzeugungen unbewusster Eltern 92
  Der nächste Schritt 93
4. Von unseren Kindern lernen 94
  Die dynamische Verbundenheit in unserem Leben 94
  Das Kind aus einem neuen Blickwinkel betrachten 95
  Wie mein Kind wirklich ist 96
  Die Folgen der Symbiose 97
  Unsere verschiedenen Selbstanteile 99
  Die verlorene Ganzheit 103
  Was Eltern lernen können 108
  Von unseren Kindern lernen 109
  Feedback von anderen Erwachsenen 118
  Aus seinen eigenen Reaktionen Rückschlüsse ziehen 120
  Die Beobachtungen eines Ehepartners 122
  Die Eltern-Kind-Beziehung - eine heilende Beziehung 123

Teil III **Die Verbundenheit wieder finden** 125
5. Der Imago-Dialog 127
  Die allerwichtigste Botschaft................................ 128
  Die Methode des Imago-Dialogs 129
  Wann man den Imago-Dialog anwenden kann 131
  Einen Imago-Dialog beginnen 132
  Beispiel für den Prozess des Spiegelns 134
  Beispiel für den Prozess des Geltenlassens 141
  Beispiel für den Prozess des Einfühlens 143

	Was geschieht, wenn Gespräche unbewusst sind	145
	Kommunikation mit Kindern unter sechs Jahren	146
	Andere Möglichkeiten für gute Kommunikation	149
	Versuchen Sie es einfach	150
6.	Bewusste Eltern	152
	Eine neue Vision	152
	Eine entscheidende Frage	152
	Bewusst handeln, auch wenn es uns schwer fällt	153
	Sich für bewusstes Eltern-Sein entscheiden	155
	Der Dialog als Initialzündung für bewusste Eltern-Kind-Beziehungen	157
	Der Imago-Dialog als Lebenshaltung	157
	Nur nach Vereinbarung	158
	Mit Enttäuschungen umgehen: der Dialog »Bitte um Verhaltensänderung«	158
	Wut »halten«	160
	Regression zulassen	161
	Bewusstes elterliches Verhalten schenkt Sicherheit, Unterstützung und Struktur	164
	Für Sicherheit sorgen	164
	Für Unterstützung sorgen	165
	Unterstützung geben	168
	... indem wir unser Kind lehren, sich angemessen zu verhalten.	168
	... indem wir das Selbstwertgefühl des Kindes stärken.	172
	... indem wir unserem Kind schöne Erlebnisse ermöglichen.	174
	Struktur bieten	176
7.	Über unsere Kindheit hinauswachsen	179
	Welche Möglichkeiten einem Ehepaar offen stehen - Anita und Tim	181
	Eine Herausforderung für Anita	184
	Anita und Tim setzen erste gemeinsame Schritte	184
	Themen, die auch die Ehe betreffen	187
	Die persönliche Imago erkennen	189
	An der ehelichen Beziehung arbeiten und Heilung erfahren	190
	Auf die Bedürfnisse eines Kindes eingehen	192
	Welche Möglichkeiten einer alleinerziehenden Mutter offen stehen - Karen	193
	Unterstützung durch eine Selbsthilfegruppe	194
	Eine verbindliche Partnerschaft	198
	Der Imago-Dialog im Rahmen einer verbindlichen Freundschaft	202
	Eine andere verbindliche Freundschaft	204
	Der persönliche Weg der Heilung	205

Teil IV	**Mein Kind auf neue Weise wahrnehmen**	207
	Versprechen einer bewussten Eltern-Kind-Beziehung	208
	Vorwort zu IV. Ein Überblick	209
	Der Rhythmus der Kindheit	209
	Eine spiralförmige Entwicklung	211
	Vorwärtsbewegung	212
	Die Gehirnentwicklung	213
	Spiegeln	216
	Tipps zum optimalen Lesen der Kapitel über die Entwicklungsphasen	219
8.	Die Bindungsphase - Von der Geburt bis zum Alter von 18 Monaten	223
	Was ein Kind in der Bindungsphase braucht	224
	Verwundungen in der Bindungsphase	227
	Der minimierende Elternteil - Vermeidendes Verhalten	228
	Der maximierende Elternteil - Klammerndes Verhalten	228
	Ein möglicher Ausweg	230
	Ein Paar auf dem Weg aus der Krise	231
	An der ehelichen Beziehung arbeiten und Heilung erfahren	232
	Auf die Bedürfnisse eines Kindes eingehen	233
9.	Die Entdeckerphase - Alter: 18 Monate bis 3 Jahre	234
	Was ein Kind in der Entdeckerphase braucht	235
	Der minimierende Elternteil - Distanzierendes Verhalten	237
	Der maximierende Elternteil - Verfolgendes Verhalten	238
	Ein Paar auf dem Weg aus der Krise	239
	An der ehelichen Beziehung arbeiten und Heilung erfahren	241
	Auf die Bedürfnisse eines Kindes eingehen	242
10.	Die Identitätsphase - Alter: 3 bis 4 Jahre	245
	Eine Identität aufbauen	246
	Was ein Kind in der Identitätsphase braucht	247
	Der minimierende Elternteil - Rigidität	250
	Der maximierende Elternteil - Zerstreuendes Verhalten	251
	Ein Paar auf dem Weg aus der Krise	252
	An der ehelichen Beziehung arbeiten und Heilung erfahren	255
	Auf die Bedürfnisse eines Kindes eingehen	257
11.	Die Kompetenzphase - Alter: 4 bis 7 Jahre	259
	Die grundlegenden Schritte	261
	Stolpersteine und Chancen für Eltern	261
	Was ein Kind in der Kompetenzphase braucht	262
	Der minimierende Elternteil - Rivalisierendes Verhalten	265
	Der maximierende Elternteil - Kompromissbereites Verhalten	267
	Ein Paar auf dem Weg aus der Krise	268
	An der ehelichen Beziehung arbeiten und Heilung erfahren	270

	Auf die Bedürfnisse eines Kindes eingehen	272
12.	Die Phase der sozialen Verantwortung - Alter: 7 bis 12 Jahre	274
	Der Kontext des Lebensraumes außerhalb der Familie	275
	In die Phase der sozialen Verantwortung eintreten	276
	Was ein Kind in der Phase der sozialen Verantwortung braucht	278
	Der minimierende Elternteil - Der Einzelgänger	281
	Der maximierende Elternteil - Der aufopfernde Helfer	282
	Ein Paar auf dem Weg aus der Krise	283
	An der ehelichen Beziehung arbeiten und Heilung erfahren	285
	Auf die Bedürfnisse eines Kindes eingehen	286
13.	Die Phase der Nähe - Alter: 12 bis 18 Jahre	288
	In die Phase der Nähe eintreten	288
	Was ein Kind in der Phase der Nähe braucht	291
	Der minimierende Elternteil - Rebellion	296
	Der maximierende Elternteil - Angepasstes Verhalten	297
	Ein Paar auf dem Weg aus der Krise	298
	An der ehelichen Beziehung arbeiten und Heilung erfahren	299
	Auf die Bedürfnisse eines Kindes eingehen	301

Teil V	**Ein neues Erbe für unsere Kinder**	303
14.	Mögliche Wege für eine bewusste Zukunft	305
	Das Wesen des Kindes aus metaphysischer Sicht	307
	Herausforderungen für die Elternschaft	307
	Alles steht in Verbindung	308
	Unsere Ausgangsposition	309
	Was der Glaube in unserem Leben bewirken kann	311
	Die Familie als Keimzelle des Glaubens	313

Teil VI	**Werkzeuge für bewusste Eltern - 18 Übungen**		315
15.	Von der Theorie zur praktischen Umsetzung		317
	Einleitung		317
	Wie Sie von diesem Teil des Buches am besten profitieren können		318
Teil 1	Mich selbst als Mutter/Vater kennen lernen		320
	Übung 1	Fragebogen über meine Eigenschaften als Mutter/Vater	320
	Übung 2	Mein energetisches Reaktionsmuster als Mutter/Vater	322
	Übung 3	Grenzen setzen	325
	Übung 4	Meine persönlichen Herausforderungen als Mutter/Vater	326
	Übung 5	Mein persönlicher nächster Wachstumsschritt als Mutter/Vater	328

Teil 2	Wie meine Eltern sich mir als Kind gegenüber verhalten haben	333
	Übung 6 Meine persönlichen Glaubenssätze	333
	Übung 7 Meine Gefühle, Ängste und Schutzmuster	334
	Übung 8 Wie meine Eltern sich in mein Leben als Kind eingebracht haben	338
	Übung 9 Wie meine Eltern Grenzen gesetzt haben	339
Teil 3	Meine Partnerschaft besser verstehen	340
	Übung 10 Überblick über meine Partnerschaft	340
	Übung 11 Glaubenssätze über mich selbst in Beziehung zu meinem Partner	342
	Übung 12 Meine Beziehungsängste	344
	Übung 13 Das Kernthema meiner Partnerschaft	345
	Übung 14 Wachstumschancen in meiner Partnerschaft	346
	Übung 15 Der Imago-Dialog	348
	Übung 16 Wiederverlieben in der Partnerschaft - Ein neues Bild meines Partners	348
Teil 4	Plan für Heilung und Wachstum	350
	Übung 17 Nützen wir, was wir bereits wissen	350
	Übung 18 Plan für Heilung und Wachstum	352

Danksagungen 354
Anmerkungen 356
Bibliographie 368
IGÖ - Imago Gesellschaft Österreich 371

Hinweis: Die Arbeitsblätter zu allen Übungen finden Sie auch im DIN A4-Format als PDF-Download unter der Webadresse:

www.rgverlag.com/H3Kl

Wir widmen dieses Buch unseren sechs Kindern,
die unsere besten LehrerInnen sind - jedes auf seine ganz persönliche Art!

Hunter, Leah, Kimberly, Kathryn, Mara und Josh

Anmerkung der Übersetzerin

Eines der Schlüsselworte dieses Buches ist »conscious parenting«. In Anbetracht der Tatsache, dass abgesehen von einigen wissenschaftlichen Arbeiten bisher weder »das Beeltern« noch »die Beelterung« nachhaltig Eingang in die deutsche Sprache gefunden haben, haben wir es vorgezogen, für den Begriff »conscious parenting« die Umschreibungen »bewusste Eltern-Kind-Beziehung(en)« und »bewusstes elterliches Verhalten« zu wählen. Das Verb »beeltern« hingegen, das durch seine Ähnlichkeit zum Verb »bemuttern« noch am ehesten Aufnahme in die deutsche Sprache finden könnte bzw. sollte, haben wir in homöopathischer Dosis verwendet. (Interessanterweise existiert das Wort »bevatern« bisher ebenfalls nicht im deutschen Sprachgebrauch).

Durchgängig *gendergerechte* Sprache zu verwenden hätte den Text oft unübersichtlich und langwierig gestaltet. So haben wir uns dem Prinzip »pars pro toto« verschrieben und nur an einigen Stellen, an denen es uns angemessen erschien, sowohl die männliche als auch die weibliche Form verwendet (z. B. der/die Jugendliche).

Auch den Autoren ist es wichtig zu betonen, dass Väter stets in gleicher Weise angesprochen sind wie Mütter (vgl. Kapitel 1, Fußnote 13), obwohl aus Gründen der Lesbarkeit stellenweise nur Mutter und nicht immer Mutter/ Vater verwendet werden konnte. An einigen Stellen dieses Buches wiederum bitten wir Sie, »der Erwachsene«, »der Elternteil« und »der Partner« *jeweils in seiner weiblichen und seiner männlichen Bedeutung* zu interpretieren.

Der Begriff »Imago« (von lat. *imago*, das Bild) findet sich bereits bei Sigmund Freud. In der analytischen Psychologie ist die Imago das unbewusst im Kind entstehende erste Bild seiner Bezugspersonen, in der Regel Vater und Mutter. Im deutschen Sprachraum, insbesondere im Kontext der Imago-Beziehungstheorie, hat sich jedoch weitgehend die grammatikalisch nicht korrekte, aber durch die Konnotation *Bild* nahe liegende sächliche Form »das Imago« eingebürgert. In der deutschen Ausgabe der Bücher *So viel Liebe wie Du brauchst* sowie *Ohne Wenn und Aber* von Harville Hendrix sowie im vorliegenden Buch *So viel Liebe wie mein Kind braucht* haben wir uns für die Verwendung des grammatikalisch korrekten Artikels »die« entschieden und hoffen, unsere Leser mit dem Begriff »die Imago« nicht zu irritieren.

Margit Schröer, Juni 2008

Einleitung

In meiner jahrzehntelangen Tätigkeit als Psychotherapeut und Lehrer genieße ich das Privileg miterleben zu dürfen, wie Menschen an ihren wichtigsten persönlichen Beziehungen arbeiten. Viele Jahre davon widmete ich mich vorrangig der Ehe und der Frage, wie Menschen ausgehend vom ersten Zauber ihrer romantischen Anziehung eine dauerhafte Partnerschaft voll Liebe und tiefer Freundschaft aufbauen könnten. Diese Frage interessierte mich in beruflicher, aber auch in persönlicher Hinsicht. Viele Jahre meines Lebens habe ich mich der herausfordernden Aufgabe gewidmet Rahmenbedingungen zu entwickeln, wie man (Ehe-)Partner darin unterstützen kann leidenschaftliche Freunde zu werden.

Als ich den Eindruck hatte, es wäre nun an der Zeit, mein Wissen auch in Buchform weiterzugeben, schrieb ich *So viel Liebe wie Du brauchst - Der Wegbegleiter für eine erfüllte Beziehung*. Meine Frau Helen inspirierte und unterstützte mich dabei. Helen und ich arbeiteten mit der Zeit immer intensiver zusammen und begannen auch gemeinsam zu schreiben - was sich darin zeigt, dass auf dem Cover dieses Buches nicht nur mein Name, sondern auch Helens Name zu finden ist.

Als Autoren dieses Buches möchten wir die wichtigste und herausforderndste aller Beziehungen in den Mittelpunkt stellen: die Elternschaft. Es wäre unnatürlich oder unglaubwürdig gewesen, hätten entweder Helen oder ich allein dieses Buch verfasst. Wir haben es gemeinsam geschrieben und verwenden deshalb auch bewusst das Wort »wir«. Bei Erfahrungen, die einen von uns beiden ganz persönlich betreffen, wird das erkennbar sein.

Wir freuen uns sehr über die Möglichkeit, unsere Gedanken zum Thema »Eltern-Sein« nun der Allgemeinheit und interessierten Berufsgruppen vorstellen zu können. Es ist beeindruckend, hier ein rasch wachsendes Interesse erkennen zu können. Wir spüren und erleben, welch großes Potenzial an Wachstum und Spiritualität in dauerhaften Partnerschaften steckt. Es wird uns eine Freude sein, uns mit diesem Thema weiterhin zu beschäftigen und neue Erkenntnisse dazu zu gewinnen.

Unsere eigene Familie

Es ist gut nachvollziehbar, dass sich unser persönliches Interesse an Fragen zum Themenkreis »Eltern-Sein« aus unserem Privatleben und der Beziehung zu unseren eigenen Kindern ableitet. Deshalb möchten wir zu Beginn ein wenig über uns selbst und unsere Kinder erzählen. Wenn wir uns im Folgenden gemeinsam so persönlichen Themen wie Elternschaft und bewusste Eltern-Kind-Beziehung nähern, scheint es sinnvoll, einige Aspekte unseres Privatlebens einzubringen.

Wir sind eine Patchwork-Familie und haben sechs Kinder. Jeder von uns beiden brachte zwei Kinder mit in die Ehe und miteinander bekamen wir noch eine Tochter und einen Sohn. Wir haben beide ein Universitätsstudium in Psychologie abgeschlossen. Harville begann seine berufliche Laufbahn als Prediger einer Baptistengemeinde und in der pastoralen Beratung. Mittlerweile kann er auf jahrzehntelange Erfahrung als Psychotherapeut zurückblicken. Sein besonderer Schwerpunkt liegt in der Arbeit mit Paaren. Helen engagierte sich in dieser Zeit aktiv in ihrer Gemeinde und ihr besonderes Anliegen war es, benachteiligte Menschen, besonders Mädchen und Frauen, auf ihrem Weg zu begleiten.

Bei unserem Bemühen, aus acht verschiedenen Persönlichkeiten eine gemeinsame, funktionierende Patchwork-Familie zu machen, merkten wir, wie dringend und wichtig unsere Suche nach neuen Erkenntnissen über das Eltern-Sein war. Wir wollten herausfinden, was Familien helfen kann. Wir hatten sechs sehr gute Gründe, warum wir lernen wollten, wie es funktionieren könnte. Genauer betrachtet waren es sogar acht gute Gründe, wenn wir uns selbst dazu zählten. Eines der größten Geschenke aus unserer Lehrzeit als Eltern ist die Einsicht, dass jede Anstrengung, die wir unseren Kindern zuliebe tätigen, als doppelter Segen zu uns zurückkommt. Einerseits ist es ein Segen erleben zu dürfen, wenn unsere Kinder sich gut entwickeln. Das schenkt tiefe Zufriedenheit. Und andererseits ist es wirklich ein Segen, seine eigene Mitte zu finden und authentischer zu werden - durch jeden Rückschlag, von dem wir uns wieder erholen, durch jeden Konflikt, den wir miteinander lösen und durch jede Schwierigkeit, die wir bewusst meistern. Das, was wir unseren Kindern geben, schenken wir uns im Grunde selbst.

Das heißt nun nicht, dass es ein leichter Weg wäre. Nicht immer hatten wir selbst den Eindruck »gesegnet« zu sein. Eltern zu sein erschien uns oft als harte Arbeit und es wurde nicht gerade leichter dadurch, dass unsere Erziehungsstile zeitweise nicht übereinstimmten. Wir waren kein harmonisches Ganzes, kein kunstvoller Wandteppich, sondern eher ein paar bunte Wollknäuel in einem gemeinsamen Strickkörbchen.

Alle unsere Kinder waren uns wirklich gute LehrerInnen und jene beiden, die noch daheim wohnen, zeigen uns weiterhin, wohin unser Weg gehen kann. Wir haben das wichtigste Werkzeug für bewusste Eltern-Kind-Beziehungen, den Imago-Dialog, mit ihnen gemeinsam erarbeitet. Es war nicht so, dass wir diese Methode entwickelt hätten und danach unsere Kinder überredet, sie uns zuliebe auszuprobieren. Sie waren echte Partner, als wir austesteten, in welcher Form der Imago-Dialog und die Theorien der Imago-Methode in einer realen Familie mit realen Kindern und Eltern angewendet werden können. Unsere ganz persönlichen Unzulänglichkeiten, Missverständnisse und Fehler schwingen in diesem Buch ebenfalls mit. Manchmal schienen unsere Enttäuschungen und Erschöpfung überhand zu nehmen und unser einziger Trost war in solchen Momenten die Überzeugung, dass manchmal zwar keine großen Veränderungen möglich sind, aber jeder kleine Schritt zu mehr Selbstreflexion und Bewusstheit schon eine entscheidende Veränderung darstellt.

Unser beruflicher Werdegang

Man kann unsere Ehe als »Learning by Doing« definieren und sie ist geprägt durch sehr gute, auch berufliche Zusammenarbeit. So entwickelten wir unsere Theorien über Liebesbeziehungen, die wir Imago-Therapie bzw. Imago-Paartherapie genannt haben. Die wesentlichsten Inhalte dieser Methode betreffen die Ehe bzw. Partnerschaft, aber wir haben erkannt, dass alle Erkenntnisse über Partnerschaft für Elternschaft gleichermaßen relevant sind.

Wir haben beobachtet, dass jedes Bemühen um persönliche Veränderung sich positiv auf unsere Kinder auswirkt, weil sie dann unbelasteter aufwachsen und einen Großteil ihrer veranlagten Spiritualität bewahren können. Sie können so ein gesünderes und glücklicheres Leben führen - und sie müssen nicht zeitlebens versuchen ihre Kindheit zu verarbeiten. Die entscheidenden Hinweise, wo unsere tiefsten Verwundungen liegen, verdanken wir unseren Kindern. Sie durchschauen uns ganz besonders in Momenten, wo sich starke und unkontrollierte Gefühle in uns melden. Aufbauend auf dem, wofür unsere Kinder uns die Augen öffnen - was manchmal nicht angenehm für uns ist - können wir an einer bewussten Partnerschaft arbeiten. So wird es uns gelingen, zu seelisch gesunden und integrierten Persönlichkeiten zu werden und das auch unseren Kindern ermöglichen. So kann Eltern-Sein zu einem spirituellen Weg werden.

Wenn wir zurückblicken auf das, was uns in all diesen Jahren am meisten fasziniert hat, ist es keineswegs verwunderlich, dass unser starkes Interesse an Ehe und Partnerschaft sich auf das Thema Elternschaft und »bewusste Eltern-Kind-Beziehung« ausgeweitet hat. 1988 veröffentlichten wir das Buch *So viel Liebe wie Du brauchst - Der Wegbegleiter für eine erfüllte Beziehung*. 1992 folgte ein weiteres Buch mit dem Titel *Ohne Wenn und Aber - Vom Single zur Liebe fürs Leben*, das sich besonders an Menschen wendet, die eine gute Partnerschaft aufbauen möchten. Weiters waren wir Ko-Autoren für zwei Arbeitsbücher, nämlich *The Couples' Companion* und *The Personal Companion*. Sie enthalten viele konkrete Übungen und Anleitungen, durch welche die Grundgedanken unserer beiden ersten Bücher im Alltag geübt und gut umgesetzt werden können. Um unsere Gedanken und das vielfältige Arbeitsmaterial möglichst vielen Menschen zugänglich zu machen, entwickelten wir die Ausbildung zum zertifizierten Imago-Therapeuten sowie Workshops für Paare und Singles. Die Imago-Ausbildung und die Imago-Workshops werden inzwischen in vielen Ländern der Welt angeboten und Tausende von Paaren, die daran teilgenommen haben, berichten von unglaublichen Veränderungen in ihrer Beziehung.

Da wir immer wieder betonten, wie sehr sich die eigene Kindheit auf die spätere Ehe oder Partnerschaft auswirkt, gab es vermehrt Stimmen, die uns ermunterten, ein Buch über Elternschaft und eine bewusste Eltern-Kind-Beziehung zu schreiben. Zuerst zögerten wir noch. Wir mussten uns selbst nach Kräften bemühen, unsere Patchwork-Familie unter einen Hut zu bringen. Besonders mit unseren älteren Kindern gab es so manche Probleme - die Theorien über bewusste

Elternschaft standen uns noch nicht zur Verfügung. Wir hatten selbst so viel zu lernen, dass wir uns noch nicht dazu imstande sahen, ein Buch darüber zu schreiben. Wir spürten, dass wir zuerst selbst »studieren« mussten, um später an andere etwas weitergeben zu können. Das taten wir auch. Und nun möchten wir unsere Erkenntnisse sehr gerne weitergeben, wenn wir uns auch weiterhin selbst als Studierende empfinden. Wir haben erkannt, dass es keine Experten auf dem Gebiet der Elternschaft gibt - es gibt nur Kinder und Eltern, die auf einem guten Weg sind. Unsere Beziehungen zu unseren vier älteren Kindern, die bereits auf eigenen Beinen stehen, sind nun deutlich besser, weil wir viel dazulernen konnten; und die Beziehungen zu unseren beiden jüngeren Kindern sind ausgesprochen gut. Trotz allem sehen wir uns selbst als Lernbeispiel und nicht als »leuchtendes Vorbild«.

Ehe und Eltern-Kind-Beziehung

Als wir das Buch *So viel Liebe wie Du brauchst* veröffentlichten, gab es bereits unzählige Publikationen zu diesem Thema. Dasselbe trifft auch auf die Themenbereiche »Eltern«, »Kind«, »Beziehung« und »Eltern-Sein« zu. Es gibt zahllose Bücher, Zeitschriften und Workshops, wo Eltern sich Anleitung holen können, wie sie besser mit ihren Kindern umgehen und das Leben mit ihnen mehr genießen können. Und dennoch sind wir überzeugt, dass wir in diesem Buch einige Punkte von zentraler Wichtigkeit für eine gute Eltern-Kind-Beziehung zu sagen haben, die in dieser Weise bisher noch nicht gesagt bzw. niedergeschrieben wurden.

Im Lauf der Zeit haben Pädagogen, Kinderpsychologen und andere Experten eine Menge über Kinder in Erfahrung gebracht. Dennoch beschäftigte man sich mehr mit den Kindern selbst als mit der Eltern-Kind-Beziehung. Wir wissen mehr über das Kind als Individuum, als darüber, wie Eltern und Kinder in jenem Rahmen der Verbundenheit funktionieren, der sie beide umgibt. Es gibt jede Menge an wissenschaftlichem Material darüber, wie man das »Überleben« seines Kindes sichern kann, aber wir wissen nicht viel darüber, wie man die *Verbundenheit* zu seinem Kind sichern kann. Dies ist nur im besonderen Rahmen der Eltern-Kind-Beziehung möglich.[1]

Als wir uns mehr und mehr mit der Beziehung zwischen Eltern und Kindern beschäftigten, kamen wir zu einer erstaunlichen Erkenntnis: jene Menschen, die die meisten Erfolgserlebnisse in ihrer Partnerschaft hatten, hatten auch die meisten Erfolgserlebnisse in ihrer Eltern-Kind-Beziehung. Es gibt zahlreiche Parallelen zwischen Ehe und Elternschaft. Beiden liegt ein Entwicklungsprozess zugrunde, in dessen Rahmen man verschiedene Phasen beobachten kann. Beide beginnen mit romantischer gegenseitiger Anziehung, entwickeln sich zu einem Machtkampf und können sich schließlich, wenn wir unsere Sache gut machen und Glück haben, zu einer gesunden und stabilen wechselseitigen Beziehung entwickeln. Und unsere Imago, das internalisierte Bild von unseren Eltern, ist sowohl für unsere Partnerschaft als auch für unsere Eltern-Kind-Beziehung von grundlegender Bedeutung. *Die Wahl unseres Ehepartners wird durch das unbewusste innere Bild beeinflusst, das wir von unseren eigenen Eltern übernommen haben und in uns tragen. Auch unser persönliches Verhalten als Eltern wird sehr stark von den verinnerlichten Erfahrungen beeinflusst, die wir mit unseren Eltern in unserer Kindheit hatten.*

Andererseits gibt es aber auch deutliche Unterschiede zwischen Ehe (Partnerschaft) und Elternschaft. Wir dürfen nie von unseren Kindern erwarten, dass sie unsere Bedürfnisse in einem ähnlichen Ausmaß erfüllen, wie wir es von unserem Lebenspartner erhoffen. Die Verpflichtungen und Verantwortlichkeit Ihren Kindern gegenüber unterscheiden sich signifikant von den Verpflichtungen und der Verantwortlichkeit Ihrem (Ehe-)Partner gegenüber.

Das Wesentliche ist die Bewusst-Werdung

Das Wesentliche für das Gelingen einer Paarbeziehung und in gleicher Weise einer Eltern-Kind-Beziehung ist das echte Bemühen mehr Bewusstheit zu erlangen: das bedeutet, sich selbst, sein Gegenüber und seine persönliche Imago zu erkennen, die all unsere Entscheidungen und Verhaltensweisen beeinflusst. Menschen, die sowohl eine »gute« Ehe als auch eine »gute« Eltern-Kind-Beziehung haben, sind Menschen, die sich dazu bereit erklärt haben, sich mit vielem bewusst auseinander zu setzen. Sie sind dazu entschlossen zu entdecken, was sich in ihnen verbirgt. Sie möchten vorurteilsfrei die Verbindungslinie zwischen den Verwundungen ihrer Vergangenheit und ihren Verhaltensweisen in der Gegenwart ziehen. Es sind Menschen, denen es gelingt, ihre Verteidigungsmuster zu überwinden und neue Arten des Reagierens zu erlernen, die weniger auf das eigene Ich bezogen, sondern mehr auf die Beziehung ausgerichtet sind.

Es kostet einiges an Mühe das zu erlernen. Für die meisten Menschen ist es sehr ungewohnt und bereitet ihnen deshalb anfangs Schwierigkeiten. Aber es lohnt sich - denn es erfüllt unser Leben mit tiefem Sinn und neuem Glück. Gute zwischenmenschliche Beziehungen bereichern unser Leben in jeder Hinsicht. Sie schenken uns unter anderem das Gefühl der Harmonie in uns selbst und ein Gefühl der Lebendigkeit und tiefen Verbundenheit mit der Welt und den Menschen rund um uns. Tiefe Bewusstheit zu haben bedeutet, mit dem Universum in Einklang zu leben und zu schwingen ... zu einer überirdisch schönen Melodie.

Wenn Sie sich selbst zugestehen, das Profil Ihrer eigenen emotionalen Geschichte und somit die Hintergründe für Ihre heutigen Interaktionen in der Familie wahrzunehmen, dann werden Sie bald neue Energie verspüren. Sie können erkennen, wie Sie wirklich sind, und Sie können auch Ihre Kinder erkennen, wie sie wirklich sind. Bereits eine größere Bewusstheit hilft, viele Fehler zu vermeiden und jener Vision näher zu kommen, die Sie für sich und die Kinder, die Sie lieben, haben.

Wie kann man nun eine größere Bewusstheit erreichen?[2] Wir hoffen, dass das vorliegende Buch Ihnen dabei eine gute Hilfe und Anregung sein wird. Dieses

Buch soll aber kein Anleitungskatalog sein, obwohl es so manche konkrete Empfehlung für Eltern enthält. Um dem Bedürfnis nach konkreten Theorien und praktischen Anleitungen für bewusste Eltern-Kind-Beziehungen zu entsprechen, haben wir das Arbeitsbuch *Parents' Manual* geschrieben. Es hilft zu erkennen, wie unsere Eltern mit uns umgegangen sind und wie sich das auf unser eigenes elterliches Verhalten auswirkt.

Weiters wurde 1998 das Buch *Parents' Companion: Meditations and Exercises for Giving the Love that heals* (passend zum Originaltitel des vorliegenden Buches) veröffentlicht. Dieses Buch ist eine Sammlung von Impulsen, Übungen und praktischen Anleitungen, die Eltern helfen können, die Gedanken und Theorien des vorliegenden Buches in sehr praktischer und konkreter Form umzusetzen. Aufgebaut wie ein Begleitkalender schenkt es uns auf 365 Seiten für jeden Tag des Jahres einen konkreten Tipp für bewusste Elternschaft.

Unser Schwerpunkt in diesem Buch liegt darin Eltern neue Kraft zu schenken, und zwar durch die große Vision dessen, was für Eltern und Kindern möglich ist. Wir möchten zeigen, dass bewusstes Eltern-Sein eine heilende Kraft hat und dass ganz alltägliche Aufgaben und Gespräche eine Chance für geistiges und emotionales Wachstum sind. Wenn Eltern ihrem Kind geben können, was es braucht, so geben sie dadurch auch sich selbst jene Liebe und Zuwendung, die sie brauchen, um die eigenen Wunden zu heilen. So zeichnen sie einen Kreis der Liebe, der nicht nur sie und ihr Kind einschließt, sondern einen weitaus größeren Radius hat.

Der Weg, der uns offen steht

Jeder Elternteil ist einzigartig, jedes Kind ist einzigartig, und die Beziehung zwischen ihnen ist tiefer und komplexer, als wir uns je vorstellen können. Wir wollen die Vielschichtigkeit der menschlichen Erfahrungen nicht trivialisieren und vorgeben, dass die Interaktion mit Ihrem Kind einfach und vorhersagbar sei. Unser Ziel ist vielmehr, Ihnen herauszufinden zu helfen, wer Sie sind, wer Ihr Kind ist, und Ihre Kompetenzen als Eltern zu stärken, indem Sie Informationen erhalten und ein waches Bewusstsein dafür bekommen, wie Kinder sich normalerweise entwickeln.

Sollte das für Sie nun utopisch klingen, dann seien Sie versichert, dass man keine besonderen Begabungen oder Fähigkeiten dazu braucht. Alle Eltern können bewusster werden, wenn sie sich dafür entscheiden. Bewusstheit ist ein natürlicher Zustand, der für jede(n) möglich und zugänglich ist. Es sind nur zwei Voraussetzungen dafür nötig: das Erkennen, dass man nicht so bewusst ist, wie man gerne sein möchte, und die Bereitschaft, ehrlich zu reflektieren.

Ein erster Schritt dazu wäre, dass Sie uns nun Ihr Vertrauen schenken, wenn wir behaupten, eine bewusste Eltern-Kind-Beziehung sei besser als eine unbewusste.[3] Beim Lesen dieses Buches nehmen Sie sich bitte auch Zeit, darüber zu reflektieren und nachzuprüfen, ob diese Aussage auch für Ihr persönliches Leben gilt. Wenden Sie die Methoden, die wir vorstellen, probeweise bei Ihren eigenen Kindern an, und sehen Sie, was geschieht. Wenn es sich bewährt und Sie sich für bewusstes Eltern-Sein entscheiden, können Sie am Ende dieses Buch schließen und voll Selbstvertrauen und Eigenständigkeit auf diesem Weg weitergehen.

Wir glauben, dass alle Eltern der Welt lernen könnten bessere Eltern zu sein. Aus dieser Überzeugung heraus veröffentlichen wir unsere Erkenntnisse und Vorschläge. Wenn Sie das Buch *So viel Liebe wie Du brauchst* bereits gelesen und sich für eine bewusste Partnerschaft entschieden haben, dann werden Sie mit manchen dieser Gedanken unter Umständen bereits vertraut sein und kaum Schwierigkeiten damit haben. Es ist aber keineswegs Vorbedingung für das Lesen dieses Buches, sich bereits mit dem Konzept bewusster Ehe und bewusster Elternschaft auseinander gesetzt zu haben.

Dieses Buch ist AlleinerzieherInnen genauso gewidmet wie Elternpaaren und Patchwork-Familien. Es wird das Interesse von Eltern wecken, die bereits Therapieerfahrung haben, unter Umständen in Imago-Paartherapie; das Interesse von Eltern, für die das noch völliges Neuland ist; von Eltern, bei denen es ganz gut läuft und von solchen, die noch einen langen Weg vor sich haben. Ganz sicher ist es nicht unsere Absicht, Eltern Schuld zuzuweisen, wenn es Schwierigkeiten mit ihren Kindern gibt. Wir wollen vielmehr zeigen, dass unsere Welt nicht perfekt ist - bereits unsere Entwicklung und unsere Eltern waren nicht perfekt, und nun sind wir selbst keine perfekten Eltern -, damit wir unsere Rolle als Eltern analysieren, verstehen und folglich auch verändern können. Beschuldigungen sind hier fehl am Platz. Wir möchten die Dinge so sehen, wie sie sind und auch so annehmen, wie sie sind. Mit der richtigen Unterstützung lässt sich erkennen, was wir verändern können.

Ihre Motivation dieses Buch zu lesen, entspringt vermutlich dem Wunsch, eine bessere Mutter oder ein besserer Vater zu werden. Auch in vielen anderen Dingen unseres Lebens sind wir Lernende, selbst wenn wir bereits erwachsen sind. Wir möchten Sie nun einladen, uns gemeinsam mit einer neuen Vision der Eltern-Kind-Beziehung vertraut zu machen, die Ihre persönliche Ganzheit und die Ganzheit Ihres Kindes stärken und bewahren kann.

Harville Hendrix und Helen LaKelly Hunt, im Mai 1997

Teil I
Verbundenheit

1. Eine Welt der Verbundenheit

Sei selbst die Veränderung, die du in der Welt sehen willst.
Mahatma Ghandi

Unser Interesse gilt den Kindern

Mit Spannung und Erwartung hat die Menschheit ein neues Jahrtausend erreicht. Manches erscheint zunehmend in einem neuen Licht. Es gibt zahllose Hinweise darauf, dass wir Menschen unser Leben unter geänderten Voraussetzungen betrachten. Wir richten unseren Blick offensichtlich mehr als bisher auf das Verbindende als auf das Trennende.[1] Eine interessante Definition ist das so genannte »Dazwischen«[2], die interaktive Energie zwischen unterschiedlichen Subjekten, die jedes einzelne prägt und definiert. Unsere Wahrnehmung tendiert eher zu Kreisen, die miteinander in Verbindung stehen, und zum Konzept des Kontinuums, als zu scharf abgegrenzten Punkten. Unsere Beobachtungen und unsere Vorstellungen entsprechen Modellen von Interaktion und Verbundenheit - dort fühlen wir unsere Wahrnehmung bestätigt.

Diese neue Weltsicht hat sich gegen Ende des vergangenen Jahrhunderts immer stärker durchgesetzt. Je mehr die Physik das Verhalten atomarer und subatomarer Teilchen erforscht hat[3], desto mehr haben ihre Theorien der Verbundenheit uns, die wir keine Physiker sind, geholfen, die dynamische Verbundenheit aller Dinge zu erkennen.

Diese relationale Perspektive war maßgeblich an der Entwicklung unserer persönlichen Theorien über das Eltern-Sein beteiligt. Wir verstehen Elternschaft als eine dynamische Beziehung, in der Eltern und Kinder einander fortwährend beeinflussen, sich weiterentwickeln und verändern. Unser persönlicher Schwerpunkt liegt auf der tiefen Verbundenheit von Eltern und Kindern, und das erklärt, warum wir auch an Themen, die Kinder betreffen, nachhaltig interessiert sind.

In vielen Situationen unseres Alltags begegnen wir Kindern oder können einen Bezug zu ihrer Welt herstellen. Ob wir gesellschaftliche Probleme diskutieren, ob wir Menschen darin unterstützen, ihre Beziehung neu zu gestalten, ob wir Sinn und Tiefe für unser Leben suchen - wir gelangen über kurz oder lang an einen Punkt, wo Kinder und ihre Lebensrealität mit betroffen sind. Wenn wir Meldungen über Gewaltverbrechen hören, fragen wir uns bestürzt, warum Jugendliche Zugriff zu Waffen haben. Wenn wir das Städtische Krankenhaus besuchen, machen wir uns Gedanken über jene Kinder, deren Eltern keine professionelle Behandlung bezahlen können. Wenn wir einen Artikel über das Waldsterben lesen, stellen wir uns die Frage, ob die Kinder späterer Generationen ohne Bäume aufwachsen müssen.

In unserer therapeutischen Arbeit haben wir uns auf den Bereich »Ehe und

Partnerschaft« spezialisiert. Dieser Bereich inkludiert aber auch Erziehungsthemen, und von dort gelangen wir wiederum zur Lebenswelt der Kinder.

Bei uns selbst ist das nicht anders. Unser Leben dreht sich um unsere sechs Kinder, von denen vier bereits auf eigenen Beinen stehen, und zwei noch zu Hause wohnen. In Gedanken sind wir immer mit ihnen verbunden, selbst dann, wenn wir die Tür schließen und uns konzentriert unserer Arbeit zuwenden. Wenn wir uns mit Freunden treffen, ertappen wir uns nach kurzer Zeit dabei, Neuigkeiten über unsere Kinder auszutauschen. Auch wenn wir verreisen, bleiben unsere inneren Uhren gewissermaßen auf den Tagesablauf unserer Kinder eingestellt. Wenn wir Zukunftspläne schmieden, zeigt sich, dass unsere Kinder auch weiterhin eine wichtige Rolle in unserem Leben spielen werden.

Der Zusammenhang zwischen unserer eigenen Kindheit und unserem elterlichen Verhalten

In unserer jahrelangen intensiven Auseinandersetzung mit Ehe und Partnerschaft konnten wir es gar nicht vermeiden, auch Einsichten in Erziehungsfragen zu gewinnen. Wir gelangten zu der Erkenntnis, dass wir eheliche Verhaltensmuster nur dann entschlüsseln konnten, wenn wir den Kindheitserfahrungen beider Partner auf den Grund gingen.

Diese Einsichten bilden den konzeptuellen Rahmen des vorliegenden Buches. Wir gewannen einen Einblick in die Komplexität familiärer Beziehungen, und daraus entwickelte sich das Konzept der *bewussten* Elternschaft. Wieder ein Hinweis darauf, dass alles miteinander in Verbindung steht. Wir möchten unsere Erkenntnisse hier in Form eines kurzen Überblicks anführen und im weiteren Verlauf des Buches detaillierter auf sie eingehen.

Wir erkannten, dass Verletzungen wie ein Erbe weitergegeben werden. Als wir Klienten über ihre frühkindlichen Erfahrungen befragten, begannen wir zu verstehen, wie negative Verhaltensmuster von einer Generation zur nächsten weitervererbt werden.[4] Hat ein Vater beispielsweise während einer bestimmten Entwicklungsphase entweder zu viel oder zu wenig Aufmerksamkeit bekommen, wird es schwierig für ihn sein, das Wachstum seines eigenen Kindes in derselben Phase zu fördern. Nehmen wir an, seine Eltern haben ihn als 13-Jährigen nicht adäquat behandelt. Wenn sein eigenes Kind im selben Alter ist, wird er verunsichert sein, dessen besondere Bedürfnisse innerhalb der jeweiligen Entwicklungsphase zu erfüllen. Und genauso wird wiederum sein Sohn vor der Herausforderung stehen, seine Kinder in dieser Phase zu unterstützen ... Die Erkenntnis, dass Eltern ihre Kinder in der gleichen Entwicklungsphase verwunden, in der sie selbst verwundet wurden, eröffnete uns einen ganz neuen Blickwinkel für familiäre Probleme, die den Eltern selbst oft einfach rätselhaft erschienen.

Wir erkannten, dass Menschen heiraten und Kinder bekommen, weil das in ihrem inneren Wesen angelegt zu sein scheint. Es gibt aber keine »automatische Programmierung«, die ih-

nen hilft, diese Herausforderungen gut zu bewältigen. Wir fanden heraus, dass Menschen in der Hoffnung heiraten, dadurch ihr (seelisches) Überleben zu gewährleisten. Sie hoffen unbewusst, dass der Partner ihre unerfüllt gebliebenen Kindheitsbedürfnisse stillen kann. Wie das konkret gelingen könnte, wissen sie jedoch oft nicht. Menschen werden Eltern und haben die besten Absichten, die Überlebensbedürfnisse ihrer Kinder zu erfüllen und sie mit Freude großzuziehen. Wie das konkret gelingen könnte, wissen sie jedoch oft nicht. Sowohl für ihre Eltern-Kind-Beziehung als auch für ihre Partnerschaft nehmen viele Leute gerne Anleitung und Unterstützung in Anspruch, um ihre Ziele besser erreichen zu können.

Wir erkannten, dass genau jener Punkt, an dem Eltern im Umgang mit ihren Kindern »nicht mehr weiter wissen«, ein Hinweis darauf ist, wo sie selbst in ihrer Entwicklung »blockiert« wurden. Menschen zeigen dieselben Verhaltensmuster und Schwierigkeiten sowohl in ihrer Ehe als auch in ihrer Rolle als Eltern, weil diese Schwierigkeiten dieselben psychologischen Wurzeln haben. Wenn eine Frau ein bestimmtes Bedürfnis ihres Mannes nicht erfüllen kann, wird sie es mit großer Wahrscheinlichkeit auch ihrem Kind gegenüber nicht erfüllen können. Was sie ihrem Mann nicht geben kann, kann sie auch ihrem Kind nicht geben. Für uns war es ganz besonders interessant, den Grund dafür herauszuarbeiten. Die Tatsache, dass eine Frau ein konkretes Bedürfnis nicht erfüllen kann, hat mehr mit *ihr selbst* und mit *ihrer Kindheitsgeschichte* zu tun, als mit ihrem Mann, ihrem Kind oder damit, was die beiden von ihr brauchen. Sie kann nicht geben, was sie selbst nicht bekommen hat. Damit sie die legitimen Bedürfnisse ihres Kindes (und ihres Partners) sehen und erfüllen kann, muss sie zuerst erkennen, was sie selbst von ihren Eltern nicht bekommen hat. Dann muss sie für sich einen Weg finden, dieses Defizit auszugleichen. Wenn sie sich auf einen Heilungsprozess einlässt, kann sie sich von dem Zwang befreien, ständig eine Verteidigungshaltung einzunehmen. Das wiederum macht sie frei dafür, die Menschen in ihrem Umfeld wirklich wahrnehmen und ihnen »antworten« zu können.

Wir erkannten eine verblüffende Parallele zwischen den Zielen, ein bewusster Ehepartner bzw. ein bewusster Elternteil zu werden. Wir waren erstaunt, dass beide Ziele ganz ähnliche Fähigkeiten und Verhaltensweisen voraussetzen. Eine Frau, die eine bewusste Partnerin werden möchte, muss einiges an sich verändern: ihre Tendenz negativ zu reagieren, zu kritisieren, zu urteilen und sich defensiv zu verhalten. Es ist wichtig für sie, den Imago-Dialog anzuwenden; es ist wichtig, über sich hinauszuwachsen, sich sozusagen »zu dehnen«, um die Bedürfnisse ihres Partners erfüllen zu können, auch wenn sie sich dabei unbehaglich fühlt. Es ist wichtig, zu lernen, eine Atmosphäre emotionaler und physischer Sicherheit zu schaffen. Es ist wichtig, Grenzen zu setzen und einzuhalten, die sowohl Verbundenheit als auch Eigenständigkeit ermöglichen. Paare stehen hier vor genau denselben Herausforderungen wie Eltern, denen bewusstes Eltern-Sein ein Anliegen ist. In beiden Fällen lernen Elternteile bzw. Partner, wie sie Sicherheit, Unterstützung und Struktur in ihr Leben integrieren können, um eine gute seelische und geistige Verbundenheit mit den Menschen zu pflegen, die sie lieben.

Wir erkannten, dass zwischen Elternschaft und Ehe ein entscheidender Unterschied besteht und zu berücksichtigen ist. In einer bewussten Beziehung wachsen die Partner über sich hinaus, indem sie »sich dehnen«, um den Bedürfnissen ihres Partners entgegenzukommen. Sie *finden* selbst *Heilung*, indem sie lernen, die Bedürfnisse ihres Partners zu erfüllen. Dieser Prozess ist ein wechselseitiger. Innerhalb einer Ehe bzw. Paarbeziehung ist es daher völlig in Ordnung, wenn wir uns nach Kräften um unser seelisches Wachstum bemühen, um die Bedürfnisse des anderen erfüllen zu können. Es ist aber nicht in Ordnung, wenn ein Erwachsener erwartet, dass sein Kind seine Bedürfnisse erfüllt. In der Beziehung zwischen Eltern und Kindern sind die Rollen nicht austauschbar. Eltern müssen ihre eigenen Kindheitsverletzungen in einer Erwachsenenbeziehung heilen - das kann nie die Aufgabe ihres Kindes sein.

Wir erkannten, dass Eltern dennoch in ihrer Elternrolle Heilung finden können. Das heilende Potenzial einer verbindlichen Partnerschaft liegt darin, dass die Partner zu ihrer »ganzen« Persönlichkeit zurückfinden, indem sie verlorene Selbstanteile neu integrieren. Sie können sich »dehnen« und über sich selbst hinauswachsen, indem sie lernen, dem Partner gerade das zu geben, was ihnen am schwersten fällt. Und dasselbe gilt für die bewusste Eltern-Kind-Beziehung: sie ist insofern heilend, als dass Eltern ihre persönliche Ganzheit wiedererlangen, indem sie sich dehnen, um die Bedürfnisse ihres Kindes zu erfüllen. Eine besondere Herausforderung für Eltern ist das während jener Entwicklungsphasen, in denen ihre eigene Entwicklung defizitär war. In der Paarbeziehung ebenso wie in der Elternrolle eröffnen sich gute Möglichkeiten, verloren gegangene Selbstanteile wieder zu integrieren. Partner oder Eltern zu sein eröffnet die Chance, für sich selbst genau das in Anspruch zu nehmen, was man seinem Partner oder seinem Kind schenkt. Das, was man gibt, bekommt man auch selbst. So gesehen sind sowohl Partnerschaft als auch Elternschaft eine Chance für persönliche Verwandlung. Sie sind eine Chance, Heilung zu finden, und dadurch unseren Charakter zu ändern.

Es macht uns betroffen, wenn wir sehen, wie viel Leid Menschen erleben, während sie versuchen, die »Schäden« ihrer Kindheit zu reparieren. In der Entstehungsphase dieses Buches haben wir uns diese Frage in ihrer globalen Dimension gestellt: Wie sähe das Leben von Erwachsenen aus, müssten sie nicht einen Großteil ihrer Zeit und Energie investieren, um über ihre Kindheit hinwegzukommen? Wie sähe unsere Gesellschaft aus, gäbe es weniger verwundete Erwachsene? Umgekehrt betrachtet drängt sich die Frage auf, ob unsere Gesellschaft überhaupt einen Weg aus der Krise finden kann, ohne in den Bereichen »Partnerschaft« und »Elternschaft« eine neue Ebene der Bewusstheit zu erreichen.[5]

Unsere Sicht der Dinge

Aufbauend auf diesen Erkenntnissen haben wir ein Theoriemodell über bewusste

Elternschaft entwickelt, das sich auf eine philosophische Basis stützt: der geistige Hintergrund unseres Verständnisses von Eltern-Kind-Interaktionen.

Die Verbundenheit von Eltern und ihren Kindern hat uns zu einer Vision inspiriert, die wir poetisch und metaphorisch zum Ausdruck bringen möchten. Eine Metapher kann eine tiefer liegende Wahrheit ans Licht bringen und einen guten Bezug zum eigentlichen Kern einer Fragestellung herstellen. Das bedeutet nicht, dass unsere Vision der realen Welt nicht standhalten kann. Im Gegenteil, sie kann unser Denken und unsere Intentionen als Eltern entscheidend beeinflussen. Wir können versuchen, unser Handeln danach auszurichten und mit dieser Vision in Einklang zu bringen, um sie Realität werden zu lassen.

Unsere erste Metapher ist die gemeinsame »Lebenswelt« von Eltern und Kindern. Manchmal ist diese »Welt« so groß, dass sie bis zum Horizont reicht, und manchmal so klein wie der Raum zwischen zwei Menschen, die einander fest umarmen. Die Anziehungskraft, das tiefe innere Band, das die beiden in einer Beziehung zusammenhält, ist grundsätzlich stark, wobei das Alter eines Kindes oder seine physische Entfernung keine Rolle spielt.

Eine zweite Metapher, mit der wir Ähnliches zum Ausdruck bringen möchten, ist das Bild eines Wandteppichs. Wir können die Interaktionen zwischen Eltern und ihren Kindern mit einem Wandteppich voll lebendiger Erfahrungen vergleichen, der aus unzähligen Fäden und Knoten geknüpft ist. Jeder ist Teil des Gesamtbildes. Man kann nicht genau erkennen, wo ein Faden anfängt, der andere aufhört, und wo sie einander kreuzen - sie sind untrennbar miteinander verwoben. Und dennoch sind es einzelne, eigenständige Fäden, die man voneinander unterscheiden könnte. Es ist entscheidend, dass Eltern Grenzen respektieren und immer vor Augen haben, dass sie selbst und ihr Kind nicht dieselbe Identität haben. Dennoch sind ihre Lebensfäden miteinander verwoben. Das gilt sowohl für biologische Familien als auch für Familien, die erst im späteren Leben »zusammengefügt« werden.

Mit diesen beiden Metaphern wollen wir unserer festen Überzeugung Ausdruck verleihen, dass Eltern und Kinder zutiefst miteinander verbunden sind. Die Gedanken, Methoden und Anleitungen in diesem Buch beruhen durchwegs auf dieser Überzeugung. Sie und Ihr Kind sind in einer tiefen, »heiligen« Weise miteinander verbunden. Es gibt kaum eine tiefere Verbundenheit als jene zwischen Eltern und ihren Kindern. Seien Sie sich dessen bewusst und begegnen Sie einander mit Achtsamkeit und Respekt. Ihre Verbundenheit könnte auch verloren gehen.

Ein Riss im Wandteppich

Die Metapher des Wandteppichs ist unter anderem deswegen sehr passend, weil der Vergleich des Zerreißens ebenfalls zutrifft. Dieses Bild will Sie darin bestärken, achtsam mit Ihrem Kind umzugehen. Als Außenstehender können Sie »Risse« in der Beziehung anderer Eltern und Kinder oft deutlich erkennen. Früher oder später wird es Ihnen gelingen, sie auch bei sich selbst wahrzunehmen. Eine Mutter, die am Fußballplatz ihren Sohn anbrüllt, weil er nicht ins Tor getroffen hat, ein Vater, der die schulischen Leistungen seiner Tochter ins Lächerliche zieht - sie kritisieren ihr Kind, weil sie sich selbst zerrissen fühlen. Manche dieser Risse sind minimal und können geflickt werden. Andere entwickeln sich zu großen, klaffenden Löchern, die weitervererbt werden, wenn Ihre Kinder erwachsen sind und eigene Familien gründen.

Wie kommt es zum Entstehen solcher Risse? Vermutlich haben Sie selbst schon bemerkt, dass es einfach Situationen gibt, wo Sie unachtsam mit Ihren Kindern umgehen, und Zeiten, wo Sie selbst in einer emotionalen Krise stecken. Die Gefahr eines Risses ist dann am größten, wenn Sie mit sich selbst beschäftigt sind, wenn Sie nicht erkennen, wie müde, ausgelaugt oder verärgert Sie sind oder wenn Sie sich einfach der Wirkung Ihrer Worte nicht bewusst sind. Sie begegnen Ihren Kindern unbewusst. Das passiert auch guten Eltern.

Wir möchten Sie darin bestärken, in der Beziehung zu Ihren Kindern mehr zu »flicken« als zu zerreißen. Es empfiehlt sich, die Verbindungen (»Nähte«), die schon existieren, zu verstärken - auch wenn Ihr Kind in eine andere Richtung zieht und zerrt. Wir möchten Sie ermutigen, bewusster zu registrieren, wie Sie mit Ihrem Kind umgehen. Wir möchten Sie zu absichtsvollem und überzeugtem Handeln ermutigen, damit Ihr Kind gut aufwachsen kann. Unser Konzept ist einfach zu verstehen. Und dennoch wissen wir, dass es nicht einfach ist, es im konkreten Leben umzusetzen.

Über die Eltern

Die tiefe Verbundenheit von Eltern und Kindern impliziert, dass *wir besser für uns selbst sorgen müssen, wenn wir besser für unsere Kinder sorgen möchten*. Wenn es Eltern gut geht, geht es auch ihrem Kind gut. Als Therapeuten haben wir erkannt, dass man kaum etwas Besseres für ein Kind tun kann, als seinen Eltern Gutes zu tun. Es ist entscheidend, Eltern zur Selbstreflexion und zur Selbsterkenntnis zu motivieren und sie beim Umsetzen ihrer Erkenntnisse zu unterstützen. Eltern müssen wissen, wie wichtig ihre eigene seelische, geistige und emotionale Gesundheit ist.

In diesem Buch werden Sie neue Einsichten in die Wichtigkeit eines achtsamen Umgangs miteinander gewinnen. Die kommenden Seiten mögen Ihnen Anleitung sein, sich in neue Verhaltensweisen einzuüben, die sowohl Ihnen als auch Ihren Kindern gut tun. In unseren Augen hat es aber Priorität, nicht nur zu lernen, *was man tun soll*, sondern zu lernen *wie man sein soll. Unsere Augen dafür zu öffnen*, wie wir in Zukunft sein wollen, setzt voraus, die Interaktionsmuster zwischen Eltern und Kindern zu erkennen und zu verstehen.

Wir hatten vor kurzem ein Gespräch mit einer Mutter, das das eben Gesagte gut illustrieren kann. Wenn ihre vierjährige Tochter sich morgens ankleidet, endet das fast täglich in einem kleinen Drama. Die Tochter besteht darauf, ihre Kleidung selbst auszusuchen, ist aber dann mit ihrer Wahl nicht zufrieden. Was immer die Mutter dazu sagt, es verschlimmert die Situation nur. Die Mutter macht sich Selbstvorwürfe, weil sie oft die Geduld verliert. Und so beschreibt sie eine typische morgendliche Szene:

MUTTER: *(erkennt den trotzigen Gesichtsausdruck ihrer Tochter und wappnet sich für das Unausweichliche)* Was ist los mit dir? Du siehst doch heute sehr hübsch aus?
TOCHTER: Nein, tu ich nicht. Ich mag dieses Kleid nicht.
MUTTER: Mir gefällt es. Aber wenn es dir nicht gefällt, warum ziehst du dann nicht etwas anderes an?
TOCHTER: Dir gefällt das Kleid nicht! Du denkst, ich sehe doof darin aus.
MUTTER: *(kann ihren aufsteigenden Ärger kaum zurückhalten)* Nein, das denke ich nicht. Wie kommst du nur darauf, dass ich so etwas glaube?
TOCHTER: *(weint)* Weil du möchtest, dass ich etwas anderes anziehe!

Die Mutter wollte von uns wissen, wie sie sich in dieser Situation besser verhalten könnte. Es ist wahr, dass eine Verhaltensänderung auch eine Änderung der Situation bewirken könnte. Wäre die Mutter beispielsweise mit dem Imago-Dialog vertraut gewesen - eine Methode, die wir in diesem Buch noch detailliert beschreiben werden - hätte sie sich darauf konzentriert, die Gefühle ihrer Tochter »zurückzuspiegeln«. Das Entscheidende in unseren Augen ist aber, dass die Mutter erkennen kann, was dieser Interaktion mit ihrer Tochter zugrunde liegt.

Für eine Vierjährige ist es ganz normal, ihre eigene Identität gegenüber jener ihrer Mutter auszutesten. Es ist gut zu wissen, dass solche Kämpfe in scheinbar banalen Angelegenheiten für die Entwicklung ihrer Eigenständigkeit gesund sind. Wenn eine Mutter erfährt, dass dieses Verhalten normal ist und sich darauf einstellt, kann sie entspannt bleiben und auf das Drama ihres Kindes reagieren, ohne zu denken, mit ihr oder ihrem Kind sei etwas nicht in Ordnung. Zusätzlich wäre es ratsam, ihre eigene Vergangenheit zu erforschen, um herauszufinden, warum gerade dieses Verhalten ihrer Tochter ihren Ärger aktiviert.

Dieses kleine Beispiel verweist auf die wesentliche Aussage unseres Buches: bewusste Eltern sind sich der entwicklungsbedingten Bedürfnisse ihrer Kinder bewusst und sind bereit dazu, sie zu erfüllen, so gut es ihnen möglich ist. Sie kennen sich selbst gut genug, um zu wissen, warum sie in gewisser Weise auf ihr Kind reagieren. Sie sind bereit, sich zu verändern. Wenn sie die tieferen Aspekte einer Interaktion erkennen, können sie ihr Verhalten anders und bewusster ausrichten.

In diesem Buch möchten wir eine tiefe und umfassende Sicht von Elternschaft vermitteln, auf der Eltern aufbauen und in ihrem Handeln größtmögliche Bewusstheit erreichen können. So wird ihr Tun zum Ausdruck ihrer Persönlichkeit werden. Ihr eigenes Selbst wird dadurch beeinflusst und geprägt, dass sie sich als

Eltern und als Menschen bewusster wahrnehmen und mehr »Einblick« bekommen.

In uns lebt die großartige Vision, dass Menschen in einer bewussten Ehe oder Freundschaft Heilung finden könnten, *bevor* sie selbst Kinder haben! Dass Männer und Frauen dank der Höhen und Tiefen ihrer Ehe zu ihrer persönlichen Ganzheit zurückfinden könnten, bevor sie den Schritt setzen, eine neue Generation großzuziehen! Nicht mehr »ein braves Kind« oder ein »gedeihliches Familienumfeld« wären die Kriterien für gelungene Elternschaft, sondern das Erkennen der eigenen Verwundungen und das Einlassen auf einen Heilungsprozess. Immer mehr Menschen könnten erkennen, dass die seelische Ganzheit eines Kindes von der integrierten und balancierten Persönlichkeit seiner Bezugspersonen abhängt.

Das ist aber noch Zukunftsmusik. Die meisten Menschen wissen nicht, dass gerade jene, mit denen sie nahe zusammenleben, Auslöser und Unterstützung für ihre persönlichen Veränderungen sein können. Wir hoffen, dass Eltern, die ihren persönlichen Heilungsprozess vor der Geburt ihrer Kinder nicht vollenden konnten, und das sind die meisten von uns, durch Erziehungsfragen neuerlich angeregt werden, sich auf die Suche nach heilsamen Wegen zu machen. Auf diese Weise verbindet sich das Verarbeiten der eigenen Kindheit ganz mit dem Ziel, die Elternrolle gut zu erfüllen. Beide Bestreben fusionieren, bereichern und stärken einander in einer beeindruckenden Synergie.

Das Kind

Viele Eltern erzählen uns, wie überwältigt sie von der Geburt ihrer Kinder sind. Sie heißen ihre Kinder aus tiefstem Herzen willkommen und spüren dabei, welch ein Wunder und Geheimnis sie sind. Eltern wissen meist intuitiv, dass ihre Kinder ein Teil des Universums sind. Sie sind körperliche Wesen mit Bedürfnissen, die gestillt werden wollen. Das scheint allerdings nur einen Teil ihres Seins auszumachen. Ein Kind ist mehr als das, was unsere Sinne begreifen können. Ein Kind kommt aus unseren Körpern und aus unserer liebenden Vereinigung. Aber es kommt auch aus dem Universum, das es erschaffen hat.

Durch ihre Kinder nehmen Eltern am Evolutionsprozess des Lebens im Universum teil. Wenn Astronomen das Universum beschreiben, verwenden sie oft Begriffe aus dem menschlichen Lebenszyklus: »Die *Geburt* eines Sterns.« »Ein *totgeborener* Planet.« »Die *jungen* Sterne.« »Das *alternde* Universum.« »Der *Tod* von Kometen.« Sie beschreiben das Universum mit Begriffen, die uns vertraut sind. Und unsere vertrauten alltäglichen Erfahrungen sind ein Abbild der kosmischen Prozesse.

Durch das Kind werden die Eltern auch Teil des evolutionären Bewusstseins unserer menschlichen Art. Für den weiteren Lebensverlauf des Kindes möchten wir wieder eine Metapher heranziehen. Das Leben unseres Kindes kann mit der drei Millionen Jahre langen Reise der Menschheit verglichen werden. In den Anfängen der Menschheit lebten wir in tiefer *Verbundenheit* mit der Natur; später begannen wir, zwischen uns selbst und der Welt zu differenzieren und sie zu *erforschen*; wir nahmen eine menschliche *Identität* an, die uns von anderen Lebensformen unterscheidet; wir entwickelten die *Kompetenz*, uns unsere Welt untertan zu machen; unsere *soziale Verantwortung* ließ uns lernen, die zerbrechliche Schönheit anderer Lebensformen anzuerkennen und zu schützen; und schließlich, diese Aufgabe liegt noch vor uns, sind wir bestrebt, tiefe *Nähe* und Verbundenheit zu unserer Welt aufzubauen, die durch Achtsamkeit und gegenseitige Rücksichtnahme geprägt ist. So durchläuft auch ein Kind unterschiedliche Phasen auf seinem Weg zum Erwachsen-Werden, die parallel zur Reise unserer Vorfahren laufen. Eltern, die die Erfüllung dieses universellen Plans unterstützen, erleben eine weitere grundlegende Veränderung.

Wenn Kinder geboren werden, erfahren ihre Eltern oft zum ersten Mal, wie es ist, vorbehaltlos und bedingungslos zu lieben. Es ist kein Zufall, dass Eltern so reagieren. Es ist das oberste Gebot der Natur, das Überleben der Nachkommenschaft zu sichern. Das Aussehen von Babys appelliert an unseren Instinkt, sie zu nähren und zu beschützen, damit sie sich gut vom Kind zum Erwachsenen entwickeln können. Obwohl sie herzig aussehen, hat die Natur kein Interesse daran, dass Babys klein bleiben, weil sie in diesem Stadium zu schwach sind. Sie tut ihr Bestes, damit Eltern dafür sorgen, dass ihre Kinder erwachsen werden, um wiederum das Überleben nachfolgender Generationen zu sichern.

Gerne erinnern wir uns an die allererste Zeit mit unseren eigenen Kindern. Zwei Erinnerungen haben wir noch besonders lebendig vor Augen. Unsere Tochter Leah war wenige Tage alt und lag bei uns im Bett. Stundenlang konnten wir sie einfach nur ansehen und ihre zarte Haut streicheln. Wir waren richtiggehend überwältigt von ihrer physischen Existenz. Bei unserem Sohn Hunter war es ähnlich. Wir erinnern uns an einen Spaziergang in einem wunderschönen, sonnigen Park, als er erst wenige Tage alt war. Wir nahmen die Schönheit der Landschaft nicht im Geringsten wahr, weil wir nur in den Kinderwagen starrten - vollkommen gefangen von dem kleinen Wunder, das da vor uns lag.

Fast alle Eltern können von solchen Erinnerungen berichten. Das hat die Natur so eingerichtet. Da Babys bei ihrer Geburt die Aura eines perfekten, vollkommenen Lebewesens haben, fühlen wir intuitiv, welche naturgegebene Rolle ihnen zukommt. Sie sind Überbringer einer Botschaft. Sie möchten uns zeigen, was wahre Schönheit ist und was wirklich zählt im Leben. In ihrer Gegenwart können wir Martin Bubers[6] Gedanken über die »Heiligkeit des alltäglichen Lebens« gut nachempfinden, und es gelingt uns leichter, die Verbindung zwischen uns selbst und dem Rest der Schöpfung zu spüren. Und wir trauern wie Martin Buber über die Tatsache, dass Babys ihre kosmische Verbindung vergessen, wenn sie zur Welt kommen. Als Eltern möchten wir ihnen dabei helfen, sich wieder daran zu erinnern.

Eltern und Kinder: Das Paradoxon vom Getrennt-Sein innerhalb einer Beziehung

Innerhalb des Lebenskreises, der Eltern und Kind eint, soll genügend Raum sein, dass das Kind seine lebenslange Reise zu größerer Unabhängigkeit antreten kann, metaphorisch gesehen eine Wiederholung der Evolution. Ein Vater beschreibt das so: »Ich wusste von Anfang an, dass meine Hauptaufgabe darin lag, meine Kinder zu unterstützen, sich von mir weg zu entwickeln. Meine Frau und ich haben diese Aufgabe ganz gut gemeistert. Heute sind mein Sohn und meine Tochter fast dreißig Jahre alt, und wir haben eine wirklich gute Beziehung zueinander. Jeder von uns hat sein eigenständiges Leben - und doch sind wir tief miteinander verbunden.«

Hier berühren wir eines jener Themen, die sich wie ein roter Faden durch unser Buch ziehen. Wie wir sehen werden, beruht unbewusste Elternschaft darauf, dass Erwachsene nicht zwischen sich selbst und ihrem Kind unterscheiden können. Dieses Unvermögen nennen wir »Symbiose«[7]. An späterer Stelle werden wir uns eingehender damit befassen. Eine der größten Herausforderungen unseres Eltern-Seins besteht darin, uns mit einem Neugeborenen ganz eins zu fühlen und es dann Schritt für Schritt wieder loszulassen auf seinem Weg zu einer eigenständigen Persönlichkeit. Die große Herausforderung besteht darin, die Wesenseigenheiten des Kindes nicht nur zuzulassen, sondern sie sogar wertzuschätzen.

Das Gehirn

Damit wir verstehen können, warum es uns oft so schwer fällt, zwischen uns und unserem Kind zu differenzieren, ist es hilfreich, manches über unsere biologische Entwicklung zu wissen. Unser Gehirn hat sich auf ganz spezielle Weise entwickelt. Die Probleme unbewusster Elternschaft stehen in direktem Zusammenhang damit. Das Wort »unbewusst« wird sich in diesem Zusammenhang als Schlüsselwort erweisen.

Nach dem Modell von Paul McLean[8] besteht unser Gehirn aus drei übereinander gelagerten Schichten. Die unterste Schicht, das Stammhirn, reguliert unsere unmittelbar biologischen Funktionen, wie den Blutkreislauf, die Atmung, den Schlaf und die Muskelkontraktionen. Die nächste Schicht ist das limbische System, das unsere Gefühle steuert. Die dritte Schicht ist der große Teil der Hirnrinde (der zerebrale Kortex), der die kognitiven Funktionen des bewussten Denkens steuert: Beobachten, Planen, Organisieren, Reagieren und Entwickeln neuer Ideen. Das ist jener Teil, den wir als »Ich« wahrnehmen.

Die beiden ersten Teile des Gehirns nennen wir »Altes Gehirn«. Den dritten Teil bezeichnen wir als kognitives oder »Neues Gehirn«. Das Alte Gehirn arbeitet meist abseits unseres Bewusstseins; sein Hauptanliegen ist die Selbsterhaltung. Es möchte unser Überleben sichern. Es erhält seine Informationen nicht durch direkte Wahrnehmung von Daten, sondern indirekt durch Bilder, Symbole und Gedanken, die vom Neuen Gehirn erarbeitet und zur Verfügung gestellt werden. Das heißt, es unterscheidet nicht zwischen dem, was war, und dem, was gerade ist - oder zwischen *anderen Menschen* und *sich selbst*. Seine Fähigkeit Dinge einzuordnen, ist nur rudimentär entwickelt: »Ist es sicher?«, »Soll ich angreifen oder davonlaufen?«, »Soll ich Sex haben?«, »Soll ich meinen Kindern Nahrung geben?«, »Kann ich es mir erlauben, Nahrung aufzunehmen?«.

Das Neue Gehirn verarbeitet Informationen und Eindrücke aus direkter kognitiver Erfahrung. Es sucht die Logik hinter unseren Erfahrungen, die Beziehung zwischen Ursache und Wirkung, die uns darin unterstützt, einen Sinn in die Vielzahl aller Stimuli zu bringen, der wir jeden Tag ausgesetzt sind. Es hilft uns, mit Feingefühl zu erkennen, wodurch einzelne Menschen sich voneinander unterscheiden. Es zeigt uns, dass jener andere Mensch nicht »Ich« ist, und dass sich »Jetzt« von »Damals« unterscheidet. Und bis zu einem gewissen Grad unterstützt uns das Neue Gehirn darin, die Instinktreaktionen des Alten Gehirns abzuschwächen.

Das heißt, und das ist ein wichtiger Aspekt, dass unser bewusster Anteil den unbewussten Anteil beeinflussen kann. Es ist also möglich, auf unseren Partner oder unsere Kinder immer seltener so zu reagieren, als wären sie Feinde, gegen die wir uns verteidigen müssen. Eltern können ihre Vergangenheit erforschen und jene Verhaltensmuster erkennen, die damals die Aufgabe hatten, sie vor Schmerzen zu bewahren. Sie können überdenken, ob diese Verhaltensweisen jetzt noch notwendig oder sinnvoll sind, und sich entscheiden, bewusst und absichtsvoll zu handeln, auch wenn es gegen ihren Instinkt ist. Darin liegt eine entscheidende Chance für gesunde und tiefe Beziehungen!

Das Umfeld des Kindes

Jedes Kind kommt mit einer einzigartigen Kombination aus Stärken und Schwächen zur Welt, die sein Temperament definieren. Durch die Interaktion und den Einfluss seiner Eltern entwickelt sich seine Persönlichkeit. Auch andere umweltbedingte Faktoren spielen eine wichtige Rolle: zum Beispiel der soziale und wirtschaftliche Status einer Familie, die Geschwisterfolge (als erstes, mittleres, letztes Kind oder als Einzelkind geboren zu sein), die nachbarschaftliche Umgebung - all das prägt einen Menschen in seiner Persönlichkeitsentwicklung. Es gibt interessante Bücher, die sich diesen Fragen speziell widmen.[9] Wir möchten in unseren Ausführungen vor allem die Rolle der Eltern beleuchten, die das Kind dahingehend stärken können, dass es aus positiven Umweltfaktoren maximal profitieren und sich gegen negative Einflüsse schützen bzw. sie kompensieren kann.

Die Bedürfnisse des Kindes

Im Lauf der Geschichte kam es durchaus vor, dass Kinder nicht als »vollwertige«

Menschen angesehen wurden. So hatte zum Beispiel im alten Rom der Vater das Recht, über Leben oder Tod aller seiner Familienmitglieder zu entscheiden. Wenn er aus irgendeinem Grund ein Kind nicht akzeptierte, wurde es zum Forum gebracht und dort dem Sterben überlassen. Auch im mittelalterlichen Europa war es riskant, ein Kind zu sein. Und sobald sich abzeichnete, dass man seine Kindheit überleben würde, wurde man für erwachsen erklärt. Ein Kind hatte nur insofern eine Lebensberechtigung, als es einen Zweck für seine Eltern erfüllte. Bis spät hinein ins viktorianische Zeitalter wurden Kinder kaum als Person respektiert: entweder sie wurden als unschuldige Ideale glorifiziert oder sie mussten Sklavenarbeit verrichten. Teilweise orientiert Elternschaft sich bis in die heutige Zeit hinein stark an der Perspektive der Eltern. Von einem Kind erwartete man, dass es die Bedürfnisse der Eltern erfüllte - auch wenn das bedeutete, dass das Kind sterben musste.[10]

Auch in unserer Zeit werden laufend Fälle von Kindesmissbrauch und grober Vernachlässigung bekannt. Die Missbrauchsfälle sind im Zunehmen begriffen, während sich ironischerweise auch auf der gegenteiligen Seite groteske Auswüchse zeigen. So gibt es Familien, in denen sich einfach alles um ein Kind dreht. Die Eltern nehmen oft außergewöhnliche, bisweilen sogar selbstzerstörerische finanzielle und emotionale Opfer auf sich, um ihren Kindern eine aus ihrer Sicht bessere und glücklichere Zukunft zu sichern.

Wir sind Befürworter eines Konzepts, das weder die Eltern noch die Kinder in den Mittelpunkt stellt. Wir propagieren eine Balance der Bedürfnisse und Wünsche von Eltern und Kindern, die ihre ganze Persönlichkeit berücksichtigt. In dieser Art von Erziehung steht die Beziehung im Mittelpunkt. Der Fokus liegt auf der Interaktion zwischen Eltern und Kindern, auf dem von Martin Buber definierten »Dazwischen«.

Für eine gesunde Balance ist es wichtig, über die Bedürfnisse von Kindern Bescheid zu wissen. Wir möchten es so formulieren: *Jedes Kind hat das Bedürfnis, zu überleben, sich lebendig zu fühlen, diese Lebendigkeit auszudrücken und sich tief verbunden zu fühlen mit anderen und mit dem, was größer ist als es selbst.* Wir wollen kurz erklären, welche weiteren Aspekte sich hinter dieser kurz gefassten Formulierung verbergen:

Das Bedürfnis zu überleben: Das ist das Grundbedürfnis des Kindes, das nur durch den Kontakt mit seinen Eltern oder anderen erwachsenen Bezugspersonen befriedigt werden kann. Durch seine körperliche Verbundenheit mit ihnen erfährt es, dass es die Nahrung und die körperliche Fürsorge bekommt, die es braucht. Und durch seine emotionale Verbundenheit lernt es, dass es die liebevolle Zuwendung bekommt, die es braucht. So lernt es, dass es für sich selbst sorgen kann, wenn es heranwächst, und dass es mit anderen Menschen in positiver Weise in Verbindung treten kann. Die Primärerfahrung des Kindes, dass sein Überleben durch eine gute Bindung an seine Eltern gesichert ist, schenkt ihm eine positive Erwartungshaltung für spätere Beziehungen - es lernt zu vertrauen, dass sie für sein Leben (und sein »Überleben«) förderlich sind.

Das Bedürfnis, sich lebendig zu fühlen und diese Lebendigkeit auszudrücken: Im Normalfall wird ein Kind mit dem Gefühl von Ganzheit, Verbundenheit und pulsierender Lebensenergie geboren. Es genießt einen Zustand entspannter Freude, nach dem es sich sein Leben lang immer wieder zurücksehnen wird. Das Kind kann seine Lebendigkeit spüren, wenn es ihm gelingt, auf seine Umgebung Einfluss zu nehmen, und wenn es erkennt, dass sein Tun etwas bewirkt. Ein Kind kann seine Lebendigkeit spüren, wenn es von seinen Bezugspersonen wertgeschätzt wird, und zwar sowohl dann, wenn es sie imitiert, als auch dann, wenn es eigene Verhaltensweisen ausprobiert. Ein Kind kann seine Lebendigkeit im natürlichen Fließen seiner Gefühlszustände spüren und in seiner Fähigkeit, sie zu genießen, ohne darin hängen zu bleiben. Ein Kind kann seine Lebendigkeit spüren, wenn es bemerkt, dass es in einem Universum lebt, in dem alles miteinander in Verbindung steht und auch ihm selbst eine bestimmte Aufgabe zukommt.

Kinder bringen ihr Inneres ganz natürlich zum Ausdruck - sofern sie nicht von einem repressiven Elternteil oder einer anderen Respektsperson eingeschränkt werden. Das Kind hat eine Stimme, um damit zu singen und zu schreien, es hat Muskeln, um damit zu laufen und zu tanzen. Es kann tasten, riechen, schmecken, hören und sehen. Und es wird sein Recht einfordern, seine eigenen Gedanken auszudrücken, damit es von anderen verstanden wird. Dabei vertraut es ganz darauf, dass das, was es zu sagen hat, wichtig ist.

Das Bedürfnis, sich tief verbunden zu fühlen mit anderen und mit dem, was größer ist als es selbst: Im Grunde widmet sich unser gesamtes Buch der Frage, wie dieses Bedürfnis erfüllt werden kann. Das Kind ist in eine Verbundenheit mit seinen Eltern hineingeboren und erlebt dadurch auch die Verbundenheit mit dem Universum. Seine Entwicklungsreise durch seine Kindheit und Jugend ist eine natürliche Konsequenz seines angeborenen Strebens nach Verbundenheit mit der physischen und existentiellen Wirklichkeit seines Lebens. Zuerst verbindet sich ein Kind mit seiner physischen Umgebung, dann mit einem immer größer werdenden Kreis anderer Menschen, und schließlich sucht es die Verbundenheit mit dem seelischen, geistigen und emotionalen Kontext, in dem es lebt. Die Aufgabe der Eltern besteht darin, ihrem Kind zu Beginn seines Lebens eine gesunde Verbundenheit zu ermöglichen. Dadurch befähigen sie ihr Kind, später andere Verbindungen eingehen zu können, in denen es sein ganzes Potential als Mensch entfalten kann.

Das sind die Grundbedürfnisse von Kindern, und es ist die Aufgabe der Eltern, Bedingungen zu schaffen, die die Erfüllung dieser Bedürfnisse garantieren. Das geschieht, indem Eltern sich intuitiv auf das Kind einstimmen und einen Instinkt für seine Bedürfnisse entwickeln. Das bedeutet aber auch, dass sie ihm entsprechende Grenzen setzen und darauf achten, dass ihr Kind lernt, Rücksicht zu nehmen. Seine Selbstverwirklichung muss in Einklang mit der Selbstverwirklichung aller anderen Lebewesen stehen, die wie in einem Teppich miteinander verwoben sind. Um diese und andere Aufgaben des Eltern-Seins in guter Weise erfüllen zu können, brauchen Eltern Selbsterkenntnis und Selbsterfahrung, Informationen und Erkenntnisse über ihre Kinder und den bewussten Vorsatz, bestimmte Ziele anzustreben.

Ihr Ausgangspunkt ist dort, wo Sie gerade stehen

Wir haben dieses Buch so gestaltet, dass es Ihnen eine große Hilfe sein kann, gleichgültig, in welchem Stadium der Elternschaft Sie sich gerade befinden. Es spielt dabei keine Rolle, ob Ihr Kind ein hilfloses Baby oder ein trotziger Teenager ist. Die hier vorgestellte Theorie der bewussten Elternschaft hilft Ihnen, sowohl sich selbst als auch Ihr Kind besser zu verstehen. Sie werden immer mehr erkennen, was Sie tun können, um Ihr Kind für die Herausforderungen des Lebens zu stärken und seiner Persönlichkeit zu größerer Entfaltung zu verhelfen.

Wir werden sehen, dass wir alle manchmal unbewusst reagieren und handeln, und dass bei jedem von uns zeitweise Schwierigkeiten auftreten. Es ist niemals zu spät - weder für Ihre Kinder (selbst wenn sie schon erwachsen und außer Haus sind) noch für Sie als Eltern.

In seinem Buch *Im Alltag Ruhe finden*[11] plädiert Jon Kabat-Zinn dafür, ganz im Moment zu leben, ohne die Vergangenheit zu beklagen oder sich nach einer besseren Zukunft zu sehnen. Er schreibt: »Was auch immer Ihnen widerfahren ist, es ist vorüber. Die wichtigste Frage, die sie sich stellen können, ist die, wie Sie jetzt damit umgehen: ›Was nun?‹«

Das sehen wir auch als unseren Bezugsrahmen an. Wo immer Sie stehen als Eltern, was immer hinter ihnen liegt - entscheidend ist nur der jetzige Moment. Also: »Was nun?«

Beginnen wir mit dem, was Sie richtig machen

Sie machen als Eltern schon jetzt eine Menge richtig! Wie wir das wissen können? *Sie halten dieses Buch in Ihren Händen.* Und Sie sind offen für das, was wir zu sagen haben. Daraus können wir schließen, dass ...
1. ... Ihre Kinder Ihnen am Herzen liegen.
2. ... Sie glauben, dass Elternschaft etwas Wichtiges ist.
3. ... Sie erkannt haben, dass Eltern-Sein bis zu einem gewissen Grad erlernbar ist.
4. ... Sie sich selbst zutrauen, etwas Neues zu lernen.
5. ... Sie glauben, Dinge aktiv zum Besseren verändern zu können.

Wenn auch nur eine dieser Aussagen auf Sie zutrifft, sind wir überzeugt, dass Ihre persönlichen Hoffnungen sich erfüllen werden. Gehen Sie bitte die genannten fünf Punkte noch einmal durch und wählen Sie aus, welcher Sie am meisten anspricht. Nehmen Sie sich bitte ein wenig Zeit, um darüber nachzudenken.

So können Sie für sich selbst ein Wertesystem entwickeln, das Sie begleiten kann auf Ihrem Weg, eine bewusste Mutter oder ein bewusster Vater zu werden. Diese Aussagen können die Basis Ihrer Überzeugung bilden, dass Sie die Prinzipien bewusster Elternschaft in Ihr Leben integrieren werden. Dabei ist es von Beginn an wichtig, dass Sie diesem Lernprozess gegenüber positiv eingestellt sind. Ihre positive Einstellung ist bereits der erste Schritt!

Wir wissen, dass unsere Leser in verschiedenen Familiensituationen leben. Viele von ihnen leben in der klassischen Situation der Mutter/Vater/Kind-Familie. Manche getrennten Paare haben es so arrangiert, dass die Kinder abwechselnd beim Vater und bei der Mutter leben. Viele sind AlleinerzieherInnen, manchmal in der Erziehung tatsächlich ganz auf sich allein gestellt. Wir wissen, dass wir einem Vorurteil anhaften, wenn wir sagen, in unseren Augen sei es für Kinder besser, wenn sie mit beiden Elternteilen aufwachsen und beide einen guten Beitrag dazu leisten. Wir sind gleichzeitig überzeugt, dass AlleinerzieherInnen bewusste Mütter und Väter sein können, die wunderbare, seelisch gesunde Kinder großziehen.[12]

In diesem Buch haben wir versucht, Mütter und Väter als gleichwertige Elternteile anzusehen.[13] In den meisten Fällen ist die Mutter die Hauptbezugsperson in den ersten Lebensmonaten und -jahren eines Kindes. Es gibt aber durchaus auch andere Konstellationen. Was wir hier über Mütter sagen, gilt in gleichem Maße auch für Väter, die früh und intensiv in die Betreuung ihrer Kinder miteinbezogen sind. Für Väter gilt natürlich dasselbe wie für Mütter - sie wurden in ihrer Kindheit selbst verwundet und können durch ihre Kinder Einsichten gewinnen und sich auf den Weg zu Wachstum und Heilung begeben. Es ist sehr wünschenswert, dass Väter sich soweit als möglich in einem ähnlichen Ausmaß wie Mütter am Leben ihrer Kinder beteiligen.

Wir möchten auch auf die wichtige Rolle von Großeltern hinweisen. Wir sprechen in unserem Buch der Einfachheit halber stets von »Eltern«, meinen damit jedoch alle Erwachsenen, die als primäre Bezugspersonen die Verantwortung für Kinder übernehmen. Es kommt gar nicht selten vor, dass Kinder bei ihren Großeltern leben. Aber selbst wenn die Familiensituation »normal« ist und die Kinder bei ihrem Vater und/oder ihrer Mutter aufwachsen, können Großeltern einen äußerst positiven Einfluss auf das Selbstwertgefühl und die Kompetenz ihrer Enkelkinder haben.

Über dieses Buch

Dieses Buch zeigt, dass bewusste Elternschaft große Veränderungen bewirken kann. Unser persönlicher Schwerpunkt liegt darauf, unseren Lesern ein neues Verständnis des Eltern-Seins und eine neue Perspektive für Eltern-Kind-Beziehungen zu vermitteln, anstatt neue Regeln oder Tipps für den Umgang mit Kindern zu geben.

Unser Buch beschreibt, wie Kinder sind und nicht, wie Kinder sein sollen oder wie Eltern ihre Kinder dazu bringen, zu tun, was sie als Eltern für richtig halten. Es möchte uns nahe bringen, wie Kinder sind - als menschliche Wesen, die mit ihrer ganzen Persönlichkeit zur Welt kommen und darauf angewiesen sind, dass Eltern alles dafür tun, um diese Ganzheit zu bewahren, solange das Kind in ihrer Obhut ist.

Dieses Buch betont, wie wichtig Selbstreflexion für Eltern ist, und dass der Prozess der Bewusstwerdung auch eine Motivation für persönliche Veränderung ist. Es mag notwendig sein, über verschiedene Erziehungsstile und über die Bedürfnisse unserer Kinder Bescheid zu wissen - das allein reicht aber nicht aus. Als Eltern müssen wir bereit sein, uns selbst zu verändern.

Unser Buch möchte Eltern helfen zu erkennen, wo und in welchen Bereichen persönliche Veränderungen möglich sind. Es möchte dazu motivieren, hellhörig zu werden, in welchen Situationen wir auf natürliche, entwicklungsbedingte Verhaltensweisen unseres Kindes negativ oder zu intensiv reagieren. Eltern können ihr Kind als Spiegel ihrer eigenen, nicht vollendeten Kindheit und als Spiegel ihrer verloren gegangenen Selbstanteile ansehen. Dieses Buch zeigt, wie Erwachsene sich in ihrem Bemühen, bewusste Eltern zu werden, auch persönlich entscheidend weiterentwickeln können.

Manche Passagen dieses Buches werden Sie unter Umständen tief berühren. Wir wollen nicht beschönigen, wie der Teufelskreis des gegenseitigen Verwundens von einer Generation an die nächste weitervererbt wird, bis jemand einen bewussten Schritt setzt, etwas zu verändern. Einer der ausschlaggebenden Gründe, dieses Buch zu schreiben, ist unsere große Sorge um die endemischen Ausmaße, die die Zerrüttung von Ehe und Familie in unserer Gesellschaft angenommen hat. Die Statistik besagt, dass ungefähr 60 Prozent aller Ehen geschieden werden.[14] In mehr als der Hälfte dieser Ehen gibt es Kinder, die noch zuhause leben. In den USA gibt es derzeit 79 Millionen Ehepaare, und die Vorstellung darüber, wie viele »Scheidungswaisen« daraus hervorgehen könnten, ist sehr bestürzend. Die Problematik unbewusster Elternschaft hat zweifellos eine persönliche und eine gesellschaftliche Dimension. Unserer Meinung nach müssen wir auf der persönlichen Ebene ansetzen. Nur wenn die Eltern unserer Zeit sich dafür entscheiden, den Kreislauf des gegenseitigen Verwundens zu durchbrechen und heilende Zuwendung zu schenken, wird es möglich sein, den besorgniserregenden gesellschaftlichen Problemen unserer Zeit Einhalt zu gebieten.

Unser elterliches Verhalten lässt klare Rückschlüsse darauf zu, wie unsere eigenen Eltern mit uns umgegangen sind. Es kann entmutigend sein zu erkennen, dass unser Verhalten in vielen Situationen fast ident mit dem unserer Mutter oder unseres Vaters ist. Vielleicht aber motiviert uns gerade diese Erkenntnis, uns mit ungelösten Themen auseinanderzusetzen, deren Wurzeln in unserer Kindheit liegen. *So viel Liebe wie mein Kind braucht - Der gemeinsame Weg in ein erfülltes Leben* eröffnet uns die einzigartige Chance zu persönlicher Veränderung. So können wir eine bewusste, gesunde und tiefe Beziehung zu unseren Kindern aufbauen und bewahren.

2. Die Familie - Ursprung unserer Imago

Der Prinz eilte herbei und hob sie aus dem Sarg. Er erzählte ihr, was geschehen war, und bat sie, seine Frau zu werden. Schneewittchen sagte mit glänzenden Augen »Ja« und sie ritten zu des Prinzen Schloss, wo eine prachtvolle Hochzeit gefeiert wurde ... Und so lebten sie glücklich und zufrieden bis an ihr Lebensende.[1]

Auch in Ihrer Kindheit haben Ihre Eltern oder Großeltern Ihnen vermutlich die Geschichte von Schneewittchen vorgelesen. Und Sie haben mit großen Augen davon geträumt, wie schön das Leben sein kann, wenn man sich verliebt. Wenn plötzlich aus dem Nichts heraus ein tapferer Prinz auftaucht, sich über die Prinzessin mit dem langen schwarzen Haar beugt und sie sanft auf die Lippen küsst ... Diese Geste genügt, um beide zu einem Leben zu erwecken, das schöner und wunderbarer ist als alles, was sie zuvor erlebt haben. Was können wir aus diesem Märchen lernen? *Verliebe dich in die richtige Person, dann bist du glücklich bis ans Ende deiner Tage!*

Rund hundertfünfzig Jahre nachdem die Gebrüder Grimm ihre Märchen geschrieben hatten, begann die märchenhafte Romanze zwischen einer jungen Dame und einem Prinz. Sie begann allerdings dort, wo das Märchen von Schneewittchen endete, nämlich bei der Hochzeit: eine überaus schöne junge Braut heiratete 1981 ihren Prinzen. Sie war ihm treu ergeben und nichts war ihr wichtiger, als ihn zufrieden zu stellen. Sie schenkte ihm einen perfekten Thronfolger, bald darauf kam ein zweiter Sohn. Aber dann, zur großen Bestürzung aller, nistete sich eine leise Unzufriedenheit ein, sickerten erste Tropfen der Enttäuschung durch, stauten sich Einsamkeit und Sprachlosigkeit auf zu einem immer größeren, schmerzlichen Fluss, der über die Ufer ihrer Ehe hinaustrat und das öffentliche Bewusstsein überschwemmte. Elf Jahre später trennten sich die beiden. Die Romanze war vorbei. Die perfekte Familie - Prinz Charles, Prinzessin Di und ihre Kinder - war zerbrochen. So wie viele andere Familien zerbrechen. Und was können wir daraus lernen? *Im wirklichen Leben läuft es anders als im Märchen ...*

Romantische Vorstellungen

Bei einer der beiden Geschichten handelt es sich um ein Märchen, bei der anderen um eine Biographie. Das macht einen großen Unterschied. Bei Märchen ist keine journalistische Sorgfalt gefordert, sie müssen nicht unsere Lebensrealität widerspiegeln. Die Erzählungen haben allerdings eine interessante Gemeinsamkeit: beide nähren unsere Sehnsucht nach der magischen und verwandelnden Kraft der Liebe. Ein einziger Kuss genügt und wir sind für immer erlöst von unserem inneren Leid und all unseren Problemen. Wie durch Zauberei geraten wir in einen Zustand, der uns vertraut erscheint: er erinnert uns an die spirituelle Harmonie und Ganzheit, die wir zu Beginn unseres Lebens besaßen.

Auch Leute wie du und ich kennen das Gefühl, sich zu verlieben und plötzlich ein Land voll Schönheit und großer Verheißungen zu betreten. Wenn Liebe und Hochzeit auf einer königlichen Bühne ihren Auftritt haben, identifizieren wir uns vielleicht und sind ergriffen. Könige und Königinnen sind die Darsteller ihrer eigenen Dramen, sie singen aber in gewisser Weise auch unser Lied.

Nämlich dann, wenn sie an jenen Punkt gelangen, wo die Wirklichkeit Einzug hält. Dann wird es auf einmal kompliziert. Wir sind immer öfter enttäuscht voneinander. Früher oder später sitzen wir einander am Frühstückstisch gegenüber und erkennen, dass unser Traum zerplatzt ist. Unser Leben hat nichts Märchenhaftes mehr an sich, die harte Realität hat Einzug gehalten. Wir müssen uns langsam Sorgen machen, was im Fall einer Trennung mit unseren Kindern geschehen soll.

Zu behaupten, dass das, was Charles und Diana passiert ist, so gut wie jedem passieren kann, wäre übertrieben. Die Scheidungsrate[2] liegt hierzulande »nur« bei ca. 60 Prozent und »nur« die *Hälfte* aller Kinder wächst bei geschiedenen Elternteilen oder in Patchwork-Familien auf. Wir sollten die Geschichte von Charles und Diana aber als Mahnung verstehen. Und uns die Frage stellen, was wir denn tun könnten, *wenn die Romantik verblasst* ist.

Wie die Geschichte weitergehen könnte

Dem Märchen der Gebrüder Grimm sind dort Grenzen gesetzt, wo es darum geht, menschliches Verhalten zu erklären. Die Geschichte hört nämlich auf, wo sie beginnen könnte, zur Herausforderung zu werden. Im Märchen wird kein Wort darüber verloren, dass eheliche Unstimmigkeiten unvermeidlich sind. Es wird nicht erzählt, wie das naive Schneewittchen, an unkultivierte Zwerge gewöhnt, die Erwartungen eines reichen und weltgewandten Prinzen erfüllen kann - oder wie sie ihre gemeinsamen Kinder großziehen, wenn Schneewittchen sie vielleicht übertrieben bemuttert und sich gleichzeitig beklagt, dass ihr Prinz zu wenig daheim ist und sie im Stich lässt.

Probleme wie diese sind für Märchenerzähler nicht von Bedeutung. Aber für uns sind genau diese Fragen die interessantesten. Es macht wenig Sinn, uns über Schneewittchen den Kopf zu zerbrechen - es ist uns viel wichtiger, mit unseren eigenen Problemen klar zu kommen. Da spekulieren wir noch eher über Schicksale wie das von Charles und Diana. Und wir fragen uns, wie es mit unserer eigenen Paarbeziehung weitergehen wird. Mit uns, die wir es trotz bester Absichten und ehrlichen Bemühens oft kaum schaffen, so lange an einem Strang zu ziehen, bis unsere Kinder erwachsen sind.

Ein Erklärungsversuch - die Imago-Theorie

An einem gewissen Punkt reichen Spekulation und Märchen nicht mehr aus, um die Dynamik von Ehen und Eltern-Kind-Beziehungen zu verstehen. Wir brauchen ein Erklärungsmodell, das uns hilft zu verstehen, was sich auf einer tieferen Ebene verbirgt. Nur so können wir erkennen, welche Erfahrungen aus der Vergangenheit in das Muster unserer familiären Interaktionen eingewoben sind und sie in der Gegenwart schwächen. Solche Störungen können sich zu echten Problemen auswachsen, die die innere Bereitschaft für unsere Partnerschaft untergraben. Wir brauchen das Know-How, um bereits bei kleineren »Rissen« in der Beziehung die einzelnen Fäden wieder zusammenzuknüpfen, damit kein »Loch« entsteht. »Den Kopf in den Sand stecken« und hoffen, dass alles gut ausgeht, ist keine Lösung.

Vor 20 Jahren haben wir begonnen, »Risse« in unserer eigenen Beziehung zu ergründen; später haben wir das in ähnlicher Weise auch in der therapeutischen Arbeit mit Paaren getan. Mit der Zeit haben wir gewisse Verhaltensmuster entdeckt. Daraus ergab sich ein Entwicklungsmodell, das die euphorischen Gefühle während unserer Verliebtheit und der weiteren Phasen von Paarbeziehungen beschreiben konnte. Dieses Modell, die Imago-Beziehungstheorie, erklärt die spezifischen Verhaltensmuster von Menschen - wenn sie sich verlieben, wenn sie heiraten, wenn der Machtkampf beginnt und wenn sie viele Jahre lang die schwierigste Aufgabe der Welt erfüllen, nämlich Kinder großzuziehen. Die Imago-Theorie ist ein Versuch, Fragen zu beantworten, auch solche, die durch Schneewittchen, ihren Prinzen, Prinzessin Diana und Prinz Charles aufgeworfen werden.

Versuchen Sie bitte, sich unser Konzept auch dreidimensional vorzustellen. Denken Sie an Computeranimationen, die die Verarbeitung von Sprache im Gehirn, die Entstehung von Gewittern oder die wirbelnden atmosphärischen Muster über dem Kern des Jupiters veranschaulichen. Solch interaktive Systeme ähneln einem Hologramm - wir können sie von allen Seiten betrachten, und zwar alle unterschiedlichen Teile gleichzeitig[3]. Wir sehen, wie durch feine Interaktionen an bestimmten Punkten das System als Ganzes beeinflusst und verändert werden kann.

In ähnlicher Weise können wir uns eine Familie als mehrdimensionales, interaktives System vorstellen. Die Art und Weise, wie Eltern und Kinder miteinander in Beziehung sind, formt sie als Individuen und formt auch die Identität und Atmosphäre der Familie als Ganzes[4]. Die »Familie«, die wir zu einem bestimmten Zeitpunkt sehen, ist immer das Ergebnis aller bisher stattgefundenen Interaktionen zwischen den einzelnen Familienmitgliedern. Ein Familiengespräch beim Abendessen kann das veranschaulichen. Ein einziges Gespräch kann sämtliche feine Nuancen und die Komplexität eines organischen Prozesses widerspiegeln. Auch für das System »Familie« gelten Naturgesetze, wie für alles andere in unserem Universum.

Gesetzmäßigkeiten der Natur

Die heutige Wissenschaft hofft auf einen bedeutenden Durchbruch, um in naher Zukunft die Nuancen und die Komplexität von organischen Prozessen und das

Wesen unseres Universums verstehen zu können. Täglich werden neue Gesetzmäßigkeiten entdeckt, die unser naturwissenschaftliches Spektrum erweitern, von der Anordnung der Piniensamen an der Oberfläche von Pinienzapfen bis hin zu Sternen, aus denen Galaxien entstehen können. Wenn wir eine Gesetzmäßigkeit der Natur erkennen, kommen wir der »Wahrheit« ein Stück näher und erkennen, was wir brauchen, um weitere Entdeckungen machen zu können.

Ein bekannter Mathematiker definierte die Mathematik als »Wissenschaft der Gesetzmäßigkeiten«[5]. Wir sehen die Imago-Theorie in ähnlicher Weise als »Wissenschaft der Gesetzmäßigkeiten von Ehe und Familie« an. Wie jede fundierte Theorie liefert auch die Imago-Theorie Begründungen für das, »was ist«, zeigt auf, wodurch Abweichungen verursacht werden können, und erklärt, was man verändern könnte.

Zwei universelle Gesetze

Die Imago-Theorie unterstützt die Sichtweise, dass das menschliche Verhalten innerhalb einer Familie und unser Leben im Allgemeinen zwei universellen Gesetzen unterliegen. Das erste Gesetz lautet, dass *innerhalb eines Systems allgemeingültige Muster weitergegeben werden*. Wäre das nicht der Fall, gäbe es keine Tierarten, die wir als »Löwe«, »Maus« oder »Kaulquappe« bezeichnen könnten. Natürlich gibt es innerhalb dieser Muster individuelle Abwandlungen. Nur ganz wenige Muster werden eins zu eins weitergegeben. Wir erkennen beispielsweise alle Zebras als Zebras, denn als solche unterscheiden sie sich von allen anderen Tieren. Man erkennt sie am Streifenmuster ihres Fells. Aber jedes Zebra, das jemals gelebt hat, hat ein persönliches Muster, das sich minimal von allen anderen unterscheidet. Deshalb umkreist die Zebramutter ihr Junges nach der Geburt so lange, bis das Junge sich ihr Muster genau eingeprägt hat. So kann es seine Mutter erkennen und weiß, wo es Nahrung bekommt. Bei Menschen werden ebenfalls allgemeingültige Strukturen weitergegeben - aber die Art und Weise, wie sich diese Muster im Kind manifestieren, ist anders.

Das zweite im Kontext von Familien geltende Gesetz besagt, dass *Dinge sich verändern*. Das scheint auf den ersten Blick dem zu widersprechen, was wir gerade über vererbte Muster gesagt haben. Wir werden im Verlauf dieses Buches auf weitere Paradoxa stoßen, wo zwei einander widersprechende Tastsachen gleichzeitig Gültigkeit haben. Treffen wir auf ein Paradoxon, so ist das ein Hinweis darauf, dass wir uns tieferen Dimensionen eines Themas und einem der vielen Mysterien des Menschseins annähern. Fassen wir noch einmal zusammen: Dinge haben die Tendenz gleich zu bleiben *und* sie können sich verändern.[6] Manchmal finden diese Veränderungen innerhalb einer Generation statt und das Baby unterscheidet sich in gewisser Hinsicht deutlich von den Eltern. Aber viele dieser Veränderungen manifestieren sich so langsam, dass unser menschlicher Zeitrahmen sie nicht erfassen kann.

Diese zwei Gesetze verdeutlichen, wie sich die Gesetzmäßigkeiten des Universums in uns allen und in unserem persönlichen Leben widerspiegeln. Und sie bilden die Basis der Imago-Theorie. Wenn wir die Naturwissenschaft kurz außer Acht lassen und uns dem Behaviorismus zuwenden, dann erfahren wir dort, dass Eltern all ihre Verhaltensmuster an ihre Kinder weitergeben. Und die Kinder geben ihre Muster wiederum an ihre Kinder weiter - solange, bis jemand diese familiäre Vermächtniskette[7] bewusst durchbricht. Das gilt für die Ehe und im Besonderen für die Eltern-Kind-Beziehung. *Um voraussagen zu können, wie Sie sich als Eltern verhalten werden, genügt ein Blick darauf, wie Ihre Eltern sich verhalten haben.* Menschen haben einen starken Hang zu Vertrautem. Solange wir uns nicht bewusst dafür entscheiden, uns anders zu verhalten, tun wir das, was uns selbstverständlich scheint. Wir wiederholen, was wir kennen, weil es *immer* schon so war. Um das zu verändern, müssen wir uns darüber bewusst werden, wie wir Menschen »funktionieren«, und den festen Willen haben, etwas Vertrautes durch etwas Neues zu ersetzen.

Mehr Bewusstheit erlangen

Wenn wir sagen, es ist wichtig, als »bewusste« Eltern zu werden, meinen wir mehr als die Fähigkeit zur bewussten Wahrnehmung, die alle Lebensformen verbindet.[8] Wir meinen damit etwas, wozu anscheinend nur der Mensch fähig ist, nämlich Selbsterkenntnis und Bewusstheit seiner selbst. In engem Zusammenhang damit steht die Willensanstrengung, die notwendig ist, wenn Menschen mehr über sich selbst herausfinden wollen. Wir Menschen sind Wesen, die grundsätzlich zur Selbsterkenntnis fähig sind, aber bewusst daran arbeiten müssen. Sich seiner selbst wirklich bewusst zu werden, kann harte Arbeit bedeuten.

Es ist nicht leicht, die komplexen psychologischen Muster zu erkennen, die unsere einzigartige Identität ausmachen. Sie liegen tief in uns verborgen. Sie entstehen durch Interaktionen mit anderen Menschen, die keine sichtbaren Spuren hinterlassen. Wir tragen unsere Muster nicht wie Zebras offen zu Schau. Und da wir menschliche Wesen sind, deren Gehirnentwicklung Besonderheiten aufweist, bleiben diese Muster nicht nur anderen verborgen, sondern teilweise auch uns selbst.

Jenen Menschen, die uns am nächsten stehen, gelingt es meist besser, unsere Verhaltensmuster wahrzunehmen, als uns selbst. Wenn ein Familienmitglied zu uns sagt: »Das machst du *immer* so« oder: »*Immer* wenn ich das mache, reagierst du so«, dann können wir uns in diesem Muster wieder erkennen und unter Umständen auch das Muster in uns - oder auch nicht. Es kann einige Zeit dauern, bis wir unsere Augen bewusst öffnen für unsere gewohnheitsmäßigen Reaktionen und die tiefer liegenden Emotionen, durch die sie ausgelöst werden. Es fällt uns relativ leicht, Verhaltensmuster an anderen zu erkennen, aber es braucht eindeutig mehr Zeit, bis wir uns selbst durchschauen.

Die Imago-Theorie möchte psychologische Muster aufzeigen, damit Menschen sich selbst besser verstehen können. Es liegt an Ihnen, nachzuprüfen, ob die Imago-Theorie auf Ihre persönlichen Auslöser und Verhaltensweisen zutrifft, ob sie

Ihnen hilft, sich selbst besser zu verstehen und Ihr persönliches Verhalten einzuordnen. Wenn ja, so denken Sie sicher bald: »Das ist also der Grund, warum ich mich so und nicht anders verhalte. Das ist mir bisher noch nicht aufgefallen - aber es macht Sinn!«

Manche Leute wehren sich gegen die Tatsache, dass ihre ureigensten Verhaltensweisen universellen Gesetzmäßigkeiten unterliegen sollen. Wir haben die angeborene Tendenz, uns in jeder Hinsicht als einzigartig sehen zu wollen. Schließlich ist jeder von uns mit einem unverwechselbaren Körper und Geist ausgestattet und jeder von uns wurde zu einem bestimmten Zeitpunkt in eine bestimmte Familie hineingeboren. Unsere Lebensumstände sind einzigartig und ganz persönlich. Da hören wir nicht gerne, dass es universelle Muster gibt, die erklären, wie wir uns verlieben, heiraten, unsere Kinder großziehen und welche Konfliktpunkte wir miteinander haben. Die Erfahrung zeigt aber, dass wir sehr von dem Wissen eines schlüssigen und verständlichen Erklärungsmodells profitieren können, das beschreibt, wie wir uns gegenseitig beeinflussen. Wenn wir Einblick in dieses Modell gewinnen, bringt es uns wertvolle Erkenntnisse über das System »Familie«. Es hilft uns, einen Weg aus den vielfältigen Verstrickungen und schmerzlichen Erfahrungen in Ehe und Familie zu finden.

Ein erster Einblick in die in die Imago-Theorie

Wir haben angedeutet, dass die Imago-Theorie gewisse Gesetzmäßigkeiten für Ehe und Eltern-Kind-Beziehungen erkannt hat. Nun könnte es interessant sein, diese genauer zu betrachten. Wir möchten Verhaltensmuster erläutern, die wir nicht bewusst steuern können. Sie werden sehen, wie stark sie unser Denken und unsere Gefühle in der Beziehung zu unseren Kindern und Partnern beeinflussen. Wir möchten hier nur einen ersten Einblick vermitteln und vorerst nur so weit darauf eingehen, als es speziell für Eltern-Kind-Beziehungen von Bedeutung ist. Gegen Ende dieses Kapitels finden Sie ausführlichere Erklärungen und im weiteren Verlauf dieses Buches werden wir das Thema »Verhaltensmuster« immer wieder aufgreifen.

ROMANTISCHE LIEBE: SICHTBAR FÜR UNS … haben sich zwei Menschen Hals über Kopf ineinander verliebt. Sie haben sich noch nie zuvor in ihrem Leben so großartig gefühlt. Sie erfreuen sich an ihrer Unterschiedlichkeit und haben in der Gegenwart des geliebten Partners ein starkes Gefühl persönlicher »Ganzheit« und gegenseitiger Ergänzung - wie mit keinem anderen Menschen. Sie glauben fest daran, dass diese Glückseligkeit für immer anhalten wird.

AUF EINER TIEFEREN EBENE … haben die beiden einander unbewusst aus ganz konkreten Gründen erwählt. Beide fühlten sich zu diesem Partner so stark hingezogen, weil er/sie die markantesten Wesenszüge von einem (oder beiden) seiner/ihrer Elternteile aufwies. Während sie sich sowohl von den negativen als auch den positiven Merkmalen angezogen fühlten, hatten die negativen einen besonders starken Einfluss. Das bedeutet, dass sich Menschen ausgerechnet zu einem Partner hingezogen fühlen, der jenem Elternteil ähnelt, mit dem sie in ihrer Kindheit größere Schwierigkeiten hatten. In der Verliebtheit macht genau das einen Teil der Euphorie aus: der unserem Elternteil ähnliche Partner scheint im Moment das Wunder zu vollbringen, unsere Bedürfnisse so zu erfüllen, wie es unseren Eltern niemals gelungen ist.

EHE/PARTNERSCHAFT: SICHTBAR FÜR UNS … dauert die Verliebtheit einige Zeit an, bevor sie zu verblassen beginnt - im besten Fall nach etwa drei Jahren. Bei einigen Paaren verflüchtigt sich die Verliebtheit schon kurz nach der Hochzeit. Konflikte kommen an die Oberfläche und die Ehepartner fragen sich, ob ihre Entscheidung füreinander die richtige war. Ihr Partner scheint nicht mehr die Person zu sein, die sie zu heiraten geglaubt haben. So war das nicht ausgemacht!

AUF EINER TIEFEREN EBENE … erkennen wir, dass mit dem Partner nun die gleichen Konflikte auftreten, die wir bereits mit unseren Eltern hatten. Wir erwarten vom anderen, dass er unsere Bedürfnisse voll und ganz erfüllt, und sind enttäuscht, wenn das nicht zutrifft. Beide Seiten haben das Gefühl, dass sie mehr geben, als sie bekommen. Ob ein Paar diesen Machtkampf überwinden kann oder nicht, hängt davon ab, ob es ihm gelingt, die Beziehung neu zu gestalten und ein tiefes, einfühlsames Verständnis für Verwundungen, die noch von den Eltern herrühren, zu zeigen. So könnte sich das Potenzial für eine leidenschaftliche Freundschaft entfalten. Sie könnten ihre Ehe bewusst gestalten und lernen, füreinander heilende Partner zu sein. Das ist eine Voraussetzung, um sich mutig mit alten Wunden zu konfrontieren, sie liebevoll zu pflegen und zu »verbinden«. Dann sind sie keine Blockaden mehr und es eröffnet sich ein Weg, um Heilung und personale Ganzheit zu finden. Wenn Sie mehr über die »bewusste Ehe« erfahren wollen, möchten wir Ihnen auch das Buch *So viel Liebe wie Du brauchst - Der Wegbegleiter für eine erfüllte Beziehung* sehr ans Herz legen.

GEBURT EINES KINDES: SICHTBAR FÜR UNS … wird in diesen mehr oder weniger heftigen Machtkampf unter Umständen das erste Kind hineingeboren. Vorerst sind die Partner vor Freude überwältigt. Sie erklären sich bereit alles zu tun, um gute Eltern zu sein.

AUF EINER TIEFEREN EBENE … kommt ein Kind mit seiner physischen und seelischen Ganzheit zur Welt. In dem Ausmaß, in dem seine Eltern seine Bedürfnisse stillen, können sie die Verbundenheit des Babys mit sich selbst und mit seiner unmittelbaren Umgebung bewahren - und ebenso die Verbundenheit mit dem Universum, aus dem es kommt, und der Welt, in die es hineingeboren wurde. Wenn Eltern ihr Kind anschauen und erkennen können, *wer es ist* und *was alles in ihm angelegt ist*, wenn es ihnen gelingt, seine elementaren Bedürfnisse zu stillen und seine Entwicklungsimpulse zu unterstützen, dann kann ihr Kind sich zu einer einzigartigen und integrierten Persönlichkeit entfalten. Die innere Bereitschaft, sich ganz auf das Kind einzustellen, gefühlsmäßig »mitzuschwingen«, steht in engem Zusammenhang damit, wie es den Eltern in ihrer Ehe gerade geht. Wurden die Kindheitsverletzungen, die sie in ihre Ehe mitgebracht haben und die nun Probleme verursachen, schon angesprochen? Ungelöste persönliche Probleme und Partnerschaftskonflikte können ihre Elternrolle in verschiedener Intensität beeinträchtigen. Auch wenn beide eine gewisse emotionale Reife mitbringen und ihre Ehe stabil ist, werden sie bei manchen Interaktionen mit ihrem Kind Fehler begehen. Kein Elternteil, wie hingebungsvoll er auch sein mag, ist perfekt auf sein Kind eingestimmt und in der Lage, die Bedürfnisse des Babys in jedem wachen Augenblick zu erfüllen.

PROBLEME ALS ELTERN: SICHTBAR FÜR UNS ... haben die jungen Eltern möglicherweise Schwierigkeiten mit ihrer neuen Rolle als Vater oder Mutter. Nehmen wir an, wir hätten die frischgebackene Mutter eines kleinen Sohnes vor uns, den wir Daniel nennen wollen. Daniels Mutter erkennt, dass sie die anfängliche innige Verbundenheit mit ihrem Sohn nicht aufrechterhalten kann, und dass unerklärliche Aggressionen gegenüber ihrem Kind sie überraschen und stark verunsichern. Sie mag vordergründige Dinge dafür verantwortlich machen, wie unerwartete Charaktereigenschaften ihres Sohnes, beruflichen Stress oder Probleme mit ihrem Mann. Sie sieht keinen Weg, aus diesen Schwierigkeiten herauszufinden. Sie ist verzweifelt.

AUF EINER TIEFEREN EBENE ... haben Eltern oft nicht die geringste Ahnung, warum im Umgang mit ihren Kindern Probleme auftreten. Die Perspektive der Imago-Theorie[9] ermöglicht es, die Entstehung, die Herkunft und auch den Zeitpunkt des Auftretens von Schwierigkeiten zuzuordnen und zu begründen. Unsere Probleme stehen in direktem Zusammenhang mit unserer eigenen Kindheit und den Schäden, die unsere kindliche Psyche durch ungeschicktes oder verletzendes Verhalten unserer Eltern oder naher Bezugspersonen erlitten hat. Mit großer Wahrscheinlichkeit haben Ihre Eltern beste Absichten in der Kindererziehung gehabt. Und dennoch haben Ihre Eltern Sie verwundet.[10] Vielleicht haben sie Sie zu wenig beachtet, zuviel kritisiert oder, im Gegenteil, mit zuviel Aufmerksamkeit förmlich überschüttet. Oder sie haben Ihr Streben nach Unabhängigkeit nicht gewürdigt oder Ihnen nicht erlaubt, wütend zu sein ... Diese Aufzählung lässt sich beliebig fortsetzen - wie wir in späteren Kapiteln sehen werden. Dort, wo Sie in Ihrem Wachstum eingeschränkt und in Ihrer personalen Ganzheit verletzt wurden, gibt es nun seelische »Narben«.

Diese Vernarbungen haben den Zweck, uns vor neuem Schmerz zu schützen. Sie können viele unterschiedliche Formen haben, wie zum Beispiel defensives Verhalten, das uns allen vertraut ist: wir verleugnen Teile unseres Selbst und heben andere in übertriebener Weise hervor. Als Folge davon verändert sich unser wahres Selbst zu einem unnatürlichen Selbst, an das wir uns im Laufe der Jahre gewöhnen und es als unseren Charakter betrachten. In der Beziehung zu unserem Partner oder unserem Kind beginnen unsere Narben sich bemerkbar zu machen. Sie beeinträchtigen unsere Fähigkeit, unserem eigenen Kind in guter Weise zu begegnen. Daniels Mutter wird mit ihrem Sohn in ganz ähnlichen Bereichen Probleme haben wie ihre eigenen Eltern. Ihre Verletztheit untergräbt ihre Fähigkeit, ihren Sohn gut zu »beeltern«, weil ihre eigenen unerfüllten Bedürfnisse mit seinen verschwimmen. Die gesunde psychologische Distanz, die ein wesentliches Element bewusster Elternschaft ist, ist sehr schwer aufrechtzuerhalten, wenn die Mutter/der Vater sich selbst unbewusst für das Kind hält.

KOMMENTARE ANDERER MENSCHEN: SICHTBAR FÜR UNS ... weiß Daniels Mutter vermutlich nicht, wo die Ursachen für ihre Probleme liegen könnten, aber ihr Mann macht eine kritische Bemerkung, die darauf schließen lässt, dass er sie dafür verantwortlich macht. Es soll ihre Schuld sein? Sie geht in die Defensive. Einige Tage später macht er wieder eine kritische Bemerkung und sie zieht sich weiter zurück. Sie denkt: »Wenn er meint, es wäre so einfach, dann soll er es doch selber machen!«
AUF EINER TIEFEREN EBENE ... sind Eltern oft ratlos, wie sie miteinander über ihre Elternschaft sprechen und reflektieren können. So treffen sie Aussagen, die den Partner kritisieren. Daniels Mutter nimmt eine Verteidigungshaltung ein, weil sie sich verletzt fühlt. Sie ist höchst empfindlich für jede Kritik, die ihre »alte« Verletzung neu aktivieren könnte. Sobald sie spürt, dass der alte Schmerz wieder an die Oberfläche gelangen könnte, nimmt sie ihre Verteidigungshaltung ein.

PERSÖNLICHE EINSICHT: SICHTBAR FÜR UNS ... bleibt es offen, ob Daniels Mutter die Kritik ihres Ehemannes zurückweist oder annehmen kann, und ob sie mit der Zeit erkennt, dass ihre Reaktionen ihr Kind und ihren Partner verletzen und ihre Verhaltensmuster keiner bewussten Steuerung unterliegen. Unter Umständen stellt sie sich eines Tages selbst die Frage: »Warum verhalte ich mich nur so?«
AUF EINER TIEFEREN EBENE ... setzen manche Eltern sich nie mit dieser Frage auseinander. Sie können keine tieferen Einsichten gewinnen, weil sie keinen Zusammenhang zwischen ihrem eigenen Verhalten und dem störenden Verhalten ihres Kindes herstellen. Sie beschuldigen vornehmlich ihr Kind bzw. andere beteiligte Personen, oder sie machen sich Selbstvorwürfe und erklären ganz allgemein, sie seien »schlechte«, »unfähige« oder »unglückliche« Menschen. Diese Art der blinden und selbstbezogenen Elternschaft erkennt nicht, welche besondere Aufmerksamkeit dem Kind und seinen Bedürfnissen zukommen sollte - eine Form *unbewusster* Elternschaft. Die meisten von uns kennen unbewusstes Verhalten von ihren eigenen Eltern und von sich selbst - außer sie haben durch Reflexion und Selbsterfahrung bereits einen bewussten Weg der Veränderung beschritten.
Erfreulicherweise ist Daniels Mutter offen für die Möglichkeit, sich auf systematische Weise mit den Problemen der Elternschaft auseinander zu setzen, um neue

Einblicke zu gewinnen. Es tröstet und erleichtert sie, dass sie nicht selbst für die Entstehung ihrer Probleme verantwortlich ist, aber nun Verantwortung für den Weg der Heilung übernehmen kann. Besonders fasziniert es sie, dass die Imago-Theorie zwei Hauptreaktionsmuster von Eltern beschreibt. Da wir alle in gewisser Hinsicht in unserer Kindheit verwundet wurden, handeln wir als Erwachsene manchmal übertrieben und verletzend. Entweder wir ziehen uns zurück, verstecken uns hinter unsichtbaren Mauern und bringen uns zu wenig ein - oder es fällt uns ziemlich schwer, Grenzen zu setzen, und wir bringen uns zuviel ein. Das liefert eine Erklärung dafür, warum gewisse Verhaltensweisen ihres Sohnes bei Daniels Mutter plötzliche Aggressionen und ein Gefühl großer Überforderung auslösen, während dieselben Verhaltensweisen ihren Mann kaum aus der Ruhe bringen können.

UNSERE GROSSE CHANCE: Fast alle Eltern kennen Situationen, in denen sie ihre Eltern-Kind-Beziehung als große Herausforderung erleben. Einige Menschen haben damit mehr Schwierigkeiten als andere - so wie in manchen Ehen der Kummer und der Machtkampf größer sind als in anderen. Aber die unvermeidbaren Herausforderungen der Elternschaft können eine einmalige Chance in unserem Leben eröffnen. Es gibt für einen Erwachsenen keinen besseren Weg, seine Kindheitswunden zu erkennen, zu heilen und sein ganz persönliches Potenzial auszuschöpfen, als die Selbsterfahrung innerhalb einer bewussten Eltern-Kind-Beziehung.

Die Probleme, die Sie mit Ihren Kindern haben, liefern unbezahlbare Informationen darüber, welche Teile Ihres Selbst als Resultat Ihrer Kindheit noch fehlen oder der Heilung bedürfen. Diese Einsichten sind Goldes wert für Ihre Entwicklung zu einem bewussten Elternteil und Partner. Ihr Bestreben, ein bewusster Mensch zu werden, wird Ihr Kind stark prägen. Es wird ebenfalls einen Weg der Bewusstheit einschlagen und später selbst zum Vorbild für seine Kinder werden. Die Entscheidung, Ihr eigenes Wachstum und Ihre eigene Entwicklung nachzuholen, wird sich positiv auf Sie selbst, auf Ihre Ehe und andere nahe Beziehungen auswirken. Und sie wird sich vor allem positiv auf Ihr Kind auswirken.

Kehren wir noch einmal zurück zu Daniels Mutter, deren Probleme wir bereits analysiert haben. Sie ist bereit, eine bewusste Mutter zu werden. Anstatt zu verzweifeln angesichts ihrer persönlichen Schwierigkeiten in der Beziehung zu ihrem Sohn, kann sie gerade daraus neue Energie schöpfen. Sie muss sich nicht schuldig fühlen, denn es ist schließlich nicht ihre Schuld. Die Imago-Theorie vertritt die Ansicht, dass Unzulänglichkeiten in unserer Vater- bzw. Mutterrolle von Ereignissen in der eigenen Kindheit herrühren, auf die wir keinen Einfluss nehmen konnten. Wenn Daniels Mutter diese Sichtweise teilt, verfällt sie nicht so leicht in Schuld- oder Ohnmachtgefühle, wenn ein Problem auftaucht. Sie kann sich entscheiden, alles zu tun, was in ihrer Macht steht, und darin eine neue

Motivation finden. Und sie muss sich nicht vorwerfen, sie hätte einen schlechten Charakter. Wie schon gesagt: die Dinge können sich ändern.

Was Eltern tun können:

1. **Entdecken Sie Ihr Kind.** Daniels Mutter kann mehr über ihr Kind erfahren, indem sie sich über die natürlichen Entwicklungsphasen informiert, die Kinder durchleben. Obwohl die einzelnen Entwicklungsphasen intensiv erforscht und dokumentiert wurden, wissen viele Eltern noch relativ wenig darüber Bescheid. Bewusste Eltern erkennen, dass es ein wesentlicher Teil ihrer Elternrolle ist, die unterschiedlichen Bedürfnisse ihres Kindes auf dem Weg zum Erwachsen-Werden zu unterstützen und zu fördern. Eltern tun das, indem sie für emotionale und physische Sicherheit sorgen, indem sie alle entwicklungsbedingten Impulse des Kindes unterstützen und fördern, und indem sie für die nötige Struktur und die Grenzen sorgen, die ihrem Kind »Wegweiser« auf seinem Weg sein können.

2. **Erkennen Sie bewusster, wie Sie Ihre Kinder »beeltern«.** Daniels Mutter könnte aufmerksam beobachten, in welchen Situationen sie auf ihren Sohn unbewusst reagiert. Das sind Hinweise darauf, in welchen Entwicklungsphasen sie selbst noch etwas bearbeiten und nachholen sollte. Ihr ganz persönliches elterliches Verhalten ist keine fix vererbte Charaktereigenschaft. Ihr Schutzmuster beeinflusst dieses Verhalten. Alle Eltern tragen Elemente sowohl bewusster als auch unbewusster Elternschaft in sich, die sich situationsbedingt zeigen. Es ist jedoch aufschlussreich zu erkennen, wann welche Elemente dominieren. Wenn jemand (als Maximierer) eher dazu neigt, seine Gefühle nach außen zu zeigen (im Extremfall zu »explodieren«), wird sein Partner (als Minimierer) seine Gefühle eher zurückhalten (›implodieren‹) - und umgekehrt. Hier haben sich Gegensätze im unbewussten Selektionsprozess angezogen und ineinander verliebt. Diese Gegensätzlichkeit eines Elternpaares kann man bei unzähligen Gelegenheiten erkennen.

3. **Unterscheiden Sie zwischen Ihrem Kind und sich selbst.** Es ist ein alarmierendes Zeichen, wenn Eltern damit Schwierigkeiten haben, ihr Kind als eine von ihnen getrennte Person wahrzunehmen. Wir bezeichnen diese ungesunde Vermischung von Identitäten als kognitive *Symbiose*. Wenn jemand die unumstößliche Wahrheit *»Ich bin nicht mein Kind«* nicht erkennen kann, dann ist höchste Vorsicht angesagt. Sein Urteilsvermögen darüber, welche Art von Sicherheit, Struktur und Unterstützung sein Kind für seine Bedürfnisse im Moment braucht, wird getrübt sein. Seine eigenen unerfüllten Bedürfnisse werden sich melden und er wird sein Kind so behandeln, als wäre er es selbst; so, als könnte eine gute Fee jetzt alles an seinem Kind wiedergutmachen, was bei ihm offen geblieben ist. Das kann in manchen Situationen zufällig mit den Bedürfnissen des Kindes übereinstimmen - aber in anderen Situationen stimmt es sicherlich nicht über-

ein.

4. **Holen Sie Feedback über die Beziehung zu Ihrem Kind ein.** Daniels Mutter könnte erkennen, dass die Menschen ihrer nahen Umgebung und ihr persönliches Erleben der Mutterrolle viele aufschlussreiche Hinweise geben können: ihre eigenen starken emotionalen Reaktionen; ihre Kindheitserinnerungen an das Verhalten ihrer Eltern; ihre persönliche, in den verschiedenen Entwicklungsphasen erworbene Lebenseinstellung; die Gedanken und Gefühle, die ihr Kind äußert; Beobachtungen und Meinungen ihres Partners oder anderer Menschen; Informationen aus Büchern und schließlich eine selbstkritische Reflexion der Beziehung zu ihrem Kind.

5. **Erkennen Sie Ihre persönlichen Wachstumspunkte.** Daniels Mutter konnte mit der Zeit die Beziehung zu ihrem Sohn reflektieren und einiges bewusst erkennen, unter anderem auch ihre ganz persönlichen Wachstumspunkte. Das sind ihre wunden Punkte, die sich dann bemerkbar machen, wenn sie an besondere Schwierigkeiten oder Herausforderungen stößt. Die meisten Menschen haben eine intuitive Ahnung, wann und auf welche Weise ihr seelisches und emotionales Wachstum irritiert bzw. blockiert wurde. Sie werden deshalb auf manche Möglichkeiten verletzt zu werden, wesentlich sensibler reagieren als andere Menschen. Das Erahnen einer defizitären Entwicklung und deren Zuordnung zu einer bestimmten Entwicklungsphase weist darauf hin, wo Heilung erforderlich sein könnte. Daniels Mutter wird erkennen, dass sie ihr Kind nicht erfolgreich durch jene Entwicklungsphase(n) begleiten kann, die sie selbst nicht positiv durchlebt hat. Um eine bewusste Mutter/Kind-Beziehung aufbauen zu können, muss sie ihre eigene Kindheit aufarbeiten und Heilung finden.

6. **Erkennen Sie Ihre Kindheitsverletzungen.** Daniels Mutter sollte über sich selbst und über ihre Kindheitsverletzungen so viel als möglich in Erfahrung bringen. Je mehr Wissen sie hat, desto mehr kann sie es in den Heilungsprozess einfließen lassen. Aber unabhängig davon, ob sie konkretes Wissen oder nur Mutmaßungen über ihre Verwundungen hat - ihre Heilung kann beginnen. Gleichgültig, in welchem Stadium der Selbsterkenntnis sie sich befindet, sie kann ihre Verwundungen bearbeiten und heilen, wenn sie einen erwachsenen Partner hat, der sie darin unterstützt.

7. **Werden Sie sich Ihrer »Glaubenssätze« über elterliches Verhalten bewusst.** Ob bewusst oder unbewusst, Daniels Mutter hat eine klare Meinung darüber, wie Eltern zu sein haben, wie Kinder zu sein haben und wie ihre Beziehung zueinander auszusehen hat. Ihr Bewusstsein oder ihr Unterbewusstsein sagen ihr, was Eltern für ihre Kinder tun sollen. Und sie möchte ihre Sache möglichst gut machen - auch wenn ihre tiefsten Überzeugungen mitunter nicht zum Wohle ihres Kindes sind. Diese »Glaubenssätze« stammen von ihren eigenen Eltern: sie spiegeln wider, was sie gesagt haben, wie sie mit ihrer Tochter umgegangen sind, und welches Bild sie dadurch von ihren Eltern verinnerlicht hat. Wenn sie sich ihrer Glaubenssätze nicht bewusst wird und daran arbeitet, sie zu verändern,

wird sie danach handeln - unabhängig davon, welche Konsequenzen das für ihr Kind hat.
8. **Erklären Sie sich bereit für einen Heilungsprozess.** Wenn Daniels Mutter verheiratet ist, können ihr Ehemann und sie sich gemeinsam für bewusste Elternschaft entscheiden und zusammen an der Heilung ihrer Kindheitswunden und ihrer Ehe arbeiten. Wenn sie nicht verheiratet ist, kann sie mit einem Lebenspartner oder einem nahe stehenden Erwachsenen, der sich aus freien Stücken dafür entscheidet, einen Heilungsprozess anstreben.
9. **Lernen Sie die Methode des Imago-Dialogs kennen.** Am Beginn eines Heilungsprozesses stehen drei grundlegende Methoden: das Spiegeln, das Geltenlassen und das Einfühlen. Diese drei Kommunikationsschritte werden miteinander kombiniert und bilden die Struktur des so genannten Imago-Dialogs. Der Imago-Dialog ermöglicht Paaren, Eltern, Kindern ... neue Verbundenheit zueinander aufzubauen. Menschen können lernen, ihre Verteidigungshaltung zu lockern, unterschiedliche Standpunkte nachzuvollziehen und Mitgefühl für das subjektive Empfinden des anderen zu entwickeln. Dieser Prozess heilt Wunden, auch wenn Menschen oft nicht wissen, wann und wie sie verletzt wurden, und welche ihrer Selbstanteile betroffen sind.
10. **Machen Sie den Imago-Dialog zu Ihrer Grundhaltung anderen Menschen gegenüber.** So kann daraus eine gute Gewohnheit werden. Der Imago-Dialog ist nicht nur eine Kommunikationsform, sondern eine Lebenseinstellung. Als Daniels Mutter begann, den Imago-Dialog anzuwenden, wurden die Menschen in ihrer Nähe, vor allem auch ihr Kind, zugänglicher und auch sie selbst konnte andere besser wahrnehmen. Indem sie ihr Kind spiegelte, sein Erleben gelten ließ und sich empathisch einfühlte, erfuhr sie, was es brauchte, um gut aufwachsen zu können. Aber auf anderer Ebene konnte sie auch ihre eigenen Bedürfnisse besser zum Ausdruck bringen und für deren Erfüllung sorgen, sodass sie der Beziehung zu ihrem Kind nicht mehr im Weg standen.

Diese zehn Punkte sind die Basis der Imago-Theorie. Bei näherer Betrachtung ergibt sich daraus ein weiteres Paradoxon, das uns erklären kann, warum wir in gewissen Situationen gewisse Dinge tun: *Viele unserer bewussten Handlungen haben unbewusste Ursachen.* Wir tun vieles, ohne dass wir wissen, warum wir es tun. Viele unserer sichtbaren Handlungen haben unsichtbare Wurzeln. Unsere logischen und kognitiven Fähigkeiten bilden einen wesentlichen Teil unserer Psyche - aber es gibt zweifellos auch andere einflussreiche Anteile.

Die Macht dessen, woran wir uns nicht erinnern

Die größten Mysterien des Menschseins beruhen auf der Rätselhaftigkeit des menschlichen Gehirns. Wir alle wissen, was gemeint ist, wenn wir in Alltagsgesprächen das Wort »Verstand« benützen. Wir fühlen uns auch verstanden, wenn wir den Begriff »Bewusstsein« verwenden. Und dennoch streiten die Wissenschafter vehement, was diese Begriffe tatsächlich bedeuten und sind sich darüber hinaus nicht einig über die körperliche Manifestation von Verstand und Bewusstheit. Finden wir den Verstand im Aufbau unserer grauen Zellen, in den chemischen Prozessen, die innerhalb dieser Zellen ablaufen, oder in den elektrischen Signalen, die diese chemischen Prozesse auslösen? Oder ist das Gehirn womöglich ein Sender eines Bewusstseins, der sich außerhalb desselben befindet?[11]

Und wie ist das mit unserer Erinnerung? Erinnerung ist die wichtigste Funktion unseres Gehirns und gleichzeitig jene, die wir am schwersten verstehen können. Wie speichert unser Gehirn unsere Erfahrungen? Wie bleiben diese Erfahrungen in uns, und wie können sie (ohne dass wir uns bewusst an sie erinnern) unser heutiges Tun und Denken beeinflussen? Wie können wir es uns erklären, dass manche unserer Erinnerungen verzerrt sind - dass wir Erfahrungen aus unserer Vergangenheit fälschlicherweise als gefahrvolle Szenen rekonstruieren und schwören, dass wir sie tatsächlich so erlebt hätten?

Unsere Imago

Wir kennen bisher die körperlichen Abläufe nicht, die Auslöser dafür sind, dass unsere unbewussten Erinnerungen unser heutiges Leben und Handeln beeinflussen; wir wissen nur, dass sie es tun. Das ist für die Imago-Theorie von großer Bedeutung. Wie wir schon angedeutet haben, beeinflusst der unbewusste Teil unseres Gehirns, wen wir uns als Ehepartner aussuchen. Jeder Mensch hat in seinem Gehirn ein Bild von all den Charaktereigenschaften seiner Eltern gespeichert, sowie von allen Interaktionen und Erfahrungen mit ihnen. Dieses innere Bild nennen wir »unsere Imago«. Wir sind uns der Existenz unserer Imago nicht bewusst. Sie ist aber da und hat großen Einfluss auf uns. Im Kleinkindalter dient die Imago als Überlebenshilfe für das Kind, um seine Eltern von anderen Erwachsenen zu unterscheiden - genauso wie es ein Zebrajunges tut. Im Erwachsenenalter suchen wir uns mit Hilfe unserer Imago einen Partner, der auf vielfältige Art und Weise die Charaktereigenschaften unserer Eltern neu inszeniert. Indem er das tut, bietet er uns die Möglichkeit, frühere Verletzungen zu heilen. Hier manifestiert die Imago sich als »Überlebenshilfe in übertragenem Sinn«. Auf Zebras trifft das, soweit wir wissen, nicht zu. Ein Mensch, den Sie heiraten oder mit dem Sie Ihr Leben gestalten möchten, entspricht Ihrer Imago, ist sozusagen Ihr »Imago-Ebenbild«. Wenn Sie Nachwuchs bekommen, übernehmen Sie gemeinsam mit Ihrem Imago-Ebenbild die Elternrolle.

Der »Stempel« unserer Eltern

Der unbewusste Teil unseres Gehirns spielt in einem anderen Bereich des Familiensystems noch eine bedeutendere Rolle. Wie schon gesagt, verinnerlichen[12] Kinder die Erfahrungen, die sie mit ihren Eltern machen. Sie speichern in ihrem Inneren, in ihrer Psyche, eine Interpretation dessen, was ihnen im Außen, in den Interaktionen mit ihren Eltern oder anderen wichtigen Bezugspersonen, widerfahren ist. Dabei spielt die emotionale Reife bzw. Unreife der Eltern und ihre soziale Kompetenz bzw. Inkompetenz eine entscheidende Rolle. Die Art und Weise, wie die Eltern mit Schwierigkeiten und Enttäuschungen umgehen, oder wie sie mit Gewissenskonflikten zurechtkommen, hinterlässt einen unauslöschlichen Eindruck bei ihrem Kind. Wer die Eltern sind (und nicht nur, was sie sagen), wird zu einem Teil des kindlichen Selbst. Dieses innere Bild beeinflusst später die Wahl des Ehepartners. Und es hat Einfluss darauf, zu welchen Menschen die Kinder sich entwickeln, und welche Eltern sie schließlich selbst werden.

Das führt uns zu einer wichtigen Folgerung: *Wie wir unsere Eltern-Kind-Beziehung leben, lässt klare Rückschlüsse darauf zu, wie unsere eigenen Eltern mit uns umgegangen sind.* Alles, was Ihre Eltern getan oder nicht getan haben, hat Sie zu der Person gemacht, die Sie heute sind; auch wenn Sie keine oder nur wenig Erinnerung daran haben. Es ist, als gäbe es in unserem Gehirn einen »Stempel« oder Fingerabdrücke unserer Eltern. Jeder Stempel ist einmalig und unverwechselbar, wie auch Fingerabdrücke es sind. Wir können ihn zwar nicht auf Papier verewigen, aber wir können ihn erkennen, indem wir beobachten, wie wir auf nahe stehende Menschen reagieren, und zwar besonders unseren Kindern gegenüber. Hier zeigt sich der Stempel unserer eigenen Eltern sehr deutlich.

Bei Zebras wird das allgemein bekannte Zebramuster weitergegeben: Und dennoch hat jedes Zebrajunge ein Muster, das sich minimal von all den anderen unterscheidet. So ist es auch bei uns Menschen. Wir können mit ziemlicher Sicherheit den Prozess oder das Muster beschreiben, mit dem Sie sich einen Partner aussuchen und ein emotionales oder geistiges Erbe weitergeben. Welche Details in Ihrem Leben sichtbar werden (oder bereits sichtbar sind), hängt von Ihrer ganz persönlichen Geschichte ab. Wir möchten Ihnen in diesem Buch umfassende Einsichten ermöglichen, sodass Sie Ihr ganz persönliches, individuelles Muster erkennen können.

Ein tieferer Einblick in die Imago-Theorie

Auch komplexe und dynamische Systeme möchten wir am liebsten rasch und in ihrer ganzen Tiefe durchschauen. Da das meist nicht möglich ist, empfiehlt es sich, zuerst ein Gefühl für das System im Ganzen zu entwickeln und sich dann erst in Details zu vertiefen. Wir haben versucht, Ihnen die allgemeinen Verhaltensmuster zwischen Eltern und Kindern näher zu bringen, damit Sie langsam damit vertraut werden. Nun wollen wir Ihnen mehr Detailwissen über wichtige Konzepte anbieten.

Jeder der nun folgenden Absätze ermöglicht in aller Kürze einen ersten Eindruck über verschiedene Aspekte der Anwendungsbereiche der Imago-Theorie. Dem Inhalt jedes dieser Absätze ist im weiteren Verlauf dieses Buches ein eigenes, ausführliches Kapitel gewidmet. Wir möchten Ihnen zuerst die Möglichkeit geben, sich überblicksweise mit den Grundprinzipien der Imago-Theorie vertraut zu machen. Danach können Sie sich selbst und Ihre persönliche Lebensgeschichte mit Fallbeispielen vergleichen, wodurch die Theorie anschaulich und lebendig werden kann. Auf diese Weise können Sie sich ein klares Bild davon machen, wodurch Sie bisher geprägt wurden, wie das Ihre heutige Elternrolle beeinflusst und wie Sie die Dinge zum Besseren verändern können.

Unbewusste Eltern

Wir haben einmal gehört, wie ein Vater zu seinem Sohn sagte: »Der einzige Grund, warum ich dich wollte, ist, dass du mir Arbeit abnehmen kannst!« Das ist ein Hinweis auf unbewusste Elternschaft - ein sehr deutlicher noch dazu. Aber meist ist unbewusste Elternschaft nicht so offensichtlich wie in diesem Beispiel. Sie versteckt sich unter Umständen in den Reaktionen begeisterter Eltern, die sich über einen Treffer ihres Kindes bei einem Fußballmatch derart freuen, als hätten sie ihn selbst erzielt. Unbewusste Eltern oder, anders gesagt, Eltern, die in Einzelsituationen oder auf Dauer unbewusst handeln und reagieren, können ihre Kinder nicht als eigenständige, von ihnen getrennte Wesen wahrnehmen. Sie behandeln ihre Kinder so, als ob *sie selbst das Kind wären und das Kind sie selbst wäre.*

Im nächsten Kapitel möchten wir transparent machen, warum wir alle bis zu einem gewissen Grad unbewusste Eltern sind und wie unsere persönlichen Nuancen der Unbewusstheit von unseren eigenen Erfahrungen mit unseren Eltern geprägt wurden. Eltern tendieren dazu, ihre Kinder auf ganz ähnliche Weise zu verwunden, wie sie selbst verwundet wurden. Ein Mann, der von seinem eigenen Vater nicht wertgeschätzt wurde, kann mit ziemlicher Sicherheit seinen Sohn ebenfalls nicht wertschätzen. Eine Mutter, deren ersehnte Tanzkarriere unterbunden wurde, wird sich ziemlich sicher in übertriebener Weise für das Tanztalent ihrer Tochter einsetzen und sie darin bevormunden. Unbewusste Muster werden von den Eltern an die Kinder weitergegeben - bis ein Elternteil sich entscheidet, dieses Erbe bewusst zu unterbrechen und an dessen Heilung zu arbeiten. Im nächsten Kapitel werden wir die verschiedenen Facetten unbewusster Elternschaft beleuchten und näher auf ihre Auswirkungen auf unsere Kinder und unsere Gesellschaft eingehen.

Von unseren Kindern lernen

Ein Elternpaar war sehr besorgt, weil ihr zwölfjähriger Sohn so lustlos war. Er zeigte keinerlei Ehrgeiz, war generell langsam und hatte kein Interesse an Mannschaftssport. Jeden Abend dieselben endlosen Nörgeleien: »Hast du wenigstens deine Hausaufgabe gemacht?« Zur gleichen Zeit waren die Eltern enormen beruflichen Belastungen ausgesetzt. Ihre beiden Kinder und ihre ehrenamtlichen Verpflichtungen in der Pfarrgemeinde brachten sie an die Grenze ihrer Belastbarkeit. Es fehlte ihnen die Zeit, ihre Beziehung zu pflegen, auch das Bedürfnis nach kreativer oder musikalischer Betätigung kam viel zu kurz. Hier, inmitten einer Familie mit übervollem Terminkalender, war nun ein Sohn, der da nicht mitmachen wollte.

Mit der Zeit konnten diese Eltern jedoch lernen, ihren Sohn als ihren »Lehrer« anzusehen. Die Mutter meinte tatsächlich: »Langsam glaube ich nicht mehr, dass unser Sohn das Problem ist. Vielleicht möchte er uns mit seinem Verhalten sagen, was ihm im Leben wirklich wichtig ist. Und vielleicht sollten wir als Eltern unseren Dauerstress einmal hinterfragen?«

Vom Problemkind zum »Lehrer« - eine erstaunliche Wende! Diese Eltern waren in der Lage, das problematische Verhalten ihres Sohnes zum Anlass zu nehmen, ihr eigenes Leben zu überdenken. Betrachten wir es einmal aus der Perspektive eines Kindes: Sie sind ein verwundetes Kind, das inzwischen erwachsen wurde und selbst Kinder hat. Ihre Wunden verbergen sich tief in Ihrem Inneren - auch wenn Sie sich dessen nicht bewusst sind. Sie gelangen aber in der Beziehung zu Ihrem Partner und in der Beziehung zu Ihren Kindern an die Oberfläche. Weil Sie verwundet sind, verletzen Sie Ihr Kind, indem Sie es nicht als jene Persönlichkeit wertschätzen und annehmen, die es tief in seinem Inneren ist. So wurden auch Sie in Ihrer eigenen Kindheit verletzt, damals, als Sie nicht als der/die gesehen wurden, der/die Sie wirklich sind. Möglicherweise verwunden Sie Ihr Kind nicht schwerwiegend und nicht oft. Dennoch verwunden Sie Ihr Kind. Das ist das Muster, das sich weitervererben wird, wenn Sie nicht aus Überzeugung bewusste Schritte in Richtung Veränderung tun.

Sie können einen wacheren und bewussteren Blick dafür entwickeln, wann Sie aus Ihrer eigenen Verletztheit heraus andere verletzen. Es geschieht immer dann, wenn Sie wiederholt sehr intensiv auf etwas reagieren, und zwar meistens negativ, obwohl sich Ihr Kind unvoreingenommen betrachtet »normal« verhält. Ihre Überreaktion ist ein Anzeichen dafür, dass Sie es hier mit einer persönlichen Wachstumschance zu tun haben. Diese Wachstumschance ist ein Punkt in Ihrer Elternschaft, an dem es für Sie schwierig wird und ein neuer Entwicklungsschritt auf Sie zukommt. Denn Sie erkennen die Unvollständigkeit Ihres eigenen Selbst und Verwundungen, die der Heilung bedürfen.

Ihr Kind führt Sie zielsicher dorthin und es kann Ihnen noch mehr Einsichten ermöglichen. Das Wichtigste jedoch ist Ihnen zu signalisieren, was es von Ihnen braucht und was Sie brauchen, um gute Eltern zu sein. Treten Sie Ihrem Kind mit jenem Respekt gegenüber, den Sie auch anderen Menschen entgegenbringen würden, von denen Sie etwas lernen möchten. Und seien Sie offen für alle Botschaften, die Ihr Kind Ihnen schenken möchte.

Die Heilung der Eltern

Die Ganzheit seines Wesens und die Gesundheit eines Kindes hängt von der Ganzheit und Gesundheit der Eltern als Einzelpersonen und von der Gesundheit ihres »Beziehungszwischenraumes« ab.[13] Ein Kind internalisiert die emotionale und soziale Reife seiner Eltern. Das Kind prägt sich die Art seiner Eltern, »in der Welt zu sein«, tiefer ein als alle Worte, die sie jemals sagen. Das heißt nicht, dass Eltern perfekt sein müssen, um physisch und seelisch gesunde Kinder großzuziehen. Aber es bedeutet, dass sie sich für den Prozess der Bewusstwerdung öffnen müssen - zugunsten der Bedürfnisse ihrer Kinder und zugunsten ihrer eigenen unerfüllten Bedürfnisse. Die Tatsache, dass Eltern sich emotionalen Herausforderungen stellen und diesen Prozess vor ihren Kindern nicht verheimlichen, wiegt weit mehr als die Intensität ihrer eigenen Verwundungen.

Eltern, die sich zum Wohle ihrer Kinder auf den Prozess der Bewusstwerdung einlassen, können damit ihre eigene seelische Entwicklung intensivieren und fehlende Selbstanteile wieder in ihre Persönlichkeit integrieren. Das wird nicht immer einfach sein. Es gibt wenige Vorbilder, da es in der Geschichte der Menschheit bisher kaum üblich war, Kinder bewusst zu »beeltern«. Wir stehen hier einer neuen Phase unserer persönlichen und kulturellen Entwicklung gegenüber. Ein Kind, das miterleben kann, wie seine Eltern sich auf den Prozess einlassen, bewusste Menschen zu werden, erhält die besten Voraussetzungen, in seinem eigenen Leben dasselbe zu tun. Insofern ist das ein Beitrag zu einer Bewusstseinserweiterung der Menschheit.

An unserem Kind und an den verschiedenen Erfahrungen im Umgang mit ihm können wir vieles ablesen, was für unsere persönliche Heilung wesentlich ist. Unser Kind kann uns behilflich sein zu erkennen, was wir für unsere Heilung brauchen. Der Prozess der Heilung bezieht jedoch niemals das Kind mit ein, sondern hat seinen Platz innerhalb der Beziehung der Eltern zueinander oder innerhalb der Beziehung eines Elternteils zu einem anderen nahe stehenden Erwachsenen. Die Eltern sind bereit für einen Heilungsprozess, damit ihr Kind indirekt davon profitieren kann. Aber ihr Kind ist nicht direkt beteiligt am Heilungsprozess seines Vaters oder seiner Mutter.

Der Imago-Dialog

Eine Mutter und ihre 15-jährige Tochter haben ein schwerwiegendes Problem zu besprechen, und zwar in der Schuldirektion der Tochter. Die Mutter musste von ihrem Arbeitsplatz geradewegs zur Schule kommen, weil ihre Tochter am Schulgelände beim Rauchen von Marihuana erwischt wurde. Die Mutter ist außer sich, die Tochter gibt sich zugeknöpft. Die Schulleitung hat angekündigt, dass Lehrer und Mitschüler in dieser Angelegenheit ebenfalls befragt werden müssen.

MUTTER: Was zum Teufel hast du dir dabei gedacht? Ich hatte gerade ein wichtiges Meeting und musste alles liegen und stehen lassen, um hierher zu kommen. Auf solche Überraschungen kann ich wirklich verzichten! Was um alles in der Welt hast du dir nur dabei gedacht? Ich will eine Antwort, und zwar sofort!
TOCHTER: Was willst du denn hören?
MUTTER: Dass du mir die ganze Sache endlich erklärst. Noch nie im Leben war ich in einer so peinlichen Situation!

Das ist natürlich eine Standpauke und keine normale Konversation. Verständlich, dass die Mutter sich aufregt ... Vielleicht werden sie und ihre Tochter später noch miteinander sprechen können - wenn die Mutter sich beruhigt hat und nicht mehr ausschließlich reagiert. Aber sogar in einer Ausnahmesituation wie dieser wäre es für Mutter und Tochter möglich gewesen, ihre Verbundenheit zu bewahren, einander zuzuhören und das Wesentliche voneinander zu erfahren. Das hätte in etwa so klingen können:

MUTTER: Ich muss schon sagen, dass mich diese Unterredung mit dir hier in der Direktion ziemlich überrascht. Ich hätte nicht erwartet, dass du am Schulgelände oder sonst wo Drogen konsumierst. Ich möchte gerne mit dir darüber reden, damit ich verstehen kann, warum du das gemacht hast und wie es dir jetzt damit geht.
TOCHTER: Ich weiß, dass du aufgebracht bist, und es tut mir leid.
MUTTER: Ja, aufgebracht bin ich wirklich, und ich verstehe die Welt nicht mehr. Ich möchte erfahren, was da in dir vorgegangen ist.
TOCHTER: Das kannst du nicht verstehen!
MUTTER: Da hast du Recht. Derzeit verstehe ich gar nichts. Du musst mir helfen, indem du mir erzählst, was los ist mit dir. Ich möchte es wissen und dir helfen.
TOCHTER: Wenn ich Drogen nehme, werde ich akzeptiert. Sie sind die einzigen Freunde, die mich mögen.
MUTTER: Lass mal sehen, ob ich dich richtig gehört habe. Durch das Rauchen von Marihuana gewinnst du Freunde?
TOCHTER: Ja.
MUTTER: Kannst du mir bitte noch mehr darüber sagen?
TOCHTER: Na ja, ... schon. Ich fühle mich alleine und so anders. Wenn ich rauche, dann gehöre ich zur Gruppe.
MUTTER: Lass mich mal sehen, ob ich dich gehört habe. Du fühlst dich alleine und anders, aber wenn du rauchst gehörst du zur Gruppe. Ist das so?
TOCHTER: Ja, genauso ist es.
MUTTER: Ja, das ergibt einen Sinn. Ich sehe jetzt, was du denkst und fühlst. Wenn ich es richtig gehört habe, glaubst du, dass du rauchen musst, um

Freunde zu haben. Ich kann mir gut vorstellen, dass es schlimm ist, sich einsam zu fühlen. Und es ist ganz schön schwer, wenn man so etwas tun muss, um dazu zu gehören. *(Sie legt ihre Hand auf die Hand ihrer Tochter)* Wenn du denkst, es gibt nur diese zwei Möglichkeiten, also zu rauchen oder alleine dazustehen, dann verstehe ich irgendwie, dass du das Rauchen gewählt hast. Ich denke, wir sollten uns die Sache noch einmal genauer anschauen. Es muss doch noch andere Wege geben, Freunde zu finden - ohne dass man deshalb Marihuana rauchen muss!

Dieses Gespräch illustriert, wie ein Imago-Dialog ablaufen kann. Der Imago-Dialog ist eine Möglichkeit, die Kommunikation zwischen zwei Menschen zu strukturieren. Diese dialogische Kommunikationsform umfasst das Spiegeln (mit der anderen Person abklären, ob man sie richtig gehört hat); das *Geltenlassen* (die andere Person wissen lassen, dass es in Ordnung ist, diese Gedanken und Gefühle zu haben - auch wenn ich persönlich nicht damit einverstanden bin); und das *Einfühlen* (sich in die Gefühlswelt der anderen Person hineinzuversetzen, um ihre Gefühle nachvollziehen zu können).

Wir haben darüber gesprochen, wie wichtig es für Eltern ist, sich auf den Prozess der Bewusstwerdung einzulassen. Der Imago-Dialog ist ein guter Weg dazu. Er ist die wichtigste Kommunikationsmethode für bewusste Elternschaft. Der Imago-Dialog zwischen Partnern oder zwischen Eltern und ihren Kindern ist ein sehr effektiver Weg, die Verbundenheit aufrecht zu erhalten oder sie wieder herzustellen, wenn sie verletzt wurde.

Bewusste Eltern pflegen einen heilsamen Umgang mit ihrem Kind

Bewusste Eltern erfüllen die Bedürfnisse ihres Kindes, indem sie für Sicherheit, Unterstützung und Struktur in seinem Leben sorgen, während es seine Entwicklungsphasen durchlebt. Ein bewusster Elternteil ist aufgeschlossen für die einzigartige Persönlichkeit und das einzigartige Temperament seines Kindes. Er kann erkennen, was das Kind braucht, während es wächst und sich verändert. Bewusste Eltern wissen um die Entwicklungsphasen des Kindes und bleiben in ihren Interaktionen mit dem Kind aufmerksam und flexibel.

Bewusste Eltern reagieren nicht auf ihre Kinder, sondern sie agieren - sie handeln absichtsvoll. Das zeigt sich in der Anwendung des Imago-Dialogs als Gesprächsform, vor allem dann, wenn es heikle Gespräche sind. Bewusste Eltern eignen sich die Methode des Imago-Dialogs an und lassen seine Elemente (Spiegeln, Geltenlassen, Einfühlen) in den täglichen Umgang mit dem Kind einfließen.

Bewusste Eltern können mit der Wut, Frustration und Regression ihres Kindes umgehen und können diese tendenziell destruktiven, emotionalen Ausdrücke als Gelegenheit sehen, die ganze Persönlichkeit des Kindes zu stärken und die Verbundenheit zu seinen Eltern, zu seiner Umgebung und der Welt aufrecht zu erhalten. Bewusste Eltern wissen auch, wie man Freude und Lachen, kreativen Ausdruck, Werte und spirituelle Tiefe in der Familie fördern kann, die das Kind auf seinem Weg durch das Leben begleiten sollen.

Die Entwicklungsphasen

Wir können uns noch gut an den Besuch einer Mutter mit ihren sechs Töchtern erinnern - die Älteste war gerade einmal acht Jahre alt. Es war um die Weihnachtszeit. Die Mutter hatte die Kleinste auf dem Arm, die anderen fünf Geschwister folgten im Gänsemarsch. Wir empfingen sie an der Türe und gaben der Dreijährigen einen Teller mit Weihnachtsbäckereien. »Kannst du die bitte an deine Geschwister verteilen?«, fragten wir sie. »NEIN!«, war die Antwort. »Die gehören mir. Die gehören alle mir!«

Kinder entwickeln sich in Etappen. Im Alter von drei Jahren sind sie in sozialer und emotionaler Hinsicht nicht so weit entwickelt wie später mit dreißig Jahren. Jedes Kind folgt von Geburt an sozusagen einem angeborenen »Entwicklungsplan« - solange kein schwerwiegendes Trauma die normale Entwicklung des Kindes beeinträchtigt.

Jede dieser Entwicklungsphasen ist durch einen bestimmten Impuls des Kindes gekennzeichnet, der einerseits seine Sehnsucht nach Verbundenheit ausdrückt und andererseits diese Verbundenheit in die reale Welt integrieren möchte. In der »Bindungsphase« besteht der Entwicklungsimpuls darin, mit dem Elternteil oder der primären Bezugsperson in Verbindung zu bleiben, in der »Entdeckerphase«, sich mit der Welt zu verbinden. In der »Identitätsphase« ist es der Impuls, sich mit anderen zu verbinden, um herauszufinden, wer man selbst ist. Wenn Kinder die Mitte ihrer Kindheit erreicht haben, in der »Phase der sozialen Verantwortung«, geht es darum, sich mit Personen außerhalb der Familie zu verbinden, hauptsächlich mit gleichgeschlechtlichen Freunden. In der »Phase der Nähe« äußert sich der Entwicklungsimpuls des Jugendlichen in Form von Sehnsucht nach intimer Verbundenheit, auch sexueller Art, mit dem anderen Geschlecht.[14]

Die Probleme, die ein Kind später haben wird, sind Konsequenzen unabgeschlossener Reifeprozesse. Bewusste Eltern wissen, dass es ihre Aufgabe ist, ihr Kind in seiner Entwicklung zu unterstützen. Sie wissen auch, dass die Entwicklung und das Wachstum ihres Kindes mit einer Wendeltreppe vergleichbar sind. Jeder entwicklungsbedingte Impuls tritt in einem bestimmten Alter erstmals auf. Er kann sich immer wieder zeigen, solange das Kind die Stufen seines Lebens erklimmt und seine Erfahrungen ausgereifter und komplexer werden. Ganz ähnliche Entwicklungsaufgaben stellen sich immer wieder, während das Kind heranwächst - und zwar jedes Mal auf einer höheren Entwicklungsebene. Das bedeutet, dass es im Leben immer wieder Heilungschancen gibt - in der Kindheit, in der Ehe oder verbindlichen Partnerschaft, in der Elternschaft ... Dieses Buch möchte Sie bestmöglich unterstützen, Wunden bei Ihren Kindern zu vermeiden oder zu heilen, solange sie noch in Ihrer Obhut sind.

Mögliche Wege für eine bewusste Zukunft

Vielleicht gibt es keine größere Leistung, die wir in unserem Leben vollbringen können, als unsere Kinder darin zu unterstützen, in geistiger, emotionaler und moralischer Hinsicht zu starken Persönlichkeiten zu werden. In unserem Lernprozess, bewusste Eltern zu werden, können wir uns von persönlichem Leid befreien und auf eine Ebene gelangen, auf der wir in der Lage sind, unseren einzigartigen Beitrag zur Würde und zum Wert alles Lebens zu leisten. So gesehen ist bewusste Elternschaft ein spiritueller Weg.

Sie sind nun mit den Grundlagen der Imago-Theorie vertraut und bereit für den Schritt, sich eingehender damit zu befassen. Wie das nächste Kapitel zeigen wird, ist unbewusste Elternschaft fast die Norm. Wie war es, als Sie selbst ein Kind waren und welche Möglichkeiten stehen Ihnen nun offen, wo Sie in der Elternrolle sind? Der erste Schritt, Schwierigkeiten zu überwinden, besteht darin, sich an einer klaren und starken Vision zu orientieren.

Teil II
Der *Verlust* der Verbundenheit

3. Unbewusste Eltern

Ich fühle mich total alleingelassen. Ich glaube nicht, dass ich als Mutter schlechter bin, als meine eigene Mutter es war. Aber Kinder zu erziehen ist heute um vieles schwerer als damals. Ich glaube, meine Mutter hat uns in gewisser Hinsicht vernachlässigt. Wenn ich hingegen nur eine Minute lang meine Augen schließe, machen meine beiden Söhne schon wieder irgendeinen Unsinn. Ich habe einfach keine Ahnung, was mir helfen könnte, eine gute Mutter zu sein.
Eine Mutter von zwei Söhnen im Teenageralter

Viele Menschen, die ansonsten fest im Leben stehen, haben Sorge, dass sie schlechte Eltern sind. Sie sind anständig, arbeiten fleißig, halten sich an die Gesetze, gehören einer Religionsgemeinschaft an, engagieren sich im Elternverein und lieben ihre Kinder; und dennoch fühlen sie sich von den hohen Anforderungen des Eltern-Seins einfach überfordert. Es ist entmutigend für sie erkennen zu müssen, dass das, was sie als normal angesehen hatten, sich gar nicht leicht umsetzen lässt. Kinder großzuziehen kann wirklich anstrengend sein und viele Eltern haben das Gefühl, ihre Sache weit weniger gut zu machen, als sie von sich selbst gedacht hätten. Auch die Statistiken belegen das. In manchen Teilen unserer Bevölkerung wachsen Kinder ganz gut auf, in anderen gibt es große Probleme.

Dieses Dilemma zeigt uns, dass die Ursachen tiefer liegen müssen. Es ist an der Zeit, die Beziehung zwischen Eltern und Kindern aus einem neuen Blickwinkel heraus zu betrachten, und sich mit der Frage zu beschäftigen, ob es ein Potenzial für Veränderungen gibt. Wir sind überzeugt, dass es Wege gibt, Eltern-Kind-Beziehungen so zu gestalten, dass sie *sowohl* den Eltern als auch den Kindern gut tun, ohne dass eine Seite dabei zu kurz kommt. Sogar wenn das soziale Umfeld nicht optimal ist, was heutzutage oft der Fall ist, ist es möglich, Kinder so aufwachsen zu lassen, dass ihre Bedürfnisse erfüllt werden. Ob Kinder in eine wohlhabende oder finanziell benachteiligte Familie hineingeboren sind, spielt wenig Rolle, denn alle Eltern können Einfühlsamkeit, Kreativität, Stärke, emotionale Intelligenz und geistige Wachheit vermitteln. All das braucht unsere Welt heute nötiger als je zuvor.

Unsere Inspiration für eine neue Vision der Elternschaft wächst aus unserer persönlichen Einschätzung der größten Probleme unserer Zeit. Wir möchten unseren Fokus daher auf einen Problemkreis legen, der in unseren Augen große Bedeutung hat: die persönlichen Probleme in *Eltern-Kind-Beziehungen*. Natürlich wissen wir, dass es andere Zugänge zu den Problemen unserer Kinder gibt, und andere Faktoren, die eine bedeutsame Rolle spielen und unsere Gesellschaft hellhörig machen sollten. Dazu zählen die negativen Folgen unzureichender Schulbildung, der Anstieg der Jugendkriminalität, der hohe Prozentsatz drogenabhängiger Teenager und die schwierige wirtschaftliche Lage unserer Zeit, um nur einige zu nennen.[1] Diese und weitere Faktoren haben zweifellos einen großen Einfluss auf unsere Kinder.

Unserer persönlichen Ansicht nach ist die tägliche Interaktion zwischen Eltern und Kindern am allerwichtigsten. Wir sind überzeugt, dass die meisten Probleme des öffentlichen Lebens lösbar wären, wenn die Probleme »daheim« auf eine neue Art und Weise gelöst werden könnten. Das private Leben hat starke Auswirkungen auf das gesellschaftliche Leben, unser »Daheim« strahlt zweifellos auf andere Lebensbereiche aus. Wenn Familien private Schwierigkeiten haben, wächst eine Generation nach der anderen auf, ohne zu lernen, wie man sein Leben glücklicher gestalten kann. Gerade dadurch könnte unsere Gesellschaft optimistischere Zukunftsprognosen entwickeln.[2]

In diesem und im nächsten Kapitel werden wir uns ausführlich jenen Problemen widmen, die die meisten von uns als Eltern beschäftigen. Wir werden uns ansehen, wie sich unbewusstes Handeln in einer Eltern-Kind-Beziehung auswirkt. Wir werden Beispiele von unbewusstem elterlichen Verhalten in konkreten Situationen zeigen - und wie alle Beteiligten darunter leiden. Im weiteren Verlauf des Buches werden wir erklären, wie man unbewusste Verhaltensmuster überwinden kann.

Unbewusstes Verhalten betrifft uns alle

Möglicherweise hat das Wort »unbewusst« einen negativen Beigeschmack für Sie. Das ist keineswegs unsere Absicht. Wir sind uns darüber im Klaren, dass »unbewusst« als negativer Gegensatz von »bewusst« erscheinen könnte, ähnlich wie die Gegensätze »gut« und »schlecht«. Wir wollen betonen, dass wir das Wort »unbewusst« beschreibend und keinesfalls wertend verwenden möchten. Das Wort unbewusst bezieht sich hier auf unsere inneren Glaubenssätze, die sich in unserem Handeln manifestieren, auf jenen Teil unserer Verhaltensweisen und Gefühle, die »außerhalb unseres Bewusstseins« liegen, und die wir deshalb nicht beeinflussen können.[3] Unbewusstes Handeln ist allgemein üblich, und die Probleme, die sich daraus ergeben, sind weit verbreitet. Wir können unbewusste Elternschaft quasi als »Normalfall« der Elternschaft bezeichnen.

Unsere Unbewusstheit und unsere Bewusstheit liegen bildlich gesprochen an den beiden Enden einer Skala, und wir alle bewegen uns irgendwo dazwischen. Niemand von uns handelt Tag und Nacht *bewusst*, und niemand stets *unbewusst*. Dieses Buch möchte uns ermutigen, uns auf dieser Skala weiterzubewegen und mehr Bewusstheit in unser Reden und Handeln zu bringen. Wir möchten an dieser Stelle noch einmal betonen, dass Eltern, die oft unbewusst handeln, nicht als »schlechte Menschen« einzustufen sind. Sie haben in ihrem bisherigen Leben Verwundungen davongetragen und hatten offenbar noch nicht die Chance, Heilung, größere Bewusstheit und größere Selbstliebe zu finden. Diese Tatsache trifft auf fast alle von uns zu, wenn auch in unterschiedlichem Ausmaß.

Eltern, die in mancher Hinsicht unbewusst handeln, können durchaus in anderen Bereichen großartige Eigenschaften haben. Sie können freundliche, zärtliche und engagierte Eltern sein. Unser Ziel ist es, unbewusstes Verhalten in uns selbst und in den Menschen rund um uns nicht verurteilend, sondern einfühlsam wahrzunehmen. Einer unserer Kollegen beschreibt, wie sehr die beiden Gegensätze der Bewusstheit und der Unbewusstheit in einem Menschen vereint sein können: »Jedes Mal, wenn ich mich dabei ertappe, in diesem Zusammenhang über andere zu urteilen, halte ich inne und denke an meine Großmutter. Sie ist so etwas wie eine Heilige und hat ein riesengroßes Mutterherz für ihre große Familie. Es gibt nichts, was sie nicht für uns tun würde. Abgesehen von einer Sache: sie hört uns allen nicht *wirklich* zu. Sie stellt eine Frage und wartet geduldig, ohne zu unterbrechen, bis ihr Gegenüber zu sprechen aufhört. Dann gibt sie entweder ihre Zustimmung oder nennt ein Gegenargument, oder sie erzählt etwas von sich selbst. Sie ist der Mittelpunkt ihres eigenen Universums. Ich liebe sie, ebenso wie alle anderen Familienmitglieder sie lieben. Sie würde alles für uns tun, solange sie selbst davon überzeugt ist. Was sie aber noch nie in ihrem Leben kennen gelernt hat, ist die »innere Welt« der Menschen, die ihr nahe stehen.«

Reaktives elterliches Verhalten

Sehen wir uns an, wie unbewusste Elternschaft sich in Alltagssituationen zeigt. Vielleicht können wir ein besseres Gespür dafür entwickeln, wenn wir uns damit vertraut machen, wie es sich *anhört*. Die folgenden Beispiele verdeutlichen, was Eltern unbewusst alles sagen, wenn ihre Kinder ihnen problematisch erscheinen:

»*Mach das nicht noch einmal! Ich hab dir schon hundertmal gesagt, du sollst nicht mit dem Sessel wippen. Du hörst mir ja nie zu. Jetzt siehst du selbst, was dann passiert!*« Eine Mutter zu ihrer sechsjährigen Tochter, die durch Wippen mit ihrem Sessel umgekippt ist und sich wehgetan hat.

»*Bist du verrückt? Wenn ich das noch einmal sehe, nehme ich dir das Fahrrad weg! Stell es sofort in die Garage! Du hast wohl keine Ahnung, wie gefährlich das ist. Du bist immer so gedankenlos!*« Ein Vater zu seinem Sohn, der gerade Fahrrad fahren lernt und aus Versehen vom Gehsteig auf die Straße geraten ist.

»*Das kann doch nicht wahr sein, dass du schon wieder müde bist! Du hast sicher nur Hunger. Da, iss einen Apfel!*« Eine Mutter zu ihrem Kind im Kindergartenalter, das sich im Einkaufszentrum niedersetzen und ausruhen möchte.

»*Ich erlaube dir auf gar keinen Fall, später als um Mitternacht heimzukommen. Das wäre viel zu riskant! Schwupps, und schon bist du schwanger!*« Ein Vater zu seiner 15-jährigen Tochter, die sich gerade für ihr erstes Rendezvous fertig macht.

Das sind einige Beispiele dafür, wie Eltern in ganz alltäglichen Situationen reagieren - einerseits verständlich, andererseits zweifellos verletzend für ihre Kinder. Ob eine Verletzung einen bleibenden Schaden bei ihrem Kind verursachen wird, hängt davon ab, ob sie Teil eines permanenten Musters ist, das den innersten

Wesenskern des Kindes verletzt. Mit unbewusster Elternschaft meinen wir nicht Einzelsituationen, in denen wir überreagieren. Unbewusste Elternschaft ist zum Beispiel dann gegeben, wenn wir denken, wir wüssten, was unsere Kinder tun sollen und welche Gefühle sie haben sollen. Unbewusste Elternschaft kann aber auch ein zerstörerisches Verhaltensmuster sein, innerhalb dessen ein junger Mensch in all seinen Lebensbereichen verletzt oder stark vernachlässigt wird.

Eine Lebensgeschichte

In vielen Familien prägt das unbewusste Verhalten der Eltern jegliche Kommunikation. So auch bei Susan, einer 29-jährigen, erfolgreichen Tourismusfachfrau. Sie litt sehr darunter, dass ihr Freund sie als »unnahbar und gefühlskalt« bezeichnete. Zur Therapie erschien sie topmodisch gekleidet und perfekt frisiert. Sie war offensichtlich eine beruflich sehr erfolgreiche Frau. Als sie nach einigen Therapiesitzungen Vertrauen gefasst hatte, fragte der Therapeut sie nach ihrer Kindheit.

SUSAN: Abgesehen von meinem Freund sind Sie der erste Mensch, dem ich das erzähle. Mein Vater beging Selbstmord, als ich 10 Jahre alt war. Er erhängte sich. Ich war nicht daheim, als es geschah, und so sah ich seine Leiche nicht mehr. Lange Zeit konnte ich nicht glauben, dass er tot war. Ich dachte, vielleicht hat er meine Mutter und uns Kinder nur sitzen gelassen. Er war Handwerker und ich erinnere mich noch genau, dass meine Mutter und er sehr oft Streit hatten wegen einer Nachbarin, die ständig wollte, dass mein Vater bei ihr ausmalte, Fliesen legte oder etwas reparierte. Das Schlimmste aber waren die gemeinsamen Mahlzeiten. Wir waren zu sechst am Tisch: meine Mutter, meine beiden Schwestern, mein Bruder, ich und mein Vater. Ich musste immer rechts neben ihm sitzen. Offenbar wollte er mich in der Nähe haben, damit er mich schikanieren konnte. Ich war nämlich die Älteste. Geschlagen hat er mich nie. Aber er schlug oft mit seiner Faust neben meinem Teller auf den Tisch, schüttete mein Abendessen absichtlich zu Boden oder schrie mich grundlos an. Mehr als drei Jahre lang geschah das fast jeden Abend: »Wieso schaust du so? Hast du ein Problem? Klar hast Du ein Problem! Du bekommst nämlich gleich eines, wenn du nicht sofort aufhörst, so dreinzuschauen ...« Ich brachte keinen Bissen hinunter. Den anderen am Tisch ging es ähnlich. Ich weiß nicht, warum er es gerade auf mich abgesehen hatte.

Als der Therapeut Susan fragte, welche Auswirkungen das Verhalten ihres Vaters auf ihr weiteres Leben gehabt hätte, meinte Susan, sie glaube nicht, dass sie viele Wunden davongetragen hätte. Es kommt gar nicht selten vor, dass Menschen ihren Schmerz leugnen, weil sie ihn tatsächlich verdrängt haben. Nach einem längeren Gespräch meinte sie dann, dass ihr Perfektionismus im beruflichen wie auch im privaten Leben unter Umständen auf ihren Vater zurückzuführen sein könnte, und vielleicht auch ihre Probleme in nahen und liebevollen Beziehungen. Wir konnten ihren tiefen Schmerz spüren - dass sie ihn selbst noch nicht spüren konnte, beweist, wie stark sie sich gegen ihre schlimmen Kindheitsverletzungen schützen musste.

Erinnerungen wachrufen

Oft hat unbewusste Elternschaft nichts mit Vernachlässigung, Ablehnung oder Im-Stich-Lassen zu tun und ist bei weitem nicht so eklatant wie in Susans Geschichte. Aber auch eine Kindheit ohne dramatische Einschnitte kann bleibende Beeinträchtigungen für ein heranwachsendes Kind zur Folge haben. Lesen Sie eine Begebenheit aus Harvilles Kindheit, die zeigt, wie automatische und unreflektierte Reaktionen eines Elternteils (oder einer nahen Bezugsperson) für das Kind zu einem einschneidenden Erlebnis werden können.

Ich erinnere mich, dass ich mit ungefähr sieben Jahren einmal laut singend nach Hause kam. Ich wusch mir die Hände und begab mich zum Esstisch, weiterhin singend. Dann machte ich eine kurze Pause, um mit meiner Schwester und meinem Schwager ein Dankgebet zu sprechen. Da meine Eltern früh gestorben waren, lebte ich nun bei ihnen. Sobald das Essen auf dem Tisch stand, trällerte ich mein Lied weiter. Mein Schwager sah mich streng an und sagte:»Beim Essen singt man nicht!« Ich fragte ihn, warum er so denke. Da wurde er wütend und meinte:»Hör auf zu singen - oder verlass sofort den Tisch!« Ich schwieg bestürzt und war tief getroffen.

Später, als ich erwachsen war, fragte ich meinen Schwager, warum er damals so reagiert habe. Er konnte sich gar nicht mehr daran erinnern, und meinte, seine eigene Mutter hätte einmal dasselbe zu ihm gesagt. Damals hätte er gedacht, dass sein Singen respektlos gegenüber seiner Mutter und daher eine Sünde wäre. Er war dazu erzogen worden, in stiller Dankbarkeit und Andacht zu essen, um weder Gott noch seine Eltern zu verärgern.

Als ich selbst Vater wurde, bemerkte ich bald, dass meine Kinder sehr schön und gern sangen, und ich ermutigte sie, immer und überall zu singen. Aber ich musste jahrelang an mir und meinen inneren Glaubenssätzen arbeiten, bis meine Ermutigung einigermaßen glaubhaft klang. Wenn meine Kinder heute beim Esstisch singen und ich am liebsten mit einstimmen möchte, verspüre ich noch immer ein unangenehmes Gefühl. Tief in mir höre ich den Satz:»Beim Essen singt man nicht!«

Allgemeingültige Kennzeichen unbewussten elterlichen Verhaltens

Kann man an diesen unterschiedlichen Beispielen gemeinsame Merkmale erkennen? Was kennzeichnet unbewusstes elterliches Verhalten? Der jeweilige Elternteil ist sich nicht über die Konsequenzen seines Handelns bewusst und stellt keine Verbindung zu den Gefühlen des Kindes her, während er/sie spricht. Der Vater/die Mutter nehmen wahr, wie ihr Kind sich verhält und reagieren darauf, aber *sie nehmen nicht wahr, welche Gefühle das Kind dabei hat oder warum es so handelt.* Sie verfolgen keine bewusste Absicht, selbst wenn sie im Grunde eine gute Absicht haben.

Was ist nun bezeichnend für unbewusstes elterliches Verhalten?

Es ist VERLETZEND. Ob es sich um eine kurze Zurechtweisung in einem Gefahrenmoment oder um ein permanentes Verhaltensmuster handelt, das den innersten Wesenskern eines Kindes missachtet - *unbewusste Elternschaft ist wie ein Messer.* Mit scharfer Klinge durchschneidet es die Verbundenheit zwischen Eltern und Kind. Unbewusste Elternschaft verletzt das unsichtbare Band zwischen ihnen. Sie zerstört auch die Verbundenheit des Kindes mit dem Universum, das kosmische Band, und letztlich untergräbt sie im Kind die Verbundenheit mit jenen Selbstanteilen, die es als inakzeptabel erlebt und deshalb künftig verdrängen muss.

Die Beziehung eines Kindes zu seinen Eltern ist es, die ihm die Eigenschaften des Universums transparent macht. So ist fehlende Verbundenheit zwischen Eltern und Kind eine schlimme Sache. Wie können Kinder lernen, dass das Universum Ganzheit, Gesundheit, Anerkennung, Bewusstheit und Liebe für sie bereithält? Lernen sie nicht eher, dass das Universum kalt, blind und gefühllos ist? In jedem Fall wird das Leben unserer Kinder entscheidend durch die Beziehung zu uns Eltern beeinflusst.

Die sachlich richtige, aber unbewusste Reaktion der Mutter, deren kleine Tochter mit dem Sessel umkippte, könnte zur Folge haben, dass das Kind den Glauben an ein »gutes« Universum verliert, weil es dem Universum egal ist, ob es sich beim Umkippen verletzt. Der kleine Junge, der beim Radfahren Lernen unabsichtlich auf die Straße gerät, verliert den Glauben an ein Universum, das Fehler verzeihen kann. Das Kleinkind, das zum Essen gedrängt wird, obwohl es spürt, dass es sich nur ausruhen möchte, verliert den Glauben an ein Universum, das seine körperlichen Bedürfnisse ernst nimmt. Das junge Mädchen, dem Schuldgefühle suggeriert werden, weil es sein Rendezvous genießen möchte, verliert den Glauben an ein Universum, das ihm spannende neue Erfahrungen gönnt. Susan hat den Glauben an ein Universum verloren, das uns Liebesbeziehungen gönnt, in denen wir uns sicher fühlen können.

Uns ist klar, dass die genannten Beispiele größtenteils keine bleibenden und irreversiblen seelischen Schäden verursachen. Es gibt weitaus schlimmere Vorfälle, wo sich unglaubliche Gewalt manifestiert, die Kinder so verletzen kann, dass eine

Heilung sehr schwierig ist. Gott sei Dank sind sie nicht alltäglich. Wir haben Beispiele von Verwundungen gewählt, die wieder heilen können. Selbst seelische Wunden aus langjährigem verletzendem Verhalten, wie in Susans Fall, können Heilung erfahren, sonst müssten wir alle resignieren. Die wenigsten von uns hatten Eltern, die bewusst handelten. Die wenigsten von uns sind nun selbst Eltern, die stets bewusst handeln. Es stellt sich auch nicht die Frage, *ob* wir unbewusst oder bewusst handeln - die Frage lautet, *wie oft und in welcher Form* lassen wir uns in unseren engsten Beziehungen zu unbewusstem Handeln verleiten?

Es ist ein VERMÄCHTNIS. Dieses zweite Merkmal gilt für alle Formen der unbewussten Elternschaft. *Unbewusstes elterliches Verhalten wird weitervererbt.* Es wurde von den Eltern der ersten menschlichen Kulturen bis zu den Eltern unserer modernen Gesellschaft *weitergetragen*.[4] Zu allen Zeiten haben unbewusste Eltern zutiefst aus ihren eigenen Verwundungen heraus gehandelt, haben an den Schmerz ihrer eigenen Kindheit angeknüpft und ihn an die nächste Generation weitergegeben. Es ist der unvollständige, nicht wertgeschätzte, verängstigte und beschämte Selbstanteil aller Eltern, der dieses Vermächtnis an ihre Kinder weitergibt.

In der Kurzgeschichte *Nightingale*[5] von Tobias Wolff erleben wir, wie ein Vater den großen Einfluss seiner eigenen Kindheit erkennt. Sie verleitete ihn zu einem schlimmen Fehler, der das Leben seines Sohnes unauslöschlich prägt.

Dr. Booth hatte Owen aus dem Haus werfen wollen. Wirklich, das hatte er ihm angedroht, obwohl er es im Nachhinein selbst nicht verstehen konnte. Wann immer er seinen Sohn lesen, mit dem Hund spielen, einfach nichts tun oder vor sich hin träumen gesehen hatte, war er äußerst ungeduldig geworden - warum eigentlich? Was war so verwerflich daran? Als er selbst noch ein kleiner Junge gewesen war, hatte er sich nichts sehnlicher gewünscht, als Zeit zum Träumen zu haben. Er hatte sehr selten Gelegenheit dazu gehabt, weil in seiner Familie alle stets fleißig und geschäftig sein mussten. Warum sollte er nun seinem Sohn nicht gönnen, was er sich selbst am meisten gewünscht hatte? Warum sollte er seinem eigenen Sohn seine Kindheit nicht gönnen?

Nun begann er, sich heftige Vorwürfe zu machen. Jahrelang hatte er gedacht, er wüsste, wie sein Sohn war, und er mochte es nicht, wie er war. Ohne gegenzusteuern hatte er die Enttäuschung und Abneigung seinem eigenen Kind gegenüber genährt, bis er die Geduld verloren und Owen gezwungen hatte, eine Militärschule zu besuchen, wo man ihm Fleiß und Disziplin beibringen sollte. Erst nun, als es zu spät ist, erkennt er, dass das Bild und seine persönliche Wahrnehmung seines Sohnes durch seine eigenen Gefühle aus einer kalten und überfordernden Kindheit verzerrt worden waren.

Wie so viele Eltern hatte er sich selbst in eine paradoxe Situation gebracht. Er konnte seinem Sohn nicht gönnen, was er sich selbst als Kind am meisten gewünscht hatte. Unbewusst hielt er sich an innere Glaubenssätze, die sein Handeln zum Nachteil seines Kindes beeinflussten. Er verstand nicht, was die Situation ihm selbst sagen hätte können, er interpretierte das Verhalten seines Sohnes falsch, er sah Schwierigkeiten, wo es keine gab, andererseits erkannte er die wahren Probleme nicht.

Dieses Muster ist sehr weit verbreitet. Eltern können tiefe Wut und Enttäuschung in sich tragen, dass sie in ihrer Kindheit nie bekommen haben, was sie sich so sehnlich gewünscht haben. Unbewusst tragen sie unglücklicherweise dazu bei, ihren eigenen Kindern dieselben Wünsche zu versagen. Es ist ein Albtraum von unbewusster »Vergeltung« bzw. Versagung. Sie wollten nie so kalt und ehrgeizig werden wie ihre eigenen Eltern - und doch sind sie nun so.

Es liegt AUSSERHALB UNSERES BEWUSSTSEINS. Eltern, die sich um die Erfüllung ihrer Kindheitssehnsüchte betrogen fühlen, erkennen nicht, dass sie jene auch ihren eigenen Kindern verwehren. Das ist das dritte Merkmal unbewussten elterlichen Verhaltens. Es *unterliegt keiner bewussten Steuerung.* Sigmund Freud hat Begriffe geprägt, dank derer wir heute in Worte fassen können, warum so viele unserer Selbstanteile außerhalb unseres Bewusstseins sind. Und nur ein kleiner Teil unseres Selbst ist uns zugänglich. Es ist gut nachvollziehbar, warum das so sein muss. Stellen Sie sich nur vor, wir müssten permanent an alle Vokabeln, an alle Syntax- und Grammatikregeln denken, um vernünftige Sätze formulieren zu können, oder an jeden einzelnen Muskel, um gehen zu können ... Es wäre unvorstellbar, müssten wir uns jedes Mal beim Starten unseres Autos seine Technik in allen Einzelheiten bewusst machen!

Aus demselben Grund befinden sich die vielfältigen Nuancen unserer seelischen und geistigen Wahrnehmung nicht innerhalb unseres Bewusstseins. Aber sie sind da. Wir können uns auf das angesammelte Wissen unserer bisherigen Lebenserfahrungen verlassen, um den gegenwärtigen Moment zu bewältigen. Wir können jedoch nicht jeden Moment unseres Lebens unseren gesamten Erfahrungsschatz in unserem Bewusstsein haben. Wäre das der Fall, so würden wir unter der »Last« unserer eigenen Lebenserfahrungen zusammenbrechen.

Die Weisheit unseres Unterbewusstseins sagt uns, wie wir überleben können. Sie alarmiert uns bei Gefahr und lässt uns schneller reagieren, wenn wir bedroht sind. Ohne unser Unterbewusstsein hätten wir kein langes Leben, denn wir müssten in einem kritischen Moment viel mehr Informationen verarbeiten, als uns möglich wäre. Wie wir noch sehen werden, ist diese Überlebensfunktion ein zweischneidiges Schwert. Wir müssen den rationalen Teil unseres Gehirns einschalten, um die Aussagen unseres Unterbewusstseins zu entschärfen. Was es uns vermittelt, ist manchmal unvollständig, manchmal unangemessen und manchmal einfach falsch. Manches *erscheint* uns wie eine Bedrohung und lässt uns reagieren oder zum Gegenangriff ansetzen, als wären wir in Lebensgefahr, obwohl es sich nur um eine Täuschung handelt. Nicht bedroht zu werden und dennoch zu reagieren, als wären wir bedroht, ist kontraproduktiv.

Unser Ziel ist ein selektives Bewusstsein. Wir möchten nicht von der Fülle unserer Wahrnehmungen überschwemmt werden, aber andererseits ist es möglich und wünschenswert, mit Hilfe unseres Unterbewusstseins mehr über uns selbst zu erfahren. Wenn wir manche unserer Selbstanteile nicht länger verleugnen und unser eigenes Selbst nicht länger vor uns verstecken, können wir erkennen, wer wir wirklich sind und uns selbst annehmen. Das bedeutet auch, dass unser wahres Selbst in der Beziehung zu unseren Kindern mehr zum Tragen kommt. Wir sind nicht länger Eltern mit einem bruchstückhaften und abgewerteten Selbst, sondern können mit einem offenen, annehmenden und liebenden Selbst auch unsere Kinder besser lieben und annehmen. Wir können unser unbewusstes Selbst erkennen und mit unserem eigenen Schmerz in Berührung kommen. Wenn wir uns mit unserem eigenen Schmerz auseinandersetzen, können wir unsere verletzten Selbstanteile lieben lernen und ihnen dadurch Heilung schenken.

Es ist durch ÜBERTRIEBENE REAKTIONEN gekennzeichnet. Das vierte *Merkmal unbewusster Eltern-Kind-Beziehungen* ist *reaktives Verhalten*.[6] Wenn Eltern aufgrund von Verhaltensweisen ihres Kindes überreagieren oder in Passivität flüchten, wird dadurch offensichtlich ein »wunder« Punkt in ihnen berührt. Wenn Kinder unsere wunden Punkte berühren oder Dinge aussprechen, die uns veranlassen, uns in uns selbst zurückzuziehen, um uns wieder sicher zu fühlen, so sagt das mehr *über die Eltern* aus als über das Kind. Starke Gefühlsreaktionen, die immer wieder auftreten und den Eltern, dem Kind oder einem anderen Erwachsenen übertrieben scheinen, sind ein Hinweis darauf, dass ein neuer persönlicher Wachstumsschritt bevorsteht. Denn Eltern erkennen, dass hier ein sehr wichtiges und schmerzhaftes Thema oder Verhaltensmuster des eigenen Lebens berührt wird. Sehen wir es als Geschenk an. Erst wenn wir Eltern erkennen, worin unsere persönlichen Wachstumsschritte bestehen, können wir über uns selbst hinauswachsen.

Es beruht auf UNWISSENHEIT. Unbewusste Eltern erkennen nicht, wenn sie Überreaktionen auf ein normales Verhalten des Kindes zeigen. Und zwar deshalb, weil *unbewusste Elternschaft die besonderen Bedürfnisse des Kindes in seiner jeweiligen Entwicklungsphase nicht erkennt*. Auch ein ganz normales und gesundes Verhalten des Kindes kann für Eltern zweifellos lästig sein. Wenn aber ein lästiges Verhalten als problematisches Verhalten interpretiert wird, können die Eltern ihr Kind nicht mehr bewusst und in angemessener Weise unterstützen, und so bleibt das Kind in dieser Entwicklungsphase »stecken«. Es ist wirklich eine Ironie des Schicksals, dass *es Eltern die meisten Schwierigkeiten bereitet, ihre Kinder durch jene Entwicklungsphase zu begleiten, die für sie selbst als Kind problematisch war*.

Es kommt vor, dass Eltern ein negatives Weltbild an ihr Kind weitergeben. Sie übertragen ihre eigenen Ängste und Sorgen auf ihr Kind und erkennen nicht, dass die innere Welt ihres Kindes sich von ihrer eigenen Welt unterscheiden kann und soll. Wenn eine Mutter in ihrer eigenen »Entdeckerphase« Schwierigkeiten hatte, wird sie sich große Sorgen machen, wenn ihr Kind beginnt, die Welt zu entdecken.

Zusammenfassend kann man sagen, dass unbewusste Eltern Handlungen setzen, ohne dabei bewusst auf die besonderen Bedürfnisse ihres Kindes einzugehen. Sie wissen nicht, warum sie auf bestimmte Weise handeln und welche Auswirkungen diese Handlungen auf ihr Kind haben. Ob ihre Reaktionen negativ oder positiv, stark oder schwach sind, sie fühlen sich nicht empathisch ein in die innere Welt des Kindes. Unbewusste Eltern nehmen keinen Anteil daran, wie ihr Kind die Welt erlebt, sie berücksichtigen nur ihre eigene Sicht der Dinge und orientieren sich nur an dem, was sie selbst für das Beste halten. In diesem Sinne wird das Kind zu einem Objekt im subjektiven Theaterstück seiner Eltern, anstatt als eigenständige Persönlichkeit angesehen zu werden, der man mit heiligem Respekt gegenübertritt.

Symbiotische Verschmelzung

Wir haben nun die wichtigsten Charakteristika unbewusster Elternschaft genannt. Nun können wir uns der Frage zuwenden, wo die Ursachen dafür liegen. Welche grundlegenden Probleme beeinträchtigen die Verbundenheit zwischen Eltern und Kindern? Eltern, die ihr Kind und sich selbst nicht als eigenständige Wesen ansehen, leben in einer *symbiotischen* Beziehung mit ihrem Kind. Alle Formen unbewusster Elternschaft beruhen auf dem Phänomen der *Symbiose*.

In der Imago-Beziehungstheorie definieren wir *Symbiose*[7] als Konstruieren eines Bildes von einer anderen Person, auf das wir uns beziehen, als wäre es tatsächlich diese Person. Symbiose meint ferner das Einschließen dieses Bildes in die eigene Subjektivität, wodurch die Grenze zwischen dem eigenen Selbst und der anderen Person aufgehoben wird. Eine Symbiose ist dann gegeben, wenn ein Elternteil so handelt, als würde sein Kind immer so fühlen und denken wie er selbst, und ihm der Respekt für das Anders-Sein des Kindes fehlt. Eltern, die eine symbiotische Beziehung zu ihrem Kind haben, wissen nicht, »wo das Kind aufhört und sie selbst beginnen«. Sie sind frustriert und verärgert, wenn die Kinder ihre Gedanken nicht erraten und sich dementsprechend verhalten.

Symbiose ist sowohl die Ursache als auch das Ergebnis einer Ichbezogenheit, die von den persönlichen Verwundungen unserer Kindheit herrührt. Die fundamentalen Bedürfnisse der Eltern wurden in deren Kindheit nicht gestillt. Nun übertragen sie ihre Wünsche und Sehnsüchte auf das Kind. Sie wittern eine zweite Chance, dass das Leben so gelebt werden könnte, wie sie es immer ersehnt haben. Symbiose ist ein Ausdruck von Entwicklungsdefiziten der Eltern. Sie übernehmen die Elternrolle, obwohl sie ihre eigene Kindheit noch nicht vollendet hatten. Daraus ergeben sich verschiedene Probleme, unter anderem ungerechtfertigte Anschuldigungen, distanzierendes Verhalten, inadäquate Reaktionen und eine Art von gefühlsmäßigem »Inzest«. Wenn Eltern primär ihre eigenen unerfüllten Bedürfnisse spüren, reagieren sie unzureichend, anstatt auf die tatsächlichen Bedürfnisse der Kinder zu achten und sie zu erfüllen.

Das Alte Gehirn

Eltern tendieren ganz allgemein zu symbiotischem Verhalten. Manche geben dieser Versuchung nur gelegentlich nach, für andere ist es ein bestimmender Teil ihres Lebens. Wie wir bereits geschildert haben, hat das Alte Gehirn, sogar wenn es nicht stark verwundet wurde, grundsätzlich Probleme damit zu unterscheiden, was *mich selbst* betrifft und was meine Kinder betrifft, die *nicht Teil meines Ichs* sind. Mein Altes Gehirn hat Probleme damit, zwischen *damals* und *jetzt* zu unterscheiden. In emotional belastenden Situationen melden sich unsere Verwundungen wieder und unser Bewusstsein wird sehr stark vom Nervenzentrum beeinflusst. *Meine* Gefühle, *meine* Fragen und *meine* Sehnsucht nehmen überhand, und ich verliere die Realität aus dem Blick, die *deine* Gefühle, *deine* Fragen und *deine* Sehnsucht als gleichwertig ansieht. Die Fähigkeit der feinen Unterscheidung zwischen dir und mir, zwischen damals und jetzt, ist eine Funktion, die nur das komplizierte Neue Gehirn (Kortex und Vorderhirnlappen) bewerkstelligen kann. Bewusst zu werden erfordert, dass wir die spontanen und ichbezogenen Überlebensinstinkte des Alten Gehirns überwinden. Deshalb kann man auch sagen, dass bewusstes elterliches Handeln teilweise unseren Instinkten entgegen läuft.

Beispiele aus unserem Alltagsleben

Jeder von uns hat bestimmte Vorstellungen davon, wie wir selbst sein sollten und wie unser Kind sein sollte. Manchmal sind wir so auf diese Vorstellungen fixiert, dass wir unser eigenes Kind, das wir vor uns haben, nicht wirklich sehen und die Zeit mit ihm nicht genießen können. Oft meinen wir, unsere Kinder seien einfach nicht gut genug. So kann es uns auch nicht gelingen, sie zu ermutigen, ihre wahren Stärken zu entdecken und ihr ureigenstes Selbst zum Ausdruck zu bringen.

Täglich begegnen wir in den Medien, genauso wie im wirklichen Leben, Eltern, die über ihre Kinder enttäuscht sind. Väter, die die Entscheidungen ihrer heranwachsenden Söhne nicht akzeptieren können, sind nicht nur eine Klischeevorstellung. Der Kinofilm *Lockruf des Meeres (Calm at Sunset)* zeigt einen typischen Familienkonflikt. Der jüngere Sohn der Familie möchte sein Leben nach seinen eigenen Vorstellungen gestalten. Er hat das College abgebrochen und möchte auf einem Fischerboot arbeiten. Fischer zu werden ist sein größter Traum und er möchte so viel Geld sparen, dass er eines Tages ein eigenes Fischerboot besitzen kann. Sein Vater ist selbst Fischer und kennt den harten Kampf ums finanzielle Überleben. Er ist tief enttäuscht und kann nicht verkraften, dass sein Sohn das College abgebrochen hat. Er möchte, dass sein Sohn eines Tages ein »besseres« Leben führen kann als er selbst, indem er einen »höheren« Beruf anstrebt.

Die Mutter dieses jungen Mannes will sich damit ebenfalls nicht abfinden: »Warum gehst du nicht im Herbst zurück aufs College? Warum machst du nicht deinen Abschluss und studierst Jus? Du wolltest doch immer schon Rechtsanwalt werden!« Die knappe Antwort ihres Sohnes: »Das stimmt nicht, Mutter! *Du* bist es doch, die seit Jahren davon träumt, dass ich Jus studiere. *Du* bist es doch, die aus mir einen Rechtsanwalt machen möchte!«

Wenn wir solche Dialoge im Kino hören, können wir deutlich erkennen, wo die Probleme liegen. Und manchmal zeigt sich symbiotisches Verhalten auch im realen Leben klar und unmissverständlich. Eine Klientin erzählte uns kürzlich, dass ihr dominanter Vater die Angewohnheit hatte, sie zu sich zu rufen, wenn er wieder einmal über den Durst getrunken hatte. Er versuchte ihr dann klarzumachen, dass sie, genauso wie er, im Leben versagen werde und dass er sehr enttäuscht von ihr sei. Damit wollte er sie offenbar »motivieren«, im Leben das zu erreichen, was er nicht geschafft hatte. Er fühlte sich einfach als Unglücksrabe, als ewiger Verlierer, der sein Leben nie in den Griff bekam. Er schaffte es nie, lange an einer Arbeitsstelle zu bleiben, seine Ehe ging in Brüche ... Obwohl er besser ein Selbstgespräch führen hätte sollen, wollte er stattdessen seiner Tochter erklären, dass sie ebenso im Leben versagen werde wie er.

Und hätte dieser Vater es nicht ausgesprochen, sondern es seine Tochter nur spüren lassen - für das junge Mädchen wäre es kaum anders gewesen. Ihr Vater und sie führten einen erbitterten Machtkampf, in dem es um ihre Seele ging, und viele Jahre lang gewann ihr Vater. In all den Jahren ihrer Kindheit und Jugend konnte sie ihr wahres Selbst nicht entwickeln und zum Ausdruck bringen.

Unser nächstes Kapitel *Von unseren Kindern lernen* befasst sich damit, dass Kinder Teile ihres Selbst abspalten und verdrängen, weil sie Verteidigungsstrategien durch unbewusstes elterliches Verhalten entwickeln. Wir werden sehen, wie es dadurch zum Entstehen von Selbsthass kommt, und wie das Kind unbewusst manche Teile seines Selbst verdrängt und andere übersteigert, um seinen Eltern ein »Ich« vorzuspielen, das von ihnen akzeptiert wird.

Elterliche Projektionen

Kinder, die ihr wahres Selbst nicht zum Ausdruck bringen können, werden als Erwachsene unter demselben Problem leiden. Wenn Eltern symbiotische Beziehungen zu ihren Kindern haben, ist das ein Hinweis darauf, dass diese Eltern selbst kein differenziertes Selbst ausbilden konnten. Sie waren aufgrund von Verwundungen nicht in der Lage, sich zu integrierten, ganzen Persönlichkeiten zu entwickeln. Sie konnten sich selbst nicht richtig kennen lernen. Nun können sie nicht zwischen sich selbst und ihren Kindern unterscheiden, sie können keine klaren Grenzen zwischen sich selbst und ihren Kindern ziehen. Das, was sie an sich selbst nicht kennen lernen konnten, projizieren sie nun unbewusst auf ihr Kind.[8]

Eltern, die sich in einem symbiotischen Zustand befinden, können nicht erkennen, dass jene Charakterzüge, die sie so an ihren Kindern stören, verdrängte Teile ihres eigenen Selbst sind. Sie projizieren jene Teile ihres Selbst, die sie nicht annehmen konnten, in Form von Einschränkungen, Eigenschaften oder Wünschen auf ihre Kinder. In Wahrheit entspricht das, was sie an ihren Kindern ablehnen, recht genau jenen Selbstanteilen, die sie tief in ihr Inneres verbannt und verdrängt haben. Im Laufe ihrer Entwicklung haben sie von ihren eigenen Eltern Sätze zu hören bekommen wie »Das bist doch nicht du!« oder »Ich kann einfach nicht glauben, dass du so bist!« Und nun sagen sie zu ihren eigenen Kindern: »Solange du hier wohnst, wirst du nicht so ... sein!«

Man muss in diesem Zusammenhang erwähnen, dass projizierte Eigenschaften nicht zwangsläufig negative Eigenschaften sein müssen. Manche dieser Projektionen repräsentieren auch das verkümmerte positive Potenzial der Eltern. Wenn eine Mutter voll Stolz ihr »kleines Genie« anhimmelt, bewundert sie möglicherweise ihr eigenes, zu wenig gefördertes intellektuelles Potenzial. Wenn sie im ganzen Freundeskreis erzählt, wie außerordentlich sportlich ihr Kind sei, dann spiegelt das möglicherweise ihren eigenen unerfüllten Traum wider, eine berühmte Sportlerin zu werden.

In einem anderen symbiotischen Projektionsmuster kommt es vor, dass Eltern in einer Beziehung zu ihrem Kind stehen, in welcher *das Kind* die Elternrolle übernimmt. Vom Kind wird erwartet, die Bedürfnisse eines Elternteils zu erfüllen. Wenn ein Kind die Aufmerksamkeit und Liebe seiner Mutter bzw. seines Vaters nur dadurch erringen (und aus seiner Sicht »überleben«) kann, dass es ihre/seine Bedürfnisse erfüllt, wird dem Kind seine Kindheit genommen. Es entwickelt sich zu einem frühreifen Erwachsenen, der erfolglos versucht, die Elternrolle für seine eigene Mutter oder seinen eigenen Vater zu erfüllen.

Und schließlich gibt es Eltern, die aus vielen Büchern und Seminaren wissen, welche Regeln und Leitsätze man braucht, um Kinder optimal großzuziehen, Eltern, die stets wissen, »wie alles zu sein hat«. Sie übersehen dabei die wahren Bedürfnisse ihres Kindes. Auch darin spiegelt sich symbiotisches Verhalten wider. Jede Interaktion, jedes Gespräch verläuft wie eine Einbahnstraße, von den Eltern in Richtung ihres Kindes. Bewusste Eltern kennen keine kommunikativen Einbahnstraßen, sondern sie wissen, dass Eltern und Kinder voneinander und miteinander lernen können.

Woran kann man erkennen, ob man sich symbiotisch verhält?

Eine der wichtigsten Aussagen dieses Buches lautet: Unsere Sprache hat die Macht Beziehungen zu verändern. Der Imago-Dialog, den wir in Kapitel 5 *Der Imago-Dialog* kennen lernen werden, ist ein äußerst hilfreiches Werkzeug, mit dessen Hilfe Eltern ihre symbiotische Haltung überwinden können. Das Verhalten bewusster Eltern entspricht, wie wir in Kapitel 6 *Bewusste Eltern* sehen werden, ganz der

Intention des Imago-Dialogs. Bevor wir uns jedoch eingehender mit der Theorie und Praxis des Imago-Dialogs befassen, möchten wir uns mit der menschlichen Sprache, mit ihrer Wirkung und ihrer Macht beschäftigen. Sehen wir, wie Worte und Sätze, die Eltern im alltäglichen Umgang mit ihren Kindern verwenden, unverkennbare Rückschlüsse auf eine symbiotische Haltung zulassen.

Die Macht der Sprache

Gesprochene Sprache ist das Hauptmedium der Interaktion zwischen Eltern und ihren Kindern. Unsere Sprache ermöglicht uns, die Vergangenheit oder die Zukunft gegenwärtig erfahrbar zu machen. Wenn ein Vater mit seinem Kind über Vergangenes oder Zukünftiges spricht (»Erinnerst du dich noch, wie wir letztes Jahr Urlaub am Meer gemacht haben?« oder »Abgemacht, das werde ich dir zum Geburtstag schenken!«), dann beschenkt er sein Kind im Hier und Jetzt.

Sprache macht das Unsichtbare sichtbar. Wenn ein Vater seinem Sohn beschreibt, wie man in einer weiß verschneiten Landschaft Schnee-Eulen erkennen kann, so entsteht vor dem geistigen Auge seines Sohnes ein lebendiges Bild. Wenn eine Mutter ihrer Tochter erklärt, wie ein Prisma das Licht in sein Spektrum bricht, so entsteht vor dem inneren Auge der Tochter ein Regenbogen.

Sprache weckt auch *Gefühle*. Der Satz »Ich liebe dich!« weckt glückliche und zärtliche Gefühle in uns. »Warte nur, bis Papa nach Hause kommt, dann kriegst du eine Strafe!«, weckt Angst und Verunsicherung. Kinder lernen so zu sprechen, wie mit ihnen gesprochen wird. Sie übernehmen die Sprache ihrer Kultur, ebenso wie die symbiotische Sprache ihrer Eltern. Sprache ist das Medium, mit dem Eltern ihre Kinder einschränken können - oder ihnen den Freiraum geben, ihr wahres Selbst zu entwickeln.

Die symbiotischen Aspekte
unserer eigenen Sprechweise erkennen

Leider haben die Worte unbewusster Eltern oft eine stark einschränkende Wirkung auf ihre Kinder. Wenn wir bewusste Eltern werden wollen, müssen wir lernen, eine andere Sprechweise zu verwenden. Im Folgenden finden Sie verschiedene Sätze, die symbiotischen Charakter haben. Und gleich danach eine Variante für bewusste Eltern, die gut zwischen sich selbst und dem anderen differenzieren können.

1. **Eltern verwenden eine symbiotische Sprache, wenn sie enttäuscht sind.**
Symbiotisch: »Ich habe wirklich die Nase voll davon, dich immer wieder an alles erinnern zu müssen!« oder »Du hast schon wieder deinen Hamster nicht gefüttert. Du bist so faul und gedankenlos, ich glaube nicht, dass sich das jemals bessern wird!«

Nicht symbiotisch: »Ich habe dir schon öfter erklärt, was für Haustiere wichtig ist! Kann es sein, dass ich mich missverständlich ausgedrückt habe?« oder »Sollen wir das Thema »Hamster« noch einmal anders besprechen? Ich habe den Eindruck, dass ich mich nicht ganz verständlich ausgedrückt habe.« oder »Ich merke, dass du deinen Hamster heute wieder nicht gefüttert hast. Hast du selbst eine Idee, wie das besser klappen könnte?«

2. Eltern verwenden eine symbiotische Sprache, wenn sie der Meinung sind, ihr Kind müsste in einer bestimmten Situation bereits wissen, wie es sich zu verhalten hat.

    Symbiotisch: »Ich kann einfach nicht glauben, dass du nicht gewusst hast, was du deinem Lehrer antworten sollst. Das klingt ja, als hättest du noch nie zuvor mit einem Lehrer gesprochen!«

    Nicht symbiotisch: »Ich mache mir Sorgen über das Gespräch mit deinem Lehrer. Wie geht es dir denn selbst damit?«

3. Eltern verwenden eine symbiotische Sprache, wenn sie enttäuscht sind, dass ihre Kinder sie nicht sofort verstehen.

    Symbiotisch: »Du weißt schon, was ich meine!« oder »Wovon redest du eigentlich, verstehst du mich nicht?«

    Nicht symbiotisch: »Habe ich mich verständlich ausgedrückt?« oder »Möchtest du mich noch etwas fragen?« oder »Gibt es noch etwas, das du nicht verstehst?«

4. Eltern verwenden eine symbiotische Sprache, wenn sie meinen, dass ihre Kinder im Unrecht sind, weil ihre Gefühle oder Ansichten sich von jenen der Eltern unterscheiden.

    Symbiotisch: »Das ist aber nicht dein Ernst!« oder »Sag nicht so einen Blödsinn!« oder »Ich glaube es einfach nicht, dass du so denkst.« oder »Wenn du deine Meinung nicht änderst, machst du einen großen Fehler!«

    Nicht symbiotisch: »Wenn ich dich gut gehört habe, sagst du ...« oder »Ich möchte gern alles hören, was du dazu sagen willst. Deine Gedankengänge interessieren mich!« oder »Wenn ich dich gut gehört habe, glaubst du ... Stimmt das? Ich verstehe deinen Standpunkt. Könntest du mir bitte zuhören, wie ich darüber denke?«

5. Eltern verwenden eine symbiotische Sprache, wenn sie befürchten, dass ihnen die Dinge entgleiten, weil ihre Kinder sich anders verhalten, als sie von ihnen erwarten.

    Symbiotisch: »Ich weiß nicht mehr, was ich mit dir machen soll!« oder »Jetzt habe ich alles probiert und nichts funktioniert. Du bist unverbesserlich!«

    Nicht symbiotisch: »Ich merke, dass du jetzt verärgert bist, aber ich bin sicher, wir können in Ruhe darüber reden.« oder »Ich sehe, dass dieser Punkt starke Gefühle bei dir weckt, und dass du angehört werden willst!«

6. Eltern verwenden eine symbiotische Sprache, wenn sie »wir« sagen, obwohl sie sich auf die Gedanken und Gefühle ihrer Kinder beziehen – ohne es zuvor mit ihnen abgeklärt zu haben.

    Symbiotisch: »Der Ausflug in den Zoo hat uns heute wirklich gefallen!« oder

»Heute geht es uns allen großartig, nicht wahr?« oder »Wir haben unsere Ferien voll und ganz genossen, nicht wahr, Kinder?«

Nicht symbiotisch: »Der Ausflug in den Zoo hat mir wirklich gut gefallen!« oder »Heute geht es mir großartig. Und wie geht es dir?« oder »Ich habe die Ferien sehr genossen. Wie waren sie für dich?«

7. **Eltern verwenden eine symbiotische Sprache, wenn sie emotionsgeladen über negative Eigenschaften ihrer Kinder sprechen.**

    Symbiotisch: »Du bist einfach herzlos!« oder »Dir kann man nicht vertrauen.« oder »Du bist so egoistisch.«

    Nicht symbiotisch: »Wenn ich richtig verstehe, fühlst du dich verletzt und verärgert, und du möchtest gern darüber reden. Ist das so?« oder »Ich beobachte, dass du nicht getan hast, was du versprochen hattest. Erzählst du mir, warum du deinen Vorsatz geändert hast?« oder »Ich weiß, dass du darüber verärgert bist. Ich möchte, dass wir gemeinsam eine andere Möglichkeit finden, mit dieser Situation umzugehen. Ich würde gern darüber reden, was wir beim nächsten Mal anders machen könnten.« oder »Ich kann mir nicht genau vorstellen, wie es dir gerade geht. Wenn ich verärgert bin, dann möchte ich manchmal anderen Menschen wehtun. Geht es dir ähnlich?«

8. **Eltern verwenden eine symbiotische Sprache, wenn sie sich zu sehr einmischen und die Aktivitäten und Ziele ihrer Kinder beeinflussen wollen.**

    Symbiotisch: »Du musst Rechtsanwalt (Arzt, Lehrer ...) werden!« oder »Du solltest Skirennen fahren. Du bist so ein guter Skifahrer, und es wird dir Spaß machen!« oder »Du hast dich beim heutigen Match nicht genug angestrengt! Wenn du dich nicht wesentlich mehr bemühst, wirst du nie Erfolg haben!«

    Nicht symbiotisch: »Welchen Beruf würdest du später gerne ergreifen?« oder »Ich verstehe, dass du gerne Ski fährst, aber nicht bei offiziellen Rennen antreten möchtest! Ich möchte dich bei dem unterstützen, was dir selbst wichtig ist.« oder »Ich habe selbst immer davon geträumt, Skirennläufer zu werden. Manchmal wünsche ich mir, dass du diesen Traum verwirklichst, damit ich zumindest darauf stolz sein könnte. Aber es ist mir wichtiger, dass du in deinem Leben machen kannst, was du wirklich möchtest!« oder »Ich habe beobachtet, dass du dich heute beim Match nicht so angestrengt hast wie sonst. Möchtest du mir erzählen, was los war und wie es dir gegangen ist?«

9. **Eltern verwenden eine symbiotische Sprache, um zu sagen, dass das, was ihre Kinder erleben, nicht real sei.**

    Symbiotisch: »Das meinst du nicht wirklich so.« oder »Du bist gar nicht krank!« oder »Wie kann dir nur kalt sein? Es ist doch so heiß hier.« oder »So war das nicht, das weißt du genau.« oder »Es ist mir egal, was du denkst. Es stimmt einfach nicht!«

    Nicht symbiotisch: »Ich glaube, wir haben das unterschiedlich erlebt. Erzähle mir, wie du es erlebt hast, anschließend erzähle ich dir, wie ich es sehe.« oder »Du sagst also, das du dich heute krank fühlst. Erzähl mir, wie es dir geht.« oder

»Seltsam, dass dir kalt ist und mir heiß, obwohl wir uns im selben Raum aufhalten. Aber es scheint tatsächlich der Fall zu sein. Willst du dir einen Pullover holen oder soll ich die Heizung ein bisschen stärker aufdrehen?« oder »Ich glaube, mir ist etwas anderes im Gedächtnis hängen geblieben als dir. Erzählen wir einander doch, wie jeder von uns die Situation erlebt hat. Dann können wir einander sicher viel besser verstehen.« oder »Es interessiert mich wirklich, wie du darüber denkst. Ich glaube, wir haben verschiedene Ansichten, aber das ist in Ordnung, wenn wir nur versuchen, einander zu verstehen.«

10. Eltern verwenden eine symbiotische Sprache, wenn sie meinen, es gebe die absolute Wahrheit, und sie selbst würden sie kennen. Eltern sind in diesem Zusammenhang oft sehr frustriert, wenn das Verhalten ihres Kindes darauf schließen lässt, dass es diese Wahrheit nicht anerkennt.
Symbiotisch: »Du weißt doch, was sich gehört!« oder »Ich kann mir nicht vorstellen, dass du nicht weißt, was sich gehört!« oder »Jedem einigermaßen vernünftigen Menschen muss das einleuchten!« oder »Du weißt doch, dass ich recht habe!«
Nicht symbiotisch: »Ich habe eine persönliche Meinung dazu, was ich in dieser Situation für das Richtige halte, und diese Meinung möchte ich dir vermitteln. Deine Meinung dazu kenne ich noch nicht, also reden wir darüber, dann können wir vielleicht beide etwas verändern.« oder »Ich weiß nicht, was in dieser konkreten Situation das Richtige ist. Ich habe eine persönliche Meinung darüber und möchte sie dir erklären. Vielleicht werde ich die Entscheidung treffen müssen, und möglicherweise wirst du nicht ganz einverstanden damit sein, aber da ich dein Vater/deine Mutter bin, bin ich für deine Gesundheit ... verantwortlich.« oder »Ich kann gut verstehen, dass du das nicht gewusst hast, weil du damit bisher noch keine Erfahrung machen konntest.« oder »Ich halte dich für sehr intelligent und glaube, dass du das schaffst. Wenn du Hilfe brauchst, sag es mir einfach.«

11. Eltern verwenden häufig eine symbiotische Sprache, wenn sie meinen, zu wissen, was ihre Kinder in einer bestimmten Situation fühlen bzw. fühlen sollten.
Symbiotisch: »Ich weiß, wie du dich gerade fühlst.« oder »Nach dem, was du getan hast, solltest du dich ... fühlen.« oder »Jeder anständige Mensch wäre nun schuldbewusst ...« oder »Ist dir nicht klar, welche Gefühle du nun haben solltest?«
Nicht symbiotisch: »Erzähle mir, wie du dich nun fühlst. Ich möchte es gerne erfahren.« oder »Wenn ich an deiner Stelle wäre, und mir das passiert wäre, würde ich mich ... fühlen, aber bei dir könnte es ja anders sein (ich höre, dass es bei dir anders ist).« oder »Ich kann mir vorstellen, wie es einem verantwortungsbewussten Menschen an deiner Stelle nun gehen könnte, aber ich kann mich auch irren.« oder »Ich habe den Eindruck, dass du nicht so recht weißt, welche Gefühle du dazu haben sollst. Wie geht es dir denn wirklich damit?«

Symbiotische Formulierungen haben ein gemeinsames Kennzeichen: es mangelt ihnen an Bewusstsein darüber, dass wir in einem relativen Universum mit multipler Intelligenz leben, und dass verschiedene Menschen die Dinge daher verschieden wahrnehmen können. Niemand von uns hat ein Monopol auf »die« Wahrheit. Niemand von uns kann aus seiner persönlichen Perspektive »die ganze Wahrheit« erkennen. Wie alles andere im Universum sind auch unsere Beziehungen zueinander einer ständigen Veränderung unterworfen. Alle Dinge sind in Bewegung und das beeinflusst wiederum den Zustand aller Dinge. Wenn sich der Kontext ändert, so verändert sich alles mit ihm, und wenn wir unsere Perspektive wechseln, so kann alles plötzlich ganz anders aussehen. Es gibt kein Zentrum, das uns erlauben würde, »das Ganze« zu erkennen, und es gibt keine absolut richtige Position, die allen anderen Positionen ihre Berechtigung absprechen könnte. Aus dem Blickwinkel eines anderen Menschen kann auch unsere Position, die wir als höchst berechtigt empfinden, fragwürdig erscheinen.[9]

Unbewusste Eltern sind davon überzeugt zu wissen, welche Wahrheit für ihre Kinder gilt. Wenn sie aber mit ihrem Kind in Beziehung bleiben wollen, so müssen Eltern aufhören, sich selbst als Mittelpunkt des Universums zu betrachten und sich auf das Risiko einlassen, dass in einem relativen Universum vieles nicht vorhersagbar ist. Bewusste Eltern sind anderen Menschen gegenüber aufgeschlossen, hören aufmerksam zu und können respektieren, dass jene die Welt anders sehen als sie selbst.

Manche der symbiotischen Aussagen der letzten Seiten kennen Sie vielleicht aus Ihrem eigenen Leben oder aus Ihrem Freundes- und Bekanntenkreis. Es kann sehr hilfreich sein, persönliche Aussagen dieser Art schriftlich festzuhalten und nicht symbiotische Alternativen dafür zu entwickeln. In Kapitel 15 *Von der Theorie zur praktischen Umsetzung* finden Sie eine hilfreiche Methode hierzu. Die Alternativen sind Formulierungen, die Ihnen Anregung sein mögen, sich selbst in konkreten Problemsituationen zu artikulieren, und gleichzeitig deutlich wahrzuhaben, *dass Ihr Kind nicht Sie selbst ist und Sie selbst nicht Ihr Kind sind*. Diese Alternativformulierungen beweisen ein Maß an Bewusstheit, das es Ihnen ermöglicht, zwischen sich selbst und Ihrem Kind gut zu differenzieren. Wenn Sie versuchen zu sprechen, ohne symbiotische Formulierungen zu verwenden, dann werden Sie einerseits Ihr Kind vor Ihren eigenen Projektionen bewahren können und andererseits Ihre persönlichen Grenzen besser und subtiler wahrnehmen. Aus Ihren Worten wird ein tiefes Verständnis für die Erfahrungen Ihres Kindes sprechen, und Ihr Bemühen spürbar sein, die Ganzheit Ihres Kindes zu respektieren und zu bewahren.

Das Verhalten unbewusster Eltern

Im vergangenen Kapitel haben wir die Imago-Beziehungstheorie als wissenschaftliches Konzept über Verhaltensmuster in Partnerschaft und Erziehung definiert. Die wichtigsten Verhaltensmuster können wir erkennen, wenn wir Eltern im ganz alltäglichen Umgang mit ihren Kindern beobachten. Manche Eltern sind von Natur aus begabt dafür, sich in ihre Kinder einzufühlen und reagieren intuitiv richtig auf die Freude und Enttäuschung ihrer Kinder. Die meisten von uns konnten aber einfühlsames Verhalten nicht von den eigenen Eltern übernehmen und so folgen wir unbewussten Verhaltensmustern: entweder kümmern wir uns zu wenig um unsere Kinder - oder wir kümmern uns zuviel.

Um diese beiden Reaktionsmuster klarer herausarbeiten und für unsere Leser einprägsamer darstellen zu können, beschreiben wir sie in einer extremen Ausprägung. Es ist wichtig, dass wir dabei so manches im Hinterkopf behalten: die Charakteristika, die wir beschreiben, sind entlang einer Skala angesiedelt, und diese Skala reicht von »sehr subtil« bis zu »ganz offensichtlich«. Je nachdem, wie schlimm die Kindheitswunden eines Menschen waren, und in welcher Entwicklungsphase er sie erlitten hat, wird sein eigener Erziehungsstil sehr stark oder nur ansatzweise von den beiden gegensätzlichen Energiemustern des »Maximierens« und des »Minimierens« geprägt sein. Aus diesem oder aus anderen Gründen kann es schwierig sein, sich selbst richtig einzuschätzen. Zweifellos ist es immer leichter, das Verhalten anderer Menschen zu erkennen. Aber darin liegt auch der Schlüssel, sich selbst besser einschätzen zu lernen. Wenn ein Mann seinen eigenen Erziehungsstil nicht »einordnen« kann, aber deutlich erkennt, dass seine Frau sich zu wenig in das Leben ihrer Kinder einbringt, so kann er davon ausgehen, dass er selbst sich vermutlich zu viel einbringt. Es gibt die Tendenz, dass in den meisten Familien ein Elternteil in übertriebener Weise, der andere hingegen zu wenig für die Kinder da ist.

Wenn Eltern das auch keineswegs absichtlich tun, liegt doch eine intuitive Weisheit darin, Kinder mit beiden Erziehungsstilen vertraut zu machen. Die Unterschiede können dem Kind eine Balance und Vielfalt innerhalb des Familiensystems ermöglichen. Es kann verschiedene Reaktionsmöglichkeiten kennen lernen, die später hilfreich sein werden. Man könnte es auch so sagen, jener Elternteil, der seine Energie zurückhält, sorgt für die nötige Stabilität, und jener Elternteil, der seine Energie ausdrückt, sorgt für die nötige Kreativität und Emotionalität. Das Problem daran ist nur, dass diese positiven Eigenschaften sich ins Negative verzerren können, wenn Eltern rigide und unflexibel werden. Im Idealfall wären Eltern dazu in der Lage, von einem Reaktionsmuster zum anderen zu wechseln, wie es gerade passend ist, und wie es eine konkrete Erziehungssituation erfordert. Manche Eltern können das tatsächlich. Die meisten von uns sind aber mehr oder weniger auf eine Reaktionsweise fixiert und haben ziemliche Schwierigkeiten mit der anderen, sodass diese Einschränkung nur durch bewusstes Bemühen, Wachsen und »Dehnen« überwunden werden kann.

Jedes Kind besitzt theoretisch die Kapazität, auf seine Umgebung mit der ganzen Bandbreite von Überlebensstrategien zu reagieren, die uns Menschen zur Verfügung stehen. Aber jedes Kind wächst in einer Familie auf, wo manche Verhaltensmuster verstärkt angewendet werden, andere jedoch nicht. Kinder identifizieren sich mit den Verhaltensmustern jenes Elternteils, den sie persönlich als dominant empfinden. In ein und derselben Familie können sich Kinder mit verschiedenen Elternteilen identifizieren und deshalb verschiedene Reaktionsmuster übernehmen. Ein Kind wählt ein Muster unbewusst und integriert es so in seine Persönlichkeit, dass es sich ganz natürlich und vertraut anfühlt.

Wenn Sie die folgenden Charakteristika für »Minimierer« und »Maximierer« lesen, denken Sie bitte daran, dass Sie bei sich selbst und bei Ihrem Partner unter Umständen beide Reaktionsmuster erkennen können. Im weiteren Verlauf dieses Buches werden Sie noch klarer erkennen, zu welchem Muster Sie persönlich stärker tendieren und wie dieses Muster sich auf Ihren Erziehungsstil auswirkt.

Eltern, die sich zu wenig ins Leben ihrer Kinder einbringen, hatten mit hoher Wahrscheinlichkeit einen dominanten Elternteil (d.h. einen Elternteil, der sie stärker beeinflusste oder mit dem sie mehr Auseinandersetzungen hatten), der sich ebenfalls zu wenig einbrachte. Eltern, die sich zu wenig einbringen, werden »Minimierer« genannt. Im Gegensatz dazu hatten zu stark involvierte Eltern vermutlich einen dominanten Elternteil, der sich ebenfalls zu stark einbrachte. Ein Elternteil, der seine Kinder zu stark beeinflussen möchte, wird »Maximierer«[10] genannt. Wir zeigen alle eine Mischung aus beiden Reaktionsmustern, und ein reines Schwarz/Weiß-Denken würde hier zu kurz greifen. Die meisten Menschen erkennen dennoch relativ schnell, dass eines der beiden Reaktionsmuster ihnen eindeutig mehr entspricht.

Die Gefühlsenergie und die Verhaltensweisen des Maximierers kommen wesentlich intensiver zum Ausdruck als die des Minimierers. Keines der beiden Verhaltensmuster ist einfühlsam für die Bedürfnisse des Kindes. Stattdessen sind sie Ausdruck der Bedürftigkeit der Eltern und stellen einen Schutzmechanismus dar. Unbewusste Verhaltensmuster der Eltern sind Adaptionen[11], die sie aufgrund ihrer eigenen Verwundungen gewählt haben. Sie sind keine momentbezogenen Reaktionen auf die Bedürfnisse ihrer Kinder. Unbewusste, gewohnheitsmäßige Reaktionen sind wie frische Fußabdrücke im Schnee. Sie sagen etwas über uns aus und lassen erkennen, woher wir kommen. Glücklicherweise lassen sich gewohnheitsmäßige Reaktionen verändern.

Eltern als MINIMIERER. Damit es konkreter wird, finden Sie im Folgenden die Charakteristika eines stark ausgeprägten Minimierers. Jener Elternteil, mit dem er als Kind die größeren Probleme hatte, war emotional und oft auch physisch zu wenig verfügbar, um seine Bedürfnisse zu erfüllen. Wenn er sich diesem Elternteil näherte, wurde er oft zurückgewiesen oder gar nicht beachtet. So schämte er sich, fühlte sich schuldig oder einfach schlecht. Dieser Elternteil war kein Vorbild für Beziehungen zu Freunden oder zum anderen Geschlecht. Aufgrund seiner schmerzlichen Erfahrungen zog sich das Kind schließlich zurück, richtete seine Energie nach innen, fühlte sich hilflos und niedergeschlagen, oft auch wertlos und alleingelassen. Das Kind lernte, keine Bitten mehr zu äußern. Um sich sicher zu fühlen, hörte es auf, seine Bedürfnisse zu artikulieren. Dadurch, dass der Kontakt mit seinen eigenen Bedürfnissen verloren ging, wurde das Kind auch unsensibel für die Bedürfnisse anderer und imitierte somit jenen Elternteil, der die Quelle der schlimmen Verwundungen war. So wurde es selbst zu einem minimierenden Erwachsenen.

Dieser ist so mit seinem eigenen Leben beschäftigt, dass er wenig Zeit für sein Kind hat. Er strahlt keine Wärme aus und scheint unfähig zur Einfühlsamkeit. Er behält all seine Gefühle für sich. Da er den Zugang zu seinen eigenen Bedürfnissen verloren hat, hat er auch kein Verständnis für die Bedürfnisse seines Kindes. Er erzählt seinem Kind wenig über sich selbst, seine Gedanken oder Erfahrungen und fragt es auch nicht nach seinen. Er ist ein Einzelgänger, der Kinder normalerweise kaum in seine Nähe lässt. Seine Selbstgrenzen sind rigide. Da er als Kind keine Unterstützung bekam, nimmt er nun keine Ratschläge von anderen an und bietet seinen Kindern wenig Halt und Orientierung. In Stress-Situationen reagiert er impulsiv, bestraft die Kinder oder übt Druck aus und zieht sich dann wieder in sein Schneckenhaus zurück. Er hat kein Gespür für die Bedürfnisse seiner Kinder und lässt andere für sie sorgen, im Normalfall seinen Partner oder seine Partnerin. Er nimmt wenig Anteil am Wohlergehen seiner Kinder. Falls er Zeit mit seinen Kindern verbringt, fordert er sie zu Wettkämpfen heraus oder unterhält sich mit ihnen auf intellektueller oder abstrakter Ebene. Bei gemeinsamen Mahlzeiten verhält er sich eher ruhig und bringt sich nur ein, um seine Kinder zurechtzuweisen oder zu kritisieren. Er ist nicht dazu in der Lage, über seine Gefühle zu sprechen oder echte Nähe aufzubauen. Seine Kinder haben kein Naheverhältnis zu ihm. Sie haben eher Angst vor ihm und lernen sehr früh, ihn keinesfalls zu provozieren. Kinder eines extrem minimierenden Elternteils würden emotional gesehen sehr einsam aufwachsen.

Eltern als MAXIMIERER. Erwachsene, die dem Energiemuster des Maximierers zuzuordnen sind, erlebten in ihrer Kindheit jenen Elternteil als dominant, der ambivalent war - manchmal warm und verfügbar, manchmal emotional oder physisch abwesend. In jenen Situationen, wo er verfügbar war, projizierte er seine eigenen Bedürfnisse auf das Kind und »beelterte« es so, wie er selbst gern »beeltert« worden wäre. Er überschüttete das Kind mit zu viel Aufmerksamkeit und verwöhnte es. Wenn das Kind aber Forderungen stellte, wurde ihm die Zuwendung entzogen. Wenn das Kind neugierig war, verhielt er sich überbehütend. Da ihm eine klare eigene Identität fehlte, konnte er auch die aufkeimende Identität seines Kindes nicht wertschätzen und es nicht darin unterstützen, seine Kompetenzen zu erweitern. In der Beziehung des Kindes zu Gleichaltrigen überforderte er es, indem er es dazu drängte, die Bedürfnisse anderer stärker in den Vordergrund zu rücken als die eigenen.

Maximierende Eltern identifizieren sich mit ihrem eigenen maximierenden Elternteil und setzen so die Tradition fort. Sie sind so beschäftigt mit ihren eigenen unerfüllten Bedürfnissen, dass sie ihr Kind mit Zuwendung überschütten, um die eigenen Bedürfnisse zu stillen. Sie sind erfüllt von Gefühlen und Ängsten und übertragen sie in Form von Warnungen über die Gefahren der Welt auf ihr Kind. Ist ein Maximierer von seinem Kind enttäuscht, wird er schnell wütend und »explodiert«, um sich anschließend wortreich zu entschuldigen und unter starken Gewissensbissen zu leiden. Er bringt sich übertrieben in jeden Lebensbereich seines Kindes ein und gibt Ratschläge, um die er nie gebeten wurde. Er möchte, dass seine Kinder ihre Zimmertür stets offen lassen, damit er hören kann, ob sie gut schlafen oder etwas anstellen. Dieser Elternteil spricht permanent bei gemeinsamen Mahlzeiten und kommentiert aufdringlich die Privatsphäre seiner Kinder sowie ihre Freundschaften zu Gleichaltrigen. Er fühlt sich sicher, wenn er viele Menschen um sich hat. Deshalb ermutigt er sein Kind, oft Freunde einzuladen. Er geht davon aus, dass Kinder selbst nicht wissen, was sie möchten. So zwingt er ihnen auf, worum sie ihn nicht gebeten haben und was sie unter Umständen gar nicht brauchen.

Ist ein Maximierer traurig oder glücklich, so verleiht er seinen Gefühlen außergewöhnlich stark Ausdruck und hofft, dass andere sie mit ihm teilen. Er handelt impulsiv, drückt seine Gefühle aus, als ob sie unwichtig wären, und überschätzt die Ansichten anderer Menschen. Er kennt sich selbst nicht sonderlich gut und nimmt Ratschläge anderer Menschen hinsichtlich Kindererziehung bereitwillig entgegen, wodurch er sich selbst und seine Kinder in Abhängigkeit bringt.

Da seine Selbstgrenzen schwach ausgeprägt sind, weiß er weder, wie er seinen eigenen Freiraum vor seinem Kind schützen, noch, wie er dessen Freiraum respektieren kann. Wenn er mit seinem Kind nicht zurechtkommt, manipuliert oder erpresst er es und behauptet, dass das, was er tut, nur dem Wohl seines Kindes diene. Wenn er seinen Willen nicht haben kann, verfällt er in Passivität oder Depression und zwingt das Kind, sich um ihn zu kümmern. Sein Leben hat keine Prioritäten, ist selbstverleugnend und märtyrerhaft. Er sieht sich selbst gern als jemand, der sich aufopfert, um die Bedürfnisse anderer vor seinen eigenen zu erfüllen. Alle, die von seiner Großzügigkeit profitieren, sollen wissen, dass sie in seiner Schuld stehen, denn er verweist ständig darauf, was er alles für sie getan hat. Das Kind eines maximierenden Elternteiles wächst auf, ohne sich klar von diesem Elternteil abzugrenzen und ein unabhängiger, selbständiger Erwachsener werden zu können.

Erkennen Sie IHR EIGENES VERHALTENSMUSTER. Auf Seite 91 finden sie eine Auflistung der wichtigsten Merkmale von maximierenden und minimierenden Eltern. Sie kann Ihnen helfen zu erkennen, in welchem Ausmaß Sie als Eltern unbewusst sind und ob Sie sich in übertriebener Weise oder zu wenig in das Leben Ihrer Kinder einbringen. Vermutlich erkennen Sie in beiden Energiemustern gewisse Aspekte Ihrer Persönlichkeit und Ihres Erziehungsstils. So kann es Ihnen schwer fallen, sich einer der beiden Kategorien zuzuordnen. Zerbrechen Sie sich nicht allzu sehr den Kopf darüber, denn die Unterscheidungen dienen nur dazu, dass die Unterschiede klarer ersichtlich sind, um besser darüber kommunizieren zu können. Auf keinen Fall sollten Sie in Selbstzweifel oder Selbstkritik verfallen. Sie brauchen keineswegs Schuldgefühle zu haben, wenn Sie hier oder in späteren Kapiteln merken, dass bestimmte Eigenschaften auf Sie zutreffen, die Sie als sehr negativ ansehen. Jeder von uns wurde bis zu einem gewissen Grad in seiner Kindheit verwundet und unser eigener Erziehungsstil ist davon beeinflusst. Wenn wir uns mutig unseren Verletzungen stellen und bereit dazu sind, sie zu verarbeiten, dann eröffnen sich wertvolle und vielversprechende Entwicklungsperspektiven für unsere Zukunft.

Manchen Menschen fällt es schwer, die Vorstellung zu akzeptieren, dass wir uns am meisten mit jenem Elternteil identifizieren, mit dem wir die größeren Schwierigkeiten in unserer Kindheit hatten, auch wenn wir Charakterzüge beider Eltern internalisieren. Ein Kind, das einen dominanten minimierenden Elternteil hatte, wird diesem Elternteil ähnlich sein und sich später bei seinem eigenen Kind zu wenig einbringen. Ein Kind, das einen dominanten maximierenden Elternteil hatte, wird ihm ähnlich sein und als Erwachsener ambivalent sein - sich abwechselnd zu stark einbringen und sein Kind zu vernachlässigen. Das ist jedoch kein Grund zu resignieren, denn dieses Erbe unserer Eltern ist nicht in Stein gemeißelt. Minimierendes und maximierendes Verhalten sind nur Verteidigungsstrategien - sie bilden keineswegs den innersten Wesenskern eines Menschen. Sie lassen sich verändern. Unter unserer Ritterrüstung versteckt liegt unser ursprüngliches Wesen, das wir von Geburt an besitzen, mit seinem Potenzial für volle Lebendigkeit und tiefe, empathische Verbundenheit.[12]

In der Auflistung auf Seite 91 werden Sie in beiden Spalten Charaktereigenschaften finden, die auf Sie zutreffen. Das ist nicht verwunderlich, da in uns allen prinzipiell die Möglichkeit für beide Schutzmuster vorhanden ist. Im Laufe unseres Lebens wählen wir dann das eine oder das andere aus, weil es besser für uns passt. Aber es gibt auch Gelegenheiten, in denen wir auf das gegenteilige Muster zurückgreifen. Wir ändern unsere Taktik, wenn unsere bisherige Taktik nicht funktioniert. Wenn ein Minimierer zum Beispiel durch Rückzug nicht jene Sicherheit findet, die er braucht, kann er schon einmal aggressiv werden. Oder ein Maximierer bekommt trotz Selbstaufopferung oder Übertreibung nicht jene Aufmerksamkeit, die er braucht: Dann kann es schon einmal vorkommen, dass er sich zurückzieht und seine Energie »implodiert«. Ein Zurückgreifen auf das gegenteilige Schutzmuster kann auch dann angezeigt sein, wenn eine Person in unserer unmittelbaren Nähe dasselbe Muster anwendet wie wir und dabei offensichtlich übertreibt. Wenn wir als Maximierer zum Beispiel in enger Beziehung zu einem anderen Maximierer stehen, der ein sehr übertriebenes Verhalten zeigt, werden wir unsere Energie herunterspielen, um eine Kollision zu vermeiden und eine gewisse Energiebalance wieder herzustellen. Wenn wir als Minimierer in einer engen Beziehung zu einem anderen Minimierer stehen, der sich noch mehr zurückzieht als wir selbst, werden wir uns bemühen, mehr ins Außen zu gehen, um auch hier eine Balance zu wahren, damit eine Form von Interaktion möglich wird.

Es kommt durchaus vor, dass ein Elternteil nicht auf seine primäre, sondern auf seine sekundäre Verteidigungsstrategie zurückgreift. Sein Partner wird als Reaktion darauf ebenfalls das Schutzmuster wechseln. Wenn ein Kind versucht, sich ganz aus der Beziehung zurückzuziehen, kann es durchaus vorkommen, dass ein Minimierer darauf mit maximierendem Verhalten reagiert. Oder ein Maximierer verhält sich wie ein Minimierer, wenn sein Kind einen Wutanfall hat. Wenn auch bei jedem Individuum eines der beiden Schutzmuster überwiegt, kann man uns Menschen nicht in fixe Kategorien einteilen. Wenn der Kontext sich verändert, können auch wir unsere Verhaltensmuster verändern.

Bitte gehen Sie die Auflistung auf Seite 91 durch und bewerten Sie auf einer Skala von eins bis fünf, in welchem Ausmaß diese Eigenschaft Ihrer Meinung nach auf Sie zutrifft. »1« würde bedeuten, dass Sie immer so handeln, »2«, dass Sie sehr oft so handeln, »3«, dass Sie manchmal so handeln, »4«, dass Sie selten so handeln und »5«, dass Sie niemals so handeln. Es ist hilfreich, die jeweiligen Zahlen neben die jeweiligen Verhaltensweisen zu schreiben. So können Sie nicht nur erkennen, welchem Energiemuster bzw. Schutzmuster Sie sich als Elternteil zuordnen, sondern auch, in welcher Intensität es auf Sie zutrifft. Sie werden erkennen, dass sich diese Verhaltensweisen in verschiedenster Intensität zeigen können.

Im nächsten Kapitel werden wir die Welt und das Leben aus der Perspektive der Kinder betrachten und diese Konzepte weiter vertiefen. Sie werden weiterhin die Möglichkeit haben zu reflektieren, wie Sie selbst von Ihren Eltern behandelt wurden - und wie Ihre Kindheitserfahrungen Ihre jetzigen Wahrnehmungen und Einstellungen beeinflussen, während Sie Ihre eigenen Kinder auf dem Weg ins Leben begleiten.

Ein persönliches Beispiel

Die allermeisten von uns erkennen sich in den Beschreibungen von unbewusster Elternschaft wieder. Auch uns beiden ist es nicht anders ergangen. Wir mussten uns selbst mit unseren Unzulänglichkeiten, unseren Schwächen und unserer Begrenztheit konfrontieren. Wir mussten eingestehen, dass wir trotz unserer guten Absichten jene Kinder verletzten, denen wir in tiefer Liebe zugetan waren. Es musste sich etwas ändern.

Lesen Sie hier, wie ein Vater rückblickend sein eigenes Bemühen beschreibt, aus dem Muster einer symbiotischen Beziehung zu seinem Sohn auszubrechen.

Ich wurde schon in jungen Jahren Vater und war einfach nicht imstande dazu, die Kindheit meines Sohnes von meiner eigenen zu unterscheiden. Ich bin bei armen Farmern im Süden der USA aufgewachsen und wir mussten hart arbeiten um durchzukommen. Das prägte auch meine Vaterrolle. Ich verlangte von

Verhaltensweisen von minimierenden und maximierenden Eltern

Minimierer haben die Tendenz ...	Maximierer haben die Tendenz ...
... ihre Gefühle nach innen zu entladen, zu ›implodieren‹	... ihre Gefühle nach außen zu entladen, zu ›explodieren‹
... ihre Affekte abzuschwächen und vor Kindern zu verbergen	... Affekte zu übertreiben und Kinder mit Aufmerksamkeit zu überschütten
... Abhängigkeiten zu leugnen und keine Erziehungsratschläge von anderen anzunehmen	... von anderen abhängig zu sein und sich Erziehungsratschläge zu holen
... ihre eigenen Bedürfnisse zu verleugnen und jene ihrer Kinder abzuschwächen	... eigene Bedürfnisse wie auch die Bedürfnisse ihrer Kinder zu übertreiben
... andere obsessiv zu verfolgen, jedoch niemandem Einblick in ihre eigene innere Welt zu gewähren	... zwanghaft zu handeln, auf den ersten Blick offen und subjektiv zu erscheinen, aber eine versteckte defensive Seite zu besitzen
... andere aus ihrer persönlichen Sphäre auszuschließen und sich aus der persönlichen Sphäre ihrer Kinder herauszuhalten	... übertrieben vereinnahmend gegenüber allen zu sein, die in ihre Nähe kommen und zu sehr in die persönliche Sphäre ihrer Kinder einzudringen
... den Gefühlen, Gedanken und Verhaltensweisen ihrer Kinder zu wenig Aufmerksamkeit zu widmen und ihre eigenen zu verbergen	... sich an ihre Kinder zu klammern und gleichzeitig übertriebene Großzügigkeit einzufordern
... zu rigiden Selbstgrenzen und dazu, ihre Kinder als Teil ihres Selbst anzusehen	... diffuse Ich-Grenzen zu haben und auch die Grenzen ihrer Kinder zu wenig zu respektieren
... innengesteuert zu sein und sich hauptsächlich nach sich selbst zu richten	... außengesteuert zu sein und im Allgemeinen nach Weisungen von anderen zu fragen
... an sich selbst zu denken	... sich märtyrerhaft für die Bedürfnisse anderer aufzuopfern
... sich zwanghaft zu verhalten	... impulsiv zu handeln
... andere zu dominieren	... sich unterwürfig und manipulativ zu verhalten
... sich passiv-aggressiv zu verhalten	... zwischen aggressivem und passivem Verhalten abzuwechseln

meinen Sohn dasselbe, was mir als Kind abverlangt worden war. Ich projizierte meine Herkunftsgeschichte auf ihn und erwartete, dass er denselben Überlebenskampf aufnehmen und ebenso ehrgeizig sein müsse wie ich. Im Grunde betrachtete ich seine Erfahrungen im Leben als meine eigenen Erfahrungen, obwohl ich wusste, dass die Zeiten und die Umstände sich inzwischen geändert hatten. Ich war voller Zorn und Missgunst, wenn er die Dinge anders sah als ich selbst. Viele Jahre lang setzte ich mich nicht mit den ambivalenten Gefühlen meiner Kindheit auseinander, sondern kritisierte und bekämpfte ihn, entzog ihm meine Liebe und vermittelte ihm ein schlechtes Selbst-Gefühl.

Als ich endlich bewusst erkannte, welche Fehler ich hier beging, konnte ich beginnen, an mir als Vater zu arbeiten. Ich erkannte meine Verhaltensmuster und meine Unfähigkeit, zwischen der Kindheit meines Sohnes und meiner eigenen Kindheit zu unterscheiden. Mithilfe wertvoller Bücher und einer guten Therapie wurde mir klar, dass ich mich ganz bewusst darauf konzentrieren musste, meine unbewusste Motivation verstehen zu lernen. Ganz besonders musste ich wahrhaben, wo mein eigenes Selbst »blinde Flecken« hatte, die mich daran hinderten, meinem Sohn zu geben, was er von mir brauchte. So wie die persönlichen Kämpfe in meiner Ehe mich meine Imago erkennen ließen, so half mir meine Entwicklung als Vater zu sehen, wie sehr ich in eine symbiotische Beziehung mit meinem Sohn verstrickt war, wie viele von uns sie kennen. Wir sind einfach nicht dazu imstande, auf einer tieferen Ebene wahrzunehmen, dass unsere Kinder nicht ein Teil von uns selbst sind. Wenn wir mit ihnen verschmolzen sind, können wir nicht jene Eltern sein, die unsere Kinder brauchen. Es dauerte lange Jahre, bis ich das verarbeitet hatte, aber meine Familie und ich selbst haben außerordentlich davon profitiert. Inzwischen kann ich mich von Herzen freuen, wenn mein Sohn künstlerische Ambitionen zeigt, und ich kann ihn ermutigen, seinen ganz persönlichen Weg im Leben zu gehen.

Mit diesen authentischen Worten eines Vaters möchten wir zeigen, dass wir alle mehr oder weniger im selben Boot sitzen, und dass Veränderungen möglich sind, selbst wenn ein Kind bereits erwachsen ist und auf eigenen Beinen steht. Wie wir schon zu Beginn dieses Kapitels gesagt haben, ist Erkenntnis bereits der erste Schritt zur Veränderung. Um unsere Theorien über unbewusste Elternschaft noch verständlicher zu machen, folgt nun eine Auflistung der *Überzeugungen* unbewusster Eltern. Wenn Sie in manchen Sätzen Ihre eigenen Gedanken wiedererkennen, dann dürfen Sie sich freuen, dass Ihr persönlicher Weg der Bewusstwerdung und Veränderung offensichtlich schon begonnen hat.

Überzeugungen unbewusster Eltern

1. Unbewusste Eltern sehen ihre Kinder als Erweiterung ihres eigenen Selbst und meinen, sie seien in all ihre Gedanken und Gefühle »eingeweiht«.

2. Unbewusste Eltern glauben, dass ihre persönliche Realität die einzig wahre Realität sei und verwechseln ihre elterliche Autorität und Verantwortung mit »Gottähnlichkeit«.
3. Unbewusste Eltern glauben, sie reagieren stets auf das Verhalten ihrer Kinder. In Wahrheit aber reagieren sie oft auf Erlebnisse aus ihrer eigenen Vergangenheit.
4. Unbewusste Eltern sind der Ansicht, dass die Wahrnehmung ihres Kindes keine Gültigkeit hat, wenn sie nicht mit ihrer eigenen Wahrnehmung übereinstimmt.
5. Unbewusste Eltern gehen davon aus, dass ihrem Kind stets dieselben Informationen zur Verfügung stehen wie ihnen.
6. Unbewusste Eltern sehen es als ihre Aufgabe an, ihr Kind zu formen und zu prägen, und meinen, das Verhalten ihres Kindes spiegle ihre Erziehung in direkter Weise wider.
7. Unbewusste Eltern meinen, dass alle Kinder gleich seien, und erkennen nicht, dass Kinder spezifische Entwicklungsphasen durchleben.
8. Unbewusste Eltern führen alle Konflikte zwischen ihnen und ihrem Kind auf ein falsches Verhalten des Kindes zurück und erkennen ihren eigenen Anteil an solchen Schwierigkeiten nicht.
9. Unbewusste Eltern sehen ihre Elternrolle als statisch und das Kind als veränderlich an, und kommen gar nicht auf die Idee, dass Eltern auch von ihren Kindern lernen können.

Der nächste Schritt

Es ist ein tröstlicher Gedanke, dass Kinder ihren Eltern helfen können, ihren gedanklichen Horizont entscheidend zu erweitern. Kinder stehen in enger Verbindung mit ihren Eltern und lieben sie, auch wenn sie Schwächen und Fehler haben und als Eltern nicht perfekt sind. Kinder profitieren sehr davon, aus nächster Nähe miterleben zu können, wie ihre Eltern wachsen, lernen und so manches in ihrem Leben verändern. Kinder sind flexible Wesen und auch wir Erwachsenen haben ein größeres Potential, uns zu »dehnen« und zu verändern, als wir manchmal glauben. Im nächsten Kapitel werden wir uns weiter mit den Themen *Symbiose* und *unbewusste Elternschaft* auseinandersetzen. Im Vordergrund steht die Frage, wie Erwachsene durch ihre eigenen Kinder lernen können, bessere Eltern und integrierte, ganze Persönlichkeiten zu werden.

4. Von unseren Kindern lernen

Das große Thema im Leben ist nicht, die Dinge zu steuern,
sondern dynamisch mit ihnen verbunden zu sein.
Erich Jantsch, *Die Selbstorganisation des Universums*

Die dynamische Verbundenheit in unserem Leben

Die Wissenschaft ist dabei, eine neue Synthese aufzuzeigen - eine Synthese von Körper und Geist, von Materiellem und Spirituellem, gewissermaßen von allem, was innerhalb unseres Universums existiert. Wir wissen heute, dass wir gleichermaßen den Insekten und den Sternen nahe stehen. Die Moleküle eines Käferflügels bildeten sich bei der Entstehung des Universums, zur selben Zeit wie jene Elemente des Lebens, die das Atmen unserer menschlichen Lunge und das Denken unseres Gehirns ermöglichen.

Alle Dinge, die es auf unserer Welt gibt, ob von uns hergestellt oder nicht, setzen sich aus einer kleinen Zahl von Elementen zusammen. Der »Stoff«, aus dem das Leben ist, findet sich in allen lebendigen Dingen wieder. Wir Menschen bestehen keineswegs aus hochwertigeren Materialien als Regenwürmer - unsere biochemische Zusammensetzung ist im Grunde dieselbe.

Wir kommen zur Welt und sind tief verbunden mit allem um uns. Die Umstände, die dazu führen, dass wir geboren werden, spiegeln die Abläufe des Universums wider. Die moderne Physik[1] unterstützt die uns angeborene Sehnsucht nach Verbundenheit und gibt ihr recht. Wenn wir uns nun umsehen, können wir die Dinge in anderer Weise sehen. Wo wir bisher in Kategorien gedacht haben, sehen wir nun ein Kontinuum. Es gibt keine klare Trennlinie zwischen dir und mir, zwischen Ameisen und Blättern. Wir wissen zwar, dass es gewisse Unterschiede gibt, aber mehr noch können wir erkennen, was uns miteinander verbindet. Wir sind sensibel für jene Prozesse, die uns im selben System beheimaten. Wir sind sensibel für den Energiefluss *zwischen* den verschiedenen Lebensformen und für die Interaktionen, die sie miteinander verbinden.[2]

Ein unerwartetes Ergebnis dieser neuen Sichtweise ist es, dass Physiker seltsamerweise poetische Anwandlungen zeigen. Für den Poeten bestimmen andere Lebewesen unseren Platz in der Familie der Natur. Für den Physiker erfüllen mathematisch voraussagbare Prozesse denselben Zweck. Aber sie stimmen darin überein, dass eine dynamische Verbundenheit und eine Einheit aller Dinge wahrnehmbar ist.

In unserer Arbeit mit Paaren und Familien haben wir uns stets auf die Verbundenheit konzentriert. Und zwar nicht vorrangig auf die Einheit zwischen Menschen, Ameisen und Blättern, sondern primär darauf, wie Menschen in ihren persönlichsten Beziehungen miteinander verbunden sind. Dieses Kapitel behandelt die dynamische Verbundenheit von Eltern und Kindern. Wir wollen besonders hervorheben, wie viel Kinder ihren Eltern zu sagen haben - über ihre Perspektive als Kinder, über Eltern und über die kreative Energie, die alles Lebendige vereint.

Das Kind aus einem neuen Blickwinkel betrachten

Im Laufe der menschlichen Geschichte hatten Kinder in den Augen ihrer Eltern unterschiedliche Funktionen: Sie waren Anhängsel, Abbild, Arbeitskraft, Elternersatz, Belastung.[3] Um die Beziehungen zwischen Eltern und Kindern aus einem neuen Blickwinkel erkennen zu können, empfehlen wir, dass Eltern versuchen, ihre Kinder in einem neuen Licht zu betrachten. Sie sollen ihm keine der oben genannten Rollen zuschreiben, sondern es stattdessen als *Botschafter eines bewussten Universums und als Lehrer ansehen*. Ein Kind wird aus dem Kosmos selbst in eine Ganzheit geboren und kann in vollem Ausmaß die Realität seiner eigenen Ganzheit erfahren. Ein Kind kommt mit einem angeborenen Entwicklungsplan zu Welt, der in Übereinstimmung mit den Vorgängen des Universums steht und demzufolge es sein eigenes Selbst entfalten, vervollständigen, heilen und reflektieren soll. Unsere Kinder und wir sind ein Phänomen, an dem das Universum sich seiner selbst bewusst werden kann.[4]

Die Aufgabe von Eltern ist es, eine gute Verbundenheit zu ihrem Kind zu bewahren, sodass das Kind seinerseits eine gute Verbundenheit zu seinen Eltern pflegen kann und deutlich spürt, dass es auch mit dem Kosmos verbunden ist. So wird das Kind im weiteren Verlauf seines Lebens dazu in der Lage sein, in einem ständig wachsenden Beziehungsnetz Verbundenheit mit anderen Menschen zu pflegen, und zwar in allen Entwicklungsphasen, angefangen bei der Bindungsphase, über die Entdeckerphase, die Identitätsphase und die Kompetenzphase, bis hin zu den beiden Phasen der Sozialen Verantwortung und der Nähe (Intimität). Es liegt in der Verantwortlichkeit der Eltern, die Bedürfnisse ihres Kindes während all dieser Entwicklungsphasen zu erfüllen und es zu unterstützen, sein ganz persönliches Selbst zu entwickeln und zum Ausdruck zu bringen.

Bewusste Eltern sind gut dazu in der Lage, weil ihre Entwicklung zur Bewusstheit sie in ihrer Persönlichkeit sehr bereichert. Im Lauf dieser Entwicklung lernen Eltern Feedback von sich selbst, von anderen und, was am wichtigsten ist, vom eigenen Kind anzunehmen. Eigenes Feedback leitet sich aus emotionalen Reaktionen auf das eigene Kind ab. Feedback vom Partner oder anderen Erwachsenen gibt es in Form von *Anerkennung* für das eigene Tun oder in Form von *Unzufriedenheit*, die als Kritik, Ratschlag oder Vorschlag geäußert werden kann. Feedback des Kindes kann verschiedene Erscheinungsformen haben: Widerstand gegen das Verhalten der Eltern, *passives Hinnehmen oder positives Reagieren.*

In diesem Kapitel werden wir uns mit der Bedeutung der unterschiedlichen Arten von Feedback auseinandersetzen. Da es uns ausgesprochen wichtig ist Eltern zu ermutigen, ihre Kinder als LehrerInnen anzusehen, werden wir besonders hervorheben, was Eltern von ihren Kindern lernen können. Wenn Sie Ihr Kind als LehrerIn ansehen möchten, müssen Sie es zuerst aus einem neuen Blickwinkel heraus wahrnehmen und erkennen, wie es wirklich ist. Sobald Ihnen das einigermaßen gelingt, haben Sie einen entscheidenden Schritt geschafft. Sie können Ihrem Kind geben, was es braucht, und sich selbst von den »Fesseln« Ihrer eigenen Vergangenheit befreien.

Wie mein Kind wirklich ist

Ein wichtiger erster Schritt für Eltern ist es, ihr Kind so zu sehen, wie es wirklich ist, anstatt es so zu sehen, wie sie es *gerne sehen möchten*. Das klingt relativ einfach, aber es hat sich gezeigt, dass dies für viele Eltern ein sehr schwieriger Schritt ist. Hören Sie sich selbst oder anderen Eltern bei ganz alltäglichen Gesprächen zu, zum Beispiel mit Teenagern:»Das bildest du dir nur ein. In Wirklichkeit würde es dir gar nicht gefallen!« Ein Vater zu seinem sieben Jahre alten Sohn:»Du denkst wirklich, dass Ballett dir gefallen würde? Du bist ein starker und sportlicher Junge, da passt doch Fußball viel besser zu dir!« Oder eine erschöpfte Mutter zu ihrem zweijährigen Kind:»Jetzt sag bitte nicht, dass du schon wieder müde bist. Gib mir die Hand und geh weiter!«

Bei diesen und ähnlichen Aussagen müssten bereits unsere Alarmglocken läuten. Sie legen die Vermutung einer Symbiose nahe. Zumindest im aktuellen Moment sind diese Eltern nicht dazu in der Lage, sich ein genaues Bild von ihren Kindern zu machen und so zu reagieren, dass sie ihre Individualität respektieren. Es vermittelt den Eindruck, die Eltern hätten entschieden, was das Beste für ihr Kind ist, sodass es gar keinen Sinn hat, dass das Kind widerspricht.

Wenn Eltern ihr Kind so sehen möchten, wie es wirklich ist, müssen sie in die Tiefe gehen und die Verhaltensmuster erkennen, die ihre Beziehung prägen. Ein Kind wird auf die Handlungen und Worte seiner Eltern in vorhersehbarer Weise reagieren. Als Mutter oder Vater zeigt man im Umgang mit seinem Kind verschiedene Verhaltensmuster, die entweder das Kind als einzigartige und wunderbare Persönlichkeit wahrnehmen und fördern oder seine Persönlichkeit unterdrücken. Eltern können ihre eigenen blinden Flecken erkennen, die sie bisher übersehen haben - und zwar nicht aufgrund kognitiver Defizite, sondern aufgrund der eigenen unerfüllten Bedürfnisse. Sie können erkennen, wie ihre eigenen Verwundungen jene Aufmerksamkeit auf sich ziehen, die ihren Kindern zugute kommen sollte.

Selbst wenn ein Mensch in einer sicheren, liebevollen Umgebung aufgewachsen ist, wird er unsichtbare Wunden haben. Vom Moment unserer Geburt an sind wir komplexe, abhängige menschliche Wesen, mit einer Endlosschleife an unerfüllten Bedürfnissen, und nicht einmal die bemühtesten Eltern können auf all diese Bedürfnisse perfekt reagieren.

Das erklärt, dass wir alle Niederlagen einstecken müssen, wenn wir versuchen, bewusste Eltern zu sein. Unsere Überreaktionen oder unser emotionaler Rückzug sind keine Sache des Zufalls. Wenn unsere Verwundungen minimal sind, sind wir durch unsere blinden Flecken nur ein wenig irritiert. Wenn unsere Verwundungen tiefer sind, dann rufen sie Konfusion und deutlich übersteigerte Reaktionen bei uns hervor.

Die Folgen der Symbiose

Bevor wir uns ansehen, in welcher Form Eltern direkt von ihrem Kind Feedback erhalten können, möchten wir Ihr Verständnis für jene Verhaltensmuster vertiefen, die den Problemen zugrunde liegen. Wie fühlt sich ein Kind, wenn so mit ihm gesprochen wird? Wie und in welcher Weise werden Kinder verletzt? Wie schon im vorangegangenen Kapitel erwähnt, ist es für ein Kind sehr schmerzlich, in einer symbiotischen Beziehung mit einem oder beiden Elternteilen zu leben, und als Folge davon wird es egozentrisch werden. Schmerz macht immer selbstbezogen. Das Kind genügt sich selbst und wehrt die Aufnahme von Informationen aus dem Außen ab. Ist das Kind aber nicht dazu in der Lage, Informationen aus seiner Umgebung aufzunehmen und zu verwerten, so verliert es seine Fähigkeit, seine eigene innere Welt mit den realen Erfahrungen der äußeren Welt in Einklang zu bringen. Als Folge davon ersinnt es eine Welt nur für sich selbst und das Kind bezieht sich auf die *von ihm selbst erschaffene* Welt, als wäre sie real, ohne Fragen oder Rat einzuholen. Das Kind meint, dass andere Menschen nur Gedankenkonstrukte sind und ihr Verhalten seinem eigenen emotionalen Zustand und seinen eigenen Bedürfnissen entspricht. In diesem Zustand der emotionalen Symbiose gibt es keinen Unterschied zwischen dem Innen und dem Außen, zwischen dem eigenen Selbst und einer anderen Person. Es gibt keine Bewusstheit über die zwei verschiedenen Realitäten, es gibt kein Ich und kein Du.[5] Alles wird als »Es« angesehen und auch wie ein Objekt behandelt. Das Kind bzw. der junge Erwachsene ist sich nicht darüber bewusst, dass das, was es/er wahrnimmt, nicht real ist.

Ein Anzeichen für eine Symbiose ist die Irritation und Frustration eines Menschen, wenn andere Menschen nicht perfekt mit seiner egozentrischen Welt übereinstimmen. Die Einzigartigkeit der Erfahrung anderer Menschen wird abgewertet und durch die eigene Erfahrung ersetzt. Wenn das Kind älter wird und das eigene Selbst weiterhin nicht beachtet oder unterdrückt wird, wird es Druck auf andere ausüben, damit sie ihm ähnlicher werden, indem es ihre persönliche Wahrnehmung in Frage stellt, abwertet und kritisiert. Unbewusst besteht es darauf, dass andere Menschen seine subjektive Meinung, seine Gedanken und seine Gefühle teilen. Dadurch wird das Kind seinem symbiotischen Elternteil immer ähnlicher werden und seine Verhaltensweisen gänzlich übernehmen. Es wird andere genauso behandeln, wie es selbst behandelt wurde und derselben Maxime folgen: *Wir sind eins, und der eine bin ich.*

Den Preis zahlen. Ein Kind, das in symbiotischer Weise »beeltert« wird, zahlt einen hohen Preis dafür. In jeder Interaktion mit einem Elternteil, der es nicht als eigenständige Person sieht und respektiert, wird ein Teil von ihm verwundet. Ein Kind »verwunden« bedeutet, die Ganzheit *seiner Persönlichkeit und seine Entwicklungsimpulse zu beeinträchtigen,* damit sein Charakter für die Eltern oder Bezugspersonen leichter zu akzeptieren ist. Die Eltern blockieren diesen Entwicklungsimpuls in den meisten Fällen nicht absichtlich. Es ist jedoch ihre Absicht, das Verhalten des Kindes zu regulieren und zu steuern. Es ist auch wichtig zu erkennen, dass Verwundungen dadurch entstehen können, dass Eltern einem Kind zu viel geben, aber ebenso dadurch, dass sie ihm zu wenig geben. Ein Kind, das zu sehr behütet wird, wird ebenso Wunden davontragen, wie eines, das zu wenig Zuwendung bekommt. Einem verwöhnten Kind fehlen angemessene Regeln und Grenzen, innerhalb derer es gedeihen kann.

In unbewussten Interaktionen hat das Kind das Gefühl, dass sein »Überleben« bedroht ist, und so beginnt es unbewusst jenen Selbstanteil zu hassen, den seine Eltern verletzt haben. Es wird diesen Teil seines Selbst unterdrücken oder ablehnen, und er wird Teil seines Fehlenden Selbst werden. Das Fehlende Selbst enthält jene Charaktereigenschaften, die dem eigenen Selbst ursprünglich entsprechen, die aber aufgrund von verletzenden Interaktionen mit Eltern oder nahen Bezugspersonen verleugnet wurden und verloren gingen, das Verleugnete Selbst und das Verlorene Selbst. Eine offensichtliche Folge von Verwundungen ist, dass ein Kind sich zurückzieht, sich immer mehr mit sich selbst beschäftigt und die Fähigkeit verliert, sich in andere hineinzudenken.

Das Fehlende Selbst verschwindet jedoch nicht von der Bildfläche. Wie wir bereits gesehen haben, hat es seinen eigenen Überlebenswillen. Jene Teile des Fehlenden Selbst, die in unserem Bewusstsein keinen Platz haben dürfen, kommen dennoch an die Oberfläche, und zwar in Form von Eigenschaften, die wir anderen Menschen zuordnen. Mit anderen Worten, ein verwundetes Kind wird im Laufe seines Lebens dieselben fehlenden Eigenschaften oder Charaktermerkmale auf andere Menschen projizieren, die seine Eltern auf ihr Kind projiziert haben. Auf unbewusste Weise spürt es den Drang, seine personale Ganzheit zu wahren, und sei es auch eine künstlich aufrechterhaltene Ganzheit. So kann das Kind weiterhin einen Bezug zu den Eigenschaften behalten, die es auf andere Menschen überträgt, und zwar entweder einen kritischen Bezug oder einen bewundernden, je nachdem, um welche Eigenschaft es sich handelt.

Auch wenn einem das selbst nicht auffällt - es ist eine Möglichkeit, mit den Anteilen seines Fehlenden Selbst in Verbindung zu bleiben. Das ist eine von vielen Möglichkeiten, wie ein Kind, das in einer unbewussten Eltern-Kind-Beziehung verletzt wurde, mit seinen Wunden zurechtkommen kann. Wenn es nichts unternimmt um Heilung zu finden, können diese Wunden an die Oberfläche kommen und in Paarbeziehungen oder in Eltern-Kind-Beziehungen Probleme und Schmerz verursachen.

Unsere verschiedenen Selbstanteile

Ein Kind, das durch symbiotische Eltern verwundet wird, fühlt sich bedroht. Aus seinem Überlebenstrieb heraus versucht es, alle Verhaltensweisen zu vermeiden, die den Zorn eines »allmächtigen« Erwachsenen hervorrufen könnten. Es wird um jene Teile seines Selbst, die von den Eltern abgelehnt werden, eine Schutzmauer errichten und seinen sehr verletzlichen innersten Wesenskern mit einer noch undurchdringlicheren Schutzschicht umgeben. Das hilft dem Kind zwar, sich sicher zu fühlen - aber es bezahlt einen hohen Preis dafür. Die Unterdrückung von Selbstanteilen verhindert das Wachstum und die Entwicklung der ganzen Persönlichkeit eines Menschen. Es errichtet Stein um Stein undurchdringliche Mauern zwischen sich selbst und der Außenwelt.

Befassen wir uns nun noch eingehender damit, wie die Verdrängung einem Kind scheinbar hilft, sich vor gewissen Anteilen seines eigenen Charakters zu schützen, die es auf einer unbewussten Ebene als bedrohlich für sein Überleben einstuft, weil seine Eltern sich dadurch bedroht fühlen. Auf einer tieferen Ebene zersplittert sein ursprüngliches Wesen in vier unterschiedliche Teile seines Selbst. Dies ist ein Schutzmuster gegen Verwundungen aus symbiotischen Eltern-Kind-Beziehungen. Man nennt diese vier Teile *Öffentliches Selbst, Verlorenes Selbst, Abgelehntes Selbst* und *Verleugnetes Selbst*.

Das Öffentliche Selbst: Manche Vorzüge und Eigenschaften eines Kindes können übertrieben oder künstlich wirken. Das Kind wird in gewisser Weise zu einem Schauspieler, um Teile von sich selbst zu überspielen, die versteckt werden müssen, und andere in den Vordergrund zu schieben, die seinen Zwecken dienlicher sind. Es setzt sozusagen eine Persönlichkeit zusammen, mit der es gut bei anderen ankommt, auch wenn sie seinem echten Wesen nicht entspricht.

Hier das Beispiel eines Mannes, nennen wir ihn James, der eines Tages erkannte, wie folgenschwer sich sein Öffentliches Selbst auf seine Lebensentscheidungen ausgewirkt hatte. James war Geschäftsführer, ein Mann in den besten Jahren, dessen Leben völlig aus der Balance geraten war. Den Zusammenbruch, den er vor zwei Jahren erlitten hatte, beschreibt er so: »Es war furchtbar. Ich brach zusammen, und mein Leben lag in Trümmern. So sehr ich mir auch Mühe gab, ich konnte nichts mehr auf die Reihe bekommen. Ich war ein schlechter Vater und ein schlechter Ehemann. Ich versagte im Berufsleben. Mein Leben fühlte sich an wie eine einzige große Lüge. Es gab mein äußeres Leben, das alle bisher für großartig gehalten hatten, es gab aber auch mein inneres Leben. Das konnte ich mit niemandem teilen, das war einfach nicht möglich. Ich hatte sozusagen zwei verschiedene Leben.«

Wenn James sagt, er sei zusammengebrochen, so ist da etwas sehr Wahres daran: die »Ganzheit« seiner Person war zerbrochen. Er hatte bis zum damaligen Zeitpunkt eine Rolle im »Theaterstück seines Lebens« gespielt, die ihm überhaupt nicht entsprach. Um manche verdrängte Anteile seiner Persönlichkeit neu entdecken zu können, mussten seine Frau und er die Verwundungen ihrer Kindheit rekonstruieren. Als James über die Beziehung zu seiner Mutter nachdachte, erkannte er bald einen Zusammenhang zwischen der Lüge, als die er sein Leben empfand, und der Erfahrung seiner Kindheit: »Meine Mutter hatte eine sehr harte Kindheit gehabt, was vor allem auf ihren Vater zurückzuführen ist. Sie wurde erst spät Mutter und ich war ihr einziger Sohn. Sie wollte, oder besser gesagt, sie *war darauf angewiesen*, dass ich mich in eine bestimmte Richtung entwickelte. Ich durfte nur solche Gedanken denken, die sie akzeptieren konnte. Ich musste bestimmte Entscheidungen treffen, damit die Entscheidungen, die sie in ihrem Leben getroffen hatte, sinnvoll erschienen. Sie wollte einfach nicht verletzt werden. Inzwischen erkenne ich, dass »meine« Gedanken und Entscheidungen wenig mit mir selbst zu tun hatten. Meine Mutter erwartete, dass ich einen angesehenen Beruf ergreifen und Karriere machen sollte. Was ich wollte, das zählte einfach nicht für sie, obwohl es mir gar nicht entsprach, eine Leitungsfunktion zu erfüllen. Ich hatte kaum eine andere Wahl, denn immer, wenn ich etwas tat oder sagte, das nicht in ihren Plan passte, beschuldigte sie mich, genauso wie ihr Vater zu sein - unverantwortlich, unberechenbar und egozentrisch. So bemühte ich mich, so gut ich konnte, das Gegenteil meines Großvaters zu werden - verantwortlich, solide und selbstlos, zumindest nach ihrer Definition.«

Wenn das wahre Selbst eines Kindes nicht akzeptiert wird, bildet es ein Öffentliches Selbst aus, das seinem wahren Selbst nicht entspricht. Oft, wie in James' Fall, ist dieses Selbst gesellschaftlich angesehen, charmant, nach außen hin erfolgreich und tüchtig - eine Quelle für elterlichen Stolz. Das Öffentliche Selbst kann aber auch unnahbar sein, dem Willen der Eltern nicht entsprechen und bei ihnen großes Unbehagen hervorrufen. In jedem Fall wird das Kind anfänglich spüren, dass dieses Selbst sich unecht anfühlt. Wenn seine Rolle (nach C. G. Jung »Persona«) sich jedoch bewährt, wird sich dieses Gefühl mit der Zeit legen. Das Kind gewöhnt sich an sein Öffentliches Selbst und glaubt bald tatsächlich, es sei ein Mauerblümchen, ein cooler Typ oder ein Märtyrer ... (je nachdem, welchen Charakter es sich angeeignet hat).

Das Verlorene Selbst: Durch diese Form der Verdrängung kann das Kind eine oder mehrere Grundfunktionen seines Selbst unterdrücken oder verlieren: Denken, Fühlen, Handeln und Spüren können aus dem Bewusstsein des Kindes und aus dem Blickfeld der Eltern verschwinden. Manche Anteile des Kindes bleiben erhalten, aber die abgelehnten Anteile gehen verloren, sogar für das Kind selbst. Das Verlorene Selbst unterscheidet sich vom Öffentlichen Selbst, welches das Kind der Welt und sich selbst gerne zeigt. Das Verlorene Selbst fehlt einfach. Es ist nicht schwer nachzuvollziehen, warum das so ist. Wenn ein Elternteil die Gedanken seines Kindes abwertet, so verliert es das Vertrauen in seine Fähigkeit zu *denken*. Wenn ein Elternteil die *Gefühle* seines Kindes ignoriert, so verliert es seinen empathischen Anteil. Wenn ein Elternteil sein Kind anschreit, es solle endlich aufhören »wild« oder laut zu sein, so stellt das Kind instinktiv die *Funktion seiner Muskeln* weitgehend ein. Wenn ein Elternteil dem Kind Schuldgefühle vermittelt, weil es seinen Körper berührt, so verliert das Kind seine *positive Körperwahrnehmung*. Es gibt verschiedene sprachliche Bilder, um diesen psychologischen Prozess zu beschreiben. Man kann sagen, das Verlorene Selbst hat sich selbst *betrogen, aus dem Gedächtnis verloren* und flieht aus dem Sichtbereich der Eltern, um ihrer Ablehnung zu entgehen.

Wenn ein Kind dauerhaft Ablehnung von den Eltern erlebt, wird sein wahres Selbst gezwungen sich zu verstecken, wodurch ein Verlustgefühl auftritt, das das Kind erst später im Leben zuordnen kann. Eine unsere Klientinnen, die wir Leanne nennen möchten, erinnert sich an ihren Vater: »Mein Vater zeigte das intensivste Interesse an mir, wenn er mich vehement kritisieren konnte. Ich erinnere mich daran, dass ich einmal bei einem Leichtathletikbewerb nicht antreten konnte, weil ich starke Regelschmerzen hatte. Er beschuldigte mich, »die typisch weibliche Ausrede« zu benützen. Ein andermal, ich war damals vierzehn, gewann ich in der Schule einen Preis für ein besonderes Projekt und sollte vor einer Jury eine Rede darüber halten. Am nächsten Tag fragte ich meinen Vater, wie ihm meine Rede gefallen habe. Daraufhin meinte er, er hätte es sehr arrogant von mir gefunden, jene Lehrerin, die mich vorstellte, bei der Aussprache meines Namens zu korrigieren. Mehr sagte er nicht zu meiner Rede.« Leanne lächelt nicht ohne Ironie, als sie erklärt, sie sei sozusagen »ohne eigenes Gehirn« aufgewachsen. Ihre Verteidigungsmauer bezieht sich auf die Unterstellung, dass sie nicht selbständig denken konnte.

Ihre ältere Schwester drückt den Schmerz über die Kritik ihrer Eltern auf andere Weise aus. Sie umgibt nicht nur ihre Gefühle mit einer »Schutzschicht«, sondern auch ihren Körper. Es ist eine der großen Ironien starker Gewichtsprobleme, dass man von anderen Menschen weniger wahrgenommen wird, je dicker man ist. Und wer nicht wahrgenommen wird, wird auch nicht kritisiert.

Das Abgelehnte Selbst: In dieser Form der Verdrängung geht es nicht ums Verlieren oder Überspielen von Charakterzügen, sondern um die Ablehnung gewisser Eigenschaften. Wir streiten die Existenz mancher Wesenszüge ab, selbst wenn sie für andere offensichtlich sind. Ironischerweise lehnen wir diese Selbstanteile auch dann ab und behaupten, sie *gehörten nicht zu uns*, wenn *andere sie durchaus als positiv einstufen* würden. Das beste Beispiel hierfür ist die Sexualität. Vielen Kindern wird beigebracht, sexuelle Bedürfnisse als inakzeptabel anzusehen. Eltern und andere Erwachsene bringen ihnen bei, den sexuellen Anteil ihrer Persönlichkeit als schmutzig, verboten, unaussprechlich und sogar gefährlich zu betrachten. Inzwischen ist es offensichtlich, wie viele sexuelle Dysfunktionen in unserer Gesellschaft auf das Abgelehnte Selbst zurückzuführen sind.

Natürlich trifft das nicht nur auf Sexualität zu. In ganz ähnlicher Weise lehnen wir auch andere Bereiche unserer Persönlichkeit ab. Eine unserer Klientinnen ist auf einer Ranch mit vier Brüdern aufgewachsen und hatte Schwierigkeiten, den empfindsamen und verletzlichen Teil ihres Selbst anzunehmen: »In meiner Kindheit musste ich mich immer wieder selbst beweisen. Ich konnte genauso gut reiten wie meine Brüder. Ich konnte einen ganzen Tag ohne Nahrung wandern. Ich konnte Holz hacken. Ich konnte verletzte Kälber erschießen. Ich wäre verloren gewesen, wenn ich mich weich oder verletzlich gezeigt hätte!« Erst als sie erwachsen wurde und erlebte, wie es war, um ihrer selbst willen geliebt zu werden, lernte sie, sich verletzlich zu zeigen oder zu weinen.

Das Verleugnete Selbst: Sobald das Kind eine Eigenschaft als negativ ansieht, wird es sie verleugnen. Diese als »negativ« bewerteten Eigenschaften sind jedoch oft nur Ausdruck des Überlebenstriebes eines Kindes und sind grundsätzlich weder negativ noch positiv. Das Kind drückt einen legitimen Entwicklungsimpuls aus, mit dem seine Eltern jedoch aufgrund ihrer eigenen Verwundungen nicht umgehen können. So wird sein Verhalten als negativ bezeichnet und in der Folge sieht auch das Kind selbst sie als negativ an.

Bei Harry war es ähnlich. Sobald er erste Anzeichen zeigte, zornig zu werden, reagierte seine Mutter mit Ablehnung. In einer anderen Familie wären seine intensiven Gefühle vielleicht gar nicht beachtet worden oder zu einem gesunden Ehrgeiz sublimiert worden. In Harrys Familie wurden solche Gefühle als ausgesprochen beängstigend eingestuft. Er war ein Einzelkind, und seine Eltern bekamen ihn erst spät. Als er neun Jahre alt war, wurde sein Vater Rentner und verbrachte die meiste Zeit in Gewächshaus und Garten. Seine Mutter war eine freundliche und sensible Frau, die sich nur in einer Atmosphäre wohl fühlte, wo alle mit freundlicher Stimme Nettes zueinander sagten. Manchmal wagte Harry es, seiner Mutter in irgendeinem Punkt zu widersprechen, oder er sagte, er wolle seine Freunde beim Fußball »niedermachen« - seine Eltern waren zutiefst entsetzt. So lernte er bald, jenen Teil seines Selbst zu fürchten und zu hassen, der kämpfen und gewinnen wollte. Viele Jahre seines Erwachsenenlebens wunderte er sich, warum er so wenig Durchsetzungsvermögen aufbringen konnte. Harry hatte nur jenen Teil seiner Persönlichkeit entwickelt, der freundlich und sozial war, und er vermied alle Situationen, wo er mit anderen Menschen rivalisieren konnte.

Es geschieht oft, dass jemand einen Teil seines Selbst verleugnet, ohne das jemals zu erkennen. Er ersetzt die verleugnete Eigenschaft durch eine besser annehmbare und verliert sie aus dem Gedächtnis. Auch heute noch verdrängen viele Mädchen ihre rivalisierenden Wesensanteile. Spräche man sie darauf an, würden sie sagen, sie bevorzugten es, ihr nettes und soziales Wesen zu zeigen - es sei ihnen einfach wichtiger, dass die Menschen in ihrem Umfeld glücklich sind und diese Harmonie nicht durch aggressive Rivalität gestört werde. Hier wird der verleugnete Anteil, das Rivalisieren, nicht als Verlust betrauert. Der Ersatz, das Kooperieren, gilt als besondere Tugend.

In anderen Fällen nimmt das Kind verleugnete Persönlichkeitsanteile gar nicht wahr. Wie oft hören wir zornige Teenager oder Erwachsene lauthals verkünden: »Ich bin doch gar *nicht wütend!*« Sie würden behaupten, sie hätten einen starken Gerechtigkeitssinn, aber von Ärger oder Wut könne nicht die Rede sein. Eine junge Dame aus unserem Bekanntenkreis formuliert es so: »Wütend sein? Nein, das *erlaube ich mir einfach nicht!*«

Beatrice, eine freiberuflich tätige, erfolgreiche Frau mit zwei Töchtern im Teenageralter, erzählte uns, wie sie aus allen Wolken gefallen sei, als ihre ältere Tochter einen *ihrer* verleugneten Charakterzüge unverblümt beim Namen nannte: »Meine ältere Tochter sagte, ich sei ein ›Kontroll-Freak‹ - das verletzte mich sehr! Zuerst konnte ich es gar nicht glauben, aber je mehr ich darüber nachdachte, desto mehr erkannte ich, dass sie nicht unbegründet etwas Respektloses oder Verletzendes zu mir sagen würde. Ich fragte meinen Mann um seine Meinung dazu und fragte auch meine Tochter ein zweites Mal. Ihre Antwort war: ›Weißt du Mama, ich glaube, du hast ein sehr *starkes* Bedürfnis, das Leben anderer Menschen zu organisieren, und du willst immer sichergehen, dass die Ergebnisse in Ordnung sind!‹ Ich überlege bis heute, inwieweit das zutrifft und inwieweit sie übertrieben hat. Immerhin hätte ich nie mit meiner eigenen Firma erfolgreich sein können, wäre es nicht meine persönliche Stärke, alles im Griff zu haben. Ich glaube, es ist auch meinen Kindern sehr zugute gekommen, dass ich mich viel um sie gekümmert habe.«

Es gibt nur wenige Charakterzüge, die man eindeutig als gut oder als schlecht einstufen kann. Die meisten sind wie ein zweischneidiges Schwert. Beatrice ist entsetzt über das Feedback ein Kontroll-Freak zu sein. Sie lehnte diese Eigenschaft bei anderen, z.B. bei ihrer Mutter, ab und hätte sie bei sich selbst sicher als inakzeptabel betrachtet. Jahrelang hatten die Mitglieder ihrer Familie sie als übersteigert kontrollierend erlebt, während sie selbst sich als engagierte und pflichtbewusste Mutter wahrnahm, die ihren Kindern mehr Aufmerksamkeit zukommen ließ als andere Mütter. Selbsterkenntnis ist manchmal schmerzlich. Aber nun hat Beatrice die Möglichkeit, ganz bewusste Richtlinien für sich selbst zu erstellen, die ihr helfen werden, engagiert und pflichtbewusst zu sein, ohne die Grenze zu ungesunden symbiotischen und übermäßig kontrollierenden Verhaltensmustern zu überschreiten.

Die verlorene Ganzheit

Die vier abgespaltenen Teile unseres Selbst können kollektiv als Fehlendes Selbst bezeichnet werden. Es enthält die verlorene Ganzheit eines Kindes. Noch einmal zusammengefasst einige Merkmale des Fehlenden Selbst: es sind Verhaltensweisen und Charaktereigenschaften, die ein Kind aufgrund seines natürlichen Überlebenstriebes zeigt, die von den Eltern aber als negativ empfunden werden. Das Kind erhält unbewusst die Botschaft, dass es nicht überleben wird, wenn es diese Eigenschaften zeigt, und so bleiben sie im Unbewussten und werden projiziert. Die negative Bewertung des Fehlenden Selbst durch Eltern oder andere einflussreiche Bezugspersonen und in der Folge auch durch das Kind selbst führt zu unbewusstem Selbsthass.

Das Streben nach Ganzheit ist aber so groß, dass das Kind unbewusst mit diesen fehlenden Teilen seines Selbst wieder in Verbindung zu treten versucht, indem es sie auf andere Menschen projiziert und sich dann damit identifiziert. Selbst wenn es auf negative Weise damit in Verbindung bleibt, erfüllt sich sein Streben nach Ganzheit. Das Kind ist im Zwiespalt: »Ganz« sein zu wollen riskiert den Tod, aber nicht »ganz« zu sein riskiert ebenfalls den Tod. So sieht das Kind als Ausweg nur das Verstecken, Verlieren, Verdrängen oder Verleugnen jener Teile, die eine Trennung von seinen Eltern riskieren. Gleichzeitig behält es seine Ganzheit, indem es diese Eigenschaften auf andere Menschen projiziert. So kann es damit in Verbindung bleiben.

Projektion: Wir haben uns schon vorher im Hinblick auf Kinder mit Projektion beschäftigt. Sehen wir uns nun an, wie Projektion bei Eltern wirkt. Der älteste und am wenigsten entwickelte Teil unseres Gehirns tut sich schwer damit, zwischen uns selbst und anderen zu unterscheiden. Er hat außerdem kein Zeitgefühl, sodass alles in seiner Umgebung als überall und ewig wahrgenommen wird. In gewisser Hinsicht hilft uns diese Tatsache, in anderer Hinsicht erschwert sie uns das Leben.

Im Falle von Projektionen schieben Eltern inakzeptable Eigenschaften oder Verhaltensweisen auf ihre Kinder, obwohl sie eigentlich Teil ihres eigenen Fehlenden Selbst sind.[6] Ohne zu merken, was hier vor sich geht, beschuldigen sie ihr Kind faul, verantwortungslos oder egoistisch zu sein, und zählen dabei unbewusst jene Teile ihres Selbst auf, die ihre eigenen Schwachstellen sind. Nie würde es ihnen in den Sinn kommen, dass es sich um ihre eigene Identität handelt, die sie nicht erkennen. Ohne dass es ihnen bewusst ist, erwarten sie, dass ihre Kinder diese Eigenschaften übernehmen, indem sie zugeben, sie zu haben, und sie assimilieren. Eltern, die Eigenschaften projizieren, behalten meist Recht. Wenn sie einem Kind nur lange genug einreden, dass es verantwortungslos ist, wird das Kind über kurz oder lang verantwortungslos sein - außer es gelingt ihm, sich ein Schutzmuster gegen »seine« Verantwortungslosigkeit anzueignen.

Dafür gibt es zahllose Beispiele. Vor kurzem haben wir gehört, wie eine engagierte Mutter zu ihrer Tochter im Teenageralter sagte, ihre Kleidung und ihr Auftreten seien viel zu sexy und provokant. Wir kannten dieses junge Mädchen schon lange und teilten den Eindruck *der Mutter* keineswegs. Aber wir stellten uns die Frage, wie es denn um die Sexualität der Mutter stand? Ihr Abgelehntes Selbst schien sich hier unüberhörbar zu Wort zu melden.

In einem anderen Fall erzählte ein Vater, der es in seiner politischen Laufbahn bis zum Minister gebracht hatte, dass sein 16-jähriger Sohn in der Schule eine allzu liberale politische Meinung vertrat. Der Vater meinte, der politische Inhalt dieser Reden störe ihn weniger, aber die Beharrlichkeit, mit der sein Sohn jedes

Gegenüber, ob es nun Interesse daran hatte oder nicht, in ein Gespräch über politische Themen verwickelte. Der Lehrer für Politikwissenschaften, der seinen Sohn unterrichtete, lobte seine Fähigkeit zu formulieren und gute Argumente einzubringen, aber sein Vater fühlte sich nicht wohl dabei. Ein anderer Vater hätte dieses Verhalten entweder als positiv oder als belanglos angesehen. Diesem Vater verursachte die Freude seines Sohnes am Argumentieren großes Unbehagen. Warum sagt ein Vater, dass sein eigener Sohn andere »niederrede«, und warum beschäftigt ihn die Sache so sehr?

Klischees sind äußerst hilfreich, wenn es sich um das Erkennen psychologischer Muster handelt. Denken Sie nur an die sogenannte »Bühnenmutter«, die ihre eigenen unerfüllten Hoffnungen lebendig hält, indem sie unermüdlich für den Erfolg ihres Kindes arbeitet.[7] Viele berühmte Persönlichkeiten hatten Bühnenmütter oder Bühnenväter - Mozart, Milton Berle, Judy Garland, Yehudi Menuhin und andere. Hier haben einfache Eltern ihre eigenen Talente offenbar durch das Leben ihrer Kinder erfolgreich zum Blühen gebracht. Besonders begabte Kinder zu haben erleichtert die Sache natürlich sehr.

Es ist sicher nichts Schlechtes, einem Kind einen gewissen Ehrgeiz zu vermitteln. Entscheidend ist, wie stark die Eltern das Kind drängen, und ob deren Pläne mit den Begabungen und den Bedürfnissen des Kindes einigermaßen übereinstimmen. Eine »Bühnenmutter«, eine »Sportmutter« oder eine »Musikmutter« verletzen oft die körperliche und psychische Integrität ihres Kindes zu sehr. Auch jene Kinder, denen es gelingt Karriere zu machen, tragen oft ernste seelische Verletzungen davon. Und Kinder, die in der Erfüllung der Erwartungen ihrer Eltern versagen, können noch größere Verletzungen erleiden.

Lisa beschreibt ihre Mutter als Bühnenmutter. Auch mit 43 Jahren hat sie noch nicht alle Rätsel der komplizierten Beziehung zwischen ihrer Mutter und sich selbst gelöst: »Ich habe keine Ahnung, warum meine Mutter mir das angetan hat. Sie setzte mich permanent unter Druck - Musikstunden, Wettbewerbe, Trainingslager, Klassensprecherwahlen ... Ich war schüchtern, ich war ein ängstliches Kind, ich wollte viel lieber meine Ruhe haben und mich sicher fühlen. Sie hatte es nicht auf meine beiden Schwestern abgesehen, sondern setzte alle Hoffnungen in mich. Das Schlimmste war ihre fixe Vorstellung, ein Model aus mir machen zu wollen. Bei einem Schönheitswettbewerb für Babys erreichte ich das Finale, danach musste ich bei verschiedenen Schönheitswettbewerben für Kinder antreten. Später musste ich als Kleidermodel für ein großes Kaufhaus herhalten. Ich habe es getan, aber ich habe es zutiefst abgelehnt, und es kam mir stets wie eine große Lüge vor. Ich hatte immer das Gefühl, mein Erfolg in all diesen Dingen war nur auf meine Mutter zurückzuführen. So empfand ich es als einzige große Lüge.«

Lisa hat bereits ein paar Faktoren für den großen Ehrgeiz ihrer Mutter erkannt. Sie versteht inzwischen, dass ihre Mutter sich selbst nie hübsch gefunden und darunter sehr gelitten hat. Sie weiß, dass es in der Familie ihrer Mutter einen richtiggehenden Wettstreit unter den Geschwistern gegeben haben muss. Ihre Mutter plagte sich sehr, um Klavierspielen und Tanzen zu lernen und dadurch Anerkennung zu finden, aber sie gab beides wieder auf, weil sie ohnehin nur im Schatten ihrer vier Schwestern stand, die sie alle als hübscher und talentierter als sich selbst empfand. Lisa meint, dieses Hintergrundwissen über ihre Mutter habe ihr ein ganz anderes Verständnis für sie ermöglicht. Wenn sie sich genauer vorstellt, wie die Kindheit ihrer Mutter verlaufen sein muss, kann sie sich gut einfühlen in die Verletzungen, die sie davongetragen hat. Ihre Mutter bekam als Kind viel zu wenig Zuwendung von ihrem Vater, der nur für seinen Beruf lebte, und ihre Mutter war ständig mit etwas anderem beschäftigt. Sich einzufühlen in den Kummer und die Probleme, die ihre Mutter in der eigenen Kindheit gehabt hatte, halfen Lisa, sie besser zu verstehen, mit ihr mitzufühlen und ihren Ärger teilweise aufzulösen.

Wir haben gesehen, wie Eltern eigene Persönlichkeitsanteile in ihre Kinder projizieren. Manchmal ist eine Projektion ein singulärer Akt und hat kaum Konsequenzen, manchmal aber entwickelt sie sich zu einem lebenslangen Muster, das das Leben des Kindes stark zum Guten oder zum Schlechten beeinflusst.

Selbsthass: Dass Selbsthass in einem Kind hervorgerufen wird, wenn ein Elternteil oder eine andere wichtige Bezugsperson bestimmte Selbstanteile des Kindes ablehnt, haben wir schon erwähnt. Noch leichter nachvollziehbar ist es, dass seelische Verletzungen auftreten, wenn ein Erwachsener einen Teil des kindlichen Selbst tatsächlich *missbraucht oder ihm Schaden zufügt*. Sexueller Missbrauch von Kindern ist ein Extrembeispiel dafür, wie die Verletzung der Integrität eines Kindes zu Selbsthass führt. Ein Ehepaar, mit dem wir therapeutisch arbeiteten, entdeckte, dass ihre einzige Tochter, eine äußerst erfolgreiche und allseits beliebte Leichtathletin, im Grundschulalter zwei oder drei Jahre lang von einem Freund der Familie sexuell belästigt worden war. Der verzweifelte Vater erzählte uns, dass er im Licht dieser schlimmen Tatsache viele Verhaltensweisen seiner Tochter plötzlich ganz anders verstehen konnte. Als sie sich ihrer Mutter anvertraute und die Sache ans Licht kam, erschien manches plötzlich logisch: »Sie ist so unberechenbar. Sie kann sich nicht konzentrieren. Sie ist zerstreut und kann keine Tätigkeit zu Ende bringen. Ich weiß auch, dass sie in der Schule viel besser sein könnte. Manchmal beschimpft sie mich und ist voll Zorn, und im nächsten Moment ist wieder alles eitel Wonne. Sie ist ein hübsches und begabtes Mädchen, das sehr sympathische Burschen anzieht, aber ihre Beziehungen sind stets selbstzerstörerisch. Die sympathischen Burschen lässt sie im Regen stehen und verliebt sich stattdessen in junge Männer, die von ihren Vätern geschlagen werden oder ständig bei anderen Verwandten wohnen. Sie hat keine Ahnung, wer sie selbst ist. Sie schneidet kleine Scheibchen von sich ab und zeigt jedem, der ihr begegnet, ein anderes Scheibchen. Es tut mir furchtbar weh, das sagen zu müssen, aber ich glaube sie hat im Grunde kein eigenes »Ich«.«

Die Ich-Verletzung dieser jungen Frau war so groß, dass sie immer weniger dazu in der Lage war, ein angemessenes Schutzmuster zu entwickeln. Ihr Fehlendes

Selbst ist vor allem durch Selbsthass geprägt. Es wird Jahre an therapeutischer Arbeit brauchen, damit sie ihre Entwicklung fortsetzen kann, die mit Gewalt im Alter von sieben Jahren unterbrochen wurde. Es wird viel geduldige Arbeit nötig sein, um jene Teile, die sie seither verabscheut und abgespalten hat, wieder integrieren zu können.

Auslöser für Selbsthass müssen allerdings nicht immer derart bedenkliche Ereignisse sein wie in diesem Fall. Auch Kinder, die weit weniger traumatische Verwundungen davongetragen haben, lehnen manche Selbstanteile vehement ab. Wenn wir uns näher damit befassen, stoßen wir bald an eine wichtige Prämisse: *Kinder versuchen, ihr Selbst mit all seinen Persönlichkeitsanteilen auszudrücken.* Wenn Sie diese Aussage unpräzise finden, dann stellen Sie sich bitte einen kleinen Jungen vor, der im Sandkasten spielt und innerhalb von 5 Minuten mit größter Selbstverständlichkeit beinahe die ganze Palette seiner Selbstanteile auslebt. Er schnappt sich das Lastauto seines Freundes, weil er damit spielen will; er bohrt in der Nase; er berührt seine Genitalien; er weint, weil Sand in seine Augen gekommen ist; er behauptet, er sei Superman; er küsst seine kleine Schwester ... Das ist pure Lebendigkeit. Gute Eltern möchten ihr Kind darin begleiten, die positiven sozialen Normen unserer Gesellschaft zu übernehmen. Oft aber sind Eltern unsicher, welche Grenzen für ihr Kind wichtig und förderlich sind, und welche nur unnötige Einschränkungen darstellen. Wenn Eltern ihrem Kind etwas verbieten, es ermahnen oder es aufgrund bestimmter Verhaltensweisen zurechtweisen, nur weil diese Verhaltensweisen ihnen Unbehagen verursachen, dann ist das Risiko hoch, dass sie ihr Kind verwunden. Mit großer Wahrscheinlichkeit hat ihr Unbehagen seinen Ursprung nämlich darin, dass ihre eigenen Eltern diese oder ganz ähnliche Verhaltensweisen abgelehnt haben.

Wenn Eltern einen natürlichen Entwicklungsimpuls oder eine natürliche Funktion eines Kindes kritisieren oder untersagen wollen, so legen sie den Grundstein für Selbsthass. Ein Kind wird alles tun um zu verhindern, dass die Eltern es ablehnen. Es wird jene Teile an sich selbst zu hassen beginnen, die die Liebe seiner Eltern gefährden könnten, und diese Teile verdrängen. Die Ablehnung der Eltern kommt für das Kind nämlich dem Verlassensein gleich, und Verlassensein bedeutet den Tod. Also muss es alles unternehmen, um weiterleben zu können.

Wir wollen diese Sequenz beispielhaft beschreiben: Das Kind drückt durch sein Handeln einen naturgegebenen Entwicklungsimpuls aus, die Eltern reagieren mit Ablehnung, das Kind registriert, dass dieser Impuls schlecht und gefährlich ist, und hasst sich selbst dafür. In der realen Interaktion zwischen Kindern und Eltern sind solche Muster natürlich nicht linear und direkt. Das Kind trifft keine rationale Entscheidung sich selbst zu hassen. Die Ablehnung von Teilen seines Selbst ist die Folge verschiedener Einzelereignisse, deren Tragweite weder die Eltern noch das Kind in vollem Ausmaß erkennen können. Ob die Eltern oder das Kind sich dessen bewusst sind oder nicht, die Konsequenzen können verheerend sein.

Die Fähigkeit Liebe anzunehmen: Es gibt einen starken Zusammenhang zwischen Selbsthass und der Fähigkeit Liebe anzunehmen. Unser Unterbewusstsein kann für jene Selbstanteile, die wir hassen oder die wir verdrängt haben, keine Liebeserklärung annehmen, selbst wenn diese Anteile positive Eigenschaften sind. Um die Liebe und Zuneigung anderer Menschen annehmen zu können, müssen wir gemeinsam mit unserem Ehepartner oder einer anderen sehr nahe stehenden Person auf dem Weg zur Bewusstheit unseren Selbsthass bearbeiten. In dieser Art von Beziehung können wir lernen, an unserem Partner genau das zu lieben, was wir an uns selbst ablehnen.

Das geht so vor sich: Solange wir Selbsthass in uns haben, können wir die Liebe anderer Menschen nicht annehmen und auch uns selbst nicht lieben. Der Weg zur Selbstliebe schließt vor allem mit ein, dass wir an anderen Menschen lieben lernen, was wir an uns selbst ablehnen. Wie ist das möglich? Zuerst einmal, indem wir erkennen, dass jener Teil der anderen Person, den wir ablehnen, die Projektion eines Teiles von uns selbst ist, den wir nicht mögen. Zweitens können wir erkennen, dass diese Verhaltensweise oder Eigenschaft der anderen Person hilft zu überleben, wie sie auch uns geholfen hat zu überleben. Wir müssen anerkennen, dass diese negative Eigenschaft einen positiven Zweck erfüllt. Und drittens müssen wir akzeptieren, dass diese negative Eigenschaft eine ganz konkrete Funktion für mein Gegenüber hat, und deshalb verdient sie wertgeschätzt zu werden. Wenn wir das nachvollziehen können, wenn wir diese negative Eigenschaft annehmen und schließlich sogar am anderen Menschen lieben lernen, dann können wir auch uns selbst verstehen, annehmen und lieben lernen.[8] Das ist der Weg der Selbstannahme und Selbstliebe. *Was ich für andere tue, kommt auch mir selbst zugute.*

Was Eltern lernen können

Es ist nicht übertrieben zu sagen, dass viele der Krankheiten, die unsere Gesellschaft schwächen und unsere kollektive Geschichte infizieren, dem Vermächtnis des persönlichen Selbsthasses zuzuschreiben sind, den wir gerade näher definiert haben. Um unsere Kinder von der Bürde des Selbsthasses zu befreien, müssen wir lernen zu erkennen, welche Eigenschaften wir unbewusst an uns selbst hassen, müssen zugeben, dass wir sie haben und uns lieben lernen, sodass wir wieder einen Zustand der Ganzheit und Selbstannahme erreichen.

Es ist nicht die Aufgabe unserer Kinder uns zu heilen, aber dennoch spielen sie eine wichtige Rolle im Heilungsprozess. Es kann ein starkes »Aha«-Erlebnis und eine große Erleichterung sein zu verstehen, dass genau dort, wo Eltern an ihrem Kind etwas nicht mögen und ablehnen, das Potenzial für ihr eigenes weiteres Wachstum ist. Erinnern Sie sich noch an die Mutter, die ihrer jugendlichen Tochter provokantes Verhalten in sexueller Hinsicht unterstellte? Genau diese Angst vor sexueller Unbefangenheit und sinnlichem Genießen, die sie auf ihre Tochter projiziert, kann ein wichtiger Anhaltspunkt dafür sein, wo sie in ihrem eigenen Leben

Entwicklungsschritte setzen sollte. Wenn sic dieses Verhalten bei ihrer Tochter wertschätzen und akzeptieren kann, dann kann sie auch mit sich selbst in Berührung kommen.

Dasselbe gilt auch für den Vater, dessen Sohn politische Reden schwingt. Für ihn stellt sich die Frage, ob seine Karriere als Minister ihn darin beschneidet, seine Überzeugungen zu gesellschaftlich unpopulären Themen zu äußern. Vielleicht schlummert in ihm das Bedürfnis, seine ganze Persönlichkeit einzubringen und seine Meinung frei ausdrücken zu dürfen. Ob diese Erkenntnis ihm weiterhelfen kann oder nicht, er kann zumindest kognitiv den wichtigen Zusammenhang herstellen, der erklärt, warum er bei einem natürlichen Impuls seines Sohnes überreagiert. Wenn er lernt, an seinem Sohn wertzuschätzen, was er sich selbst nicht zugesteht, dann kann er den ersten Schritt dazu machen, eine Wunde zu heilen. In diesem Sinne ist immer dann, wenn Eltern die Ganzheit ihrer Kinder fördern, ihr Handeln auch für sie selbst ein heilender Prozess.

Wenn wir erkennen wollen, wo unsere Kinder uns aufschlussreiche Hinweise über unsere eigenen Schwachpunkte geben, müssen wir sie auf neue Weise wahrnehmen. Wir müssen sie uns wie Lichtstrahlen vorstellen, die unsere Dunkelheit erhellen. Wir müssen hellhörig werden, um die Botschaft zu hören, die sie uns über unseren eigenen Schmerz und unser eigenes Potenzial zur Ganzheit überbringen. Wir müssen besonders achtsam sein um zu analysieren, warum unsere Interaktionen mit ihnen oft scheitern. Während wir von ihnen lernen, dürfen wir jedoch unsere vorrangige Pflicht ihnen gegenüber nicht vergessen: ihre einzigartige Persönlichkeit ist uns anvertraut und wir sind verantwortlich dafür ihnen zu helfen, sich in emotionaler und geistiger Hinsicht zu reifen menschlichen Wesen zu entwickeln.

Von unseren Kindern lernen

Niemand weiß besser über unser Verhalten als Eltern Bescheid als unsere eigenen Kinder. Jeden Tag sind sie »live am Ort des Geschehens«. Miteinander bilden wir eine lebendige Feedback-Schleife. Unsere Kinder melden uns zurück, ob unser Handeln und Reagieren in Balance ist oder in irgendeiner Weise einseitig oder übersteigert.

Um ihre Signale richtig interpretieren zu können, müssen wir uns auf unsere kognitiven, rationalen Anteile verlassen. Wenn wir uns in unseren Reaktionen auf unsere Kinder allzu sehr auf unsere ursprünglichen Überlebensinstinkte verlassen, dann werden uns viele Fehler unterlaufen. Denn die Tränen, die wir bei Problemen mit unseren Kindern vergießen, gelten unseren eigenen Wunden. Kinder zu haben macht uns unglaublich verletzlich für starke Emotionen. Ein Stich in der Magengegend, unser Hals, der wie zugeschnürt ist oder höllische Kopfschmerzen …, all das sind Anzeichen unseres seismischen Empfindens, wenn im Zusammensein mit unseren Kindern Gefühle aufbrechen. Angesichts solcher Gefühlskonfrontationen könnten wir fälschlicherweise unsere Kinder als Feind oder zumindest als gefährlichen Gegner ansehen, weil unser Altes Gehirn nicht dazu in der Lage ist, deutlich zwischen ihnen und uns selbst zu unterscheiden.

Das Kind beobachten: Ohne irgendetwas anderes zu tun, können Eltern sich einfach darauf konzentrieren zu sehen, zu hören und zu registrieren, wie ihr Kind sich verhält, welche Interessen es hat, wie es mit anderen in Beziehung tritt, wie es sich selbst motivieren kann und welche Gefühlsmuster es hat. Besonders wichtig in diesem Zusammenhang ist es, dass Eltern unparteiisch bleiben, dass sie nicht sehen, was sie zu sehen erwarten, sondern genau verifizieren, was sie tatsächlich sehen, und dabei alle Vorurteile beiseite lassen. Oft ist das Verhalten eines Kindes für einen Außenstehenden vielsagend und dennoch können die eigenen Eltern es nicht einordnen. Manchmal aber gelingt es Eltern durchaus, unvoreingenommen und klar zu beobachten.

Eine Mutter aus unserem Bekanntenkreis erinnert sich, wie bestürzt sie war, als sie ihre Tochter beim Spielen mit Gleichaltrigen beobachtete: »Meine Tochter besuchte damals die Grundschule und spielte auf einem Spielplatz mit Klassenkolleginnen. Plötzlich höre ich sie lautstark herumkommandieren: ›Du machst das total falsch! Wir brauchen einen Plan! Ich bin die Präsidentin unseres Klubs, und du sollst das machen, ... und du wirst das machen, ...‹ Sie erteilte den anderen einfach Befehle. Es funktionierte aber nicht so, wie sie sich das vorstellte. Einige der Mädchen beachteten sie nicht, und eine Freundin machte das Gegenteil von dem, was meine Tochter ihr vorgegeben hatte. Sie begannen heftig darüber zu streiten. Meine Tochter wollte immer die Chefin sein. Als Geschenk für ihren guten Schulabschluss wünschte sie sich einen bestimmten Kalender, den sonst nur Manager und Führungskräfte benützen.«

Hätte diese Mutter auf das Verhalten ihrer Tochter unbewusst reagiert, so hätte sie sich vermutlich zum Eingreifen veranlasst gefühlt, entweder, weil es ihr peinlich war mitzuerleben, wie arrogant ihre Tochter sich zeigte, oder weil sie sich mitverantwortlich dafür fühlte, dass ihre Tochter es sich nicht mit ihren besten Freundinnen verscherzte. Sie erkannte, dass es für ihre Tochter lehrreich wäre, die Folgen ihres dominanten Verhaltens kennen zu lernen, solange diese Folgen nicht gefährlich oder irreversibel wären, anstatt das Problem an ihrer Stelle aus der Welt zu schaffen. Es kommt oft vor, dass Eltern eine wesentliche Eigenschaft ihres Kindes nicht bemerken, weil sie damit beschäftigt sind, eine Situation wieder in Ordnung zu bringen, die nicht dem Kind, sondern den Eltern unangenehm ist. Unsere Kinder zu beobachten soll uns helfen, Informationen zu bekommen und nicht die Kontrolle über sie.

Es gibt aber etwas, das die Mutter dieses dominanten kleinen Mädchens tun hätte können. Angesichts der Tatsache, wie sehr Kinder ihre Eltern widerspiegeln, wäre es aufschlussreich gewesen, sich selbst die Frage zu stellen: »Von wem hat meine Tochter das eigentlich?«

Die Reaktionen des Kindes auf einen Elternteil registrieren: Eltern können ihre Wahrnehmung schärfen und ganz genau darauf achten, was ein Kind bei einer Interaktion mit einem Elternteil denkt oder fühlt, anstatt *nur* zu sehen, ob es gehorcht oder nicht gehorcht. Kinder, die in einem sicheren Rahmen aufwachsen, in dem Eltern und Kinder einander gegenseitig respektieren, können es riskieren, ihren Eltern Feedback darüber zu geben, wie sie ihr Verhalten wahrnehmen.

Der 14-jährige Sohn von Freunden erklärte uns, er wünsche sich ausdrücklich, dass wir diesen Punkt in unserem Buch besonders hervorheben:»Wenn Kinder nichts zu ihren Eltern sagen können, ohne Angst haben zu müssen, dafür bestraft zu werden, dann werden diese Kinder nichts mehr sagen. Wenn man seinen eigenen Eltern nicht vertrauen kann, dann wird man zögern, ihnen Kleinigkeiten zu erzählen, und erst recht nicht heikle Angelegenheiten. Ich hoffe, Ihr schreibt das in Eurem Buch über bewusste Eltern!« Dieser Junge sprach aus Erfahrung. Er erzählte uns, dass er vor kurzem mit anderen im Haus eines Freundes Ball gespielt hatte, und einer der Jungen hatte versehentlich mit einem Schuss das Schlafzimmerfenster zerbrochen. Sein Freund hatte so große Angst davor gehabt, seinen Eltern von diesem Missgeschick zu erzählen, dass der Sohn unserer Freunde beschlossen hatte, es einfach auf sich zu nehmen. Die betroffenen Eltern waren furchtbar böse geworden und hatten alle Jungen aus dem Haus geworfen.

Aktiv nachzufragen kann Eltern helfen herauszufinden, wie ihre Kinder sie sehen. Alle Kinder kommunizieren durch ihr Handeln und ihre Reaktionen. Ist ein Kind offen für die Gedanken, die Erziehung und die Grenzen seiner Eltern, oder leistet es Widerstand und rebelliert? Wenn ein Kind fortwährend negativ reagiert, so ist das ein Hinweis für Eltern zu erkennen, mit welchen Themen sie sich beschäftigen sollten.

Wenn Eltern sich eingestehen, dass ihre eigene Wahrnehmungsfähigkeit nur beschränkt ist, und empfänglicher werden für die Wahrheit, die sich in den Wahrnehmungen ihres Kindes verbirgt, erweitert sich ihr Horizont. Die Sichtweise eines Kindes ist eine wertvolle Informationsquelle. Sie muss nicht Auslöser eines Konfliktes sein. Kritik von Kindern, sei sie ausgesprochen oder unausgesprochen, ist eine besonders wertvolle Informationsquelle.

Kleine Kinder besitzen eine ganze Bandbreite physischer und emotionaler Reaktionen, die Eltern laut und deutlich wahrnehmen können. Ein Kind, dessen Körper sich trotzig versteift, ein Kind, dessen ablehnender Blick Bände spricht, ein Kind, das sich vor Lachen schüttelt - das alles ist sehr sprechendes Feedback. Ältere Kinder kann man mithilfe des Imago-Dialogs auch direkt fragen, was sie denken und fühlen. Wenn Eltern vorleben, dass man Fehler zugeben und daraus lernen kann, dann wird auch das Kind die Tatsache, dass Geben und Nehmen eine Beziehung gesund erhält, immer mehr in sein Leben integrieren.

Ein achtsamer Erziehungsstil

Eine junge Mutter, wir wollen sie Julia nennen, ist ein besonders gutes Beispiel dafür, wie wichtig es ist, dass Eltern sich bemühen, ihre Kinder zu sehen, anzuhören und zu verstehen, was Kinder über ihre eigenen Eltern sagen wollen. Julia kam zu uns in die Therapie, als sie gerade ihre zweite Ehe eingegangen war. Es lag eine schwierige Zeit hinter ihr, in der sie mit ihrer Scheidung zurechtkommen musste und Alleinerzieherin war. Deshalb hatte sie sich viel mit ihrer eigenen Kindheit beschäftigt, in der sie zwar glücklich gewesen war, aber dennoch unter dem großen Ehrgeiz ihrer Eltern gelitten hatte. Sie wollte ihren Kindern etwas anderes vermitteln: »Ich glaube, ich bin in einer Familie aufgewachsen, in der an uns alle einfach zu hohe Erwartungen gestellt wurden. Diese Erwartungen wurden sehr subtil ausgedrückt und nie hieß es: ›Ich erwarte, dass du ein ausgezeichnetes Zeugnis heimbringst‹. Sie sagten auch nicht: ›Natürlich musst du um den Titel ›Schnellste Läuferin der Schule‹ mitkämpfen‹. Nein, es waren viele subtilere Erwartungen. Ich selbst und meine drei Brüder waren totale Ehrgeizler und jeder von uns musste auf seine Weise einen hohen Preis dafür bezahlen. Als Reaktion auf diese Atmosphäre in meiner Kindheit habe ich meinen eigenen Kindern vermittelt, dass es viel wichtigere Dinge im Leben gibt als Klassenbeste zu sein oder Kapitän der Sportmannschaft. Ich wollte einfach in den Vordergrund stellen, wie schön es ist, Freude zu haben an dem, was man tut, und zu einer Gruppe dazuzugehören.«

Als Julia die Beziehungen in ihrer Familie unter die Lupe nahm, schenkte sie besonders den Persönlichkeiten und den Neigungen ihrer beiden Kinder Beachtung. Sie wollte einen Weg finden ihren Kindern zu helfen, etwas zu erreichen, das ihnen entsprach, aber nicht übertrieben war. Die folgenden drei Orientierungsfragen halfen ihr besonders zu erkennen, was für ihre Söhne wichtig war.

Wahrnehmen, was ein Kind fühlt: Womit sie sich zuerst beschäftigte, war jene Phase, als ihre Ehe vor dem Aus stand. Hier kann man sehr deutlich erkennen, dass Kinder nicht immer mit Worten kommunizieren. Eltern müssen hellhörig sein für eine große Bandbreite an Signalen, die Aufschluss über den seelischen Zustand eines Kindes geben. »Wir waren damals am Strand von Florida auf Urlaub und plötzlich sah ich Billy, wie er dort stand und buchstäblich mit den Händen rang. Mich traf es wie ein Blitz und ich dachte: ›Mein Gott, dieser kleine Kerl hat große Sorgen!‹ Ich erschrak wirklich sehr, denn so hatte ich ihn bisher noch nie erlebt. Dieses Bild ist mir als Mutter sehr nahe gegangen. Hier stand ein kleiner Junge, der eigentlich eifrig an einer Sandburg bauen sollte. Stattdessen war er mit seinem inneren Kummer beschäftigt. Es tat mir sehr weh, das erkennen zu müssen, weil ich ihm Kummer und Sorgen ersparen wollte. Aber ich erkannte, dass er sensibel war, und spürte, dass es in unserer Ehe große Probleme gab, die mein Mann und ich vor den Kindern zu verstecken versuchten.«

Wahrnehmen, was ein Kind braucht: In Zeiten einer persönlichen Krise, zum Beispiel bei Eheproblemen und Scheidung, sind Eltern oft so mit sich selbst beschäftigt, dass sie ihre Kinder nicht sehen können. Ichbezogenheit kann unsere Wahrnehmung trüben und uns blind für die Kinder machen, die neben uns leben. Manchmal ist es nicht nur ein situationsbedingtes Desinteresse, sondern wir leiden dauerhaft unter großen Alltagssorgen, die mit dem Kind nicht direkt zu tun haben.

Während Julia sich nach Kräften bemühte, als Alleinerzieherin finanziell zurechtzukommen, ging sie mit ihrem älteren Sohn Jeff eine Jacke kaufen. »Die erste Zeit nach meiner Scheidung war eine sehr schwierige Zeit. Die Kinder hatten die Schule gewechselt, und deshalb mussten wir neue Schuluniformen kaufen. Ich musste sehr sparsam mit meinem Budget umgehen und versuchte, beim Einkaufen möglichst billig davonzukommen. Jeff besuchte die zweite Klasse einer höheren Schule und brauchte eine neue Jacke. Es kamen zwei in Betracht, eine hatte ein Designerlabel, die andere war um vier oder fünf Dollar billiger. ›Also‹, sagte ich, ›nehmen wir die billigere!‹ Jeff sah mir tapfer in die Augen und erwiderte: ›Mama, ich brauche aber die teurere!‹ Im Nachhinein bin ich sehr froh, dass ich ihn ernst genommen habe. Ich sagte: ›Ja, das kann ich gut verstehen!‹ Und ich habe es danach auch nicht bereut.«

Julia hätte mit ihrem Sohn darüber diskutieren können, ob er tatsächlich die teurere Jacke »brauchte«; aber es war ihr möglich gewesen zu erkennen, dass unter den besonderen Lebensumständen ihres Sohnes die »coolere« Jacke für sein großes Bedürfnis nach sozialer Akzeptanz einfach wichtig war. Es war ihr gelungen, im richtigen Moment aufmerksam und empfänglich für seine Signale zu sein. In anderen Situationen hatte sie oft das Gefühl, ihren Kindern wie eine Schlafwandlerin gegenüberzutreten, über Hindernisse zu stolpern und sich nur die Hälfte von dem zu merken, was sie sagten. Was ihr immer wieder half aufzuwachen, war die Bodenständigkeit ihrer beiden Söhne. Sie lachten, sie umarmten Julia spontan, sie rochen nach verschwitzten Fußballdressen. Sehr oft waren es ihre Söhne selbst, die sich ihre Aufmerksamkeit einfach holten, und dann wurde Julia wieder wach genug, um sie hören und sehen zu können.

Wahrnehmen, was Kinder wollen: Die dritte Begebenheit zeigt, wie wichtig es ist einfühlsam zu erkennen, was ein Kind möchte, anstatt nur zu spüren, was man als Elternteil möchte. Julia erinnert sich an eine Situation, in der ihr Sohn einmal eine klare Botschaft von ihr brauchte, und dass sie es damals schaffte, sich darauf einzulassen und ihm genau jene Unterstützung zu geben, die wichtig für ihn war. »Billy brauchte nicht einen Vorschlag von mir, sondern Rückendeckung für eine Entscheidung, die er treffen wollte, bei der er aber noch zögerte. Er hatte in seiner neuen Schule begonnen im Fußballteam zu spielen, weil sein Vater, mein geschiedener Mann, Fußball für einen ganz tollen Sport hielt. Billy mochte Fußball aber nicht. Im Sommer zuvor hatte er in einem Schwimmbad gearbeitet. Einige ältere

Jungen hatten dort Wasserball trainiert und Billy eingeladen mit ihnen zu spielen. Er hatte bemerkt, dass es nette Jungen waren und dass Wasserball ihm viel Spaß machte. Der Grund, warum er dennoch zögerte, war, dass er seinen Vater nicht enttäuschen wollte.« Julia erzählt, wie sie zu ihm sagte: »Billy, entscheide dich für das, was für dich am besten ist. Du brauchst nicht tun, was deine Eltern für gut halten. Vertrau auf dein Gefühl, es wird dir sagen, was das Beste für dich ist.« Billy entschied sich für Wasserball.

Julia ist es wiederholt gelungen, im richtigen Moment zu erkennen, dass ihre Kinder eigenständige, von ihr »getrennte« Wesen sind, die eigene Gefühle und eigene Bedürfnisse haben, auch wenn sie sie nur subtil ausdrücken. Symbiotische Eltern hätten einem kleinen händeringenden Jungen erklärt, er solle endlich eine Sandburg bauen, hätten darauf bestanden, dass ihr Sohn Rücksicht auf ihre leere Brieftasche nähme und die billigere Jacke gekauft, und sie hätten ihren Sohn dazu gedrängt, seinem Vater eine Freude zu machen und weiterhin ins Fußballtraining zu gehen. Aber Julia verwechselte ihre eigenen Bedürfnisse nicht mit den Bedürfnissen ihrer Kinder, und ihre Kinder fanden einen Weg ihr zu zeigen, was sie tun konnte, um ihnen in diesen Situationen beizustehen und sie zu unterstützen.

Feedback von seinen Kindern annehmen: Julia ist sich sicher, dass sie noch viel von ihren Kindern lernen wird, wenn sie ihnen Sicherheit vermittelt. Wenn sie verwundet oder verunsichert sind, wäre es wesentlich komplizierter. Deshalb vermittelt sie ihren Kindern immer wieder, dass sie sich für sie interessiert. Und wenn sie ihr etwas anvertrauen wollen, motiviert sie sich selbst, es wertschätzend aufzunehmen. Um das in ihrem Gedächtnis zu verankern, war ihr ein kleiner Vorfall hilfreich, bei dem ihr Sohn Jeff ungefähr sechs Jahre alt gewesen war: »Er kam ins Haus gelaufen und hatte in seiner kleinen Faust etwas versteckt. ›Was hast du?‹, fragte ich. ›Warum zeigst du es mir denn nicht? Ich möchte sehen, was es ist.‹ Er wollte es mir aber nicht zeigen und sagte: ›Mama, das willst du nicht sehen!‹ Ich begann, mir Sorgen zu machen und bestand darauf, dass er es mir zeigen solle. So öffnete er ganz langsam seine Finger, und zum Vorschein kam eine riesige schwarze und stark behaarte Spinne. Ich stieß einen lauten Angstschrei aus. Und Jeff begann zu weinen. Kurz zuvor hatte ich gesagt, ich wolle sehen, was er in seiner Hand hätte. Nun hatte ich ihn gezwungen, es mir zu zeigen, und als Dank dafür erlebte er mich verärgert.« Julia ist überzeugt, dass sie durch diesen kleinen Vorfall sehr viel dazulernen konnte. Wenn wir wirklich möchten, dass unsere Kinder uns Dinge anvertrauen, dann dürfen wir um alles in der Welt nicht ärgerlich werden, wenn sie es tatsächlich tun.

Es gibt viele Möglichkeiten, wie man ganz bewusst Rückmeldungen darüber bekommen kann, wie man als Vater oder Mutter wahrgenommen wird. Die erste Möglichkeit, die sich anbietet, ist, wie gesagt, das Kind selbst. Wenn Eltern wissen möchten, was ihr Kind über sie denkt, brauchen sie nicht lange suchen. Ihr Kind wird es ihnen mit seinen Worten und mit seiner Körpersprache mitteilen. Es wird jene Informationen anbieten, die ihnen helfen, der richtigen Spur nachzugehen, sofern sie als Mutter oder Vater bereit dafür sind. Wenn ein Kind sich sicher fühlen kann, wird es seine Eltern mit der ganzen Bandbreite seiner unzensurierten und unvorhersehbaren Persönlichkeit beschenken.

Der Dialog als Weg zu neuen Erkenntnissen

Der beste Weg für einen Vater oder eine Mutter, ihr Kind (oder jemand anderen) besser kennen zu lernen, ist der Imago-Dialog. Er bietet sowohl einen Weg als auch die richtige Atmosphäre dafür, ihre Verbundenheit lebendig zu erhalten, besonders wenn er durch Interesse und Offenheit geprägt ist. Ein Dialog ist eine Konversation, die sich besonders durch Zuhören auszeichnet, und zwar durch eine Art des Zuhörers, das Kind ermutigt zu sagen, was es fühlt, was es denkt und was es braucht. In Kapitel 5 *Der Imago-Dialog* erklären wir noch wesentlich konkreter, wie die Methode des Dialogs auch bei alltäglichen Interaktionen mit einem Kind angewendet werden kann. Der Imago-Dialog ist die beste Möglichkeit, eine tiefe Verbundenheit zu bewahren, und er ist ein sehr hilfreiches Werkzeug, damit Eltern und Kinder einander auf einer tieferen Ebene kennen und wertschätzen lernen können. An dieser Stelle möchten wir besonders betonen, wie wichtig ein entspannter und *sicherer* Rahmen ist, damit Eltern und Kinder einander gegenseitig verständlich machen können, wer sie wirklich sind. Wenn wir mit unseren Kindern reden und wirklich zuhören, dann können wir überaus viel von ihnen lernen.

Einer unserer Kollegen, David, der so wie wir als Therapeut tätig ist, erzählt, wie der Dialog in seiner Familie Anwendung findet. Er und seine Frau Judy zählen zu den bewusstesten Eltern, die wir kennen. Er berichtet über ein intensives Gespräch mit seinen beiden Kindern Peter und Jenny über eine Babysitterin, die die Kinder nicht mochten: »Wir Eltern fanden die Babysitterin ausgesprochen sympathisch, ein nettes Mädel, die Tochter von Freunden. Wir sahen nicht, wo das Problem lag, aber wir wollten die Anliegen unserer Kinder ernst nehmen. Damals waren sie ungefähr neun und zehn Jahre alt. Wir sagten: ›O.k. Wie wäre es, wenn ihr beiden einen neuen Babysitter suchen würdet? Sprechen wir darüber, wie man einen Babysitter finden kann, warum wir dieses Mädchen gewählt haben und wie es möglich wäre, fürs nächste Mal jemand anderen zu finden.‹ Im Zuge unseres Gespräches hatten die Kinder die Idee, in einem Studentenheim anzurufen. Jenny rief also dort an und wurde bald mit einer netten Studentin verbunden. Sie studierte Ernährungswissenschaften, war gern bereit, auf unsere Kinder aufzupassen und bot ihnen an, ein leckeres Abendessen mit ihnen zu kochen. Die Kinder waren zufrieden und stolz.«

Diese Geschichte zeigt, dass David und Judy einige wichtige Dinge beachtet hatten. Sie hatten gut zugehört, was ihre Kinder sagen wollten. Sie hatten deren Ansicht gelten lassen, obwohl sie sich nicht mit ihrer eigenen Ansicht deckte. Ihnen war zwar nicht klar, warum ihre Kinder die erste Babysitterin nicht gemocht hatten, aber auch wenn es ihnen wesentlich lieber gewesen wäre, keine neue Babysitterin suchen zu müssen, akzeptierten sie, dass ihre Kinder sie als langweilig und autoritär bezeichneten. Als die Kinder jemand fanden, mit dem sie sich besser verstanden, unterstützten die Eltern ihre Entscheidung.

Durch den Imago-Dialog lernen wir, wie wir unseren Kindern zuhören können. Und unsere Kinder lernen, wie sie uns zuhören können. Wenn der Dialog die Eltern und ihre Kinder inspiriert, dann lernen sie einander zu vertrauen. So entsteht eine Feedback-Schleife, die dauerhaft und ausbalanciert ist und Mitbestimmung ermöglicht. Als Eltern steht uns eine weitere Informationsquelle zur Verfügung. Wir können unsere Kinder um Feedback fragen, ihnen zuhören und das Feedback annehmen: »Habe ich zu schnell auf das reagiert, was du mir erzählt hast? Soll ich beim nächsten Mal länger nachdenken, bevor ich dir antworte?« »Ich glaube, du möchtest mir klarmachen, dass du mich für unfair hältst, stimmt das?« Wir müssen dazu in der Lage sein, die Antworten unserer Kinder anzuhören und sie mit Dankbarkeit anzunehmen. Das bedeutet nicht, dass unsere Kinder immer Recht haben. Aber wenn wir wissen, was in ihrem Inneren vorgeht, haben wir mehr Informationen, die wir in unsere Überlegungen mit einbeziehen können. Es schenkt uns die Möglichkeit, Einsichten zu gewinnen, zu denen wir sonst kaum Zugang hätten.

Neue Welten erforschen

Eltern können viel Aufschlussreiches beobachten, wenn sie ihren Kindern die Möglichkeit geben neue Erfahrungen zu machen und Dinge auszuprobieren. Die Babysittergeschichte hat noch eine Fortsetzung, die das gut verdeutlicht. Die neue Babysitterin, die Peter und Jenny gefunden hatten, trat einem Leistungsschwimmverein bei und konnte wegen des vielen Trainings nicht weiter zu ihnen kommen. So standen die Kinder, mit Einwilligung ihrer Eltern, erneut vor der Aufgabe eine Babysitterin zu finden. Sie riefen also noch einmal im Studentenheim an und interessanterweise wurden sie mit einer jungen Frau verbunden, die blind war. Sie wollte nach dem Gespräch mit unseren Kindern auch mit meiner Frau sprechen, um ihr offen zu sagen, dass sie blind war. Meine Frau unterhielt sich eine Zeit lang mit ihr am Telefon, es schien ein gutes Gespräch zu sein. Dann verabschiedete sich mit den Worten: »In Ordnung, dann werden wir uns ja bald kennen lernen!« So kam eine blinde Studentin zum Babysitten. Sie hatte die Situation gut im Griff. Sie meinte, es sei für sie ganz besonders wichtig zu wissen, wo sie dieses oder jenes finden könne und wie sie uns telefonisch erreichen könne. Unsere Kinder verstanden sich sofort prächtig mit ihr. Aber als wir spätabends nach Hause kamen, war das Haus dunkel. Wir erschraken und dachten, es sei etwas Schlimmes passiert. Als wir die Türe aufsperrten, merkten wir, wie dumm wir gewesen waren. Unsere Babysitterin saß im dunklen Wohnzimmer in einem gemütlichen Lehnstuhl und las ein Buch in Blindenschrift. Sie kam noch sehr oft, um auf unsere Kinder aufzupassen. Sie hatte sich unseres Vertrauens als würdig erwiesen und unsere Kinder schlossen sie sehr in ihr Herz.

Viele Eltern wären hier skeptisch oder würden einen solchen Vorschlag ihrer Kinder kategorisch ablehnen. Das ist nur allzu verständlich. Auch unseren Freunden, David und Judy, fiel es anfangs nicht leicht, sich mit dieser Idee ihrer Kinder anzufreunden. Aber sie überwanden sich ihren Kindern zu vertrauen, dass sie eine verantwortungsvolle Wahl getroffen hatten, und sie wollten die Kreativität unterstützen, die diese Wahl erkennen ließ. David erklärte es so: »Ich glaube nicht, dass wir eine blinde Babysitterin für unsere Kinder ausgewählt hätten. Aber unsere Kinder trafen diese Entscheidung selber. Wir lernten eine neue Seite an ihnen kennen, als sie mutig sagten: ›Ja, wir möchten diese blinde Studentin als Babysitterin einladen!‹«

Wenn Kinder die Chance bekommen etwas auszuprobieren, dann können sowohl die Kinder als auch ihre Eltern viel daraus lernen. Wenn Kinder Entscheidungen treffen dürfen, dann hilft ihnen das, sich selbst besser kennen zu lernen und herauszufinden, was sie interessiert, wofür sie begabt sind und in welche Richtung sie sich weiterentwickeln möchten.

Vorurteile überwinden

Wenn Eltern ihre Augen und Ohren offen halten, können sie immer wieder Neues über ihre Kinder erfahren. Ein Vater beschreibt das Schlüsselerlebnis, das ihm zeigte, dass seine Tochter viel reifer und begabter war, als er ihr zugetraut hatte. »Elizabeth war ein sehr schüchternes Mädchen. Als sie noch klein war, versteckte sie sich am liebsten hinter ihrer Mutter und wollte nicht gesehen werden. Es bereitete ihre große Angst, wenn sie ein Referat vor ihrer Klasse halten musste. Bei einer Halloween-Party mussten wir sie einmal früher abholen, weil sie sich zu sehr vor den Kostümen ihrer Freunde fürchtete. Als sie in der vierten Klasse war, erlebten wir eine große Überraschung. Ihr Musiklehrer fragte, ob sie bei einem Adventkonzert ein Stück auf der Flöte spielen wolle. Ich dachte, um Gottes willen, das macht sie doch nie! Aber Elizabeth stellte sich vor 500 Eltern und Kindern hin und spielte ein Weihnachtslied – ohne einen Funken von Nervosität. Meine Frau und ich waren zutiefst verwundert. Nie im Leben hätten wir unserer Tochter das zugetraut!«

Dieser Vater lernte eine neue Seite seiner Tochter kennen, die er bisher noch nie gesehen hatte oder nicht sehen hatte wollen. Ohne die Chance dieses Adventkonzerts wäre Elizabeth von ihren Eltern womöglich ihr Leben lang als ängstlich und scheu eingestuft worden. Möglicherweise hätten die Eltern sie immer davor beschützt, eigene mutige Erfahrungen zu machen. Es ist eine interessante Frage, was geschehen wäre, wenn Elizabeths Auftritt nicht gelungen wäre. Hätte das die Meinung ihres Vaters bestärkt, dass sie nicht genug Mut habe, sich neuen Herausforderungen zu stellen? Wäre es ihm peinlich gewesen, dass seine Tochter in den Augen der Öffentlichkeit als Versagerin gelte? Vielleicht hätte er sie auch entmutigt, sich jemals wieder einer großen Herausforderung zu stellen? Aus diesen Überlegungen lässt sich ein wichtiger Grundsatz ableiten: Es ist weise, sich nicht allzu sehr in die Interessen oder Leistungen seines Kindes einzumischen. Elizabeths Vater musste lernen, dass Kinder verschiedenste Erfahrungen machen, wenn sie älter werden. Sie verändern sich. Manche Interessen bewahren sie ein Leben lang, anderes verändert sich relativ rasch. Und das ist ganz natürlich, selbst wenn wir oft meinen, »die Dinge sollten ihre gewohnte Ordnung bewahren ...«

In Teil IV *Mein Kind auf neue Weise wahrnehmen* werden wir mehr über die ganz normalen Entwicklungsphasen erfahren, die ein Kind durchlebt. Jede dieser Phasen ist durch einen konkreten Entwicklungsimpuls gekennzeichnet und hat ihre eigenen Herausforderungen. Unsere Rolle als Eltern ist es, diese Entwicklungsphasen bewusst wahrzunehmen und dem Kind genügend Möglichkeiten anzubieten, seine neu erworbenen Interessen und Fähigkeiten zu integrieren.

Feedback von anderen Erwachsenen

Von anderen Erwachsenen Feedback über unsere Kinder zu bekommen, kann ungewohnt für uns sein - manchmal fühlen wir uns vielleicht vor den Kopf gestoßen. Andererseits kann es ein großer Schatz sein. Es gibt verschiedene Informationsquellen: Bücher, Lehrer, Freunde, Pädagogen und Psychologen ... - wir müssen nur offen dafür sein. Oft haben Menschen einen inneren Widerstand dagegen, Rückmeldungen über ihre Kinder oder ihre Art der Erziehung anzunehmen. Wenn Eltern die Kritik anderer Menschen fürchten, dann fürchten sie unbewusst, dass hier die Wunden ihrer eigenen Kindheit erneut berührt werden könnten. Das ist der Hauptgrund, warum sie Kritik ablehnen. Kritik ruft eine unbewusste Verteidigungshaltung in ihnen hervor und weckt ihren Selbsthass. So ist es kaum verwunderlich, dass diese Eltern keine Rückmeldungen möchten. Kein Wunder, dass sie oft Gegenargumente liefern oder zumindest jenes Feedback ignorieren, das ihnen unangenehm erscheint.

Es gibt Menschen, die den Eltern nahe stehen, und dennoch nicht prädestiniert sind Feedback zu geben, weil sie zu nahe stehend wären. Ihre Beziehung zum Vater oder zur Mutter eines Kindes ist nämlich ebenso vielschichtig wie die Beziehung der Eltern zu ihrem Kind. Sie haben richtig geraten! Großeltern sind vermutlich keine unvoreingenommenen und neutralen Beobachter. Es ist durchaus sinnvoll zu evaluieren, ob die Meinung und das Feedback eines bestimmten Erwachsenen, der mein Kind kennt, ernst zu nehmen ist. Positive Rückmeldungen hören wir normalerweise gerne, aber Erwachsene mit starken Schutzmustern wehren sich vielleicht sogar gegen positive Rückmeldungen. Negative Rückmeldungen hören wir nicht so gerne, aber gerade sie sind es meist wert ernst genommen zu werden.

Wichtige Rückmeldungen von Lehrern: Ein(e) LehrerIn kann ganz spezielle und wichtige Informationen über unsere Kinder geben. LehrerInnen erleben unsere Kinder in Situationen, in denen wir sie nicht erleben können, und ihre Beobachtungen können wertvolle Einsichten in unverständliches oder problematisches Verhalten unserer Kinder ermöglichen. Die Beobachtungen eines Lehrers können ein großes Geschenk für Eltern sein. Jane, eine junge Mutter, erhielt vom Lehrer ihres Sohnes ein solches Geschenk. Im ersten Moment fühlte es sich jedoch eher wie eine Ohrfeige an.

Jane hatte sich schon längere Zeit Sorgen gemacht, dass ihr Sohn Ryan nicht besonders gut in der Schule war. Er besuchte eine Privatschule, die nicht nur auf kognitives Lernen Wert legte, sondern auch auf die soziale Entwicklung und das Übernehmen von Verantwortung. Jane konnte sich bei den Lehrern ihres Sohnes immense Unterstützung holen: »Ich hatte den Eindruck, dass Ryan ..., wie soll ich es sagen, wir alle hatten den Eindruck, dass er ein überdurchschnittlich begabtes Kind war, das seine Begabungen nicht einsetzen konnte. Bildlich gesprochen war er wie ein Feuer, das einfach nicht zu brennen beginnen wollte. Wir Eltern und seine Lehrer entzündeten Streichholz um Streichholz, aber die Flamme verlöschte jedes Mal wieder. Ich hatte mich daran gewöhnt, dass alle Lehrer sich darüber beklagten, dass Ryan nichts aus seinen Begabungen machte. Eines Tages sagte einer seiner Lehrer etwas ganz Erstaunliches zu mir: ›Wissen Sie, ich habe den Eindruck, Ryan hat absolut keine gute Meinung über sich selbst.‹ Diese Aussage traf mich wie ein Blitz. Als ich aber länger darüber nachdachte, erkannte ich, dass der Lehrer recht hatte und das gut erkannt hatte. Ich hatte immer gedacht, es gäbe keinen Grund dafür, dass mein Kind kein gutes Selbstwertgefühl haben könne, denn ich hielt ihn für großartig. Er hatte eine Menge von Begabungen, und ich hatte den Eindruck, dass wir sehr ermutigend und aufbauend mit ihm umgingen. Als er einen Persönlichkeitstest machte, stellte sich heraus, dass sein Selbstwertgefühl tatsächlich äußerst gering war. Es fiel mir unendlich schwer, mich dieser Wahrheit zu stellen.«

Wenn ein Lehrer mit einer Mutter oder einem Vater über ihr Kind spricht, fahren Eltern ihre Radarantennen aus: »Was denkt dieser Lehrer über mein Kind und über mich als Elternteil?« Unbewusste Eltern möchten am liebsten hören, dass es keinerlei Probleme gibt und ganz besonders keine solchen, mit denen sie sich selbst auseinander setzen müssten, oder womöglich in die Kategorie »Schuld der Rabeneltern« fallen würden. Durch die Aussage des Lehrers war Jane in ihrer eigenen vorgefassten Meinung erschüttert worden, wer ihr Sohn war, welchen Level er in seinem Leben erreichen konnte und welche Identität sie als Mutter hatte. Wie konnte sie nur die Mutter eines Sohnes mit derart geringem Selbstwertgefühl sein? Da die Einschätzung des Lehrers sich mit ihren eigenen Vorstellungen in keiner Weise deckte, bestand die Gefahr, dass sie die Meinung des Lehrers ablehnen würde. Es zeigte sich aber, dass Jane lernte, mit dieser Aussage des Lehrers umzugehen. Mit der Zeit konnten sie und Ryans Vater ihrem Sohn helfen, sein Desinteresse an schulischen Herausforderungen zu überwinden. Sie und ihr Mann fanden einen guten Weg Ryan zu helfen, sich im täglichen Leben als kompetent und durchsetzungsfähig zu erleben.

Aus seinen eigenen Reaktionen Rückschlüsse ziehen

Die beste Möglichkeit für Erkenntnisse ist es, als Eltern unsere eigenen emotionalen Reaktionen auf das Verhalten unseres Kindes zu überdenken. Während manche Verhaltensweisen jeden Erwachsenen zu einer Reaktion veranlassen würden, gibt es andere Verhaltensweisen, die gerade bei Ihnen negative und intensive Reaktionen hervorrufen. Das ist ein fast unfehlbarer Hinweis, dass Sie hier einen persönlichen Wachstumsschritt entdeckt haben. *Wenn Sie auf ein Verhalten Ihres eigenen Kindes mit starken negativen Emotionen reagieren, dann sind Sie auf einen unerledigten Punkt aus Ihrer eigenen Kindheit gestoßen.*

Derartig intensive emotionale Reaktionen spüren Sie vielleicht nur tief in Ihrem Inneren und wagen es nicht, sie an die Oberfläche zu lassen. Das ist aber auch nicht erforderlich. Es ist weiter nicht nötig, sofort an diesen Punkten zu arbeiten, aber es ist unendlich wertvoll darüber nachzudenken, welche Reaktionen wir in uns gespürt haben und wie wir gerne reagiert *hätten*. Dadurch können wir sehr viel über uns selbst herausfinden. Wir können lernen *zuerst* nachzudenken und uns daran zu orientieren oder zumindest *während* des Reagierens zu denken. Wir können lernen, sozusagen unseren eigenen Pausenknopf zu drücken, statt blindlings zu handeln und damit ein hohes Risiko einzugehen unser Kind zu verletzen.

Immer dann, wenn Eltern in bestimmten Situationen mit ihren Kindern intensive, irrationale und rätselhafte Reaktionen in sich spüren, ist das ein klares Signal, dass sie sich selbst mit einigen Fragen beschäftigen sollten. Diese Mutter oder dieser Vater haben dann eine *persönliche Wachstumschance* für sich entdeckt, ein Thema oder ein Gefühl, das das Potenzial hat, wichtige Informationen im Hinblick auf die Persönlichkeitsentwicklung dieses Elternteils zu geben. Warum habe ich so reagiert? Wovor habe ich Angst? Unangemessene Angst, Traurigkeit, Ärger, aber auch Erleichterung und Hochgefühl sind unmissverständliche Signale, dass man gerade eine alte Wunde aktiviert hat und gut daran tut, sich damit intensiver auseinander zu setzen.

In unserer Praxis haben wir beobachtet, dass genau jene Punkte, wo Eltern sich in der Beziehung zu ihren Kindern am unbehaglichsten fühlen, besondere Bedeutung für den therapeutischen Prozess haben. Konflikte sind so gesehen eine Goldgrube - sie helfen zu erkennen, wo Eltern Teile ihres Selbst verloren haben oder verwundet worden sind.

Es ist nicht immer angenehm für uns, was wir durch unsere Kinder erkennen können. Viele Verhaltensweisen oder Wesenszüge unserer Kinder sind wirklich unangenehm für uns. Gerade deshalb ist es so wichtig, unangenehme Erlebnisse oder festgefahrene Konfliktmuster als Hinweis auf persönliche Defizite aufzufassen. Im Lauf der Zeit werden unsere Kinder ohnehin lernen, sich davon zu distanzieren. Sie entwickeln bestimmte Verhaltensweisen, die anfangs ungeschickte Versuche sind Probleme zu lösen. Wenn sie heranwachsen, bekommen sie darin mehr Übung und entwickeln kreativere Ansätze. Wie schon gesagt werden wir in Teil IV jene besonderen Fähigkeiten intensiv beleuchten, die Kinder in konkreten Entwicklungsphasen entwickeln müssen. Darüber Bescheid zu wissen, kann für Eltern sehr hilfreich sein, um Verhaltensweisen ihrer Kinder richtig einordnen zu können, die sonst als erschreckend oder verletzend erlebt werden. Es ist einfach wichtig sich bewusst zu machen, dass Erwachsenwerden und Reifen ein organischer Prozess ist, der Rückschläge inkludiert.

Wenn Eltern hier einen Schritt zurücktreten, können sie erkennen, dass es an der Zeit ist bei sich selbst nachzusehen. Nehmen wir zum Beispiel an, ein Kind wäre faul, zurückgezogen, schüchtern, leicht reizbar, dominant, unmotiviert oder nicht in eine Gruppe integrierbar. Seine Eltern könnten sich selbst die Frage stellen, ob sie in ihr Kind etwas hineininterpretieren, das nicht den Tatsachen entspricht, oder ob sie etwas ablehnen, das eindeutig der Fall ist. Erkennen Eltern in ihrem Kind einen ihrer eigenen verleugneten Selbstanteile, obwohl das Kind diesen Anteil gar nicht besitzt? Oder wenn es diese Eigenschaft besitzt, warum stört das die Eltern so massiv? Warum fällt es ihnen gerade bei dieser Eigenschaft so schwer, das eigene Kind so anzunehmen, wie es ist?

Was Eltern oft schwer fällt, ist, den Ärger und die Wut ihrer Kinder zu akzeptieren. Ärger oder Wut sind ein Signal und eine Botschaft. Sie sind eine ausgezeichnete Chance, etwas über verlorene Selbstanteile des Kindes und seines Vaters oder seiner Mutter herauszufinden. Ärger und Wut auszudrücken ist ein normaler Entwicklungsschritt für jedes Kind. Darf es ihn nicht ausdrücken, kann das entscheidenden Schaden anrichten. In unserem nächsten Beispiel liegt es an der verdrängten Wut eines Vaters, dass er nicht damit umgehen kann, wie sein pubertärer Sohn Ärger und Verachtung zum Ausdruck bringt.

Paul erzählte uns, wie er die Wutausbrüche seines Sohnes erlebte: »Ich glaube, am allerschwersten fällt es mir wahrhaben zu müssen, dass Jeremy anders ist, als ich ihn haben möchte. Ich kann es absolut nicht akzeptieren, wenn er Türen zuknallt. Und es ist wirklich hart für mich zuzusehen, wenn er sich über Freunde lustig macht und sie kritisiert. Ich hasse das. Er behandelt seine Freunde schrecklich herablassend. Sie erinnern mich an ein Rudel Hunde, das um die Rangordnung kämpft. Er sagt, seine Freunde und er meinen das nicht ernst, und trotzdem kann ich es fast nicht aushalten.«

Paul erinnerte sich schließlich zurück, wie seine eigenen Eltern mit Ärger umgegangen waren, als er im selben Alter war wie nun sein Sohn: »In meiner Familie war es absolut nicht üblich negative Gefühle zu zeigen. Niedergeschlagenheit, Unbehagen, Angst oder Ärger durfte man einfach nicht zeigen. Ich hatte mich daran gewöhnt sie für mich zu behalten. Als ich noch klein war, wurde ich jedes Mal dafür bestraft, wenn ich wütend war. So verbiss ich mir bald meinen Ärger, dass ich fast daran erstickte. Aber schon wegen einer Kleinigkeit, die mich ärgerte, erfuhr ich Ablehnung, wurde bestraft oder bloßgestellt. Ich weiß noch genau, dass ich einmal wahnsinnig wütend auf meine Schwester war. Ich war richtiggehend verzweifelt vor Wut und ich spritzte ihr ein bisschen Wasser ins Gesicht. Und selbst dafür wurde ich bestraft! Es ist furchtbar anstrengend für mich, immer freundlich zu lächeln und nie wütend oder niedergeschlagen sein zu dürfen. Gerade vorhin haben Sie mich gefragt, warum ich glaube, immer freundlich sein zu müssen. Allein die Vorstellung, meinem Kind gegenüber negative Gefühle zu zeigen, erschreckt mich zutiefst. Denken Sie wirklich, dass das möglich ist?«

Pauls Eltern haben unbewusst erreicht, dass er lernte, seine Gefühle gänzlich zu unterdrücken. Seine Eltern hatten mit intensiven Gefühlen einfach nicht umgehen können. Vielleicht hatte Paul schon einen leisen Verdacht geschöpft, dass mit seinen Gefühlen etwas nicht ganz in Ordnung sein könnte, bevor er selbst Vater wurde. Durch die Reaktion seines pubertierenden Sohnes wurde es nun jedenfalls offensichtlich, dass hier eine starke eigene Wunde in ihm berührt wurde.

Die Kindheit der Eltern neu bewerten: Wenn ein Kind einen Wutausbruch hat, dann kann das für das Kind selbst ein Problem sein - oder auch nicht. Wie die Eltern darauf reagieren, sagt auf jeden Fall etwas über die Eltern aus. Paul lernte daraus, dass er sein starkes Unbehagen über die Wut seines Sohnes als Anlass dafür nehmen konnte, seine eigenen Erfahrungen und Glaubenssätze über das Gefühl »Wut« zu überdenken, das er von seiner Persönlichkeit abgespalten hatte. Er erlaubt sich nun selbst, den Ärger und die Wut seines Sohnes als Möglichkeit zu erkennen, mit seinem eigenen Ärger und seiner eigenen Wut wieder in Kontakt zu kommen. Das ist seine Chance, den unbewussten, aber sehr wirksamen Glaubenssatz seiner Kindheit neu zu formulieren: »Wenn du einen Wutanfall hast, wird etwas ganz Schlimmes passieren.«

Kinder bringen Tag für Tag neues Licht in die Kindheitserfahrungen ihrer Eltern, einerseits dadurch, dass sie die Aufmerksamkeit auf bestimmte Probleme lenken, andererseits dadurch, dass sie die Erwachsenen einladen, an den Gefühlen und Erfahrungen des Kind-Seins teilzuhaben. Eltern können die Einladung ihrer Kinder annehmen, die Welt wieder als Quelle des Angenehmen zu erleben. Kinder können ihren Eltern helfen, aufschlussreiche Erkenntnisse zu erlangen über das Kind in ihnen, und sie wecken vergessene Erinnerungen, die die Eltern in positiver Weise noch einmal erleben und dadurch erlösen können.

Die Beobachtungen eines Ehepartners

Was ebenfalls sehr aufschlussreich sein kann, sind die Beobachtungen eines Ehepartners oder Lebenspartners. Oft ist es dennoch schmerzlich seine Meinung anzuhören. Wie wir schon beim Punkt Fehlendes Selbst gesagt haben, ist Feedback von sehr nahe stehenden Menschen oft bedrohlich, weil sie unsere wunden Punkte erkennen, die wir nicht gern in unser Bewusstsein zurückholen möchten.

Wenn man aber mehr Bewusstheit in seinem Leben und Handeln erreichen möchte, muss man sich den Rückmeldungen nahe stehender Menschen stellen. Unser Partner weiß Dinge über uns, die niemand sonst weiß. Unser Partner erlebt hautnah mit, wie wir mit unseren Kindern umgehen. Er weiß, worüber wir am meisten jammern, er kennt unsere Seelenqualen und er beobachtet unsere Verhaltensmuster. Unser Streben nach gefühlsmäßigem »Überleben« lässt uns oft auf Distanz zu unserem Partner gehen. Seine Beobachtungen könnten allerdings sehr viel Licht in unsere Verhaltensweisen und Wesenszüge bringen, die sonst im Dunkeln liegen. Wir müssen immer nach dem Körnchen Wahrheit suchen, das in jeder kritischen Bemerkung verborgen liegt.

Es kommt ganz darauf an, auf welche Weise eine kritische Bemerkung vorgebracht wird. Wenn der Sender liebevoll mit den Kindheitswunden und Gefühlen seines Partners umgeht und ihm mit Rücksichtnahme und echtem Interesse begegnet, kann Feedback von unschätzbarem Wert sein. Ständiges Nörgeln ist hingegen mit Vorsicht zu betrachten. Es enthält oft versteckte Aussagen, die auf die unerfüllten Bedürfnisse des Kritikers selbst hinweisen. Sie sagen viel mehr über die Enttäuschung der kritisierenden Person aus als über das Verhalten der kritisierten Person. Wenn ein Mann zum Beispiel sagt: »Meine Frau ist viel zu streng ...«, dann bringt er damit unter Umständen mehr sein eigenes Bedürfnis nach Toleranz und Angenommensein zum Ausdruck als die Meinung seiner Kinder. Er projiziert sein Bedürfnis nach mehr Freiraum auf seine Kinder. Eine Frau, die ständig nörgelt, dass ihr Mann zu wenig Zeit mit den Kindern verbringt, wünscht sich im Grunde vielleicht nur, dass er mehr Zeit mit ihr verbringt. Dieser Perspektivenwechsel kann dem Nörgler die Augen öffnen, im Zusammenhang mit seinem Erziehungsstil auch seine Partnerschaft zu überdenken.

Wie wir gesehen haben, müssen wir in die Tiefe gehen, um einen bewussten Weg verfolgen zu können. Ein Vater, der überreagiert, schützt dadurch möglicherweise seine eigene Verletzlichkeit. Eine Mutter, die sich nicht in die Erziehung ihrer Kinder einbringt, geht vielleicht nur jenen Weg, der ihr als einzig möglicher Weg erscheint. Wenn Eltern das verstehen lernen und beginnen, ihre eigenen Wunden zu entdecken und zu heilen, dann werden sich ihre Verhaltensmuster soweit verändern, dass sie auch ihre Kinder nicht mehr verwunden. In diesem Fall verdanken sie es ihren Kindern, dass sie zu einer neuen Zusammengehörigkeit finden können, in der sowohl Kinder als auch Eltern sich verändern und Wertschätzung erfahren können.

Die Eltern-Kind-Beziehung - eine heilende Beziehung

Gleichgültig, wie alt Ihre Kinder sind und welche Verwundungen Sie aus Ihrer eigenen Kindheit davongetragen haben, die Möglichkeit Heilung zu erfahren, steht

Ihnen offen. Als Eltern können wir lernen, unsere Sinne zu schärfen für alles, was gegenwärtig da ist und uns nicht länger mit den Einengungen und Bewertungen unserer Vergangenheit zu identifizieren. Wenn Sie Ihr Kind besser kennen lernen, schenkt Ihnen das zugleich die Chance, sich selbst besser kennen zu lernen. Eine bewusste Eltern-Kind-Beziehung öffnet uns die Augen für all die Zerrissenheit, Voreingenommenheit und die Konflikte, die wir mit uns herumtragen. Das kann uns helfen zu erkennen, was sich hinter unseren schmerzlichen Gefühlen tatsächlich verbirgt, und dadurch den Frieden und die innere Ruhe unseres ursprünglichen Naturells wieder zu finden, jenen Urzustand entspannter Freude, nach dem jeder Mensch sich sehnt.

Teil III

Die Verbundenheit *wiederfinden*

5. Der Imago-Dialog

> *Bei unserem Stiefvater liefen Gespräche immer nach demselben Schema ab. Zuerst führte er uns langatmig und wortreich in ein Thema ein, und im entscheidenden Moment kam dann die unerwartete Reduktion auf das Wesentliche. Es war eine einfache und außerordentlich wirkungsvolle Taktik. Nach dem eröffnenden Wortschwall funkelten seine Augen, und sein Kopf näherte sich uns erwartungsvoll, um unsere Reaktionen auf seine Ausführungen voraussehen zu können. Das war stets ein schwieriger Moment für uns. Er erwartete sich mehr als ein Zeichen des Zuhörens oder des Verstehens - er erwartete nämlich von uns, dass wir mit ihm 'verschmelzen' sollten, dass wir auf der Stelle all unsere eigenen Gedanken über Bord werfen und das enge Gedankengebäude übernehmen sollten, das er für eine konkrete Problemstellung errichtet hatte.*
>
> Frank Conroy, *Stop-Time*

So erlebte Frank Conroy die Gespräche mit seinem Stiefvater. Es genügte ihm nicht verstanden zu werden. Er erwartete, dass Frank genauso handeln, denken, reden und fühlen sollte wie er selbst. Frank sollte eine Rolle im Theaterstück seines Stiefvaters übernehmen und dessen Bedürfnis nach Bestätigung und Zuwendung erfüllen.[1]

In Kapitel 3, wo das Thema Unbewusste Elternschaft beleuchtet wurde, haben wir auch unser Verständnis von Symbiose bereits genannt. Es ist offensichtlich, dass Frank und sein Stiefvater in einer symbiotischen Beziehung lebten. Wir haben auch bereits genug Einblick gewonnen, um daraus schließen zu können, dass Franks Stiefvater mit seinem eigenen Vater eine ähnlich symbiotische Beziehung erlebt hat. Schon sein eigener Vater hat ihm ziemlich sicher gesagt, was er tun und denken soll. Ohne sich darüber im Klaren zu sein, handelt er nun genauso. Er kann sich nicht mehr daran erinnern, wie es ist, immer unterbrochen, bevormundet oder gar nicht beachtet zu werden. Er handelt einfach aus einem Reflex heraus - er setzt voraus, dass Frank so etwas wie sein Abbild werden soll und vertritt diese Überzeugung mit Nachdruck.

Symbiotische Beziehungen haben etwas Hoffnungsloses an sich. Es scheint, als gäbe es keine Möglichkeit für Frank und seinen Stiefvater, die Verwundungen vieler Jahre rückgängig zu machen und einen respektvollen Umgang, einen gesunden Abstand zueinander zu finden, ohne die Verbundenheit zu zerstören. Wie eine Kopie eines anderen Menschen zu werden ist kein Zeichen für wahre Verbundenheit, wie wir sie sehen. Aber wir begegnen hier einem Paradoxon: derselbe Prozess, der zwei Menschen aus ihrer gegenseitigen Verwicklung befreien kann, kann auch das tiefe Band der Verbundenheit zwischen ihnen stärken. Sie müssen nicht zu Feinden werden, nur weil sie sich aus einer Symbiose lösen und zu zwei eigenständigen Menschen entwickeln möchten.

Eine Vater-Sohn-Beziehung kann nicht als gesund bezeichnet werden, wenn der Vater keinen Respekt für die Eigenständigkeit seines Sohnes aufbringen kann. Franks Stiefvater hat nicht nur Probleme in der Beziehung zu Frank, sondern auch in der Beziehung zu sich selbst. Erst wenn er anerkennen kann, dass sein Sohn eine eigenständige Person ist, kann er echte Zuwendung und Verbundenheit kennen lernen. Und nur dann kann er sich eine neue Denkweise und Sichtweise aneignen, und sein Selbst in ausgewogenen Bezug zu anderen Menschen setzen, die genauso viel wert sind wie er.

Es gibt einen Weg, der aus symbiotischen Beziehungen herausführt und für jede Beziehung, auch für eine gute und lebendige, eine große Bereicherung darstellt. Jeder kann diesen Weg beschreiten. Und es ist nie zu spät dafür. Auch wenn Frank nun bereits erwachsen ist und auf eigenen Beinen steht, könnte sein Stiefvater lernen, auf neue Art mit ihm zu sprechen und ihm zuzuhören. Er könnte lernen, ein Gespräch so zu führen, dass Franks Entwicklung und Bedürfnisse im Mittelpunkt stehen und nicht seine eigenen. Er könnte relativ rasch lernen, wie ein bewusster Vater zu *handeln* und zu sprechen, auch wenn es ein längerer Prozess ist, tatsächlich einer zu werden. Es gibt immer Möglichkeiten etwas zu verändern und zu lernen. Man kann seine negativen Kindheitsmuster hinter sich lassen, indem man lernt, mit anderen Menschen in Form des Imago-Dialogs zu kommunizieren.

In diesem Kapitel möchten wir Ihnen den Imago-Dialog vorstellen. Wenn Sie die Anleitungen in diesem Kapitel lesen, wird es Ihnen helfen, ihn gut nachzuvollziehen und auch anzuwenden. Natürlich braucht es einige Zeit, bis wir ihn automatisch und ganz natürlich anwenden können, wie es bei allem Neuen ist, das wir lernen. Es ist jedoch nie zu spät, etwas Neues zu erlernen. Auch wenn Ihre Kinder bereits über zwanzig Jahre alt sind, können Sie mit dem Imago-Dialog beginnen und Ihre Beziehung wird reicher, respektvoller und tiefer werden. Sie werden dadurch lernen, konsequentere und zielgerichtetere Eltern zu werden, die eine gute Verbundenheit zu ihren Kindern pflegen und ihnen gleichzeitig genug Freiraum für ihre Entwicklung geben. Das Faszinierende und Wirksame am Imago-Dialog ist, dass er einen sicheren Rahmen bietet, und jene, die miteinander kommunizieren, zuerst in ihren Gefühlen und später auch in ihrer Körperwahrnehmung immer ruhiger und gelöster werden.

Wir wollen nun den Ablauf eines Imago-Dialogs vorstellen und die wichtigste Botschaft formulieren, die Sie Ihrem Kind damit vermitteln. Sie werden weiter einige aufschlussreiche Beispiele finden, besondere Hinweise für Dialoge mit kleinen Kindern und allgemeine Gedanken zur Qualität der Kommunikation zwischen Eltern und Kindern.[2]

Die allerwichtigste Botschaft

Natürlich gibt es in jedem Gespräch gewisse Inhalte, die Kinder und Eltern einander vermitteln möchten. Eine Botschaft ist aber bei weitem die wichtigste! Die Kernaussage, die alle Eltern ihren Kindern vermitteln sollten, lautet: »*Du bist o.k.! Du darfst sein, wer du bist, du darfst durch und durch lebendig sein und deine Lebendigkeit ausdrücken. Du darfst dich tief verbunden fühlen mit anderen und mit dem, was größer ist als du selbst.*« Ob bewusste Eltern diese Botschaft nun mit Worten, mit ihrer Körpersprache oder mit ihren Handlungen untermauern - die Botschaft bleibt stets dieselbe: »Du bist o.k.!«

Vielleicht kommen Ihnen diese Worte vertraut vor, denn wir haben sie bereits bei den grundlegenden Bedürfnissen erwähnt, deren Erfüllung allen Kindern zusteht. Ein ganz natürlicher und angeborener Drang jedes Kindes ist sein Überlebenstrieb, der Wunsch, durch und durch lebendig zu sein und Verbundenheit zu spüren. Eltern können die Bedürfnisse ihres Kindes erfüllen, wenn sie diesen Überlebenstrieb ernst nehmen. Die Botschaft »Du bist o.k.!« vermittelt dem Kind auf vielerlei Art, dass es als eigenständige Person angenommen und wertgeschätzt ist, und dass seine Grundbedürfnisse erfüllt werden. Das ist die allerwichtigste und grundlegendste Botschaft. Eltern sollten sie bei jeder Kommunikation im Hinterkopf haben.

Die Methode des Imago-Dialogs[3]

Wenn Paare sich darum bemühen ihren Partner verstehen zu lernen, müssen sie in erster Linie lernen gut miteinander zu kommunizieren. Durch effektive Kommunikation können sie sich selbst in Beziehung zueinander erleben und die dynamische Verbundenheit zu einander aufrechterhalten. So üben sie jenes Einfühlungsvermögen, das es ihnen erlaubt, an der Freude und am Schmerz des Partners teilzuhaben, indem sie die Grenzen überschreiten, die sie sonst meist voneinander trennen.

Das Wort Kommunikation inkludiert den verbalen und den nonverbalen Austausch von Informationen, Sinn und Gefühlen zwischen zwei Menschen. Paul Watzlaweck hat den Satz geprägt »Es ist nicht möglich *nicht* zu kommunizieren«.[4] Es heißt auch »Gute Kommunikation allein löst noch keine Probleme und schlichtet keinen Streit.« Aber ohne gute Kommunikation können Probleme auch nicht gelöst und Streit nicht beigelegt werden.

Das Gelingen der Kommunikation ist besonders wichtig für Eltern und Kinder, weil unsere Art und Weise, mit unseren Kindern zu sprechen und ihnen zuzuhören, sich entscheidend darauf auswirkt, was für Menschen unsere Kinder werden.[5] Worte prägen die Identität eines Kindes. Unser Gesichtsausdruck wird zum Teil seiner Wahrnehmung der Welt. Verhaltensweisen der Eltern werden zu einem Teil dessen, was das Kind lebenslang mit sich herumträgt. Was wir Eltern tun, zählt einfach.

Das Problem liegt jedoch darin, dass das Verhalten von Eltern in aktuellen Situationen teilweise durch Ereignisse bestimmt wird, die lange vor diesen Situationen stattgefunden haben. Wir haben Souffleure, die uns zuflüstern, was wir zu sagen haben, obwohl sie nicht im selben Raum sind. Den wahren Text haben andere geschrieben - unser Vater, der uns ausgelacht hat, als wir ihm voll Stolz unsere ersten Kinderzeichnungen zeigen wollten; oder unsere Mutter, die uns stets die Worte aus dem Mund genommen hat. Als Eltern tragen wir unseren Text vor, als wäre es unser eigener, aber in Wahrheit hat ihn jemand anderer zu einer anderen Zeit und an einem anderen Ort für uns geschrieben.

In unserer Arbeit mit Paaren und Familien haben wir immer die Wichtigkeit eines dialogischen Rahmens hervorgehoben, der sowohl die bewusste Beziehung fördert und gleichzeitig das Wesentliche einer bewussten Beziehung ausdrückt. Im Grunde vermittelt er sowohl den Kindern als auch den Eltern die Kernbotschaft, dass sie so sein dürfen, wie sie sind, und so angenommen werden, wie sie sind.

Bei dieser Methode sind drei besondere Schritte ausschlaggebend: *Spiegeln, Geltenlassen* und *Einfühlen*.[6] In einem Gespräch können einer oder alle drei Schritte integriert werden. Spiegeln wird am häufigsten angewendet. Aber auch wenn die Begriffe Spiegeln, Geltenlassen und Einfühlen nicht explizit beachtet werden, kann ein Gespräch ganz vom Geist des Imago-Dialogs inspiriert sein. Wenn die Themen und die Auseinandersetzungen am intensivsten und die Emotionen am stärksten sind, so ist es für Eltern eine unschätzbare Hilfe, sich in ihrer Kommunikation auf die sichere Struktur des Imago-Dialogs zu stützen.

SPIEGELN bedeutet, den Inhalt einer Botschaft genau wiederzugeben. Den Inhalt Wort für Wort zu wiederholen, nennt man *flaches Spiegeln*. Und flaches Spiegeln kann manchmal schwieriger sein, als es klingt. Ohne es zu bemerken ist man sehr schnell dazu verleitetet, um eine Nuance mehr oder weniger zu spiegeln als gesendet wurde. Wenn jemand etwas mehr zurückspiegelt, dann nennen wir das *konvexes Spiegeln*. Wenn jemand etwas weniger zurückspiegelt, einen Punkt herausgreift, der ihm besonders wichtig erscheint, und den Rest weg lässt, nennt man das konkaves Spiegeln. Maximierer neigen dazu, eine Botschaft durch *konvexes Spiegeln* zu wiederholen und ein paar eigene Worte hinzuzufügen, bewusst oder unbewusst, und verfälschen damit eventuell die Gedanken und Gefühle ihres Gegenübers. Ein Beispiel für konvexes Spiegeln ist es, wenn eine Mutter ihrem Teenager zurückspiegelt: »Du hast also Schuldgefühle, weil du zu spät zum Abendessen gekommen bist!«, wenn ihre Tochter in Wirklichkeit gesagt hat, es täte ihr leid, dass sie nicht früher heimgekommen sei, weil sie den Autobus versäumt habe. Minimierer wiederholen eine Botschaft oft durch konkaves Spiegeln und betonen damit besonders, was sie selbst für wichtig halten. Ein Beispiel für konkaves Spiegeln ist es, wenn ein Vater seinem Sohn, dessen Fußballmannschaft gerade verloren hat, zurückspiegelt: »Ihr habt also verloren ...«, obwohl sein Sohn gerade gesagt hat, sie hätten das Spiel beinahe gewonnen. Ein sehr genaues Spiegeln kann uns helfen, das Denken unseres Gegenübers genau aufzunehmen, und nicht mit eigenen Worten wiederzugeben und dadurch minimal abzuändern.

Die Worte unseres Gegenübers zu wiederholen ist eine Form des Spiegelns. Heißt Spiegeln also, die Worte unseres Dialogpartners zu paraphrasieren, also mit unseren eigenen Worten zu sagen? So würden wir uns anmaßen zu wissen, was die andere Person genau sagen will, obwohl wir das nicht wissen können. Wir raten einfach. Selbst wenn wir ganz gut im Raten sind und sehr oft die Wahrheit treffen, besteht immer auch die Gefahr von Missverständnissen, solange wir nicht prüfen, ob wir etwas ganz richtig gehört haben. Wir sind sehr leicht dazu verleitet, während des Spiegelns zu interpretieren, bevor wir es noch ganz gehört haben. Wenn sich beim Hören schon Fehler einschleichen, um wieviel höher wäre dann das Risiko, dass auch unsere Interpretation fehlerhaft wäre. Die Worte eines Kindes zurückzuspiegeln hilft nicht nur, das Kind genauer zu hören, sondern beweist auch, dass Eltern dazu bereit sind, ihre eigenen Gedanken und Gefühle einen Moment beiseite zu schieben, obwohl sie die Sichtweise des Kindes nicht teilen können. Für viele Eltern ist dies ein seltener Moment der Selbst-Transzendenz.

GELTENLASSEN ist jener Schritt, durch den wir einer anderen Person zu verstehen geben, dass es Sinn macht, was er oder sie sagt. Wir stellen unseren eigenen Bezugsrahmen beiseite und wertschätzen die Logik, die Realität und den Wert einer anderen Person in ihrem eigenen Bezugsrahmen. Mit Ihren Worten senden Sie Ihrem Kind die Botschaft, dass seine Sichtweise Gültigkeit hat. Eine Sichtweise gelten zu lassen *bedeutet nicht,* dass Sie sich damit identifizieren müssen oder dass seine Gedanken und Gefühle mit Ihren eigenen Gedanken und Gefühlen übereinstimmen. Es bedeutet, dass Sie Ihre eigene Position als Zentrum und Quelle der Wahrheit aufgeben und Raum für jene Interpretation der Realität machen, die Ihr Kind vertritt. Wenn Sie die Worte Ihres Kindes spiegeln und gelten lassen, dann schaffen Sie die Basis, dass das grundlegende Bedürfnis Ihres Kindes sich selbst auszudrücken, erfüllt werden kann. Das Vertrauen und die Nähe zwischen Eltern und Kindern können wachsen, wodurch es dem Kind leichter fallen wird, auch anderen Menschen zu vertrauen und Nähe zu erleben.

EINFÜHLEN ist der Prozess, der die Gefühle einer anderen Person wertschätzt, wenn sie ihre persönliche Sichtweise darlegt oder eine Geschichte erzählt. Es gibt zwei Ebenen des Einfühlens. Auf der ersten Ebene denken wir nach und stellen uns die Gefühle vor, die eine andere Person ausdrückt. Auf einer tieferen Ebene fühlen wir tatsächlich, welche Gedanken und Gefühle der andere auszudrücken versucht. Die Erfahrung eines solchen Einfühlens ist für beide Dialogpartner heilend und verwandelnd, und zwar *unabhängig vom Inhalt der Kommunikation.* In diesen Momenten überwinden beide Dialogpartner ihre Getrenntheit und können einander für einige Momente wirklich begegnen und tiefe Nähe erleben. Wenn Sie einen Dialog mit Ihrem Kind führen, können Sie Ihr Kind verstehen und zumindest für einen kurzen Moment die Welt durch seine Augen sehen.

Wann man den Imago-Dialog anwenden kann

Der Imago-Dialog ist ganz besonders wertvoll, wenn die Emotionen hoch gehen. Vielleicht möchten Sie, dass jede Begegnung mit Ihrem Kind durch Spiegeln, Geltenlassen und Einfühlen gekennzeichnet ist. Besonders sinnvoll ist es, den Imago-Dialog anzuwenden, wenn ...
1. Sie selbst und/oder Ihr Kind gehört und verstanden werden möchten.
2. Sie selbst und/oder Ihr Kind sich über etwas sehr ärgern und darüber reden

möchten.
3. Sie selbst und/oder Ihr Kind über ein besonders berührendes Thema reden möchten.

Eines der wichtigsten Dinge, die wir im Zusammenleben mit unseren sechs Kindern gelernt haben, ist, intensive Gefühle als normal anzusehen, als unverzichtbare Bestandteile des Gebens und Nehmens in allen nahen Beziehungen. Frustriert, sorgenvoll, enttäuscht oder wütend zu sein ist an sich nichts Schlimmes. Wenn Sie auf die normalen Emotionen Ihres Kindes zu wenig oder zu stark reagieren, dann ist das ein Hinweis, dass es etwas gibt, worüber sie nachdenken und unter Umständen daran arbeiten sollten.

Wenn Ihr Kind in einem Gespräch negative Gefühle ausdrückt, können Sie lernen, ein »Container« für diese Intensität zu werden. »Halten« Sie die Gefühle einfach, ohne etwas Besonderes damit zu tun. Sie müssen nichts gutmachen, sie müssen die Meinung Ihres Kindes nicht ändern, Sie müssen es nicht beeinflussen, eine andere Meinung zu übernehmen. Aber Sie müssen auch nicht explodieren, davonlaufen oder sich verstecken. Der Imago-Dialog stärkt uns, einfach da zu bleiben, herauszufinden, was geschieht, und über sich selbst hinauszuwachsen in die Welt des anderen - wo Sie seine Wahrnehmung für eine kurze Zeit nachvollziehen können.

Der Imago-Dialog hält Sie in einer Balance. Ob Sie eher ein Minimierer oder ein Maximierer sind, der Imago-Dialog wird Ihnen helfen, diese beiden Schutzmuster beiseite zu lassen und einfach ein Gespräch mit Ihrem Kind zu führen, ohne die Vorurteile und Einschränkungen, die Sie normalerweise zu einer Überreaktion oder zum Zurückziehen veranlassen.

Einen Imago-Dialog beginnen

Bei einem Dialog ist eine Person der *Sender*, normalerweise jene Person, die das Gespräch initiiert, und die andere Person ist der *Empfänger*. Seine Aufgabe ist es zu verstehen, was der Sender sagen möchte. Wenn ein Paar einen Dialog führt, dann sind die Rollen beliebig austauschbar. Wenn Sie einen Dialog mit Kindern führen, dann müssen Sie einmal diese und einmal die andere Rolle übernehmen, damit das Kind lernen kann, wie es seine Rolle erfüllen soll. Jüngere Kinder oder Kinder, die diese Dialogform gerade erst kennen lernen, werden noch einiges an Unterstützung brauchen.

Zu Beginn werden Sie derjenige sein, der den Dialog mit Ihrem Kind initiiert, und er kann eher formell ablaufen. Ihr Kind wird von Ihnen lernen, wie es sich am Dialog beteiligen kann, deshalb denken Sie daran, dass Sie nun sowohl TeilnehmerIn als auch LehrerIn sein müssen. Ihr Ziel ist es Ihrem Kind zu zeigen, wie diese Kommunikationsform funktioniert und ihm dabei soviel Sicherheit zu geben, dass es in Zukunft auch selber Gespräche auf diese Weise führen kann.

Wenn zwei Erwachsene beteiligt sind, kann entweder der eine oder der andere um einen Dialog bitten. Normalerweise wird diese Einladung vom Sender an den Empfänger gerichtet, weil der Sender jener ist, der eine Botschaft »senden« möchte und gehört werden möchte. Wenn es sich um Eltern und ihr Kind handelt, wird ein Imago-Dialog manchmal von einem Elternteil angeregt, weil er erkennt, dass das Kind eine Botschaft hat, aber nicht dazu in der Lage ist, selbst um einen Dialog zu bitten. Ein Vater, der die Empfängerrolle übernimmt, wird zeitweise auch die Rolle des Senders übernehmen, um seinem Kind über den Anfang hinweg zu helfen. Wenn der Dialog dann im Laufen ist, wechselt er zurück in seine Rolle als Empfänger. Wenn ein Kind erst einmal Erfahrung mit dem Imago-Dialog hat und damit vertraut ist, wird es bald dazu fähig sein, selbst als Sender um einen Dialog zu bitten.

Hier sehen Sie nun, wie das einfachste Modell eines Imago-Dialogs aussieht. Ein Vater möchte von sich aus ein Gespräch beginnen. Er möchte seiner Tochter etwas sagen und von ihr angehört werden.

Einen Imago-Dialog beginnen: Beispiel 1

Sender/Vater/Elternteil: *(beginnt den Dialog)* Ich möchte gerne mit dir über etwas reden. Hättest du jetzt Zeit für mich?

Empfänger/Kind: Ja, ich habe Zeit. oder Nein, im Moment geht es nicht. Können wir es etwas später machen? *(Anmerkung: Es ist wichtig, dass das Gespräch sobald als möglich stattfindet, damit sowohl der Elternteil als auch das Kind zeigen, dass sie bereit für das Gespräch sind.)*

Sender/Elternteil: *(wenn der Zeitpunkt gut ist)* Ich habe über ... *(Thema)* nachgedacht und möchte dir sagen, wie es mir damit geht. *(sendet die Botschaft)*

Im nächsten Beispiel ist das Kind offensichtlich wütend und hat eine Botschaft für seinen Elternteil, aber es hat keine Lust oder es gelingt ihm nicht zu beginnen. Die Mutter bzw. der Vater helfen ihm, indem sie ein Gespräch vorschlagen.

Einen Imago-Dialog beginnen: Beispiel 2

Empfänger/Elternteil: Ich habe den Eindruck, dass du mir etwas erzählen möchtest. Es wäre wahrscheinlich gut, wenn wir darüber reden würden. Stimmt das?

Sender/Kind: Stimmt.

Empfänger/Elternteil: Erzähl mir, was dich bedrückt. Ich möchte gern hören, was in dir vorgeht.

Sender/Kind: Mich bedrückt, dass ich ... (Ich bin so ....)

Empfänger/Elternteil: Lass mich schauen, ob ich dich gut gehört habe. Dich bedrückt, dass ... (Du bist so ...) *(spiegelt das Kind)*

Nun haben Sie gesehen, wie man einen Dialog beginnen kann. Wir werden in weiteren Beispielen zeigen, wie man das Spiegeln, Geltenlassen und Einfühlen ganz konkret anwenden kann. Wir möchten eine Vielfalt von Beispielen anführen, damit der »Klang« des Imago-Dialogs vertraut für Sie wird. Eine neue Art miteinander zu reden braucht einiges an Übung, erfordert viel Zuhören (besonders sich selbst zuzuhören) und ist »Learning by Doing«. Erst nach vielen, vielen Dialogen wird man so vertraut damit, dass man diese Form in seine Alltagskommunikation integriert.

Wenn Sie und Ihre Kinder den Dialog üben, beklagen sich die Kinder vielleicht, dass er zu formell und zu starr ist. Er wirkt noch ungewohnt. Seien Sie durch diese Reaktion nicht entmutigt. Denken Sie daran: Sie sind der Erwachsene und es liegt in Ihrer Verantwortung Ihrem Kind beizubringen, was Sie für sein Leben für wichtig halten. Sie wissen, dass Ihr Kind von diesem Dialog in vielerlei Hinsicht profitieren wird. Sie wissen auch aus Ihrer Lebenserfahrung, dass jede Veränderung einfach Zeit braucht. So liegt es an Ihnen, Ihr Kind zum Durchhalten zu ermuntern.

Beispiel für den Prozess des Spiegelns

Wenn der Sender und der Empfänger ein Gespräch miteinander vereinbart haben und der Sender den ersten Teil seiner Botschaft gesendet hat, spiegelt der Empfänger um zu überprüfen, dass er den Sender gut gehört hat. Wenn das der Fall ist, fährt der Sender fort, bis der Empfänger ein Zeichen gibt, dass er nun wieder spiegeln möchte (damit die Botschaft nicht zu lang wird). Hat der Empfänger nicht alles Wichtige gehört, versucht der Sender, den fehlenden Teil des Gesagten zu wiederholen, und der Empfänger spiegelt noch einmal, bis die Botschaft klar bei ihm angekommen ist.

Hier nun ein Beispiel dafür, wie das Spiegeln funktioniert. Das reale Leben lässt sich natürlich nicht in ein vorgegebenes Schema pressen und hat immer die Tendenz den Rahmen zu sprengen, aber wenn man etwas Neues lernt, hilft es dennoch eine Methode zu haben, auf die man sich stützen kann. Im folgenden Beispiel ist der Erwachsene der Sender, der um den Dialog bittet. Er wechselt später aber auch in die Empfängerrolle und hört seiner Tochter zu, wenn sie ihre Sichtweise ausdrückt.

SENDER/Elternteil: Ich möchte gerne mit dir über ... *(beschreibt das Thema mit neutralen, beschreibenden Worten)* reden. Weißt du, was ich meine?
EMPFÄNGER/Kind: Ja. Du möchtest mit mir gerne über ... reden. *(wiederholt, was der Elternteil gerade gesagt hat)*
SENDER/Elternteil: Im ersten Teil unseres Gespräches möchte ich sichergehen, dass du hörst, wie es mir damit geht. Und wenn wir dann beide das Gefühl haben, dass ich mich klar ausgedrückt habe und du mich gut gehört

hast, dann werde ich dir gerne zuhören, wenn du mir deine Gefühle dazu schilderst. Ist das in Ordnung?
EMPFÄNGER/Kind: O.k.
SENDER/Elternteil: Ich ... *(sendet die Botschaft in Ich-Form - Ich glaube, möchte, denke ... - indem er neutrale und in keinerlei Hinsicht provokante Worte verwendet.)* Ich möchte sichergehen, dass ich mich klar ausgedrückt habe. Kannst du mich wissen lassen, ob du mich gut gehört hast?
EMPFÄNGER/Kind: Ich höre, du sagst ... . *(spiegelt den Elternteil)*
SENDER/Elternteil: Ja. (Wenn das Kind seine Worte richtig gehört hat). oder Du hast mich noch nicht ganz gehört. *(Anmerkung: Wenn das Kind ihn nicht ganz gehört hat, dann sendet der Elternteil die Botschaft oder Teile der Botschaft noch einmal und bittet das Kind zu spiegeln, was es gehört hat.)*
EMPFÄNGER/Kind: Du sagst ... *(spiegelt, was der Elternteil nun beim zweiten Mal gesagt hat)*

Der Erwachsene wiederholt die Botschaft in anderen, einfacheren Worten, solange, bis das Kind sie genau zurückspiegeln kann.

SENDER/Elternteil: Danke, dass du meinen Standpunkt angehört hast. Ich möchte nun deinen hören. Bitte erzähl mir, wie du darüber denkst und was du fühlst.

Das Kind wird zum Sender und der Erwachsene zum Empfänger.

SENDER/Kind: Ich finde ... *(sendet die Botschaft)*
EMPFÄNGER/Elternteil: Ich möchte sichergehen, dass ich dich gehört habe. Ich höre, du sagst, dass ich ... *(spiegelt die Botschaft des Kindes)*. Habe ich dich gut gehört?
SENDER/Kind: Ja oder Nein oder Nicht ganz.

Das Kind sendet und der Erwachsene spiegelt, bis er es korrekt gehört hat.

Das mag vielleicht kompliziert klingen, der Gedanke dahinter ist aber ein einfacher: Man überprüft um zu sehen, dass man alles gut gehört hat. Und wenn der Sender bestätigt, dass man es gut gehört hat, setzt er fort und man hört weiter zu, bis er fertig ist. Dann können die Rollen getauscht werden.

Konkrete Beispiele für Spiegeln

Um das Spiegeln, Geltenlassen und Einfühlen so klar wie möglich zu erklären, wollen wir nun verschiedene Beispiele anführen, wie diese Methoden in echten Gesprächen klingen, die in verschiedenen Familien stattgefunden haben. Der erste Dialog fand zwischen Frau Smith und ihrer dreijährigen Tochter Rebecca statt. Der zweite zwischen Herrn Meyer und seinem elfjährigen Sohn Tobias, und der dritte zwischen Frau Taylor und ihrer 17-jährigen Tochter Sarah.

Beginnen wir mit Frau Smith. Im ersten Beispiel spricht sie mit Rebecca so, wie sie normalerweise mit ihr gesprochen hat, bevor sie den Imago-Dialog kennen gelernt hat. Wieder ein Beispiel dafür, dass Eltern mit ihren Kindern oft unbewusst sprechen. Danach bekommt sie die Chance, es auf andere Weise zu versuchen.

SZENE 1: Frau Smith beendet gerade ein Telefongespräch mit der Mutter von Rebeccas bester Freundin Andrea. Sie rief an um zu fragen, ob Rebecca am nächsten Tag zur Geburtstagsparty ihrer Tochter kommen und anschließend dort übernachten möchte. Frau Smith lehnt dankend ab, weil Rebecca sich von einer Erkältung noch nicht ganz erholt hat und Antibiotika einnehmen muss. Rebecca, die das Gespräch mitgehört hat, wirft sich zornig auf den Boden und schleudert ihren Teddy quer durch die Küche.

Frau Smith: *(zu Rebecca)* Warum wirfst du deinen Teddy auf den Boden? Ich werde dir keine Spielsachen mehr kaufen, wenn du sie so schlecht behandelst. Das zeigt umso mehr, dass du noch nicht gesund bist. Es war eine gute Entscheidung, dass ich dich morgen nicht zu Andrea gehen lasse. Ich bin froh, dass ich es ihrer Mutter gleich gesagt habe.
Rebecca: *(heult)* Ich will hingehen. Ich bin nicht mehr krank. Du bist keine Frau Doktor!
Frau Smith: Sprich nicht in dem Ton zu mir. Du wirst nicht hingehen, und damit basta. Du bist noch nicht gesund genug. Steh jetzt sofort vom Boden auf und hilf mir den Tisch decken! Und hör endlich zu heulen auf!
Rebecca: Nein!
Frau Smith: Dann geh sofort in dein Zimmer! Ich will dich hier nicht mehr sehen.

Kommentar dazu: Es geht uns keineswegs darum zu sagen, wie schlimm es ist, dass Frau Smith in diesem Gespräch impulsiv und reaktiv ist. Sie scheint nur auf Rebecca zu reagieren, anstatt darauf hinzuarbeiten, was sie ihr vermitteln möchte. Sie strebt in diesem Gespräch kein bewusstes Ziel an. Vermutlich hat sie von ihrer eigenen Mutter gelernt, dass man der Enttäuschung und der Wut eines Kindes keine Beachtung schenken soll, und dass man ein Kind, das widerspenstig ist, streng behandeln soll. Vielleicht ist Frau Smith auch erschöpft oder gerade in Eile. Jedenfalls vermittelt sie ihrer Tochter nicht, dass ihre Gefühle in Ordnung sind und sie sie ausdrücken darf. Frau Smiths Botschaft vermittelt Rebecca das Gegenteil.

Im nächsten Musterdialog hat Frau Smith eine zweite Chance. So kann das Gespräch klingen, wenn sie es auf bewusstere Weise führt und schon ein wenig Erfahrung mit dem Imago-Dialog hat. Hier beginnt Frau Smith mit dem Dialog und spiegelt die Gefühle ihrer Tochter.

EMPFÄNGER/Frau Smith: Rebecca, kann ich mich zu dir auf den Boden setzen?
SENDER/Rebecca: Nein, lass mich in Ruhe!
EMPFÄNGER/Frau Smith: Gut, ich kann es verstehen, dass du mich nicht neben dir

haben willst, also setze ich mich woanders hin. *(Sie setzt sich einen Meter weit weg von ihrer Tochter, ebenfalls auf den Küchenboden.)* Ich kann mir denken, dass du jetzt böse auf mich bist.
SENDER/Rebecca: Ich bin nicht böse auf dich!
EMPFÄNGER/Frau Smith: Du bist also nicht böse auf mich. Ich hab gedacht, dass du es bist, weil du gerade den Teddy quer durch die Küche geworfen hast.
SENDER/Rebecca: Wegen dir darf ich nicht bei Andrea schlafen. Ich bin *nicht* krank. Ich möchte hingehen!
EMPFÄNGER/Frau Smith: Du meinst also, du bist nicht krank und möchtest zu Andrea gehen. Und du bist verärgert, dass ich Andreas Mutter gesagt habe, du wärst noch nicht gesund genug. Habe ich dich gehört?
SENDER/Rebecca: Ja!

Kommentar: Nun hat Frau Smith einen Dialog mit ihrer Tochter begonnen, sie ermutigt ihren Ärger auszudrücken, und Rebecca dieses Gefühl zurückgespiegelt um sicher zu gehen, dass sie sie richtig gehört hat. Der nächste Schritt für Frau Smith wird es sein, Rebeccas Ärger und Enttäuschung gelten zu lassen.

Bevor wir uns mit dem Punkt Geltenlassen beschäftigen, sehen wir uns aber noch ein anderes Gespräch an, nämlich das von Herrn Meyer und seinem elfjähriger Sohn Tobias. Zuerst hören wir uns an, wie es klingt, wenn Herr Meyer noch nichts vom Imago-Dialog weiß und unbewusst reagiert.

SZENE 2: Herr Meyer hat gerade einen Telefonanruf von Tobias' Lehrer bekommen und erfahren, dass Tobias bei der letzten Klassenarbeit in Englisch abgeschrieben hat. Der Lehrer will Tobias' Vater darüber in Kenntnis setzen und kündigt an, dass Tobias strafweise am nächsten Samstagmorgen nachsitzen muss.

Herr Meyer: *beendet das Telefongespräch und ruft nach Tobias, der im Nebenzimmer fernsieht*
   Tobias, dreh sofort die Kiste ab und komm her - aber im Eilzugstempo!
Tobias: Warum schreist du so? Was hab ich denn getan?
Herr Meyer: Das werde ich dir gleich sagen. Gerade hat mich dein Lehrer angerufen. Er sagt, du hättest bei der Klassenarbeit in Englisch abgeschrieben. Was hast du dir dabei nur gedacht? Wie konntest du das deiner Mutter und mir nur antun? Nun musst du zur Strafe nachsitzen. Das ist mir wirklich peinlich! Was ist los mit dir? Bist du nicht intelligent genug, um Klassenarbeiten ohne Abschreiben zu erledigen?
Tobias: Ich glaube, ich bin zu dumm!

Kommentar: Wir können verstehen, dass Herr Meyer verärgert ist. Es ist wirklich nicht angenehm zu hören, dass der eigene Sohn bei Klassenarbeiten von anderen Schülern abschreibt. Ohne Zweifel würde es Herrn Meyer helfen, nach dem Telefongespräch ein paar Momente inne zu halten, bevor er mit Tobias darüber spricht.

In der Zwischenzeit könnte er darüber nachdenken, was er in seinem Gespräch erreichen möchte. Es wäre eine interessante Frage zu erfahren, warum Tobias bei dieser Schularbeit abgeschrieben hat, da er das bisher noch nie getan hat.
Nun ändert sich Herr Meyer und wird ein bewusster Vater. Er möchte seinem Sohn vermitteln, wie er selbst über das Geschehene denkt, und möchte von seinem Sohn hören, was aus dessen Sicht geschehen ist. In der folgenden Szene stützen sich Tobias und sein Vater auf die Methode des Spiegelns, obwohl sie sie zum ersten Mal anwenden und noch kein theoretisches Wissen über den Dialog haben. Herr Meyer kann ziemlich gut zuhören und Tobias erlebt, dass ihm wirklich zugehört wird.

SENDER/Herr Meyer: Tobias, ich möchte über etwas sehr Wichtiges mit dir reden. Normalerweise würde ich dich fragen, wann es dir recht ist, aber in dieser Angelegenheit ist es mir wichtig, gleich mit dir zu reden. Könntest du bitte den Fernsehapparat abschalten und dich zu mir ins Wohnzimmer setzen?
EMPFÄNGER/Tobias: Oh Gott, was habe ich denn getan?
SENDER/Herr Meyer: Du klingst verunsichert und niedergeschlagen. Setz dich bitte zu mir und reden wir über das, was dich bedrückt. *(Tobias setzt sich.)* Gerade hat mich dein Lehrer angerufen und mir erzählt, dass er mit dir heute eine Auseinandersetzung gehabt hat, und du zugeben musstest, dass du bei der Klassenarbeit in Englisch abgeschrieben hast. Für mich ist es wichtig zu erfahren, ob das stimmt. Und wenn ja, dann sollten wir darüber reden. Ich habe meine persönliche Meinung übers Abschreiben, und du sicher auch. Hast du abgeschrieben?
EMPFÄNGER/Tobias: *(sieht bedrückt aus, seine Augen füllen sich mit Tränen)* Ja, habe ich.
SENDER/Herr Meyer: Du hast abgeschrieben. Erzählst du mir Genaueres darüber?
EMPFÄNGER/Tobias: Ich hatte ziemliche Angst vor dieser Klassenarbeit. Bei der letzten ist es mir nicht besonders gut gegangen, und ich wollte nicht noch eine Fünf bekommen. Bist du jetzt sehr böse auf mich?
SENDER/Herr Meyer: Lass mich mal sehen, ob ich dich gehört habe. Du hast von deinem Nachbarn abgeschrieben, weil du Angst hattest, noch eine Fünf zu bekommen. Weil es dir bei der letzten Klassenarbeit nicht gut gegangen ist, hattest du Angst, dass es dir diesmal wieder nicht gut gehen könnte. Stimmt das so?
EMPFÄNGER/Tobias: Ja. Bist du sehr böse auf mich?
SENDER/Herr Meyer: Du möchtest wissen, ob ich sehr böse auf dich bin. Also, im Moment weiß ich noch nicht genau, was ich zu der Sache sagen soll. Ärgern tut es mich schon. In meinen Augen ist Abschreiben eine ernste Sache. Aber genauso ernst ist die Tatsache, dass du Angst hattest, du könntest keine gute Klassenarbeit in Englisch schreiben ohne abzuschreiben. Über diese Themen müssen wir noch reden, bevor wir einan-

der wirklich verstehen können. Und dann sollten wir entscheiden, was wir als nächstes tun können. Zuerst wäre es mir wichtig, dass du gehört hast, was in mir jetzt vorgeht.
EMPFÄNGER/Tobias: Du bist verärgert und du meinst, Abschreiben sei eine ernste Sache. Und du findest, wir sollten ausführlicher darüber reden.
SENDER/Herr Meyer: Genauso ist es.

Kommentar: Herr Meyer bittet Tobias gleich an Ort und Stelle um einen Dialog. Das, was er sagt, formuliert er mit einfachen, sachlichen Worten, ohne Konsequenzen daraus abzuleiten und ohne Tobias zu beschuldigen. Herr Meyer spiegelt Tobias und er ermutigt Tobias auch ihn zu spiegeln. Auch wenn Herr Meyer den Dialog als Sender begonnen hat, hört er seinem Sohn relativ viel zu. Er möchte herausfinden, was für Tobias' Verhalten ausschlaggebend gewesen war. Das heißt, dass Tobias viel senden muss und Herr Meyer viel spiegeln muss, um herauszufinden, warum sein Sohn sich zum Abschreiben hinreißen ließ. An späterer Stelle werden wir noch sehen können, welche Rolle das Geltenlassen in diesem Gespräch haben wird.

Unser drittes Beispiel zeigt sehr deutlich eine symbiotische Verschmelzung, wie wir sie zu Beginn dieses Kapitels beschrieben haben. Vielleicht erinnern Sie sich noch, dass Symbiose dann auftritt, wenn Eltern so handeln, als wären ihre Kinder ein Teil ihrer selbst, und als würden ihre Kinder dasselbe denken, was sie denken, dasselbe fühlen, was sie fühlen, dasselbe wollen, was sie wollen, und dasselbe wissen, was sie wissen. Frau Taylor hat ein Problem mit ihrer 17-jährigen Tochter Sarah. Solange sie als unbewusste Mutter spricht, erkennt man deutlich, wie schwer sie sich damit tut, ihre Tochter als eigenständigen Menschen anzusehen.

SZENE 3: Sarah hatte heute einen Termin bei ihrem Schülerberater und hatte ein Gespräch über verschiedene Colleges, an denen sie sich bewerben könnte. Sie brachte ein paar Prospekte und Informationsblätter mit nach Hause. Sie hat noch keine Ahnung, welche Universität sie gerne besuchen möchte, aber sie denkt, dass die Universität in der Nähe genug Chancen für sie anbietet. Frau Taylor möchte, dass ihre Tochter ehrgeiziger ist und sich bei einigen Privatuniversitäten bewirbt. Auf jeden Fall möchte sie, dass Sarah sich bei jener Universität bewirbt, auf der sie selbst studiert hat. Ihre Gesprächsversuche enden in einem Zweikampf und Sarah verlässt den Raum mit den Worten: »Du hörst mir überhaupt nicht zu! Immer soll ich tun, was du willst!«

Einige Zeit später klopft Frau Taylor an Sarahs Zimmertür. Hier ist das Gespräch der beiden.

Frau Taylor: Sarah, ich möchte mit dir reden!
Sarah: Worüber?
Frau Taylor: Du bist davongelaufen, bevor ich sagen konnte, was ich sagen wollte.

Sarah: Ich möchte auf keinen Fall, dass du etwas tust, das du später bereust. Wenn du auf die Universität hier in der Stadt gehst, verbaust du dir alle Chancen. Es wird dir dort nicht gefallen. Und du wirst dir dein Leben lang vorwerfen, dass du nicht mehr erreicht hast.
Du meinst, für dich ist es nicht gut genug. Dir würde es nicht gefallen. Wie kannst du wissen, was mir gefällt und was mir nicht gefällt?
Frau Taylor: Du bist meine Tochter!

Kommentar: Beide können uns Leid tun, Frau Taylor genauso wie Sarah. Frau Taylor redet so, als wäre es ihre Aufgabe ihre Tochter davon zu überzeugen, zu tun, was sie als Mutter für richtig hält, anstatt offen dafür zu sein, wo Sarah sich wohl fühlen würde. Geben wir Frau Taylor eine zweite Chance. Nehmen wir einmal an, dass eine Auseinandersetzung stattgefunden hat. Frau Taylor hat inzwischen noch einmal darüber nachgedacht und sich die Ziele des Imago-Dialogs vergegenwärtigt. Sie ist nun bereit dazu, ein Gespräch mit Sarah zu führen, in dem sie ihr wirklich zuhört und solange spiegelt, bis sie Sarahs Standpunkt verstehen kann.

EMPFÄNGER/Frau Taylor: Sarah, ich habe einen Teil zu dem Missverständnis beigetragen, das wir gerade hatten. Das tut mir leid. Können wir noch einmal darüber reden. Wäre es jetzt möglich bei dir?
SENDER/Sarah: Ich denke schon.
EMPFÄNGER/Frau Taylor: Ich glaube, du hast den Eindruck, dass ich dir nicht besonders gut zuhöre. Ich habe zu schnell meine eigene Meinung und meine Gedanken eingebracht, ohne dir Zeit zu geben zu sagen, warum du die Universität hier in unserer Stadt für eine gute Möglichkeit für dich hältst.
SENDER/Sarah: *(sarkastisch)* Ja, da könntest du Recht haben.
EMPFÄNGER/Frau Taylor: Nun gut, ich bin bereit dir jetzt zuzuhören. Ich möchte gerne hören, wie du über andere Universitäten denkst, und wo du gern hingehen möchtest.
SENDER/Sarah: Immer, wenn ich dir etwas Persönliches von mir erzähle, hörst du nicht zu. Was willst du von mir?
EMPFÄNGER/Frau Taylor: Du sagst, ich höre dir nie zu, wenn du mir etwas erzählen möchtest.
SENDER/Sarah: Genau.
EMPFÄNGER/Frau Taylor: Entschuldige, dass ich dir vorhin nicht zugehört habe. Ich möchte es aber jetzt gern versuchen. Ich möchte dich immer wieder kurz stoppen um sicherzugehen, dass ich gut gehört habe, was du sagst. Passt das so für dich?
SENDER/Sarah: Ja, passt.

Kommentar: In diesem Dialog muss Frau Taylor Sarah beweisen, dass sie ihr vertrauen kann. Sarah wird sich ihrer Mutter nicht anvertrauen, wenn sie nicht sicher sein kann, dass ihre Mutter ihre Vorurteile beiseite schiebt und sich wirklich bemüht, die Sache aus Sarahs Perspektive zu sehen.

In allen Teilen des Imago-Dialogs ist Spiegeln angesagt. Aus unserer eigenen Erfahrung wissen wir, dass Eltern es immer wieder vorzeigen müssen und ihre Kinder es dann von ihnen übernehmen können, bis es für alle zur Gewohnheit wird.

Beispiel für den Prozess des Geltenlassens

Wenn ein Kind immer wieder die Erfahrung machen kann, dass seine Eltern seine Meinung gelten lassen, dann kann auch das Kind lernen, andere gelten zu lassen. Wenn Eltern jenes Verhalten vorzeigen, das sie sich für ihr Kind wünschen, dann werden Kinder es nachahmen. Ein Kind, das man gelten lässt, wird auch andere gelten lassen. Hier sehen Sie ein Beispiel dafür:

SENDER/Kind: *(sagt, was es denkt)*
EMPFÄNGER/Elternteil: Was du sagst, macht Sinn. Wenn ich es mit deinen Augen betrachte, macht es Sinn, dass ... *(wiederholt das Gesendete mit eigenen Worten)*. Stimmt das so?
SENDER/Kind: Ja! *(fügt noch etwas zu seiner Botschaft hinzu)*
EMPFÄNGER/Elternteil: Ja, das leuchtet mir auch ein. Es macht Sinn, weil ... *(fügt die Begründungen seines Kindes ein)*.
SENDER/Kind: Was ich sage, klingt irgendwie so dumm.
EMPFÄNGER/Elternteil: Du denkst, dass es dumm klingt. Ich verstehe, dass du dir Sorgen machst.
SENDER/Kind: Du verstehst das?

Kommentar: Der Erwachsene sendet eine äußerst wichtige Botschaft an sein Kind, die Botschaft: »Du bist o.k., was du denkst, ist nachvollziehbar. Du bist nicht dumm oder verrückt.« Auch wenn der Erwachsene den Eindruck hat, dass sein Kind überempfindlich ist, die Situation nicht verstehen kann oder keinen klaren Blick hat, lässt der Erwachsene dennoch gelten, was sein Kind denkt. Die Ansicht des Kindes kann eine andere sein als die persönliche und lebenserfahrene Perspektive seines Elternteiles. Aber es macht Sinn, dass jemand, der noch ein Kind ist, es auf diese Weise sehen kann. Geltenlassen bedeutet nicht, dass wir einverstanden sind. Es bedeutet nicht, dass wir uns nicht wünschen würden, dass unser Kind eine andere Sichtweise hätte. Es bedeutet nur, dass das Kind ein Recht darauf hat, eigene Gedanken und Gefühle zu haben, und dass wir als Eltern dieses Recht respektieren müssen.

Konkrete Beispiele für Geltenlassen

Kommen wir noch einmal zurück zu Frau Smith und ihrer Tochter Rebecca, die enttäuscht darüber ist, nicht bei ihrer Freundin übernachten zu dürfen. Hier lässt Frau Smith die Ansicht ihrer Tochter gelten, indem sie in Worte fasst, was ihre Tochter ihrer Ansicht nach denkt.

EMPFÄNGER/Frau Smith: Du möchtest so gerne bei Andrea übernachten.
SENDER/Rebecca: Ja, will ich! Andrea ist meine beste Freundin.
EMPFÄNGER/Frau Smith: Ich verstehe, dass du hingehen möchtest, weil du dich nicht krank fühlst und weil Andrea deine beste Freundin ist. Das kann ich verstehen.
SENDER/Rebecca: Das kannst du verstehen?

Kommentar: Wäre Frau Smith eine weniger bewusste Mutter, könnte sie anders reagieren. Sie könnte zum Beispiel versuchen, ihre Entscheidung Rebecca daheim zu behalten, zu rechtfertigen, oder sie könnte ihr einen Vortrag darüber halten, wie wichtig es ist auf seine Gesundheit zu achten. Frau Smith sagt hier nur: »Ich weiß, du möchtest hingehen, und du bist enttäuscht, und ich verstehe, warum du enttäuscht bist.« So einfach kann es sein!

Was Herr Meyer am Ende des letzten Gesprächs gesagt hat, war, dass Tobias und er ausführlicher darüber reden sollten, warum er abgeschrieben hat, damit sie einander besser verstehen könnten. Sehen Sie nun, wie Herr Meyer seinen Sohn gelten lässt, obwohl er noch immer verärgert ist.

SENDER/Herr Meyer: Ich glaube, es geht dir nicht gut damit. Es ist peinlich, bei etwas erwischt zu werden, worauf man nicht gerade stolz ist, nicht wahr?
EMPFÄNGER/Tobias: *(murmelt)* Ja ...
SENDER/Herr Meyer: Das verstehe ich. Und ich kann nachvollziehen, warum du gedacht hast, dass es ungünstig wäre, bei einer weiteren Klassenarbeit schlecht abzuschneiden.
EMPFÄNGER/Tobias: Ja.

Kommentar: Wenn Herr Meyer Tobias' Angst ernst nimmt, bei einer weiteren Klassenarbeit zu versagen, sagt er dadurch nicht, dass er das Abschreiben akzeptiert oder dass Tobias' Verhalten gut gewesen sei oder dass Abschreiben keine schlimme Sache wäre. Herr Meyer sagt nur: »Ich erkenne, wie du darüber denkst. Ich verstehe es und ich respektiere es.« Herr Meyer hat eine wesentlich höhere Chance, von seinem Sohn ernst genommen zu werden, weil er ihm diese Botschaft sendet. Es ist für ein Kind wesentlich leichter zu lernen und sich zu verändern, wenn seine Mutter oder sein Vater es respektvoll behandeln anstatt ihm Vorwürfe zu machen.

In unserem dritten Beispiel hat Frau Taylor Sarah gerade versprochen, dass sie ihr zuhören und verstehen wolle, was sie als eigenständige Person über ihre eigenen Ansichten und Gefühle sagen möchte.

SENDER/Sarah: Ich möchte auf keine dieser unpersönlichen Universitäten gehen. Ich habe Angst, dass ich es dort nicht schaffen würde.
EMPFÄNGER/Frau Taylor: Auf eine große Universität zu gehen scheint dir ein großer Schritt zu sein und du hast Angst, dass du es dort nicht schaffen würdest.
SENDER/Sarah: Ja, das macht mir Angst. Schon das Gymnasium war nicht gerade ein Honiglecken für mich.
EMPFÄNGER/Frau Taylor: Du denkst also, dass schon das Gymnasium nicht gerade ein Honiglecken für dich war und dass eine große Universität eine allzu große Herausforderung wäre.
SENDER/Sarah: Das kannst du verstehen? Das klingt nicht dumm für dich?
EMPFÄNGER/Frau Taylor: Ich verstehe, was du sagen möchtest, und es klingt nicht dumm für mich.

Kommentar: Genauso wie Herr Meyer konzentriert sich auch Frau Taylor ganz darauf, die Meinung ihrer Tochter zu verstehen und gelten zu lassen. Sie versucht nicht ihr zu sagen, dass alle so denken oder dass sie Recht hat. Sie sagt auch nicht, dass man seine Ängste überwinden muss, um einen starken Charakter zu bekommen. Sie schenkt ihrer Tochter die emotionale Sicherheit, die es ihr ermöglichen wird, als junges Mädchen herauszufinden, was sie im Leben tun möchte, ohne ihre eigenen Gedanken zurückzunehmen oder zu verdängen. Wenn Gedanken abgewertet, nicht wertgeschätzt, verleugnet oder verdrängt werden, entsteht Verwirrung und Unentschlossenheit. Das beeinträchtigt die Fähigkeit, andere Alternativen durchzudenken.

Beispiel für den Prozess des Einfühlens

Der letzte Teil des Imago-Dialogs ist das Einfühlen. Einfühlungsvermögen ist das Hauptcharakteristikum des zivilisierten Lebens. Wenn wir nicht hören könnten, was andere Leute fühlen oder uns auf einer tieferen Ebene selbst in die Lage eines anderen versetzen könnten, wären Gerechtigkeit und Menschenrechte ein unerreichbares Ziel. Wir könnten nicht für die Erhaltung von Nationalparks kämpfen, wir würden unsere alten Eltern nicht besuchen und einem Behinderten nicht beim Einsteigen in den Bus helfen. Kinder zu erziehen, die sich in andere einfühlen können, sollte ein vorrangiges persönliches und gesellschaftliches Ziel sein.[7]

Einfühlungsvermögen können Kinder daheim lernen, von Eltern, die sich einfühlen können. Ein Kind lernt, empathische Gefühle auszudrücken, wenn es das bei seinen Eltern erlebt. Die Botschaft des Geltenlassens lautet: »Ich verstehe, dass du so denkst.« Die Botschaft des Einfühlens lautet: »Ich kann nachfühlen, wie es dir gerade geht«. Das hat eine große Kraft. So weiß Ihr Kind, dass es nicht allein ist, und dass es zwischen Ihnen eine tiefe Verbundenheit gibt, auch wenn Sie anderer Meinung sind. Hier ist ein Beispiel dafür, wie ein Erwachsener versucht, sich in ein Kind einzufühlen.

SENDER/Kind: *(drückt seine Gefühle aus)*
EMPFÄNGER/Elternteil: Wenn ich mir vorstelle, dass ich jetzt an deiner Stelle wäre, dann würde ich fühlen, dass ... *(was das Kind gerade gesagt hat)*. oder Ich kann mir vorstellen, dass du dich ... fühlst! *(formuliert, wie das Kind sich seinem Empfinden nach gerade fühlt)* oder Es macht Sinn für mich, dass du das fühlst. oder Ich könnte selbst weinen, wenn du das sagst! oder Ich spüre, wie frustrierend das für dich sein muss. oder Es macht mich wirklich glücklich, wenn ich dir ins Gesicht sehe und du lächelst. oder Es macht mich wirklich traurig, dass du jetzt ... *(nennt die Gefühle des Kindes)*.

Konkrete Beispiele für Einfühlen

Wie könnte Frau Smith sich in Rebecca einfühlen?

EMPFÄNGER/Frau Smith: Ich höre, wie enttäuscht du bist, und ich kann mir vorstellen, dass du auch traurig darüber bist. Stimmt's?
SENDER/Tochter: Ja, ich bin enttäuscht und traurig!
EMPFÄNGER/Frau Smith: Ich spüre, wie traurig du bist.

Und wie würde Herr Meyer sich in Tobias einfühlen?

SENDER/Herr Meyer: Ich höre, welche Angst du hattest, bei der Klassenarbeit zu versagen. Und ich kann mir vorstellen, dass es dir peinlich war, als du beim Abschreiben erwischt wurdest. Das löst eine gewisse Verzweiflung in dir aus.

Und wie würde Frau Taylor sich in ihre Tochter Sarah einfühlen?

EMPFÄNGER/Frau Taylor: Ich höre, dass du Angst davor hast, auf eine große Universität zu gehen, und du hast auch Angst, dass ich dir nicht wirklich zuhöre und nur meine eigenen Wünsche auf dich übertrage. Ich verstehe, dass dir das Angst macht. Ich hab das bisher immer getan. Deshalb verstehe ich deine Angst.

Wie Sie anhand dieser drei Dialogbeispiele sehen, sind die Worte unterschiedlich, aber die Atmosphäre ist dieselbe. Jeder dieser Mütter und Väter hat seine/ihre eigene Sprache gefunden, um sein/ihr Kind wissen zu lassen: »Es gibt eine Verbundenheit zwischen uns, ich respektiere dich als unabhängige Person, die in Verbindung mit mir steht, und du bist o.k.« Wenn Sie beginnen, mit Ihrem Kind Dialoge zu führen, dann werden Sie Ihre ganz persönlichen Worte dafür finden.

Was geschieht, wenn Gespräche unbewusst sind

Wie unsere Beispiele erkennen lassen, hat der Imago-Dialog eine stets *gleichbleibende Struktur:* Sie hören zu, Sie arbeiten daran Ihr Kind zu verstehen, und Sie stehen der Meinung Ihres Kindes in jedem Gespräch respektvoll und einfühlsam gegenüber. Der Imago-Dialog ist *zielgerichtet*: Sie wissen, welche konkreten Ergebnisse Sie erreichen möchten, und ganz allgemein vermitteln Sie Ihrem Kind auch die Botschaft, dass es o.k. ist. Der Imago-Dialog ist *absichtsvoll*: er ist ein strukturierter Dialog, der Ihre Ziele als bewusste Mutter und bewusster Vater unterstützt, selbst wenn Sie in einem konkreten Moment selbst nicht den Eindruck haben bewusst zu sein.

Im Gegensatz dazu sind unbewusste Gespräche *inkonsequent* - man hört nicht zu, man versteht sein Kind nicht und man respektiert die Meinung seines Kindes nicht. Unbewusste Gespräche sind *nicht zielgerichtet* - man verliert das Ziel aus den Augen. Man verliert aus den Augen, was das Beste für das Kind ist, man handelt aus eigenen Bedürfnissen heraus und vermittelt seinem Kind die Botschaft, dass es nicht o.k. ist. Unbewusste Gespräche sind *reaktiv* - man reagiert auf sein Kind, als wäre es die Ursache für negative Gefühle wie Enttäuschung, Wut, geringes Selbstwertgefühl ... ohne ehrlicherweise zu sagen, dass diese Gefühle andere Ursachen haben, die in unserer eigenen Kindheit liegen.

Am Anfang unserer Beispieldialoge haben wir unbewusste Gespräche zwischen drei Elternteilen und ihren Kindern gezeigt, weil es hilfreich sein kann zu sehen, wie es *nicht* funktioniert. Damit Sie besser erkennen können, wo Sie selbst auf unbewusste Weise mit Ihren Kindern sprechen, möchten wir hier noch weitere Beispiele anführen. Vielleicht erkennen Sie sich in dem einen oder anderen Beispiel wieder?

UNBEWUSST	BEWUSST
Du magst keine Shrimps. Du hast doch bisher nie Shrimps gegessen.	Ich bin überrascht, dass du Shrimps isst. Mir ist bisher noch nicht aufgefallen, dass sie dir schmecken.
Es ist mir egal, was du willst. Du gehst nicht hin.	Ich merke, dass du wirklich gehen möchtest. Aber in dieser Situation sage ich 'Nein'.
So kannst du nicht auf die Straße gehen. Du siehst aus wie eine Prostituierte.	Warte bitte eine Minute. Ich möchte darüber reden. Es ist ein großes Problem für

Es ist immer das Gleiche: du denkst nur an dich selbst und vergisst, dass es auch noch andere Menschen gibt.

Es ist nur zu deinem Besten. Ich meine es doch nur gut mit dir.

mich, wie du angezogen bist.

Reden wir darüber, was gerade geschehen ist. Ich habe den Eindruck, du hast nicht gehört, was ich gerade gesagt habe.

Ich weiß, wir denken unterschiedlich, aber ich möchte, dass du verstehst, wie ich denke. Und ich möchte auch deine Ansichten gerne verstehen können.

Aus diesen Beispielen lässt sich einiges erkennen und ableiten. Bewusste Aussagen sind in der Ich-Form gehalten. Der Erwachsene sagt, was er denkt, fühlt, möchte, erkennt ... . In den Beispielen für unbewusste Interaktion maßt sich der Erwachsene an zu wissen, was sein Kind denkt, fühlt, möchte oder erkennt. Auch die Aussage »Es ist nur zu deinem Besten!« wertet das Kind nicht als gleichberechtigt, sondern pocht auf die elterliche Autorität, die weiß, was gut und richtig ist.

In den Beispielen für unbewusste Kommunikation begegnen wir häufig den Worten »Immer« und »Nie«. Der Sender bezieht sich nicht auf konkrete Ereignisse oder konkrete Momente. Durch solche Aussagen fühlt sich jeder Dialogpartner in eine Schublade gesteckt oder missverstanden.

Noch stärker allerdings wirken manche Worte, die dem Kind eine unbewusste Botschaft vermitteln. Diese Botschaft lautet: »Ich weiß es besser als du! Du brauchst und sollst nicht denken, fühlen, handeln und spüren, denn du machst es ohnehin nicht richtig.«

In diesem Zusammenhang sind auch die Beispiele von Frank Conroy und seinem Stiefvater sowie von Frau Taylor und Sarah aufschlussreich. In beiden Fällen stehen die Eltern in einer symbiotischen Beziehung zu ihren Kindern. In ihrer Beziehung ist zu wenig Raum für die Einzigartigkeit und Unterschiedlichkeit von Menschen, auch von sehr nahe stehenden Menschen. Genau genommen ist diese Art von Beziehung keine Beziehung im eigentlichen Sinne, da der Erwachsene sein Kind nicht wirklich kennen lernen kann. Was er kennt, sind nur Bilder und Projektionen des Kindes, die seinen Bedürfnissen entsprechen. Das Kind soll die Bedürfnisse des Erwachsenen erfüllen. Zwischen zwei Menschen, die einander nicht *wirklich* kennen und nicht *wirklich* schätzen, kann es keine echte Begegnung geben.

Kommunikation mit Kindern unter sechs Jahren

Wenn Sie Kinder haben, die jünger als sechs Jahre alt sind, ist für die Kommunikation einiges besonders zu bedenken. Obwohl kleine Kinder noch keinen großen Wortschatz besitzen und auch nicht erfahren genug sind, um abstrakte Gedanken genau zu formulieren, verdienen sie, dass wir ihnen mit dem gleichen Respekt gegenübertreten wie erwachsenen Menschen. Ob sie sich an die vorgegebenen Formulierungen des Imago-Dialogs halten oder nicht, sie werden zumindest das Spiegeln, Geltenlassen und Einfühlen gern mögen. Und interessanterweise funktionieren diese Methoden am besten nonverbal.

Es ist leicht einen Säugling zu spiegeln. Das Baby lächelt, Sie lächeln zurück, das Baby zieht eine Grimasse, Sie ziehen eine Grimasse. Sie zeigen Ihrem Baby, dass Sie ganz bei ihm sind, wenn Ihre Körpersprache und Ihr Tonfall synchron sind.

Bei Kindern im Krabbelalter und bei Kleinkindern ist es günstig, sich ganz auf dieselbe Ebene zu begeben, wenn wichtige Kommunikation stattfindet. Es ist ein großer Unterschied, ob man zu jemandem spricht, der sich auf gleicher Augenhöhe befindet, oder zu jemandem, der mehr als einen Meter größer ist.

Wenn Ihr Kind verängstigt, beunruhigt oder wütend ist, ist es gut, körperlichen Kontakt anzubieten, damit Ihr Kind sich sicher und mit Ihnen verbunden fühlen kann. Eine zärtliche Berührung oder Umarmung wirkt mehr als Worte, um sein Kind gelten zu lassen und sich einzufühlen. Wenn Sie ihm zu nahe kommen oder dem Kind gerade nicht nach Körperkontakt zu Mute ist, wird es Sie das wissen lassen, indem es Sie wegstößt.

Ihre Körpersprache ist zumindest gleich wichtig wie Ihre Worte. Ihr Gesichtsausdruck und Ihre entspannte und hörende Haltung zeigen dem Kind, dass Sie offen und interessiert daran sind zu hören, was es sagen möchte. Für ein Kind ist es ein unvergesslicher Moment, wenn ein »riesiger« Erwachsener in seiner Arbeit innehält, ihm sein Gesicht zuwendet, in die Hocke geht und das Kind einlädt zu erzählen, was es bedrückt.

Wenn das Verhalten Ihres Kindes Sie in einer bestimmten Situation verwirrt oder bestürzt, dann fragen Sie nach. Behandeln Sie Ihr Kind, wie Sie einen erwachsenen Menschen behandeln würden, und versuchen Sie herauszufinden, wie es ihm geht: »Was ist los? Fühlst du dich verletzt? Bist du wütend über ... ? Machst du dir Sorgen? Kann ich dir bei irgendetwas helfen?«

Eine Mutter erzählte uns über ein Erlebnis mit ihrem vierjährigen Sohn. Eines Nachmittags war ihr Kind, sonst ein recht problemloser Junge, völlig aus der Balance. Nach einigen Stunden des Jammerns und Lästig-Seins fragte sie ihn, was denn los wäre. Da erklärte er ihr: »Du bist eine schlechte Mutter. Du bringst mich nicht ins Bett, wenn ich müde bin!«

Eine andere Mutter erzählte uns eine ähnliche Begebenheit mit ihrer fünfjährigen Tochter. Ihr Ehemann, der Vater des Kindes, hatte einen Herzinfarkt erlitten und musste eine Woche im Spital verbringen. Er erholte sich gut, aber am vierten Tag seines Spitalsaufenthaltes fiel ihr auf, dass es ihrer Tochter gar nicht gut ging, dass sie ihr Essen verweigerte und immer unkonzentrierter wurde. Während der letzten vier Tage war sie so mit dem Verarbeiten der dramatischen Ereignisse rund um den Herzinfarkt ihres Mannes beschäftigt gewesen, dass sie sich wenig in ihr Kind einfühlen hatte können. Als sie nun ihre Tochter fragte, warum sie so bedrückt sei, brach es aus ihr heraus: »Ich bin sooo traurig! Mein Papa ist gestorben und ich werde ihn nie wieder sehen!« Rasch konnte die Mutter dieses Missverständnis aufklären. Sie hatte bisher einfach noch nicht daran gedacht, ihre Tochter zu einem Besuch ins Krankenhaus mitzunehmen.

Es ist sehr ermutigend für ein kleines Kind, wenn Sie ihm helfen, das, was es denkt, in Worte zu fassen. Ermutigen Sie es immer zuerst, es selbst zu versuchen, damit Sie keine Vermutungen anstellen müssen. Wenn Ihr Kind noch nicht so leicht die richtigen Worte findet und Sie selbst denken, dass Sie schon einen Einblick haben, worum es geht, dann können Sie durch eine gute Frage Ihrem Kind helfen herauszufinden, was es bedrückt.

Nehmen wir zum Beispiel an, Sie hätten ihren Dreijährigen heute zum ersten Mal in den Kindergarten gebracht. Nach einem langen Tag holen sie ihn wieder ab. Nun möchten Sie ihm helfen, über seine Erlebnisse zu erzählen. Dabei können Sie sich an den Ablauf des Imago-Dialogs halten, und zwar in einer auf einen Dreijährigen adaptierten Form. So ähnlich könnte das Gespräch dann ablaufen:

EMPFÄNGER/Mutter: Manche Tage können ganz schön anstrengend sein. Wie war es heute für dich?
SENDER/Kind: Mir gefällt es nicht im Kindergarten.
EMPFÄNGER/Mutter: Dir gefällt es nicht im Kindergarten. Willst Du mir mehr erzählen?
SENDER/Kind: Keiner mag mich!
EMPFÄNGER/Mutter: Keiner mag dich dort.
SENDER/Kind: Ja.
EMPFÄNGER/Mutter: Dir gefällt es nicht im Kindergarten, weil du keinen Freund dort hast. Und ich kann mir vorstellen, dass du deshalb traurig bist. Stimmt das?
SENDER/Kind: Ja, ich bin traurig und ich will dort nicht mehr hingehen.
EMPFÄNGER/Mutter: Ich verstehe. Du willst nicht mehr hingehen. Überlegen wir einmal, was wir da tun könnten. Vielleicht geht es anderen Kindern ähnlich wie dir? Vielleicht könnten wir eines von ihnen einmal zu uns zum Spielen einladen? Was meinst du?
SENDER/Kind: Ja, das könnten wir machen.

Kommentar: Diese Mutter fasst die Gedanken ihres Kindes in Worte, spiegelt ihr Kind und lässt es gelten. Sie verbalisiert recht treffend, was das Kind bedrückt. Sie achtet gut darauf, keine Worte zu verwenden, die große Traurigkeit oder Angst auslösen könnten. Sie möchte ihrem Kind vermitteln, dass sie verstehen kann, wie es sich fühlt, und dass solche Gefühle normal sind. Anderen Kindern geht es ähnlich.

Andere Möglichkeiten für gute Kommunikation

Achten Sie auf das organisatorische Setting bei Dialogen mit Kindern: Es kommt gar nicht selten vor, dass sie ein wichtiges Thema zur falschen Zeit anschneiden, und dass Sie erkennen, dass dieses Thema dringend in einem guten Dialog behandelt werden muss. Ihr zwölfjähriger Sohn erklärt Ihnen vielleicht beim Autofahren mitten im dichtesten Nachmittagsverkehr, dass er heimlich raucht. Ihre 16-jährige Tochter erzählt Ihnen vielleicht im Supermarkt, während Sie nach Thunfischdosen Ausschau halten, dass sie unbedingt Verhütungsmittel braucht. Auch wenn Sie aus allen Wolken fallen, empfiehlt es sich, Ihre fünf Sinne beisammen zu halten und sich daran zu erinnern Ihr Kind zu spiegeln, es gelten zu lassen und sich in Ihr Kind einzufühlen, egal, was Sie sonst gerade zu tun haben.

Wenn Sie aber die Möglichkeit zur Vorbereitung haben, dann ist es günstig, das Umfeld für einen Dialog gut zu organisieren. Bei älteren Kindern ist es möglich, dass entweder die Kinder oder Sie selbst einen Dialog initiieren, indem Sie die Frage stellen: »Bist du bereit dazu, einen Dialog mit mir zu führen?« Mögliche Antworten wären: »Ja«, »In 5 Minuten!« oder »Sobald ich hier an der Kasse bezahlt habe!«.

Es ist gut, wenn beide Dialogpartner sitzen können. Eine Mutter setzte sich mit ihren beiden Söhnen für wichtige Gespräche immer an den Küchentisch. Es war eine Art von geheimer Abmachung, dass ein Gespräch am Küchentisch einen sicheren Rahmen hatte und man über persönliche Angelegenheiten sprechen konnte.

Es ist gut, wenn es so wenig Ablenkung wie möglich gibt. Klingelnde Mobiltelefone, spannende Fernsehserien oder laute Musik tragen nicht gerade zu guten Dialogen bei. Das Umfeld sollte so entspannt und ruhig wie nur möglich sein.

Zeigen Sie, dass Sie zuhören: *Es ist gut, wenn Ihre Körpersprache Offenheit und Aufnahmebereitschaft vermittelt.* Vielleicht schließen Sie Ihre Augen für einen Moment und vergegenwärtigen Sie sich eine Situation, wo jemand anderer Ihnen wirklich zugehört hat. Können Sie sich bildlich vorstellen, wie diese Person ausgesehen hat? Vermutlich hatte sie ihre Blicke auf Sie gerichtet, ihren Körper leicht zu Ihnen geneigt, ihre Muskeln entspannt und hatte einen offenen, interessierten Gesichtsausdruck. In ähnlicher Weise können auch Sie Ihrem Kind zeigen, dass Sie bereit sind ihm zuzuhören.

Es ist gut zu schweigen, während Ihr Kind spricht. Wenn Sie jemals erlebt haben, dass Ihnen jemand wirklich gut zugehört hat, dann wissen Sie, wie zufriedenstellend dieses Gefühl ist. Der andere lässt Sie aussprechen, bis Sie wirklich nichts mehr zu sagen haben, ohne dass er Sie unterbricht oder dazwischen redet, sogar wenn Sie von einem Thema zu einem anderen springen oder manchmal ins Stocken geraten. Manche Menschen tun sich sehr schwer damit Schweigen auszuhalten, aber ein erfahrener Zuhörer weiß, dass Schweigen manchmal der Wegbereiter für ein sehr produktives Gespräch sein kann.

Zeigen Sie, dass es Sie berührt: *Beurteilen Sie nicht.* Ihre Haltung soll ermutigend, rücksichtsvoll, tolerant und respektvoll sein. So zeigen Sie, dass Ihnen etwas nahe geht. Da Sie sich darum bemühen, *bewusste Kommunikation* zu haben, werden Sie auch an die Kernbotschaft denken, die Sie Ihrem Kind vermitteln möchten (dass es in Ordnung ist, diese Gefühle zu haben und auszudrücken), und Sie werden nicht impulsiv reagieren. Der Imago-Dialog ist nicht bewertend oder beurteilend und Sie sollen Ihr Kind auch nicht von etwas überzeugen. Es geht in erster Linie darum herauszufinden, was Ihr Kind auf dem Herzen hat, und nicht darum, seine Gedanken und Gefühle durch Ihre Meinung und Ihre Worte beeinflussen zu wollen.

Versuchen Sie es einfach

Der beste Zugang besteht darin, mit jenem Teil zu beginnen, der Ihnen am meisten liegt. Welche der drei Methoden - Spiegeln, Geltenlassen und Einfühlen - liegt Ihnen Ihrer Meinung nach am meisten? Bei vielen Menschen ist es das Spiegeln. Sie können recht gut wiederholen, was jemand gesagt hat oder es mit eigenen Worten wiedergeben. Beim Imago-Dialog ist es wichtig »flach« zu spiegeln - nicht mehr und nicht weniger zu wiederholen, als Ihr Dialogpartner gesagt hat.

Es wäre ein guter Beginn, einmal pro Tag zu versuchen Ihr Kind zu spiegeln. Dafür ist es nötig, dass Sie besonders aufmerksam dafür sind, wie Sie und Ihr Kind interagieren. Sie werden bald merken, dass Sie in Ihren Gesprächen ein(e) viel aufmerksamere(r) ZuhörerIn sein werden.

Wenn Sie etwas Übung in der Anwendung jener Methode gewonnen haben, die Ihnen am meisten liegt, dann können Sie sich langsam auch darauf einlassen, mit den beiden anderen zu experimentieren. Verwenden Sie sie so oft wie möglich in einem Gespräch und beobachten Sie, was dann geschieht. Achten Sie darauf, wie Ihr Kind reagiert, wenn Sie zum Beispiel sagen:»Lass mich sehen, ob ich dich gut gehört habe!« oder »Ich kann mir vorstellen, wie du dich nun fühlst ...«. Wir sind sicher, dass Ihr Kind noch mehr Vertrauen zu Ihnen aufbauen kann, seine Gefühle besser ausdrücken lernt und eine größere Bereitschaft dafür entwickelt, im Gegenzug auch Ihnen zuzuhören.

Es wäre eine schöne Vision, den Dialog gut zu erlernen und so lange im Alltag anzuwenden, bis eine tiefe, empathische Verbundenheit zu Ihrem Kind entsteht. Dann wird es nicht mehr nötig sein, sich in Gesprächen mit Ihrem Kind zu verteidigen, und auch Ihr Kind muss sich vor Ihnen dann nicht mehr verteidigen. In einer Atmosphäre des gegenseitigen Verstehens werden Sie jene Verletzungen wieder ausgleichen können, die durch frühere unbewusste Interaktionen entstanden sind und eine neue, tiefe Verbundenheit zwischen Ihnen und Ihrem Kind stärken und intensivieren.

Eine tiefe, echte Verbundenheit erfordert aber nicht nur, dass Sie mit Ihrem Kind Dialog führen können, sondern auch, dass Ihr Kind mit Ihnen Dialog führen kann. In diesem Zusammenhang ist es wichtig, dass Sie Ihrem Kind bei einer guten Gelegenheit ausdrücklich das Ziel und die Theorie des Imago-Dialogs erklären, damit es verstehen kann, warum Sie so sprechen. Helfen Sie Ihrem Kind, Übung in dieser »Kommunikationsform« zu bekommen, indem Sie es anleiten und seine Bemühungen loben und wertschätzen.

Der Dialog kann zu einem Ritual werden, zu einer guten, regelmäßigen Gewohnheit in Ihrer Familie. Er ist eine Art zu leben. Er ist eine Lebenseinstellung, die von Respekt für das Anderssein aller Menschen geprägt ist und die Bereitschaft ausdrückt, auch Meinungen und Gefühle kennen zu lernen, die sich deutlich von Ihren eigenen unterscheiden.

In gewisser Hinsicht kann man den Imago-Dialog mit Gebet vergleichen. Gebet kann ebenfalls eine Lebenshaltung sein. Sie brauchen Ihre anderen Tätigkeiten nicht unterbrechen um zu beten. Ihr ganzes Leben kann ein Gebet sein. In ähnlicher Weise brauchen Sie Ihren Alltag nicht zu unterbrechen, um einen Imago-Dialog zu führen. Ihr ganzes Leben kann ein Dialog sein!

Wir möchten Sie nun ermutigen, Dialoge mit Ihrem Kind auszuprobieren, während Sie sich mit den nächsten Kapiteln beschäftigen. Sprechen Sie so, dass man Ihnen gut zuhören kann. Üben Sie, sich Ihrem Kind gegenüber nicht zu verteidigen. Lernen Sie zu spiegeln anstatt zu reagieren. Jedes Mal, wenn Sie einen Impuls zu unbewusstem Reagieren spüren, spiegeln Sie stattdessen, was Ihr Kind sagt. Hier sind einige Formulierungen, die sich gut eignen, um Ihr Gegenüber zu ermutigen aus sich herauszugehen.

Ich bin mir nicht sicher. Wie denkst du darüber?
Lass mich das wiederholen um sicherzugehen, dass ich dich gut gehört habe.
Könntest du mir das bitte noch einmal sagen, damit ich sicher sein kann, dass ich es richtig gehört habe.
Das klingt, als wärst du wirklich sehr zornig.
Ich spüre deine große Enttäuschung.
Ich bin so froh darüber, dass du mir sagst, wie es dir damit geht.
Es ist ein gutes Gefühl dir sagen zu können, wie es mir damit geht.
Das macht Sinn für mich.
Ich finde, das klingt überhaupt nicht dumm. Ich kann mir gut vorstellen, dass du dich so fühlst.

Wenn Sie die neue Sprache des Imago-Dialogs erlernen, dann werden Sie als Vater oder Mutter, aber auch als Mensch davon profitieren. Jede Tendenz, sich Ihrem Kind symbiotisch zu verhalten, wird unterbunden. Sie können ihr eigenes Selbst klarer zeigen und Ihre Gedanken und Gefühle besser ausdrücken. Wenn Sie diese Sprache erlernen und spüren wollen, wie es sich anfühlt bewusster zu sein, wird das nächste Kapitel Ihnen helfen, konkrete Schritte in diese Richtung zu setzen. Bisher haben Sie einige Möglichkeiten gesehen, wie Sie mit Ihren Kindern sprechen können. Nun ist es an der Zeit zu lernen, was man *tun* kann.

6. Bewusste Eltern

Wir müssen lernen, aus dem, was wir erkennen, Visionen entstehen zu lassen.
Percy Bysshe Shelley

Eine neue Vision

Unsere Welt braucht eine neue Vision des Eltern-Seins. Diese Vision würde ganz besonders die tiefe Verbindung zwischen Eltern und Kind, das innere Band, berücksichtigen, das sogar unsere Alltagskommunikation zu einem kostbaren, ja heiligen Geschenk macht. Eine solche Vision würde mit großer Wertschätzung anerkennen, was unsere Kinder uns geben und was wir ihnen geben können. Kinder bringen Licht in unser Leben - so können wir besser erkennen, was in uns selbst verwundet bzw. verborgen ist. Und wir können kreative neue Wege finden, auf ihre Probleme zu reagieren. Durch unsere Kinder können wir lernen, dass bewusstes Eltern-Sein ein zutiefst spiritueller Prozess ist, und dass wir die Liebe, die wir geben, zehnfach zurückerhalten.

Es gibt noch wenige Vorbilder für diese Art der Elternschaft. In gewisser Weise sind wir alle Pioniere. Wir müssen diese neue Vision Schritt für Schritt und mit einer gewissen Demut umsetzen und bereit dazu sein, uns mit unseren problematischen Seiten, unserem schwachen Willen und unserem Schmerz zu beschäftigen. Hier besteht ein deutlicher Unterschied zu anderen Erziehungsmodellen, die die Eltern in den Mittelpunkt stellen und voraussetzen, dass Erwachsene eine statische Rolle innehaben, alles sehen und alles wissen. Eine weitere klare Unterscheidung kann gezogen werden zu Erziehungsmodellen, die einseitig das Kind in den Mittelpunkt stellen und dadurch ebenfalls keine Ausgewogenheit vermitteln.

Wir möchten ein neues Modell umsetzen, wo die Eltern-Kind-Beziehung im Mittelpunkt steht. Unser Schwerpunkt liegt darauf, die Qualität der Beziehung zu stärken, anstatt die Bedürfnisse einer Seite auf Kosten der anderen Seite zu erfüllen. Auch wenn das auf den ersten Blick nicht gleich erkennbar ist: es hat etwas Heiliges an sich. Wenn Eltern ihr Kind lehren, Beziehungen auf diese Weise zu leben, dann lehren sie es, das Leben insgesamt zu respektieren und wertzuschätzen. Sie zeigen ihm, dass die hohen Tugenden zärtlicher Liebe und moralischen Verhaltens keine abgehobenen Visionen sind, sondern in unseren intimsten Beziehungen genauso wie in unseren alltäglichen Begegnungen verwirklicht werden können.

Eine entscheidende Frage

In seinem Buch *Kinder brauchen Werte - wie Eltern die moralische Intelligenz fördern können* stellt Robert Coles folgende Frage: »Wie können wir, Sie und ich, als Eltern oder als Lehrer (wie eben beschrieben, gibt es vieles, das Eltern ihre Kinder lehren können) unser Bestes tun, um unsere Prinzipien, Überzeugungen und Werte an die nächste Generation weiterzugeben?«[1]

Das ist eine wichtige Frage. Sie kommt von einem Lehrer und Autor, der sich dadurch auszeichnet, dass er sein ganzes Leben der wissenschaftlichen Beschäftigung mit dem Thema »Kinder und Jugendliche« gewidmet hat. Jede Generation hat das Recht und sogar die Verpflichtung, ihre Werte an die Kinder der nächsten Generation weiterzugeben. Wir möchten aber die Frage von Dr. Coles um einen entscheidenden Aspekt erweitern: »Was kann ein Kind seinen Eltern zurückgeben?« Hier sind zuerst einmal Informationen über das Kind selbst wichtig, die den Eltern helfen, auf ihr Kind einzugehen, anstatt von ihren eigenen Gedanken und Gefühlen auszugehen. Unter diesem Aspekt verändert sich unsere Fragestellung. *Wie können wir als Eltern so gut als möglich die individuellen Bedürfnisse unserer Kinder stillen, während wir gleichzeitig jene Werte an sie weitergeben, die wir für die nächste Generation für wichtig erachten,* und wie können wir diese Ziele bewusst verfolgen?

Mit diesem Schwerpunkt wird sich das vorliegende Kapitel befassen. Einige mögliche Antworten auf diese Frage haben wir bereits genannt. Wir haben besonders in Kapitel 4 *Von unseren Kindern lernen* gezeigt, was Eltern alles über sich selbst herausfinden können, wenn sie ihr Kind als Lehrer ansehen. Und im vorangegangenen Kapitel über den Imago-Dialog haben wir gesehen, dass die alltägliche Kommunikation zu einer Möglichkeit werden kann, das tiefe innere Band zwischen Eltern und Kind ohne symbiotische Verzerrung zu stärken und zu bewahren. Nun wollen wir uns damit beschäftigen, was Eltern *inspiriert vom Imago-Dialog* tun können, um ihr Kind zu lehren, was es für sein Leben braucht, und gleichzeitig seine Integrität zu respektieren. Das ist der wesentlichste Aspekt des bewussten Eltern-Seins.

Bewusst handeln, auch wenn es uns schwer fällt

Es gibt Situationen, wo bewusstes elterliches Handeln schwierig ist. Das starke innere Band, das uns mit unseren Kindern verbindet, ähnelt dann mehr einem Bungee-Seil. In Momenten, wo wir selbst mit großen Problemen zu kämpfen haben, müssen wir uns erst sammeln, bevor wir zu sprechen beginnen. Wir müssen uns auf jene Denkmuster stützen, die wir uns neu angeeignet haben. Möglich, dass absichtsvolles, bewusstes Handeln[2] schon zu einer neuen Gewohnheit für uns geworden ist. Was uns noch nicht gelingt, wird uns in einer Stress-Situation ebenfalls nicht gelingen. Das folgende Beispiel zeigt, dass es durchaus möglich ist, auch in Stress-Situationen besonnen zu handeln. Das ist bewusstes Eltern-Sein, wie es besser kaum möglich ist. In unserem Beispiel wäre es nahe liegend, verärgert und impulsiv zu reagieren, stattdessen handelt ein Vater umsichtig und überlegt. So gelingt es ihm, das Selbstwertgefühl seiner Kinder und gleichzeitig eine angemessene Intimsphäre für sich und seine Frau zu wahren.

Patricia und ich waren im Bett und machten Liebe. Wir hatten vergessen, die Tür zu versperren. Plötzlich öffnete sie sich leise. Wir hielten inne und sahen zur Tür. Unsere beiden Kinder standen da.

Lindsay war damals sieben oder acht Jahre alt und Jim neun oder zehn. Sie sagten: »Was macht ihr denn da?«, und ich sagte: »Wir haben Sex, und dabei möchten wir gerne ungestört sein!« Jim wurde sofort rot und sagte: »Oh ...«, dann ging er rasch zurück in sein Bett. Aber Lindsay stand wie angewurzelt da. Ich sagte: »Lindsay?«, und sie sagte: »Ja, Papa?« Ich sagte: »Wir möchten gerne alleine sein!«

Aber Lindsay meinte: »Hmmm, ich möchte euch zusehen. Ich bin auch ganz leise. Mich interessiert das nämlich.« Ich sagte mit ruhiger, aber fester Stimme: »Nein Lindsay, das möchten wir nicht. Wir brauchen unsere Privatsphäre. Schließ bitte die Tür und geh zurück in dein Bett.« »In Ordnung!«, sagte sie, und sie ging wieder ins Bett.

Wir haben sie genauso behandelt, wie wir jeden Erwachsenen behandelt hätten, der unerwartet ins Zimmer gekommen wäre. Wir haben keine Anstalten gemacht etwas zu verstecken oder zu verschleiern. Wir reagierten nicht verärgert und fragten nicht vorwurfsvoll: »Könnt ihr denn nicht anklopfen, bevor ihr hereinkommt ...« oder so ähnlich. Die Sachlage war klar: das ist die Situation und so möchten wir damit umgehen.

Eine Atmosphäre gegenseitigen Vertrauens war offensichtlich bereits ein natürlicher Bestandteil des »Ökosystems« dieser Familie. Jede Familie lebt innerhalb eines Systems, das sich durch unzählige Alltagssituationen sowie manche außergewöhnliche Vorfälle charakterisiert. Ein Einzelereignis zwischen Eltern und Kindern kann man nicht richtig einordnen, solange man nicht das gesamte System erfasst hat. Lindsay und Jim wussten, dass ihre Eltern sie liebten, dass sie ihnen vertrauen konnten, und dass ihre Eltern »Nein« meinten, wenn sie »Nein« sagten. Eine potentiell komplizierte Situation konnte so zu einer guten Erfahrung gegenseitigen Respekts werden, in einer Atmosphäre, die sowohl Offenherzigkeit als auch Grenzen kennt.

Jede Familie kennt ähnliche Situationen. Immer wieder gibt es unerwartete Ereignisse, die unter Umständen peinlich oder ärgerlich sein können. In solchen Situationen reden oder handeln unbewusste Eltern ohne nachzudenken. Sie glauben, sich selbst schützen zu müssen, gleichgültig, ob ihre Reaktion für ihre Kinder beschämend oder verletzend ist. Grund dafür sind die unbewussten Überlebensimpulse ihres Alten Gehirns. Bewusste Eltern können diese Impulse des Alten Gehirns durch die rationaleren Reaktionen ihres Neuen Gehirns ersetzen. Ihre Worte sind freundlicher und einfühlsamer. Sie nehmen Bezug auf das ganze System und sind nicht Ausdruck vorweggenommener Verteidigungsreaktionen auf theoretisch »drohende« Verletzungen.

Um ein absichtsvolles und bewusstes Verhalten zu erlernen, müssen Eltern bereit dazu sein zu schauen, was in ihrem Inneren verborgen ist. Kindheitsverletzungen, mit denen wir uns nicht beschäftigen, haben viel Kraft. Sie haben starken Einfluss auf unser Reden und Handeln. Auch nach vielen Jahren, wenn wir uns gar nicht mehr daran erinnern können, wie eine Situation, in der wir verletzt wurden, ausgesehen hat oder warum wir uns verletzt fühlten, können Verletzungen wie große schwarze Wolken über uns hängen. Wir können die Herkunft unseres seelischen Schmerzes nicht immer genau zurückverfolgen. Wir übernehmen die Verwundungen unserer Mütter und Väter, sie werden Bestandteil unserer Ehe und fließen in unsere Beziehungen zu unseren Kindern ein. Tatsache ist, dass seelische Verwundungen weitervererbt werden, auch wenn sie in Freundlichkeit, Fürsorge und Humor eingebettet sind.

Sich für bewusstes Eltern-Sein entscheiden

Wir werden aus einem bewussten Universum in unsere Bewusstheit hineingeboren.[3] Es ist unser naturgegebener Urzustand, aufgeschlossene Wesen zu sein und uns selbst und unserer Umgebung mit offenen Armen gegenüberzutreten, ohne etwas zu zensurieren oder abzulehnen. Kleine Kinder nehmen Erfahrungen freudig auf, wie sie gerade kommen. Sie sind neugierig und bereit dazu, aus allen Geräuschen, Bildern und Gefühlen zu lernen, die in jeder Sekunde auf sie einwirken. Erst später im Leben lernt ein Kind, sich selbst zu schützen, jene Selbstanteile zu verdrängen, die inakzeptabel scheinen und sich selbst und andere unbewusst in Bezug auf sein wahres Selbst zu täuschen. Dieser Verlust an Bewusstheit ist eine Möglichkeit, mit jenen Erfahrungen zurechtzukommen, die das Kind in der Vergangenheit als verletzend erlebt hat und seine Verbindung zu seinem ureigensten Wesen, zu anderen Menschen und zum Kosmos gestört haben.

Wir alle waren einmal aufgeschlossene, unbeschwerte Kinder. In unserer Persönlichkeitsentwicklung entstanden »blinde Flecken« in Form mangelnder Bewusstheit. Aber wir können unser Selbst wieder vervollständigen. Eltern können sich dafür entscheiden, sich selbst und ihre Kinder tiefer verstehen zu lernen. Sie verpflichten sich freiwillig, den *Weg der Bewusstheit* zu gehen. Sie zeigen echte Bereitschaft für neue Verhaltensweisen, durch die sie ihren Zielen näher kommen. Sie sind bereit dazu, ganz bewusst eine neue Einstellung zu Dingen zu entwickeln, die sie verändern wollen, jene Hindernisse zu erkennen, die sie überwinden wollen und jene Schritte erkennen, die sie gehen müssen.

Das zutiefst menschliche Problem der Symbiose kennt eine zutiefst menschliche Lösung, nämlich das Differenzieren und die empathische Verbundenheit. Bewusstes Wahrnehmen und bewusste Verhaltensweisen treten an die Stelle des reaktiven, impulsiven Verhaltens von unbewussten Eltern. Die Fähigkeit, zwischen sich selbst und dem Kind zu differenzieren, widersteht der Versuchung, mit dem Kind zu verschmelzen. Einfühlsame Verbundenheit tritt an die Stelle defensiver Projektionen.

Woran können Eltern erkennen, ob ihnen das gelingt? Sie werden es daran erkennen, dass sie auch in Stressmomenten Dinge sagen oder tun, die ihrer Absicht und ihrer Vision entsprechen. Sie werden ihrem Kind die Kernbotschaft vermitteln, dass es o.k. ist. Sie lassen sich nicht durch ihre eigenen Emotionen oder ihre eigene Geschichte steuern. Sie können vorgefasste Meinungen und alte Glaubenssätze beiseite schieben und sich ganz darauf konzentrieren, was ihr Kind wirklich braucht, ohne eigene, längst überholte Absichten zu verfolgen. Die im Kind veranlagte Ganzheit ist Inspiration und Begleiter der Eltern. Wenn Kinder eine tiefe Verbundenheit mit ihren Eltern erleben, lernen sie auch, mit anderen Menschen tief verbunden zu sein.

Wir möchten ein Fundament legen, das es unseren Kindern ermöglicht, als Erwachsene ganz und in vollem Umfang lebendig zu sein und ihre Lebensenergie ohne Einschränkung zum Ausdruck bringen zu können. Dank unserer eigenen sechs Kinder wissen wir, dass es oft nicht leicht ist, dieses Ziel im mühevollen Alltag nicht aus den Augen zu verlieren.

Es gibt kontinuierliche Abstufungen der bewussten Elternschaft. Die erste Stufe dieser Skala erreicht man, indem man *kognitive Informationen* über Kinder und gute Eltern-Kind-Beziehungen einholt. So wird Bewusstheit stimuliert. Auf einer nächsten Stufe werden wir uns *unserer Einheit bewusst*, unserer Einheit mit unserem eigenen Selbst sowie der Verbundenheit mit einem größeren Ganzen. Eine weitere Stufe auf dieser Skala ist es, sich mit anderen Menschen und mit dem Universum *eins zu fühlen*. Unsere tiefste Sehnsucht ist es, eine tiefe Verbundenheit mit allem zu spüren, so wie es damals war, als wir gerade erst zur Welt gekommen waren. Deshalb ist jeder Schritt zur Verbundenheit ein beglückendes Erlebnis für uns, angefangen von kleine Gesten der Berührung, über Gespräche und andere Begegnungen bis hin zu den tiefsten mystischen Erfahrungen.[4]

In diesem Kapitel möchten wir Ihnen helfen, die nächste Stufe Ihrer persönlichen Bewusstheit zu erklimmen, welche immer das auch sein mag. Natürlich bieten wir Ihnen kognitives Wissen dazu an. Wir hoffen, dass wir Ihre Bewusstheit auch dadurch stärken können, dass wir Ihnen ein tieferes Verständnis für sich selbst, für Ihren Partner, sofern Sie einen haben, und für Ihr Kind ermöglichen.

Wir haben schon viel über den Imago-Dialog gesagt, dennoch wollen wir uns hier weiter auf ihn beziehen. Im vorangegangenen Kapitel haben wir gezeigt, wie der Imago-Dialog funktioniert. In diesem Kapitel möchten wir Ihnen zeigen, wie der Dialog sowohl Veränderungen in Gang setzen kann als auch die Verwirklichung bewusster Elternschaft ist. Der Dialog ist sowohl Ursache als auch Wirkung. Es gibt zusätzliche Werkzeuge, die im Rahmen des Dialogs angewendet werden können, und die für viele Situationen sehr passende Adaptionen sind. Diese Werkzeuge können als *Abwandlung und Erweiterung* des Imago-Dialogs angesehen werden und sie vertiefen und erweitern seine Intention.

Der Dialog als Initialzündung für bewusste Eltern-Kind-Beziehungen

Der Imago-Dialog ist ein Wachstumsprozess für Eltern, weil sie lernen, ihre eigene Subjektivität zeitweise hintanzustellen und sich selbst zurückzunehmen, um die Subjektivität einer anderen Person aufnehmen zu können. So öffnen sie sich für neue Einsichten, die für kontinuierliches Wachstum ausschlaggebend sind. Der Dialog ist wie der Zündfunke, der uns in Bewegung bringt, um die Symbiose aufzulösen und eine differenzierende Wahrnehmung zu fördern. Dann gelingt es Eltern, ihr Kind nicht länger als Erweiterung ihrer selbst anzusehen, sondern als eigenständige Person. Wenn die symbiotischen Beziehungsmuster sich aufzulösen beginnen und die Fähigkeit zum Differenzieren wächst, können Eltern jene Entwicklungsphasen neu durchleben, die sie in ihrem bisherigen Leben nicht vollenden konnten. So können sie den Weg des Erwachsen-Werdens beschreiten, ohne dort stecken zu bleiben, wo ihre eigene Entwicklung stecken geblieben ist. Der Dialog ermöglicht Eltern ihre Kindheit zu vollenden, ohne an jenen Punkten wieder zu stolpern, wo ihre eigene Entwicklung bisher blockiert wurde. So können sie eine weitaus größere Bewusstheit in ihrem Leben erreichen.

Der Imago-Dialog als Lebenshaltung

Wenn der Dialog uns verändern soll, dann muss er zur Lebenshaltung werden. Zu Beginn ist der Dialog eine Kommunikationsstruktur, auf die wir uns stützen, aber wenn er täglich angewendet wird, kann er bald zu einer *Lebensausrichtung* oder *Lebenshaltung* werden, die sich durch echtes Verstehen und tiefes Einfühlen in die Lebenserfahrungen oder Standpunkte anderer Menschen auszeichnet. Diese Lebenshaltung macht uns geduldig, hilft uns, andere nicht zu bewerten oder abzuwerten und unser Denken und Reden bewusst zu verlangsamen. Der Dialog ist eine Lebenshaltung: an die Stelle von instinktivem Reagieren tritt absichtsvolles Handeln.

Durch regelmäßiges, geduldiges Üben kann der Imago-Dialog zu einer guten Gewohnheit werden. Mit der Zeit werden wir unsere Reaktivität immer besser im Griff haben, und so wird der Dialog weniger mechanisch und immer natürlicher klingen. Unsere Eltern-Kind-Beziehung wird immer mehr durch den Dialog inspiriert sein, selbst wenn nicht jedes Gespräch alle drei Schritte (Spiegeln, Geltenlassen und Einfühlen) inkludiert. Wir reagieren nicht mehr instinktiv und nicht mehr unbewusst, sondern immer bewusster, weil das dem Ziel des Überlebens besser dient. Der Imago-Dialog entspricht zutiefst der menschlichen Sehnsucht nach Sicherheit und Geborgenheit, weil er eine Struktur bietet, die es uns ermöglicht, tiefe Nähe zu anderen Menschen zu empfinden und unsere Kindheitswunden im Rahmen einer Beziehung wieder zu heilen.

Nur nach Vereinbarung

Wir empfehlen, den Imago-Dialog anzuwenden, wenn sich Spannungen in unseren Interaktionen oder Gesprächen zeigen. So kann die negative Energie zurückgehalten und ein gefühlsmäßig sicherer Rahmen geschaffen werden, in dem Kinder und Eltern ausdrücken können, wie es ihnen geht. Gleichwohl halten wir es für wichtig, dass ein Imago-Dialog im Vorhinein miteinander »vereinbart« wird. Das bedeutet, dass Eltern ihre Kinder fragen, ob sie bereit sind, einen Dialog mit ihnen zu führen, wenn sie ein bestimmtes Anliegen, sei es positiver oder negativer Art, bearbeiten wollen. Auch Kindern sollen lernen das so zu tun. Eine vorherige Vereinbarung verhindert, dass Gedanken allzu spontan ausgedrückt werden oder unkontrollierte Gefühle ins Spiel kommen, weil ein Dialog nicht von beiden Seiten vorher vereinbart wurde. Es empfiehlt sich nicht, ein Kind mit negativer Energie zu konfrontieren, wenn es darauf nicht eingestellt ist. Das Kind wird sich selbst sofort verteidigen oder unaufmerksam sein. Es könnte sein, dass es negativ oder sehr impulsiv reagiert, oder dass es mürrisch und schuldbewusst einfach alles über sich ergehen lässt.

Um einen Dialog zu vereinbaren, verwendet man im Normalfall folgende Formulierung: »Ich möchte gern einen Imago-Dialog mit dir führen über ... Bist du jetzt bereit dazu?« Das Thema des Dialogs kann eine Enttäuschung oder Verletzung sein, eine Wertschätzung oder eine Bitte. Die Verantwortlichkeit der anderen Person ist es, »Ja« zu sagen und einen Zeitpunkt festzusetzen - entweder »jetzt gleich« oder »später«. Falls der Dialog für einen späteren Zeitpunkt vereinbart wird, so soll die Vereinbarung eingehalten werden, ohne dass der Sender den Empfänger noch einmal daran erinnern muss. Das vermittelt dem Gegenüber das Gefühl, dass seine Bitte oder sein Problem als wichtig angesehen wird. Einen Dialog zu vereinbaren sollte zu einer guten Gewohnheit werden, sodass bewusstes, absichtsvolles Handeln unsere bisherige Reaktivität ersetzt.

Mit Enttäuschungen umgehen: der Dialog »Bitte um Verhaltensänderung«

Der Dialog »Bitte um Verhaltensänderung«[5] wird oft zusammen mit dem Imago-Dialog verwendet. Er eignet sich besonders gut dafür, konkrete Enttäuschungen zu bearbeiten. Er kann aber erst dann genützt werden, wenn Kinder durch entsprechendes Alter bereits dazu in der Lage sind, ihre Gefühle und Frustrationen in Worte zu fassen. Diese Methode ist für beide Seiten hilfreich. Es kann sich um eine Frustration handeln, die das Verhalten eines Kindes bei einem Elternteil hervorruft, oder umgekehrt um eine Frustration, die elterliches Verhalten bei einem Kind hervorruft. Ein Erwachsener kann beispielsweise enttäuscht darüber sein, dass sein Kind nicht bei der Hausarbeit mithilft. Oder das Kind vernachlässigt sein Haustier und denkt, seine Mutter werde sich schon darum kümmern. Oder ein

Kind ist gekränkt, weil sein Vater nie pünktlich zur Schule kommt um es abzuholen.

Wenn eine Vereinbarung getroffen wurde und der Empfänger bereit ist, beschreibt der Sender das Verhalten, das ihn frustriert. Er spiegelt es sachlich, ohne große Intensität und ohne Ärger. (Es gibt eine andere Methode, um Ärger und Wut auszudrücken, und zwar die Übung »Wut-Container«, die wir ebenfalls gleich beschreiben werden.) Der Empfänger spiegelt die Enttäuschung des Senders, bis der Sender alles gesagt hat. Durch die Frage: »Gibt es noch mehr dazu?« oder »Erzähl mir mehr darüber!« kann der Empfänger den Sender bei längeren Pausen zum Weiterreden motivieren. Der Empfänger lässt dann die Enttäuschung des Senders gelten (»Ich verstehe, was du sagst, und es macht Sinn, weil ...«) und versucht schließlich sich einzufühlen in den Sender (»Ich stelle mir vor, du fühlst ...«). Wenn Eltern ihren Kindern diese Methode zeigen möchten, müssen sie mit den Kindern solange Geduld haben, bis sie die einzelnen Schritte verstehen können. Der beste Weg, wie ein Kind das lernen kann, ist es, das Kind zuerst die Rolle des Senders übernehmen zu lassen und solange zu üben, bis der Erwachsene und das Kind gut damit vertraut sind. Dann kann der Erwachsene sein Kind bitten, die Rolle des Empfängers für seine Enttäuschungen zu übernehmen.

Und so funktioniert der Dialog »Bitte um Verhaltensänderung« (BuV): Beginnen Sie mit einem normalen Imago-Dialog. Gehen Sie alle drei Schritte durch. Nachdem Sie Einfühlsamkeit ausgedrückt haben, bittet der Empfänger den Sender, drei konkrete Verhaltensänderungen zu nennen, die der Empfänger machen könnte, um die Enttäuschung wieder auszugleichen. Es ist wichtig, drei Vorschläge zu machen, damit der Empfänger eine Auswahlmöglichkeit hat. Der Sender soll dazu ermutigt werden, seine Bitten spezifisch und mit einer konkreten Zeitangabe zu formulieren. Zum Beispiel:

SENDER: Ich möchte, dass du mich während des nächsten Monats pünktlich von der Schule abholst. oder Ich möchte, dass Du im nächsten Monat weniger als 5 Minuten zu spät kommst, wenn du mich abholst. oder Wenn du mich im nächsten Monat ein einziges Mal um mehr als 12 Minuten zu spät von der Schule abholst, dann möchte ich gern, dass du mich zum Trost auf ein Milch-Shake einlädst.

Der Empfänger spiegelt die Bitten, wählt eine davon aus und teilt dem Sender mit, welche er erfüllen wird. Hier ist natürlich ein gewisser Hausverstand gefragt. Wenn ein Kind drei Bitten formuliert, die nicht angemessen sind, wird der Erwachsene das Kind wissen lassen, dass seine Bitten zu fordernd oder zu unkonkret oder aus irgendeinem anderen Grund unerfüllbar sind. Dann kann der Erwachsene dem Kind helfen, neue Bitten zu formulieren, die den Kriterien entsprechen. Wenn drei gute Bitten formuliert wurden und der Empfänger eine davon ausgewählt hat, empfiehlt es sich sehr, durch eine Geste, wie beispielsweise eine Umarmung oder ein Händeschütteln, ihre Verbundenheit neu zu stärken.

Wut »halten«

Ärger oder Wut sind positive Emotionen. Sie wollen uns vor realer oder in der Phantasie drohender Gefahr schützen. Wut ist die Gegenseite zu Schmerz, Scham und Erniedrigung, und das sind Gefühle und Erfahrungen, die unseren Überlebensinstinkt wachrufen. Wenn Wut immer unterdrückt wird, stirbt jede Begeisterung und Leidenschaftlichkeit. Außerdem könnten Kinder, die keine Wut kennen, wehrlos in sehr gefährliche Situationen geraten.

Wut dient also als Schutz in gewissen Situationen. In Beziehungen zwischen Eltern und Kindern oder zwischen Partnern ist Wut manchmal ein Protest dagegen, dass Bedürfnisse nicht erfüllt werden und zu wenig Verbundenheit spürbar ist. »Warum bist du so viel fort?« oder »Warum redest du nicht mit mir?« fragen Kinder oft. Dahinter steht im Grunde der Versuch, Erfüllung eines Bedürfnisses zu finden und die Verbundenheit zu stärken. *Wenn Wut nicht gehalten wird, sondern außer Kontrolle gerät, verhindert sie das ersehnte Ergebnis.* Dann erreichen wir das Gegenteil von dem, was wir angestrebt haben. Wenn Wut in angemessener Weise ausgedrückt wird, und vom Empfänger »gehalten« wird, dann kann sie ihre wahre Intention erreichen. Es gibt eine Methode, mit Wut umzugehen, die wir »Wut-Container« genannt haben.

Die meisten Enttäuschungen irritieren und beunruhigen uns, rufen aber nicht gleich einen Wutanfall hervor. Solche Enttäuschungen können durch einen normalen Dialog mit seinen drei Schritten meist gelöst werden. Manchmal hilft auch eine zusätzliche »Bitte um Verhaltensänderung«. Wenn diese Methoden regelmäßig und erfolgreich angewendet werden, wird es selten vorkommen, dass Kinder wütend werden, denn ihre Bedürfnisse werden erfüllt und sie erleben Sicherheit und Verbundenheit mit ihren Eltern. Manchmal gibt es dennoch Situationen, wo große Wut aufflammt. Wenn ein Kind wütend ist und die Eltern ebenfalls, kann es leicht zu emotionalen Verletzungen kommen. Die meisten von uns können der Versuchung nicht widerstehen, die Wut unserer Kinder zu unterdrücken und unserer eigenen Wut Ausdruck zu verleihen. Denn die meisten Eltern scheinen zu glauben, dass sie ein Recht dazu haben, während ihre Kinder kein Recht dazu haben. Das trifft ganz besonders dann zu, wenn der Ärger gegen die Eltern gerichtet ist. Wut muss aber weder verboten noch unterdrückt werden. Sowohl Eltern als auch Kinder können lernen, sie im Rahmen des Dialogs auszudrücken. Wenn Wut in der Übung »Wut-Container« Raum findet, löst sie sich meist rasch wieder auf und kann die Verbundenheit zwischen Eltern und Kind vertiefen.

Der »Wut-Container« (»Halte-Übung«)[6]: Da Ärger normalerweise eine Reaktion auf ein frustrierendes Erlebnis ist (Enttäuschung, Verletzung, Erniedrigung), ist diese Methode dem Dialog »Bitte um Verhaltensänderung« relativ ähnlich und es gibt nur einen wichtigen Unterschied. Wenn der Sender/das Kind das frustrierende Verhalten beziehungsweise Erlebnis beschreibt, dann ermutigt der Empfänger/Elternteil ihn, sich so sehr in seine Gefühle hineinzusteigern, wie es möchte. Das Kind wird ermutigt, in Ich-Form Sätze zu schreien wie: »Ich hasse es, wenn du zu spät kommst. Es macht mich verrückt, ich will nicht schon wieder wie ein Trottel allein vor der Schule stehen und auf dich warten!« Manchmal kann es sogar angezeigt sein das Kind zu ermutigen, Du-Botschaften zu senden, damit das Kind seine Wut in voller Intensität spüren kann: »Du bist nie pünktlich! Ich glaube, du hast mich überhaupt nicht lieb, weil du mich nie rechtzeitig abholst!« Wenn die Wut des Kindes ihren Höhepunkt erreicht, fragt der Erwachsene: »Und wie verletzt dich das, wenn ich zu spät komme?« Wenn Kinder ihrem Ärger erst einmal Luft gemacht haben, kommt es oft vor, dass sie in Tränen ausbrechen und den Schmerz betrauern können, der sich hinter ihrem Ärger verbirgt. Nun ist es wichtig, dass der Elternteil sein Kind in die Arme nimmt und gut hält, bis das Weinen nachlässt. Wenn die Tränen dann getrocknet sind, spiegelt der Elternteil alles, was er gehört hat, und fährt dann mit einem Dialog »Bitte um Verhaltensänderung« fort. Er bittet das Kind drei Möglichkeiten vorzuschlagen, wie er etwas verändern könnte, um dem Kind zu helfen oder die Situation zu verbessern. Wenn das gemeinsam gelungen ist, ist es gut, die Sache mit etwas Humor zu einem Abschluss zu bringen. Gemeinsames Lachen verändert die Atmosphäre eines Gespräches entscheidend, und so kann ein Gespräch bzw. Dialog im Gedächtnis des Kindes mit positiven Assoziationen gespeichert werden, wodurch es im Gehirn des Kindes zur Stärkung jener Nervenbahnen kommt, die die emotionale Verbundenheit zwischen Eltern und Kind stärken.

Wenn ein Kind die Rolle des Empfängers bei der Übung »Wut-Container« übernimmt, ist es wichtig, dass der Erwachsene sich keineswegs in gleichem Maße in seine Gefühle hineinsteigert, dass es keinen Tränenausbruch gibt und der Erwachsene auch nicht von seinem Kind in den Arm genommen wird. Alle anderen Schritte dieser Methode können dem Kind aber eine gute Hilfe sein, mit dem Ärger eines Erwachsenen besser umgehen zu lernen.

Regression zulassen

Ein Vater sitzt am Rand des Fußballfeldes und schüttelt voller Enttäuschung den Kopf, weil sein Sohn gerade aus dem Spiel genommen wird. Er wurde vom größten Spieler der gegnerischen Mannschaft gefoult. Der Junge liegt reglos auf dem Boden, presst seine Lippen zusammen und unterdrückt die Tränen. Er wird mit der Tragbahre vom Spielfeld getragen und der herbeigeholte Arzt konstatiert einen Beinbruch. Wie reagiert nun der Vater dieses jungen Fußballspielers? Allzu oft möchten Eltern, dass ihre Kinder sich wie Erwachsene verhalten und haben überhaupt kein Verständnis für Tränen oder Jammern. Sie erlauben sich selbst nicht zu weinen, und so wird es auch dem Kind verboten. »Jetzt sei mal kein Baby«, sagt man oft zu Jungen (eine Diskriminierung ihres Geschlechts), während man bei Mädchen noch eher in Kauf nimmt, dass sie empfindsam sind und leicht in Tränen ausbrechen. Manche Eltern können aber nicht einmal die Tränen kleiner Kinder akzeptieren, die noch gar keine Möglichkeit haben, sich anders auszudrücken, und sie versuchen immer gleich, sie zum Verstummen zu bringen. »Sei leise, du weckst sonst die Nachbarn auf!« oder »Hör auf zu weinen, es gibt keinen Grund dazu!«, sind Sätze, die die Gefühle des Kindes unterdrücken und nur die Eltern trösten. Auch Kinder aggressiv zu wiegen, zu schütteln oder gar zu schlagen stillt ganz sicher nicht ihre Bedürfnisse, sondern höchstens jene der Erwachsenen.

Manchmal können Kinder, egal wie alt sie sind, ihre Tränen einfach nicht zurückhalten. Sie sind verletzt, müde oder enttäuscht, ihr Spielkollege hat sie geschlagen, ihr bester Freund hat sie weggestoßen, ihre große Liebe hat Schluss gemacht mit ihnen, das gegnerische Team hat sie haushoch geschlagen, ihr Haustier ist gestorben, ihre Lieblings-CD lässt sich nirgends finden ... Sie brechen in Tränen aus, sie schluchzen und sie brauchen jemand, der sie tröstet. Sie brauchen Eltern, die sie trösten. Die Tränen unserer Kinder sind genauso wie unsere eigenen Tränen Ausdruck der menschlichen Fähigkeit, tiefe Gefühle zu empfinden und für andere zu sorgen. Sie sollten als Ausdruck unserer Hilflosigkeit und als Ausdruck tiefer Freude wertgeschätzt werden. Wenn wir nicht die Fähigkeit hätten, aus eigener Trauer oder aus Mitgefühl mit anderen zu weinen, dann könnten wir weder mit uns selbst noch mit anderen einfühlsam umgehen.

Manchmal regredieren Menschen beim Weinen und fühlen sich zurückversetzt in Gefühle und Zustände, die sie schon vor langer Zeit erlebt haben. Wenn Eltern bemerken, dass ihr Kind regrediert, dann ist es am besten, dieses Verhalten *noch zu verstärken*, anstatt es zu unterdrücken. Wenn Kinder sich noch einmal hineinversetzen können in ihre Erinnerungen an die Zeit, als sie noch ganz klein waren, dann können Sie danach eine höhere Entwicklungsebene erreichen und stabilere Persönlichkeiten sein. Wenn Eltern ihr Kind unterstützen, liebevoll und verlässlich verfügbar sind, internalisiert das Kind seinen Vater oder seine Mutter als zärtliche und liebevolle Person. Durch seine/ihre Vorbildwirkung wird es selbst später ein liebevoller und für sein Kind verfügbarer Erwachsener sein.

Die Übung »Die Wiege«: Es gibt eine Übung, mit der Eltern das Bedürfnis ihrer Kinder nach Sicherheit und Trost sehr gut erfüllen können. Diese Übung nennen wir »Die Wiege«.[7] Sie hilft Eltern angemessen zu reagieren, wenn ihr Kind unmittelbar das Bedürfnis nach Sicherheit und Geborgenheit hat, besonders, wenn gerade keine Zeit dazu ist, um einen Dialog zu vereinbaren. »Die Wiege« ermöglicht dem Kind außerdem zu regredieren, wenn ihm gerade danach zu Mute ist.

Um die Methode der Wiege durchzuführen, brauchen Eltern eine Möglichkeit bequem zu sitzen. Das Kind sitzt auf dem Schoß des Elternteils, hat seinen Kopf an das Herz des Erwachsenen oder an seinen Hals gelegt. Das Kind so zu halten vermittelt ihm alle Sicherheit der Welt. Alle Worte, die der Erwachsene sagt, sollen die folgende Botschaft vermitteln: »Du kannst mir alles anvertrauen, was du gerade fühlst. Ich habe dich lieb, egal was geschieht, und ich werde immer für dich da sein. Du kannst so lang weinen, wie du möchtest.«

Der Erwachsene spendet keinen »billigen Trost«, sondern ermuntert das Kind mit sanfter, leiser Stimme zu sagen, was ihm am Herzen liegt, und streichelt dabei sanft seinen Rücken. Er lässt den seelischen Zustand des Kindes gelten und erklärt ihm nicht, dass alles bald wieder gut sein wird, oder dass alles halb so schlimm sei. Wenn das Kind sich sicher und geborgen fühlt, wird es bald aufhören zu weinen. Dann ist es vermutlich in der Lage, über seine Traurigkeit zu reden. Wenn es in diesem Zusammenhang etwas gibt, was man verändern könnte, so können sie miteinander eventuell mögliche Veränderungsschritte besprechen.

Manchmal braucht das Kind aber einfach nur Zeit um zu weinen und sich geborgen zu fühlen. Es fühlt sich sicher, wenn es körperliche Nähe zum Erwachsenen spürt, beruhigt sich nach dem Gefühlsausbruch und findet inneren Frieden. Gleichgültig, wie alt ein Kind ist, Geborgenheit und liebevoller Körperkontakt kann durch nichts ersetzt werden. Das kann Eltern helfen, sich an ähnliche Momente zurückzuerinnern, wo sie sich bei ihren Eltern sicher und geborgen gefühlt haben, oder sich zumindest daran zu erinnern, was sie sich damals von ihren eigenen Eltern gewünscht hätten.

Die folgende Begebenheit beweist, wie stark wir das Verhalten unserer eigenen Eltern internalisieren. Ein junger Vater findet sich plötzlich in einer Situation wieder, wo er genau dasselbe tut, was sein eigener Vater getan hat.

Als unsere Kinder noch jünger waren, lebten wir auf einem Bauernhof. Eines Tages, ich erinnere mich noch sehr gut daran, lief mein Sohn Peter über ein Feld, stolperte, und fiel direkt in einen Stacheldrahtzaun. Er stand unter Schock - er dachte, er sei nun in zwei Stücke gerissen worden. Es sah ziemlich schlimm aus, denn sein T-Shirt hatte bald einige Blutflecke. Ich nahm ihn auf den Schoß und erkannte, dass er glücklicherweise nicht ernstlich verletzt war. Ich umarmte ihn und streichelte seinen Rücken. Dabei murmelte ich leise: »Verdammt noch mal, so ein Pech aber auch, verdammt noch mal, so ein Pech aber auch ...«, und in diesem Moment erkannte ich, dass mein Vater in ähnlichen Situationen genau dieselben Worte zu mir gesagt hatte. Damals hatte ich zum ersten Mal das seltsame Gefühl, als wäre ich plötzlich mein eigener Vater. In dieser Situation erkannte ich unendlich viel über die Beziehung zu unseren Kindern und über uns Menschen im Allgemeinen. Ich erkannte, dass wir Menschen unter gewissen Umständen einfach aus einem Reflex heraus handeln. Ich konnte mich nicht daran erinnern, dass ich schon jemals zuvor in meinem Leben »Verdammt noch mal, so ein Pech aber auch ...« gesagt hatte. Es war die Stimme meines Vaters, die da aus mir sprach.

Bewusstes elterliches Verhalten schenkt Sicherheit, Unterstützung und Struktur

Unsere wahre Autorität als Eltern beruht auf unseren Fähigkeiten, unseren Kindern beim Erwachsen-Werden zu helfen. Unsere Kinder sind unserer Fürsorge anvertraut. Wenn wir ihnen eine sichere Umgebung bieten, ihnen beim Gedeihen helfen und sie in turbulenten Zeiten stützen, bewahren wir ihre Verbundenheit mit dem Kosmos, und das ist das angeborene Recht jedes Kindes.

Wir schaffen eine Umgebung, die drei Dinge gewährleisten kann: erstens erfährt unser Kind physische Sicherheit; zweitens unterstützen wir die emotionale Entwicklung unseres Kindes zu einem einzigartigen Menschen; und drittens gibt es eine Struktur, die Orientierung und Grenzen aufzeigt. Auch wenn wir diese drei Punkte unabhängig voneinander aufzählen, so überschneiden sie einander und beeinflussen einander gegenseitig. Wenn wir beispielsweise Struktur anbieten, dann tragen wir auch dazu bei, dass unser Kind in seiner Umgebung physische und emotionale Sicherheit erfährt. Im Folgenden finden Sie einige allgemeine Richtlinien, wie bewusste Eltern ihren Kindern Sicherheit, Unterstützung und Struktur geben können. Abgesehen davon werden wir in den folgenden Kapiteln auch spezifische Vorschläge machen, die dem jeweiligen Entwicklungsstadium unserer Kinder entsprechen.

Für Sicherheit sorgen

Physische Sicherheit ist eine Grundvoraussetzung für jedes Lebewesen. Dazu gehört ein Zuhause, genug Nahrung und das Frei-Sein von körperlichem Schmerz. Für einen Säugling oder ein Kleinkind ist jeder Schritt weg von seinen Eltern mit potentieller Angst verbunden. Babys fühlen sich am wohlsten, wenn sie warm und geborgen im Arm ihrer Eltern liegen. Wenn ein Kleinkind abenteuerlustiger wird, lernt es, dass es in Ordnung ist, den sicheren Platz bei den Eltern zu verlassen und die Umwelt zu erforschen. Jedes Erschrecken und jede unerfreuliche Überraschung lässt es sofort wieder die Geborgenheit der Eltern suchen. Die Eltern *schenken* ihm Geborgenheit und lassen es auch *spüren*, dass es in *Sicherheit* ist.

Ein Baby, das immer Körperkontakt und Schutz erfährt, wenn es das Bedürfnis nach Sicherheit hat, und ein Kind, das immer sicher sein kann, dass seine Eltern es beschützen, wenn es Angst hat, wird zu einem neugierigen und aufgeschlossenen Kind heranwachsen. Wenn die Bedürfnisse eines Kindes ungleichmäßig erfüllt werden, wenn es manchmal mit Aufmerksamkeit überschüttet und manchmal sich selbst überlassen wird, wird es sich an einen Elternteil klammern, aus Angst, dass er nicht mehr da sein könnte, wenn es ihn braucht. Seine Neugier beschränkt sich dann auf die sichere Umgebung in Reichweite der Eltern. Wenn Eltern ihrem Kind keine Sicherheit vermitteln, wenn es das Bedürfnis danach hat, wird es sich ganz allgemein unsicher fühlen und Angst vor dem Alleinsein haben.

Bewusste Eltern stellen für ihre Kinder nicht nur Essen, Wohnmöglichkeit und Bekleidung zur Verfügung, sondern sie wissen auch, dass ihr Kind ein starkes Bedürfnis nach Sicherheit hat, ob es den Eltern angenehm ist, dieses Bedürfnis zu erfüllen oder nicht. Und sie wissen, dass das Sicherheitsbedürfnis jedes Kindes unterschiedlich ist. Tony ist ein Draufgänger und braucht nur ab und zu Rückversicherung, sein kleiner Bruder ist vielleicht ein ängstlicheres Kind, das wesentlich mehr Aufmerksamkeit benötigt. Bewusste Eltern erkennen, dass jeder dieser beiden Jungen etwas anderes braucht.

Bewusste Eltern reagieren auf die Bedürfnisse ihres Kindes, ob sie sie verstehen können oder nicht. Es mag in mancher Situation schwierig sein zu fühlen, was unsere Kinder fühlen. Für einen Erwachsenen sind Halloween-Kostüme lustig und keineswegs beängstigend. Ein Erwachsener kann unter Umständen nicht nachvollziehen, warum sein 13-jähriger Sohn sich wegen seines neuen Haarschnitts so geniert, dass er nicht mehr zur Schule gehen möchte. Ein Erwachsener kann vielleicht nicht verstehen, warum es einem Achtjährigen so unangenehm ist, einem fremden Menschen die Hand zu schütteln.

Ob Eltern die Gefühle ihrer Kinder teilen können oder nicht, ob sie sie verstehen können oder nicht, es ist wichtig wahrzunehmen und gelten zu lassen, wie es dem Kind gerade geht, und alles zu tun, damit es physisch und emotional größtmögliche Sicherheit erfährt. Es ist wichtig, Kinder zu umarmen oder ihnen die Hand auf die Schulter zu legen, und es ist ebenso wichtig, sie mit Worten und Gedanken zu stärken. Eine Mutter, die wir sehr schätzen, sagt oft zu ihren Kindern: »Du kannst dich sicher und geborgen fühlen, denn du bist in Gottes Hand!«

Für Unterstützung sorgen

Bewusste Eltern sprechen in »Ich-Botschaften« anstatt in »Du-Botschaften«, um ihren eigenen Standpunkt auszudrücken. Der beste Weg sein Kind zu unterstützen, besteht darin gelten zu lassen, wie es fühlt und wer es ist. Wenn Eltern »du« sagen, aber nur ihre eigenen Gedanken und Gefühle damit ausdrücken, dann versuchen sie in Wahrheit, ihre eigenen Ansichten auf ihr Kind zu übertragen.

Sehen wir uns ein Beispiel an. Ein Fußballtrainer redet auf einen neunjährigen Spieler ein, der sich am Fuß verletzt hat: »Das ist doch halb so schlimm. Du musst verstehen, dass man kein Fußballer sein kann, ohne sich zu verletzen. Wenn du dein Bestes geben willst, dann heißt das, dass du manchmal auch Schmerzen haben wirst. Ohne Körpereinsatz geht es einfach nicht!«

Was der Trainer in Wahrheit sagt, ist: »Es interessiert mich nicht, wie es dir geht. Ich möchte nicht, dass du jammerst! Schau mich an: ich bin stark und kann etwas aushalten. Wenn du nicht stark bist, bin ich enttäuscht von dir!« Wollte der Trainer bewusster mit dem Jungen reden, so müsste er sagen: »Ich verstehe, dass dein Fuß wirklich wehtut. Ich weiß, dass beim Fußball immer das Risiko besteht verletzt zu werden. Solange man keine schlimmen Verletzungen davonträgt, ist es das meiner

Meinung nach wert. Ich habe gesehen, dass du dich sehr angestrengt hast. Ich finde das toll von dir. Ich habe erlebt, dass du alles gegeben hast, um dein Team zu unterstützen. Mach ruhig eine Pause, wenn es dir dann besser geht, kannst du wieder eingewechselt werden.« Der Trainer versucht zwar noch immer, Einfluss darauf zu nehmen, wie sein Spieler sich fühlt, aber zumindest legt er ihm nicht seine eigenen Worte in den Mund. Er erkennt und respektiert die Grenze zwischen ihm selbst und dem Jungen und lässt ihn seine eigenen Gefühle spüren.

Bewusste Eltern erlauben ihrem Kind, seinen Gedanken und Gefühlen Ausdruck zu verleihen. Das ist, wie gesagt, eines der grundlegenden Bedürfnisse jedes Kindes. So weit als nur irgendwie möglich müssen Eltern zu ihren eigenen Gedanken und Gefühlen stehen und ihren Kindern erlauben, ihre eigenen Gedanken und Gefühle zu haben.

Einem Kind zu erlauben, seinen Gefühlen Ausdruck zu verleihen, ist eine Sache; es dazu sogar zu *ermutigen*, ist eine andere, noch wichtigere Sache.»Was meinst du dazu, wie war es für dich, als der Lehrer das zu dir gesagt hat?«,»Ich weiß was Cindy gesagt hat, aber mich interessiert, was du dazu meinst!« oder»Wie geht es dir jetzt?« Wenn Eltern ihr Kind ermutigen über etwas zu sprechen, seine Sicht der Dinge darzulegen oder seine Gedanken zu Ende zu spinnen, ohne dass sie währenddessen Kommentare dazu abgeben, dann lassen sie ihr Kind als eigene Person gelten, die das Recht hat, die Welt aus seiner persönlichen Perspektive zu sehen.

Beim Vorstellen des Imago-Dialogs im vorigen Kapitel haben wir darauf hingewiesen, dass Kinder manchmal Probleme damit haben könnten, ihre Gefühle in Worte zu fassen. Vielleicht sind sie zu wütend oder verwirrt, um manches klar auszudrücken, oder sie sind noch zu klein, sodass ihnen das nötige Vokabular dafür fehlt. In solchen Situationen ist es sehr wichtig, dass Eltern in Worte fassen, was sie meinen, das ihre Kinder fühlen, aber nicht sagen können. Es ist gut, solche Fragen als offene Fragen und nicht als Interview anzusehen:»Bist du vielleicht ...« (Gefühl) oder»Geht es dir ...«,»Ich glaube, du bist ...«,»In so einer Situation kann man sich wirklich ... fühlen!« Diese Worte werden im Geist des Imago-Dialogs gesprochen um ein Kind zu ermutigen, seine eigenen Gefühle wahrzunehmen und ausdrücken zu lernen.

Es ist auch im Sinne des Imago-Dialogs, dass Eltern so zuhören, als verfolgten sie *kein Eigeninteresse*.[8] Kein Eigeninteresse zu verfolgen bedeutet etwas anderes als *un*interessiert zu sein. Es bedeutet, nicht aufgrund von persönlichen Interessen oder Beweggründen voreingenommen zu sein und keine Vorurteile zu haben. Es bedeutet, dass der Erwachsene dem Kind wirklich zuhören kann. Er kann seinen Standpunkt gelten lassen und sich einfühlen, ohne selbst Stellung zu beziehen oder seine eigenen Gefühle zu stark ins Spiel zu bringen. Das gibt dem Kind die Erlaubnis, seine innersten Gefühle ausdrücken zu können, ohne Angst haben zu müssen, dass der Erwachsene es ablehnt oder von anderen Meinungen überzeugen will.

Keine eigenen Interessen zu vertreten bedeutet nicht, dass der Erwachsene nicht daran interessiert ist, den Horizont des Kindes zu erweitern oder ihm interessante neue Perspektiven zu nennen, wenn sich Gelegenheit dazu bietet. Das ist selbstverständlich möglich. Aber der Erwachsene macht das erst, nachdem er die Gefühle seines Kindes wertgeschätzt hat. Dann kann er auch direkt sagen, was er denkt und wie er selbst gefühlsmäßig dazu steht. Er könnte zum Beispiel sagen:»Ich verstehe, warum es dir so geht damit! Möchtest du nun auch einen etwas anderen Standpunkt hören?« oder »Du hast mir gesagt, dass du wirklich verärgert bist. Ich sehe das ein und ich verstehe es. Darf ich nun sagen, was meine Gefühle dazu sind nicht? Nicht, um zu sagen, dass du anders darüber denken oder fühlen sollst, sondern um dir eine andere Sichtweise zu zeigen.«

Ein bewusster Elternteil erlaubt seinem Kind, Autorität und Werte in Frage zu stellen. Den meisten Eltern fällt das ziemlich schwer. Wir möchten, dass unsere Kinder eigenständig denken und vernünftige Entscheidungen treffen, die von der allgemeinen Meinung durchaus abweichen können. Aber gleichzeitig wollen wir, dass unsere Kinder Respekt zeigen, Autorität und Regeln anerkennen. Das ist eine Gratwanderung.

Unbewusste Eltern sind oft nicht in der Balance, sondern entweder zu rigide oder zu gleichgültig. Wenn sie rigide sind, erstellen sie eine Vielzahl von Regeln, ziehen viele Grenzen und fordern von ihren Kindern, dass sie sich autoritären Anordnungen fügen. Problematisch daran ist, dass das Kind eines solchen Elternteiles sich daran gewöhnt, dass es für jede Situation Regeln gibt, und dass es immer Menschen geben wird, die autoritär sagen, was man tun soll. Später in seinem Leben könnte das Kind aber auch gegen diese Einschränkungen rebellieren und zur Ansicht gelangen, dass alle Regeln schlecht und alle autoritären Menschen abzulehnen sind.

Wenn ein unbewusster Erwachsener sich eher gleichgültig verhält, ist es dem Kind selbst überlassen, verwirrende und schwierige Entscheidungen zu treffen. Es bekommt zu wenig Anleitung und Unterstützung und hat Schwierigkeiten, unter den vielen möglichen Verhaltensweisen auszuwählen. Es ist sich nicht sicher, ob Abschreiben in der Schule in Ordnung ist, solange es dabei nicht ertappt wird; oder ob es in Ordnung ist, ein Geheimnis weiterzuerzählen, obwohl man versprochen hat darüber zu schweigen; oder ob es in Ordnung ist, einen Lippenstift im Supermarkt mitgehen zu lassen. Es gibt schließlich sehr viele Menschen, die das tun, was sollte daran falsch sein? In solchen Fragen wäre es für das Kind wichtig, die Meinung eines nahe stehenden und bewussten Erwachsenen zu hören.

Am besten wäre es, unseren Kindern einerseits eine gesunde Skepsis gegenüber vorherrschenden Meinungen und Werten zu vermitteln, und gleichzeitig einen gesunden Respekt für diese Werte und die Menschen, die sich dafür einsetzen. Bewusste Eltern nützen jede Gelegenheit, mit ihren Kindern über solche Themen zu reden, und sie ermutigen sie, Fragen zu stellen und mit Beispielen zu kommen.

Gelegenheiten dafür gibt es überall. Eltern könnten beispielsweise Artikel aus der Tageszeitung vorlesen und ihre Kinder einladen zu sagen, was sie selbst in ähnlichen Situationen tun würden. Sie können ihren Kindern auch kurze Begebenheiten erzählen, die sie an ihrem Arbeitsplatz erleben, und mit den Kindern darüber reflektieren. Sie könnten erzählen, wie ihre eigenen Eltern oder Großeltern ihr Leben gemeistert haben um zu zeigen, dass deren Verhaltenswerte einem gewissen Moralkodex unterlagen. Und schließlich werden Eltern sicher auch über ihre eigenen Lebenserfahrungen sprechen, in der Absicht, ihren Kindern jene Werte zu vermitteln, die sie ihnen für ihr Leben mitgeben möchten.

Bewussten Eltern ist es ganz besonders wichtig, ihren Kindern beim Erzählen zuzuhören und sie anschließend darin zu begleiten, aus ihren Erlebnissen etwas zu lernen. Bewusste Eltern lassen ihre Kinder ihre eigenen Meinungen vertreten und in der Realität austesten. Sie bieten sich als Begleitung und Unterstützung an, wenn die Kinder auf der Suche nach Alternativen sind. Durch Gespräche in Form des Imago-Dialogs zeigen Eltern ihre Wertvorstellungen und vermitteln den Kindern jene Informationen, die sie brauchen, damit ihr Leben glücken kann.

Bewusste Eltern lernen, sich selbst zu beobachten und in Frage zu stellen. Anstatt impulsiv zu reagieren und ihrem Kind vorzuschreiben, was es glauben oder sagen soll, fragen sie sich zuerst selbst, woher ihre instinktiven Reaktionen kommen. Was ist die Ursache mancher Reaktionen? Könnte man sie noch einmal überdenken? Ist der Zeitpunkt passend und der Rahmen richtig, um seinem Kind eine bestimmte Wertvorstellung zu vermitteln?

Unterstützung geben
... indem wir unser Kind lehren, sich angemessen zu verhalten.

Die meisten Lehrer erwerben im Rahmen ihrer Berufsausbildung praktische Erfahrung. Wenn Eltern ihr erstes Kind bekommen, können sie darauf nicht zurückgreifen. Und es gibt keine Bedienungsanleitung. Eltern können nur durch Erfahrungen lernen. Jedes Mal, wenn ein Vater mit seinem kleinen Sohn in Kontakt ist, hat er Gelegenheit zu lernen, wer er selbst ist, wer sein Kind ist, und wie er die Bedürfnisse seines Kindes am besten erfüllen kann. Im Verlauf der Entwicklung seines Kindes lernt er durch Versuch und Irrtum. Er lernt, wann es besser ist, seine persönliche Meinung auszudrücken, und wann es besser ist, sein Kind eigene Erfahrungen machen zu lassen und aus eigenen Fehlern lernen zu lassen.

Eltern können auch dadurch lernen, dass sie andere Eltern beobachten. Vielleicht gibt es in ihrem Freundeskreis Eltern, die im Umgang mit ihren Kindern auffallend erfolgreich sind. Man kann sie beobachten und sie nachahmen. Auch von den Lehrern der eigenen Kinder kann man eine Menge lernen. Gute Lehrer haben den großen Vorteil, dass sie emotional etwas distanzierter sind als Eltern und dass sie außerdem in ihrem Leben sehr viele unterschiedliche Kinder kennen lernen. Gute Lehrer begehen selten den Fehler, Kinder zu sehr kontrollieren zu wollen oder sich auf Kleinigkeiten zu versteifen, wie Eltern das manchmal tun. Sie sind außerdem geübt darin zu erkennen, wie gute Kommunikation gelingen kann, und achten auf Rückmeldung, dass sie gehört und verstanden werden. Ein guter Lehrer weiß Bescheid, dass ein großer Teil der Kommunikation von der Körpersprache, von einer entspannten Atmosphäre und der Voraussetzung gegenseitigen Vertrauens abhängt.

Was man nie genug betonen kann, ist, dass elterliche Liebe und Unterstützung sich zweifellos darin ausdrücken, Kinder gutes Verhalten zu lehren. Oft sind Eltern verunsichert darüber, ob sie Grenzen setzen sollen. Diese Unsicherheit beruht darauf, dass Eltern befürchten, wenn sie auf gewisse Regeln bestehen, beeinträchtigen sie ihr Kind dabei, sich selbst authentisch Ausdruck zu verleihen. Wir denken aber, dass es das Recht und die Pflicht aller Eltern ist, ihrem Kind Wertvorstellungen und entsprechendes Verhalten zu vermitteln. Wenn ein Kind erst einmal weiß, was seine Eltern für wichtig halten und von ihm erwarten, dann kann es sich im Lauf seiner Entwicklung damit so arrangieren, wie es ihm selbst entspricht. Wenn es älter wird, kann es selbst entscheiden, inwieweit es sich damit identifizieren kann und die Erwartungen seiner Eltern erfüllen möchte. Wenn Eltern sich an die Richtlinien des Imago-Dialogs halten, können sie im Grunde gar nichts falsch machen. Sie werden weder allzu autoritär noch allzu gleichgültig oder nachlässig sein.

Bewusste Eltern sehen das Verhalten ihres Kindes als Gelegenheit, dem Kind etwas zu zeigen oder beizubringen, anstatt es zu bestrafen. Ehrlich gesagt können wir uns wirklich keine Situation vorstellen, wo bewusste Eltern ihr Kind bestrafen müssten. Abgesehen von der Frage, ob Bestrafung überhaupt hilfreich sein kann um Kinder etwas zu lehren, liegt es klar auf der Hand, dass die Bestrafung eines Kindes durch einen Elternteil eher ein Ausdruck seiner Verzweiflung oder Verärgerung ist und weniger ein Versuch das Kind zu belehren. Es wäre gut, wenn Eltern erkennen könnten, dass Fehlverhalten *mit größter Sicherheit kein Versuch* des Kindes ist sie zu zerstören. Es ist vielmehr ein Signal, dass eine Situation besondere Aufmerksamkeit braucht, und eine Chance für das Kind etwas dazuzulernen. Und man kann es genauso gut auch als Wachstumschance für einen Erwachsenen sehen.

Das Wort »Disziplin« leitet sich vom lateinischen Wort *disciplina* ab, das »Instruktion« oder »Methode« bedeutet. Kinder zu disziplinieren bedeutet deshalb, sie etwas zu lehren. Das Ziel von Bestrafungen ist es aber, jemand leiden zu lassen. Wenn Kinder unter Bestrafungen zu leiden haben, lernen sie dadurch nur Erniedrigung, Rebellion oder Ignoranz, aber sie lernen keine besseren Verhaltensweisen. Eltern können ihren Kindern in wirksamer Weise dabei helfen ihr Verhalten zu verändern, indem sie klar und deutlich signalisieren, was sie von ihnen erwarten und sie die natürlichen Folgen von Fehlverhalten entdecken lassen. Es ist sehr zu empfehlen, dass Eltern einen Rahmen schaffen, innerhalb dessen Kinder das, was sie falsch gemacht haben, ändern oder wieder gut machen können.

Besonders dann, wenn Kleinkinder »schlimm« und unartig zu sein scheinen, gibt es eine Vielzahl von Ursachen, hinter denen keinerlei böse Absicht des Kindes steht. Ein Kind könnte müde, hungrig oder durstig sein, nicht ganz gesund sein oder sich einfach nicht wohl fühlen. Sein Verhalten kann auch Ausdruck einer völlig normalen Entwicklung sein, die für Eltern gerade schwierig zu verkraften ist. Noch mehr Überlegungen zu diesem wichtigen Thema können Sie in Teil IV *Mein Kind auf neue Weise wahrnehmen* finden. Für die meisten Situationen hat es sich am besten bewährt eine kurze Auszeit einzulegen, sicherzugehen, dass die grundlegenden Bedürfnisse des Kindes erfüllt werden und dem Kind die Möglichkeit zu geben sich zu beruhigen, auszuruhen und wieder seine Mitte zu finden.

Bewusste Eltern geben klare Anleitungen, wenn sie ihrem Kind neue Verhaltensweisen beibringen möchten. Unbewusste Eltern setzen voraus, dass das Kind dieselbe Sichtweise und denselben Erfahrungshorizont hat wie sie, und glauben, ihr Kind könne viel mehr gedankliche Querverbindungen herstellen, als tatsächlich der Fall ist. Ihre ausgesprochene oder unausgesprochene Botschaft an ihr Kind lautet:»Das ist doch klar! Du hättest wirklich wissen können, wie ich mir das vorstelle!« Es ist durchaus sinnvoll von einem Kind einzufordern, dass es zuhört, wenn Sie ihm etwas sagen, aber es macht keinen Sinn zu erwarten, dass es unausgesprochenen Anleitungen Folge leistet. Deshalb ist das Spiegeln überaus wichtig. Wenn ein bewusster Elternteil an sein Kind eine Bitte richtet, gibt er klare und konkrete Anleitungen und bittet sein Kind dann, diese Anleitungen zu wiederholen, zu spiegeln, damit er merkt, ob das Kind ihn verstanden hat.

Bewusste Eltern kritisieren nur das Verhalten ihres Kindes und nicht seinen Charakter und seine Beweggründe. Das übergeordnete Ziel jeder Kommunikation ist es, dem Kind die Kernaussage »Du bist o.k.« zu vermitteln. Diese Aussage soll das Kind immer spüren, selbst wenn es etwas nicht richtig gemacht hat. Es muss verstehen, dass Eltern enttäuscht sind über sein konkretes Handeln, aber sein Wert als Person darf nie in Frage gestellt werden. Um deutlich zu betonen, dass es das Verhalten des Kindes ist, das geändert werden muss, und nicht seine Persönlichkeit, verwenden bewusste Eltern Formulierungen wie: »Es ärgert mich, wenn du dich so verhältst!«, anstatt: »Du bist ein schlimmes Mädchen!« Wir wollen niemals sagen oder signalisieren, dass unser Kind kein wertvoller Mensch wäre.

Bewusste Eltern machen keine abfälligen Bemerkungen über die Beweggründe oder den Charakter ihres Kindes. Sie unterscheiden klar zwischen unehrlichem, unverantwortlichem und enttäuschendem Verhalten des Kindes und dem Charakter des Kindes. Fehlende Wertschätzung erhöht die Wahrscheinlichkeit, dass Eltern ihre Kinder bestrafen.

Bewusste Eltern verwenden mehr Energie darauf, ihre Kinder zu loben und wertzuschätzen, als Probleme anzusprechen. Als Eltern haben wir die Wahl, was wir sehen möchten und was uns wichtig ist. Eltern können ständig auf der Lauer sein um herauszufinden, wo ihre Kinder sie enttäuschen; oder sie können Augen und Ohren offen halten um zu erkennen, wo sie sich über ihre Kinder freuen und stolz auf sie sind. Wenn sie ihre Kinder zu positivem Verhalten ermutigen möchten, sind sie großzügig mit Lob und Anerkennung. Kinder haben von Natur aus den Drang, ihren Eltern Freude zu bereiten; und Eltern können das noch weiter fördern, indem sie enthusiastisch loben, was immer ihnen an ihren Kindern gefällt. Wenn sie das Positive in den Vordergrund rücken, entsteht eine Atmosphäre der Freude und positiven Erwartung. Wenn bewusste Eltern dem positiven Verhalten eines Kindes viel mehr Aufmerksamkeit schenken als seinen Fehlern, signalisieren sie ihrem Kind dadurch, dass das, was es gut macht, für seine Eltern viel mehr zählt als das, was ihm misslingt.

Bewusste Eltern helfen ihrem Kind zu verstehen, dass seine Entscheidungen Konsequenzen haben. Unser Handeln leitet sich fast immer von einer *Entscheidung* ab, auch wenn wir sie erst Sekunden davor treffen. Deshalb sieht es manchmal so aus, dass wir rein instinktiv und ohne vorherige Entscheidung handeln. Bewusste Eltern wissen, wie wichtig es ist, eine kurze Pause zu machen und nachzudenken, bevor sie Entscheidungen treffen, und sie lehren ihre Kinder, dasselbe zu tun. Ihre Kinder lernen am meisten, indem sie beobachten, wie ihre Eltern in Situationen reagieren, in denen schwierige Entscheidungen anstehen. Sie können noch mehr von ihren Eltern lernen, wenn jene ihnen Einblick in ihren Entscheidungsprozess geben, und auch die Konsequenzen nennen, die sie tragen müssten, wenn sie entweder zu rasch oder aus einem persönlichen Ärger heraus handeln würden.

Die Konsequenzen ihres Handelns kennen zu lernen, ist für Kinder am besten möglich, wenn sie diese Konsequenzen auch spüren. Eltern sind meist versucht, ihre Kinder davor zu bewahren und sie vor den Folgen ihrer Entscheidungen zu beschützen. Die meisten Eltern würden ihren Kindern am liebsten das Leben so angenehm und schön wie nur möglich machen. Es kostet ziemliche Überwindung zu sich selbst zu sagen: »Mein Sohn hat gerade eine schlechte Entscheidung getroffen. Aber auch wenn ich das erkenne, werde ich es ihn selbst herausfinden lassen. Aus seiner eigenen Erfahrung kann er viel mehr lernen als aus meinen Warnungen.« Es kostet viel Bewusstheit und Selbstdisziplin, unseren Kindern unangenehme Erfahrungen nicht ersparen zu wollen.

Bewusste Eltern ziehen sich niemals zurück, wenn es schwierig wird. Sich aus Ärger oder Enttäuschung zurückzuziehen würde bedeuten, dass ein Erwachsener sein Kind in einer schwierigen Situation im Stich lässt. Das würde zumindest vorübergehend die Verbundenheit ihrer Eltern-Kind-Beziehung zerreißen. Und gleichzeitig würde es dem Kind vermitteln, dass es in Ordnung sei, sich selbst aus der Verantwortung zu stehlen, sobald es schwierig wird. Und das wollen wir unseren Kindern sicherlich nicht vermitteln. Bewusste Eltern möchten, dass ihr Kind gerade dann weiß, dass es o.k. ist und dass sie bereit sind, mit ihm an einem Problem zu arbeiten, wenn es das am dringendsten braucht. Am allerwichtigsten aber ist es, dass ihr Kind mit Sicherheit weiß, dass sie es nie im Stich lassen werden.

Wenn die Wogen der Emotionen allzu hoch gehen, kann es günstig sein, sich eine kurze Bedenkzeit zu nehmen. Das ist etwas anderes, als sich aus der Verantwortung zu stehlen. Eine Bedenkzeit ist eine Atempause, in der sowohl Eltern als auch Kinder zu einer neuen Sichtweise finden können. Wenn sie anschließend wieder aufeinander zugehen und wieder einen Dialog führen, so wird dieser Prozess umso wertvoller sein. Sich Bedenkzeit zu nehmen, kann die Emotionen abkühlen und uns versöhnlicher stimmen. Sich zurückzuziehen und Ihr Kind im Stich zu lassen, hätte verheerende Auswirkungen auf Ihr Kind.

Unterstützung geben
... indem wir das Selbstwertgefühl des Kindes stärken.

Bewusste Eltern schenken ihrem Kind bedingungslose Liebe und Unterstützung. Das ist der wesentlichste Aspekt der kosmischen Verbundenheit zwischen Eltern und Kindern. Das Kind weiß, dass die Liebe und Unterstützung von Mutter und Vater keinen Einschränkungen unterliegt. Die Liebe der Eltern zu ihrem Kind wird durch ein bestimmtes Verhalten weder stärker noch nimmt sie ab. Das Kind weiß sich geliebt und getragen, und zwar nicht aufgrund seiner Handlungen, sondern aufgrund seines Seins. Das ist das Allerwichtigste. Es bedeutet, dass Eltern ihre Kinder nicht in den Himmel loben, wenn sie tüchtig sind und sie nicht bestrafen, wenn sie versagen. Sie haben ihr Kind im Blick und nicht seine Leistung. Ihre Aufmerksamkeit gilt dem Bemühen des Kindes und nicht seinen Erfolgen.

Hier ein kleines Beispiel: Ein sechsjähriges Kind hat ein Pferd gezeichnet und zeigt das Bild stolz seiner Mutter. Nun könnte sie sagen: »Du hast aber ein schönes Pferd gezeichnet! Ich bin sehr stolz auf dich!« Noch wertvoller für die Entwicklung des Kindes wäre es, würde die Mutter sagen: »Es freut mich wirklich, dass du so kreativ bist. Ich liebe es, wenn du dich hinsetzt und etwas zeichnest. Du machst das gern und freust dich darüber. Und damit machst du auch mir eine große Freude!« Dann könnten sie und ihr Kind miteinander über schöne Details der Zeichnung sprechen. Durch diese Ausdrucksweise erfährt das Kind Sicherheit darüber, dass die positive Reaktion seiner Mutter nicht von der Qualität seiner Zeichnung abhängt. Die Mutter reagiert einfach positiv darauf, dass ihr Kind etwas tut, was es gern tut und dass es ihr als Mutter damit eine Freude machen möchte.

Bewusste Eltern beziehen sich auf die Gegenwart und vermeiden negative Hinweise auf Vergangenes. Manchmal ist es günstig ein schlechtes Gedächtnis zu haben. Würden alle unsere Fehler aus der Vergangenheit uns weiterhin zur Last gelegt, wären wir immer in der Rolle, uns selbst und andere zu enttäuschen. Bewusste Eltern vertreten die Ansicht, dass ihr Kind wachsen und lernen kann und dass Fehler besonders wertvolle Gelegenheiten zum Lernen sind. Jeder Tag ist ein neuer Tag, und die Zukunft steht uns offen.

Bewusste Eltern wahren das Selbstwertgefühl ihres Kindes, indem sie es in keiner Form beschämen oder abwerten. Bewusste Eltern stellen ihr Kind nie in der Öffentlichkeit bloß. Das Kind würde sich nicht nur für sein Verhalten schämen, sondern sich zutiefst in seiner ganzen Persönlichkeit verletzt fühlen. Wer sich als Person bloßgestellt fühlt und den Eindruck hat, dass seine Eltern ihn aufgegeben haben, wird nicht mehr versuchen, sich anders zu verhalten oder den Eltern zu gefallen. Ein Kind abzuurteilen, zerstört die Verbundenheit zwischen Eltern und Kind. Es zerstört aber auch die Verbundenheit des Kindes mit einem seiner Selbstanteile. Wenn das Kind »schlecht« ist, dann muss dieser schlechte Teil für schuldig erklärt, verdrängt und verbannt werden, und das Kind verliert diesen Selbstanteil. So verliert es seine personale Ganzheit. Deshalb sollten Eltern Fehlern neutral gegenüberstehen, das Verhalten benennen, das verändert werden soll und das erwünschte Verhalten beschreiben. Denn das gibt dem Kind Hoffnung und vermittelt ihm eine positive Erwartungshaltung und das Vertrauen seiner Eltern, dass es aus dieser Erfahrung lernen kann und es beim nächsten Mal besser machen kann.

Bewusste Eltern vermeiden es, ihre Kinder durch Vergleiche mit anderen zu manipulieren. Alle Eltern wünschen sich von Zeit zu Zeit, dass ihre Kinder anders wären. Bewusste Eltern allerdings halten inne und fragen sich selbst: »Warum habe ich nur diesen Eindruck? Ist meine Meinung die beste für meinen Sohn, oder drückt sie nur aus, was ich möchte?« Wenn Eltern zur Einsicht gelangen, dass eine Änderung tatsächlich das Beste für ihr Kind wäre, können sie einen Dialog mit dem Kind führen und den Prozess »Bitte um Verhaltensänderung« einbauen. So können sie ihr Kind wissen lassen, welche Veränderung sie sich theoretisch von ihm wünschen würden. Sie nehmen aber Abstand davon, ihr Kind auf negative Weise zu manipulieren.

Vergleiche anzustellen ist eine Waffe unbewusster Eltern, die sie einsetzen, um ihr Kind zu manipulieren: »Schau dir doch Eric an! Würdest du so brav Geige üben wie er, würdest du nicht so falsch spielen!« Was hier unausgesprochen vermittelt wird, ist: »Ich möchte, dass du mich nicht länger mit all diesen falschen Tönen nervst. Immerhin ist der Geigenunterricht gar nicht billig. Ich hätte lieber Eric als Sohn. Wenn du dir meine Liebe verdienen möchtest, dann übe so fleißig wie er.« Es braucht nicht viel Vorstellungskraft um zu erkennen, dass dieser Sohn sich abgewertet und entmutigt fühlt und dass das seinem Eifer Geige zu üben sicher nicht zuträglich ist.

Bewusste Eltern vermeiden Kritik. Ein Berufskritiker ist ein Mensch, der die Leistung anderer beurteilt. Ein(e) LehrerIn ist ein Mensch, der einen Schüler oder Studenten unterstützt, eine bestimmte Leistung zu erreichen. Bewusste Eltern können sich zwar an der Leistung ihrer Kinder freuen, aber sie sollen sich nicht übertrieben dafür engagieren. Sie sind schließlich weder KritikerInnen noch LehrerInnen. Ihr Aufgabenbereich ist das Wachstum und das Selbstwertgefühl des Kindes. Wenn sie wirklich meinen, eine kritische Bemerkung einbringen zu müssen, dann folgen sie den Richtlinien des Imago-Dialogs, damit der Rahmen des Gespräches ausgewogen und ermutigend bleibt.

Unterstützung geben
... indem wir unserem Kind schöne Erlebnisse ermöglichen.

Bewusste Eltern schenken ihrem Kind Gelegenheiten, Freude und Spaß zu erleben. Unterschätzen Sie nie den Wert gemeinsamer fröhlicher Erlebnisse. Miteinander Spaß zu haben, stärkt das Wohlbefinden sehr. Familienausflüge sind ihre Zeit wirklich wert. Ein gemeinsames Picknick, ein gemeinsamer Zoo-Besuch oder ein Kinobesuch sind schöne Beispiele dafür. Am besten sind jene Unternehmungen, die *sowohl die Eltern als auch die Kinder* genießen, denn Kinder lieben nichts mehr, als dass ihre Mutter oder ihr Vater in ihrer Gegenwart Freude erlebt. Ein Vater aus unserem Freundeskreis geht jeden Freitagabend mit seinen Kindern schwimmen und anschließend abendessen. Eine andere Familie nahm sich vor, jeden Sonntag einen gemeinsamen Spaziergang zu machen und nach und nach alle Brücken in ihrer Stadt kennen zu lernen. Auch Gesellschaftsspiele können jenen, die gemeinsames Spielen mögen, viel Spaß bereiten. Das Ziel ist es, *gemeinsam* Freude und Spaß zu haben.

Die Übung »Positives Überfluten«[9]: Oft ist es die Freude an der Gegenwart des anderen, die am meisten zählt. Diese Übung kann Eltern und Kindern sehr helfen, ihre positiven Gefühle zu stärken. Ein Elternteil vereinbart mit seinem Kind eine Zeit, die sie allein miteinander verbringen können. Wenn es soweit ist, darf sich das Kind auf einen Sessel setzen. Der Erwachsene umrundet den Sessel des Kindes und zählt alles Schöne auf, das ihm einfällt. Meine Frau Helen hat diese Übung oft mit Leah, unserer jüngsten Tochter gemacht. Sie ging um Leah herum, blieb manchmal kurz stehen, um zu tanzen oder Leah zu umarmen, und sagte beispielsweise: »Du bist so ein großartiges Mädchen! Du hast ein großes Herz und ich liebe dein Lachen. Wenn du mich anlächelst, dann kann ich nicht anders als zurückzulächeln. Du bist so intelligent, und die Dschungel-Zeichnung, die du gestern gemacht hast, gefällt mir unheimlich gut. Du kannst wunderbar tanzen! Du bist die Beste und die Klügste. Ich bin so glücklich deine Mama zu sein!«

Wir nennen diese Übung »Positives Überfluten«. Wenn Sie sie das erste Mal mit einem Kind machen, kann sie für das Kind noch ungewohnt sein. Es dauert eine

Weile, bis man sich daran gewöhnt wertgeschätzt zu werden. Aber nach ein paar Mal kann das Kind die wunderbaren Dinge, die es über sich selbst hört, in sich aufnehmen. Und es kann seinen Vater oder seine Mutter ebenfalls als wunderbar, liebenswert, lustig und humorvoll erleben.

Wenn Sie diese Übung mit Ihrem Kind machen, ist es besonders wichtig, dass es sich geliebt und wertgeschätzt fühlt und auf keinen Fall den Eindruck hat, Sie machen sich über Ihr Kind lustig. Wenn ein Kind erkennt, dass sein Vater es trotz aller Probleme aufrichtig liebt, kann es die anerkennenden Worte mit der Zeit annehmen und selbst fröhlich und ausgelassen sein. Das Kind kann dieselbe Übung auch seinen Eltern »schenken«. Sie wird beiden ein gutes Gefühl vermitteln.

Die Übung »Positives Überfluten« hat einen Bumerangeffekt. All das Gute und all die Liebe zu spüren, bringt uns auch neu in Verbindung mit unserer angeborenen Spiritualität. Wir erinnern uns daran, mit welch schönen Hoffnungen und Visionen wir Eltern wurden. Wenn wir im mühevollen Alltag darauf vergessen, kann die Übung »Positives Überfluten« uns daran erinnern, dass es so viel Schönes gibt im Leben, das nur darauf wartet, dass wir uns ihm öffnen.

Oft und herzlich lachen. Es ist wichtig für Eltern, sich selbst nicht allzu ernst zu nehmen. Bewusste Eltern haben breite Schultern und sind gute Kumpel. Sie sind nicht überempfindlich und nicht schnell eingeschnappt. Und sie beschwichtigen ihre Kinder nicht, besonders nicht durch humorvoll getarnte Beschwichtigungen, die in Wahrheit sarkastisch sind. Sie machen keine Späße auf Kosten ihres Kindes.

›Watschel-Hüpf-Übung‹ für herzhaftes Lachen[10]: Von Herzen zu lachen ist ein wichtiger Bestandteil jenes Bandes, das Eltern und Kinder zusammenhält. Halten Sie immer Ausschau nach Gelegenheiten miteinander zu lachen. Es gibt auch eine spezielle Übung dazu. Die Eltern lassen ihre Arme hängen, gehen in die Knie und beginnen, mit ihrem ganzen Körper auf und ab zu hüpfen. Wenn ihre Kinder das beobachten, beginnen sie sicher zu kichern, weil es ziemlich lächerlich aussieht. Die Eltern können ihre Kinder dann einladen, dasselbe plumpe Gewatschle und Gehüpfe nachzuahmen. Während sie hüpfen, rufen Eltern und Kinder immer wieder »Ha«. Nach kurzer Zeit werden alle in Gelächter ausbrechen. Es klingt zugegebenermaßen ziemlich dumm, aber genau darum geht ja auch.

Manche Erwachsene finden diese Übung zu Beginn sehr schwierig, weil »dumm sein« für sie bedeutet, sich verletzlich zu zeigen. Wenn sie es aber erst einmal probiert haben, können sie ihre Würde als Erwachsene beiseite schieben, ihre fröhliche und unbeschwerte Seite zeigen und es genießen, dass Fröhlichkeit sehr ansteckend ist.

Bewusste Eltern geben ihrem Kind die Möglichkeit sich kreativ auszudrücken. Pablo Picasso hat einmal gesagt: »Jedes Kind ist ein Künstler - die Schwierigkeit besteht nur darin, ein Künstler zu bleiben, wenn man erwachsen wird!« Es lohnt sich erstens sehr, als Eltern wertzuschätzen, wie Ihr Kind sich ausdrückt, selbst wenn dieser Ausdruck formlos oder unvollständig ist oder Ihrem Geschmack nicht entspricht. Zweitens wäre es eine wunderbare Sache, einen ermutigenden Rahmen zu schaffen, in dem das Kind mit Farben, Kostümen oder Musikinstrumenten experimentieren kann. Und drittens ist es, wie gesagt, sehr förderlich, aktiv und mit Freude den kreativen Prozess zu unterstützen, den das Kind gewählt hat. Picasso hatte Recht: alle Kinder sind kreativ, denn das ist ihr natürlicher Zugang zur Welt. Oft dürfen wir ihnen einfach nicht im Weg stehen und können uns an der Einzigartigkeit freuen, mit der unsere Kinder die Welt erfahren.

Bewusste Eltern sagen sooft wie möglich »Ja«. Manche Kinder haben den Eindruck, dass ihre Eltern nur das Wort »Nein« kennen. Unbewusste Eltern verwenden das Wort »Nein« wesentlich öfter als bewusste Eltern. Für sie ist »Nein« eine reflexartige Reaktion auf viele harmlose und interessante Fragen und Bitten ihrer Kinder. »Ja« zu sagen ist eine Möglichkeit, wie Eltern ihre Kinder wertschätzen und sie gleichzeitig sehr ermutigen können. Das gibt den Kindern die Möglichkeit, Dinge mit ausdrücklicher Erlaubnis ihrer Eltern zu tun, in diesem Freiraum ihre Fähigkeiten zu beweisen und regelrecht aufzublühen.

Struktur bieten

Bewusste Eltern setzen klare Grenzen und nennen gewisse Regeln, die dem Kind ein Gefühl der Sicherheit und Unterstützung geben. In den sechs Kapiteln über die Entwicklungsphasen des Kindes werden wir in besonderer Weise aufzeigen, wie dies in jeder einzelnen Phase möglich ist. Aber als allgemeine Richtlinie gilt, dass Eltern dafür zuständig sind, ihren Kindern Grenzen zu setzen. Kinder brauchen Grenzen. So können bewusste Eltern einen wichtigen Beitrag leisten, um die Bedürfnisse ihrer Kinder zu erfüllen. Angemessene Grenzen verletzen das Kind nicht und beeinträchtigen weder seine Kreativität noch seine geistige Entwicklung. Im Gegenteil, sie ermöglichen Kreativität erst. Sie vermitteln Sicherheit und Unterstützung, die das Kind braucht, um sich ganz lebendig zu fühlen und diese Lebendigkeit auch auszudrücken.

Wie in vielen anderen Bereichen der Erziehung sollten Eltern mit ihren Kindern über Grenzen auch reden. Eltern können den Kindern erklären, warum gewisse Grenzen eingehalten werden müssen, und wie sie den Kindern helfen, ihre persönlichen Ziele zu erreichen und soziale Anerkennung zu bekommen. So oft wie möglich können Grenzen gemeinschaftlich festgelegt werden. Über sie zu sprechen heißt nicht, sie aufzuweichen. Aber die Wahrscheinlichkeit steigt, dass das Kind die Grenzen verstehen und einhalten kann.

Wenn bewusste Eltern eine Familienregel oder eine Orientierungsgrenze für ihr Kind aufstellen, fragen sie sich zuerst, ob sie wirklich zum Wohl des Kindes ist. Oder gibt es persönliche Ängste oder Vorurteile, die hier einfließen? Macht diese

Regel oder Grenze in der gegenwärtigen Situation Sinn oder handelt der Erwachsene aus Beweggründen seiner eigenen Vergangenheit, die ihm vielleicht nicht bewusst sind?

Bewusste Eltern sind ihrem Kind ein Vorbild, indem sie angemessene persönliche Grenzen einhalten. Alle Formen von symbiotischem Verhalten sind durch ein Überschreiten der Grenzen des Kindes gekennzeichnet. Unbewusste Eltern lösen oft große Probleme aus, wenn sie die rechtmäßigen persönlichen Grenzen ihrer Kinder nicht beachten oder überschreiten. Persönliche Grenzen schützen die persönliche Sicherheit und auf einer tieferen Ebene helfen sie auch, die Integrität eines Menschen, sein Recht auf Privatsphäre und sein Identitätsgefühl zu wahren. Wenn ein Kind in der Beziehung zu seinen Eltern keine entsprechenden Grenzen erfährt, so wird es sie auch in anderen Beziehungen nicht erkennen und wahren können.

Körperlicher und sexueller Missbrauch sind extreme Überschreitungen der persönlichen Grenzen. Weniger offensichtliche Grenzen haben wir bereits erwähnt, dazu zählen auch Beschämen, Manipulieren sowie sarkastische und abwertende Worte und Handlungen seitens der Eltern. Eine wichtige persönliche Grenze wird aber auch überschritten, wenn Eltern ihr Kind als erwachsene(n) Vertraute(n) oder FreundIn ansehen.

Der einzig zielführende Weg, Kindern die Bedeutung persönlicher Grenzen nahe zu bringen, ist es, wenn Eltern sie einerseits vorleben und andererseits erklären. So kann das Kind sie in sein eigenes Leben integrieren. Wenn Eltern möchten, dass Kinder ihre Privatsphäre ebenso wie die Privatsphäre anderer Menschen respektieren, dann müssen Eltern zuerst einmal die Privatsphäre ihres Kindes respektieren. Sie können nicht erwarten, dass ihr Kind nicht in ihren Sachen wühlt, wenn sie selbst die Angewohnheit haben, in den »Schätzen« ihres Kindes zu wühlen.

Bewusste Eltern holen sich Informationen über die Entwicklungsphasen ihres Kindes auf dem Weg zum Erwachsen-Werden. Bewusste Eltern tun alles, was in ihrer Macht liegt, um die Umgebung des Kindes zu strukturieren und einen Rahmen zu schaffen, innerhalb dessen ihr Kind in jeder Entwicklungsphase lernen kann, was es lernen muss. Wenn Eltern nicht Bescheid wissen über die angeborenen Entwicklungsimpulse ihres Kindes, wenn sie nicht erkennen, dass es gewisse Aufgaben an gewissen Punkten seines Lebens lernen muss, dann werden sie kaum dazu in der Lage sein, ihrem Kind zu helfen und es zu unterstützen, wenn es das braucht. Wenn sie nicht Bescheid darüber wissen, womit ihr Kind in den einzelnen Phasen »beschäftigt« ist, wissen sie auch nicht, was auf sie als Eltern zukommt und sind verwirrt über Verhaltensweisen, die an sich normal sind, ihnen aber unerwartet und schwierig erscheinen. In den Kapiteln 8 bis 13 werden wir uns eingehend damit befassen, welche Veränderungen Kinder durchmachen, wenn sie heranwachsen; und wie bewusste Eltern ihre Kinder darin unterstützen können, die spezifischen Herausforderungen der einzelnen Entwicklungsphasen zu bewältigen.

Der Kreislauf der Verbundenheit: In diesem Kapitel haben wir zahlreiche Vorschläge gebracht, wie Sie Ihre Beziehung und die Interaktionen mit Ihrem Kind bewusster gestalten können. Wir haben bewusste Eltern-Kind-Beziehungen so ausführlich beschrieben, dass Sie jetzt unter Umständen entmutigt sind. Dann können Sie einige Worte der Aufmunterung sicher gut brauchen. Bewusster zu werden ist im Grunde ein Prozess mehr wir selbst zu werden - das bedeutet, unser ursprüngliches Potenzial zurückzugewinnen, das durch unterschiedliche Verwundungen beeinträchtigt wurde. Wenn wir uns »dehnen«, um die Bedürfnisse unserer Kinder zu erfüllen, können wir unsere Selbstanteile und unsere Ganzheit zurückgewinnen. Dieser Seelenzustand wird sich sehr gut und vertraut für uns anfühlen.

Wir sind sicher, dass Eltern wie Sie, die unser Buch in Händen halten, Ihr Bestes tun wollen. So möchten wir Sie ermutigen, auch mit sich selbst liebevoll und geduldig umzugehen. Aus Loyalität zu unseren Herkunftsfamilien klammern wir uns an ungeeignete oder zerstörerische Verhaltensmuster um zu bewahren, was wir nicht verlieren möchten - auch wenn diese Muster die Entwicklung unserer Kinder zu integrierten Persönlichkeiten beeinträchtigen oder verletzen. Nur durch ein umfassenderes Verstehen unserer eigenen Geschichte und einen tiefen Respekt für die aufkeimende Persönlichkeit unseres Kindes wird es uns gelingen, unsere eigenen Grenzen zu überwinden und über uns selbst hinaus zu wachsen. Jedes Mal, wenn es uns gelingt, genug Mut und Geistesgegenwärtigkeit zu haben, um kurz inne zu halten und bewusst im Sinne unserer Kinder zu handeln, ist das ein entscheidender Schritt zu größerer Bewusstheit. Was wirklich zählt ist unser Bemühen und alle Schritte, die wir setzen, um die Vision einer neuen Art von Eltern-Kind-Beziehungen Realität werden zu lassen und so einen Kreislauf der Verbundenheit zum Fließen zu bringen, der Kinder und Eltern in gleicher Weise stärkt und beschenkt.

7. Über unsere Kindheit hinauswachsen

Einander zuhören mit heiliger Andacht, einander so viel Aufmerksamkeit schenken wie einem genialen Redner und jedes einzelne Wort als unendlich wertvoll, als seltene Kostbarkeit in uns aufzunehmen - das würde ungeahnte Möglichkeiten eröffnen. Sogar Wunder könnten geschehen!
Jack Kornfield, *A Path With Heart*[i]

Als Eltern sind wir oft in unserer eigenen Welt gefangen. Wir kommen gar nicht auf die Idee, dass Probleme mit unseren Kindern in Zusammenhang mit unserem persönlichen Heilungsprozess stehen könnten. Manchmal erleben wir unsere Kinder als respektlos oder faul und haben den Eindruck, sie wollten uns nur das Leben schwer machen. Wie schon gesagt, kann uns jedoch durch unsere Kinder ein Licht aufgehen - sofern wir das zulassen. Sogar wenn wir mitten in einem Konflikt stecken, und vielleicht gerade dann, können unsere Kinder uns Hinweise über uns selbst geben, die uns niemand sonst in dieser Weise geben könnte. Ein wichtiger Schritt auf dem Weg zu bewusster Elternschaft besteht in der Erkenntnis, dass schmerzliche Erfahrungen mit unseren Kindern eine Orientierungskarte zeichnen für unseren persönlichen Weg der Heilung. Wir müssen uns nicht immer wieder im Dickicht verirren. Wir können einen neuen und guten Weg finden.

Aber dennoch ist hier Vorsicht geboten. Es ist zwar die Aufgabe unseres Kindes uns zu zeigen, wo wir Heilung brauchen, aber wir dürfen unser Kind nie als Partner ansehen, der unsere Heilung unterstützt. Die Vollzeitbeschäftigung unseres Kindes heißt »erwachsen werden«, seinen inneren Anweisungen zu folgen und sein ganz persönliches Leben zu entfalten. Das ist die wahre Berufung unserer Kinder und davon dürfen wir sie nicht abhalten. Ein Physiker hat den Ausdruck *primum non nocere* geprägt: »In erster Linie ist es wichtig, keinen Schaden anzurichten!« Es wird uns besser gelingen, unsere Kinder in ihrer persönlichen Entwicklung nicht zu »beeinträchtigen«, wenn wir uns mit unserem eigenen Leben auseinander setzen. Es liegt ganz an uns selbst, die ersten heilsamen Schritte zu setzen und uns andere Erwachsene zu suchen, die uns darin unterstützen können.

Unsere Erfahrung in der Arbeit mit Paaren hat uns gezeigt, dass dieser Weg am besten mit einem Ehepartner möglich ist. Die Ehe kann eine Garantie für tiefe und ganzheitliche Heilung sein. Keine andere Art von Beziehung bietet die Basis für eine vergleichbar starke Bereitschaft und einen vergleichbar intensiven Heilungsprozess. Wenn zwei Menschen beschließen, an einer bewussten Ehe zu arbeiten, öffnen sie sich ganz füreinander. Jeder der beiden lernt, mit den Verwundungen des anderen achtsam umzugehen und neue Verhaltensweisen einzuüben, die es ihm ermöglichen Heilung zu finden. Gerade dort, wo es besonders schwierig ist, ist Wachstum am besten möglich. Die Partner lernen, über ihre bisherigen Begrenzungen hinauszuwachsen und sich zu »dehnen«. Ihre empathische Verbundenheit, das tiefe Band, das sie zusammenhält, hilft ihnen dabei entscheidend.

Eine Ehe bzw. verbindliche Partnerschaft wäre also der ideale Rahmen, um

Kindheitsverletzungen zu heilen. Aber Heilung zu finden ist auch innerhalb anderer Beziehungen, zum Beispiel innerhalb von guten Freundschaften, möglich, wenn die Partner einander sehr nahe stehen und bereit sind, sich achtsam aufeinander und den Prozess einzulassen. Das kann etwas länger dauern und der Heilungsprozess unterscheidet sich in mancher Hinsicht in seiner Tiefe und Ganzheitlichkeit von dem Prozess zwischen Lebenspartnern, bei denen durch das verbindliche Zusammenleben noch einmal eine andere Dynamik entstehen kann. Im Sinne unserer Kinder ist jedoch jeder Schritt zur Heilung entscheidend und von unschätzbarem Wert. Kinder sind sehr empfänglich für positive Veränderungen, unabhängig davon, auf welchem Weg wir Erwachsenen sie erreichen.

Es ist wichtig zu lernen, wie Heilungsprozesse initiiert werden können. Es ist inzwischen möglich, mit hochauflösenden Mikroskopen zu beobachten, wie die Zellen von verletztem Gewebe sich quasi selbst reparieren. Andere Dinge sind noch nicht so gut erforscht. Wie kann eine Hormonausschüttung in unserem Gehirn beeinflussen, wann wir weinen oder wie viel wir essen? Warum schaffen es manche Menschen den Krebs zu besiegen, während andere daran sterben?

Seelische Heilung ist eine komplexe Sache, besonders deshalb, weil dieser Vorgang unsichtbar ist. Wenn wir uns das Bein aufschürfen, ist das sichtbar und erkennbar. Wird unser Selbstwertgefühl angekratzt, ist das nicht so leicht erkennbar. Werden wir betrogen oder verlassen, so verletzt uns das tief im Herzen. Dennoch ist es nicht möglich, diese Verletzungen präzise zu beschreiben. Die Menschen in unserer Umgebung können nur beobachten, dass wir Verletztheit signalisieren und daraus schließen, dass wir verletzt wurden.

Etwas nicht *sehen* zu können bedeutet aber keineswegs, etwas nicht verstehen zu können. Wir haben schon viele Familien darin begleitet, ihre Verletzungen zu heilen. Es gibt gute und effektive Methoden für einen heilsamen Umgang miteinander. Sie sind relativ unabhängig von der konkreten Situation einer Familie. Wenn Sie diese Methoden erlernen, wird Ihr Familienleben besser gelingen. Das Grundkonzept lautet: *Eltern übernehmen eigenverantwortlich ersatzweise füreinander die Elternrolle, um einander Heilung von ihren Kindheitsverletzungen schenken zu können.* Sie arbeiten an ihrer Ehe, indem sie ihren Partner in Liebe annehmen und eine empathische Verbundenheit zu ihm aufbauen und pflegen. So werden sie innerlich frei dafür, auf die Bedürfnisse ihres Kindes einzugehen. Wenn Kinder sich in der Gegenwart ihrer Eltern sicher fühlen und spüren, dass sie mit ihrer ganzen Persönlichkeit angenommen sind, werden sie das an ihre Eltern und ihre Umgebung zurückspiegeln.

Eine Ehe oder verbindliche Partnerschaft bietet unserer Meinung nach die besten Grundvoraussetzungen und ein ideales Umfeld um Kinder großzuziehen. Die Qualität der Beziehung zwischen Mann und Frau bestimmt auch die Qualität der Rahmenbedingungen für ein Kind. Die seelische Reife der Eltern, ihre emotionale Stabilität und ihre Persönlichkeit sind ausschlaggebend dafür, ob ein Kind »aufblüht« oder »verdorrt«. Manchen Eltern gelingt es, ihr Kind in seinen verschiedenen Entwicklungsphasen gut zu begleiten und seine Bedürfnisse zu erfüllen, manchen gelingt das nur ansatzweise oder gar nicht.

Die Qualität der Beziehung seiner Eltern beeinflusst in direkter Weise die subjektive Welt, die ein Kind in sich trägt. Es internalisiert bzw. kopiert die Erfahrungen seiner Eltern, ihre Gefühle, Verhaltensweisen, Werte und Vorurteile. Diese Erfahrungen werden sich im Leben des Kindes ebenfalls manifestieren. Manchmal internalisiert ein Kind seine Eltern, indem es ihnen *ähnlich* wird, und manchmal internalisiert es die Eltern, indem es *gegen sie* rebelliert. In beiden Fällen ist das Verhalten des Kindes eine Reaktion auf seine Eltern.

Die heutige Realität zeigt aber, dass *keineswegs alle* Eltern in einer Partnerschaft leben. Es gibt heutzutage immer mehr AlleinerzieherInnen. Auch AlleinerzieherInnen können an der Heilung ihrer Kindheitswunden arbeiten, denn der Partner, der ihnen dabei hilft, muss nicht zwingend ein Ehe- oder Lebenspartner sein. Die Reife, Stabilität und Persönlichkeit von AlleinerzieherInnen bildet die Rahmenbedingungen für das Wachstum ihrer Kinder. Wenn sie keinen Lebenspartner haben, können die Kindheitsverletzungen eines Erwachsenen auch im Rahmen von geeigneten, tief freundschaftlichen Beziehungen Heilung finden. Wenn erwachsene Menschen ihre Kindheitswunden heilen, werden sie frei und können ganz präsent sein für ihr Kind. Es wird ihnen viel öfter als früher gelingen, bewusst und absichtsvoll zu handeln, anstatt blinde Gefühle regieren zu lassen. Ihre manchmal mühevolle Arbeit an sich selbst wird belohnt werden - dadurch, dass ihre Kinder zu »ganzen« Persönlichkeiten heranwachsen.

Jeder Mensch löst auf dem Weg der Heilung sein ganz persönliches Lebenspuzzle. Aber es gibt grundlegende und allgemeingültige Faktoren, die für Heilungsprozesse entscheidend sind. In diesem Kapitel werden wir zwei Frauen kennen lernen, die für ihre Heilung und ihr persönliches Wachstum initiativ geworden sind - im Sinne ihrer Kinder. Eine der beiden Frauen heißt Anita und ist verheiratet. Sie und ihr Ehemann Tim befinden sich schon seit langem in einem Machtkampf. Die andere Frau heißt Karen, ist Alleinerzieherin und hat verschiedene Menschen gebeten, sie auf ihrem Weg zu begleiten, eine ausgeglichene und integrierte Persönlichkeit zu werden.

Welche Möglichkeiten einem Ehepaar offen stehen - Anita und Tim

Anita und ihr Ehemann Tim sind umsichtige und intelligente Eltern, die sich jeden Tag nach besten Kräften bemühen, gute Eltern für ihre beiden Töchter zu sein. Beide sind sie Berufsmusiker und konnten sich in der Musikszene einen guten Namen machen. Tim arbeitet nebenher auch als Maler und Anstreicher, um die finanzielle Situation der jungen Familie zu verbessern.

Anita und Tim brauchten Unterstützung für ihre Elternrolle. In ihrer Familie hatte das ganz normale Chaos geherrscht, bis Amy, ihre ältere Tochter, zwölf Jahre alt wurde. Ab diesem Zeitpunkt war es wie verhext. Wie Tim erklärte, begannen seine Frau und seine Tochter, sich wie zwei bösartige Zimmerkolleginnen zu benehmen, die gezwungen waren, auf engstem Raum zusammen zu leben. Ständig gab es Wortgefechte, ständig gab es Tränen. Anita und Tim konnten das nicht verstehen und sie waren erleichtert darüber, dass zumindest Anitas Beziehung zu Amys dreijähriger Schwester Karla zu funktionieren schien. Als wir Anita auf ihre Probleme mit Amy ansprachen, wurde sie verlegen. Wir erkannten, dass sie ihre eigenen Defizite überdurchschnittlich gut erkennen und ziemlich klar darauf zurückführen konnte, wie ihre eigenen Eltern mit ihr umgegangen waren.

Anita und Tim hatten stets ihr Bestes getan, um Beruf und Familie unter einen Hut zu bringen, aber nun waren sie in echte Schwierigkeiten geraten. Anita verlor das Vertrauen in ihre Fähigkeiten als Mutter und darunter litt bald auch ihre Partnerschaft. Als sie erzählte, wie sie mit ihren Kindern umging und wie ihre eigenen Eltern als Kind mit ihr umgegangen waren, war das sehr aufschlussreich. Es zeigte, wo ihre eigenen Verwundungen lagen und warum sie nun Gefahr lief, ihre eigenen Kinder wieder zu verwunden. In einem Dialog mit Tim sagte sie:

»Ich gelange fast jeden Tag an einen Punkt, wo ich am liebsten alles hinschmeißen würde. Sobald ich die Nerven verliere, weiß ich, dass ich wieder einmal versagt habe. Ich gebe mir die größte Mühe, mit Amy gemeinsam Hausaufgaben zu machen. Wenn es etwas gibt, was ich mir von dir wünschen könnte, dann wäre es, dass DU die Aufgaben mit den Kindern machst. Hausaufgaben machen - daran habe ich die allerschlechtesten Erinnerungen aus meiner eigenen Kindheit! Geduld ist nicht gerade meine Stärke. Wenn ich zu Amy sage: ›Ich finde, dass du dies oder jenes tun solltest‹, antwortet sie mir ›Das glaubst du wohl selbst nicht!‹ Ihre frechen Antworten und ihr trotziger Blick - am liebsten würde ich ihr eine runterhauen. Da fehlt mir einfach jede Coolness ...«

Anita konnte einen klaren Zusammenhang zwischen der fehlenden Zuwendung ihres Vaters und ihrem eigenen ablehnenden Verhalten ihren Kindern gegenüber herstellen. Sie beschrieb sich selbst als sehr reglementiert, ungeduldig und leicht reizbar. Wenn der innere Druck zu groß für sie wurde, konnte sie schnell »an die Decke gehen«. Kurz danach bereute sie es wieder zutiefst. Sie sagte, dass oft die reine Anwesenheit ihrer Kinder schon die Angst in ihr auslöste, dass sie bald explodieren könnte. Denn sie hatte das Gefühl, sie nähmen ihr die Luft zum Atmen und saugten ihre Lebensenergie ab.

»Ja, ich bin oft knapp vorm Explodieren, das habe ich schon gelernt, als ich selbst noch ein Kind war. Und wie sehr ich mich auch bemühe daran zu arbeiten, in mir tobt einfach ein innerer Kampf. Das ist mir sehr bewusst. Ich versuche es zu ändern, aber es lässt sich nicht ändern. Der einzige Unterschied zu meiner eigenen Kindheit ist vielleicht, dass meine Tochter mit mir darüber reden kann. Sie sagt, sie mag es gar nicht, wenn ich ›in die Luft gehe‹. Als ich ein Kind war, habe ich nie etwas Derartiges zu meinen Eltern gesagt. Ich hab's auch nicht *bewusst wahrgenommen* - ich war einfach *mittendrin*.

Ich gebe mir große Mühe und nehme mir schon am Morgen vor, dass ich Amy nicht anschreien oder wegen Kleinigkeiten kritisieren werde. Aber nie halte ich einen ganzen Tag durch, ohne es doch zu tun. Letzten Freitag kam sie von der Schule nach Hause und ich ebenfalls von meiner Probe. Wir machten gemeinsam einen Mittagsschlaf und gingen dann in den Park. Ich wollte mich *ganz den Kindern widmen*. Aber es gelang mir wieder nicht, nicht an ihnen herumzunörgeln. Sogar wenn ich eine schöne Zeit mit meinen Kindern verbringen möchte, kommen negative Gedanken und zerstören alles.

Aber zumindest gelingt es mir zu sagen: ›Amy, ich hatte meine Gefühle nicht im Griff. Ich möchte mich dafür entschuldigen.‹ Ich versuche viel liebevoller mit meinen Kindern umzugehen als meine Eltern je mit mir umgegangen sind. Meine Eltern waren nie zärtlich und sagten nie: ›Ich hab dich lieb!‹ oder Ähnliches zu mir. Ich gebe mir darin große Mühe.«

Anita und Tim konnten deutlich sehen, dass Tims Umgang mit den Kindern ein ganz anderer war. Ihm ging alles leichter von der Hand und er war viel entspannter. Anita warf ihm manchmal vor, dass er zu nachgiebig sei und ihnen alles erlaube - dann hatten sie Auseinandersetzungen deshalb. Im Allgemeinen aber erkannte sie, dass er den Mädchen in manchen Dingen besser weiterhelfen konnte als sie selbst. Ihre Bemühungen, Amy bei den Hausaufgaben zu helfen, endeten meist in großer Enttäuschung. Sie sagte Tim, dass sie sich Hilfe von ihm wünschte, aber dennoch half er ihr nicht. Im Dialog sagte sie zu Tim: »Du siehst alles viel lockerer. Ich komme spätabends nach Hause und Amy ist noch nicht im Bett, weil sie fernsieht. Das regt mich wirklich auf. Dann frage ich dich: ›Hat Karla ihre Zähne geputzt?‹, und du sagst ›Nein‹, darauf hättest du leider vergessen. Ich vergesse so etwas nie. Ich nehme das Eltern-Sein genauso ernst wie alles andere in meinem Leben.«

Anita erkannte, dass sie viel zu leicht die Fassung verlor und dass das nicht gut für ihre Töchter war. Sie war nicht blind für ihre eigenen Überreaktionen. Jeden Morgen schwor sie sich, es heute besser zu machen, und jeden Abend war sie wieder am Boden zerstört. Sie war sich ihrer rigiden Haltung bewusst und sie wusste, dass sie ihre ältere Tochter viel zu oft kritisierte und viel zu schnell wütend wurde, aber sie schien daran nichts ändern zu können. Sie erkannte, dass es einfach nicht genug war, ihre Probleme zu erkennen und den ehrlichen Willen zu haben, etwas zu verändern. Oft gab sie sich wirklich Mühe und sagte zu ihren Kindern: »Ich hab dich lieb!«. Ihre eigenen Eltern hatten das nicht zustande gebracht. Aber was konnte sie sonst noch tun?

Eine Herausforderung für Anita

Aus dem Verständnis der Imago-Paartherapie heraus beschreiben wir nun, wie es Anita gelang, sich mit ihren eigenen seelischen Verletzungen auseinander zu setzen und jene Mutter zu werden, die sie gerne sein wollte. Sie sah es als gute Gelegenheit, sich mit sich selbst zu konfrontieren. Ihr Ziel war es, jene Selbstanteile wieder zu finden, die sie in ihrer Kindheit verloren hatte, und sie wieder in ihre Persönlichkeit zu integrieren. Würde es ihr gelingen, so ließe es sich deutlich daran erkennen, dass sie immer seltener auf ihre Verteidigungsstrategien zurückgreifen würde und dass ihre Reaktionen dem Verhalten ihrer Kinder besser entsprechen würden. Anita wäre nicht mehr gezwungen, dieselben Verhaltensmuster unausweichlich zu wiederholen. Anstatt sich selbst durch ein enges Spektrum emotionaler Reaktionen zu definieren, wie sie es bisher getan hatte, würde sie ihre Fähigkeiten ausweiten, authentischer und situationsbezogen auf ihre Kinder und andere Menschen zu reagieren. Anita würde in allen Bereichen ihres Lebens wieder mehr Lebensfreude finden. Sie würde sich mit jenen unterdrückten Selbstanteilen anfreunden und sie in ihre Persönlichkeit integrieren, die vor langer Zeit jemand anderer als sie selbst als inakzeptabel abgetan hatte.

Sie erkannte, dass sie herausfinden musste, in welchen konkreten Punkten sie ihr Leben nicht »auf die Reihe bekam«, dass sie neue Werkzeuge für eine bessere Kommunikation erlernen und eine heilsame Beziehung zu ihrem Mann aufbauen wollte, um die Beeinträchtigungen ihrer Kindheit wieder auszugleichen. Nur wenn sie sich diesem Prozess stellte, könnten Erziehungsvorträge oder gute Tipps über den Umgang mit Kindern ihr künftig hilfreich sein. Solange sie nicht selbst einen Heilungsprozess begann, waren sämtliche Bücher über Kindererziehung zwar interessant, aber ohne jeden praktischen Bezug für sie. Wenn Eltern Gefangene ihrer eigenen unerfüllten Bedürfnisse sind, können sie sich unserer Erfahrung nach nicht öffnen und nicht einfühlsam auf andere einstellen, selbst wenn sie den besten Willen und die besten Absichten haben. Sie haben so gut wie keine Chance, etwas daran zu ändern.

Anita und Tim setzen erste gemeinsame Schritte

Auf ihrem Weg mussten Anita und Tim vieles lernen. Die erste Hürde hatte Anita gut geschafft - sie hatte verstanden, dass Verwundungen von Eltern an ihre Kinder weitergegeben werden. Als sie in unsere Praxis kam, hatte sie schon erkannt, dass sie es von ihren Eltern, besonders von ihrem Vater, übernommen hatte, wie sie nun ihre Kinder verwundete. Als wir uns näher mit den ersten Jahren ihres Lebens beschäftigten, trat das Verletzungsmuster ganz klar zutage. Ihr Vater hatte Kontakt mit seinen Kindern nur unter ganz bestimmten, reglementierten Umständen zugelassen. Im Gespräch mit Tim erkannte Anita, dass sie sich an keine einzige Begebenheit erinnern konnte, wo sie eine direkte Bitte an ihren Vater richten hatte können.

»Mein Vater war nicht gerade das, was man sich unter einem guten Vater vorstellt. Ich habe ziemlich schlechte Erinnerungen an ihn. Er war immer zornig. Wenn er nach Hause kam, versteckten wir Kinder uns. Er machte uns Angst. Er half meiner Mutter kaum und ich glaube, es überforderte sie völlig sechs Kinder großzuziehen. In meiner Familie versuchten wir Kinder, so schnell als möglich auf eigenen Beinen zu stehen. Meine Brüder traten bereits mit 17 oder 18 Jahren in die Armee ein. Meine Schwestern heirateten sofort nach ihrem Schulabschluss, nur um ausziehen zu können. Es war einfach kein glückliches und liebevolles Zuhause. Ich glaube, meine Mutter hat das Beste getan, das ihr unter diesen Umständen möglich war. Sie hatte keine andere Wahl. Wir wurden zwar nicht körperlich misshandelt, aber unser Zuhause war ein Ort, an dem niemand sich richtig wohl fühlte.«

Wenn Anita mit ihrem Vater Kontakt hatte, war es meist beim Abendessen, das wie eine militärische Übung abzulaufen hatte: den Kopf gesenkt halten, keine lauten Geräusche mit dem Besteck machen, kein sprechen, außer man wird gefragt. Man durfte seinen Sitznachbarn nicht berühren, man durfte kein Geräusch machen, man durfte keinen Nachschlag haben. Verglichen damit erscheint Anitas minimierendes Verhalten gegenüber ihren Kindern als relativ harmlos.

»Tiefenpsychologen würden sagen, ich sei ein analfixierter Mensch. Ich bin sehr reglementiert und streng mit meinen Kindern. Pünktlichkeit ist mir überaus wichtig: ›Es ist Zeit die Hausaufgaben zu machen, es ist Zeit duschen zu gehen! Putz deine Zähne und zieh deinen Pyjama an! Wir müssen die Gute-Nacht-Geschichte lesen, dann müssen wir das Gute-Nacht-Gebet sprechen. Ihr wisst, dass ihr um 8 Uhr im Bett liegen müsst. Nein, es gibt jetzt nichts mehr zu trinken. Meine Pflicht für heute ist getan. Lasst mich jetzt endlich in Ruhe!‹«

Der zweite Schritt, den Anita nun gehen musste, war wieder ein Schritt zu einer neuen Einsicht. Sie konnte erkennen, dass jedes Kind tut, was es tun kann um zu überleben. Sie hatte getan, was *sie tun hatte müssen*, um als Kind damit zurechtzukommen, und nun versuchte sie, *ihren Töchtern zu ermöglichen, das zu tun*, was sie tun konnten. Amys Sturheit war eine Überlebensstrategie angesichts der Versuche ihrer Mutter, wie ein Militärleutnant das Kommando zu führen: »Es ist 8 Uhr, Zähne putzen. Es ist 8:05 Uhr, ab ins Bett, Gute-Nacht-Geschichte. 8:30 Uhr - Nein, ich kann dir keinen Schluck Wasser mehr bringen, jetzt ist es zu spät ...« Sie erkannte, wie oft sie auf ihre Uhr blickte und ihre Töchter zum nächsten Tagesordnungspunkt drängte. Und wie oft sie ihre Bitten abschlug.

Dank dieser Erkenntnis konnte Anita langsam beginnen, ihre Töchter anders wahrzunehmen. Schritt für Schritt, wie wir noch sehen werden, lernte sie zu verstehen, dass Amys »schlechtes« Benehmen ein Versuch war, mit den Konflikten und Übergriffen ihrer Mutter zurechtzukommen, mit denen sie nicht anders umzugehen wusste. Ihre Tochter in einem anderen Licht zu sehen war für Anita so, als hätte sie zwei neue Augen geschenkt bekommen. Sie sah plötzlich, dass Amys unkooperatives Verhalten ihr die Chance gab, ihr eigenes Verhalten zu überdenken. Und sie sah, dass sie ihrer Tochter einige Werkzeuge zeigen konnte, wie man mit Enttäuschung und Ärger umgehen konnte.

Anita begann zu erkennen, dass ihre Tochter Amy, die jede Ordnung ablehnte, die immerzu trödelte, die großen Widerstand gegen fixe Regeln zeigte ..., nur ihr Bestes tat, um sich vor den ständigen Befehlen ihrer Mutter zu schützen. Und so konnte Anita auch verstehen, dass sie auf ein ähnliches Verhaltensmuster zurückgegriffen hatte, als sie selbst noch ein Kind war. Möglich, dass sie als kleines Kind ziemlich unordentlich gewesen war, wie ihre Tochter heute. Inzwischen hatte sie das völlig verdrängt. So wie Amys »negative« Eigenschaften sich als Reaktion auf die autoritäre Haltung ihrer Mutter herausgebildet hatten, hatten auch Anitas »negative« Eigenschaften ihren Ursprung dort, wo sie sich vor der Ablehnung *ihrer* eigenen Eltern hatte schützen müssen.

Der erste sichtbare Schritt in Anitas Heilungsprozess war es, das Verhaltensmuster »Angriff und Widerstand« zu durchbrechen, das sie mit ihrer Tochter praktizierte. Nach ungefähr einem Monat Therapie erzählte Anita ein Erlebnis mit Amy, das sich kurz davor zugetragen hatte. Amy kam von der Schule nach Hause, warf ihren Mantel und ihre Schultasche auf den Boden und griff nach der Fernbedienung des Fernsehapparates. Wenig später liefen *Die Simpsons* bei voller Lautstärke. Anita stürmte ins Wohnzimmer, riss Amy die Fernbedienung aus der Hand und begann zu schreien: »Du bist schon wieder so schlampig. Und dauernd machst du nur Lärm. Ich halte das einfach nicht aus. Heb sofort deine Schultasche vom Boden auf! Hast du keine Hausaufgaben?« Amy erschrak kurz und blickte Anita mit finsterer Miene an.

In diesem Moment veränderte sich etwas in Anita. Aus irgendeinem Grund konnte sie sich selbst durch die Augen ihrer Tochter sehen. Was sie sah, war eine Frau mit hochrotem Kopf, die völlig die Kontrolle über sich selbst verloren hatte und ein trotziges, aber verängstigtes kleines Mädchen anschrie. Anita wusste, dass sie die Kraft hatte, dieses Bild zu verändern und eine andere Reaktion in ihrer Tochter hervorzurufen. Sie hörte auf Amy anzuschreien und begann stattdessen ganz ruhig mit ihr zu reden. Es gelang ihr, auf andere Weise zu reagieren, als sie jemals zuvor reagiert hatte.

»Schnitt!«, rief sie und imitierte mit ihren Händen die Filmklappe eines Regisseurs. »Es tut mir Leid, drehen wir diese Szene noch einmal! Entschuldige, Amy, dass ich dich angeschrieen habe, besonders, weil du gerade erst von der Schule nach Hause gekommen bist. Machen wir es lieber so?« Und sie kniete nieder und nahm ihre Tochter liebevoll in die Arme: »Und jetzt reden wir darüber, was gerade geschehen ist, und warum ich explodiert bin.«

Themen, die auch die Ehe betreffen

Als nächstes erzählte Anita diesen Vorfall ihrem Ehemann. Je aufmerksamer sie ihr eigenes Verhalten betrachtete, desto besser erkannte sie, dass sie mehr auf ihre eigenen wunden Punkte achten musste. Sie erkannte auch, dass gerade ihre Kinder sie etwas lehren wollten. Sie sprach mit Tim über ihren inneren Ordnungszwang, darüber, dass sie »faules« oder unproduktives Verhalten nicht tolerieren konnte und darüber, was diese Verhaltensmuster über sie selbst aussagten. Sie fragte ihn, wie er darüber denke. Er meinte, er habe schon oft versucht, mit ihr darüber zu reden, aber er habe schließlich aufgegeben. Ihre rigide Haltung könne er nur sehr schwer aushalten und er denke, dass diese Haltung gar nicht gut für die Kinder sei. Und er fügte noch hinzu, dass er sich immer schuldig fühle, wenn er am Samstagnachmittag ein Fußballmatch ansehen wolle. Sie gab ihm immer das Gefühl, seine Pflichten zu vernachlässigen oder einen ihrer Aufträge nicht zu erfüllen.

Als sie das in der nächsten Therapiesitzung schilderte, ermutigten wir sie in Worte zu fassen, welche negative Eigenschaft für Anita mit jenen Dingen verbunden war, die sie ärgerten: Kleidungsstücke auf dem ganzen Boden verteilt, stundenlanges Fernsehen am hellen Nachmittag, unstrukturiertes Herumhängen ... Da kamen ihr die Tränen und sie meinte: »Ich weiß nicht, warum ich jetzt weinen muss. Verzeiht mir, das klingt alles so lächerlich ...«

Als wir sie ermunterten mehr darüber zu erzählen, sagte sie, dass ihr eine ganze Menge gleichzeitig im Kopf herumging. Sie erinnerte sich an unzählige Situationen, wo sie durch das Verhalten ihrer Eltern verletzt worden war. Einmal, sie musste elf oder zwölf Jahre alt gewesen sein, hatte sie nach ihrer Musikstunde die Idee gehabt, ihren Vater im Büro zu besuchen, ohne es ihm vorher anzukündigen. Eigentlich hätte sie wissen können, dass das eine riskante Idee war, aber durch ein Erlebnis mit ihrer Freundin und deren Vater schwebte sie gerade auf Wolke sieben. Als Anita und ihre Freundin nämlich kurz davor den Vater ihrer Freundin unangemeldet im Büro besucht hatten, hatte jener sich riesig gefreut und eine Kaffeepause eingeschoben. Er war mit den beiden jungen Mädchen in die Konditorei gegangen und hatte sie auf Kirschkuchen mit Vanilleeis eingeladen. Schon in dem Moment, als Anita an die Bürotür ihres eigenen Vaters klopfte, spürte sie, dass sie gerade dabei war einen Fehler zu begehen. Er freute sich keineswegs sie zu sehen und erklärte unfreundlich, dass er bei seiner vielen Arbeit auf keinen Fall gestört werden wolle. Sie solle sich schnell wieder auf den Heimweg machen.

Warum löste gerade diese Episode nach so langer Zeit noch immer starken Schmerz in Anita aus? Die Antwort brach aus ihr heraus: »... weil ich ihnen immer nur im Weg bin. Ich störe in ihrem Leben, weil ich schlampig, schmutzig und unbeherrscht bin.« Es war bestürzend zu hören, wie tief verletzt Anita sich fühlte, aber als sie es ausgesprochen hatte, geschah etwas Wunderschönes. Als Tim ihre Worte spiegelte, konnte er zum ersten Mal in seinem Leben verstehen, welch starke Ablehnung Anita in ihrer Kindheit erlitten hatte. Er stand auf und nahm seine weinende Frau in die Arme. Sanft sagte er zu ihr: »Ich habe bisher nicht gewusst, wie sehr du in deiner Kindheit gelitten hast.« Anita und Tim merkten betroffen, dass Anita ihren Schmerz in der Gegenwartsform formuliert hatte. Das Erlebnis mit ihrem Vater war vor 26 Jahren gewesen, aber ihr Schmerz war bis heute unvermindert.

Es gab noch einen zweiten Aspekt, der diesen Moment besonders bedeutungsvoll machte. Es gelang Anita, einen weiteren Teil ihrer Kindheitsverletzungen zu verstehen. *Unbewusste Eltern haben mit hoher Wahrscheinlichkeit Probleme mit ihrem Kind, wenn es sich in jener Entwicklungsphase befindet, in welcher sie selbst verwundet wurden.* So war es kein Zufall, dass Anita damals zwölf Jahre alt gewesen war, als sie aus dem Büro ihres Vaters schroff hinauskomplimentiert worden war. Ihre eigene Tochter war nun genauso alt wie sie damals. Amy begann gerade, sich ein wenig aus der Obhut ihrer Eltern zu lösen und ihre Identität als eigenständige Persönlichkeit in der Welt ihres jugendlichen Umfeldes auszuprobieren. Aus Anitas Erzählungen und aus der Tatsache, dass ihre Beziehung plötzlich einen deutlichen Knacks erlitten hatte, als Amy den zwölften Geburtstag begangen hatte, schien es offensichtlich, dass sich bei näherer Beschäftigung mit Anitas Kindheit und Jugendzeit noch weitere tiefe Verwundungen zeigen würden, und zwar genau in der Zeit des Überganges von der Kompetenzphase zur Phase der Sozialen Verantwortung.

Diese Erkenntnis half Tim, Anita besser verstehen zu können; und sie half Anita, ihre Tochter besser verstehen zu können. Sie beobachtete, was Amy tat, und versetzte sich selbst in ihre Lage. Nun konnte sie die Überlebensstrategien ihrer Tochter wesentlich besser verstehen und konnte sich viel besser in sie einfühlen, weil sie wusste, dass sie genau in demselben Alter wie ihre Tochter große emotionale Enttäuschungen erlitten hatte. Sie erkannte sogar, dass Amy ein Spiegel für einen Teil sein könnte, der ihr selbst fehlte. Vielleicht spiegelte Amy ihr jenen Selbstanteil, der schon sehr früh lernen hatte müssen, das Leben nie auf die leichte Schulter zu nehmen, stets fleißig zu arbeiten anstatt zu spielen, und Autoritäten niemals in Frage zu stellen.

Tim erklärte sich dazu bereit, während der kommenden zwei Wochen für Anita da zu sein, wenn sie wieder übersteigerte Reaktionen auf ihre Tochter verspüren sollte. Er war wirklich erleichtert, dass seine Frau nun selbst erkannte, dass sie überreagierte und dass er diese Überreaktionen weder hinnehmen noch dagegen ankämpfen musste.

Sie vereinbarten auch ein Gespräch darüber, wie er ihr helfen könnte, jene Momente zu erkennen, wo sie sich bemühen wollte locker zu lassen. Zusammen wollten sie besonders aufmerksam sehen, wo Anita sich darin üben konnte dem Drang zu widerstehen, die Zeit oder das Umfeld anderer Menschen zu organisieren und stattdessen den Dingen einfach ihren Lauf zu lassen. Tim schlug einen Kinonachmittag für die ganze Familie für den darauf folgenden Samstag vor. Zu viert wollten sie sich einen guten Film ausleihen, Popcorn machen, in ihre Pyjamas schlüpfen und auf der großen Wohnzimmerbank zusammengekuschelt den Film genießen. Anita meinte, das könne sie sich zwar vorstellen, aber sie zögerte noch und konnte der Versuchung nicht ganz widerstehen leise zu sagen: »Aber ich habe gerade so viel zu tun ...« Immerhin musste sie selbst lachen, als sie das sagte. Der gemütliche Familiennachmittag wirkte sich sehr positiv aus.

In den nächsten Wochen bemühte Anita sich ganz bewusst, Tim immer wieder zu fragen, was *ihm* an ihrem Verhalten auffiel, in positiver wie auch in negativer Hinsicht. Eine seiner Rückmeldungen war besonders aufschlussreich für sie. Tim sagte nämlich, dass sie auffallend oft erwähnte, dass es ein Wunschtraum von ihr sei spinnen zu lernen und mit Wolle zu arbeiten. Sie sagte das stets in einem resignativen Ton, als ob es völlig undenkbar wäre, und sie setzte nie einen konkreten Schritt in diese Richtung. Tim meinte, dass sie offenbar den starken Wunsch nach einem kreativen Hobby in sich spürte, aber sich selbst weder das Recht noch die Begabung zugestand diese Idee weiterzuverfolgen.

Ein anderes Feedback von Tim konnte Anita nicht so gut annehmen. Sie hatten ein Gespräch über Geld. Anita herrschte über die finanzielle Situation der Familie »mit eiserner Hand«, wie ihr Mann es ausdrückte. Sie hatten sich darauf geeinigt, Karla zum Geburtstag ein Dreirad zu schenken, aber Tim hatte noch einige andere Sachen besorgt, um die Kinder bei der Geburtstagsparty zu überraschen. Und Anita hatte, wie sie nun selbst zugab, scharf kritisiert, dass er Partydekoration, einen Kuchen, Eiscreme und Kinokarten für die Kinder gekauft hatte. Anita betrachtete diese Ausgaben als unnötig, leichtfertig und völlig übertrieben. In seinem Ärger hatte er sie einen »Geizkragen« genannt und sie ihn dafür einen »Geldrausschmeißer«.

Als sie später über diese Begebenheit sprachen, konnte Anita akzeptieren, dass es ihr wirklich schwer fiel mit Geld großzügig umzugehen. Tim konnte im Gegenzug akzeptieren, dass er manchmal etwas zu sorglos mit Geld umging. Sie einigten sich darauf, einander all die positiven Aspekte jener Verhaltensweise aufzuzählen, die sie am anderen am meisten ablehnten. Sie überlegten gemeinsam, wie sie in ihrem bisherigen Leben davon profitiert hatten, ein Geizkragen und ein Geldrausschmeißer zu sein.

Die persönliche Imago erkennen

Tim sagte schließlich einen wirklich aufschlussreichen Satz: »Seltsam, aber ganz zu Beginn unserer Ehe hat es mir keinerlei Schwierigkeiten gemacht, diese positiven Aspekte zu erkennen. Was ich ganz besonders an Anita gemocht habe, war ihre Begabung, gut mit Geld umgehen zu können.« Er gab zu, dass er sich nun sehr schwer damit tat, eine Eigenschaft überschwänglich zu loben, die für ihn zur Zwangsjacke geworden war. Nach einigem Nachdenken meinte er aber, dass Anitas sparsamer Umgang mit Geld ihnen geholfen habe, den Kredit für ihr Haus rasch zurückzuzahlen. Dadurch, dass sie jeden Geldschein dreimal umdrehte, war es ihnen beiden möglich als Musiker zu arbeiten, was sie als ihre Berufung sahen. Durch Anitas gutes und umsichtiges Management ihrer Auftritte und durch ihren strikten Umgang mit den Finanzen musste Tim nicht allzu viel durch Nebenjobs dazuverdienen.

Anita wiederum gab zu, wie sehr sie sich über die wunderschöne Kette gefreut hatte, die Tim ihr zum 35. Geburtstag gekauft hatte, obwohl das in ihren Augen ein höchst verschwenderisches Geschenk gewesen war. Und sie sagte, dass sie es großherzig fand, dass er nie jemanden der Tür verwies, auch wenn es Jugendliche waren, die irgendwelche Dinge verkauften um ihr Studium finanzieren zu können, oder wenn es darum ging, Sportwettbewerbe für Kinder aus der Nachbarschaft zu sponsern. Einerseits fand sie Tim in solchen Dingen manchmal ein wenig naiv, aber andererseits beeindruckte es sie, welch großzügigen und großherzigen Mann sie geheiratet hatte.

An der ehelichen Beziehung arbeiten und Heilung erfahren

Es war sehr tröstlich für Anita und Tim zu erkennen, dass ihre Schwierigkeiten einem gewissen Muster entsprachen, mit dem alle Ehepaare sich mehr oder weniger auseinander setzen mussten. Tim war ursprünglich von Anitas konsequentem Umgang mit Geld fasziniert gewesen, weil das ein Teil war, den er selbst verdrängte. In seiner Kindheit hatte er erlebt, dass Konsequenz und Kompromisslosigkeit ihm nicht weitergeholfen hatten. Als er nun Anita kennen lernte, fand er gerade diese Eigenschaft mutig und aufregend. Im Laufe der Zeit, als die romantische gegenseitige Anziehung wieder etwas nachließ, meldete sich in ihm das Bedürfnis, jene Eigenschaft, die er an sich selbst nicht akzeptieren konnte, auch ihr abzugewöhnen. Natürlich war er sich dieser tieferen Gründe nicht bewusst. Unsere eigenen natürlichen Neigungen und Impulse lernen wir in den Jahren unserer Kindheit zu unterdrücken, ohne dass uns das bewusst ist. Und bis zum jetzigen Zeitpunkt hatte Tim das noch nie registriert.

Dasselbe galt auch für Anitas ursprüngliche Faszination über Tims lockeren Umgang mit Geld. Zugegebenermaßen fühlten sie sich gerade durch jene Eigenschaften angezogen, die sie nun beim anderen wieder unterdrücken wollten. Nun, wo sie bewusst damit beginnen wollten, ihre fehlenden Selbstanteile wieder zu integrieren, war es für Anita und Tim ganz entscheidend, für jene Anteile, die sie aneinander ablehnten, wieder Verständnis und sogar Liebe zu empfinden. Anita musste sich dazu überwinden, Tims lockeren Umgang mit Geld wertzuschätzen. Und Tim seinerseits musste einen Weg finden, um Anitas Einstellung »unser Geld muss ich fest zusammenhalten« wertzuschätzen. Als sie sich darum bemühten, erlebten sie, wie es ihnen mit der Zeit gelang, aneinander zu lieben, was sie an sich selbst nicht lieben hatten können. *Die beste Methode, einen verlorenen Selbstanteil zurückzugewinnen, ist es, diesen Anteil zuerst an einem anderen Menschen lieben zu lernen.*

Anita konnte schließlich jenen Teil an sich akzeptieren, der gerne die Zügel locker lassen wollte, und Tim konnte jenen Selbstanteil umarmen, der zielgerichteter und organisierter war als sein bisheriges Wesen.

Es fällt es uns manchmal schwer, zwischen uns selbst und unseren Kindern zu unterscheiden oder zwischen uns selbst und unseren Partnern. Was wir an anderen Menschen hassen, das hassen wir an uns selbst. Was wir an anderen lieben und akzeptieren, das können wir auch an uns selbst lieben und akzeptieren lernen, und diesen Prozess kann uns niemand abnehmen. Auch wenn Menschen in unserer Nähe gute Absichten haben und uns gut behandeln, werden wir dadurch keine Heilung finden. Wir werden ihre Angebote ablehnen und ihre guten Ratschläge in den Wind schlagen, *bis wir soweit kommen*, dass wir jene Eigenschaften in uns selbst nicht mehr hassen, die wir während unserer Kindheit verdrängten. Der einzige Weg, diese Barriere zu überwinden, besteht darin, am anderen genau das zu lieben, was wir an uns selbst zutiefst ablehnen.

Nachdem Anita und Tim einige Monate lang ihre Eheprobleme bearbeitet hatten, hatte Anita eine Liste negativer Eigenschaften gesammelt: Dinge, die sie tat oder unterließ, und die sich auf ihre Beziehung negativ auswirkten. Drei Punkte ihrer Liste sind von besonderem Interesse:

1. Ich unterbreche andere Leute, wenn sie etwas erzählen.
2. Ich bemühe mich nicht, die Dinge aus der Perspektive anderer zu betrachten.
3. Ich wünsche mir mehr Unterstützung von Tim bei den Kindern, bin mir aber nicht sicher, wie ich diesen Wunsch kommunizieren könnte.

Die ersten beiden Punkte, »Andere Unterbrechen« und »Nicht-Zuhören-Können«, sind sehr weit verbreitet. Genau genommen sind sie ein klarer Hinweis auf unbewusste Elternschaft. Anita und Tim waren sich einig, dass es nun an der Zeit war, sich mit diesen Punkten zu beschäftigen. Sie und Tim versuchten ganz bewusst, jeden Tag den Imago-Dialog anzuwenden. Anita wollte so zuhören, dass sie auf einer tieferen Ebene verstehen konnte, was Tim ihr sagen wollte. Und sie war sich dessen bewusst, dass sie seine Gedanken und Gefühle besser als jemals zuvor kennen lernen musste, wenn sie eine liebevollere und geduldigere Partnerin werden wollte.

Als Anita und Tim in der Anwendung des Dialoges geübt waren, begannen sie, den Imago-Dialog auch ihren Kindern beizubringen. Verständlicherweise war Amy, ihre zwölfjährige Tochter, besser dazu in der Lage, das Konzept des Imago-Dialoges zu verstehen und anzuwenden als ihre kleine Schwester Karla, die drei Jahre alt war. Aber auch Karla konnte den Grundgedanken des Spiegelns verstehen. Anita fasste es für Amy kurz und verständlich zusammen: »Damit du verstehen kannst, was ein anderer Mensch dir sagen will, hör ihm zu und mach dann drei Dinge: Erstens, überprüfe, ob du alles gut gehört hast. Zweitens, lass die andere Person wissen, dass es o.k. ist so zu fühlen und so zu denken. Und drittens, versuche selbst zu fühlen, was der andere Mensch fühlt.«

Anita und Tim lernten auch noch ein weiteres Werkzeug anzuwenden, das den dritten Punkt von Anitas Liste betraf: ihre Unfähigkeit Tim zu vermitteln, was sie sich von ihm erwartete. Sie wendeten dafür die Methode »Bitte um Verhaltensänderung« (BuV) an, die wir im vorangegangenen Kapitel vorgestellt haben. Das Ziel dieser Methode ist es, dass Menschen ihre Bedürfnisse äußern können, ohne dabei ihr Gegenüber zu kritisieren, abzuwerten oder einzuschüchtern. Anita lernte diese Methode zuerst mit Tim anzuwenden, dann versuchten sie es gemeinsam im Umgang mit ihren Kindern. Anita hatte bemerkt, wie enttäuscht sie über Tims fehlende Beteiligung im Haushalt war. Sie hatte das Gefühl, eineinhalbmal soviel zu arbeiten wie er, während er deutlich weniger beitrug. Was könnte Tim tun, um ihre Enttäuschung zu verringern? Mit anderen Worten, welche drei Möglichkeiten konnte sie vorschlagen? Sie meinte, es würde ihr helfen, wenn Tim während des kommenden Monats einen Punkt aus der Auswahl der folgenden drei übernehmen würde: erstens, Amy bei den täglichen Hausaufgaben helfen; oder zweitens, mindestens eine Stunde Hausarbeit pro Tag zu übernehmen, weil er ja nur einen Teilzeitjob hatte; oder drittens, einen Nachmittag pro Woche für den Hausputz zu investieren.

Tim war damit einverstanden, die Verantwortung dafür zu übernehmen, jeden Abend mit Amy zu besprechen, wie es ihr bei den Hausaufgaben gegangen war, und ihr bei Bedarf unter die Arme zu greifen. Zusätzlich erklärte er sich bereit, eine Stunde täglich im Haushalt mitzuhelfen. Und als Ergebnis eines weiteren BuV-Dialogs erklärte Tim sich auch damit einverstanden, einen Monat lang keinerlei besondere Ausgaben zu tätigen. So könnte Anita wieder Vertrauen fassen, dass er sich über die finanziellen Auswirkungen seines Handelns bewusst war. Was aber noch bedeutender war als die Vereinbarungen zwischen den beiden, war die Art, wie sie ihre gegenseitigen Bitten aufgenommen hatten. Tim hatte in eigenen Worten wiedergeben können, dass er die Enttäuschung seiner Frau verstanden und selbst gespürt hatte. Anita fühlte sich wirklich gehört und verstanden. Und es war ihm gelungen, die Erfüllung ihrer Bitte als *Geschenk* an sie zu sehen und nicht als gegenseitigen Handel.

Nachdem sie diese Vereinbarungen einige Wochen lang eingehalten hatten, bat Tim seinerseits um einen Dialog »Bitte um Verhaltensänderung«. Er war nämlich sehr enttäuscht darüber, dass Anita ein Versprechen nicht eingehalten hatte, mit den Kindern ins Kino zu gehen. Anita konnte seine Enttäuschung verstehen, bot einen neuen Termin an und holte den Kinobesuch mit den Kindern nach. Dabei war es ihr auch bewusst, dass das Erfüllen seiner Bitte ein Geschenk aus Liebe an ihn war und nicht das Zurückzahlen einer offenen Schuld.

Auf die Bedürfnisse eines Kindes eingehen

Eine besonders beeindruckende »Bitte um Verhaltensänderung« war die allererste Bitte, die Anita an Amy richten konnte. Wieder einmal hatte Amy das Wohnzimmer völlig verwüstet, indem sie ihre Schulbücher, Kleidungsstücke und manch anderes überall herumliegen lassen hatte. Anstatt sofort in die Luft zu gehen, gelang es Anita, einen Moment inne zu halten und Amy zu bitten, sich gemeinsam hinzusetzen, damit sie über ihre Enttäuschung sprechen konnte. Anita beschrieb Amy mit ruhigen Worten, wie frustriert sie war, und bat Amy es zu wiederholen, um sicherzugehen, dass Amy sie verstanden hätte. Dann bat sie ihre Tochter, eine »Bitte um Verhaltensänderung« machen zu dürfen, und ihre Tochter erlaubte es. Als Antwort auf diese Bitte erklärte Amy sich damit einverstanden, eine Woche lang all ihre Schulsachen in ihr eigenes Zimmer zu tragen und alle Kleidungsstücke und Stofftiere aus dem Wohnzimmer wegzuräumen. Sie vereinbarten, dass sie am Ende dieser Woche darüber reden würden, wie es gelaufen sei.

Diese Familie hatte sich auf den Weg zu einer bewussteren Beziehung gemacht. Sie hatten nun eine neue Perspektive gewonnen, in der ihre chaotische und außer Kontrolle geratene Beziehung in einem ganz neuen Licht erschien. Sie hatten nun neue Werkzeuge zur Verfügung. Anita und Tim lernten mit der Zeit, dass es ihre Aufgabe als bewusste Eltern war, ihren Kindern Sicherheit, Unterstützung und Struktur zu bieten, und dass die wahren Fortschritte immer nur aus kleinen Schritten bestehen konnten. Kleine, aber bleibende Veränderungsschritte waren es, die sie nun anstrebten. Für Anita war es überaus hilfreich, dass sie nun eine Struktur hatte, an die sie sich als Mutter halten konnte, und so nicht mehr ihren Emotionen ausgeliefert war.

Welche Möglichkeiten einer alleinerziehenden Mutter offen stehen - Karen

Auf den nächsten Seiten möchten wir zeigen, wie eine alleinerziehende Mutter dreier Kinder sich auf ganz ähnliche Weise auf den Weg zu seelischer Heilung gemacht hat - ohne einen festen Partner an ihrer Seite. Nicht alle AlleinerzieherInnen haben so ein starkes soziales Netz wie Karen. Sie erkannte, dass sie als Mutter nur bestehen konnte, wenn sie ihre persönlichen emotionalen Bedürfnisse ernst nahm. So begann sie, ganz bewusst tragfähige Beziehungen zu anderen Erwachsenen zu pflegen und sie um das zu bitten, was sie von ihnen brauchte.

Inzwischen ist Karen knapp über 50 und ihre drei Kinder sind bereits erwachsen. Jim ist 24 Jahre alt, Jared 25 und ihre Tochter Patricia ist 28. Patricia und ihr Mann haben bereits selbst eine zweijährige Tochter. Karens Söhne sind unverheiratet. Karen hatte sich vom Vater ihrer Kinder scheiden lassen, als Jim vier Jahre alt war. Sie hatte kein zweites Mal geheiratet, aber als ihre Kinder Teenager waren, lebte Burt, ein geschiedener Vater mit seinem Sohn und seiner Tochter bei ihnen. Fünf Jahre lang führten sie eine verbindliche Partnerschaft, die ihnen selbst und den insgesamt fünf Kindern ein gutes Familienleben ermöglichte. Ein stabilisierender Faktor in Karens Leben ist, dass sie eine Führungsposition innehat und relativ gut verdient.

Wir baten Karen, uns ein wenig darüber zu erzählen, wie sie als Alleinerzieherin Heilung für sich finden und zu einer bewussten Mutter werden konnte. Wir wussten, dass sie im Lauf vieler Jahre bedeutsame Veränderungen in ihrer Beziehung zu ihren Kindern erreicht hatte. Ihre Erfahrungen können für andere Menschen wertvoll sein.

Karen kam zu uns in die Therapie, als wir gerade das Buch *So viel Liebe wie Du brauchst* schrieben. Schon damals lernte sie die Grundlagen der Imago-Paartherapie kennen. Burt, ihr damaliger Partner, spielte eine wichtige Rolle in diesem therapeutischen Prozess. Obwohl Karen und Burt schließlich entschieden, nicht zu heiraten oder weiter zusammenzuleben, konnten sie miteinander an einem heilsamen Prozess arbeiten, wie Anita und Tim oder andere Ehepaare.

Abgesehen von Burt gelang es Karen auch, mit zwei anderen nahe stehenden Menschen Imago-Therapie zu machen. Am wichtigsten war ihre Beziehung zu Sandra, ihrer besten Freundin aus der Kindheit; aber auch Don, ein platonischer Freund, den sie vor mehr als 25 Jahren beruflich kennen gelernt hatte, wurde ein wichtiger Begleiter auf Karens Weg. Karen besuchte auch einige Jahre lang eine Selbsthilfegruppe für geschiedene Menschen und ist überzeugt, dass sie dort große Unterstützung erhalten hat und viel Einsicht in ihre persönlichen Stärken und in konkrete Wachstumsschritte gewinnen konnte. Nach vielen Jahren trifft sich Karen noch immer monatlich mit zwei anderen Teilnehmerinnen dieser Gruppe.

Das Scheitern ihrer Ehe beschreibt Karen so: »Wenn ich mich zurückerinnere, dann habe ich fast das Gefühl eines Kriegstraumas. Ich war völlig am Ende. Ich war voll berufstätig und für drei kleine Kinder zuständig. Mein Ehemann bot mir keinerlei Unterstützung, in vieler Hinsicht brauchte er genauso viel Aufmerksamkeit wie die Kinder. So entschied ich eines Tages, dass mich vier Kinder einfach überforderten. Für drei wollte ich sorgen, nicht aber für vier.«

Unterstützung durch eine Selbsthilfegruppe

In der Zeit nach Karens Scheidung war diese Selbsthilfegruppe überlebenswichtig für sie. Sie bekam dort nicht nur Hilfe, um mit den verheerenden seelischen Folgen ihrer Scheidung zurechtzukommen, sondern sie lernte auch zu erkennen, was sie brauchte, um eine bessere Mutter zu sein. Sie erinnert sich noch genau an eine krisenhafte Zeit, wo sie das erste Mal erkannte, dass sie professionelle Hilfe brauchen würde, um die miteinander verworrenen Gefühle und Bedürfnisse von sich selbst und ihren Kindern entwirren zu können.

»Patricia war ein süßes Mädchen, aber sie brauchte eine Menge Aufmerksamkeit. Sie wollte alles selbst ausprobieren und das hatte oft schlimme Folgen. Ich weiß noch, dass sie einmal eine Flasche Bleichmittel in den Wäschetrockner schüttete. Ein Ereignis ist mir ganz besonders in Erinnerung geblieben. Ich ging zu einem Treffen meiner Selbsthilfegruppe und erklärte ihnen, was für ein

Horrorkind Patricia sei. Ich hatte einen schrecklichen Tag hinter mir. Ich hatte Karten für das Ballett ›Nussknacker‹ gehabt, aber sie hatte sich eingebildet, dass sie nicht mitgehen wolle. ›Ich mag einfach nicht!‹, sagte sie zu mir. Sie lief ums Haus, ich lief ihr nach, und natürlich war sie schneller. Sie sperrte sich in ihrem Zimmer ein und wollte partout nicht herauskommen. So versäumte auch ich die Ballettvorführung, weil ich wütend vor ihrer Zimmertür saß. ›Am liebsten hätte ich sie geschlagen!‹, vertraute ich der Gruppe an. Da stellte plötzlich ein Gruppenmitglied eine verblüffende Frage: ›Karen, wie warst du eigentlich selbst als kleines Mädchen?‹«

Karen war sprachlos angesichts dieser Frage. Wie war sie selbst als kleines Mädchen gewesen? Sie hatte sich noch nie damit beschäftigt, besonders nicht in Zusammenhang mit den großen Problemen mit ihrer Tochter. Sie war nie auf die Idee gekommen, zwischen ihrer Tochter und ihr selbst eine Verbindung herzustellen, oder zwischen ihrer Mutter und ihr selbst. Nun begann sie sich zu erinnern, dass sie mit *ihrer* Mutter oft ganz ähnliche Probleme gehabt hatte. »Ich weiß, was für ein schwieriges Kind ich für meine Mutter gewesen bin! Ich erinnere mich noch genau, wie sie einmal zu mir sagte: ›Du bist wirklich ein schwieriges Kind! Wenn du dich noch ein wenig mehr anstrengst, schaffst du es, ein unmögliches Kind zu sein!‹« Dieses Erkenntnis veranlasste Karen, die Verhaltensmuster mehrerer Generationen zu überdenken.

Die auffälligsten Verhaltensmuster, die sie erkennen konnte, standen mit Wut in Zusammenhang. Ihre Mutter und sie selbst waren wie Zwillinge, was den Umgang mit ihrer Wut betraf. Sie hatten genau dieselbe Art, bei Auseinandersetzungen mit ihren Kindern zu explodieren. Das sind ihre Erinnerungen:

»Meine Mutter ging mit ihrer Wut genauso um, wie ich mit Wut umgehe: Sie schlug uns Kinder. Ich schlage meine Kinder auch. Oft habe ich meiner Tochter gegenüber größte Wut verspürt, obwohl ich mich sehr bemühte, es nicht zu tun. Eine Weile konnte ich geduldig bleiben und dann schlug ich sie trotzdem. Als Patricia ein wenig älter wurde, mit ungefähr zwölf Jahren, konnte sie sich selbst nur sehr schwer artikulieren. Ich glaube, das kam daher, dass ich ihr nie erlaubt hatte, ihre Gefühle auszudrücken, als sie jünger war, weil ich sie immer so stark gemaßregelt hatte.«

Als Karen verstanden hatte, dass ihre Art des Überreagierens ein Erbe ihrer Mutter war, konnte sie sich selbst fragen, ob sie dieses Erbe an ihre eigenen Kinder weitergeben wollte. Dadurch, dass sie es bewusst erkannt hatte, ließen ihre Wutanfälle ein wenig nach, dennoch konnte sie sie nicht ganz verhindern. Sie hörte auf ihre Kinder zu schlagen, aber dennoch wurde sie oft zornig, obwohl sie das gar nicht wollte. Einen ganz neuen Umgang mit Ärger und Zorn konnte sie erst lernen, als sie persönliche Heilung finden konnte. Abgesehen von der entscheiden Frage, wie sie selbst als kleines Mädchen gewesen sei, bekam sie von dieser Selbsthilfegruppe auch andere bedeutende Hilfestellungen auf ihrem Weg zur Bewusstheit.

»Die Leiterin dieser Gruppe war wirklich gut. Sie gab nicht vor, die Weisheit gepachtet zu haben, sondern sie half uns, einander weiterzuhelfen, wenn wir mit unserer Weisheit am Ende waren. Eines meiner nächsten Themen war, dass ich mich nie auf eine Sache oder auf einen Menschen konzentrieren konnte. Nach meiner Scheidung war mein Leben äußerst unbeständig. Man sollte meinen, eine Abteilungsleiterin wäre beständiger und solider. Die Gruppe spiegelte mir das auch. Ich weiß noch, wie es war, als ich sie bei diesem Thema um Hilfe bat. Ich sagte: ›Leute, bitte, macht mich darauf aufmerksam, wenn ihr beobachtet, dass ich Ausreden benutze. Wenn ein Mann Probleme hat, so muss ich mir gleich den nächsten suchen. Bitte sagt es mir, wenn ihr Derartiges an mir beobachtet!‹ Und das taten sie tatsächlich. Sie halfen mir zu erkennen, wie ich mich verhielt, wenn etwas zu gut oder zu solide wurde. Sofort suchte ich nach Ausreden, um etwas Neues suchen zu können. Das war wieder so eine Sache, die bei mir in der Familie lag: meine Mutter war fünfmal verheiratet gewesen.«

Die Selbsthilfegruppe konnte natürlich nicht für alle Zeiten bestehen bleiben und dennoch ist Karen überzeugt, dass solche Gruppen für geschiedene und alleinerziehende Mütter außerordentlich wichtig sind. Sie finden dort Gleichgesinnte, mit denen sie ihre Gefühle und Erfahrungen teilen können. Das sehen wir genauso. Wir raten AlleinerzieherInnen immer, gute unterstützende Gruppen zu suchen. Wenn die Mitglieder einer Gruppe eine gewisse Zeitspanne verbindlich zusammenbleiben, egal welche Schwierigkeiten auftauchen, welche Emotionen kommen und welche Gefühle verletzt werden, dann sind die Mitglieder dieser Gruppe so etwas wie Familienmitglieder füreinander. Sie können lernen, was Verantwortung und Einfühlsamkeit bedeutet.

Wenn in Gruppen gute gemeinsame Arbeit geleistet wird, dann gibt es immer Richtlinien, wie gefühlsintensive Interaktionen ablaufen. Der Imago-Dialog, den wir in Kapitel 5 beschrieben haben, bietet eine Struktur, die auch in größeren Gruppen genützt werden kann, um Heilungsprozesse zwischen Gruppenmitgliedern anzuleiten, damit die Interaktionen in einem sicheren Rahmen und in angemessener Weise stattfinden. Solche Richtlinien ermöglichen es einer Gruppe, mehr als nur Klagemauer für ihre Mitglieder zu sein. Sie eröffnen Möglichkeiten für echte persönliche Veränderungen, wenn die Werkzeuge des Zuhörens, des Spiegelns, des Geltenlassens und des empathischen Einfühlens auf achtsame und wertschätzende Weise angewendet werden.

Wenn zwei Gruppenmitglieder einander sehr sympathisch sind, ist es durchaus möglich, Partner in einem Heilungsprozess füreinander zu werden. Karen fühlte sich zu einer älteren Frau ihrer Gruppe sehr hingezogen. Ihr Name war Dorothy und sie erinnerte Karen sehr an ihre Mutter. Dorothy war einige Male verheiratet gewesen und hatte sich jedes Mal wieder scheiden lassen. Sie hatte eine ähnlich ungeduldige Art wie Karens Mutter. Ohne sich dessen bewusst zu sein, projizierte Karen bald die meisten intensiven Gefühle auf Dorothy. Sie erinnert sich noch ganz genau daran, wie Dorothy ihr half, ein Problem zu überwinden, unter dem sie jahrelang gelitten hatte.

»Meine Kindheit war sehr chaotisch. Meine Mutter hatte sechs Kinder. Ich wuchs mit einer Schwester und vier Brüdern auf und es war ein großes Durcheinander. Wir hatten verschiedene Väter und zeitweise lebten auch Halbgeschwister bei uns. Meine Mutter vertrat die Meinung, dass ihr Platz, und im übrigen der Platz jeder Frau, zu Hause wäre, und dass es ihre einzige Aufgabe wäre, sich um uns Kinder zu kümmern. Auch wenn sie oft keinen Ehemann hatte, der zum Familieneinkommen beitrug und wir sehr arm waren, nahm sie nur in Ausnahmefällen und nur vorübergehend einen Teilzeitjob an. So ein Leben wollte ich niemals führen. Ich war gut in der Schule. Ich wollte später einmal viel Geld verdienen und in einem schönen Haus wohnen. Meine Kinder waren mir wichtig, aber meine berufliche Karriere hatte ebenfalls oberste Priorität für mich. Als meine Kinder noch klein waren, hätte ich auch Teilzeit arbeiten können und meinen Arbeitsplatz zu Hause haben. Das wollte ich aber nicht. Ich wollte jeden Tag das Haus verlassen und einen richtigen Beruf haben. Vielleicht ist das auch ein Grund, warum ich nie erwartet hätte, dass ich als Mutter meiner eigenen Mutter ähnlich werden könnte.
Meine Mutter war nicht glücklich über meinen beruflichen Erfolg. Einmal hörte ich sie zu meiner Schwester sagen, dass ich arrogant und geltungssüchtig sei. Vermutlich ist das auch einer der Gründe, warum ich immer Schuldgefühle hatte berufstätig zu sein, als meine Kinder noch klein waren. Nun wollte ich in der Gruppe über meine Schuldgefühle sprechen. Ich erzählte, dass ich meine zwei Söhne einmal zur Schule geschickt hatte, obwohl sie krank waren. Ich wusste zwar, dass sie krank waren, aber da ich keinen Babysitter auftreiben konnte, schickte ich sie dennoch zur Schule und betete, dass die Lehrer es nicht bemerken würden. Schon länger hatte ich den Eindruck gehabt, dass Dorothy mir etwas skeptisch gegenüberstand, weil ich meinen Kindern nicht jeden Wunsch von den Augen ablas. Nun sagte ich also in der Gruppe, dass es mir leid tat, was ich getan hatte. Sie entgegnete: ›Das klingt so, als hättest du in vielen Dingen Schuldgefühle‹, worauf ich zu weinen begann. Sie ermunterte mich alles aufzuzählen, wofür ich mich meinen Kindern gegenüber schuldig fühlte. Also zählte ich alles auf: ich war nicht mit ihrem Vater zusammengeblieben, ich hatte beruflich nie zurückgesteckt, als sie klein waren, ich war keine besonders häusliche Mutter, ich liebte meine Arbeit über alles, … Als ich damit fertig war, wollte ich hören, wie Dorothy nun über mich dachte. Sie sagte, dass sie eine große Zärtlichkeit für mich empfunden hatte. Ich gab mir so viel Mühe und wollte im tief-

sten so gern eine gute Mutter sein. Mir kam es so vor, als ob jene guten Anteile in mir niemals wertgeschätzt worden wären und ich nie erlebt hätte, dass mein Bemühen sich lohnen würde. Dorothy wollte mich wissen lassen, dass sie das in mir sah und dass sie es sehr wertschätzte.«

Karen erzählt, dass sie diesen Moment wie die Lossprechung bei einer Beichte empfunden hat. Sie hatte das Gefühl, dass ihr endlich Vergebung für alle ihre Fehler zuteil wurde und sie die Erlaubnis erhielt, jene Anteile ihrer Persönlichkeit kennen zu lernen, die ihre Mutter unterdrückt hatte.

Eine verbindliche Partnerschaft

Einige Jahre später wollte Karen systematisch an ihrem persönlichen Wachstum arbeiten. Sie kam zur Therapie und erklärte sich dazu bereit, an einer erfüllenden Partnerschaft mit Burt zu arbeiten und eine bessere Mutter für ihre Kinder zu werden. Sie sah ihre Partnerschaft mit Burt zwar nicht als Lebenspartnerschaft an, aber beide wussten, dass sie für einen gewissen Lebensabschnitt zusammenbleiben wollten und den fünf Teenagern, für die sie gemeinsam sorgten, ein stabiles Familienumfeld bieten wollten.

Es verwundert wenig, dass Karens größtes Anliegen lautete, mit Ärger und Zorn besser umgehen zu lernen. Ein Vorfall mit einem ihrer Söhne hatte dieses Problem ans Licht gebracht. Karen hatte einen Brief von der Schule erhalten, in dem stand, dass ihr Sohn seit längerem nicht zum Unterricht erschienen sei. Sie ging die Wände hoch: »Es hatte bisher keinerlei Anzeichen gegeben, dass Jim den Unterricht nicht besuchte. Er stand in der Früh auf und verließ das Haus, genauso wie die anderen Kinder. Aber er besuchte weder die Mathematikstunde noch die Fächer Geschichte oder Geographie. Er wartete bis zum Mittagessen, ging in die Mensa, aß dort und verließ die Schule wieder.«

Als Karen diese Verständigung erhielt, packte sie ihren 1,90 m großen Sohn am Arm, zog ihn mit sich und stieß ihn in den nächsten Sessel. Nun folgte eine Schimpftirade in höchster Lautstärke: »Nie machst du, was ich von dir erwarte! Du hast mich angelogen! Du hast mich schwer enttäuscht. Ich arbeite hart, damit du einmal ein besseres Leben führen kannst, als ich es konnte. Du glaubst wohl, im Leben wird einem alles geschenkt ...« Burt, der diese Szene miterlebte, war entsetzt. Er hätte seinen Sohn nie so behandelt. Vielleicht hätte auch er ein wenig Ärger verspürt, aber als typischer Minimierer hätte er den versäumten Unterricht eher als jugendlichen Leichtsinn abgestempelt.

Es kommt oft vor, dass Ärger und Wut ein entscheidendes Thema in engen Beziehungen sind. Oft fällt es einem Partner extrem schwer, mit Ärger besonnen umzugehen, während der andere Probleme damit hat, seinen Ärger überhaupt auszudrücken. In unbewussten Beziehungen versucht der zurückhaltende Partner, den Ärger des explodierenden Partners zu unterdrücken, der wiederum die Intensität seines Ärgers eskalieren lässt, um den anderen zum Reagieren aufzufordern.

Karen und Burt mussten nun daran arbeiten, ihre Kindheitserfahrungen zu analysieren, damit sie verstehen konnten, warum sie so extrem gegensätzliche Wege entwickelt hatten, mit starken negativen Emotionen umzugehen. Sie mussten es aus ihrer eigenen Geschichte heraus verstehen lernen und sie mussten die Geschichte des Partners verstehen lernen. Wenn Partner das verwundete Kind erkennen können, das sich hinter dem unverständlichen und abstoßenden Verhalten eines Menschen verbirgt, dann können sie in diesem unverständlichen Verhalten jenes Kind erkennen, das sein Bestes tut um zu überleben und nicht verletzt zu werden.

Karen erkannte, dass ihre Angewohnheit, immer gleich in Wut zu geraten, in der Angst begründet lag, sie würde in bedenklicher Weise die Kontrolle über ihr Leben verlieren, wenn die Dinge nicht ihre Ordnung hätten. Der einzige Weg, den sie kannte, war es, in gewissen Situationen sozusagen »einen Deckel darauf zu setzen« und wütend auf dem Deckel herum zu trampeln. Es war äußerst interessant, dass Burt erkannte, dass seine Reaktion auf Ärger derselben Angst entsprang. Laute Stimmen, Auseinandersetzungen und Konflikte erschienen ihm gefährlich, weil sie seine persönliche Sehnsucht nach Ausgeglichenheit zerstörten - und mehr noch, seltsamerweise gaben sie ihm auch das Gefühl, die kosmische Balance könnte zerstört werden.

Es ist schwierig, seinen persönlichen Umgang mit Enttäuschung und Ärger zu verändern. Wie wir schon bei Anita und Tim gesehen haben, sind drei grundlegende Erfahrungen wichtig, damit Menschen neue, dauerhafte Reaktionsweisen an die Stelle alter, unbewusster Verhaltensmuster setzen können. Erstens müssen sie besser verstehen lernen, warum sie sich verhalten, wie sie sich verhalten, und tun, was sie tun. Zweitens brauchen sie die Erfahrung einer einfühlsamen und heilenden Reaktion ihres Partners in jenen Situationen, in denen ihre Kindheitswunden sich zeigen. Und drittens brauchen sie konkrete Werkzeuge, damit sie ihre automatischen Reaktionen durch neue ersetzen können. Durch ihre gemeinsame Arbeit konnten Karen und Burt besser verstehen lernen, wie das Muster des Umgangs mit Wut von Karens Mutter auf Karen übergegangen war, und ebenso von Burts Eltern auf Burt. Sie konnten sich beide an konkrete Kindheitsereignisse zurückerinnern, wo ihre Eltern ihre Bedürfnisse völlig missverstanden und sie verletzt hatten; und sie konnten Karens Explosionen und Burts unterdrückten Ärger erkennen - als mögliche Verteidigungsstrategien für Situationen, in denen sie kritisiert, missverstanden oder nicht beachtet wurden.

Sie lernten auch, einander als heilende Partner zu sehen anstatt als Einzelpersonen mit gegensätzlichen Meinungen, die miteinander kämpfen, welches der richtige Weg sei, Kinder zu erziehen. (In Teil VI *Werkzeuge für bewusste Eltern* finden Sie die Übung »Wiederverlieben in der Partnerschaft - Ein neues Bild meines Partners«). Als Karen und Burt erst einmal erkannt hatten, dass sie im Grunde dieselbe Angst teilten, nämlich ihr anstrengendes und kompliziertes Leben nicht mehr bewältigen zu können, spiegelte der Heilungsprozess und das Erlernen eines besseren Umgangs mit Ärger sich darin wider, dass sie einander unterstützten, ihre Partnerschaft und ihr Familienleben effektiver zu organisieren. Sie wussten natürlich, dass man das Leben in einer Familie mit fünf Teenagern niemals wirklich im Griff haben konnte. Aber sie gingen sehr systematisch vor und nahmen es ernst damit eine Struktur zu finden, in der möglichst viele Dinge bewusst gesteuert statt krampfhaft reglementiert wurden.

Karen erinnert sich amüsiert an die ersten zaghaften Gehversuche in diese Richtung. Sie hatte das Ritual eingeführt, dass sich an jedem ersten Sonntag des Monats die ganze Patchwork-Familie vor dem Kamin zusammenfinden sollte: »In der Firma hatte ich gerade ein Seminar über die Prinzipien von Organisationsentwicklung besucht und ich war ganz wild darauf, mein Wissen auch zu Hause umzusetzen. Ich hatte sogar ein Flipchart organisiert, damit wir alle Ergebnisse schriftlich und für alle ersichtlich festhalten konnten. Wir begannen damit, Zeitpläne und Aufgabenlisten zu organisieren, aber nach kurzer Zeit benützten unsere Kinder diese Familien-Meetings als Ventil, um ihren Unmut zu äußern. So erklärten die Mädchen ihren Brüdern: ›Ihr macht so viel Lärm, wenn ihr die Stiegen hinauf- oder hinunterlauft. Man muss jedes Mal Angst haben, dass das Haus zusammenstürzt!‹ Und sie nutzten die Gelegenheit auch, um mir Feedback zu geben. Eines meiner Kinder erklärte mir bei einem dieser Familienmeetings, dass ich an den Sonntagen eine schreckliche ›Nörgeltante‹ sei - und die anderen Kinder pflichteten sofort bei. Das Problem war, dass ich zu dieser Zeit an den Samstagen arbeiten musste, weil meine Firma einige neue Niederlassungen eröffnete. So blieben mir nur die Sonntage, um die ganze Hausarbeit zu erledigen. Bei einem großen Haus und sieben Familienmitgliedern war das eine glatte Überforderung. Ich erkannte, dass das ein echtes Dilemma war. Burt und die Kinder waren bereit, einen Teil der Haushaltspflichten zu übernehmen, und außerdem suchten wir eine Putzfrau.«

Auch auf der Gefühlsebene erkannte Burt mehr und mehr, dass er als Vater ein vollwertiger Partner in der Beziehungsarbeit mit den Kindern werden musste. Er war es gewohnt gewesen, das meiste Karen zu überlassen, aber nun erkannte er, dass diese Unausgewogenheit weder für ihre Partnerschaft noch für die Kinder gut war. So setzte er zwei konkrete Schritte der Veränderung. Er versuchte bewusst, Karen in Auseinandersetzungen mit den Kindern zu unterstützen und ihren Ärger wertzuschätzen, anstatt ihn abzulehnen und zu kritisieren. Wenn ihr Temperament wieder einmal mit ihr durchging, pflegte er zu sagen: »Ich weiß, dass dich das verrückt macht, und ich kann verstehen, warum!« Und dann formulierte er mit seinen eigenen Worten, wie er sich ihre Situation und ihre Gefühle vorstellte: »Du kommst nach einem anstrengenden Tag nach Hause. Das Abendessen ist nicht fertig. Die Kinder streiten. Jared hat seine Hausaufgaben noch nicht gemacht. Patty möchte auf eine Party gehen. Es ist ein fürchterliches Durcheinander. Es ist dir einfach zu viel ...«. Und dann pflegte er zu fragen: »Kann ich dir irgendwie helfen?«

Karen ihrerseits versuchte, Burts zurückhaltende Art wertzuschätzen. Sie sagte, sie schätze es, dass er nicht so emotional reagiere wie sie. Dadurch, dass Burt Karen gelten ließ, lernte auch sie ihn gelten zu lassen. Und sie lernte zu sagen: »Am liebsten würde ich einfach davonlaufen und mich irgendwo verstecken! Aber vielleicht können wir zusammenhelfen und die Situation bewältigen, dann können wir später am Abend eine gemütliche Zeit miteinander verbringen ...«

Karen und Burt lernten den Umgang mit zwei neuen »Werkzeugen« für ihre Partnerschaft bzw. ihr Familienleben: den Dialog »Bitte um Verhaltensänderung« und die Übung »Wut-Container«. Zuerst lernten sie, die Bedürfnisse des Partners besser zu verstehen und diese Bedürfnisse anzuerkennen, indem sie »Bitten um Verhaltensänderung« äußerten. Sie lernten beide, solche Bitten zu formulieren, und lehrten es auch ihre Kinder.

Karen erinnert sich noch sehr genau an eine wichtige Bitte, die sie an ihre Tochter Patty richten konnte. Karens Tochter war sechzehn und sie hatten eine heiße Diskussion darüber, ob sie am Abend ausgehen dürfe, wenn sie am nächsten Tag Schule hatte. Karen sagte: »Patty, ich möchte gerne eine Bitte um Verhaltensänderung einbringen. Es raubt mir die letzte Kraft, wenn wir stundenlang diskutieren, ob du bei deiner Freundin Amanda übernachten kannst. Du kennst meine Regel: wenn am nächsten Tag Schule ist, dann bist du zu einer vernünftigen Uhrzeit in deinem eigenen Bett. Meine Bitte ist, diese Regel einen Monat lang einzuhalten. Während dieser Zeit bitte ich dich darum, dass wir nicht weiter darüber diskutieren. Du weißt, dass ich am Wochenende so großzügig wie nur möglich bin, was Partys betrifft. Aber was die Schulwochen angeht, möchte ich nicht immer wieder über dasselbe Thema diskutieren.« Karen erzählt, dass dieses Problem nie wieder auftrat. »Ich glaube, es funktionierte so gut, weil es auf Gegenseitigkeit beruhte: Patty hatte Bitten an mich gerichtet und sie sah, dass ich mein Bestes tat, um sie zu erfüllen. Sie erkannte, dass sie nicht nur mir, sondern auch sich selbst Achtung entgegenbrachte, wenn sie sich um eine wertschätzende Beziehung mit mir bemühte.«

Das zweite eben erwähnte Werkzeug, das Karen und Burt verwendeten, war die Übung »Wut-Container«, die wir im vorigen Kapitel vorgestellt haben. Sie lernten, Ärger und Wut spontan auszudrücken und auch gelten zu lassen, wenn die Situation es verlangte. Sie ermunterten einander durch die Frage: »Möchtest du noch mehr darüber sagen?«, bis aller Ärger ausgesprochen war. So lässt die emotionale Spannung nach, die sonst unter der Oberfläche immer explosiver werden kann. Karen und Burt lernten in Form des Imago-Dialogs zu kommunizieren, entweder spontan oder nach Vereinbarung, und die Frustration zu benennen, die ihren Ärger oder ihre Wut verursacht hatte. Für Karen war das eine entscheidende Übung, weil sie die Angewohnheit hatte unkontrolliert zu explodieren. Es half aber auch Burt, in einem sicheren Rahmen Dampf ablassen zu können.

Der Imago-Dialog im Rahmen einer verbindlichen Freundschaft

Als Karens jüngster Sohn mit der Schule fertig war, beschlossen Burt und sie wieder getrennte Wege zu gehen. Obwohl diese Entscheidung beiden nicht leicht fiel, war es eine sehr bewusste Entscheidung und sie trennten sich in aller Freundschaft. Vier Jahre später hatte Karen wieder große Probleme in ihrer Beziehung zu ihrer Tochter und bat uns um Hilfe, weil sie herausfinden wollte, was die Ursachen ihrer Probleme sein könnten. In den gemeinsamen Jahren mit Burt hatte sie große persönliche Fortschritte gemacht. Nun war sie wieder Alleinerzieherin ohne festen Lebenspartner und dennoch wollte sie einige Themen bearbeiten. Würde es möglich sein, das ohne Burt zu tun?

Karens Konflikt hatte mit der Ehe ihrer Tochter zu tun. Nicht, dass Karen ihren zukünftigen Schwiegersohn nicht mochte. Im Gegenteil, sie sagte Dinge wie: »Ich mag ihn, ja ich liebe ihn! Er hat eine tolle Ausstrahlung. Viele andere Leute mögen ihn auch. Er sorgt gut für seine Familie und er ist mir relativ ähnlich. Er braucht seinen persönlichen Freiraum. Manchmal sagen meine Tochter und ich im Scherz, dass sie ihre eigene Mutter geheiratet hat.«

Das Problem war, dass Patricia daran dachte ihn zu verlassen. Sie fand, dass er zu dominant war, und es störte sie, dass er von ihr erwartete, ihrem Kind zuliebe den Beruf aufzugeben und nur seine berufliche Karriere zu unterstützen.

Karen spürte eine sehr klare Meinung, was sie ihrer Tochter raten wollte: »Patty wollte meine Erlaubnis ihn zu verlassen, aber ich dachte, sie sollte mit ihm verheiratet bleiben und an diesen Themen arbeiten.«

Karen war wieder zur Therapie gekommen, weil sie erlebte, dass sie sich zu sehr in das Dilemma ihrer Tochter einmischte und große Angst hatte, dass ihre Tochter ihren Mann verlassen könnte. Aus einem bestimmten Grund schien dieses Thema jene Grenze zwischen Mutter und Tochter aufzuheben, um die sie sich in den vergangenen Jahren so sehr bemüht hatte.

Schon nach kurzer Zeit konnte sie erkennen und in Worte fassen, was sie verändern musste. Zuerst einmal musste sie ihre Angst vor dem Gedanken ablegen, dass ihre Tochter Alleinerzieherin sein könnte. Sie musste sich vorstellen, dass ihre Tochter gut damit zurechtkommen könnte, wenn sie sich entscheiden sollte ihren Mann zu verlassen. Zweitens wollte sie dazu in der Lage sein, mit ihrer Tochter über das Thema bewusster, sachlicher und unterstützender zu sprechen als bisher. Es war ganz offensichtlich, dass genau diese Situation symbiotische Reaktionen bei Karen hervorgerufen hatte. Sie durchlebte ihre eigenen Ängste ein zweites Mal.

Als wir sie fragten, ob es einen erwachsenen Menschen gäbe, mit dem sie in sehr enger und persönlicher Beziehung stehe, nannte sie Sandra, ihre beste Freundin seit Kindheitstagen. Sandra war ebenfalls eine geschiedene Mutter und hatte zwei Kinder, die noch zu Hause lebten. Sandra hatte zwar gerade den Mann ihrer Träume kennen gelernt, aber dennoch konnte sie genug Zeit für Karen erübrigen und stand Karens Kindern sehr nahe.

Karen fragte Sandra, ob sie dazu bereit wäre, mit ihr zusammen an den Problemen in Bezug auf Patty zu arbeiten. Karen musste Sandra fragen, ob sie bereit dazu wäre, mit ihr eine Therapie zu machen. Sie musste unmissverständlich sagen, was sie sich erwartete und was Sandras Aufgabe dabei wäre. Karen erklärte, welche Bewusstheit und welche Bereitschaft von ihnen beiden gefordert sei, und ihre Freundin war bereit dazu. Karen schilderte ihrer Freundin, dass sie sich von ihr Hilfe erhoffte herauszufinden, warum sie sich so große Sorgen um ihre Tochter machte. Sie wollte wissen, warum es sie so verunsicherte, wenn ihre Tochter erklärte, sie wolle Alleinerzieherin sein, und *was das mit ihren eigenen Lebenserfahrungen zu tun haben könnte*. Karen erklärte Sandra auch, was sie von ihr erwartete: »Ich möchte, dass du mich einlädst, darüber zu sprechen, wie es für mich war, wenn ich als Kind Angst hatte. Bitte hör mir aufmerksam zu, wenn ich dir darüber erzähle und spiegle meine Worte. Und von Zeit zu Zeit frag mich bitte: »Möchtest du mir mehr darüber sagen?« Ich bitte dich, nicht zu bewerten, was ich sage, oder mir Ratschläge zu geben, aber lass bitte meine Gefühle gelten. Ich weiß, dass ich hier nicht rational denke, deshalb glaube ich, dass es an eine meiner Kindheitsverletzungen rührt. Es würde mir sehr helfen, wenn ich in deiner Gegenwart den kindlichen und irrationalen Teil meines Selbst entdecken kann und mich von dir dennoch angenommen fühle. Bitte zeig mir, dass ich nicht verrückt bin und dass es Sinn macht.«

Sandra erwies sich als gute Partnerin für Karen. Sie trafen sich drei Mal, um sich mit Kindheitsängsten zu beschäftigen und darüber nachzudenken. Einmal begann Karen zu weinen und bat Sandra, sie zu halten und zu wiegen. Ein andermal wollte Sandra Karens Arm berühren, aber Karen erklärte, sie wolle jetzt nicht berührt werden. Schon vor den Therapiesitzungen hatten sie einander viel Vertrauen geschenkt und dieses Vertrauen wurde nun noch wesentlich größer. Am Schluss der gemeinsamen Arbeit sagte Sandra zu Karen, dass sie wohl ebenso davon profitiert hätte wie Karen.

Ein anderes Stück Arbeit, das Karen mit Sandra bewältigte, war nicht so tiefgehend. Karen kannte den Imago-Dialog bereits von früher. Wie man aber nun anhand der Probleme mit ihrer Tochter erkennen konnte, hatte sie es verlernt, seine Prinzipien im Alltag anzuwenden. So bat sie Sandra, ihr zu helfen und Dialogpartnerin zu sein: »Je mehr Übung ich habe, desto automatischer kann ich diese Form anwenden. Wenn ich mich dann in einer gefühlsgeladenen Situation befinde, wo ich mit meinen Meinungen und meinen Gefühlen mein Gegenüber überrumpeln möchte, werde ich mich besser an die Struktur des Dialogs erinnern und darauf stützen können, weil ich damit vertraut bin. Ich werde meine Tochter unterstützen können, anstatt ihr Ratschläge zu geben.« Karen und Sandra führten einige Imago-Dialoge miteinander und das half Karen, ihre Tochter gut und unvoreingenommen bei ihren Eheproblemen zu begleiten. Beide, Karen und Sandra, hatten den Eindruck, dass sie in all ihren Lebensbereichen stark davon profitierten, den

Dialog in ihr Leben zu integrieren.

Eine andere verbindliche Freundschaft

Vor ungefähr einem Jahr fand Karen die Möglichkeit, eine weitere heilende Freundschaft zu aktivieren. Diesmal war ihr langjähriger Freund Don ihr Dialogpartner. Sie hatten sich vor mehr als 20 Jahren beruflich kennen gelernt und waren einander in einer tiefen Freundschaft zugetan, die mehrere Übersiedlungen und berufliche Veränderungen überdauert hatte.

Diesmal war Karens Thema das Geld: »Ich beschäftige mich viel damit, welche Rolle Geld in meiner Beziehung zu meinen Kindern spielt. Mit Patty konnte ich noch nie gut darüber sprechen. Vor einigen Monaten hatte ich einen Konflikt darüber mit einem meiner Söhne. Das auslösende Ereignis war ein Brief gewesen, den ich Jim gesandt hatte. Ich hatte eine Telefonkarte beigelegt, damit er mich immer anrufen könne, wenn er das Bedürfnis dazu hätte. Er rief an und sagte: ›Herrgott noch mal, was soll ich denn mit dieser Telefonkarte? Warum schickst du mir Dinge, die ich mir selbst kaufen kann? Sieh doch endlich ein, dass ich schon 21 bin!‹«

Karen erzählte dieses Erlebnis Don bei einem gemeinsamen Mittagessen. Er reagierte einfühlsam und stellte wirklich gute Fragen, sodass Karen ihn bat ihr zu helfen, ihrem Problem tiefer auf den Grund zu gehen. Sie trafen sich in der darauf folgenden Woche und Karen bat ihn ihr zuzuhören, als sie versuchte, für sich selbst die Frage zu beantworten, die ihr Sohn gestellt hatte: »Warum habe ich das getan?« Warum nur schickte sie ihren Kindern Geld und kaufte ihnen Dinge, um die sie sie nie gebeten hatten, obwohl sie inzwischen erwachsene Menschen waren?

Das ganze Gespräch hindurch hörte Don Karen aufmerksam zu und ließ ihre Gefühle gelten. Er stellte sehr hilfreiche Fragen. Karen erklärte, welche Schuldgefühle sie oft gehabt hätte, wenn sie ihre Kinder in die Obhut anderer Menschen gegeben habe, um ihren ruhigen und geordneten Arbeitsplatz aufzusuchen. Don fragte sie: »Wenn du Schuldgefühle hättest, worin würde sich das zeigen?« Ein andermal beschrieb Karen, wie sehr sie als Kind darunter gelitten hatte, dass ihre Mutter nie genug Geld gehabt hätte. Karen verglich dieses Gefühl mit »einem Loch im Magen«. Und Don fragte sie: »Füllt sich dieses Loch, wenn du deinen Kindern Geld gibst?«

Karen konnte dank einiger tiefer Freundschaften sehr wertvolle Einsichten in ihr destruktives Verhalten ihren Kindern gegenüber gewinnen und sich mit ihren eigenen negativen Gefühlen innerhalb eines sicheren Rahmens auseinandersetzen. Sie konnte positive Verhaltensweisen üben und anwenden, die sie dauerhaft in ihre Beziehungen integrierte. Ihr Bemühen um bewusstere Beziehungen half ihr zu erkennen, wie ihre Kindheit sie geprägt hatte, dass sie ehrgeizig und leicht reizbar war, Angst vor verbindlichen Partnerschaften hatte und permanent

Schuldgefühle ihren Kindern gegenüber verspürte.

Karen kann nun auch ganz bewusst ihren Drang, beim Arbeiten an ihre Grenzen zu gehen, mit ihrem Bedürfnis nach Freizeit, Erholung und Unproduktiv-Sein ausbalancieren. Sie wird zwar immer noch relativ schnell wütend, aber es ist nicht mehr automatisch ihre erste Reaktion bei frustrierenden Erlebnissen. Sie kann in solchen Situationen innehalten, ihrem Gegenüber zuhören und Verständnis entgegenbringen, anstatt unausweichlich zu explodieren. Karen nimmt sich Zeit darüber nachzudenken, welche Rolle sie im Leben ihrer Kinder spielt, ihren eigenen positiven Beitrag wertzuschätzen und sich selbst daran zu erinnern, dass die Kinder nun erwachsen sind. Wenn sie das Bedürfnis danach hat, bittet sie Freunde ihr zu bestätigen, dass sie eine gute Mutter ist. Karen hat bis jetzt keinen neuen Lebenspartner gefunden, aber sie fühlt sich wohl in ihrem Leben und sie kann sich beides gut vorstellen, sowohl noch einmal zu heiraten als auch Single zu bleiben.

Karen weiß, dass es gefährlich sein kann ihre Freunde zu bitten, so etwas wie eine Therapeutenrolle für sie zu übernehmen. Aber das hatte sie im Grunde auch nicht getan. Sie hatte Sandra und Don nur gefragt, ob sie sie in einer besonderen Rolle ein Stück weit auf dem Weg ihrer persönlichen Heilung begleiten würden.

Der persönliche Weg der Heilung

Heilung können wir am besten im Rahmen von tiefen und bedeutsamen Beziehungen erfahren. Ehepaare haben den Vorteil, dass sie über eine längere gemeinsame Zeitspanne verfügen können und auch im Alltag neue Wege für Interaktionen finden können. Singles und AlleinerzieherInnen pflegen andere Beziehungen, die aber ebenso die Kriterien der persönlichen Bereitschaft und der erforderlichen Nähe erfüllen können, die für das Heilen von Kindheitsverletzungen nötig sind. Ausschlaggebend dabei ist es, mit anderen Erwachsenen jene Verhaltensweisen einzuüben, die wir in die Beziehung zu unserem Kind einbringen möchten. Und im Umgang mit unseren Kindern so wertschätzend zu sein, wie wir es auch im Umgang mit anderen Erwachsenen sein möchten.

Jedes Gespräch und jede Interaktion mit einem anderen Menschen ist entweder eine heilsame oder eine verletzende Erfahrung für uns. In einer liebevollen Atmosphäre können wir und unsere Partner gleichsam zu einer Heilquelle finden und den Durst unserer Seele und all unserer Selbstanteile stillen. So können wir unsere Kindheit vollenden und über uns selbst hinauswachsen.

Teil IV
Mein Kind
auf neue Weise wahrnehmen

Versprechen einer bewussten Eltern-Kind-Beziehung

Ich erkläre mich dazu bereit, mit Liebe, Bewusstheit und Hingabe:

1   Den Imago-Dialog anzuwenden.

2   Dir Sicherheit, Unterstützung und Struktur zu schenken.

3   Meine eigenen Themen zu bearbeiten, damit ich eine bessere Mutter/ein besserer Vater für dich sein kann.

4   Deine Bedürfnisse während der verschiedenen Entwicklungsstadien zu erfüllen.

5   In positiver Weise mit dir in Verbindung zu bleiben.

6   Daran zu glauben, dass du und ich gemeinsam lernen und wachsen können.

Vorwort zu IV.   **Ein Überblick**

> *Phasen der Einheit und der Eigenständigkeit scheinen sich im Leben des Menschen abzuwechseln, sowohl in der Kindheit wie auch im Erwachsenenleben. So kann man sagen, dass die psychische Entwicklung eines Menschen von seiner Geburt bis zu seinem Tod mit einem Kreiszyklus, oder noch genauer ausgedrückt, mit einem spiralförmigen Zyklus vergleichbar ist.*
> Edward Edinger, *Ego and Archetype*[i]

Wir haben nun schon einen weiten gedanklichen Weg gemeinsam zurückgelegt. Wir haben Elternschaft neu definiert, nämlich als »heilige« Beziehung, die das Potenzial hat, die ganze Persönlichkeit des Kindes zu bewahren und die Kindheitswunden der Eltern zu heilen. Wir haben gesehen, dass unbewusste Elternschaft in unserer Gesellschaft und Kultur sehr verbreitet ist, und wir haben die Vision eines neuen und bewussteren Weges aufgezeigt, wie Eltern die Beziehung zu ihren Kindern gestalten können. Wir haben gezeigt, wie sehr der *Imago-Dialog* eine Beziehung bereichern kann - durch Spiegeln, Geltenlassen und Einfühlen. Nun wollen wir diese Konzepte auf ihre Umsetzbarkeit hin überprüfen und sehen, wie bewusste Eltern mit ihrer Hilfe jene spezifischen Entwicklungsimpulse unterstützen können, die das Kind auf seinem Weg von der Geburt bis zum Erwachsen-Sein äußert. Nur für diesen Teil des Buches gibt es eine gesonderte Einleitung, die einige wichtige Punkte enthält, die alle Entwicklungsphasen eines Kindes gleichermaßen betreffen. Was können Eltern tun um den Weg zu ebnen, damit der großartige Plan der Natur sich in ihrem Kind entfaltet und um gleichzeitig ihre eigene Kindheit zu vollenden?

Der Rhythmus der Kindheit

Die nächsten sechs Kapitel lenken unsere Aufmerksamkeit auf den Rhythmus der Kindheit, auf die Gezeiten der Psyche, die die Entwicklung steuern. Es gibt, bildlich gesprochen, zwei Rhythmen, die ein Kind in seiner Entwicklung gleichzeitig bewegen: eine *Schwingung*, die von der Mitte ausgeht, sich verstärkt und dann wieder verebbt, und eine *Vorwärtsbewegung* innerhalb der Wachstumsphasen, in denen das Kind seine vorgegebene Entwicklung durchläuft. Durch das Zusammenspiel dieser beiden Rhythmen ergibt sich die Spiralbewegung eines gesunden körperlichen und seelischen Wachstums.

Diese Schwingung, auch Oszillation genannt, beginnt durch Bindung, verstärkt sich in Richtung Entdecken und Differenzieren und reduziert sich dann wieder auf Bindung. Das Baby verinnerlicht diesen Rhythmus während seiner ersten Lebensjahre und wiederholt ihn in späteren Entwicklungsphasen gewohnheitsmäßig. Wenn ein Kind zur Welt kommt, ist es emotional eng mit seiner Mutter verbunden. Wenn es sich nach ungefähr 18 Monaten dieser Verbundenheit sicher ist, löst es sich vorsichtig und bleibt doch weiterhin verbunden. Es erforscht die über seine Mutter hinausgehende Umgebung, wobei es regelmäßig zurück zur Mutter kommt, um sich Rückversicherung zu holen.

Wenn dieser erste und grundlegende Rhythmus unterstützt wird und ohne Behinderung seinen natürlichen Lauf nehmen kann, wird er sich später erfolgreich wiederholen - wenn ein Mensch sich in jemanden verliebt, einen Beruf ergreift, einen Streit oder einen guten Einfall hat, Vater oder Mutter wird ... . Dann lernt dieser Mensch, sein einzigartiges Selbst im Rahmen einer romantischen Liebesbeziehung oder im Rahmen anderer wichtiger Lebenserfahrungen auszudrücken.

Alle primären Entwicklungsaufgaben, die wir in unserer Kindheit zu erfüllen haben, kommen in einem vorgegebenen Rhythmus während unseres ganzen Lebens immer wieder auf uns zu. Das neugeborene Kind trägt bereits die Knospen aller Entwicklungsimpulse in sich und zur gegebenen Zeit blühen sie auf. Es wird sich in einen Menschen oder in eine Sache verlieben und Bindung aufbauen. Es wird Neues darin entdecken und dadurch einen neuen Aspekt seiner Identität entwickeln. Es wird neue Kompetenzen beweisen. Es wird soziale Verantwortung übernehmen. Es wird diesen Rhythmus gut kennen lernen und diesen Zyklus oft wiederholen. Wie erfolgreich es dabei sein wird, hängt davon ab, wie gut ein Kind seine grundlegende Entwicklung während der ersten 18 bis 20 Lebensjahre meistern kann.

Vielleicht kennen Sie diesen Rhythmus bereits aus Ihrem eigenen Leben. Wie hat er sich in Ihrer Elternrolle bisher bemerkbar gemacht? Als Ihr Kind zur Welt kam, haben sie sich gleich ineinander verliebt. Dieses wunderbare und erstaunliche kleine Geschöpf motivierte Sie, die Welt der Elternschaft zu erforschen. Das könnte einer der Gründe gewesen sein, das vorliegende Buch zu lesen. Und während Sie für Ihr Neugeborenes sorgten und sich an Ihre neue Rolle gewöhnten, erwarben sie einen neuen Aspekt Ihrer Identität. Sie erwarben mehr und mehr Erfahrung und lernten mehr Selbstvertrauen zu haben, weil Ihre Kompetenzen sich erweiterten. Vielleicht suchten Sie auch die Unterstützung und Begleitung anderer Menschen, die Ihre Erfahrungen teilten, weil sie als Eltern eine ähnliche Gesinnung zeigten wie Sie. Durch Ihre Anteilnahme an der Weitergabe des Lebens erkannten Sie, dass Ihr Interesse am Wohlergehen anderer Menschen und unserer Gesellschaft insgesamt stärker wurde. Diese Ausrichtung nach außen entspricht dem normalen Zyklus unseres Lebens.

Nach dem gerade beschriebenen Prinzip der Schwingung kommen wir nun zu jenem zweiten Rhythmus, von dem das Wachstum des Kindes abhängt, nämlich zur Vorwärtsbewegung, auch Progression genannt. Dieser Rhythmus bewegt das Kind vorwärts, obwohl es in seiner Spiralbewegung auch wieder zurückkommt und frühere Herausforderungen neu aufnimmt. Dieser Rhythmus bewirkt ein Durchschreiten spezifischer Entwicklungsphasen mit ihren Entwicklungsimpulsen. All das ist in jedem Kind schon bei seiner Geburt grundgelegt, aber es blüht zu einer bestimmten Zeit auf, die von seinem inneren Impuls und der Bereitschaft der Umgebung abhängig ist. Wenn Eltern die erste zarte Knospe gut genährt und gepflegt haben, wird sich die nächste Knospe öffnen. Jedes Mal, wenn das Kind, angetrieben durch einen neuen Entwicklungsimpuls, einige Schritte vorwärts macht, wird es sich rückbesinnen auf die Bindung zu seinen engsten Bezugspersonen, um sich emotionale Sicherheit für die Bewältigung der nächsthöheren Ebene zu holen. Jeder einzelne Entwicklungsimpuls verdichtet sich, verflüchtigt sich wieder und ein neuer löst den vorherigen ab. Der weise Atem der Natur bläst das Kind unbeirrbar in Richtung Reife. Das Leben des Kindes fließt von einer Verwandlung zur nächsten. Das bleibt auch in seinem Erwachsenenleben so.

Jede dieser Entwicklungsphasen hat ihre eigenen Herausforderungen und ihre eigenen Chancen. Ein spezifischer Impuls tritt in einem bestimmten Alter zum ersten Mal in den Vordergrund. Wenn dieser Impuls sich verwirklichen kann und sein Ziel erreicht, wird das Kind dazu in der Lage sein, die wachsende geistige, emotionale und physische Vielfalt zu integrieren, die seine Persönlichkeit anstrebt. Dann ist es gut gerüstet für die nächste Aufgabe. Es hat eine gute Grundlage dafür gelegt, die nächste »Lektion« zu lernen und den ursprünglichen Impuls auf einer komplexeren Ebene zu bewältigen, wo er später in etwas anderer Form auftritt.[2]

Wenn das Kind sich in der Beziehung zu seiner primären Bezugsperson sicher fühlt, wird es Interesse daran zeigen, seine Umgebung zu entdecken. Wenn es damit erfolgreich ist, wird sich das Kind mit gewissen Objekten oder Personen identifizieren und sie in seine persönliche Identität integrieren. Wenn es die ersten Aspekte seines eigenen Selbst erkannt hat, wird es seine Fähigkeit testen, Einfluss auf diese Welt zu haben, und wird das Gefühl der Kompetenz entwickeln. Anschließend wird das Kind diese ersten vier Schritte noch einmal durchlaufen, diesmal außerhalb seiner Familie, zuerst mit Freunden desselben Geschlechts, später mit jenen des anderen Geschlechts. Es gibt zwar keine Garantie dafür, aber die Wahrscheinlichkeit, dass die Entwicklung gut verläuft, steigt deutlich, wenn jeder Entwicklungsimpuls bei seinem ersten Auftreten in der jeweiligen Entwicklungsphase erfolgreich integriert wird. Ein bewusster Elternteil unterstützt die natürliche Entwicklung dadurch, dass er eine gute Verbindung zu seinem Kind aufrecht erhält und es dazu befähigt, jeden neuen Impuls erfolgreich in seine Persönlichkeit zu integrieren.[3]

Eine spiralförmige Entwicklung

Die beiden Rhythmen der Oszillation (Schwingung) und der Progression (Vorwärtsbewegung) bilden zusammen ein Bewegungsmuster, das sowohl eine Kreisrotation als auch eine Vorwärtsbewegung beschreibt, also dem Prinzip einer Spirale entspricht, wie Edward Edinger es formuliert hat. Denken Sie an eine Wendeltreppe: jeder neue Schritt ist eine Vorwärts- und Aufwärtsbewegung und dennoch beschreibt unser Weg einen Kreis, innerhalb dessen wir immer wieder an dieselben Punkte im Kreisumfang gelangen. Wir verbringen unser ganzes Leben auf unserer »persönlichen Wendeltreppe«. In unserer Kreisbewegung gelangen wir immer wieder an dieselben Punkte und haben dieselbe Aussicht wie vorher, aber aufgrund der Aufwärtsbewegung befinden wir uns etwas höher, sodass unser Horizont und unsere Aussicht sich erweitert haben.

Manchmal kann es vorkommen, dass wir auf einer bestimmten Stufe stolpern und niederfallen, wenn uns niemand an der Hand führt. Wir können wieder aufstehen und unseren Weg fortsetzen, und dennoch bleibt eine Spur zurück, die unsere Verletzungen aufzeigt. Rückblickend können wir diese Spur verfolgen und sehen, wie ein Stolpern die darauf folgenden Phasen unseres Wachstums beeinträchtigt und unsere Fähigkeit schwächt, anderen Menschen, besonders unseren Kindern, beim Bewältigen einer bestimmten Stufe behilflich sein zu können.

Es gibt viele Gründe, warum wir auf einer gewissen Stufe keinen festen Halt finden, bevor wir zur nächsten weitergehen. Vielleicht ist uns etwas in die Wiege gelegt worden, das gerade diesen Schritt für uns schwieriger macht als andere Schritte. Vielleicht hätten wir dringend mehr Unterstützung gebraucht, konnten sie aber nicht bekommen. Vielleicht sind wir auch durch mangelndes Einfühlungsvermögen, Ungeduld oder Blindheit eines anderen Menschen von dieser Stufe »verdrängt« worden.

Das Schöne an unserer spiralförmigen Entwicklung ist es, dass wir immer wieder eine neue Chance bekommen. Wenn wir an derselben Stelle auf einer höheren Ebene angekommen sind, können wir lernen, eine Herausforderung diesmal besser zu bewältigen. Je älter wir werden, desto selbstsicherer können wir unsere Schritte setzen.

Vorwärtsbewegung

Diese Rhythmen der Kindheit existieren im Kontext des universellen Kreislaufes der Menschheit: *Geburt, Jugend, Reife, Alter und Tod*. Das ist die ewige »Wahrheit« des Universums: bewusste Energie nimmt die Form von Materie an und wird in die Welt geboren. Ihre Form verändert sich mit der Zeit und stirbt schließlich wieder. Dieser Zyklus gilt für Eintagsfliegen und sibirische Tiger in gleicher Weise wie für Bergketten und für Sonnensysteme.

Bei manchen Organismen kann man verschiedene Entwicklungsphasen gut voneinander unterscheiden. Bei einem Schmetterling beispielsweise sieht man gut, in welcher Phase er sich gerade befindet. Zu verschiedenen Zeiten seiner Entwicklung sieht er völlig unterschiedlich aus. Wenn wir es nicht besser wüssten, würden wir niemals glauben, dass das kleine Ei mit seiner harten Schale derselbe Organismus ist wie die dicke Raupe oder die eingesponnene Puppe. Und wir können keinerlei Ähnlichkeit erkennen zwischen der kleinen weißen Mumie und dem in allen Regenbogenfarben schillernden Schmetterling, dem wir versonnen nachblicken, wenn er im Sommerwind davonflattert. Vier Entwicklungsphasen - vier höchst unterschiedliche Manifestationen ein- und desselben Lebewesens.

Auch wir spiegeln diesen universellen Veränderungsprozess wider, während wir unsere Entwicklungsphasen durchschreiten. Aber wir ähneln in dieser Hinsicht mehr den Bergen als den Schmetterlingen. Wir kündigen eine neue Entwicklungsphase nicht durch einen neuen Körper an. Wir entwickeln uns schrittweise und nicht in vehementen, äußerlich erkennbaren Schüben. Während unserer Kindheit und vor allem als Erwachsener behalten wir grundsätzlich gesehen unser Aussehen bei. Wie bei Gebirgen kommt es zwar im Laufe der Jahre zu einer gewissen Erosion, aber im Großen und Ganzen bleiben wir erkennbar.

Das bedeutet nun nicht, dass wir uns nicht verändern. Natürlich sehen Ihr Sohn oder Ihre Tochter auf den Babyfotos anders aus, als sie auf ihren Hochzeitsfotos aussehen werden. Aber es gibt keine Entwicklungsphase, wo sie wie Schmetterlinge den unkenntlichen Körper einer Puppe annehmen. Manchen Eltern liegt es nun vielleicht auf der Zunge zu sagen, das sei nicht wahr, denn in der Pubertät hätten ihre Kinder sich in eine außerirdische Lebensform verwandelt. Aber Spaß beiseite, bei uns Menschen geht Veränderung im Allgemeinen kontinuierlich vor sich und ist daher im normalen Alltagsleben nicht erkennbar.

Diese in körperlicher Hinsicht kontinuierliche Entwicklung erschwert es Eltern, jene Veränderungen wahrzunehmen, die ihre Kinder durchmachen. Sie sehen jeden Morgen dieselben vertrauten Gesichter und können die turbulenten Wellen nicht erkennen, durch die Neues an die Oberfläche kommt und sich in Verhaltensweisen äußert, die den Eltern bisher unbekannt waren. Sie sind erstaunt über die neuen Interessen, Fähigkeiten oder Gedankenwelten ihrer Kinder. Sie dachten, sie würden ihre Kinder und deren Charakter kennen. So geraten sie aus der Fassung, wenn turbulente Wellen Unerwartetes an die Oberfläche bringen. »Was soll denn das nun wieder sein?«, fragen Eltern angesichts solcher Überraschungen verwirrt.

Es ist nicht überraschend, dass ein Kind sich zu einem Erwachsenen entwickelt. Diese Entwicklung ist vorhersehbar und universell. So wie eine Sonnenblume programmiert ist eine Sonnenblume zu werden, ist auch ein Menschenkind programmiert ein erwachsener Mensch zu werden. Es gibt einen angeborenen Entwicklungsplan, der im Großen und Ganzen für jedes Kind ähnlich ist, und der ihm hilft, die physischen, geistigen und emotionalen Fähigkeiten zu erwerben, die es braucht. Der Unterschied besteht darin, dass eine Blume nur Erde, Wasser und Sonnenlicht braucht, um ihr volles Potenzial auszuschöpfen. Ein kleines Menschenkind hingegen braucht um Vieles mehr.

Die Gehirnentwicklung

In einem der vorangegangenen Kapitel haben wir darauf hingewiesen, dass das menschliche Gehirn sich in drei Teile gliedert: das Reptiliengehirn oberhalb der Wirbelsäule, das unser automatisches Handeln steuert; das limbische System, Erbe der Säugetiere und Sitz unserer Gefühle; die Hirnrinde (Kortex), in der sich das Denken, die Intuition und alle anderen kognitiven Prozesse manifestieren. Wenn wir die Funktionsweise des Gehirns erklären wollen, dann unterteilen wir es in zwei Teile, in das Alte Gehirn und das Neue Gehirn. Das Alte Gehirn schließt auch das Säugetiergehirn mit ein und ist die Quelle für unbewusste, instinktive elterliche Reaktionen. Der Kortex, den wir auch Neues Gehirn nennen, beherbergt das Potenzial für bewusste Eltern-Kind-Beziehungen. Wenn wir unsere Beziehung zu unserem Kind in jeder Entwicklungsphase ansehen, können wir einen Blick in das Gehirn werfen und sehen, wie es sich entwickelt, ganz besonders während der ersten drei Lebensjahre. So werden wir einen Eindruck davon bekommen, was hier vor sich geht und wie wichtig wir als Bezugsperson für die Entwicklung des Kindes sind.

Die ersten Lebensmonate können Eltern geheimnisvoll erscheinen. Sie können kaum erkennen, was in ihrem Kind vorgeht. Man muss schon gut Bescheid wissen um erahnen zu können, was sich unter der Oberfläche des kindlichen Selbst bewegt. Die meisten Eltern haben wenig Ahnung, welch große körperliche und psychische Entwicklung ihr Baby in einigen Monaten durchlebt.

Die objektiven Erkenntnisse der Wissenschaft können nun erfreulicherweise unsere Vermutungen bestätigen: in den ersten Lebensmonaten eines Babys geht eine enorme Entwicklung vor sich. Reflektierte Eltern und Entwicklungspädagogen haben es schon lange geahnt. Sie haben gestaunt über das Wunder der großen Veränderungen, die aus einem Neugeborenen ein Krabbelkind machen. Und sie hatten recht damit: hier sind Staunen und Ehrfurcht tatsächlich angezeigt.

Inzwischen wissen wir, dass die ersten drei Lebensjahre darüber entscheiden, was für ein Mensch aus diesem kleinen Kind später wird. Neurobiologen haben großes Wissen darüber, wie sich das Gehirn während der Schwangerschaft formt und wie es sich auch nach der Geburt selbst gestaltet, und zwar als Reaktion auf alle Eindrücke, die das Baby seit seiner Empfängnis aufgenommen hat.[4] Es ist nachgewiesen, dass das Gehirn nicht für sich selbst und isoliert zu sehen ist, weil es sich nicht unabhängig von seinem Kontext entwickelt. Man kann das Gehirn mit einem menschlichen Lebewesen vergleichen, das sich nur durch fortwährende Interaktion mit seiner Umgebung weiterentwickelt. Hier einige aufschlussreiche Ergebnisse aus neuen wissenschaftlichen Erkenntnissen:

1. Ein Baby kommt mit mehr als 100 Milliarden Nervenzellen (Neuronen) zur Welt, das sind ungefähr so viele, wie es Sterne in unserer Milchstraße gibt.[5] Diese Neuronen bilden Bahnen, die entsprechend bestimmter genetischer Informationen gewisse Muster ausbilden. Diese Bahnen sind nicht gleichbleibend und unveränderlich. Sie lassen sich beeinflussen. Die Gene bilden die Rahmenbedingungen für das Gehirn, aber die Lebenserfahrung beeinflusst dessen tatsächlichen Aufbau.
2. Nach der Geburt entwickelt das Gehirn des Kindes explosionsartig um Billionen mehr Neuronenverbindungen, als es je verwenden kann. Das Gehirn sichert sich nach allen Seiten ab. Es möchte auf keinen Fall das Risiko eingehen, keine Ver-

bindung zur Verfügung zu haben, wo eine gebraucht werden könnte. Der lange Weg durch die Kindheit ist ein Weg eines großen Schwundes. Die Kindheitsjahre entscheiden darüber, welche dieser Nervenbahnen bewahrt und gestärkt werden und welche austrocknen und absterben. Das Gehirn organisiert sich in dieser Phase selbst und entwickelt Schaltpläne, denen zufolge Funktionen wie Sehen, Hören, Sprechen und Bewegen ausgeführt werden können.

Im Alter von ca. zehn Jahren wird die Hälfte der Neuronenverbindungen verloren sein und das Kind behält nur so viele, wie während seines Lebens bestehen bleiben werden. Welche Neuronenverbindungen bestehen bleiben und welche zugrunde gehen, hängt davon ab, welche das Kind aufgrund seiner Erfahrungen verwendet. Babys, deren Umfeld wenig stimulierend ist, entwickeln weniger Nervenbahnen. Babys hingegen, die in angemessen stimulierender Umgebung aufwachsen, entwickeln ein Gehirn voll gesunder Verbindungen und Muster. Die *Plastizität* des Gehirns, seine Fähigkeit, als Reaktion auf seine Umgebung seine physische und chemische Struktur zu verändern, gibt ihm die Möglichkeit, die Außenwelt einzubeziehen um sich selbst zu gestalten. Das Gehirn des Kindes wird immer effektiver darin zu *tun*, was die Umgebung des Kindes erfordert.

3. Die Selbsterschaffung des Gehirns findet vor allem in den ersten drei Lebensjahren statt. Wie das Gehirn sich entwickelt, hängt von der Art und der *Qualität* der Bindungen ab, die das Baby erfährt; zuerst von der Bindung zu seiner Mutter, seinem Vater und anderen nahen Bezugspersonen; und später von der Bindung zu Objekten in seiner Umgebung und zu anderen Menschen. Wie ein Kind sich entwickelt, hängt wie so vieles andere von der Qualität seines Umfeldes ab. Das Gehirn entwickelt sich buchstäblich in Beziehung.

4. Unsere Gene steuern unser Gehirn, sodass es zu bestimmten Zeiten für das Erlernen bestimmter Fähigkeiten empfänglich ist. Es gibt Gelegenheiten, wo das Gehirn bereit ist gewisse Aufgaben zu übernehmen. Diese Aufgaben früher oder später erlernen zu wollen, kann schwierig und manchmal sogar unmöglich sein. Das Gehirn des Babys braucht die Stimulation des gesprochenen Wortes, um die Sprachzellen im Gehirn zu aktivieren und jene Verbindungen herzustellen, die es ihm ermöglichen, Worte zu verstehen und mit ungefähr zwölf Monaten eigene Worte zu sprechen. Wenn das Baby keine Worte hört, kann die Entwicklung der entsprechenden Gehirnzellen und ihrer Verbindungen nicht stattfinden und die Sprachentwicklung ist verzögert oder beeinträchtigt.

Der Entwicklungsprozess unseres Gehirns unterstreicht, wie wichtig es ist, Kindern viel Aufmerksamkeit zu schenken und vor allem in den ersten Jahren bewusst und positiv auf ihr Verhalten zu reagieren. Hier stehen wir vor einem neuen Paradoxon: gerade in jener ersten Phase, wo die Signale eines Kindes am schwierigsten zu verstehen sind, ist die Zeit, in der Eltern besonders achtsam sein und gute und ausreichende Stimulation anbieten sollten.

Spiegeln

In den folgenden Kapiteln werden wir bewusste Elternschaft in jeder Phase der Entwicklung des Kindes beschreiben. Sie haben schon viel darüber gelesen, wie ein bewusster Vater oder eine bewusste Mutter sich im Allgemeinen verhält. Unabhängig von dem, was nötig ist, um ein Kind in jeder speziellen Phase seiner Entwicklung zu fördern, gibt es eine allgemein unterstützende elterliche Haltung, die dem Kind zugute kommt, gleichgültig, in welcher Phase es sich gerade befindet oder welche Probleme in Ihrer Familie gerade aktuell sind.

Das wichtigste Merkmal dieser Haltung haben wir bereits erwähnt. Eine *bewusste Mutter und ein bewusster Vater sind »reflektiv« - sie spiegeln ihr Kind*. Gleichgültig, ob Sie orientierungslos sind oder sich gerade nicht dazu in der Lage fühlen, die Bedürfnisse Ihres Kindes zu erfüllen - wenn Sie Ihr Baby oder Ihr Kleinkind spiegeln, dann liegen Sie sicher richtig. Werfen wir einen kurzen Blick darauf, was das für jede Entwicklungsphase bedeutet.

Spiegeln nimmt in jeder Entwicklungsphase eine andere Form an. In der frühesten Kindheit ist Spiegeln das wichtigste Verhalten, mit dem Sie Ihr Kind beschenken und sein angeborenes Entwicklungsprogramm fördern können. Sie können Ihr Baby spiegeln, indem Sie lachen, wenn es lacht, indem Sie Grimassen schneiden, wenn es Grimassen schneidet, ..., gleichgültig, welche Emotionen Ihr Baby gerade zeigt. Ein älteres Kind können Sie verbal spiegeln und je mehr die verbalen Fähigkeiten Ihres Kindes steigen, desto niveauvoller können Sie es spiegeln.

Spiegeln ist der erste Teil des Imago-Dialogs und es ist der beste Weg, Ihr Kind wissen zu lassen: »Du bist o.k.« Das Zuhören hilft jedem Kind, anstehende Aufgaben zu bewältigen und die nächsten in Angriff zu nehmen. Bei bewussten Eltern-Kind-Beziehungen führt das Spiegeln schließlich zu Empathie, dem Versuch der Eltern, an der Erfahrungswelt des Kindes teilzunehmen. Spiegeln erzeugt ein tiefes Band der Verbundenheit zwischen Eltern und Kind. Wenn dieses Band erhalten bleibt, dann erleichtert es den Übergang von einer Entwicklungsphase zur anderen, wodurch viele Probleme zwischen Eltern und ihren Kindern von vornherein vermieden werden können.

In der ersten Lebensphase treten das Kind und der Erwachsene (meist sind Mütter die ersten Bezugspersonen, aber zunehmend sind es auch Väter) in einen gemeinsamen Tanz von Aktion und Reaktion ein. Man nennt es auch *Signal-Antwort-Interaktion* zwischen Mutter (Vater) und Kind. Die Mutter beobachtet ihr Baby und spiegelt ihm ein Bild seiner selbst zurück. Denken Sie nur, wie positiv es sich auch auf die Mutter auswirken kann, wenn sie ihrem Baby die Botschaft sendet: »Ich sehe, wer du bist, und ich finde, du bist wirklich wunderbar!«. Das Baby übernimmt jenes Selbst, das es in der spiegelnden Mutter wieder erkennt. Das Spiegeln der Eltern ist Auslöser dafür, dass das Kind beginnt sich selbst zu entdecken. Das hilft dem Kind ein stabiles Selbst zu entwickeln.

Entscheidend ist jedoch die Genauigkeit, mit der die Mutter das Wesen des Kindes spiegelt. Das Kind erfährt Sicherheit, wenn sein inneres Erleben und der Gesichtsausdruck seiner Mutter kongruent sind. Wenn das Kind eine Erfahrung macht, die nicht zurückgespiegelt wird, fühlt es diese Dissonanz, und es entsteht ein Konflikt zwischen dem, was es erfährt, und dem, was von der Mutter zurückgespiegelt wird. Fast immer wird das Kind der *Mutter Glauben schenken*, wodurch sein inneres Selbst sich reduziert. Um die Lücken des nicht gespiegelten Selbst zu füllen, wird es ein falsches Selbst ausbilden, um dem erwachsenen Gegenüber eine positive Reaktion abzuringen.

Bewusste Eltern spiegeln ihr Baby fast automatisch. Es ist Ausdruck ihrer tiefen gegenseitigen Verbundenheit. Sie machen das nicht, um ihr Kind zu steuern oder zu beeinflussen. Aufgrund der Veranlagung unseres Gehirns bekommt die Mutter jene Fürsorge und Zuneigung, die sie ihrem Baby gibt, wieder zurückgespiegelt. Dadurch, dass sie ihr Kind spiegelt, beginnt sie paradoxerweise ihre eigene innere Erfahrung gelten zu lassen. Es wird ihr gelingen, aus ihrer Selbstbezogenheit auszubrechen, wenn sie nun ganz am Leben eines anderen Menschen teilnimmt.

Balance: Das Wesentliche einer bewussten Eltern-Kind-Beziehung *in jeder Entwicklungsphase* unserer Kinder besteht darin eine Balance zu finden - einerseits dem Kind zu geben, was es braucht und andererseits gewisse Schranken und Grenzen zu setzen. Während der ersten 18 Lebensmonate eines Kindes sind Eltern noch ganz auf der »gebenden« Seite einer imaginären Skala. Danach bewegen sie sich jedoch mehr in Richtung Mitte. Je älter das Kind wird, desto mehr bieten seine Mutter oder sein Vater dem Kind Struktur an um ihm zu helfen, eine Perspektive zu entwickeln, in der es selbst und andere Menschen Platz haben; einen *moralischen Charakter* auszubilden, der ihm hilft, in seinem sozialen Umfeld nach der goldenen Regel zu leben; und eine *Selbstdisziplin* zu erlernen, die es ihm ermöglicht, ein produktives und sinnvolles Leben zu leben. In diesem Sinn ist Struktur keine Einschränkung, sondern ein Geschenk für das Kind. Es ist aktive Liebe, wenn Eltern ihrem Kind helfen Grenzen zu verinnerlichen. Diese Grenzen werden ihm helfen, wenn es darum geht, eine gute Balance zu finden zwischen seinen eigenen Bedürfnissen und den Bedürfnissen anderer Menschen.

Selbstwertgefühl: Wenn ein Kind lernt dafür zu sorgen, dass seine Bedürfnisse erfüllt werden und dass es ebenso wichtig ist, auch die Bedürfnisse seines Gegenübers zu erfüllen, kann es erfolgreich von einer Entwicklungsphase zur anderen übergehen. In jeder Phase wächst sein Selbstwertgefühl. Wenn die Welt einem Kind zurückspiegelt, dass es o.k. ist, beginnt es auch selbst daran zu glauben. Es speichert die Erfahrung akzeptiert zu sein, sich selbst zu akzeptieren und zu lieben. Wenn Eltern den Kindern vermitteln, dass sie akzeptiert werden, dass sie gut sind, dass sie wertvoll sind, säen sie etwas, was im Leben des Kindes aufblühen wird. Das Kind wird stabil und ausgeglichen sein und mit seinen Gefühlen gut umgehen können. Diese Saat geht am besten auf, wenn Eltern liebevolle emotionale Zuwendung schenken und gleichzeitig auf angemessene Grenzen bestehen.

Die Gefahr einer Symbiose: Es ist von großer Wichtigkeit genauer zu definieren, was es heißt sein Kind zu lieben. Es lieben bedeutet, die Bedürfnisse des Kindes zu erfüllen. Aber gleichzeitig bedeutet es auch, dem Kind Struktur und Grenzen zur Verfügung zu stellen. Es gibt zwei wichtige Punkte, die nicht mit Liebe verwechselt werden dürfen. Liebe meint nicht, dass Sie Ihrem Kind immer alles geben sollen, was es möchte; und ebenso wenig, dass Sie so handeln sollen, als wären Sie selbst Ihr Kind. Wir haben schon wiederholt auf die Gefahr der Symbiose hingewiesen, auf die Gefahr des Verschmelzens mit Ihrem Kind. So können wir eine weitere Bedeutungsebene in das Konzept der Liebe integrieren. Ihr Kind zu lieben bedeutet, eine ausgewogene Beziehung zu ihm aufzubauen, und sowohl die von Geburt an bestehende Verbundenheit zwischen Ihnen beiden wertzuschätzen als auch anzuerkennen, dass Sie nicht Ihr Kind sind. Sie sind zwei eigenständige Menschen.

Ganz zu Beginn des Lebens waren die Mutter und ihr Baby so eng miteinander verbunden, dass sie miteinander verschmolzen zu sein schienen. Dieser Zustand war nötig, um das Überleben des Kindes zu gewährleisten. Ein Baby hat sehr viele Bedürfnisse und das Leben ist gefährlich. Eine Mutter muss sich auf besondere Weise einfühlen in ihr Baby um zu wissen, was für sein Überleben notwendig ist. Aber dennoch muss die Mutter ihrem Drang widerstehen mit dem Kind zu verschmelzen, genauso wenig, wie sie sich vor ihm zurückziehen soll. Eltern sollen *empathisch*, aber nicht *symbiotisch* sein.

Es lohnt sich für Eltern zu überlegen, aus welchen Gründen sie Eltern geworden sind. Erwarten sie, dass ihr Baby eine Leere in ihrem Leben füllt? Ist ihr Kind ein Statussymbol innerhalb der Großfamilie oder des Freundeskreises? Hilft ein Baby, Gefühle der Einsamkeit und der Leere zu füllen? Sehen sie die Beziehung zum Kind als Chance, endlich eine Beziehung selbst steuern zu können, weil sie in anderen Beziehungen oft enttäuscht wurden?

Wenn Eltern manche dieser Fragen ehrlicherweise mit »Ja« beantworten, dann sollten sie wachsam sein für die allgegenwärtige Gefahr, die Grenze zwischen sich selbst und ihrem Kind zu übersehen. Es wäre möglich, dass sie die Unantastbarkeit ihres eigenen Kindes nicht respektieren, weil sie sich symbiotisch verhalten. Hier ist wirklich Vorsicht geboten.

Einfühlungsvermögen ist nicht symbiotisch. Diese Fähigkeit, die Gefühle eines Kindes widerzuspiegeln und an seinen Erfahrungen teilzunehmen, ist eine wesentliche Komponente der bewussten Eltern-Kind-Beziehung. Einfühlen stärkt das emphatische Einschwingen, das es Eltern erleichtert, die Balance zu finden zwischen Liebe, die schenkt, und Liebe, die Struktur einfordert. Eltern, die ein gutes Gespür für die Bedürfnisse ihrer Kinder haben, wissen, wann sie diese Bedürfnisse erfüllen, indem sie »Ja« sagen, und wann sie diese Bedürfnisse erfüllen, indem sie »Nein« sagen.

Nun haben Sie einiges an Theorie erfahren, um auf einer tieferen Ebene verstehen zu können, wie Sie Ihrem Kind helfen können, zu jenem ganzen und ausgewogenen Menschen zu werden, der in seinem Inneren angelegt ist. In den kommenden sechs Kapiteln geben wir für jede der sechs Entwicklungsphasen, die Ihr Kind im Lauf seiner Pilgerreise zum Erwachsen-Werden durchquert, eine kurze Beschreibung. Diese Beschreibungen werden zeigen, was das Kind anstrebt und was das Kind von seinen Eltern braucht, damit es seine Entwicklungsziele erreichen kann. Wir werden auch zeigen, wie die beiden Energiemuster von Eltern, das Maximieren und das Minimieren, sich in jeder konkreten Entwicklungsphase zeigen, und die Folgen für das Kind benennen. In Teil VI *Werkzeuge für bewusste Eltern* stellen wir einen Wachstumsplan vor, mit dessen Hilfe Eltern ihre eigene Kindheit verarbeiten können, um Heilung und Wachstum zu erlangen.

Tipps zum optimalen Lesen der Kapitel über die Entwicklungsphasen

Hier finden Sie einige Vorschläge, wie Sie den besten persönlichen Gewinn aus den folgenden Kapiteln ziehen können:

1. Lesen Sie alle sechs Kapitel durch, gleichgültig, wie alt Ihr Kind ist oder wie viele Kinder Sie haben. So bekommen Sie einen Überblick um Ihr Kind besser verstehen zu können. Ihr Kind ist ein in Entwicklung befindliches Wesen mit einer Geschichte und einer Zukunft, die beide in engem Zusammenhang mit der Gegenwart stehen. Anschließend lesen Sie bitte jenes Kapitel noch einmal, das dem Alter Ihres Kindes gerade entspricht. Wenn Sie all das gelesen haben, werden Sie eine Ahnung davon haben, was Sie erwartet, wenn Ihr Kind in die nächste Entwicklungsphase eintritt. Und Sie bekommen praktische Anleitungen, wie Sie Ihr Kind unterstützen können. Wenn Ihre Kinder bereits erwachsen sind, können die Erklärungen der folgenden Kapitel Ihnen helfen jene Wunden zu heilen, die Ihre Kinder beim Aufwachsen erlitten haben. Es könnte sein, dass sie gefühlsmäßig noch immer in jener Phase verhaftet sind, in der sie verwundet wurden. Deshalb können Sie auch jetzt noch viel dazu beitragen jene Bedürfnisse zu erfüllen, die damals nicht erfüllt wurden. Es ist niemals zu spät. Anders ist es aber, wenn Ihre erwachsenen Kinder bereits selbst verheiratet sind. Dann könnten sie mit ihrem Ehepartner zusammen an einem Heilungsprozess arbeiten.
2. Bitte seien Sie sich dessen bewusst, dass Ihr Kind von selbst diese Entwicklungsphasen durchleben wird, solange Sie bewusst für Sicherheit, Unterstützung und Struktur sorgen. Sie brauchen Ihr Kind nicht durch eine Tür zur nächsten Entwicklungsphase zu schubsen. Ihre Aufgabe ist es den Weg zu ebnen, sobald ein bestimmter Entwicklungsimpuls sich meldet. Wenn Sie Ihr Kind darin nicht unterstützen, wird es höchstwahrscheinlich Probleme haben. Die entste-

hende Wunde kann auch die folgenden Entwicklungsphasen negativ beeinflussen und Ihrem Kind Schwierigkeiten für sein späteres Leben verursachen.
3. Die meisten Eltern erkennen, dass eine oder zwei dieser Entwicklungsphasen für sie schwieriger sind als andere. Wir kennen eine Frau, die keinerlei Probleme mit ihren Kindern hatte, bis sie Teenager wurden. Plötzlich hatte sie den Eindruck, sich auf völlig fremdem Territorium zu befinden. Wenn Sie in einem konkreten Entwicklungsstadium Probleme haben, legt sich der Schluss nahe, dass Ihre Eltern damit Probleme hatten, Sie in derselben Phase zu begleiten. Betrachten Sie Ihre Schwierigkeiten als Wachstumsgeschenk. Sie zeigen Ihnen, wo Sie ansetzen und an sich selbst arbeiten können. Das ist die hilfreichste Orientierung auf Ihrer Odyssee, ein besserer Vater oder eine bessere Mutter zu werden. Sie können Problembereiche vor allem daran erkennen, dass Sie intensive und wiederholt auftretende Reaktionen auf Verhaltensweisen Ihres Kindes bei sich selbst beobachten. Auch das Feedback Ihres Partners und Beobachtungen anderer Erwachsener können sehr aufschlussreich sein. Wenn Sie spüren, dass etwas sehr problematisch für Sie ist, haben Sie vermutlich eine Wunde Ihrer eigenen Kindheit entdeckt und sind an einem persönlichen Wachstumspunkt angelangt, wo sich ein neuer Wachstumsschritt anbietet. Wenn Sie mit Ihrem Partner oder einem nahe stehenden Erwachsenen bereit dazu sind, einen Heilungsprozess zu beginnen, können Sie mit Hilfe der Impulse des entsprechenden Kapitels gezielt daran arbeiten, Ihr Kind erfolgreich durch diese Entwicklungsphase zu begleiten.
4. Denken Sie daran, dass Sie Ihrem Kind kein guter Begleiter in jenen Phasen sein können, die Sie selbst nicht erfolgreich bewältigt haben; es sei denn, Sie holen Ihr Wachstum nach und können Heilung finden. Wenn Sie über sich selbst hinauswachsen, wird auch Ihr Kind sich gut entwickeln. Die praktischen Anleitungen in diesen Kapiteln wollen Ihnen helfen bewusste Eltern zu werden, die achtsam mit Ihrem Kind umgehen und es durch bewusstes Handeln begleiten. Ihr eigenes seelisches Wachstum hinsichtlich dieser Phase ist genauso entscheidend. Es ist offensichtlich, dass das Ihrem Kind gut tut. Es ist weniger offensichtlich, dass es auch Ihnen gut tut.
5. Heilung zu finden bedeutet, Erfüllung für seine Bedürfnisse zu finden. Ihre Heilung ist die Aufgabe Ihres Partners. Ihre Aufgabe wiederum ist seine Heilung. Wenn Sie Single sind, kann ein nahe stehender Erwachsener diese Aufgabe übernehmen. Heilung dürfen Sie niemals von Ihrem Kind erwarten oder fordern. Eltern, die sich an ihre Kinder halten, um ihre Bedürfnisse erfüllt zu bekommen, verwunden sie auf gleiche Weise, wie sie selbst verwundet wurden. Das ist eine Form von emotionalem Inzest. Wachstum bedeutet, über jene Verteidigungsstrategien hinauszuwachsen, die Sie sich als Kind angeeignet haben. Ihr Kind und Ihr Partner können Ihnen dabei helfen. Sie schenken Ihnen ausreichend Gelegenheiten, ihre Bedürfnisse zu erfüllen - und gleichzeitig erfüllen Sie damit auch Ihre eigenen. Das ist der Weg zu Ihrer Ganzheit und zum

bewussten Erkennen Ihrer Verbundenheit mit dem Kosmos.
6. Während Sie nun Informationen darüber suchen, wie Sie ganz bewusst Ihrem Kind bei seiner Entwicklung helfen können, müssen Sie auch der Tatsache ins Auge blicken, dass Sie diese neuen Verhaltensweisen nicht wirklich integrieren können, solange Sie noch eigene, unerledigte Kindheitswunden in sich tragen. Dazu müssen Sie eine bewusste Ehe, bewusste Partnerschaft oder tiefe Freundschaft pflegen, im Rahmen derer Sie und Ihr Partner/Ihre Partnerin einander helfen können, diese Kindheitswunden zu heilen und Ihre Schutzmuster zu verändern. Wenn Sie zusätzliche Hilfe brauchen, um die Probleme Ihrer Kindheit zu überdenken und mögliche Veränderungen zu erarbeiten, die Sie in Ihrer Eltern-Kind-Beziehung verwirklichen wollen, haben Sie vielleicht Interesse an unserem Arbeitsbuch *Parents' Manual*. Wir haben es für Leute geschrieben, die gerne an einem Imago-Workshop teilnehmen würden, denen es aber aus verschiedenen Gründen bisher nicht möglich war.
7. Die Theorie und die Fallbeispiele der nächsten Kapitel wollen Ihnen helfen, Ihre persönlichen Verhaltensmuster zu analysieren. Wir werden Porträts unterschiedlicher elterlicher Verhaltensmuster zeichnen, die übertrieben und sehr gegensätzlich dargestellt sind, damit der Unterschied zwischen Minimierern und Maximierern besser erkennbar wird. Es ist möglich, dass Sie ausgehend von den Alltagsbegegnungen mit Ihren Kindern nicht sagen können, welchem dieser beiden ausgeprägten Energiemuster Sie sich zuordnen würden. Unter Umständen sind Sie im normalen Alltag weder ein typischer Maximierer noch ein typischer Minimierer, sondern zeigen nur feine Nuancen dieser Muster. Es wird Ihnen möglicherweise leichter fallen, Ihr Energiemuster in Situationen zu identifizieren, in denen ein Verhalten Ihres Kindes starke Emotionen bei Ihnen hervorruft. Wenn Sie in solchen Situationen übertrieben reagieren und die Situation steuern wollen, bedeutet das, dass Sie zur Verteidigungsstrategie des Maximierens neigen, sobald Sie Angst bekommen oder sich überfordert fühlen. Wenn Sie dazu tendieren sich zurückzuziehen, bedeutet das, dass Sie das Schutzmuster des Minimierens verwenden, sobald Sie mit Ihrer Weisheit am Ende sind. Wenn Sie Ihre Gefühle intensiv ausdrücken und dabei eher ein wenig übertreiben, sind Sie vermutlich ein Maximierer. Wenn Sie zurückhaltend sind und Ihren Gefühlen selten freien Lauf lassen, sind Sie vermutlich ein Minimierer. Wie Sie sehen werden, wurde die spezielle Ausprägung Ihres Schutzmusters auch durch die Intensität Ihrer Kindheitsverletzung beeinflusst sowie durch die Entwicklungsphase, in der sie passiert ist. Eltern, die in der Bindungsphase verwundet wurden, werden die Muster des Minimierens oder des Maximierens stärker ausprägen als Eltern, die in späteren Phasen verwundet wurden. Da sie dieses Schutzmuster in der Beziehung zu ihrem Partner verwenden, kann der Partner ihnen durch sein Feedback die Augen öffnen.

Eine bewusste Ehe zu führen ist das beste Geschenk, das Sie Ihrem Kind machen können. Es ist auch der effektivste Weg bewusste Eltern zu werden. An einer bewussten Ehe zu arbeiten, zum Beispiel auf der Basis von *So viel Liebe wie Du brauchst - Der Wegbegleiter für eine erfüllte Beziehung* geht Hand in Hand damit, Ihr(e) Kind(er) bewusst großzuziehen. Diese beiden Visionen lassen sich wunderbar miteinander vereinbaren. Es ist kein Zufall, dass Ihre Reaktionen auf die Bedürfnisse Ihres Kindes und Ihre Reaktionen auf die Bedürfnisse Ihres Partners einander ziemlich genau entsprechen. Deshalb können Sie die in diesem Buch gezeigten Methoden auch im Rahmen Ihrer Ehe oder Partnerschaft zur Heilung Ihrer Kindheitswunden anwenden.

8. ## Die Bindungsphase
Von der Geburt bis zum Alter von 18 Monaten

In seinen ersten Lebensmonaten macht das Baby eine beeindruckende Entwicklung durch. Angetrieben durch seine eigene innere Weisheit und zärtlich gehalten von seinen Eltern legt, es den Grundstein für seine einzigartige und wunderbare Persönlichkeit. Bereits zu Beginn seines Lebens ist das Baby als eigene Persönlichkeit wahrnehmbar und kann mit seinen Bezugspersonen in Interaktion treten.[1] Es beeinflusst sie genauso wie die Bezugspersonen das Baby beeinflussen. Sein wichtigstes Ziel ist es, die Verbundenheit mit seinen Eltern aufrecht zu erhalten, denn durch die Eltern erlebt es auch die Verbundenheit zum Universum. Wenn das Kind sich sicher und geborgen fühlt, kann es mit ungefähr 18 Monaten seine Energie dazu nützen, sich der Welt zuzuwenden und seine Umgebung zu erforschen.

Die Natur hat es so eingerichtet, dass das Baby in seinen ersten Lebensmonaten ganz von seinen Bezugspersonen abhängig und mit sich selbst beschäftigt ist, aber dennoch reagiert es auf seine Mutter und seinen Vater. Die Verbundenheit zu den Eltern ist entscheidend für das Überleben des Kindes und so besitzt es von Geburt an gewisse Fähigkeiten, die ihm helfen diese Beziehung aufrechtzuerhalten. Bereits bei der Geburt kann das Kind seine Sinne einsetzen: es kann sehen, hören, riechen und auf Berührungen reagieren, auch wenn seine Reaktionen manchmal aus der Ferne zu kommen scheinen. Mit jedem Tag seines Lebens sammelt das Kind jene Kräfte, die es braucht, um sich dem Leben zu öffnen. Während dieser Zeit erfüllen fast ausschließlich die Eltern die Aufgabe, für die körperlichen Bedürfnisse des Kindes zu sorgen und die Verbundenheit zueinander zu stärken; obwohl das Baby mehr dazu beiträgt, als man denkt, indem es seine Signale aussendet. Bereits in diesem zarten Alter ist das Baby ein soziales Wesen, das permanent in Interaktion mit seiner Umgebung steht.[2]

Zum Glück scheinen die Eltern nicht wahrzunehmen, dass das Kind vorübergehend nur mit sich selbst beschäftigt ist, und tun genau, was das Baby braucht. Sie treten in Interaktion mit ihm. Die Natur hat es so eingerichtet, dass wir Menschen unsere Babys ohne Vorbehalte und Zögern lieben, auch wenn sie nichts Besonderes tun können, um uns gute Gefühle zu vermitteln. Das Aussehen von Babys weckt einfach unseren Beschützerinstinkt, denn die Natur achtet darauf, dass alles getan wird, um das Überleben dieser kleinen Lebewesen zu sichern. So stellt sie sicher, dass Eltern genügend Zeit und Energie für ihr Kind investieren. Die meisten von uns können sich gar *nicht* vorstellen *anders* zu handeln.

Neugeborene Babys machen ihren Eltern ein großes Geschenk. Es fällt den Eltern nämlich ganz leicht, selbstlos für sie da zu sein. In dieser Phase gibt es kein »Wie du mir, so ich dir.« Es ist größtenteils eine Einbahnstraße des Gebens und das verändert die Eltern. Sie bekommen die Möglichkeit, sozusagen außerhalb ihres eigenen Körpers zu leben, ihre eigenen Bedürfnisse hintanzustellen und ganz darin aufzugehen, sich um das Wohlbefinden eines anderen Lebewesens zu kümmern. Bereits während der Zeit der Schwangerschaft müssen sie in ihren Herzen und ihren Gedanken Raum schaffen für die Geburt und das neue Leben, das sie gezeugt haben. Das ist die erste von vielen Gelegenheiten, wo Eltern lernen können, über egozentrisches und selbstgenügsames Verhalten hinauszuwachsen.

Wenn das Baby diese erste, nach innen gerichtete Phase hinter sich hat, entwickelt es immer mehr Interesse daran, mit seiner Mutter, seinem Vater und anderen Objekten in seiner Umgebung Kontakt aufzunehmen. Durch diese Interaktion beginnt ein Prozess der Selbsterschaffung. Seine Eltern werden zu »Mit-Erschaffern«, zu seinen Partnern in der Gehirnentwicklung. Sie umgeben das Kind mit Erfahrungen, die ihm helfen seine Sinne zu entwickeln, seine kognitiven Fähigkeiten, seine Körperwahrnehmung und das Vertrauen in seinen Körper und seine Gefühle. Bei der Geburt ist das Kind durch seinen Geruchssinn an seine Mutter gebunden. Ungefähr im Alter von vier Monaten ist sein Gehirn dann zu räumlichem Sehen mit beiden Augen in der Lage. Bereits mit drei Monaten kann das Baby sich in andere Menschen einfühlen und wahrnehmen, ob seine Mutter niedergeschlagen ist, und darauf ebenfalls mit Traurigkeit reagieren. Es entwickelt komplexere Gefühle wie Freude und Trauer, zeigt Stolz und Schamgefühle. Ungefähr zur selben Zeit beginnt es auch zu lächeln. Mit sechs Monaten kann es Selbstlaute erkennen und mit zwölf Monaten beginnt es zu sprechen. Kurze Zeit später kann es seine ersten Schritte machen. Es lernt all das, weil sein Gehirn aufnahmebereit für Neues ist und offen für die Stimulation seiner Anlagen. Seine Eltern füttern und lächeln und halten das Kind und spielen mit ihm, damit sein Gehirn ausreichend Stimulierung erfährt, um sich entwickeln zu können.

Was ein Kind in der Bindungsphase braucht

Während der ersten 18 Lebensmonate ist Ihr Baby völlig von Ihnen abhängig. Es lebt in tiefer Verbundenheit mit Ihnen und erfährt, dass seine Bedürfnisse erfüllt werden. *Das Allerwichtigste, das Sie in dieser Zeit für Ihr Kind tun können ist, verlässlich verfügbar und liebevoll zu sein.*[3] Das bedeutet, darauf zu reagieren, was das Kind braucht, wenn es etwas braucht, gleichgültig, ob es Ihnen gerade angenehm ist. Wenn Sie so handeln, sichern Sie das Überleben Ihres Kindes, und Ihr Kind kann seine Verbundenheit mit dem Universum bewahren, die die Grundlage für seine künftige Sicherheit in der Welt ist.

Wenn Sie bemerken, dass Sie auf die Abhängigkeit Ihres Kindes stark reagieren, dann könnte es sein, dass Sie selbst in dieser Entwicklungsphase verletzt wurden. Dank dieser Erkenntnis können Sie Ihre Aufmerksamkeit auf Themen richten, die Sie bearbeiten sollten, um ein bewusstes Verhalten als Eltern erlernen zu können.

Während der nahezu endlosen Abfolge von Füttern und Windelwechseln sehen Eltern ihr Baby als eine ganze und einzigartige Person an, deren Wesen sie wertschätzen und deren Potenzial sie erkennen. So enthüllen sie auf natürliche und liebevolle Weise ihrem Neugeborenen die Möglichkeiten der Welt. Während sie beobachten, wie ihr Kind auf diese wertvollen Geschenke reagiert, lernen sie etwas sehr Wichtiges, nämlich das Baby als eigenberechtigte Person anzuerkennen.

Wenn Eltern ihrem Kind sowohl in körperlicher als auch in seelischer Hinsicht Wärme und Geborgenheit schenken, schützen sie damit die kosmische Verbundenheit, die dem Baby in die Wiege gelegt ist. Das Baby kann tief in seinem Körper und seinem Bewusstsein verankern, dass das Universum Kontinuität zu geben scheint. Es kann seine größte Angst überwinden, die Angst die Verbundenheit zu verlieren. Wenn ein Kind in dieser Entwicklungsphase ein Urvertrauen entwickelt, wird es sich in dieser Welt zu Hause fühlen können und eine spirituelle Sehnsucht nach Verbundenheit mit anderen Menschen, Ideen und Erfahrungen aus seinem ständig wachsenden Umfeld entwickeln können.

Sicherheit und Unterstützung: Während der Bindungsphase kann man kaum zwischen Sicherheit und Unterstützung unterscheiden. Dem Kind Sicherheit zu geben und sein Überleben zu sichern, ist die grundlegendste Form seine Entwicklung zu fördern. Das Überleben des Kindes kann am besten sichergestellt werden, indem Sie die Verbundenheit zu ihm aufrechterhalten. Ein Bruch dieser Verbindung wird vom Kind nicht nur als Todesangst empfunden, es könnte den realen Tod bedeuten. Es ist nicht schwer nachzuvollziehen, dass ein Zurückziehen der Eltern eine große Bedrohung für einen hilflosen Säugling oder ein kleines Kind darstellt. Dauerhaft fehlende Verbindung bereitet dem Kind großen Schmerz. Für unser Altes Gehirn ist Schmerz mit Tod gleichzusetzen.

Hier sind nun einige Aspekte, wie Eltern ihren Kindern in bestmöglicher Weise Sicherheit und Unterstützung in der Bindungsphase vermitteln können:

Ein Elternteil ist verlässlich verfügbar, um die körperlichen Bedürfnisse des Kindes zu erfüllen. Er sorgt dafür, dass das Kind gefüttert, gewickelt, gewärmt ... wird und eine sichere Umgebung erlebt.

Ein Elternteil ist verlässlich verfügbar, um die emotionalen Bedürfnisse des Kindes zu erfüllen. Er spricht mit dem Kind in einem sanften, beruhigenden Tonfall, lächelt viel und vermittelt dem Kind, dass es sich in der Gegenwart eines sicheren, nährenden Gegenübers befindet und keine Angst zu haben braucht. Soweit als möglich sorgt er dafür, dass es in der Umgebung des Kindes keine Lärmbelästigung, keine Vorfälle, die dem Baby Angst machen, und keine traumatischen Ereignisse gibt.

Wenn das Baby mit seinem Gesichtsausdruck zu experimentieren beginnt und erste Versuche macht, durch Töne zu kommunizieren, so ist es wichtig, dass die Eltern diese nonverbale Kommunikation gelten lassen, indem sie sie spiegeln. Das bedeutet, die Töne und die Mimik des Kindes zu wiederholen, damit es Vertrauen in seinem Experimentieren spürt. Wenn Sie einmal nicht wissen, wie Sie Ihr Kind spiegeln können: schon ein Lächeln wirkt wahre Wunder.

Ein Elternteil ist in dieser ersten Entwicklungsphase so weit als möglich körperlich anwe-

send. Er trägt das Baby so viel als möglich in einem Tragetuch, lässt das Kind bei sich im Bett schlafen oder zumindest im selben Raum (eine Trennung während der Nacht kann ein großes Trauma für ein Kind sein, weil die Reaktionen der Eltern auf sein Weinen dadurch zeitverzögert sind) und nimmt das Baby so weit als möglich mit, wenn er das Haus verlässt. Dieser Erwachsene ist sich darüber bewusst, wie wichtig es ist verfügbar zu sein, wenn das Baby ihn braucht, und nicht nur, wenn es ihm selbst gerade passt.[4]

Wenn die permanente Verantwortung den Eltern auch schwierig erscheinen mag, sollte das Baby dennoch so wenig als möglich anderen Menschen überlassen werden. Ein Elternteil sollte die meiste Zeit in der Nähe des Kindes sein und es wäre gut, wenn die Eltern ihr Baby mitnehmen, soweit das möglich ist. Es sollte nur wenige Ausnahmen geben. Wenn es aus irgendeinem Grund nicht möglich ist, dass ein Elternteil verfügbar ist, dann sollte eine geeignete, vertraute und liebevolle Bezugsperson sich um das Baby kümmern.

Die Mutter ist verlässlich verfügbar um zu stillen, sofern das möglich ist. Die Nahrungsaufnahme ist die ideale Gelegenheit für das Kind Körperkontakt zu genießen. Wir empfehlen, dass Kinder soweit als möglich gestillt werden, aber auch Väter sollten die Erfahrung machen können, körperliche Nähe zu ihrem Kind genießen zu können, und von Zeit zu Zeit dem Säugling ein Fläschchen Tee geben.[5] Es ist besser, das Kind nach Bedarf zu füttern, als nach einem Zeitplan. Zeitpläne entsprechen nur den Bedürfnissen der Eltern, nicht den Bedürfnissen eines Kindes. In dieser Phase besteht überhaupt keine Gefahr, das Kind zu viel zu verwöhnen (wovor frühere Generationen uns manchmal warnen wollen), es besteht höchstens die Gefahr, dem Kind zu wenig seelische und körperliche Wärme zu geben, die es so dringend braucht. Ein verwöhntes Kind ist ein Kind, dem das fehlt, was es wirklich braucht, und nicht umgekehrt. Das Füttern sollte in einer bequemen und entspannten Atmosphäre stattfinden und die Mutter oder der Vater sollten dabei nicht unter Zeitdruck stehen. Für das Kind ist es wichtig, dass seine Erfahrungen einen Anfang, eine Mitte und ein Ende besitzen. Wenn Eltern in Eile oder unter großem Druck sind, sind ausgewogene Erfahrungen für das Kind nicht möglich.

Ein Elternteil ist verlässlich verfügbar, um das Kind zu trösten, wenn es etwas braucht oder betrübt ist. Er spiegelt, was das Kind bedrückt, und reagiert rasch, um die Ursache des Problems zu beheben. Auf das Unbehagen des Kindes einzugehen und es nicht zu beschwichtigen oder abzulenken, ist die effektivste Form des Trostes.

Struktur: Während der Bindungsphase können Eltern ihren Kindern auf folgende Weise Struktur anbieten: Erstens können sie die physische Umgebung des Kindes so strukturieren, dass sie sicher ist. Das bedeutet, dass die Eltern stets dafür sorgen, dass das Kind sich in seinem Umfeld sicher und geborgen fühlen kann.

Zweitens können Eltern bereits sehr kleinen Kindern vermitteln, welche Handlungen einen Unsicherheitsfaktor in sich bergen und die Energie des Kindes auf andere Ziele richten. Wenn ein 18 Monate altes Kleinkind ein Messer benutzen möchte, wird der Vater das verhindern. Ebenso wird er darauf bestehen, dass seine einjährige Tochter im Auto in einem Kindersitz angeschnallt wird, auch wenn sie dagegen protestiert.

Und drittens können Eltern ihre Kinder lehren, dass es andere Menschen und andere Dinge in ihrem Umfeld gibt, die ebenfalls Sorgfalt und Aufmerksamkeit erfordern. Rund um den ersten Geburtstag des Kindes kann man damit beginnen, dem Kind solche Dinge liebevoll und schrittweise zu vermitteln. Das Kind kann immer besser verstehen, was es heißt, auf andere Rücksicht zu nehmen; ein wenig zu warten, wenn die Mutter sich um kleinere Geschwister kümmern muss; und vor allem, andere nicht zu verletzen. Wenn ein Kind einen Hund am Schwanz zieht, muss man klar und deutlich »Nein« sagen. Wenn ein Kind einen Keks möchte, während sein Vater telefoniert, dann kann man es bitten einen Moment zu warten, bis der Vater das Telefongespräch beendet hat. So kann das Kind schrittweise lernen, was es heißt, auf die Bedürfnisse anderer Menschen Rücksicht zu nehmen. Eltern können schon in früher Kindheit eine Grundlage für sein soziales Verantwortungsgefühl legen.

Verwundungen in der Bindungsphase

Wir haben nun besprochen, was ein Baby alles braucht. Eltern, die rund um die Uhr in perfekter Weise alles zur Verfügung stellen, was ihr Baby braucht, gibt es allerdings nicht. Das Entscheidende dabei ist, so verlässlich wie möglich zu sein. Was wir in diesem Buch als Verwundungen bezeichnen, beruht nicht auf einzelnen Überforderungssituationen. Kinder tragen keine dauerhaften seelischen Schäden davon, wenn Eltern Unzulänglichkeiten zeigen oder sich manchmal irren. Schlimm ist es nur, wenn die Unzulänglichkeiten Teil eines dauerhaften *Verhaltensmusters* sind. Im Erziehungsverhalten unbewusster Mütter und Väter können sich solche Verhaltensmuster leider leicht einschleichen. Wunden in der Bindungsphase sind zum Beispiel Gefühle des Abgelehnt-Seins und die Angst vor dem Verlassenwerden.

Fast alle Eltern haben in der einen oder anderen Weise Probleme. Ganz besonders schwierig ist es für einen Erwachsenen, gut auf sein Kind zu reagieren, wenn es ein Entwicklungsbedürfnis äußert, das er selbst als Kind nicht äußern durfte. Wenn Eltern in ihrer eigenen Bindungsphase keine tiefe Verbundenheit mit ihren Eltern erleben konnten, können sie nun auf zweierlei Weise auf ihr Kind reagieren. Sie können auf das Bedürfnis ihres Babys nach Verbundenheit entweder durch Minimieren oder durch Maximieren reagieren, durch Vernachlässigung oder durch phasenweise überbehütendes Verhalten.

Wenn ein Kind in der Bindungsphase verunsichert wird, wird es sich entweder durch das minimierende Verhalten eines Elternteiles zurückgewiesen fühlen und vermeidendes Verhalten zeigen, oder sich durch das unvorhersehbare maximierende Verhalten eines Elternteiles im Stich gelassen fühlen und zu klammern beginnen. Als Erwachsener wird das Kind selbst Probleme mit engem Kontakt haben: es wird entweder ein vermeidender Mensch oder ein klammernder Mensch sein.

Der minimierende Elternteil in der Bindungsphase - Vermeidendes Verhalten

Minimierer, die in der Bindungsphase verletzt wurden, bringen sich als Eltern zu wenig ein. Sie unterstützen die Bedürfnisse ihres Kindes nach enger Beziehung nicht und vermeiden den Kontakt so weit als möglich. Sie nehmen ihr Baby selten auf den Arm um Zärtlichkeiten auszutauschen. Dieser Mangel an Zuwendung drückt sich durch einen Mangel an emotionaler Wärme und fehlender Einstimmung auf das Kind und seine Bedürfnisse aus, und das Verhalten der Eltern ist manchmal streng, verletzend und sehr abweisend.

Warum verhalten Eltern sich so? Weil sie selbst einen Elternteil hatten, der sie in gleicher Weise behandelte. In ihrer eigenen Kindheit erlebten sie einen Mangel an Verbundenheit mit einem oder beiden Elternteilen und das zog sich durch ihr weiteres Leben. Sie ziehen strenge Grenzen zwischen sich selbst und den anderen und empfinden seelische Nähe als unangenehm. Die Bedürftigkeit ihres Babys löst nun genau diese Angst in ihnen aus: die Angst vor seelischer Nähe.

So fühlt sich der Vater oder die Mutter unwohl und seine/ihre eigenen Ängste wecken die Angst des Babys. Die fehlende Geborgenheit und die fehlende körperliche Nähe aktivieren den Überlebensinstinkt des Babys. Es wird aufgrund der Unverlässlichkeit und Gefühlskälte der Eltern große Angst empfinden. Es erlebt die Beziehung zu diesem vermeidenden Elternteil als bedroht oder unterbrochen und lernt, sich aus dem Kontakt zurückzuziehen.

Das Kind blockiert die Wahrnehmung von Reizen aus der Außenwelt, weil diese Umgebung seine grundlegenden Überlebensbedürfnisse nicht zu erfüllen scheint. Um sich selbst zu schützen, zieht es sich in Einsamkeit zurück, um seine Sehnsucht nach Kontakt und Beziehung zu verschleiern. Der erste Schritt, sich selbst zu einem Minimierer zu entwickeln, ist gesetzt.

Der maximierende Elternteil in der Bindungsphase - Klammerndes Verhalten

Ein maximierender Elternteil, der in der Bindungsphase verletzt wurde, ist nicht verlässlich verfügbar. Wenn er zufällig verfügbar ist, gibt er dem Kind emotionale Wärme.[6] So bekommt das Kind manchmal, was es braucht, und manchmal nicht. Manchmal ist es der Mittelpunkt großer Bewunderung und manchmal findet es sich »allein in der Wüste« wieder. So wird das Kind zu einem gierigen und klammernden Kind, das sich unbehaglich fühlt, wenn ihm die Zuwendung entzogen wird, weil es nie sicher sein kann, ob seine Mutter/sein Vater wieder da sein wird, wenn es sie braucht. Es klammert sich aus purer Überlebensangst an sie, denn es weiß, dass es möglich wäre sie zu verlieren. Es entwickelt eine symbiotische Beziehung zu einem Elternteil und diese Beziehung schließt die reale Welt aus. Jene Abwehrmechanismen, die die Türe zur äußeren Welt schließen, bilden gleichzeitig die Bausteine für eine verzerrte innere Welt, die sich für das Kind real anfühlt. Diese auf sich selbst bezogene, innere Welt projiziert das Kind dann in das Außen und meint, die Welt sei wirklich so.

Anders als beim minimierenden Elternteil, wo Grenzen wie starke Barrikaden sind, verhält sich der maximierende Elternteil, als ob es keine Grenzen gäbe. Wie wir bereits gesagt haben, führt das Fehlen von Grenzen zu symbiotischen Beziehungen. Das Kind kann sich nie sicher sein, ob es Sicherheit und Unterstützung durch seine Mutter erfahren wird oder nicht, und so wählt es ein Verhalten, das manchmal funktioniert - das Klammern.

Für ein Kind ist es ein echtes Problem, wenn Eltern nicht verlässlich verfügbar sind. Es liegt uns fern, Eltern Vorwürfe zu machen oder Schuldgefühle in ihnen zu wecken. Dennoch scheint es uns sehr aufschlussreich, einen Vergleich zwischen unverlässlichem Verhalten und unmenschlichen Verhörmethoden anzustellen. Die Verhörer wenden gern die Taktik an, manchmal freundlich und verständnisvoll, manchmal hingegen kalt und bestrafend zu sein. So weiß der Gefangene nie, woran er ist. Aber da er freundliches Verhalten kennen lernt, wird er alles tun, um es wieder zu bekommen, obwohl er auf einer gewissen Ebene spüren müsste, dass das außerhalb seiner Macht liegt. Über kurz oder lang verliert der Gefangene durch die extrem unterschiedliche Behandlungsweise das Gefühl für sich selbst und identifiziert sich mit den Verhörern.

Warum zeigen manche Eltern ein ähnliches Verhalten? Vermutlich weil sie in ihrer eigenen Kindheit so behandelt wurden. Sie hatten einen Vater oder eine Mutter, auf die sie sich nicht verlassen konnten und die ambivalent waren. Einmal zeigten sie Interesse, ein anderes Mal Desinteresse. Um die Leere in ihrem eigenen Leben zu füllen, überschütteten sie das Kind zeitweise mit übertriebener Aufmerksamkeit. So kam es zur Ausprägung einer symbiotischen Beziehung, in der ein Kind mit Zuwendung überschüttet wird, selbst wenn es signalisiert, dass es genug bekommen hat und sich gern zurückziehen möchte. Unbewusst versuchen solche Eltern, ihre eigenen Bedürfnisse an ihrem Kind zu erfüllen.[7]

Wir liegen vermutlich richtig damit, wenn wir annehmen, dass die Bedürfnisse eines maximierenden Elternteils nach Wärme in der eigenen Ehe oder Partnerschaft nicht erfüllt werden. Wenn das der Fall wäre, hätten seine Kindheitswunden bereits Heilung finden können und seine innere Verunsicherung und Bedürftigkeit würde sich nicht im Umgang mit seinem Kind zeigen.

Wenn Menschen starke Gefühle haben, warum entziehen sie dann ihrem Kind zeitweise ihre Zuwendung? Warum sind Maximierer *unbeständig*? Weil sie Angst vor der Bedürftigkeit eines Babys haben. Babys sind fordernd. Sie können »lästig« sein. Sie sind drängend. Zu Beginn haben Eltern vielleicht ihr Kind und ihre Elternrolle idealisiert und sie für eine romantische Beziehung gehalten, in der sie endlich die bedingungslose Liebe finden können, nach der sie sich schon ihr Leben lang sehnen, die sie aber bisher noch nicht gefunden haben. Auf Dauer kommen sie aber mit den permanenten, unverrückbaren Forderungen nicht zurecht. Es ist ganz ähnlich wie in der Ehe und kann mit der Phase der romantischen Anziehung und der Phase des Machtkampfs verglichen werden. Es ist offensichtlich, dass die Realität des Babys der romantischen Vision nicht entspricht. So ist der Erwachsene manchmal zärtlich und liebevoll, manchmal aber ausgelaugt, gelangweilt, ärgerlich und mit eigenen Problemen beschäftigt. So sendet der Erwachsene dem Kind unterschiedliche Botschaften: »Ich brauche dich nicht! Erfülle meine Bedürfnisse! Wende dich an jemand anderen, damit deine Bedürfnisse erfüllt werden.« Wenn der Erwachsene an seine Grenzen stößt, wird er ärgerlich, beschimpft sein Kind oder schlägt es womöglich. Dieser Elternteil wünscht sich zwar Hilfe von seinem Partner, aber wenn der Partner versucht ihm zu helfen, kritisiert er ihn und weiß ohnehin alles besser.

Ein möglicher Ausweg

Wir haben extreme Beispiele gewählt, um unsere Theorien deutlich illustrieren zu können. Wir wollen noch einmal betonen, dass Fehler nicht fatal sein müssen und keineswegs endgültig sind. Wenn Eltern bewusst erkennen, wie sie auf ihre Kinder reagieren, und sich wirklich Mühe geben zu verstehen, was sich in ihnen selbst verbirgt, können sie Heilung für sich selbst erfahren und bewusste Eltern für ihre Kinder werden. Mit anderen Worten, es ist nötig, dass Partner füreinander noch einmal die Elternrolle übernehmen.

Es kann tröstlich erscheinen zu wissen, dass minimierende oder maximierende Elternteile ihren eigenen seelischen Zustand deutlich positiv beeinflussen können, wenn sie ihr Verhalten ändern um bessere Eltern zu werden. Die verfügbare und verlässliche Wärme, die sie ihren Kindern schenken, ist gleichzeitig ein entscheidendes Geschenk für sie selbst. Das Alte Gehirn kann nicht zwischen Mutter bzw. Vater und Kind unterscheiden. Also wird das, was eine Mutter ihrem Kind schenkt, vom Unterbewusstsein der Mutter so aufgenommen, als hätte sie es selbst geschenkt bekommen. Wenn sich ein minimierender Elternteil seinem Kind gegenüber verlässlich und warmherzig verhält, wird er seine Angst vor Nähe überwinden und sein eigenes verstecktes *Bedürfnis* nach Nähe, das er seit seiner Kindheit unterdrückt hat, wieder spüren können. Er kann selbst die Wärme und Verlässlichkeit genießen, die er seinem Kind schenkt. Der maximierende Elternteil kann seine Angst überwinden, dass Liebe entzogen wird oder unerreichbar ist, und er wird lernen, Grenzen zwischen sich selbst und seinem Kind zu erkennen, die es ihm ermöglichen, liebevolle und verlässliche Zuneigung auszudrücken und gleichzeitig die Eigenständigkeit der einzelnen Personen zu respektieren. Charaktereigenschaften können sich ändern, Beziehungen können wieder gesunden und eine neue Balance finden.

Ein Paar auf dem Weg aus der Krise

Es kommt relativ häufig vor, dass Väter Minimierer und Mütter Maximierer sind. Aber bei Jeff und Julia war das Gegenteil der Fall. Wir müssen uns im Klaren sein, dass *Erziehungsmuster mehr davon abhängen, wie wir selbst erzogen wurden als von unserem Geschlecht.* Jeff und Julia hatten einen Sohn, Neil, der sechs Monate alt war, als sie zur Therapie kamen. Neil war der Brennpunkt zahlreicher Konflikte.

Julia war Aktienspezialistin und gerade dabei, als Portfolio-Managerin Karriere zu machen, als ihr Baby zur Welt kam. Jeff war selbständiger Designer und arbeitete von zu Hause aus. Deshalb war es nahe liegend, dass er sich um das Neugeborene kümmerte. Der erste große Streit drehte sich ums Stillen. Jeff hatte angenommen, dass Julia regelmäßig und pünktlich nach Hause kommen würde um Neil zu stillen. Er konnte nicht verstehen, warum Julia sich so kurz nach der Geburt bereits wieder voll ins Berufsleben stürzen wollte. »Warum willst du nicht bei Neil zu Hause bleiben?«, fragte er voller Enttäuschung. Ihre Antwort lautete: »Ich weiß nicht, was mich mehr aufregt. Deine Vorwürfe, das Baby oder die fünf Kilo Gewicht, die ich nach der Schwangerschaft nicht mehr loswerde. Kannst du nicht verstehen, dass ich meine Karriere nicht aufs Spiel setzen möchte?« Jeff sagte, dass Neil oft bei ihnen im Bett schlafen wolle, aber Julia sich darüber beschwerte, wenn er ihn ins gemeinsame Bett holte. Sie sagte, sie brauche ihren Schlaf. Julia wollte einen Babysitter engagieren, um mit Jeff wieder einmal am Abend ausgehen zu können, aber Jeff wollte lieber daheim bleiben und das junge Familienglück genießen.

Julia beschwerte sich, dass Jeff sie mit irrationalen Vorwürfen konfrontierte; und Jeff fand, dass Julia eine gefühllose Mutter war, die ihr Kind vernachlässigte. Als sie sich mit den tiefer liegenden Mustern beschäftigten, wurde es bald klar, dass Julia die legitime Aufgabe, sich um ihre berufliche Entwicklung zu kümmern, als Vorwand gebrauchte, um sich nicht mit Jeff und dem Baby auseinander setzen zu müssen, die ihr beide als schlimme Belastung erschienen. Jeff überkompensierte diesen Zustand, indem er sich an das Baby klammerte und von Julia mehr Aufmerksamkeit für Neil forderte, weil er sich tief in seinem Inneren mehr Aufmerksamkeit für sich selbst wünschte. Weder Julia noch Jeff konnten die Sichtweise ihres Partners nachvollziehen.

Als wir ihnen halfen, sich mit ihrer eigenen Kindheitsgeschichte auseinander zu setzen, konnten sie bald erkennen, dass ihre aktuellen Streitigkeiten, die sich um ihr Baby drehten, in Wirklichkeit eine Neuinszenierung alter, ungelöster Kindheitskonflikte waren. Ihre eigenen Verletzungen aus der Kindheit verursachten die gegenwärtigen Probleme.

Julias Mutter hatte als Köchin für ein nahes Spital gearbeitet und nebenbei fünf Kinder großgezogen. Julia war das vierte Kind gewesen und ihre Mutter hatte sehr selten Zeit für sie gehabt. Obwohl Julia gut verstehen konnte, dass ihre verwitwete Mutter unter starkem finanziellen Druck gestanden hatte, hatte sie sich nie damit abfinden können, dass ihre Mutter gefühlsmäßig so fern war. Julia beschrieb ihre Mutter als sehr distanzierte Frau, obwohl sie verstehen konnte, dass ihre Mutter nach einem langen Arbeitstag einfach zu erschöpft war, um die Bedürfnisse ihrer fünf Kinder erfüllen zu können. Obwohl Julia ihrer Mutter im Allgemeinen nicht ähnlich war, erkannte sie doch eine starke Parallele, die sich darin ausdrückte, dass Julia sich nicht in den Haushalt einbringen wollte. Es war kein Zufall gewesen, dass Julia einen warmen und liebevollen Ehemann gewählt hatte, von dem sie hoffte, dass er die Rolle des Hausmütterchens übernehmen würde, damit sie sich davon distanzieren konnte.

Jeff war von liebevollen und zärtlichen Eltern aufgezogen worden, die beide erfolgreiche Ärzte waren und deshalb Jeff und seine Schwester oft in die Obhut anderer Menschen geben mussten. Die Lehrtätigkeit seines Vaters inkludierte viele Reisen, wodurch Jeff noch weniger Zeit mit ihm verbringen konnte. Deshalb wuchs in ihm eine immer stärkere Vision einer liebevollen Familie, in der sich alle geborgen fühlen sollten, weil er selbst sich immer danach gesehnt hatte. Nun war er entschlossen dazu, selbst so eine Familie zu gründen.

An der ehelichen Beziehung arbeiten und Heilung erfahren

Damit Julia aus ihrer vermeidenden Haltung herausfinden konnte, stimmte sie einer Probephase zu, in der sie ganz bewusst mehr Nähe zu ihrem Mann Jeff pflegen wollte. Zu Beginn sollten das nur guter Augenkontakt und zärtliche Berührungen ohne sexuelle Komponente sein. Um den Veränderungsprozess zu vertiefen, wurden sie auch dazu animiert, ihre Rollen vorübergehend zu tauschen. Dahinter stand die Idee, dass Julia Jeff bitten sollte sie zu umarmen. Sie lehnte diesen Vorschlag aber ab, und zwar mit der Begründung, dass er sicher Sex haben wolle, wenn sie ihn um eine Umarmung bitten würde. Und Jeff konnte nicht verstehen, was daran falsch sein sollte. Julia antwortete ihm: »Du bist einfach so bedürftig. Wenn du nicht so ein bedürftiger Mensch wärst, dann würde ich gern öfter Sex mit dir haben.« Das klang fast so, als ob sie selbst keine Bedürfnisse hatte. Auf die Frage, was sie sich denn von Jeff wünschen würde, antwortete sie: »Mich so anzunehmen, wie ich bin, und mich nicht dauernd zu kritisieren. Mich nicht mit Vorwürfen zu bombardieren. Und zärtlich zu mir zu sein, ohne immer gleich Sex zu wollen.«

Sie lernten den Imago-Dialog anzuwenden. Minimierer versuchen Dialoge eher zu vermeiden, während Maximierer alles daran setzen, weiterhin Monologe führen zu können. Die Methode des Imago-Dialogs kann dann helfen, sich irgendwo in der Mitte zu treffen.

Nach ein paar Wochen kamen Jeff und Julia lächelnd zur Therapiesitzung und erklärten, dass der Rollentausch ihnen wirklich weitergeholfen hatte: »Als Jeff mich bat ihn allein zu lassen, war ich am Boden zerstört, bis ich bemerkte, dass ich genau das seit Jahren getan hatte. So lief ich ihm nach wie ein kleines Hündchen und versuchte ständig, mich bei ihm zu entschuldigen, bis er meinte, ich klinge schon fast so wie er.« Jeff und Julia waren eindeutig auf dem Weg der Besserung.

Auf die Bedürfnisse eines Kindes eingehen

Julia übernahm die Aufgabe Neil bei sich zu tragen, wann immer sie daheim war, entweder in ihrem Arm oder in einem Tragetuch. Wir ermutigten sie auch, Neil hochzunehmen und zu trösten, wenn er weinte. So konnte sie ihre eigene Angst vor Nähe überwinden und gleichzeitig hautnah erleben, wie sehr ihr Sohn sie brauchte. Bisher war Julia es nicht gewohnt gewesen ihren Sohn zu füttern. Nun entschloss sie sich, diese Aufgabe zu übernehmen, sobald sie zu Hause war.

Jeff hatte Neil stets sehr viel Aufmerksamkeit geschenkt, außer wenn er darunter litt, dass Julia ihn selbst vernachlässigte. Dann vernachlässigte er seinen Sohn. Er kümmerte sich ansonsten in übertriebener Weise um Neil und dadurch indirekt um seine eigene Bedürftigkeit. Er versuchte, seine eigenen unerfüllten Kindheitsbedürfnisse zu sublimieren, indem er Neil überbehütete. Und Neil lernte, dass er auf seinen Vater nicht zählen konnte.

Jeffs erster Schritt bestand darin, für Julia verlässlich und verfügbar zu werden. Sie musste sich darauf verlassen können, auf ihn vertrauen zu können. Und für ihn war es wichtig zu wissen, dass er dieses Bedürfnis erfüllen konnte. Es war auch ein wichtiger Schritt für ihn zu lernen, dass er dann für Neil da sein musste, wenn er ihn brauchte, und nicht nur dann, wenn ihm selbst danach zumute war.

Natürlich setzte Jeff sich mit der Frage auseinander, ob seine Gefühle tatsächlich unbeständig waren. Zuerst bestritt er das vehement. In seinen Augen wäre ihr Zuhause ein Eisberg gewesen, wenn er nicht fortwährend Warmherzigkeit und Liebe eingebracht hätte. Es dauerte einige Zeit, bis Jeff erkennen konnte, dass er seinen Gefühlen zeitweise ausgeliefert war, und dass andere nie sicher sein konnten, ob sie nun Wärme und Zuneigung von ihm erhalten würden oder nicht.

Später ermutigte Julia Jeff, sich öfter mit Freunden zu treffen. So kam er wieder unter Leute und Julia genoss zu Hause die Zeit, die sie allein mit ihrem Baby verbringen konnte. In dieser Zeit übte sie, mit ihm zu spielen und sich in seine Gefühle einzufühlen. Nach einigen Monaten erfuhr diese Entwicklung eine gute Eigendynamik. Julia gewöhnte sich daran, ihren Sohn am Abend zu baden, und Jeff gewöhnte sich daran, Zeit für sich selbst zu beanspruchen. Als Jeff es schaffte, in der Nacht, wenn Neil weinte, ein paar Sekunden abzuwarten, schaffte es Julia, Neil zu sich ins Bett zu nehmen, wenn er nicht gleich wieder einschlafen konnte.

Als Julia und Jeff lernten den Imago-Dialog anzuwenden, beschuldigten sie einander viel seltener und hörten einander deutlich besser zu. Sie genossen es wieder Zeit miteinander zu verbringen, und nahmen auch ihren Sohn mit hinein in ihre zärtliche Beziehung. So erlebte Neil, dass er eine sichere und liebevolle Basis hatte, die es ihm erlaubte, in die Entdeckerphase einzutreten.[8]

9. Die Entdeckerphase
Alter: 18 Monate bis 3 Jahre

Wenn Ihr Kind erfolgreich eine tiefe Verbindung zu Ihnen aufgebaut hat, erwacht sein Interesse daran, seine Umgebung zu erforschen und mit ihr in Verbindung zu treten. Seine Neugier duldet keinen Aufschub. Oft hört man Leute sagen: »Mit zwei Jahren haben Kinder wirklich ein schreckliches Alter!« Manche Eltern nennen es auch Trotzphase. Man muss Grenzen setzen, um das Kind vor körperlichem Schaden zu bewahren und um die Situation für die Eltern erträglicher zu machen. Genau genommen beginnt nur die Liebesbeziehung des Kindes zur Welt. Ein Kind, das sich sicher fühlt, entschlüpft dem Kokon seiner Eltern. Die Eltern müssen es loslassen, aber auch nicht zu sehr loslassen. Das Kind möchte, dass ein Elternteil in der Nähe bleibt, damit es bei Bedarf jederzeit zurückkommen kann, um Sicherheit und Geborgenheit zu spüren.

Wenn der Drang Ihres Kindes, die Welt zu erforschen, starke Verunsicherung bei Ihnen auslöst, könnte es sein, dass Sie selbst in dieser Entwicklungsphase verwundet worden sind. Wenn Sie gut beobachten, in welchen Situationen Sie starke Emotionen fühlen, dann können Sie herausfinden, wo Sie ein Bedürfnis nach Heilung haben.

Der Erforschungsdrang des Kindes in dieser Entwicklungsphase setzt auch den Prozess der Differenzierung in Gang; den ersten Schritt, ein eigenes Selbst zu entwickeln, das unabhängig von den Eltern ist. Die Verbindung zu den Eltern reißt aber keineswegs ab. Während unseres ganzen Lebens bleibt das Bedürfnis nach Bindung das essenzielle Element unseres Daseins. Das Bedürfnis dazu zu gehören, bleibt immer aktuell, auch wenn dieses Bedürfnis zu verschiedenen Zeiten und in verschiedener Form auftreten kann. Eine Abwandlung dieser Sehnsucht nach tiefer Verbundenheit kann sich im späteren Leben beispielsweise in der Sehnsucht nach spiritueller Erfüllung ausdrücken, in der Sehnsucht nach Eins-Sein innerhalb eines größeren Kontextes. In dieser zweiten Entwicklungsphase konzentriert sich die spirituelle Sehnsucht jedoch in erster Linie und am stärksten auf die Bindung zu den Eltern. Ausgehend von der sicheren Basis seiner Eltern kann das Kleinkind beginnen die Welt zu erforschen.[1]

Eines der Dinge, die es entdecken kann, ist die Macht der Worte. Insbesondere die Macht eines ganz bestimmten Wortes. Es ist jedes Mal sehr aufregend für das Kind »Nein« zu sagen. Die Vehemenz, mit der das Kind »Nein« sagt, hilft ihm selbst, die Unsicherheit in seinem Verhalten zu überspielen. Das Kind ist nicht so autonom oder unabhängig, wie es scheint. Es beginnt gerade, sein eigenes Ich zu testen und herauszufinden, wie es sich anfühlt. Das Kind besteht darauf, dass seine Eltern in der Nähe bleiben, obwohl es für sich sein will. Im wahrsten Sinn des Wortes lässt es die Anweisungen der Eltern hinter sich und verlangt doch gleichzeitig nach ihrer Gegenwart.

In dieser Phase ist es wichtig, dass das kleine Kind eine Art des Alleinseins kennen lernt, das sich von Einsamkeit deutlich unterscheidet, und die Erfahrung machen kann, dass die Eltern sich nicht einmischen. Es muss eine Art von *positivem Alleinsein* spüren können. Denn das ist die Vorbedingung für menschliche Kreativität und unseren Entdeckerdrang. Es ist eines der Paradoxa der Kindheit, dass man Alleinsein nur im Kontext einer sicheren und stabilen Beziehung zu einem Elternteil erfahren kann. Wenn der Elternteil immer dann verfügbar ist, wenn er gebraucht wird, dann wird es dem Kind möglich sein künftige Verfügbarkeit vorauszusetzen, sodass es riskieren kann allein zu sein.

Viele Dichter schreiben über die Angst vor dem Alleinsein. Wir kennen auch die Sehnsucht nach dem Alleinsein. Aber selten spricht jemand von der *Fähigkeit* allein zu sein. Eine Mutter aus unserem Bekanntenkreis schildert, wie Eltern einerseits einen sicheren Hafen anbieten können und andererseits ihren Kindern soviel Freiraum zugestehen, wie sie brauchen.

»Ich weiß noch, wie ich meine Schwester Maureen im Umgang mit ihren Kindern beobachtet habe. Ihr Erziehungsstil unterscheidet sich sehr von meinem, und gerade deshalb konnte ich einiges von ihr lernen. Zuerst hatte ich fast den Eindruck, sie vernachlässige ihre Kinder. Sie saß, wo sie saß, und schien sich nicht um ihre Kinder zu kümmern. Sie wollte sie nicht belehren. Sie gab keine Anweisungen, ebnete ihnen nicht den Weg und versuchte auch nicht ihre Lebenserfahrung einzubringen, um ihre Kinder zu fördern. Sie saß einfach nur da und war dennoch ein sicherer Hafen für ihre Kinder. Ihre Kinder waren ihr außerordentlich wichtig. Ich fragte mich, ob meine Neffen und Nichten nicht Sehnsucht nach mehr Körperkontakt hätten. Aber wenn das der Fall gewesen wäre, hätten die Kinder ja einfach zu Maureen kommen können - sie war ja da.«

Was ein Kind in der Entdeckerphase braucht

Das Wichtigste für ein Kind in der Entdeckerphase ist ein Elternteil, der ihm Unterstützung und Ermutigung zuteil werden lässt, wenn es beginnt seine Umgebung zu erforschen. In dieser Phase besteht weiterhin ein starkes Bedürfnis nach Bindung, die vom Kind durch den Wunsch ausgedrückt wird, dass ein Elternteil all seine neuen Entdeckungen sieht und ihm Lob zukommen lässt. Eltern von zwei- oder dreijährigen Kindern ist der Satz »Mama, schau mal her!« oder »Papa, schau, was ich da habe!« nur allzu vertraut. Ein bewusster Erwachsener schenkt dem Kind Wärme und positives Interesse und pflegt weiterhin die Angewohnheit, den Gesichtsausdruck, den Tonfall und die Gesten des Kindes zu spiegeln.

Manchmal geraten Eltern in Versuchung, ihr Kind in solchen Situationen belehren zu wollen. Kinder dieses Alters sind aber noch keine Schüler. Sie wollen ihren Eltern etwas erzählen und ihre Zustimmung erhalten, sind aber nicht an langwierigen Erklärungen interessiert. Von den Eltern ist große Geduld mit dem endlosen

»Warum« und dem ständigen »Nein« ihrer Kinder gefordert. Das Wort »Warum« ist ein besonders wertvolles Wort für ein Kind. Es kann nicht nur konkrete Informationen sammeln, sondern ganz allgemein herausfinden, wie man im Leben lernen kann.

Bewusste Eltern unterstützen in dieser Phase besonders die Neugier des Kindes und vermitteln ihm, dass es in Ordnung ist die Welt zu erkunden. Das ist viel wichtiger als die Dinge so zu beeinflussen, dass das Kind Erfolg hat oder sich kompetent fühlt. Das ist erst in späteren Entwicklungsphasen wichtig. Wenn Eltern ihre Kinder unterstützen und sich vor allem nicht zurückziehen, wenn die Kinder Enttäuschungen erleben, können diese Freundschaft mit der Welt schließen. Die körperliche und seelische Verfügbarkeit der Eltern, wenn Kinder von ihren Expeditionen zurückkommen und die Verbundenheit wieder spüren möchten, ist die Grundlage, um lebenslange Neugier bewahren zu können.

In dieser frühen Entdeckerphase spielen körperliche Gefahren natürlich eine Rolle. Mehr als bisher braucht das Kind die Sicherheit klarer Grenzen. Und wieder ist es eine Frage der Balance. Wir müssen auf die Sicherheit unseres Kindes achten und dürfen es gleichzeitig nicht übertrieben beschützen. Innerhalb dieses gesunden Rahmens kann das Kind in seinem eigenen Tempo die Welt erkunden. Eine Mutter beschreibt, wie sie ihre Tochter dabei unterstützte, die Welt kennen zu lernen, und dennoch für Sicherheit sorgte.

»Einer der schönsten Momente im Leben von Eltern ist es, wenn das Kind seine ersten Schritte macht. Nachdem meine Tochter Anna wochenlang entlang des Sofas gegangen war und sich daran festgehalten hatte, ließ sie eines Tages das Sofa los und machte ein paar Schritte in meine Richtung. Ich schaute sie an, sie schaute mich an. Sie stand ohne Hilfe da, ganz allein. Ich wartete ab, was sie nun tun würde, und wagte kaum zu atmen. Sie sah auf ihre eigenen Füße und wieder zurück zu mir und dann umspielte ein Lächeln ihren Mund. Sie begann zu lachen. Mit dieser Reaktion hatte ich nicht gerechnet. Aber ich stimmte in ihr Lachen ein. Sie verlor das Gleichgewicht und fiel nieder, aber sie hörte nicht auf zu lachen. Sie schaffte es, wieder auf die Beine zu kommen und fiel noch einmal nieder. Um blaue Flecken möglichst zu vermeiden, holte ich Pölster und legte sie rund um Anna. Ich werde nie vergessen wie stolz und glücklich sie in diesem Moment war. Und ich konnte ihre Gefühle teilen.«

Bewusste Eltern bestärken das Kind in seinem Impuls die Welt zu erforschen, indem sie für Sicherheit, Unterstützung und Struktur sorgen.

Sicherheit: *Ein Elternteil bietet körperliche und seelische Sicherheit zu jeder Zeit.* Er schützt das Kind, indem er klare Grenzen vermittelt. Während er dem Kind Möglichkeiten eröffnet die Welt zu erforschen, hält er es von gefährlichen Objekten fern.

Unterstützung: *Ein Elternteil unterstützt den Drang des Kindes seine Welt zu erforschen.* Er sagt so oft wie möglich »Ja« zur Neugier des Kindes, versucht aber Struktur und Werte zu erhalten. Er ist verlässlich verfügbar und liebevoll und gibt dem Kind Zeit, um seine Neugier zu befriedigen und mit ihm zu teilen. Er lobt die Erfolge des Kindes und applaudiert seinen Entdeckungen. Er eröffnet Möglichkeiten mehr zu entdecken, als das Kind alleine entdecken könnte, und achtet darauf, dass solche Erfahrungen lustig und fröhlich ablaufen.

Er ist körperlich und seelisch für das Kind verfügbar, wenn es nach dem Erforschen der Umgebung wieder zurückkommt und Verbundenheit erfahren möchte. Er hört dem Kind zu, wenn es über seine Abenteuer erzählt. Er achtet auf viel Körperkontakt, umarmt das Kind oft und lobt es viel. Er liebt es bedingungslos und unabhängig von jeder Leistung.

Struktur: *Ein Elternteil hält Ausschau nach Gelegenheiten, wo er dem Kind helfen kann,* mehr über sich selbst und über seine Umgebung zu erfahren. Wenn er das Kind mit reiferen Verhaltensweisen vertraut machen möchte, zeigt er es vor oder lehrt das Kind, anstatt es zu disziplinieren oder zu bestrafen. Er gibt klare Anweisungen und vermeidet Verallgemeinerungen und abstrakte Erklärungen. Er achtet darauf, in allen Begegnungen mit dem Kind dessen Selbstwertgefühl zu schützen, und vermeidet es, das Kind zu kritisieren, zu beschämen oder abzuwerten. Der Erwachsene konzentriert sich ganz auf das, was dem Kind bereits gelingt, anstatt auf das, was ihm nicht gelingt. So kann das Kind diese Haltung verinnerlichen und sich an seinen Erfolgen orientieren. Er schenkt dem Kind mehr positive Zuwendung, wenn ihm etwas gelingt, als wenn er die Aufmerksamkeit des Kindes auf etwas lenkt, das es verändern soll. Auch wenn es Probleme gibt, zieht er seine Aufmerksamkeit und seine Zuwendung nicht zurück.

Ein Elternteil spiegelt den Gesichtsausdruck, die Töne und die Bewegungen des Kindes, auch seine Ängste und seine Freuden. Er gibt dem Kind die Möglichkeit sich selbst auszudrücken und versucht, die Dinge aus der Perspektive des Kindes zu sehen.

Eltern, denen es nicht gelingt, ihrem Kind Sicherheit, Unterstützung und Struktur in der Entdeckerphase zu vermitteln, verwunden es entweder durch Überfürsorglichkeit oder durch Vernachlässigung.

Der minimierende Elternteil in der Entdeckerphase - Distanzierendes Verhalten

Ein Minimierer, der in der Entdeckerphase Verwundungen davongetragen hat, bleibt auf Distanz. Er distanziert sich im Leben. Möglicherweise hat er die Bindungsphase gut bewältigt und hat kein Problem mit körperlichem Kontakt. Dabei hält er Ausschau nach Gelegenheiten allein zu sein. Als Kind war er größtenteils sich selbst überlassen und musste allein zurechtkommen, da zumindest ein Elternteil seinen Entdeckungen herzlich wenig Interesse und Anerkennung entgegenbrachte. Mit der Zeit sah er dieses fehlende elterliche Interesse als naturgegeben an. Ob dieser Mensch sich noch bewusst daran erinnern kann oder nicht, fest steht, dass er es nun als normal ansieht, seine Probleme stets selbst lösen zu müssen und wenig Feedback und Unterstützung zu bekommen.

Deshalb heißt er die ersten Anzeichen der Unabhängigkeit seines Kindes sehr willkommen, da sie seine eigene Freiheit wieder erweitern: »Endlich verlangt mein Kind wieder Abstand von mir!« Er denkt, dass die Zeit der engen Verbundenheit vorüber ist und ist dankbar, dass die Entdeckerphase begonnen hat. Allerdings interpretiert er das Verhalten seines Kindes falsch und glaubt, dass es nun unabhängig sein möchte, während das Kind weiterhin eine enge Beziehung zu seinen Eltern sucht und braucht.

Er versucht es zu vermeiden, allzu viel Zeit für sein Kind aufbringen zu müssen. Es ist ihm sehr wichtig, dass sein Kind nicht zu viel Aufmerksamkeit von ihm fordert, weil ihn das überfordert. Er hat den Eindruck, sein Leben sei völlig von seinem Kind in Beschlag genommen. So vermeidet er Nähe und bevorzugt es, in seiner eigenen Welt zu leben.

Wenn sein Kind zu ihm kommt und ihm etwas Neues zeigen möchte, interessiert es ihn nicht oder langweilt ihn sogar. Seine Reaktion vermittelt dem Kind, dass es nicht auf diesen Elternteil zugehen und keine Bedürfnisse äußern soll. Früher hörten Kinder nur allzu oft: »Lass mich in Ruhe, du störst mich nur!« Auch wenn ein Minimierer nicht genau diese Worte wählt, ist es das, was seine Haltung dem Kind vermittelt. Das Verhalten seines Kindes empfindet er meist als lästig. Er ist übertrieben kritisch und hat kein Verständnis für schmutzige Hände, Kratzer, kleine Verletzungen und andere Lästigkeiten des Alltags. Er versucht, den Kontakt zu seinem Kind zu reglementieren und so gering als möglich zu halten, stellt übertrieben viele Regeln auf und pocht auf deren Einhaltung.

Der maximierende Elternteil in der Entdeckerphase - Verfolgendes Verhalten

Ein Elternteil, der in der Entdeckerphase maximierendes Verhalten zeigt, hatte vermutlich bereits in der Bindungsphase große Probleme damit sein Kind loszulassen. Er »verfolgt« sein Kind, bringt sich in übertriebenem Maße in dessen Entdeckungen ein und ist offensichtlich überfürsorglich. Da er selbst in Angst vor der Welt lebt, sitzt er wie eine Glucke auf seinem Kind. Er begründet es damit, dass er nur um die Sicherheit seines Kindes besorgt sei. In Wirklichkeit überträgt er seine eigene Ängstlichkeit und Verletzlichkeit auf sein Kind.

Dieses Verhalten geht auf seine eigene Kindheit zurück, wo er ebenfalls einen überbeschützenden Elternteil hatte, der ihm keinen Freiraum zugestand um die Welt zu erforschen. Er wachte mit Argusaugen über ihn und verhinderte es, dass er die Welt kennen lernen konnte. So verinnerlichte er die Ängste seiner Eltern und lernte immer in ihrer Nähe zu bleiben, um sich sicher zu fühlen. Er strebte nach Sicherheit, indem er in der Nähe seiner Eltern blieb und nur Spiele spielte, die keinerlei Risiko bedeuteten. So konnte er nie den Unterschied zwischen echter Gefahr und einem gesunden Entdeckerdrang kennen lernen, der es Kindern ermöglicht, zu einer eigenen Persönlichkeit zu werden. Er wurde weder ermutigt noch unterstützt in seinem Bedürfnis Neues auszuprobieren. Er wurde überängstlich und reagierte auf die überfürsorgliche Haltung der Eltern, indem er permanent ihre Gegenwart suchte. Die exzessive Sorge um die Sicherheit des eigenen Kindes spiegelt beim »verfolgenden« Elternteil wider, was er in der eigenen Kindheit erlebt hat.

Nun, wo er selbst Vater oder Mutter ist, folgt er seinem Kind, wohin es auch geht, und bringt sich überall ein, um sicher sein zu können, dass es dem Kind gut geht. Das betrifft nicht nur jene Situationen, wo das Kind friedlich alleine spielen möchte, sondern erstreckt sich auch auf die ersten Bestrebungen, mit anderen Kindern zu spielen. Und da dieses Verhalten vom Kind deutlich wahrgenommen wird, hat ein verfolgender Elternteil in dieser Entwicklungsphase einen sehr dominanten Einfluss. Wenn sein(e) PartnerIn ein eher distanzierendes Verhalten an den Tag legt, was normalerweise der Fall ist, wird das seine Sorge um das Kind noch verstärken. Gleichzeitig wird er seinem Partner/seiner Partnerin vorwerfen, dass er/sie sich zu wenig einbringt.

Maximierende Eltern frustriert der Drang ihres Kindes die Welt zu erforschen. Aufgrund ihrer Ängste schränken sie die Neugier des Kindes stark ein und versuchen es zu lehren, von ihnen abhängig zu sein. In der Folge wird das Kind keine Möglichkeiten für neue Entdeckungen mehr erkennen, und da es keinerlei Unterstützung seitens der Eltern erhält, verdrängt es seine Neugier und zieht sich zurück, weil es beginnt, die Gefahren der Welt zu fürchten.

Ein Paar auf dem Weg aus der Krise

John hatte sich bereit erklärt, mit seiner Frau Ann zur Therapie zu kommen, weil beide der Ansicht waren, dass Rebecca, ihre zweieinhalbjährige Tochter, Hilfe brauchte. Rebecca besuchte vormittags den Kindergarten und die Kindergärtnerin hatte den Eltern sehr bedenkliche Rückmeldungen gegeben. Rebecca schlug andere Kinder, sobald sie ein Spielzeug haben wollten, das Rebecca gerade hatte. Einmal hatte sie ein anderes Kind sogar gebissen. Ein andermal schickte die Kindergärtnerin ein zerrissenes Buch mit nach Hause. Da Rebecca es absichtlich zerrissen hatte, sollten ihre Eltern es mit ihr gemeinsam wieder kleben. John stellte uns die Frage, ob es Rebecca helfen würde zur Therapie zu gehen, damit ihr Verhalten wieder in Ordnung komme. Anns Meinung war, dass die Kindergärtnerin sich nicht genug um die Kinder kümmere und dass zu viele Kinder in ihrer Gruppe wären. Sie meinte, es wäre vielleicht besser, einen anderen Kindergarten zu suchen.

John erzählte, dass Rebecca auch daheim oft Bücher oder Spielzeug zerstörte. Als wir ihn fragten, wie er damit umging, erklärte John:»Ich versuche ihr jedes

Mal zu erklären, dass dies ein inakzeptables Verhalten ist. Ich ermahne sie und schicke sie in ihr Zimmer. Dort weint sie dann, bis ich wieder zu ihr komme. Wenn ich sie dann in die Arme nehmen möchte, versucht Rebecca nach mir zu treten. Dieses Verhalten macht mich sehr wütend - und es wird immer schlimmer!« Es war offensichtlich, dass Rebecca viel Aufmerksamkeit von ihrem Vater bekam, auch wenn es eine negative Form der Aufmerksamkeit war.

Ann sah das Problem von einer anderen Warte aus. Für sie war es keine Frage von absichtlichem schlechtem Verhalten, sondern eine Frage der Sicherheit. Sie meinte, ihre Tochter brauche mehr Aufmerksamkeit, als ihr bisher zuteil wurde. Immer, wenn sie dieses Thema anschnitt, begann sie John vorzuwerfen, dass er als Vater seiner Tochter viel zu wenig Aufmerksamkeit zukommen lasse. Anstatt Rebecca in ihrem Zimmer einzusperren, würde Ann hinter ihr her laufen und aufpassen, dass sie nichts kaputt machen könne.

Es dauerte eine Zeit, bis John und Ann erkennen konnten, dass die Frage der Sicherheit ihrer Tochter unterschiedliche Reaktionen bei ihnen beiden hervorrief und dass es gut wäre, daran zu arbeiten. Rebecca wusste nämlich genau, was sie tat. Sie erforschte und erprobte ihre eigenen Grenzen und die Grenzen ihrer Eltern. Dieses Verhalten war für ihre Entwicklungsphase normal. So gesehen war sie unschuldig. Ihre Bedürfnisse waren angemessen. Ihre Eltern reagierten auf ihr Verhalten allerdings aus ihren eigenen Kindheitsverletzungen heraus und konnten nicht erkennen, warum Rebecca so handelte und was sie von ihnen brauchen würde. Das herauszufinden wurde zum wichtigsten Ziel für Anns und Johns folgende Therapiesitzungen.

John wusste nicht, wie er Rebecca in dieser Phase unterstützen konnte. Er vernachlässigte sie gerade dann, wenn sie seine Unterstützung für ihre ersten mutigen Abenteuer in der Welt brauchte. John ging auf Distanz, und zwar nicht, weil er nicht gern Zeit mit Rebecca verbringen wollte, sondern weil er sehr wenig Ahnung hatte, was er mit Rebecca unternehmen sollte. Das einzige, was er erkannt hatte, war » ... dass Kinder in diesem Alter offensichtlich sehr viel Aufmerksamkeit brauchen.«

John war der Minimierer dieser Familie. Als er selbst ein Kind gewesen war, hatte seine Mutter sich ihm nur sehr wenig gewidmet. Sie war eine schöne und distanzierte Frau gewesen. John war ihr zuliebe ein braves Kind gewesen, hatte aber nie jene Aufmerksamkeit bekommen, die er so dringend gebraucht und ersehnt hatte. Er hatte ständig in der Angst gelebt, sie könne nicht mehr für ihn da sein, sobald er sich zu weit fortbewege. Er hatte sich davor gefürchtet, dass sie ihn verlassen könnte. Um sich vor diesem Schmerz zu schützen, hatte John begonnen ihre Unabhängigkeit zu imitieren. Sein Schutzmuster gegenüber seiner Mutter, die ihm gegenüber sehr auf Distanz ging, hatte darin bestanden, dass er sich ebenfalls zurückzog.

Wie Sie richtig erraten haben, war Ann die Maximiererin dieser Familie. Als Kind war sie mit Zuwendung überschüttet worden. Sie war oft krank gewesen, hatte lange Zeit sogar Bettruhe halten müssen und war als kleines Mädchen immer sehr zerbrechlich gewesen. Deshalb waren ihre Eltern, besonders ihre Mutter, außergewöhnlich besorgt um sie gewesen und hatten sie erst ein Jahr später in den Kindergarten geschickt als andere Kinder. Ihre Sorge war leider weit über die Grenzen von Anns Krankheit hinausgegangen. Die ständige Angst und Sorge ihrer Mutter hatte Ann davon abgehalten, während ihrer Entdeckerphase ein abenteuerlustiges Kind zu sein. In Anns Herzen gab es eine große Angst vor allem Unbekannten. Ihre übertriebene Sorge um Rebeccas Sicherheit war die logische Folge ihrer eigenen Kindheit.

An der ehelichen Beziehung arbeiten und Heilung erfahren

John und Ann hatten erkannt, wie ihre Paarbeziehung sich in ihren Problemen mit ihrer kleinen Tochter widerspiegelte. Jedes Mal, wenn sie über Rebeccas Sicherheit sprachen, begannen sie zu streiten, und die Situation drohte zu eskalieren. In Wahrheit ging es aber gar nicht um die Frage, ob ihre Tochter mehr Sicherheit brauchte oder nicht. Ihr Konfliktthema war im Grunde die Frage, wie jeder von ihnen in seinem bisherigen Leben Sicherheit oder die Sehnsucht nach Sicherheit erlebt hatte.

Anns größte Kritik an John war, dass er sich nicht darum kümmerte, ob es Rebecca oder ihr gut ging. Sie wollte, dass er sie beschützte, in ihrer Nähe wäre und Interesse für ihre Sorgen und Probleme zeigte, so wie sie es bei ihm tat. Sie sagte: »Wenn du nach Hause kommst, dann möchte ich, dass du mir zuhörst und mir bei meinen Problemen hilfst. Egal, ob du sie selbst als wichtig ansiehst oder nicht.«

Als sie lernten den Imago-Dialog anzuwenden, lernten sie auch, über ihre Ängste zu reden. Es gibt eine Methode, die wir Eltern/Kind-Dialog nennen. Ann schlüpfte in die Rolle des Kindes und John übernahm die Rolle des überfürsorglichen Elternteils. Ann sagte zu ihm: »Du wachst immer mit Argusaugen über mich! Alles in meinem Leben macht dir Angst. Immer denke ich, dass mir gleich etwas zustoßen wird, weil du mir ständig erklärst, ich müsse vorsichtig sein.« Und als Ann gebeten wurde, John (in der Rolle ihrer Mutter) ihre tiefste Sehnsucht zu sagen, antwortete sie: »Ich möchte so gerne einmal alleine sein! Bitte lass mich endlich in Ruhe und sag nur, dass du für mich da sein wirst, wenn ich dich brauche!«

John spiegelte das zurück und Ann brach in Tränen aus. Sie bat ihn sie zu umarmen und eine Weile zu halten. Als ihre Tränen nachgelassen hatten, leiteten wir John an zu sagen: »Ich möchte lernen dir zu geben, was du als Kind nicht bekommen hast.« Es überraschte uns nicht, dass John sich einerseits erleichtert, andererseits aber auch unsicher fühlte, als er das sagte. Er war erleichtert, dass Ann etwas alleine unternehmen wollte, aber es war eine Herausforderung für ihn, ihrem Bedürfnis nach Unterstützung nachzukommen. Seine eigenen Probleme aufgrund mangelnder elterlicher Fürsorge hatten zur Folge, dass er nicht genau wusste, welche Art von Unterstützung sie brauchte.

Nun gingen wir zu einem Dialog »Bitte um Verhaltensänderung« über, in dem Ann konkrete Vorschläge brachte, wie John ihre Bitte erfüllen könnte. Sie sagte: »Hör mir bitte zehn Minuten lang zu, damit ich dir erzählen kann, was ich gerne tun würde, ohne dass du das Wort ergreifst und mir erklärst, wie ich es tun soll. Sei so lieb und unterbrich mich nicht dabei.« Nachdem John eingewilligt hatte diese Bitte zu erfüllen, formulierte Ann eine zweite Bitte: »Ich möchte, dass du mich ermutigst, ganz alleine an den Strand zu gehen und Vögel zu beobachten. Und bitte frag mich nachher nicht, wie es für mich war. Wenn ich darüber reden möchte, dann werde ich dir etwas darüber erzählen.« John erklärte sich auch mit dieser Bitte einverstanden. Er hatte inzwischen erkannt, dass Anns Problem genau das Gegenteil von seinem Problem darstellte. Ann machte es Schwierigkeiten, in ihren Beziehungen eine gewisse Distanz einzuhalten, etwas, womit er noch nie irgendwelche Probleme gehabt hatte. Ann brauchte Erlaubnis und Unterstützung, um etwas Freiraum für sich selbst zu beanspruchen.

Um seine eigenen Kindheitsverletzungen heilen zu können, musste John auf Ann zugehen, anstatt auf Distanz zu gehen; seinen Widerstand überwinden anstatt ihn in den Vordergrund zu rücken. Immer, wenn er spürte, dass er instinktiv zurückweichen und auf Distanz geben wollte, sah er es nun als ein Signal an, auf seine Frau zuzugehen, sich in ein neues Verhalten zu »dehnen«, anstatt sich zurückzuziehen. Als er mit der Zeit merkte, dass Ann für ihn da sein konnte, ohne ihn mit Haut und Haaren zu beanspruchen, begann sein Altes Gehirn diese neue Botschaft zu verstehen und seine tiefsten Verwundungen konnten Heilung erfahren.

Ann musste lernen, die Initiative zu ergreifen und ihr eigenes Verteidigungsmuster zu überwinden, indem sie ein wenig Abstand von John und Rebecca suchte. Ihr Altes Gehirn musste die Botschaft verstehen, dass Neugier eine wunderbare Eigenschaft ist und man davor keine Angst zu haben braucht. Sie musste ihrem Mann und ihrer Tochter genug Freiraum zugestehen, damit jene ihre eigenen Erfahrungen machen konnten, und sie musste gleichzeitig für sich selbst wieder Luft zum Atmen finden.

Das Ziel von Anns und Johns Therapie war es, dass beide lernen konnten, gemeinsam Neues zu entdecken und eine ganz neue Beziehungsdynamik zu entwickeln. John konnte sich immer mehr öffnen und fühlte sich nicht mehr von Ann vernachlässigt. Ann konnte sich sicher fühlen, selbst wenn sie manche Dinge alleine unternahm, und wusste, dass John immer für sie da war, wenn sie das Bedürfnis danach hatte.

Auf die Bedürfnisse eines Kindes eingehen

Nun konnten sie ihre Tochter in einem neuen Licht sehen und anders mit ihr umgehen. Lange Zeit hatte Ann geleugnet, eine überfürsorgliche Mutter für Rebecca zu sein: »Sie braucht mich einfach! Was ist, wenn sie hinfällt oder sich verletzt?« Ihre Sorgen kreisten ständig um die Sicherheit ihrer Tochter. Natürlich müssen wir auf die Sicherheit unserer Kinder achten. Aber Anns Sorgen waren äußerst übertrieben. Es war angemessen, Rebecca auf dem Spielplatz im Auge zu behalten und Acht zu geben, wenn sie schaukelte. Aber es war übertrieben, sie permanent mit Warnungen zu überschütten und ihr große Angst vor dem Entdecken ihrer Umgebung zu suggerieren.

Wir ermutigten Ann, ihre Sorgen um Rebecca ein wenig loszulassen und zu beobachten, was geschehen würde. Sie lernte mit Rebecca den Dialog »Bitte um Verhaltensänderung« zu praktizieren. So konnte Ann Rebecca beispielsweise bitten, innerhalb eines bestimmten Bereiches zu spielen und ihr Bescheid zu geben, wenn sie woanders hingehen wollte. So gelang es Ann mit der Zeit, ihren starken Drang zu unterdrücken, sowohl daheim als auch auf dem Spielplatz ständig hinter Rebecca herzulaufen. Ann lernte auch, Rebeccas Freude an neuen Erfahrungen zu spiegeln, anstatt sie auf mögliche Gefahren hinzuweisen. Wenn Rebecca wirklich einmal stolperte, sich das Knie aufschürfte und zu ihrer Mutter gelaufen kam, konnte Ann sie trösten und dennoch gleich wieder loslassen, wenn Rebecca bereit zum Weiterspielen war.

Ann merkte, dass ihre Freude an gemeinsamen neuen Erlebnissen mit Rebecca zu einer Quelle großer Befriedigung für sie wurde. Ihre ständige Angst ließ nach, weil sie immer öfter erlebte, dass Rebecca gesund zu ihr zurückkam. Ihre Mutter-Tochter-Beziehung wurde immer liebevoller, weil Ann nun echte Zuneigung geben und auch annehmen konnte, anstatt wie bisher fixe Erwartungen an Rebecca zu stellen.

Für John war es besonders wichtig, dass Rebecca und er es schafften, aus dem negativen Kreislauf von Wut und Rückzug auszusteigen. Er lernte, aus ihrem Verhalten Rückmeldungen für sich selbst abzuleiten und ließ Rebecca das Barometer sein, das den Grad der Nähe zwischen ihnen bestimmte. Als praktische Übung dazu ermutigten wir John, einige Unternehmungen alleine mit Rebecca zu planen. Bisher hatte er die gemeinsame Zeit mit ihr hauptsächlich durch Fernsehen gefüllt. Nun plante er Ausflüge auf den Spielplatz, gemeinsames Malen mit Fingerfarben oder gemeinsames Bauen mit Lego.

Zu Beginn fiel es John sehr schwer, sich in Rebeccas Leben einzubringen, aber seine Vorsätze lohnten sich. Die Beziehung zwischen Rebecca und ihm entwickelte sich in eine ganz neue Richtung - eine Richtung, vor der er bisher unbewusst Angst gehabt hatte. Im gemeinsamen Spiel spürte er nun, wie lohnend und bereichernd es sein konnte, Zeit mit seiner Tochter zu verbringen. Sie entdeckten ihre gemeinsame Liebe für Farben und schönes Design. John lernte, dass er seine Eigenständigkeit bewahren konnte, ohne allzu rigide Grenzen zu ziehen. Anstatt davon zu laufen wagte er nun immer mehr Schritte in die Welt seiner Tochter und genoss es sehr. Die gemeinsam verbrachte Zeit bereitete beiden viel Freude.

Diese Familie hatte noch eine lange Entwicklung vor sich, weil sie ihre Schutzmuster schon lange Zeit angewendet hatte, aber die Liebe zu ihrer Tochter war eine starke Motivation für Ann und John. Sie wollten ihrer Tochter etwas Besseres auf ihren Lebensweg mitgeben als die Angst vor Überfürsorglichkeit oder davor, im Stich gelassen zu werden, unter der sie selbst gelitten hatten. Dadurch, dass sie ihre Tochter bewusst durch die wichtige Entdeckerphase begleiteten, konnten auch ihre eigenen Wunden heilen. So entstand eine heilsame Familienatmosphäre, in der Rebecca ihr wahres Selbst entwickeln konnte.

10. Die Identitätsphase
Alter: 3 bis 4 Jahre

Wenn ein Kind drei Jahre alt wird, hat es schon erstaunlich viele Veränderungen hinter sich gebracht. Es hat gelernt zu gehen, verständlich zu sprechen und hat die ersten Kinderkrankheiten überwunden. Seine Eltern mussten ihr Bestes geben, um mit ihm Schritt zu halten. Manchmal war die Entwicklung so rasant, dass sie nicht beurteilen konnten, welche Veränderungen nebensächlich waren (z. B. neue Ess- oder Schlafgewohnheiten) und welche einen Übergang zu einer neuen Entwicklungsphase darstellten.

Alltägliche Veränderungen oder der Übergang zu einer neuen Entwicklungsphase - das ist ein entscheidender Unterschied. Eine neue Entwicklungsphase bedeutet eine ganze Serie von Veränderungen. Ihr geht oft eine Phase der inneren Unsicherheit und Instabilität voraus, die das Kind selbst und auch seine Eltern beunruhigt. Diese Phase ist eine Vorbereitungszeit für das Kind, sich für Neues zu öffnen und sich neue Fähigkeiten anzueignen. Seine Eltern wundern sich. Gerade haben sie sich an die letzte Veränderung gewöhnt, da kommen schon wieder neue auf sie zu. So stellen sie sich die Frage: »Was macht mein Kind denn jetzt schon wieder - und was soll ich dazu beitragen?«

Das Kind wird immer größer. Es hat sich eine gewisse Einstellung gegenüber seinen Eltern und seiner Umgebung erarbeitet und ist nun bereit, sich mit der Frage zu beschäftigen, wer es selbst im Kontext seiner Erinnerungen ist, gleichzeitig aber neugierig zu bleiben und die Bindung zu bewahren. Die Fragen der ersten beiden Entwicklungsphasen lauteten »Wer bist du?« und »Was ist das?«. Die neue Frage heißt nun »Wer bin ich?« Das Kind schreitet quasi auf einer Wendeltreppe nach oben. Am Anfang der Treppe stand die enge Bindung an seine Mutter und seinen Vater. Dann erweiterte sich seine Welt und bezog auch seine nähere Umgebung mit ein. Nun folgt es seinem angeborenen inneren Plan, auf die nächsthöhere Stufe zu gelangen. Das Kind folgt dem Impuls, all seine Erfahrungen in ein stimmiges Ich-Gefühl zu integrieren.

Für Eltern ist es wichtig zu wissen, dass eine neue Entwicklungsphase ihres Kindes nicht bedeutet, dass es die Vergangenheit hinter sich lässt. Die Erfahrungen, die ein Kind in den bisherigen Phasen gemacht hat, bleiben für immer ein Teil von ihm. Die ersten beiden Entwicklungsphasen bilden eine Abfolge, die das Kind sein Leben lang wiederholen wird. Eine tiefe Bindung, gefolgt von dem Bedürfnis, seine Individualität im Kontext dieser Bindung auszudrücken. Die Fähigkeit des Kindes, diese Erkenntnisse bei Aufgaben in seinem späteren Leben anzuwenden, hängt davon ab, ob es sie am Beginn seines Lebens erfolgreich bewältigt hat.

Wenn es als Säugling und Kleinkind diese ersten beiden Phasen erfolgreich durchlebt, wird es sich in seinem dritten und vierten Lebensjahr seinem eigenen

Selbst annähern. Zuerst wird es durch Experimentieren versuchen, eine persönliche Identität zu finden, mit der es sich wohl fühlt und die von seinen Eltern akzeptiert wird.

Eine Identität aufbauen

Bisher definierte das Kind seine Existenz dadurch, dass die Eltern mit ihm in Interaktion traten. Sie antworteten ihm und sie spiegelten seine Reaktionen. Es schien, dass sie etwas sehen konnten, was das Kind selbst nicht fühlen oder sehen konnte. Dieses Etwas ist sein potenzielles Selbst. Das Kind weiß durch die Beziehung zu seinen Eltern, dass es eine Existenz hat, aber es besitzt noch kein untrügliches inneres Gefühl für sein eigenes Selbst. Der Impuls, ein unabhängiges, eigenständiges Selbst zu werden, ist schon bei der Geburt vorhanden, aber die Struktur des inneren Selbst ist noch nicht entwickelt. Bis jetzt hat das Kind sich auf die Konstanz seiner Eltern und deren Spiegelung verlassen um herauszufinden, wer es ist.

Nun will es diese Aufgabe selbst erfüllen. Es begibt sich auf eine Reise, um eine eigenständige Person zu werden, um unabhängig von seinen Eltern ein eigenes Selbst aufzubauen, auf das es sich für sein künftiges Leben verlassen kann. Das Kind erkennt eine neue Wahrheit: »Ich bin nicht du - ich bin ich!« Weiterhin ist es sehr wichtig für das Kind, dass seine Eltern verlässlich und konstant verfügbar sind. Und dennoch begreift es langsam, dass es sich von seinen Eltern unterscheidet. Es kann sich zwar noch kaum mit eigenen Worten ausdrücken, aber es hat zweifellos eigene Gefühle und Gedanken und bringt sie auch gerne zum Ausdruck, wobei es ständig nach der Zustimmung seiner Eltern verlangt. Schließlich wird das Kind sich das aneignen, was der Entwicklungspsychologe Erik Erikson als »dauerhaft eins zu sein mit sich selbst, dauerhaft mit anderen verbunden zu sein und in lebendigem Austausch mit ihnen zu stehen« beschrieben hat.[1]

Das Kind lässt sich auf den Prozess ein, eine einzigartige Persönlichkeit zu werden. Von Geburt an besitzt es ein bemerkenswertes Potenzial dafür. Nun haben seine Erfahrungen das Kind dazu befähigt, das Bild seiner Eltern in seinem Inneren zu speichern. Sie müssen nicht mehr permanent verfügbar sein, damit das Kind Vertrauen in sein eigenes Überleben haben kann. Die Eltern sind dem Kind nahe, auch wenn sie nicht physisch anwesend sind, und dieses Wissen gibt ihm das Vertrauen, das es braucht, um sich in die Welt hinaus zu wagen. Dank dieser inneren Sicherheit kann das Kind die Welt in einer neuen Absicht erforschen. Es kann Verhaltensweisen nachahmen und die Stimme von realen und erfundenen Personen imitieren. Es kann sich auch mit Tieren identifizieren und bemerkt, dass es sich manchmal stark und manchmal schwach und verletzlich fühlt.

Der Prozess der persönlichen und kreativen Wandlung beginnt im Alter von drei bis vier Jahren, wenn das Kind eine grundlegende neue Einsicht gewinnt: »Ich habe herausgefunden, dass es möglich ist, ich selbst zu sein und gleichzeitig mit dir verbunden zu sein!«

Wenn das Kind seine persönliche Welt erforscht, scheint es manchmal wenig Aufmerksamkeit für andere übrig zu haben. Es steht nämlich selbst im Zentrum seiner Aufmerksamkeit. Dennoch beobachtet das Kind seine Eltern und versucht herauszufinden, wer sie sind, während es gleichzeitig herauszufinden versucht, wer es selbst ist. Die Wechselwirkung von Gleichheit und Unterschiedlichkeit fasziniert das Kind und es beobachtet nun, worin es anderen Menschen ähnelt und worin es sich von ihnen unterscheidet. Es misst sich mit allen wichtigen Bezugspersonen in seiner Umgebung, um die richtige Kombination von Charaktermerkmalen zu finden, die seinem ganz persönlichen Selbst eine einzigartige Identität geben. Es möchte ein authentisches Selbst entwickeln.

Was ein Kind in der Identitätsphase braucht

Bewusste Eltern verstehen, dass ihr Kind in der gegenwärtigen Entwicklungsphase mit Identitäten experimentieren möchte. Das steht aber *nicht* in Zusammenhang mit möglichen Zukunftsplänen ihres Kindes. Wenn ein Junge das hübsche Partykleid seiner Mutter anprobieren möchte, bedeutet das nicht, dass er Probleme mit seiner sexuellen Identität hat. Wenn ein Mädchen gerne mit einem Spielzeugstethoskop andere Kinder abhört, bedeutet das nicht, dass es später Ärztin werden möchte. Genauso wenig wird das Kind in seinem Erwachsenenleben als Batman oder Spiderman verkleidet herumlaufen, auch wenn es sich jetzt gerne mit Figuren identifiziert, die viel Kraft und Ausstrahlung haben. Wenn Eltern spiegeln und gelten lassen, was immer ihr Kind gerade ausprobiert, riskieren sie damit keine Probleme für die Zukunft. Im Gegenteil - sie vermeiden spätere Probleme.

Wenn Sie bemerken, dass Sie selbst immer wieder starke negative Reaktionen spüren, wenn Ihr Kind übersteigerte Charakterzüge austestet oder wenn es Ihnen Probleme macht Grenzen zu setzen und zu wahren, dann lohnt es sich nachzudenken, ob Sie eventuell in Ihrer Identitätsphase verwundet worden sind. Es kann sehr hilfreich sein, sich mit diesen Verwundungen auseinander zu setzen, um das eigene Kind bewusst durch diese Phase begleiten zu können. Sie könnten sich beispielsweise selbst erlauben, verschiedene Identitäten auszuprobieren und sich bewusst von Ihrem Partner dabei unterstützen lassen. Wenn Sie die Möglichkeiten eines neuen Berufes erwägen, ein neues Image aufbauen möchten, neue Interessen pflegen ..., dann werden Sie bald erkennen, dass kreatives Verhalten die Funktionalität Ihrer Persönlichkeit keineswegs beeinträchtigt, sondern deutlich stärkt.

Im Idealfall bestärken Eltern ihr Kind darin, seine verschiedenen Identitäten zu genießen und stehen ihnen wohlwollend gegenüber. In dieser Entwicklungsphase ist das Kind ein Schauspieler, der sekundenschnell die Kostüme wechseln kann. Es ist ihm sehr wichtig, Anerkennung von jenen Menschen zu bekommen, denen es am meisten gefallen möchte. Wenn die Eltern ihr Missfallen äußern oder dem

Kind keine Beachtung schenken, dann wird sein »großer Auftritt« zu einem peinlichen Flop. Dann bleibt ihm nichts anderes übrig, als gesenkten Kopfes die Bühne zu verlassen.

Sicherheit: In allen Entwicklungsphasen wird Sicherheit durch eine gesunde Verbundenheit mit einem oder beiden Elternteilen gewährleistet. Bewusste Eltern wissen, dass sie während der Identitätsphase am besten die Rolle eines freundlichen und interaktiven Publikums für die verschiedenen Verkleidungen ihres Kindes übernehmen. Wie schon während der Entdeckerphase mag es manchmal so aussehen, als ob das Kind sich von seinen Eltern distanzieren möchte. In Wahrheit experimentiert es nur und legt seine Ergebnisse der Zustimmung der Eltern vor. Seine Ausflüge in neue und interessante Identitäten können nicht erfolgreich sein ohne die warme und aufnahmebereite Präsenz eines Elternteiles oder einer anderen liebevollen Bezugsperson. Bewusste Eltern achten gut auf ihre Worte um sicherzugehen, dass sie ihr Kind nicht abwerten oder kritisieren. Sie wissen, dass sogar positive Reaktionen unter Umständen manipulativ und abwertend sein können: »Du schaust wirklich groß und stark aus, aber wenn du dein T-Shirt nicht verkehrt anhättest, würdest du noch eindrucksvoller aussehen!«

Zugegebenermaßen kann es für Eltern ganz schön anstrengend sein, in ihren Tagesablauf auch noch tägliche Theatervorstellungen ihrer Kinder einzuplanen. Kinder in diesem Alter können schon ein wenig Verständnis für volle Terminkalender zeigen und auch gewisse Wartezeiten in Kauf nehmen. Vielleicht haben sie auch schon selbst verschiedene Termine einzuhalten. Im Vorhinein einen Zeitpunkt zu vereinbaren, ist eine gute Möglichkeit um sicherzugehen, dass die Eltern (bzw. ein Elternteil) verfügbar sein werden. Spontanes Zuschauen zeigt wiederum dem Kind, dass man seine Selbstexpressionen wertschätzt. Im Vorhinein vereinbarte Vorstellungen geben dem Kind ebenfalls das Gefühl wichtig zu sein, in seinem Selbst und in seinem Handeln wertgeschätzt zu werden.

Unterstützung: Wenn ein bzw. beide Elternteil(e) anhaltend wertschätzend ist/sind, kann das Kind ein positives und unterstützendes Bild seiner Eltern verinnerlichen, das auch dann weiterwirkt, wenn die Eltern nicht physisch anwesend sind. Mithilfe der Werkzeuge, die wir in Kapitel 5 *Der Imago-Dialog* vorgestellt haben, kann ein Erwachsener alle Identifikationen eines Kindes spiegeln. »Oh, ich sehe, wir haben heute Besuch von Batman! Was für eine wunderhübsche Prinzessin! Darf ich dieser eleganten Braut ein Glas Orangensaft servieren?« Die Aufgabe der Eltern ist es nicht nur, das Kind in seinen Rollen zu bestärken, sondern sich am Theaterspiel zu beteiligen. Die Methode des Dialogs ermöglicht es den Eltern, in die spielerischen Identitäten einzusteigen, das Kind gelten zu lassen und Einfühlsamkeit für die Gefühle des Kindes in seinen jeweiligen Rollen zu zeigen. So kann sich der Erwachsene einbringen und einen Beitrag zum Inhalt des Theaterstücks leisten.

Bewusste Eltern wissen aber auch, dass ihre enthusiastischen Reaktionen die Freude des Kindes am Experimentieren nicht verdrängen sollten. Eine gefühlvolle Reaktion ermutigt das Kind, weiterhin Rollen auszuprobieren, aber bewusste Eltern achten darauf, in ihrem Enthusiasmus die Ideen des Kindes nicht mit ihrer eigenen Phantasie zu vermischen. Sie bewerten auch nicht, wie gut das Kind eine Rolle spielt. Bewusste Eltern konzentrieren sich auf das, was ihre Kinder gut machen, und nicht auf das, was ihnen nicht gelingt. Wenn ein Kind beispielsweise die Rolle eines Arztes ausprobieren möchte, braucht es nicht die Sorge der Eltern sein, wie gut es einen Verband anlegen kann. Das Kind kann den Verband anlegen, wie es ihm gerade einfällt.

Struktur: Die Eltern bieten Struktur, indem sie ihren Kindern erlauben alles auszudrücken, was in ihnen steckt, und sie angemessene Formen des Selbstausdruckes lehren. »Es ist o.k., wenn du ein Verrückter bist, aber es ist nicht o.k., deine kleine Schwester zu beißen! oder Du möchtest dieses Spielzeug gerne haben? Weißt Du, auch mir gefällt oft etwas, das jemand anderer hat, aber ich kann es ihm trotzdem nicht einfach wegnehmen. oder Ich weiß, es ist mühsam zu warten, bis du endlich an die Reihe kommst, aber dennoch ist es wichtig nicht zu drängeln. Jeder muss manchmal im Leben auf etwas warten!« Wenn Ihr Kind gerade eine neue Identität ausprobiert und es in diesem Zusammenhang etwas Lernenswertes gibt, das keiner Beurteilung gleichkommt, dann können Sie es natürlich erwähnen. Bewusstes elterliches Verhalten achtet aber darauf, dass Lernen positiv erlebt und nie mit Strafe verknüpft wird. Es soll sich nur um neutrale Informationen handeln. Wenn Ihr Kind gerade einen Bären spielt und das Brüllen des Bären seine kleine Schwester erschreckt, dann können Sie Ihrem Kind erklären, dass alle Bären in diesem Haus ihre kleinen Schwestern vor Lärm schützen und dass Bären zwar gerne brüllen, aber genauso gern Beeren und Honig essen.

Bewusste Eltern wissen, wie wichtig es für ihr Kind ist herauszufinden, wer seine Eltern sind, wenn es herausfinden möchte, wer es selbst ist. Das Kind hat zwar seinen Überlebenstrieb, aber es weiß noch nicht ausreichend darüber Bescheid, wie man in der Welt anderer überleben kann. In dieser Phase der aufkeimenden Identität ist es wichtig, dass Eltern ein Gespür für gewisse Werte vermitteln, indem sie den Kindern vorzeigen und mit ihnen darüber sprechen, wie man anderen Leuten begegnet. Sie zeichnen ein klares Bild davon, was es bedeutet, Rücksicht auf andere zu nehmen und gesellschaftlich akzeptables Verhalten zu zeigen. Das wird dem Kind helfen, sich zu einem sozialen Wesen zu entwickeln, ohne seine Fähigkeit zum Selbstausdruck stark einschränken zu müssen.

Wenn Kinder zur Welt kommen, haben sie *noch keine moralischen Überzeugungen.* Ihr Handeln ist weder moralisch noch unmoralisch und ihr Charakter wird erst durch ihre Erfahrungen mit ihren Eltern und mit anderen Bezugspersonen geformt. Eltern sind die ersten Lehrer für moralisches Verhalten. Es steht fest, dass Kinder ihren Eltern gefallen und ihnen ähnlich sein möchten. Bewusste Eltern wissen, dass es entscheidend ist, welche Einstellung sie bestimmten Charaktereigenschaften und Werten entgegenbringen. Wenn sie sich wirklich bewusst machen, dass das, was sie sagen und tun, zu einem Teil ihrer Kinder wird, werden sie sich nach Kräften darum bemühen, Vorbilder zu sein und vernünftige Grenzen zu setzen. Das Kind verinnerlicht diese Grenzen und findet seinen Freiraum innerhalb dieser Grenzen. Wo es keine Grenzen gibt, dort kann es auch keinen Freiraum geben.[2]

Eine klare Struktur bildet auch jene Grenze, die Kinder vor negativen Konsequenzen ihrer Rollen beschützt. Ein Kind kann mit Ölkreiden und Papier in Tante Julias Küche Künstler spielen, aber Wandmalereien sind dort sicherlich nicht gern gesehen.

Der minimierende Elternteil in der Identitätsphase - Rigidität

Unbewusste Eltern können nur schwer ihre Neigung unterdrücken ihr Kind zu bewerten; und so reagieren sie stark, wenn das Verhalten ihres Kindes entweder Ablehnung oder Zustimmung in ihnen hervorruft. Ein minimierender Elternteil, der in seiner eigenen Identitätsphase verwundet wurde, fühlt sich dazu gedrängt, das Verhalten seines Kindes rigide zu steuern. Wann immer das Kind einen Charakterzug zeigt, der starke Gefühle beim Elternteil hervorruft, selbst wenn das Kind damit nur experimentiert, wird ein Minimierer sich einbringen und dem Kind mit Strenge seine Meinung sagen.

Dieser Minimierer ist sozusagen die Stimme der Autorität. Zu den meisten Dingen hat er eine vorgefasste Meinung und sagt oft: »Ich finde, die Welt ist ...« Er ist nicht dazu bereit zu hören, wie die äußere Welt ihn wahrnimmt. Oft spielt er die Rolle eines Märtyrers, der sich stets für andere aufopfert. Er nimmt viele emotionale Enttäuschungen in Kauf ohne sich zu beklagen - denn er ist ja stark und tüchtig. Sein Verhalten ist passiv-aggressiv und unkooperativ und oft verliert er die Geduld, wenn er das Gefühl hat zu sehr gedrängt zu werden. Er benützt andere Menschen, seinen Partner oder seine Kollegen um Schicksalsgemeinschaften zu bilden. Er braucht Publikum für seine Märtyrerrolle: »Ihr wisst ja nicht, was ich alles ertragen muss!« Das Mittel seiner Wahl, um die Menschen in seiner Nähe unter Druck zu setzen, besteht darin sich zurückzuziehen, Informationen, Gefühle und liebevolle Nähe zurückzuhalten. Den Imago-Dialog zu erlernen fällt ihm ziemlich schwer, weil er am liebsten Monologe führt.

Es überrascht nicht, dass er kreatives Rollenspiel ablehnt und seinem Kind nur innerhalb klar definierter Grenzen erlaubt seine Identität zu entwickeln. Er bringt sich nur dann ein, wenn sein Kind einen Charakterzug ausprobiert, den er ablehnt - ansonsten schenkt er dem Kind keine Beachtung. Als Elternteil wendet der Minimierer eine Art des Spiegelns an, die wir selektives Spiegeln nennen. Er spiegelt nur jene Identitäten, die seine Zustimmung finden. Sobald das Kind seine Weltsicht bedroht, kritisiert er es.

Oft tadelt er das Kind, wenn es mit Identitäten experimentiert. Es bekommt den Eindruck, es müsse sich schämen und mit ihm stimme etwas nicht.³ So beginnt es, Teile seines Selbst zu verstecken oder zu verdrängen, und entwickelt eine gespaltene Identität. Indem das Kind sein authentisches Selbst ablehnt, verdrängt es Teile desselben in sein Unterbewusstsein und präsentiert anderen Menschen einen Ersatz, das sogenannte Öffentliche Selbst, von dem es denkt, dass es ihre Anerkennung finden wird. Einem minimierenden Elternteil *sind dieselben Selbstanteile* peinlich, die er an seinem Kind kritisiert. Und so zeigt sich der gleiche Selbsthass im Erwachsenen und in seinem Kind. Es ist eine Ironie des Schicksals, dass beide schließlich dasselbe dunkle Geheimnis mit sich tragen.

Minimierende Eltern lassen sich von kulturellen und sozialen Vorurteilen darin leiten, was sie an ihrem Kind akzeptieren oder nicht. So stehlen sie sich aus ihrer persönlichen Verantwortlichkeit. Sie greifen auf vorgefasste Meinungen zurück um ihrem Kind zu sagen, was es tun soll, was peinlich, inakzeptabel, lobenswert ist ... So müssen sie sich keine Mühe geben um herauszufinden, was ihr Kind tatsächlich von ihnen brauchen würde.

Ihr Kind muss sich an rigide Grenzen und Regeln halten, die oft willkürlich sind oder dem Kind bisher noch gar nicht bekannt waren. Wenn das Kind eine solche Regel übertritt, dann bestraft es der Erwachsene, ohne die Sache zu erklären. Eine typische Art der Konfliktvermeidung ist es, Probleme erst in letzter Minute anzusprechen oder in einer Situation bzw. Umgebung, wo eine Diskussion darüber kaum möglich ist. Die symbiotische Haltung minimierender Väter oder Mütter, die in der Identitätsphase verwundet wurden, lautet: »Das hättest du einfach wissen sollen!« So drängen sie dem Kind ihre eigene Realität auf.⁴

Der maximierende Elternteil in der Identitätsphase - Zerstreuendes Verhalten

Als der maximierende Elternteil selbst noch ein Kind war, gewöhnte er sich daran, dass seine experimentellen Identifikationen nicht beachtet oder verzerrt wurden. Jene Charakterzüge, die er ausprobieren wollte, wurden nicht gespiegelt, sondern höchstens toleriert. So entwickelte er Angst davor sich selbst durchzusetzen. Er war nicht dazu in der Lage, Teile seiner vorübergehenden Identifikationen in ein stimmiges Selbst zu integrieren, denn sein eigener maximierender Elternteil war ebenfalls eine diffuse Persönlichkeit ohne klaren Selbstausdruck. In seinen Fußstapfen entwickelte er sich von einem diffusen Kind zu einem diffusen Erwachsenen, der wiederum seinem eigenen Kind nicht dabei helfen kann, seine verschiedenen Identifikationen zu einer klaren und sicheren Identität umzuformen.

Anders als der minimierende, rigide kontrollierende Elternteil, der seinem Kind nur spärliche und nicht wertfreie Aufmerksamkeit zukommen lässt, ist der maximierende Elternteil unsicher, wie er auf die Rollenspiele seines Kindes reagieren soll. Er fürchtet, er könne falsch reagieren und in der Folge nicht geliebt werden.

Also beachtet er sein Kind lieber nicht, als einen Fehler zu begehen. So überträgt er seine eigene Verwirrung. Sein Kind internalisiert diese Verwirrung und übernimmt sie als seine eigene. Manchmal verleitet die Angst eines Maximierers sein Kind eine dominante Rolle zu übernehmen. Das kommt einem Rollentausch gleich. Das Kind wird zum Elternteil und der Elternteil wird zum Kind.

Anders als der rigide Minimierer dreht ein Maximierer sein Fähnchen stets nach dem Wind. Er kann nicht adäquat spiegeln, da er sich über seine eigene Identität nicht im Klaren ist. Er lässt sich leicht verleiten seinem Kind zu erklären, wie andere Menschen ihr Leben gestalten, obwohl das Kind in dieser Phase herausfinden muss, was für Menschen seine Eltern sind und wer es selbst ist.

Der maximierende Elternteil interessiert sich zwar für die Bedürfnisse seines Kindes, aber er weiß nicht so recht, was er tun kann um sie zu erfüllen. Wenn die Situation es von ihm verlangt, seinem Kind Struktur und klare Regeln zu geben, dann tut er das aus seiner Frustration heraus und nicht aufgrund einer klaren und konstruktiven Gesinnung.

Kinder, die sehr stark von einem minimierenden, kontrollierenden Elternteil beeinflusst werden, entwickeln ein gespaltenes Selbst. Kinder, die stark von einem maximierenden Elternteil beeinflusst werden, bilden ein unsichtbares Selbst aus. Da sein Selbstausdruck nicht gespiegelt oder nur unklar gespiegelt wird, verliert das Kind sich selbst aus dem Blick. Es kann auch ein chaotisch-formloses Selbstbild entwickeln. Möglicherweise bildet sich eine Persönlichkeit mit überdurchschnittlichen Stimmungsschwankungen aus, die zwischen Glück, Traurigkeit und Wut wechselt, ohne klare Übergänge und ohne Bezug zu konkreten Ereignissen. Ihr Identitätssinn ist verschwommen und diese Person wird ihr Leben lang ein sehr diffuses Selbstbild haben - es sei denn, sie findet Wege und Möglichkeiten zur Heilung.

Ein Paar auf dem Weg aus der Krise

Wie schon erwähnt, ist es ausgesprochen wichtig, dass Eltern für ihre eigenen Kindheitswunden nach und nach Heilung finden, damit sie ihre Kinder in ihrer Entwicklung begleiten und unterstützen können. Gerald und Elizabeth haben diese Herausforderung angenommen.

Gerald und Elizabeth kamen bereits während ihrer Verlobungszeit das erste Mal zur Therapie. Er war ein angesehener Arzt und hatte offenkundig sein Leben im Griff, sodass es in geordneten Bahnen verlief. Er erklärte, dass er Elizabeth helfen wolle ihr Leben zu organisieren, weil sie selbst das nicht zuwege brachte. Sie für ihren Teil schien ihn bereitwillig in der Beziehung dominieren zu lassen. Um ihre Probleme noch vor der Hochzeit lösen zu können, waren sie bereit für eine Paartherapie. Im Verlauf der Therapie gab Gerald langsam und zögernd seine dominante Rolle auf und lernte, Elizabeth seine abgespaltenen Selbstanteile zu zeigen, die er bisher versteckt gehalten hatte. Schrittweise gelang es ihm, sich immer weniger durch rigides Kontrollieren zu definieren. Er konnte seinen Hang zum Kontrollieren teilweise ablegen und lernte, Elizabeths Gedanken und Gefühle zu spiegeln. Elizabeth war sehr berührt von seiner Bereitschaft sich verletzlich zu zeigen. Sie gab wiederum ihr Bestes, um Gerald das, was er sagen wollte, stets gut zurückzuspiegeln. Sie machten beide wirklich große Fortschritte.

Als ihr Sohn Dylan vier Jahre und ihr zweites Kind, ein Mädchen, sechs Monate alt war, kamen sie wieder zur Therapie. Durch das neue Baby war Elizabeth viel mehr als bisher darauf angewiesen, dass Gerald sich zeitweise um Dylan kümmerte, und daraus ergaben sich ungeahnte Probleme. Gerald genoss das Zusammensein mit seinem Sohn, und dennoch war er oft frustriert. Obwohl er intelligent genug war um zu verstehen, dass ein Vierjähriger noch nicht dazu imstande war, seinen Anweisungen exakt Folge zu leisten, konnte er es sich nicht abgewöhnen, Dylan andauernd zu erklären, wie er sich verhalten solle. Er fand, dass Dylan nur vom Wesentlichen ablenkte, wenn er mit neuen Identitäten experimentierte. Ihn interessierte es viel mehr, mit seinem Sohn das Alphabet zu üben und ihm zu erklären, wie man eine Computermaus bedient. Er sagte zwar nicht, dass Dylan später ebenfalls Arzt werden solle, aber er war überzeugt davon, dass es nie zu früh wäre, einem Kind Mathematik und vieles andere beizubringen, das man in der hochtechnisierten heutigen Welt gut brauchen könne.

Gerald schenkte Dylans wechselnden Identitäten keine Beachtung und war frustriert, wenn sein Sohn sich nicht mit wichtigeren Dingen beschäftigte. Er wollte einfach, dass Dylan ihm gehorchte. »Ich bin an einem Punkt angelangt«, sagte Gerald, »wo ich einfach nur will, dass die Dinge wieder ihren normalen Lauf nehmen!« Es war offensichtlich, dass die Identitätsphase, die Dylan gerade durchlebte, bei Gerald einen wunden Punkt berührt hatte. Er war einfach nicht in der Lage zu erkennen, dass das Verhalten seines Sohnes nicht problematisch, sondern normal und altersentsprechend war.

Elizabeth war anfänglich verärgert gewesen über das autoritäre und engstirnige Verhalten ihres Mannes. Inzwischen war sie mehr als unglücklich darüber. Im Laufe der Jahre hatte sich die Rollenteilung eingebürgert, dass Elizabeth sich um die Kinder und den Haushalt kümmerte, während Gerald den größten Teil des Familieneinkommens sicherte. Elizabeth war für Dylans Erziehung zuständig und lehnte es zutiefst ab, wie Gerald mit ihm umging. Sie fand, dass Dylan launisch geworden war und sich immer mehr zurückzog, seit Gerald mehr Zeit mit ihm verbrachte. Sie meinte, dass Gerald nicht so ehrgeizig und verbissen sein sollte. Er konterte, dass Elizabeth in ihrer Erziehung nicht so lax sein und ein klares Auftreten zeigen sollte.

Es stimmte, dass Elizabeth von ihrem neuen Baby so sehr in Anspruch genommen war, dass sie sich wenig darum kümmerte, was Dylan gerade machte. Ob er als Superman mit Papas Krawatte und Hut vom Sofa fliegen wollte, oder ob er ihr Make-up benutzte, um Furcht erregende Monster auf sein Gesicht zu malen – für sie war das in Ordnung, solange er glücklich damit war. Im Grunde überließ sie

Dylan das Kommando. Gerald beklagte sich über das große Chaos im ganzen Haus und meinte, wenn er versuche Ordnung zu schaffen, sei ihr das auch wieder nicht recht. Elizabeth beschuldigte Gerald wiederum, unsensibel für ihre momentane Situation als Mutter eines Säuglings zu sein.

Elizabeths bisherige Tendenz, sich den Wünschen ihres Ehemannes unterzuordnen, war nun einer starken Kritik an seinem Verhalten gewichen. Und sie war sich nicht sicher, was Dylan brauchte. Manchmal beschützte sie ihn in übertriebener Weise vor dem autoritären Erziehungsstil seines Vaters, und manchmal schenkte sie ihm und seinem Wunsch nach Spiegelung in seiner Identitätssuche kaum Beachtung.

Wie bei allen Paaren hatte sowohl Elizabeths als auch Geralds Standpunkt seine Berechtigung. Geralds defensives Verhalten war offensichtlich und musste thematisiert werden. Aber auch Elizabeths aktuelle Probleme mussten bearbeitet werden. Während ihrer Ehe waren sie bisher recht gut miteinander ausgekommen, weil sie für verschiedene Bereiche zuständig gewesen waren. Geralds Verantwortungsbereich waren die Finanzen der Familie und sein berufliches Weiterkommen gewesen, Elizabeth war für die Kinder und den Haushalt zuständig gewesen. Diese beiden Bereiche waren einander kaum in die Quere gekommen. Nun aber traten Gerald und Elizabeth einander - bildlich gesprochen - immer öfter auf die Zehen.

Wir beobachten gar nicht selten, dass Paare, die Eltern werden, sich einerseits durch ihre Kinder sehr bereichert fühlen, dass aber andererseits bedeutende Probleme auftreten. Auch Konflikte, von denen sie dachten, sie hätten sie bereits miteinander bewältigt, können neu aufbrechen. Wenn beide Partner sich eingestehen, dass sie in eine emotionale Sackgasse geraten sind, können Erziehungsprobleme ein guter Anlass dafür sein, sich wieder neu um einen persönlichen Heilungsprozess zu bemühen. Elizabeth war durch ihre Mutterpflichten für das Neugeborene und ihren vierjährigen Sohn an ihre persönlichen Grenzen gelangt. Das hatte aber auch etwas Gutes an sich: sie erkannte, dass sie professionelle Hilfe brauchte und wurde initiativ, um eine zweite Phase der Therapie zu beginnen. Und ihr Mann war ohne Zögern dazu bereit - er stand ebenfalls unter starkem Leidensdruck, führte ihn aber vorerst nur auf die anderen Familienmitglieder und nicht auf sich selbst zurück. Er dachte, dass sowohl Elizabeth als auch Dylan Hilfe brauchten, weil er das Leben daheim zu chaotisch fand.

Durch ihr zweites Kind hatten Gerald und Elizabeth ihre Rollen neu verteilt. Gerald, der Minimierer in der Familie, störte nun quasi wie ein Eindringling die bestehende häusliche Routine und kritisierte Elizabeths lockeren Umgang mit den Kindern. Seine wohlmeinenden Versuche seine Frau zu unterstützen, waren überschattet von seinem Drang zu dominieren; und so erlebte seine Frau ihn eher als störend anstatt als liebevollen Vater und Ehemann. Sein starkes Bedürfnis nach Kontrolle irritierte ihre Sehnsucht nach Hilfe und Unterstützung. So gab es in der Beziehung zwischen den Ehepartnern eine starke Polarisierung. Bevor sie ihre Aufmerksamkeit darauf richten konnten, was ihr Sohn Dylan brauchte, mussten sie sich zuerst mit der Rollenverteilung in ihrer Ehe auseinander setzen.

An der ehelichen Beziehung arbeiten und Heilung erfahren

Im Laufe ihrer Ehe hatte Gerald, ohne darüber nachzudenken, begonnen, seine Frau so zu behandeln, wie seine eigenen Eltern ihn behandelt hatten. Er wollte alles kontrollieren. Um die Wunden seiner Frau und seine eigenen Wunden heilen zu können, war es nötig, dass er lernte, Elizabeth jene Unterstützung angedeihen zu lassen, die er selbst in seiner Kindheit nicht bekommen hatte. Wieder musste er ihre Gefühle, Gedanken und die Sorgen mit ihren Kindern spiegeln, ohne ihr seinen Willen aufzudrängen. Dadurch konnte Gerald sich schrittweise von seinem stärksten Schutzmuster, dem Bedürfnis nach Kontrolle, verabschieden. Gerald konnte sich noch an wichtige Erfahrungen aus der ersten Therapiephase erinnern. Es hatte ihm selbst gut getan, die Worte seiner Frau zu spiegeln. Er spiegelte dadurch nämlich seine eigenen verleugneten Impulse, und mit der Zeit lernte er, jene Selbstanteile anzunehmen, die er bisher geleugnet hatte.

Zuerst dachte Gerald, dass sein größtes persönliches Problem der chaotische Zustand des Hauses war, wenn er von der Arbeit heimkam. Aber bald erkannte er, dass es ihn störte, wie viel Zeit Elizabeth mit dem neuen Baby verbrachte: »Sie stillt es in der Früh, wenn ich das Haus verlasse, und sie stillt es, wenn ich am Abend heimkomme.« Gerald wusste zwar, dass das bei einem sechs Monate alten Baby nichts Außergewöhnliches war, aber er war enttäuscht darüber, dass Elizabeth für ihn selbst so wenig Aufmerksamkeit übrig hatte. Während ihrer Therapiesitzungen erklärte Elizabeth sich bereit zu spiegeln, was Gerald sagte. Und auch daheim bemühte sie sich nun, seine Frustration gelten zu lassen. Geralds Enttäuschung und Leidensdruck ließen bald nach, als er spürte, dass Elizabeth ihn verstehen konnte.

Während einer anderen Therapiesitzung baten wir Elizabeth, alle Selbstanteile von Gerald zu spiegeln, auch den beschämten und zurückhaltenden Gerald; jenen Teil, der unordentlich sein wollte und keine Verantwortung tragen wollte; jenen Teil, der am liebsten gemeinsam mit ihr »relaxen«, seine Füße hoch lagern und seine Kinder genießen wollte, wie sie waren. Seine ständigen Beschwerden darüber, dass Elizabeth die Dinge nicht im Griff hatte und wichtige Themen nicht ernst nahm, waren in Wahrheit eine Projektion seines eigenen Abgelehnten Selbst. Elizabeths Spiegeln half ihm, sich selbst die Erlaubnis zu geben, öfter spontan zu sein, weniger Verantwortung auf seine Schultern zu laden und nicht zwanghaft alles organisieren zu wollen.

Mit der Zeit gelang es auch Elizabeth, über ihren Schmerz zu sprechen, dass sie sich in Geralds Augen meist unsichtbar fühlte. Es schien, als nehme er nur Notiz von ihr, wenn er sie kritisierte. Je mehr er sie angriff, desto passiver wurde sie. Sie musste lernen selbstsicherer aufzutreten. Wir ermutigten sie, Gerald um einen Dialog zu bitten, in dem sie ihre Gefühle schildern konnte. Sie musste das ohne

Vorwürfe tun. Das Ziel dieses Dialogs war es ihre Bedürfnisse zu verbalisieren, und zwar ohne Wertungen oder Forderungen, und zu sagen, worunter sie am meisten litt. Dann bat sie Gerald, es für sie zu spiegeln. Indem sie jede Konfrontation vermied, verhinderte Elizabeth es auch, dass Gerald in eine defensive Rolle gedrängt wurde, was sofort sein Bedürfnis nach Kontrolle aktiviert hätte. Sie wandten diese Form des Dialogs an, bis es ihnen deutlich besser miteinander ging.

In diesem Zusammenhang machte Elizabeth Gerald den Vorschlag eine Haushaltshilfe zu suchen. Gerald hielt das ebenfalls für eine gute Idee. Elizabeth bat Gerald auch, seine Krawatte und seinen Hut selbst wegzuräumen, wenn er nicht wollte, dass Dylan sie als Verkleidung benutzte. Sie mussten lachen, wie leicht Alltagsprobleme im Grunde lösbar sein können, wenn man ihre Eigendynamik unterbricht und kreative neue Schritte setzt.

In gewisser Weise hatte Elizabeth, die Maximiererin, die größere Herausforderung zu bewältigen. Als Mutter von zwei kleinen Kindern war es wirklich schwierig für sie Grenzen zu setzen. Ihre Grenzen wurden in einem sehr realen Sinn täglich überschritten und mussten neu definiert werden. Durch Elizabeths schwach ausgeprägtes Ich-Gefühl brachten die ständigen Forderungen ihrer Kinder und ihres Mannes sie leicht aus der Balance.

Um die Grenze zwischen ihrem eigenen Selbst und ihrer Familie klarer ziehen zu können, lernte Elizabeth sich bildlich vorzustellen, dass sie einen Raum für sich ganz allein besaß und die Tür versperrt war. Wenn Gerald oder die Kinder diesen Raum betreten wollten, müssten sie jeweils um Erlaubnis bitten. Diese Idee fand Elizabeth sehr ansprechend. Ihre »Klosterzelle« war zwar nur eine imaginäre Sache, aber der Gedanke daran hatte eine beruhigende und ermutigende Wirkung für sie. Gerald hielt diesen Ansatz zuerst für lächerlich, aber Elizabeths Erfolg überzeugte ihn Schritt für Schritt. Es ermutigte sie nicht nur persönliche Grenzen zu setzen, sondern sie spürte dadurch auch die Erlaubnis, diese Grenzen zu wahren, besonders wenn Gerald fand, sie solle für ihn verfügbar sein.

Elizabeth musste Gerald signalisieren, dass ein »Nein« *keine* Zurückweisung war, sondern nur eine Stärkung ihres eigenen Selbst. Die Tatsache, dass es ihm große Schwierigkeiten bereitete, Elizabeth diese Übung zuzugestehen, half ihm zu erkennen, dass es hier persönliche Verwicklungen von seiner Seite hergeben musste.

Die allermeisten Probleme in Paarbeziehungen beruhen auf einem Mangel an bewusster Kommunikation. Aber selbst wenn zwei Menschen über gute Kommunikation Bescheid wissen und bereit sind, ihre Paarbeziehung bewusst zu gestalten, können sie in Situationen kommen, wo sie ratlos vor manchen Problemen stehen. Solche Probleme lösen sich kaum je von selbst. Im Gegenteil, sie kumulieren, stehen einer guten Kommunikation im Weg und können schließlich die liebevolle Verbundenheit der Partner zerstören.

Deshalb ermutigen wir Paare, die Methode des Imago-Dialogs so oft als möglich für ihre Gespräche anzuwenden. Elizabeth und Gerald hatten den Dialog bereits während ihrer Verlobungszeit erlernt. Nun erklärten sie sich bereit dazu diese

Erfahrung neu zu beleben. Der Imago-Dialog schenkt einer Paarbeziehung neue Kraft und Motivation, die alle Partnerschaften von Zeit zu Zeit gut gebrauchen können. Gerald und Elizabeth verwendeten auch die Übung »Wut-Container«, die ihnen half, präventiv mit Gefühlen des Ärgers besser umgehen zu lernen. Schließlich konnten Gerald und Elizabeth erkennen, warum die Rollenspiele ihres Sohnes Gerald stets so unangenehm berührt hatten. Sie lösten in ihm ein Gefühl aus, das er aus seiner Kindheit kannte: sich sehr zu schämen, wenn er sich selbst nicht ganz im Griff hatte.

Elizabeth und Gerald lernten auch, mehr Zeit zu zweit zu verbringen. Sie engagierten einen Babysitter für einen Nachmittag pro Woche, damit sie diese Zeit miteinander verbringen konnten. Sie machten sich mit der Übung »Wiederverlieben in der Partnerschaft« vertraut und begannen ganz besonders die Übung »Positives Überfluten« zu schätzen. Gerald beschenkte Elizabeth mit positiven Aussagen und bezog sich dabei sogar auf Aspekte, die er sonst kritisiert hatte: »Du widmest deinen Kindern so viel Aufmerksamkeit, dass sie in einer sehr liebevollen Umgebung aufwachsen! Du bist so ein kreativer Mensch! Du bist so warmherzig und ermutigend!« Elizabeth war so gerührt, dass sie in Tränen ausbrach, und Gerald nahm sie dabei in die Arme. Sie erklärte, dass sie niemals zuvor in ihrem Leben soviel Liebe und Wertschätzung gespürt hatte. Es half beiden sich daran zu erinnern, was sie zu Beginn ihrer Beziehung aneinander wertgeschätzt hatten.

Auf die Bedürfnisse eines Kindes eingehen

Nachdem Elizabeth und Gerald einige Zeit an den Themen ihrer Ehe gearbeitet hatten, entwickelten sie von selbst den Wunsch, bewusste Eltern zu werden und die Bedürfnisse ihrer Kinder auf bewusste Weise zu erfüllen. Ihre Hauptsorge galt ihrem Sohn Dylan, denn mit ihrer kleinen Tochter kamen sie bisher ohnehin gut zurecht. Sie fühlten sich nun gestärkt dafür, das, was sie einander geschenkt hatten, auch Dylan zu schenken.

Was Dylan von Gerald brauchte, war das Spiegeln seiner verschiedenen Identitäten ohne jede Belehrung. Gerald musste seine innere Anspannung loslassen und wertschätzen, dass jede gespielte Identität ein für diesen Moment aktueller Versuch seines Sohnes war, mehr über sich selbst zu erfahren, und nicht mit Zukunftsperspektiven verwechselt werden durfte. Es war weiter wichtig, dass Gerald auch jene Charaktere wertschätzen konnte, die er früher als unproduktiv oder dumm abgetan hatte. Er beschloss, die Übung »Positives Überfluten« nun auch mit seinem Sohn durchzuführen. Er überlegte sich 20 verschiedene Sätze und lobte ihn unter anderem für seine reiche Phantasie. Dylan war sehr überrascht und man sah deutlich, wie sehr er es genoss. Es war schwierig zu sagen, wer mehr davon profitierte. Gerald spürte, dass es ihm half, mit seinen eigenen unproduktiven und »kindischen« Selbstanteilen in Berührung zu kommen, indem er seinen Sohn Dylan unterstützte.

Was Dylan von Elizabeth brauchte, war dauerhafte Anerkennung. Sie lernte, seinen Rollenspielen Aufmerksamkeit zu schenken und jede einzelne Rolle zu genießen. Dabei versuchte sie sich auch vorzustellen, wie sie selbst sich in den unterschiedlichen Rollen fühlen würde. Außerdem war es wichtig, dass sie Dylan Orientierung anbot und konstruktive Grenzen setzte. Dadurch, dass sie gelernt hatte, für sich selbst Grenzen zu setzen, gelang es ihr nun weitaus besser, für ihren Sohn welche zu setzen. Und sie spürte am eigenen Leib, dass das Erfüllen der Bedürfnisse ihres Sohnes gewissermaßen ihre eigenen Bedürfnisse erfüllte.

11. Die Kompetenzphase
Alter: 4 bis 7 Jahre

Wenige Monate nach seinem vierten Geburtstag erreicht das Kind eine neue Entwicklungsphase. Es hat herausgefunden und auszudrücken gelernt, in welcher Hinsicht es seinen Eltern ähnlich ist und in welcher Hinsicht es sich von ihnen unterscheidet. Je besser es ihm gelingt, seine versuchsweisen Identitäten erfolgreich in ein kohärentes Ganzes zu integrieren, desto mehr Vertrauen wird es in sein eigenes Selbst haben.

Das Kind hat seine Eltern bereits verinnerlicht. Sie sind verlässlich verfügbar, selbst wenn sie körperlich nicht anwesend sind. Ein Kind mit einem intakten Selbst kann bereits erkennen, welchen Einfluss es auf seine Welt hat. Sein neuer Entwicklungsimpuls besteht darin zu entdecken, welche Macht es hat - in Bezug auf andere Menschen und in Bezug auf die Objekte seiner Umgebung. Es möchte erleben, was sein neu entdecktes Ich alles erreichen kann. Gelegenheiten dazu gibt es überall. Das Kind hat Lust am Entdecken und keine Angst davor Neues auszuprobieren. Es liebt das Lernen. Wenn es sich mit ganzer Kraft bemüht, etwas mit vollem Eifer übt, zum Beispiel stundenlang damit beschäftigt ist, seine Schuhe allein zuzuschnüren, dann sprießt und wächst die Saat seiner Kompetenz. Das gibt dem Kind das Gefühl tüchtig zu sein. Das ist seine Fahrkarte in Richtung Selbstwertgefühl. Das Kind lernt mit den Fingern zu schnippen, zu pfeifen, seine Bettwäsche selbst zu wechseln, Kekse zu backen, Klavier zu spielen, zu zeichnen, mit dem Chemiekasten zu experimentieren und mit Werkzeugen zu hantieren. Es kann auch schon kleine Risiken eingehen. Es hat genug Selbstvertrauen, um sicher sein zu können, dass Fehlschläge seinen Wert als Mensch nicht schmälern. Mit der Unterstützung seiner Eltern eignet es sich ein Repertoire von Fähigkeiten an, das ihm hilft, sein Leben im Griff zu haben und in gewisser Weise auch selbst steuern zu können.

Seit seiner frühesten Kindheit beobachtet, berührt, schubst und zieht das Kind die Gegenstände seiner Umgebung. Nun ist das Kind klug genug um ergründen zu können, wie sie funktionieren. Es untersucht Hammer, Säge, Schere, Schneebesen und ähnliches. Es zeichnet oder malt immer wieder dasselbe Motiv oder dieselbe Person und es schreibt Buchstaben, Worte und Zahlen wieder und wieder. Manchmal ist das Kind frustriert, weil ihm eine Aufgabe nicht gut gelingt. Dann braucht es Hilfe und Ermutigung, um es noch einmal zu probieren. Eventuell wäre es auch gut, das Kind zu einer Pause zu ermutigen oder ihm vorzuschlagen, etwas Neues auszuprobieren, damit seine Frustration nicht allzu groß wird.

In diesem Alter beginnt das Lernen im Kindergarten und in der Vorschule. Das Kind wird sprachlich immer geschickter. Es kann immer besser kommunizieren und andere sogar von etwas überzeugen. Es lässt uns daran teilhaben, wenn es überglücklich ist, weil die Welt so funktioniert, wie es das möchte. Und es lässt uns daran teilhaben, wenn es tief enttäuscht ist, weil etwas nicht funktioniert. Das Kind beschäftigt sich auch mit der Frage, in welcher Beziehung es zu anderen Kindern steht. Es möchte auf andere Kinder Einfluss nehmen, sich mit anderen messen und vergleichen. Wenn es eine tiefe Verbundenheit mit seinen Eltern fühlt, gibt ihm das den Freiraum seine eigenen Grenzen auszutesten.

Ein vorrangiges Ziel ist es zu gewinnen. Das Kind rauft gern mit dem Hund, mit seinen Geschwistern, mit Mama und Papa, und möchte dabei am liebsten gewinnen. Es möchte schneller laufen als alle anderen, es möchte überall der/die erste sein. Es möchte Recht behalten, am größten sein, am schönsten singen und die lauteste Stimme haben.

Es wird ständig überprüfen, was ihm gehört, und einen Drang entwickeln Dinge zu besitzen. Bisher waren Dinge und Menschen einfach da. Nun möchte es sie besitzen. Deshalb wird der Vater zu »meinem Papa«, die Mutter zu »meiner Mama« und der Hund zu »meinem Hund«. Die Spielsachen, das Haus oder die Wohnung, in dem/der das Kind lebt - all das gehört nur ihm, so erklärt es mit Nachdruck.

Am erstrebenswertesten ist jedoch der Elternteil des gegenteiligen Geschlechts und das größte Hindernis dabei, ihn zu erobern, ist der Elternteil des gleichen Geschlechts. So beginnt der bekannte, klassische Kampf, den Freud »Ödipuskonflikt« nannte. Wir sehen ihn als vierte Liebesaffäre des Kindes an: die erste große Liebe sind die Eltern, die zweite ist die Welt, die dritte die eigene, neu entdeckte Identität und die vierte das andere Geschlecht. Das Ziel des Kindes ist es, die exklusive Aufmerksamkeit des gegengeschlechtlichen Elternteils zu gewinnen. Papa oder Mama gehören »ihm ganz alleine« und sonst niemandem. Dieser früh-sexuelle Konflikt tritt nicht immer offensichtlich zu Tage, sondern kann auch auf einer übertragenen Ebene stattfinden. Es ist wichtig zu verstehen, dass dieser Konflikt entscheidend für eine gesunde sexuelle Entwicklung ist, da er den Übergang von der Ichbezogenheit zur Beziehung mit einem anderen Menschen bildet.[1]

Wenn aus diesem Wettkampf eine gesunde erwachsene Sexualität hervorgehen soll, muss das Kind der Verlierer sein. Ein Sieg wäre bedenklich für das Kind. Wenn die bisherigen Impulse des Kindes sich ungehindert entfalten konnten, wenn es in der Bindungsphase, in der Entdeckerphase und in der Identitätsphase angemessen unterstützt wurde und erhielt, was es brauchte, sollte es diese unvermeidliche Niederlage gut verkraften können. Es wird überleben und die Dinge neu bewerten, wobei sein eigenes Selbst diese Niederlage als Wachstumserfahrung verbuchen kann. Dieses Beispiel zeigt, dass Niederlagen den Horizont des Kindes erweitern können.

Die Eltern müssen diesen Verlust mit großem Fingerspitzengefühl begleiten, damit das Kind sich nicht schuldig oder beschämt fühlen muss. Wenn ein kleines Mädchen behauptet: »Papa gehört mir ganz allein!«, dann wird seine Mutter einfühlsam Grenzen setzen, indem sie zum Beispiel sagt: »Papa ist dein Vater, aber Papa ist auch mein Ehemann. Er wird immer dein Papa sein, aber er wird auch immer mein Mann sein.« Den Wunsch des Kindes nach exklusiver Aufmerksamkeit und Zuwendung zu spiegeln und zu unterstützen und ihm klar zu machen, dass die Beziehung zum gegengeschlechtlichen Elternteil auch Grenzen hat, wird dem Kind schließlich helfen, die Situation richtig einzuordnen und den Grundstein für gesunde Beziehungen zu Gleichaltrigen in der nächsten Entwicklungsphase zu legen.

Die grundlegenden Schritte

Wenn die vier Fähigkeiten »Bindung«, »Entdecken«, »Identität« und »Kompetenz« in angemessener Weise erlernt werden können, wird der/die Jugendliche soweit sein, sich mit der äußeren Welt auseinander zu setzen und seine bisherigen Erfolge auch in anderen Bereichen zu wiederholen. Wenn er/sie beispielsweise eine Freundschaft oder Liebesbeziehung pflegt, wird das Parallelen zur Bindungsphase haben. Wenn die erste große Romantik verblasst ist und der/die Jugendliche mit der Vielschichtigkeit seiner eigenen Bedürfnisse und den Erwartungen des Freundes oder Geliebten konfrontiert ist, wird das Parallelen zur Entdeckerphase haben. Wer seine Identitätsphase und seine Kompetenzphase erfolgreich bewältigt hat, wird auch im Rahmen einer engen Beziehung zu einem Freund oder Geliebten jene persönlichen und seelischen Grenzen wahren können, die eine starke Persönlichkeit kennzeichnen.

Jedes Mal, wenn ein Jugendlicher sich erneut daran macht eine Entwicklungsherausforderung zu bewältigen, wird er in eine Krise geraten. Er weiß schließlich nicht, was auf ihn zukommt, und riskiert zu versagen. Wenn ein Kind oder Jugendlicher es geschafft hat einen Entwicklungsimpuls zu integrieren, hat er/es bessere Chancen, dass es ihm später wieder gelingt. Im Alter von vier Jahren bedeutet Kompetenz, ein schönes Lego-Haus zu bauen oder die volle Aufmerksamkeit des gegengeschlechtlichen Elternteils zu erringen. Das Streben nach Kompetenz tritt aber auch später wieder auf, bei Schulerfolgen, im Freundeskreis, beim Sport, beim Bemühen um eine glückliche Ehe und natürlich auch im Berufsleben.

Wenn ein Entwicklungsimpuls bei seinem ersten Auftreten nicht erfolgreich integriert werden kann, so steigt die Wahrscheinlichkeit, dass er diesem Menschen auch später Probleme bereiten wird. Wenn dieser Impuls wieder auftritt, wird er Versagensängste und Verteidigungsmuster aktivieren, die jenem Schutzverhalten ähneln, die das Kind beim ersten Mal angewendet hat. Wenn ein Kind beispielsweise gelernt hat, sich selbst zu schützen, indem es während der Kompetenzphase übersteigert rivalisiert, wird es auch im Erwachsenenleben ständig in Wettstreit mit allen treten.

Stolpersteine und Chancen für Eltern

Was könnte verhindern, dass es einem Kind gelingt, einen natürlichen Entwicklungsimpuls zu integrieren? Wie wir an anderer Stelle schon erwähnt haben, sind die Interaktionen der Eltern mit ihrem Kind im Hinblick auf jeden seiner Entwicklungsimpulse entscheidend. Deshalb betonen wir immer wieder, wie wichtig es ist, dass Eltern selbst genau beobachten, wie sie mit ihren Kindern umgehen, damit sie Problematisches rasch erkennen können und aus jedem Konfliktpunkt mehr über sich selbst erfahren können - nicht, damit Eltern sich mit Selbstvorwürfen quälen, sondern damit sie wertvolle Hinweise finden, wie sie sich zu besseren und bewussteren Eltern entwickeln können. Wir haben schon darauf hingewiesen, dass Konflikte zwischen Eltern und Kindern häufig in Zusammenhang mit dem unbewussten Selbsthass stehen, unter dem Eltern leiden, weil sie auf ihrer eigenen Entwicklungsreise nicht unterstützt wurden. Eltern können einem Kind nicht hilfreich zur Seite stehen, wenn sie ihre eigene Kindheit nicht gut abschließen konnten.

Ein minimierender Elternteil, der in seiner Kompetenzphase nicht unterstützt wurde, ist unter Umständen ungeduldig, wenn sein Kind mit vier Jahren noch nicht lesen kann. Er wird auch sehr enttäuscht sein, wenn sein Sohn beim Fußball einen sicheren Pass nicht verwandelt oder wenn seine Tochter studieren möchte und die Aufnahmeprüfung für die Universität nicht besteht ... Er wird sogar noch darunter leiden, wenn sein Sohn längst im Berufsleben steht, und ein Kollege ihn im Kampf um einen Posten als Abteilungsleiter übertrumpft. Ein Kind, das spürt, wie es seinen Vater mit vier Jahren beim Lesenlernen oder später beim Sport oder in anderen Bereichen enttäuscht, wird unablässig versuchen seine Anerkennung zu erringen. Es wird Karriere machen in Berufen, die ihm nicht entsprechen, und verschiedenste Dinge tun, die es im Grunde gar nicht tun möchte, nur um seine Eltern zu beeindrucken.

Eltern müssen kognitiv erfassen, was es bedeutet gute Eltern zu sein. Aber damit sie das Gelernte auch praktisch umsetzen können, müssen sie füreinander in positivem Sinn die Elternrolle übernehmen. Das bedeutet, dass alle Familienmitglieder gemeinsam eine Entwicklungsphase durchleben und bewältigen, damit das Kind diese Phase bewusst und ohne Verwundungen absolvieren kann. Das ist auch der Grund, warum wir uns in unserer Arbeit mit Paaren ganz auf die Interaktion zwischen den beiden Partnern konzentrieren und jeden der beiden darin begleiten, über seine Schutzmuster hinauszuwachsen und sich zu dehnen. Partner, die das emphatische Einfühlen üben, können ihre Schutzmuster überwinden, und ihr Altes Gehirn kann sich neu orientieren, sodass frühere Verwundungen geheilt werden. Wenn Eltern ihre Kindheit verarbeiten und zu integrierten Persönlichkeiten reifen, kann auch ihr Kind den Wachstumsschritt seiner Eltern nachvollziehen und verinnerlichen.

Was ein Kind in der Kompetenzphase braucht

In dieser Entwicklungsphase braucht ein Kind weiterhin soviel Zuwendung wie in den vorangegangenen Phasen, nämlich verlässliche Verfügbarkeit und liebevolle Wärme, Unterstützung seines Entdeckerdrangs sowie Spiegeln und Geltenlassen seiner probeweisen Identitäten. Was nun neu dazu kommt, ist liebevolle und verlässliche Anerkennung für all sein Bemühen Aufgaben zu erfüllen und Herausforderungen zu meistern, und vor allem Lob für alle seine neuen Errungenschaften. Wenn dem Kind etwas nicht gelingt, ist es sehr wichtig, seine Enttäuschungen zu spiegeln und seine Erklärungen, warum etwas nicht funktioniert hat, warum die Bauklötze umgefallen sind ... gelten zu lassen. Wir müssen dem Kind versichern, dass vor allem sein Bemühen zählt und Anerkennung bei uns findet, und *dass wir sein Interesse und seine Anstrengungen wertschätzen,* gleichgültig, wie das Ergebnis aussieht. Wenn etwas nicht funktioniert, können bewusste Eltern Informationen anbieten und dem Kind etwas vorzeigen, damit die Erfolgschancen beim nächsten Mal größer sind. Ihr Ziel ist es, *das Bemühen des Kindes* in dieser Sache zu loben und nicht ein erfolgreiches Ergebnis in den Vordergrund zu stellen.

Wenn Sie den Eindruck haben, dass Sie sich in die Aufgaben Ihres Kindes zu stark oder zu wenig einbringen, wäre es durchaus möglich, dass Sie selbst noch etwas in diesem Zusammenhang überdenken und bearbeiten könnten. Wenn Sie Ihrem Kind helfen wollen, eine gesunde Balance zwischen Ehrgeiz und Entspannung, zwischen Rivalisieren und Kooperieren zu finden, dann wäre es zweifellos gut, sich mit diesen Themen auch hinsichtlich Ihres eigenen Lebens zu beschäftigen.

Bewusste Eltern helfen ihrem Kind zu lernen, dass man eine Niederlage als Chance ansehen kann, etwas erneut zu versuchen. Ein Kind in der Identitätsphase ist sehr verletzlich in seiner aufkeimenden Identität[2] und überempfindlich für Gefühle der Erniedrigung. Ein Kind in der Kompetenzphase reagiert überempfindlich, wenn ihm etwas nicht gelingt. Es hat Angst, dass es durch sein Versagen Ablehnung erntet. Die Aufgabe bewusster Eltern ist es daher, das Kind zu trösten und zu stärken, wenn etwas nicht so gelingt wie erwartet. Besonders wichtig ist es, eine Balance herzustellen und das Kind einerseits in einem gesunden und konstruktiven Konkurrenzdenken zu bestärken, ihm andererseits aber die Sicherheit zu geben, dass Niederlagen seinen Wert keineswegs verringern.

In dieser Entwicklungsphase bietet ein bewusster Erwachsener seinem Kind Begleitung an, aber übt keinen Druck aus. Das Zuhause soll ein Versuchslabor sein, um neue Fähigkeiten und Geschicklichkeit auszuprobieren und vielleicht sogar neue Talente zu entdecken. Es ist ein Ort, wo Eltern die Begabungen und Neigungen ihrer Kinder fördern können und ihnen helfen, Spaß und Erfüllung dabei zu finden.

Ein gesundes Bewältigen dieser Phase wird dem Kind Selbstvertrauen schenken. Ein Kind mit einem stabilen Selbstvertrauen hat auch angesichts von Neuem und Unbekanntem die innere Sicherheit, dass es in der Lage sein wird, die Herausforderungen zu meistern - fremde Sprachen zu lernen, Eislaufen zu lernen, Schwimmen zu lernen, mathematische Probleme zu lösen, ein Auto zu lenken ... Eine sichere Reise durch die Kompetenzphase ist die Grundvoraussetzung dafür, dass ein Kind sich auf geistiger und auch auf emotionaler Ebene gut entwickelt.

Sicherheit: Wie in allen Entwicklungsphasen sorgt der Erwachsene für körperliche und emotionale Sicherheit. In dieser Entwicklungsphase ist Sicherheit ein wichtiges Thema, denn der Erwachsene muss dem Kind zeigen, wie es mit verschiedenen Werkzeugen, Gegenständen und Materialien umgehen soll; mit einer Schere oder mit einem Kinderrad, das seitliche Stützräder hat ... Bewusste Eltern erkennen Gelegenheiten, wo das Kind etwas selbst ausprobieren kann: mit einem Löffel im Teig rühren, die Steine aufschichten um eine Burg zu bauen oder mit Fingerfarben den Kühlschrank bemalen.

Bewusste Eltern geben ihrem Kind ausreichend Raum und Zeit, um sich mit neuen Materialien auseinander zu setzen. Es wäre ideal, wenn es einen eigenen Raum oder Bereich in Ihrem Haus bzw. in Ihrer Wohnung geben könnte, wo Kinder ab und zu Schmutz machen dürfen. Hier können sie Aufgaben in ihrem eigenen Tempo und auf ihre eigene Weise in Angriff nehmen.

Bewusste Eltern achten auch darauf, dass der Lernprozess in einem gefühlsmäßig sicheren Rahmen abläuft, denn sie wissen, dass negative Vergleiche mit anderen eine Form des Zwangs und des gefühlsmäßigen Missbrauches darstellen. Sie wissen, dass es nicht möglich ist ein Kind zu motivieren, indem man seine Seele verletzt.

Unterstützung: Ein bewusster Erwachsener unterstützt sein Kind und gibt ihm sehr viel Lob und Anerkennung, wenn es sich angestrengt hat. Er weiß, dass eines der wichtigsten Dinge, die er für sein Kind tun kann, darin besteht seinen Impuls zu unterstützen, *lernen zu erlernen*. Das ist viel wichtiger als erfolgreich im Sinne seiner Eltern zu werden. Der Erwachsene bemüht sich, das Handeln seines Kindes aus dessen Perspektive zu betrachten. Unter Umständen beschließt es, sein Ausmalbild nicht innerhalb, sondern außerhalb des vorgedruckten Bildes anzumalen.

Ein bewusster Erwachsener konzentriert sich darauf, was das Kind tut, und nicht auf seinen Charakter oder seine Motivation. Wenn er wirklich Veränderungen vorschlägt, richtet sich seine Aufmerksamkeit auf das Verhalten des Kindes und nicht auf seine Persönlichkeit. Er verwendet keine negativen Ausdrücke, um den Charakter des Kindes zu beschreiben. Er sagt nie:»Du bist so dumm! Du bist immer so faul.« oder »Du bist unmöglich!«

Wir möchten noch einmal hervorheben, dass bewusste Eltern zeigen, wie wichtig es ist, den Imago-Dialog für alle Lernschritte anzuwenden und jeder Versuchung zu widerstehen das Kind zu kritisieren. Der Erwachsene spiegelt sein Kind, wenn es etwas schafft, wenn es sein Ziel erreicht oder eine wichtige Aufgabe erfüllt. Er lässt seine Sichtweise gelten, indem er versucht, die Welt durch die Augen seines Kindes zu sehen, und sowohl den Stolz des Kindes als auch seine Enttäuschung einfühlsam zu begleiten. Anstatt sein Kind gewohnheitsmäßig und gedankenlos zu trösten, spiegelt er seine Erfahrungen und lässt sie gelten. Das ist der größte Trost, den man einem Menschen geben kann.

Struktur: Ein bewusster Erwachsener erlaubt seinem Kind Autorität in Frage zu stellen, und lehrt es gleichzeitig Autoritäten anzuerkennen und in einer Gesellschaft zu leben, die kulturelle Werte besitzt. Er bespricht mit seinem Kind, was richtig und was falsch ist, und hilft ihm, die Werte seiner Eltern kennen zu lernen und das Kind in seinem Selbstvertrauen zu stärken.

Er bietet klare Strukturen, indem er Grenzen setzt, die das Kind verinnerlichen kann. Wie schon erwähnt, besteht eine wichtige Grenze in dieser Entwicklungsphase darin, dass das Kind mit dem gleichgeschlechtlichen Elternteil konkurriert, weil es den anderen besitzen möchte. Die Interaktionen zwischen Eltern und Kind müssen angemessen und altersentsprechend sein.

Bewusste Eltern geben klare und gut verständliche Instruktionen, wenn sie dem Kind etwas Neues beibringen. Sie vermeiden Generalisierungen und abstrakte Formulierungen. Sie geben verbale Anleitungen und sind ein Vorbild. Sie zeigen in aller Ruhe, dass es wichtig ist, wie etwas getan wird. Sie geben Anleitungen, ohne die Botschaft zu vermitteln, dass das Kind inkompetent ist. Wir haben einmal eine sehr gute Lehrerin dabei beobachtet, wie sie mit einem hyperaktiven kleinen Schüler umging, der mit einem Spielzeug-Einkaufswagen wie wild durch die Klasse fuhr und ein Chaos verursachte. Die Lehrerin nahm den Jungen zur Seite und erklärte ihm ganz ruhig: »Sieh mal, Roger, ich zeige dir, wie man mit einem Einkaufswagen durch ein volles Geschäft fahren kann, ohne andere Menschen zu beeinträchtigen.« Und dann schoben der Junge und die Lehrerin gemeinsam den Einkaufswagen vorsichtig durch den ganzen Raum.

Unbewusstes elterliches Verhalten in der Kompetenzphase verwundet Kinder in den Bereichen der Konkurrenz, der persönlichen Effizienz und der Bereitschaft für neue Herausforderungen. Paradoxerweise können Kinder, die während dieser Phase verwundet werden, großartige Erfolge haben in Bereichen, wo exzessive Konkurrenz zum Erfolg führt. Wir denken, dass Verwundungen aus dieser Entwicklungsphase das Kind weniger beeinträchtigen als frühere Verwundungen, besonders dann, wenn Kinder aus den früheren Entwicklungsphasen als stabile, integrierte Persönlichkeiten hervorgegangen sind. Aber die Wunden der Kompetenzphase können auf ihre eigene Weise Leid verursachen.

Der minimierende Elternteil in der Kompetenzphase - Rivalisierendes Verhalten

Kindheitsverletzungen im Bereich der Kompetenzphase führen dazu, dass Minimierer sehr unsicher sind, was ihre Kompetenz betrifft. Deshalb jagen sie Wettkämpfen nach und messen sich mit sich selbst, mit den Arbeitskollegen, mit dem Ehepartner und sogar mit ihren Kindern. Ihr Verteidigungsmuster besteht darin, dem kritisierenden Elternteil zu beweisen, dass sie alles besser und schneller schaffen. Sie rivalisieren auch in Bereichen, wo Rivalität normalerweise nicht anzutreffen ist, zum Beispiel bei der Frage, wie schnell ein Mensch ein Buch lesen kann oder wie viele Bücher pro Woche er lesen kann oder wie viele Stunden er an seinem Schreibtisch verbringt. Diese Menschen machen aus allem einen Wettkampf um gewinnen zu können. Das haben sie von ihren minimierenden Elternteilen gelernt, die sie kritisiert haben und ihnen in bestimmten Bereichen das Gefühl der Inkompetenz vermittelt haben.

Kein Wunder, dass sie selbst ihre Kinder kritisieren und es als ihre Aufgabe ansehen, Sieger aus ihnen zu machen. Sport ist wie maßgeschneidert für übertrieben rivalisierende Eltern um ihre Kinder zu schikanieren. Statt ihrem Kind zu ermöglichen, den körperlichen Wettkampf zu genießen und Freude daran zu empfinden, machen Eltern das Fußballfeld, Basketballfeld oder den Stufenbarren zu einer Bewährungsprobe für den Wert ihres Kindes. Auch Intelligenztests und die Musik stellen eine ähnliche Versuchung dar. Für diese Eltern ist das Leben eine Serie von Wettbewerben, denn, wie Vince Lombardi es treffend ausgedrückt hat, lautet ihr Motto: »Gewinnen ist nicht alles. Gewinnen ist das einzige!«

Kürzlich haben wir ein anschauliches Beispiel für einen potenziellen Konflikt zwischen bewusstem elterlichen Verhalten und sportlichen Leistungen in einer Zeitschrift entdeckt. Der Artikel beschrieb ein sehr erfolgreiches Mädchen-Basketballteam. Wir wollen uns nicht anmaßen, über diesen Vater und seine Tochter zu urteilen. Zweifellos ist unsere Perspektive einseitig und voreingenommen und wir kennen ihre wahre Beziehung nicht. Aber ob dieser Artikel nun der Wahrheit entspricht oder nicht, er illustriert mehr als deutlich, was wir zum Thema Kompetenz zu bedenken geben wollen. Wir haben die Namen der Personen geändert, den Artikel aber im Übrigen gleich belassen.

Sie hat nichts anderes im Kopf als zu gewinnen. Wenn man sie reden hört, könnte man denken, sie wäre Boxerin - doch sie ist Basketballspielerin.
»Ich möchte meine Gegner nicht nur schlagen, sondern sie unterwerfen!«, sagt Megan Jones. Jones ist der 1,91m große Kapitän des Basketballteams der Lake City High School. Dieses Team hat das mediale Interesse der Sportwelt auf sich gelenkt.
Megans Vater, Ben Jones, ist Trainer dieses Damenteams. Ihre Beziehung auf dem Spielfeld lässt alles Private beiseite. Vater und Tochter sind einander ebenbürtig in ihrem Ehrgeiz.
Als Megan noch jünger war, begann sie zu weinen, wenn Ben Jones sie anschrie. Inzwischen weint sie nicht mehr - sie wird wahnsinnig wütend. Und damit sind nun alle vollauf zufrieden.
»Ich kann mir nicht den Kopf darüber zerbrechen, ob meine Tochter glücklich ist oder nicht«, erklärt Ben Jones. »Wir müssen gute Basketballmatches spielen!«

Hier zeigt sich, dass der Wunsch, vielleicht auch die Notwendigkeit, zu gewinnen, in Konflikt damit treten kann, was für ein Kind am besten ist. Es wäre eine interessante Frage, ob Vater und Tochter sich nach einem Match wieder miteinander versöhnen.

Der minimierende Elternteil lobt sein Kind nur, wenn es Interesse zeigt an dem, was er selbst für wichtig hält. Ansonsten zeigt er kein Interesse oder verhält sich seinem Kind gegenüber geringschätzig. Er ist bestrebt, dass sein Kind sein vorgefertigtes Wertesystem übernimmt, ohne dafür Erklärungen oder Unterstützung zu geben.

Der minimierende Elternteil neigt stets dazu, die Wahrnehmungen seines Kindes in symbiotischer Weise zu korrigieren oder gar zu leugnen, und durch seine eigenen Wahrnehmungen zu ersetzen: »Du willst doch nicht wirklich dem Schulchor beitreten. Warum gehst du nicht zum Schwimmverein, das bringt viel mehr!« Er lässt das Kind spüren, dass manche Dinge es wert sind sich dafür anzustrengen, und andere nicht. Welche es wert sind, entscheidet nur er. Und er wählt Dinge, wo er selbst rivalisieren und gewinnen kann. Seine Botschaft lautet: »Ich möchte, dass du das tust. Aber dennoch wirst du darin nie so gut sein, wie ich es bin/war!«

Manchmal kritisiert der minimierende Elternteil sein Kind für Fehler und setzt unrealistische Kompetenzen voraus. Er erwartet ein größeres Wissen, bessere Fähigkeiten oder insgesamt einen höheren Grad an Kompetenz, als von der Entwicklungsstufe des Kindes her überhaupt möglich ist. Er versteht nicht, dass Entwicklung und Wachstum Zeit brauchen und Kinder sich gewisse Fähigkeiten und Fertigkeiten erst in einer bestimmten Entwicklungsphase aneignen können. Er kritisiert sein Kind, erniedrigt es und vergleicht es ständig mit anderen Kindern, weil er es zwingen möchte zu tun, was er erwartet. Auch wenn das Kind das nicht schaffen kann, gibt er ihm dennoch die Schuld daran.

Ein minimierender Elternteil erzieht sein Kind ähnlich wie der Leiter eines Militärcamps. Wenn Rekruten gezwungen werden, den Zugang zu ihren eigenen Gefühlen zu unterdrücken und zu verlieren, so geschieht das mit dem Hintergedanken, dass der Zorn der Rekruten gegen ihre Ausbildner und ihre Vorgesetzten in andere Bahnen gelenkt wird und in Kampfhandlungen gegen den Feind gerichtet werden kann. Das kann unter Umständen in der Armee sinnvoll sein, ist aber keinesfalls ein geeigneter Weg, um einem Kind Sicherheit, Unterstützung und Struktur zu vermitteln.

Der maximierende Elternteil in der Kompetenzphase - Kompromissbereites Verhalten

Auch der maximierende Elternteil ist besessen von Rivalität. Aber sein Impuls besteht darin sie zu vermeiden. Er hat gelernt, jegliche Rivalität gering zu schätzen. Die Botschaft, die er von seinem eigenen maximierenden Elternteil erhalten hat, lautete: »Rivalität ist gefährlich. Sie führt zu Konflikten und das ist grundsätzlich schlecht. Außerdem besitzt du ohnehin nicht die erforderlichen Fähigkeiten um zu gewinnen. Halte dich lieber gleich heraus!« Dieser Erwachsene schenkte den Leistungen seines Kindes keine Anerkennung. Wenn so ein Kind heranwächst, zweifelt es seine persönlichen Fähigkeiten und ebenso die Fähigkeiten anderer an. Es ist überzeugt, dass Bescheidenheit viel wichtiger ist als Stolz.

Wenn so ein Maximierer selbst Vater oder Mutter wird, fällt es ihm schwer, die Grenzen zwischen sich selbst und seinem Kind zu spüren. Er möchte, dass sein Kind immer vorsichtig ist, auf der sicheren Seite bleibt und keine Risiken eingeht. Er belohnt passives Verhalten. Er lehrt sein Kind Frieden zu wahren, indem es Konflikte eher unterdrückt als zu lösen versucht. Er hilft seinem Kind nicht, die nötige Courage zu entwickeln, die man braucht, um Friedensaktivist zu sein. Er lehrt sein Kind einen Scheinfrieden zu wahren, innerhalb dessen Konflikte nur unterdrückt anstatt erkannt und gelöst werden. Er zwingt sein Kind kooperativ zu sein, seine gesunde Rivalität zu verleugnen und zu verdrängen.

Wenn das Kind versagt, tröstet der Maximierer es ausgiebig und stellt Versagen als heroische Erfahrung dar, anschließend lenkt er sein Kind anderweitig ab. So kann er die Frage des Gewinnens und Verlierens vermeiden und das Thema Rivalität gänzlich verhindern. Das verhindert auch, dass ein Kind lernt, etwas geduldig immer wieder zu versuchen und durch Eifer über sich selbst hinauszuwachsen. »Du bist nicht gut in Mathematik, widme dich lieber den Sprachen, darin bist du gut«, wird er sagen. »Und außerdem war ich in Mathematik selbst nie gut!«

Wenn sein Kind versagt, gibt ein Maximierer meist Menschen außerhalb der Familie die Schuld. Seine Botschaft lautet: »Es ist nicht deine Schuld. Alles hat sich gegen dich verschworen. Es hat keinen Sinn es zu probieren.« Anfänglich liefert der maximierende Elternteil die Ausreden für sein Kind, später lernt das Kind selbst Ausreden zu erfinden. Das ist leichter, als sich zu überwinden und mühsam etwas zu lernen, das es lernen könnte. Dennoch hat jeder Mensch einen angeborenen Drang Erfolg zu haben. Wenn dieser Drang verzerrt ist, wird das Kind lernen indirekt zu konkurrieren. Es lernt zu manipulieren, anstatt sich einer direkten Auseinandersetzung zu stellen. Es lernt, auf passiv-aggressive Weise zu gewinnen, indem es die Bemühungen anderer zunichte macht.

Ein Paar auf dem Weg aus der Krise

Als Stephen und Susan zur Therapie kamen, war Alex, ihr älterer Sohn, acht Jahre alt, und Andy, der jüngere, fünf. Alex war ein sehr rivalisierendes Kind und hatte wenige Freunde. Er hatte bereits therapeutische Hilfe in Anspruch genommen, weil er sich in der Schule nicht einfügen konnte. Und auch mit Andy hatte Stephen erste Probleme.

Stephen war ganz versessen darauf, Andys Selbstvertrauen und Siegesgeist zu fördern. Es gefiel ihm gar nicht, wenn Andy sich hinter Susan versteckte, anstatt vorauszugehen. Susan meinte, dass Stephen Andy behandelte, als sei er bereits 15, obwohl er doch erst fünf war. Sie war zornig und lehnte die »Atmosphäre des Ausbildungscamps« bei ihnen zuhause ab. Sie befürchtete, dass beide Söhne unter viel zu starkem Druck standen, erwachsen werden zu müssen. Und sie war erschöpft durch die vielen Machtkämpfe, die ihr Familienleben charakterisierten. Sie erklärte, dass sie oft zwischen Stephen und seinen Söhnen vermitteln musste um Frieden zu stiften.

Der größte Konflikt betraf Andy. Susan beschrieb ihn als musisch begabt. Schon im Kindergarten hatte er musikalische Früherziehung besucht und schien wirklich talentiert zu sein. Besonders zog es ihn zum Klavierspielen hin, aber als Susan einen Klavierlehrer für ihn suchen wollte, war Stephen sehr dagegen gewesen. Seiner Meinung nach hätte Andy später noch genügend Zeit um Klavierspielen zu lernen. Was vor allem zählte, war der Sport. Stephen liebäugelte damit, Andy in einen Fußballklub einzuschreiben, aber auch einen Karatekurs befürwortete er sehr.

Eines Abends hatte Stephen eine tiefe Erkenntnis. Er versuchte gerade Andy zu zeigen, wie man einen Basketball dribbelt. Andy gelang es aber nicht. Da begann Stephen zu schreien und seine Forderung eskalierte. »Komm schon, jetzt streng dich doch endlich einmal an!«, brüllte er, und seine Stimme wurde durch seine Enttäuschung immer lauter und eindringlicher. Plötzlich erschrak er zutiefst. Er erkannte nämlich, dass er sich gerade genauso anhörte wie sein Vater. Und er erinnerte sich an eine ähnliche Situation in seiner Kindheit, als sein Vater ihn bis aufs Blut gequält hatte, als er ihm beibringen wollte einen Baseball zu schlagen.

Stephen fühlte, dass sein Verhalten als Vater etwas mit seiner eigenen Kindheit zu tun haben müsse, auch wenn er es noch nicht genau zuordnen konnte. Es wurde ihm klar, dass er dem auf den Grund gehen wollte und über sich als Vater nachdenken wollte. So entschloss er sich professionelle Hilfe zu holen. Er brauchte Susan nicht lange zu überreden, sie war sofort bereit mitzukommen.

In einem sogenannten Eltern-Kind-Dialog wurden in Stephen einige Erinnerungen an seinen überaus fordernden und ehrgeizigen Vater wach, der Stephen immer dazu gedrängt hatte, alle anderen zu übertreffen und zu gewinnen, damit er stolz auf ihn sein konnte. Sein Vater war gestorben, bevor Stephen beruflich große Erfolge hatte. Bis heute hörte Stephen die Stimme seines Vaters, die er als Kind internalisiert hatte, und sie hatte einen entscheidenden Einfluss auf Stephens Lebenseinstellung und Weltsicht. Auch wenn er es gehasst hatte, wie sein Vater mit ihm als Kind umgegangen war - er selbst ging nun mit seinem Sohn ganz ähnlich um. Stephen erkannte, dass er vieles von seinem Vater übernommen hatte: sein Rivalitätsdenken und seine extreme Arbeitssucht. Er sah nun, wie seine Familie darunter litt.

Susan hatte eine andere Lebenseinstellung. Rivalisieren und der Drang zu gewinnen waren ihr fremd. Sie mochte Wettkämpfe prinzipiell nicht. Sie fühlte sich auch nicht wohl, wenn sie auf der Zuschauertribüne saß. Von ihren eigenen Eltern hatte sie gelernt, ihren rivalisierenden Selbstanteil zu unterdrücken, jedes selbstsichere Auftreten zu unterlassen und ihre persönliche Kraft zu leugnen. Rivalisierendes oder aggressives Verhalten war inakzeptabel. Es war einfach wichtig, nett zu anderen zu sein. Frieden und Harmonie gingen Susan über alles.

Susan schenkte den rivalisierenden Wesenszügen ihrer Söhne einfach keine Beachtung. Es machte ihr keine Freude Wettspiele mit ihnen zu spielen. Wenn sie mit Begeisterung neue Fähigkeiten ausprobieren und sich darin messen wollten, beachtete Susan sie nicht und förderte sie auch nicht. Ihre unausgesprochene Botschaft lautete: »Versuch es lieber gar nicht, dann wirst du nicht versagen und kannst alle Konflikte vermeiden!«

Susan erkannte, dass sie eine überfürsorgliche Mutter war. In einem Imago-Dialog gelang es Stephen ihr zu sagen, dass sie ihren Sohn Andy seiner Meinung nach wie ein Baby behandelte, denn sie half ihm noch immer beim Anziehen und beim Zähneputzen. Er hatte den Eindruck, dass Susan Genugtuung empfand, wenn Stephen sich darüber ärgerte. Meist las Susan Andy beim Einschlafen endlos lange Geschichten vor und Stephen erhob Einspruch dagegen. Dann zögerte Susan das Vorlesen nur umso länger hinaus, bis Andy auf ihrem Schoß einschlief. Susan spiegelte Stephens Worte und erklärte dann, dass Andy schließlich lesen üben müsste. Sie gab aber auch zu, dass sie Stephen eifersüchtig machen wollte, indem sie so viel Zeit mit ihrem Sohn verbrachte. Auf passiv-aggressive Art rächte Susan sich an Stephen, ganz ähnlich wie sie es bei ihren eigenen Eltern beobachtet hatte.

Ihre exklusive Aufmerksamkeit für Andy und die Tatsache, dass sie in der Beziehung zwischen Andy und Stephen oft die Vermittlerin spielte und Stephen kritisierte, war ein wirkliches Problem, und zwar weil sie Andy in seinem ödipalen Kampf unterstützte. Susan sandte ihm die unausgesprochene Botschaft, dass er eine Chance hätte, sich mit ihr gegen Stephen zu verbünden.

Andy konnte sich nicht entscheiden, welchen Elternteil er als Vorbild für sich nehmen wollte. Sollte er offene Rivalität suchen oder sollte er sich auf indirekte und manipulierende Art durchsetzen? Es war offensichtlich, dass seine Eltern an ihrer Partnerschaft arbeiten mussten, um ihn von dieser Zerrissenheit zu befreien. Andy war durch die Polarisierung seiner Eltern zweifellos überfordert.

An der ehelichen Beziehung arbeiten und Heilung erfahren

Das vorrangige Thema in Stephens Heilungsprozess bestand darin, mit der inneren Stimme seines Vaters umgehen zu lernen, die ihn bis heute gering schätzte. Leider wurde diese kritische innere Stimme durch die äußerliche Kritik seiner Frau noch verstärkt. Susan forderte ständig Beweise für Stephens Liebe. Es gelang ihr nicht, das offen auszusprechen, sondern es äußerte sich indirekt, in ihrem Anspruch auf materielle Dinge. Sie wollte teuren Schmuck, ein neues Auto. Sie wollte, dass ihre Kinder in Privatschulen gehen konnten und dass ihr Haus andere vor Neid erblassen ließ ... Stephen fühlte sich durch diese Bitten überfordert und spürte, dass die finanziellen Mittel dafür nicht ausreichten. Deshalb hatte Stephen unbewusst das Gefühl ein Versager zu sein. Da er bei Susan ohnehin nie punkten konnte, gab er sich bald gar keine Mühe mehr, ihre materiellen oder gar ihre emotionalen Bitten zu erfüllen - ein vortrefflicher Teufelskreis, in den sich dieses Paar manövriert hatte.

Als Kind hätte Stephen vor allem Anerkennung für seine Leistungen ersehnt. Folglich sehnte er sich auch nun nach Anerkennung von Susan für seine harte Arbeit, anstatt immer nur zu hören, er erreiche und verdiene nicht genug.

Mit entsprechender Anleitung begannen sie »Bitten um Verhaltensänderung« zu äußern. Diese Methode haben wir schon in Kapitel 6 vorgestellt. Statt einander zu kritisieren äußern die Partner »Bitten um Verhaltensänderung«, die konkret und realisierbar sind. Susan tat sich zu Beginn sehr schwer damit, direkte und konkrete Bitten auszusprechen, aber genau das musste sie lernen. Nach einer Weile erklärte sie, es täte ihr sehr gut, direkt um das bitten zu können, was sie brauchte: mehr Zeit und mehr Aufmerksamkeit. Sie wünschte sich von Stephen, dass er sich einmal pro Monat Zeit für ein romantisches Rendezvous nahm und es auch zu organisieren. Stephen wiederum bat sie, ihm einmal am Tag zu sagen, wie sehr sie es wertschätzte, dass er so hart für seine Familie arbeitete. Susan war dazu bereit und beiden war klar, dass es Susan helfen würde Wertschätzung auszudrücken, wenn sie sich seiner Liebe sicher wäre. Sie kamen darin überein, einander genau das zu schenken, was sie brauchten. So begann ihr gemeinsamer Heilungsprozess.

Ein weiterer Bereich, der dringend Veränderung erforderte, war Stephens Arbeitssucht. Er war eine Typ-A-Persönlichkeit, jener Typ, der ein sehr hohes Herzinfarktrisiko hat. Er arbeitete auch, wenn er gar nicht arbeiten musste, stand ständig im Wettstreit mit anderen und mit sich selbst und wollte stets in kürzester Zeit so viel als möglich erreichen. Auch im Urlaub läutete ständig sein Telefon und er musste Emails beantworten. Auch wenn er sich nun Zeit nahm für romantische Abende mit Susan und lernte sie zu genießen, konnte er sich generell sehr schwer entspannen. Mit Hilfe des Imago-Dialogs erklärte Susan Stephen, dass sie durchaus verstehen konnte, dass er ein großes Bedürfnis hatte zu arbeiten. Und dass er gern so viel arbeiten könne, wie er wolle, jedoch *nur dann*, wenn er das wirklich wolle. Nachdem Stephen Susans Gedanken gespiegelt hatte, erzählte Stephen ihr von einem Traum, der ihm Befreiung von seiner Arbeitssucht versprach. In seinem Traum war er ganz allein, weit weg von jeder Zivilisation und jeder Pflicht, und dort, wo er war, gab es Essen in Hülle und Fülle. Er konnte essen und schlafen, wann immer er das Bedürfnis dazu hatte. Für jemand, der in seinem Leben so unter Druck stand wie Stephen, war das gar kein absurder Traum.

Susan ließ diesen Traum gelten und erklärte Stephen, sie könne gut verstehen, dass jemand, der so hart arbeitete wie er, Zeit für sich brauchte. Sie bot sich an, seine Privatsphäre daheim vor Anrufen zu schützen und ihm zu helfen Zeiten einzuplanen, wo er für die Firma unerreichbar war. Im Lauf mehrerer Monate ließ Stephens Traum sich ansatzweise verwirklichen. Manchmal nahm sich Stephen spontan ein paar Stunden frei und kam überraschend zum Mittagessen nach Hause.

Manchmal verbrachte er auch einen Nachmittag alleine und rief Susan gegen Abend an um sie ins Kino einzuladen.

Stephen war nicht mehr so streng mit Susan und den Jungen und Susan schränkte ihre finanziellen Forderungen an Stephen ein. Anstatt ständig Liebesbeweise von ihm zu erwarten, bemühte sie sich ihm Gutes zu tun und ihm oft zu sagen, wie stolz sie auf ihn war.

Anfänglich konnte Susan nicht verstehen, dass Stephens Erfolgsdruck Gefühle der Unzulänglichkeit überdecken sollte, aber mit der Zeit erkannte sie diesen Zusammenhang. Er arbeitete so hart, weil er Angst vor Ablehnung hatte. Es war gewissermaßen ein Durchbruch, als er eines Samstags nachmittags Susan erlaubte seine Haare zu schneiden, und seine beiden Söhne zusehen durften, lachten und Spaß dabei hatten. Er liebte es, dass seine Frau sich um ihn kümmerte, dass er selbst nichts dazu beitragen musste, und dass seine Söhne die Gesellschaft ihrer Eltern einfach genießen konnten.

Auch Susan brauchte Heilung. Wir ermutigten sie, direkte Kommunikation und direkten Wettstreit zu suchen. Wenn sie wieder die Freude in sich spüren konnte irgendwo zu gewinnen, dann würde sie auch ausreichend Sicherheit gewinnen, um sich besser durchsetzen zu können. Nach einiger Zeit beschlossen Stephen und Susan zusammen Tennis zu spielen. Stephen gewann zwar meistens, aber dennoch war er von Susans Spiel und ihrem Eifer beeindruckt. Stephen konnte sein Bedürfnis zu gewinnen hintanstellen, und sie spielten nur zur Freude, oft mit privaten Regeln, um noch mehr Spaß dabei zu haben. Dadurch, dass Susan den Tennissport genießen lernte, lernte sie auch, ihren Sohn Andy bei Fußballmatches anzufeuern. Sie konnte Spiele genießen und gleichzeitig mit Andy mitfiebern. Das war ein persönlicher Sieg für sie.

Auf die Bedürfnisse eines Kindes eingehen

Susan und Stephen haben wieder zueinander gefunden. Dadurch, dass sie einander auf neue Weise nahe kamen, konnte ein Heilungsprozess beginnen, von dem vor allem auch ihre Söhne profitierten. Susan blieb weiterhin die Friedensstifterin, aber mit der Zeit konnte sie eine gesunde Rivalität in ihrer Familie akzeptieren. Und was noch wichtiger war, sie lernte Andy zu unterstützen, anstatt ihn davon abzuhalten, seine persönliche Kraft und Kompetenz in manchen Dingen auszuprobieren.

Bald war Andy sowohl ein eifriger Fußballer als auch ein eifriger Klavierschüler. Seine Eltern spürten, dass er wirklich motiviert war. Obwohl er weiterhin mit seiner Mutter lesen übte, begann Andy, auch mit seinem Vater gute Gespräche zu führen. Er war stolz darauf, dass er sich am Morgen schon ganz alleine anziehen konnte und weder Knöpfe noch Reißverschlüsse ihm Probleme machten. Als Susan und Stephen sich wieder um eine liebevolle und stabile Ehe bemühten, erkannte Andy, dass Susan zwar immer seine Mutter sein würde, aber gleichzeitig auch die Frau seines Vaters war. Er konnte seine ödipale Niederlage hinnehmen und die Ehe, der Kern der Familie, stabilisierte sich zusehends. Die beiden Kinder profitierten außerordentlich davon, dass ihre Eltern wieder zueinander gefunden hatten.

12. Die Phase der sozialen Verantwortung
Alter: 7 bis 12 Jahre

Nun lernt das Kind die Welt kennen und findet sich immer öfter in einer unbekannten Umgebung wieder. Es verbringt einen immer größeren Teil seines Lebens in Kontakt mit anderen Menschen und löst sich aus dem Einflussbereich seiner Eltern. Sein Lebensraum und auch manche Wesenszüge sind im Umbruch begriffen. Das Kind wird sich gerade dessen bewusst, welchen Einfluss es auf seine neue Umgebung hat und umgekehrt. Durch diese Erweiterung seines Lebensraumes wird das Kind sich verändern und wachsen - oder in seiner Entwicklung stecken bleiben.

Von nun an wird die Entwicklung des Kindes größtenteils außerhalb des Sichtbereiches der Eltern stattfinden. Das verursacht vielen Eltern großes Unbehagen. Es mag einem Vater peinlich sein, wenn sein dreijähriger Sohn mitten im Einkaufszentrum einen Wutausbruch hat. Aber er weiß, dass er ihn auf den Arm nehmen und hinaustragen kann, ohne besonderes Aufsehen zu erregen. Der Sturm wird sich bald wieder legen. Wenn ein Sechsjähriger nicht lesen möchte, wird das seiner Mutter zwar Sorgen bereiten. Aber sie weiß, dass sie ihn dazu überreden kann, mit ihr gemeinsam eine schöne Geschichte zu lesen und ihn unter Umständen dadurch für Bücher zu begeistern. Nun aber geht das Kind zur Schule, hat verschiedene Hobbys, betreibt Sport, fährt auf Schulsportwochen und Sommerlager ... Die Mutter weiß, dass ihr Kind nicht mehr auf ihren Schoß kommt um Trost und Rat zu holen - oder zumindest nur mehr ganz selten.

Die neuen Lebenswelten des Kindes mit all ihren Problemen, Herausforderungen und all ihren Impulsen nennen wir *Kontext*. Ein Kind ist in der Lage, mit diesem neuen Kontext zurechtzukommen, und zwar nicht, weil seine Eltern bereitstehen um ihm zu helfen, sondern weil es bereits verinnerlicht hat, was Vater und Mutter es gelehrt haben. Alle bisherigen Lebenserfahrungen waren eine Vorbereitung darauf, das zu meistern, was es noch nicht kennt. So kann das Kind auf immer komplizierteren Ebenen Erfahrungen sammeln. Auch dabei hilft ihm all das, was es bereits gelernt und verinnerlicht hat. Das gibt dem Kind Mut und Eigenständigkeit, wenn es einen neuen Kontext erforscht, wenn es entdeckt, wie und wo es sich bewähren kann, und wenn es Aspekte seiner Persönlichkeit verändert, um sich so anzupassen, dass seine innere und seine äußere Welt kongruent sind.

Jedes Kind hat in seinem Inneren einen Plan davon, was ihm am besten helfen kann um erwachsen zu werden. Dieser innere Drang, zu überleben und die unterschiedlichen Anteile seiner Persönlichkeit zu entwickeln, motiviert jedes Kind dazu Verbundenheit zu suchen, sich zu lösen, zu erforschen und zu differenzieren, eine eigene Identität zu entwickeln, Kompetenz zu erreichen, soziale Verantwortung für andere zu übernehmen und schließlich Intimität mit einem anderen Menschen anzustreben, wodurch es die Schwelle zwischen Kindheit und Erwachsen-Sein erreicht und überschreitet. Es liegt im Plan der Natur, das Kind sicher und rasch durch diese verletzlichen Jahre seiner Kindheit und Jugend zu begleiten. Die Natur hat kein Interesse daran diesen Prozess zu verzögern, sie möchte, dass Kinder heranreifen und erwachsen werden. Sie hat kein Interesse an Erwachsenen, die im Grunde Kinder in erwachsenen Körpern sind. Die Natur braucht Erwachsene, die ihre Entwicklungsaufgaben erfolgreich bewältigt haben und das Überleben der menschlichen Art sichern können.

Der Kontext des Lebensraumes außerhalb der Familie

In dieser Wachstumsphase verändert sich die Wahrnehmung des Kindes grundlegend. Bisher war es in angemessener Weise egozentrisch und mit *seiner eigenen Welt, seinen eigenen Gedanken und Gefühlen* beschäftigt. Es hat ein Gespür für sich selbst innerhalb des Kontextes seiner Familie entwickelt und hat gelernt ein funktionierendes Individuum zu sein, das in Beziehung zu seinen Eltern und Geschwistern steht. Nun beginnt das Kind sich im sozialen Kontext der äußeren Welt, der Welt der Gleichaltrigen, neu zu orientieren.

Wenn ein Kind sicher, neugierig, differenziert und kompetent ist, ist es bereit für die nächste Aufgabe. Während seines ganzen Lebens wird es immer wieder damit konfrontiert sein, sich unbedeutend zu fühlen, nicht im Mittelpunkt zu stehen, keine Unterstützung zu finden und nicht darin bestätigt zu werden, großartig und außergewöhnlich zu sein. Das Kind wird immer wieder schonungslos mit seiner Kleinheit und Verletzlichkeit konfrontiert sein. Wie wir, seine bereits erwachsenen Eltern, wird auch unser Kind immer wieder das Gefühl der persönlichen Bedeutungslosigkeit kompensieren müssen, indem es sich anstrengt, etwas Bedeutendes zu leisten, einer Gruppe anzugehören und einen Partner zu wählen, mit dem es eine verbindliche, auf Gegenseitigkeit beruhende Beziehung eingehen kann.

Der/die Jugendliche hat sich alle Mühe gegeben um zu überleben, sich zu entwickeln und persönliche Kompetenz zu erreichen. Jene Barriere, die er/sie am Ende der vorangegangenen Entwicklungsphase trotz all seiner Kompetenz akzeptieren musste, war eine ganz entscheidende. Er/sie verlor den ödipalen Kampf um die exklusive Zuneigung des gegengeschlechtlichen Elternteils. Das ist besonders bedeutsam für Jungen, weil sie sich vom Weiblichen wegentwickeln und mit ihrer Männlichkeit identifizieren müssen. Sowohl für Jungen als auch für Mädchen scheint das Ende des ödipalen Kampfes eine innere Entwicklung auszulösen, die die Phase der sozialen Verantwortung einläutet. Der/die Jugendliche schafft nun Raum in seiner Welt für andere Menschen außer ihm selbst und seinen Eltern. Seine Arme sind nun schon ein ganzes Stück gewachsen und das ermöglicht ihm, einen viel größeren Teil der Welt zu umarmen.

Dieses Kapitel handelt von der Phase der sozialen Verantwortung, die Kinder auf ihre Adoleszenz vorbereitet und auf die letzte Entwicklungsphase, die Phase der

Nähe. In der Phase der sozialen Verantwortung zwischen 7 und 12 Jahren lernt das Kind, Freundschaften zu gleichgeschlechtlichen Freunden aufzubauen und zu pflegen.

In die Phase der sozialen Verantwortung eintreten

Beim Abendessen werden plötzlich neue Namen erwähnt, neue hungrige Mäuler erscheinen in der Küche. Plötzlich bleiben Robin und Karla über Nacht. »Diese alten Klamotten möchte ich nicht mehr tragen! Ich will endlich eine neue Frisur! Ich möchte cool aussehen!« ... Es gibt einfach neue Krisen zu lösen, und das ist nicht so leicht, wie ein Lieblingsspielzeug zu suchen. Als Elternteil muss man dem Kind nun helfen, seine gefühlsmäßige Balance wiederzufinden, wenn der beste Freund/ die beste Freundin es nicht mehr leiden kann. Was Freunde denken, ist generell von großer Bedeutung. Welchen Trost oder Rat wohlmeinende Eltern ihrem Kind auch schenken möchten, ein akzeptierendes Nicken eines Gleichaltrigen zählt bei weitem mehr.[1]

Es ist, als würde das Kind spüren, dass seine Sicherheit im Schoß der Familie bald ein Ende hat. Es übt in einem größeren Rahmen, was es daheim gelernt hat. Noch einmal verwirklicht es seine Entwicklungsimpulse hinsichtlich Bindung, Entdeckung, Identität und Kompetenz, aber diesmal innerhalb von Beziehungen zu Freunden. Diese Freundschaften werden zum Vorbild für künftige Liebesbeziehungen.

In der Phase der sozialen Verantwortung gelten neue Spielregeln. Innerhalb von Freundschaften gibt es kein naturgegebenes Band der Verbundenheit wie bei den Eltern. Freunden steht es frei, die Freundschaft zu pflegen oder sie zu beenden. Ein Kind kann nicht voraussetzen, dass seine Freunde automatisch verfügbar sind, so wie die Eltern es waren. Es muss erst lernen, was es heißt Freundschaften zu pflegen. Zum ersten Mal in seinem Leben erkennt es, dass Beziehungen zwei Seiten haben. Bisher investierten vor allem seine Eltern in die Beziehung. Für das Kind war es wichtig, dass die Eltern verfügbar waren, aber es machte sich nicht allzu viele Gedanken darüber, wie es den Eltern selbst ging. Nun erkennt es, dass Liebe auch Selbstlosigkeit bedeutet und nicht nur Eigeninteresse. Das Kind entdeckt, dass es ihm selbst zugute kommt, wenn es sich um das Wohlbefinden seines besten Freundes oder seiner besten Freundin kümmert. Es erkennt das Paradoxon der Zuneigung: auf sich selbst zu achten und gleichzeitig selbstlos zu sein. Das ist die Grundlage für spätere Liebesbeziehungen.

Das Kind versteht intuitiv, dass sein Überleben davon abhängt Beziehungen erfolgreich zu pflegen. Die Fragen, mit denen es sich beschäftigt, enthüllen seine Realitätssicht: »Passe ich dazu? Wohin gehöre ich? Wen mag ich? Was gehört mir? Wie kann ich andere dazu bringen mich zu mögen?« Mit anderen Worten: »Wie kann ich Beziehungen aufbauen und pflegen, die mir helfen werden, in dieser großen Welt zu überleben?«

Der Drang, zu erforschen und zu differenzieren, wiederholt sich ebenfalls im Kontext von Freundschaften. Aber diesmal auf andere Weise als damals mit zwei Jahren. Freunde sind keine passiven Objekte. Unter Umständen widersetzen sie sich der Neugier und Sehnsucht des Kindes, sie besser kennen zu lernen. Das Kind lernt sich anzustrengen, um ihre Sympathie zu gewinnen; und es lernt, sich an die Freunde anzupassen und dennoch seinem eigenen Selbst treu zu bleiben.

Im Rahmen intensiver Freundschaften lernt das Kind in dieser Phase, sich für andere zu interessieren und Verantwortung für sie zu übernehmen. Es strebt aber auch danach, dass es ihm selbst gut geht, dass es akzeptiert und gemocht wird. Wenn es sich nicht gemocht oder sogar abgelehnt fühlt, verwickelt es seine Eltern in langatmige Gespräche. Sein Verantwortungsgefühl motiviert das Kind sich für andere zu interessieren. Der Impuls, etwas für andere zu tun, meldet sich so selbstverständlich in der Psyche des Kindes wie der Impuls sich zu binden, Neues zu entdecken, seine Identität zu entwickeln und mit anderen zu rivalisieren. Nun ist der richtige Zeitpunkt gekommen sich für andere zu interessieren. Jetzt wird die Basis gelegt, Verantwortung für andere übernehmen zu können, Sorge für sie zu tragen und für sie da zu sein, wenn sie es brauchen. Wenn Kinder das lernen können, werden sie zu gesunden und in der Gesellschaft integrierten Persönlichkeiten heranwachsen.

Um sich für andere wahrhaft interessieren zu können, muss das Kind aufhören, andere Menschen als Objekte anzusehen, die man für seine eigenen Zwecke benützen kann, und das Band der Mitmenschlichkeit spüren, das uns alle miteinander verbindet. Nun entwickeln sich Ich/Du-Beziehungen, in denen das Kind erkennt, wo andere ihm ähnlich sind. Dadurch entwächst das Kind dem primären Einflussbereich seiner Eltern. Es ist nicht mehr ausschließlich vom Feedback seiner Eltern abhängig. Es verlässt sich mehr und mehr auf Freunde, die ihm sagen, dass es o.k. ist.

Freundschaften sind insofern sehr wichtig, als das Kind weiterhin auf der Suche nach seiner persönlichen Identität ist. Wenn es sich mit auserwählten Freunden und Erwachsenen, von denen es beeindruckt ist, identifizieren kann, erweitert das seine Selbstwahrnehmung. Das Kind ist mehr als nur »Tochter« oder »Sohn«. Es ist auch »Freund/Freundin«, folglich ebenso »Nicht-Freund/Freundin« oder sogar »Feind/Feindin«. Es ist »Schüler/Schülerin« und »Teammitglied«. Es erfüllt all diese Rollen und sogar noch weitere und es strengt sich sehr an, um sich in den Augen anderer spiegeln zu können. Die Freunde werden zum Spiegel. Sie nehmen das Kind wahr und lassen es gelten. Durch den Prozess des Vergleichens und des Gegenüberstellens kann das Kind immer besser entdecken, wer es ist.

Freundschaft kennen zu lernen ist eine Vorbereitung für den Impuls soziale Kompetenz zu entwickeln. Das Kind rivalisiert mit Freunden und lernt dadurch, seine Fähigkeiten auszubauen und Teil eines Teams zu werden. Jene Freunde, mit denen es sich die heißesten Konkurrenzkämpfe liefert, verteidigt es auch bis zum Letzten. Der Kontext des Kindes erscheint oft extrem rivalisierend, aber die Herausforderung besteht darin, teilen und kooperieren zu lernen, zu gewinnen und Freunde zu bleiben.

Im Lauf dieser Entwicklung, ungefähr im Alter von acht oder neun Jahren, sucht sich das Kind einen besten Freund oder eine beste Freundin.[2] Diese erste exklusive Freundschaft hat oft einen obsessiven Charakter. Die beiden haben nur Augen und Ohren füreinander. Sie haben dieselbe Lieblingsspeise, kleiden sich ähnlich und stimmen stets miteinander ab, welchen Schritt sie als nächstes setzen. Sie streiten um dieselben Spielsachen. Sie entwickeln Rollenspiele und identifizieren sich mit denselben Fantasy-Figuren. Bald haben sie gemeinsame Erlebnisse und gemeinsame Erinnerungen. Sie sorgen füreinander, als würden sie für sich selbst sorgen. Offensichtlich üben sie sich zu verlieben.

Was ein Kind in der Phase der sozialen Verantwortung braucht

Ihr Kind betritt diese große neue Welt als Pilger, nicht als Held. Es hat derzeit weder das Wissen noch die erforderlichen Fähigkeiten für die neuen Herausforderungen. Es braucht weise Ratschläge und Anleitungen von Ihnen, aber es braucht auch genug Raum und Zeit, um jene Impulse aufzunehmen und zu integrieren, die es von seinen Freunden bekommt. Es ist wichtig, dass Sie eine liebevolle und unterstützende Verbundenheit zu Ihrem Kind pflegen und einen sicheren Hafen anbieten, wenn es zu Ihnen nach Hause kommen und neue Kraft schöpfen möchte.

Wenn Sie merken, dass Sie sich entweder zu sehr zurückziehen oder zu stark einbringen, sobald Ihr Kind seinen natürlichen Impulsen Freundschaften zu schließen Ausdruck verleiht, dann wäre es gut sich zu fragen, ob Sie selbst in der Phase der sozialen Verantwortung verwundet worden sein könnten, als Sie sich mit denselben Fragen und Themen beschäftigten, die nun Schwierigkeiten zwischen Ihnen und Ihrem Kind auslösen.

In diesem Alter geht Ihr Kind große Risiken ein. Es erklärt einem Freund/einer Freundin gegenüber, dass es ihn/sie mag, und trägt dabei das allgegenwärtige Risiko abgelehnt zu werden. Das Kind hat nicht nur kleine Sorgen, manchmal hat es berechtigte und große Angst. Es ist natürlich vor Angst zu zittern, wenn man jemandem zum ersten Mal sagt, dass man ihn gern hat. Manchmal wird die Zuneigung nicht erwidert. Aber selbst wenn man Glück hat und die Zuneigung auf Gegenseitigkeit beruht, können die Hochs und Tiefs der ersten Freundschaften wirklich verwirrend sein. Manchmal ist alles großartig, die Freunde und Freundinnen halten zusammen wie Pech und Schwefel, und die Welt ist einfach wunderbar. Kurz danach ist alles in Aufruhr: ein Freund oder eine Freundin mag Ihr Kind nicht mehr und die Welt ist ein Jammertal.

Sicherheit: In dieser Entwicklungsphase erfordert das Eltern-Sein neue Formen des Engagements. Als Vater oder Mutter gleicht man einer Löwin, die ihren Jungen das Jagen beibringt. Manchmal jagt sie der Beute nach, bis diese erschöpft ist und die Jungen sie schnappen können; manchmal stupst sie ihre Jungen, damit sie selbst aktiv werden; manchmal lässt sie sie ihr eigenes Glück versuchen und auch Misserfolge verkraften lernen; und manchmal lässt sie den Dingen einfach ihren Lauf. Bewusste Eltern wissen, dass in dieser Entwicklungsphase eine ganze Bandbreite von Reaktionen nötig ist. Seine Kinder zu lieben heißt gefühlsmäßig immer verfügbar zu sein. Nun aber bedeutet es, einen Schritt zurückzutreten, um die Privatsphäre seiner Kinder zu respektieren. Eltern können ihre Kinder beobachten und ihnen zuhören. Und sie können sich für Situationen bereithalten, wo ihre Kinder Rat und Anleitung brauchen, wie sie anerkannte Mitglieder ihrer Gruppe werden können. Der Imago-Dialog hilft uns zu erkennen, wann wir uns einbringen sollen und wann wir unseren Kindern Freiraum geben sollen. Er ist das Kernstück bewusster Elternschaft, da er gegenseitiges Verstehen und die Integrität der Dialogpartner fördert und bewahrt. Durch eine offene und dauerhafte Kommunikation können Eltern auf verlässliche und flexible Weise Unterstützung geben, ohne in die Privatsphäre des Kindes einzudringen oder es zu vernachlässigen. Das ermöglicht es auch *dem Kind seinerseits*, den heiklen Balanceakt zu bewältigen, eine gute Verbundenheit zu seinen Eltern zu bewahren und sich dennoch von ihnen abzugrenzen.

So wie wir jüngere Kinder ab und zu erinnern, dass sie daran denken sollen regelmäßig zu duschen, so sollten wir Heranwachsende daran erinnern, dass wir uns gerne Zeit für sie nehmen, wenn sie das Bedürfnis danach haben Zeit mit uns zu verbringen. Vielleicht möchte ein Sohn mit seinem Vater über die Ereignisse des Tages reden und unangenehme Vorfälle verarbeiten, indem der Sohn seine Ängste und Enttäuschungen benennen darf und der Vater aus seiner Sicht Anregungen gibt, wie man dieses oder jenes Problem unter Umständen lösen könnte - *falls* seine Anregungen dem Sohn willkommen sind. Oft wollen weder Eltern noch Kinder Ratschläge, wie sie ihre Probleme lösen könnten, sondern brauchen einfach nur jemand, der ihnen einfühlsam zuhört. In dieser Entwicklungsphase können Eltern die Probleme ihrer Kinder nicht mehr lösen, aber mithilfe des Dialogs können sie ihr Kind darin unterstützen selbst Lösungen zu erarbeiten.

Unterstützung: Das Wichtigste, was bewusste Eltern tun können um ihr Kind zu unterstützen, ist es, seine Freunde zu akzeptieren, ganz besonders den besten Freund/die beste Freundin. Das ist oft gar nicht einfach, weil man von allen Vorurteilen Abstand nehmen muss. Man kann seinem Kind beweisen, dass man seine Freunde akzeptiert, indem man sie einlädt und sie weiter ermuntert Zeit mit dem Freund/ der Freundin zu verbringen. Wenn das Kind starke Gefühle nicht allein verarbeiten kann, wenn es unter Rivalität, Eifersucht, Ablehnung oder Enttäuschung leidet, so können die Eltern zur Verfügung stehen und dem Kind unvoreingenommen zuhören. Wenn unser Kind sich sicher fühlt, kann es riskieren uns Dinge anzuvertrauen, die uns neue Seiten an ihm erkennen lassen.

Wenn Kinder Vertrauen haben, werden sie auch über Auseinandersetzungen und Missverständnisse erzählen. Hier können Eltern Orientierung geben, wenn sie dem Kind willkommen ist. Es ist nicht angezeigt, Vorträge zu halten und Ratschläge zu geben. Bewusste Eltern helfen dem Kind seine Sorgen und Bedürfnisse zu artikulieren, um eigene Lösungen entdecken zu können. Das ist ein ganz neues Territorium und die Küste ist steinig. Das Kind lernt gerade Kapitän seines eigenen Schiffes zu sein, und die Eltern müssen sich nun damit zufrieden geben Mitglieder der Crew zu sein.

Struktur: Eine zentrale Aufgabe der Eltern ist es Ausgeglichenheit und Balance anzubieten. In dieser Phase müssen Eltern ihrem Kind helfen, sein Bedürfnis nach Anerkennung durch seine Freunde mit dem Bedürfnis nach Selbständigkeit und Unabhängigkeit in Einklang zu bringen. Diese beiden Bedürfnisse stehen oft gerade im Hinblick auf neue Freundschaften im Widerstreit. Das Kind strebt nach einer engen Beziehung zu seinen Freunden, aber es ist möglich, dass deren Wertesystem sich deutlich von jenem unterscheidet, mit dem es selbst aufgewachsen ist. Die neuen Freunde finden vielleicht nichts dabei, in einem Einkaufszentrum etwas mitgehen zu lassen, solange es nichts besonders Teures ist. In solchen Fällen werden bewusste Eltern sich einbringen und ihr Kind unterstützen mit der Spannung zurechtzukommen, ein akzeptiertes Mitglied seiner Clique zu sein und dennoch eigenständig zwischen Richtig und Falsch zu unterscheiden.

Nur wenige Kinder haben das Glück bewusste Eltern zu haben. Manche Freunde Ihres Kindes haben unter Umständen seelische und/oder körperliche Verletzungen erlitten, was dazu geführt hat, dass sie nun asoziale Verhaltensweisen zeigen. Bewusste Eltern suchen den Kontakt zu den wichtigsten Freunden ihres Kindes, damit solche Probleme nicht unbemerkt auftreten und damit sie den Kindern helfen können zu entscheiden, welches Verhalten sie akzeptieren können und welches nicht mehr zu akzeptieren ist. Es kann sein, dass die Kinder sich dagegen wehren, dass ihre Eltern sich hier einbringen. Aber mithilfe des Imago-Dialogs wird es möglich sein, auch heikle Themen mit ihrem Kind zu besprechen, wie beispielsweise die Frage, ob es den Kontakt zu manchen Freunden abbrechen sollten, die asoziales Verhalten zeigen und wiederholt gesellschaftlich übliche Normen verletzen. Damit solche Diskussionen einen guten Ausgang finden können, ist es besonders wichtig, Imago-Dialoge vorher zu vereinbaren und für ein sicheres und besonnenes Gesprächsklima zu sorgen.

Auch in dieser Entwicklungsphase ist es wichtig, dass die Grenzen zwischen Eltern und Kind bewusst gewahrt werden. Kinder dürfen nicht zu »Thronräubern« werden und die Beziehung zwischen Mann und Frau stören. Besonders achten sollte man darauf, dass ein Kind eine klare Rolle im Hinblick auf den gegengeschlechtlichen Elternteil hat. Den Ödipuskonflikt hat das Kind bereits verloren und dieser Kampf sollte nicht neu aufflammen. Wenn manche Kinder auch Widerstand gegen klare Grenzen zu leisten versuchen, sind diese Grenzen doch wichtig für sie, verringern ihre Angst und Unsicherheit und helfen ihnen, klare Selbstgrenzen zu entwickeln, die ihnen in späteren Liebesbeziehungen zugute kommen werden.

Der minimierende Elternteil in der Phase der sozialen Verantwortung - Der Einzelgänger

Der unbewusste Minimierer, der in der Phase der sozialen Verantwortung verwundet wurde, nimmt kaum Notiz davon, dass der Lebensmittelpunkt seines Kindes sich langsam von seinem Elternhaus zu seinen Freunden verlagert. Als typischer Einzelgänger möchte er auch sein Kind davon überzeugen, unabhängig von anderen zu sein und sich von ihrer Meinung nicht beeinflussen zu lassen. Er ermutigt sein Kind nicht, Freundschaften zu schließen und nimmt auch wenig Notiz von Freunden, die sein Kind nach Hause mitbringt. Die Botschaft, die er seinem Kind vermittelt, lautet:»Es ist nicht gut, zu viele Gefühle in Freundschaften zu investieren. Man wird dabei nur verletzt. Zu viel Nähe macht Probleme.«

Als der Minimierer selbst jugendlich war, unterstützten seine Eltern seine Bemühungen nicht, im Kreis der Gleichaltrigen Fuß zu fassen. Sie bezeichneten potenzielle Freunde als nicht vertrauenswürdig oder nicht ebenbürtig. So lernte er früh, sich in eine eigene Phantasiewelt zurückzuziehen. Das war einfacher. In dieser inneren Welt konnte er sich als Kind Freundschaften ausdenken, die in der wirklichen Welt nicht möglich waren. Deshalb inkludierte seine innere Welt intensive Gefühle, auch schmerzliche, die er mit Freunden nicht ausleben konnte.

Nie hatte er die Chance, seine Gefühle in einer echten Beziehung auszuprobieren. Als Erwachsener hat er nun kein Gefühl für das Zusammenspiel von Abhängigkeit und Unabhängigkeit. Er fühlt sich jedenfalls anders als andere Menschen - entweder zu intelligent oder nicht intelligent genug, zu weiblich oder nicht weiblich genug ... Als Mann fühlt er sich vielleicht unmännlich. Sowohl Frauen als auch Männer, die in der Phase der sozialen Verantwortung verwundet wurden, fragen sich unter Umständen aufgrund ihrer mangelnden Kontakte zum anderen Geschlecht, ob sie zur Homosexualität neigen.

Nach außen hin wirken sie unter Umständen eigenständig und unabhängig, aber in Wahrheit leiden sie sehr unter ihrer Einsamkeit. Sie können ihre Gefühle anderen nicht mitteilen und leben sehr zurückgezogen. Diese Einsamkeit kann zwar die Basis für Kreativität sein und durchaus viele positive Aspekte einschließen, aber dennoch fühlen solche Menschen sich oft leer und haben ein freudloses Leben. Es verwundert nicht, dass sie ein höheres Risiko tragen, früher oder später eine Sucht zu entwickeln (Ess-Sucht, Drogensucht, Alkoholsucht, Sexsucht, Abenteuersucht, Arbeitssucht ...).

Ein Kind, das unter starkem Einfluss eines minimierenden Elternteils steht, lernt, dass Einsamkeit normal ist. Genau dann, wenn sich in ihm der Impuls nach Sozialkontakten meldet, wird dieser Impuls zurückgewiesen, und es zieht sich in seine selbst erschaffene Phantasiewelt zurück.

Der maximierende Elternteil in der Phase der sozialen Verantwortung - Der aufopfernde Helfer

Der unbewusste, maximierende Elternteil, der in der Phase der sozialen Verantwortung verwundet wurde, hat gelernt, dass Liebe und Anerkennung einen hohen Preis haben. Er ist es gewöhnt, dass man immer etwas geben muss, wenn man etwas bekommen möchte. Und wenn jemand ihm Gutes tut, bedankt er sich überschwänglich. Die beste Möglichkeit, Erfüllung für seine Bedürfnisse zu finden, sieht er darin sich für andere aufzuopfern. Seine Gefühle und Gedanken waren für seine Eltern nicht wichtig. Seine Freunde konnten ihn nicht spiegeln, da er seine eigene Identität unterdrückte, um damit zurechtzukommen. Er ist außerordentlich gesellig und hat einen sehr großen Freundes- und Bekanntenkreis. Einen besten Freund oder eine beste Freundin hat er jedoch nie gehabt und versucht auch das seinem Kind auszureden.

Seine größte Angst ist es ausgeschlossen, oder was noch schlimmer wäre, geächtet zu werden, und so bringt er seinem Kind bei, Freunde zu haben und die Freundschaften um jeden Preis und auf eigene Kosten zu erhalten. Das Kind lernt, sich den Wünschen und Ansichten seiner Freunde unterzuordnen, ihnen Geschenke zu machen und ihre Sicht der Dinge zu übernehmen. Da solche Freundschaften nicht auf gegenseitigem Austausch und gesundem Wettstreit beruhen und keine Ausgewogenheit zwischen gleichwertigen Partnern spürbar ist, wird es nicht zu echter Nähe kommen. Maximierer lassen nicht zu, dass ihre Kinder für sich selbst sorgen, mit sich selbst zufrieden sind und Selbstwert entwickeln. Ihre Botschaft lautet: »Eigene Bedürfnisse zu haben ist schlecht. Konzentriere dich voll und ganz auf andere, dann brauchst du keine Angst vor Zurückweisung zu haben.«

Er lebt seinem Kind vor, wie man durch Selbstaufopferung die Zuneigung anderer erringen kann, und das Kind bekommt den Eindruck, dass es nur innerhalb seiner Familie wertvoll ist. So entsteht Abhängigkeit. Das Kind verliert den Zugang zu seinem naturgegebenen Impuls zur Eigenmotivation und Eigensteuerung. Seine Identität ist im Tiefsten bedroht, da sie wirksam von seinen Eltern verleugnet wird.

Der Maximierer zeigt auch verwirrende und manipulative Verhaltensweisen. Herzlich zu sein und Anderen Gutes zu tun ist zweifellos ein hoher Wert in unserer Gesellschaft. Dieser Wert charakterisiert »gute Menschen«. Für ein Kind ist es jedoch gar nicht leicht zu erkennen, wann die Aufopferung für andere zur Selbstverleugnung wird, und wann Selbstverleugnung zu Erschöpfung und Burn-Out führt.

Noch schwieriger ist es für ein Kind zu erkennen, dass dieses Verhalten unweigerlich zum Märtyrertod führt. Der Maximierer opfert sich für alle anderen auf, aber niemand sorgt sich um ihn. Es ist die alte Leier: »Warum liebt er/sie mich nicht, nach all dem, was ich für ihn/sie getan habe ... und ich verlange ja wirklich nicht viel!« Würde der Maximierer deutlich um etwas bitten, so könnte er es bekommen und dadurch Liebe spüren. Er schämt sich aber für seine Bedürfnisse, deshalb kann er nicht darum bitten. Sein Kind hat vielleicht den Eindruck, dass er großzügig gibt, aber in Extremfällen macht er sich der gefühlsmäßigen Erpressung schuldig.

Ein Paar auf dem Weg aus der Krise

Martin ist Mikrobiologe und ein typischer Einzelgänger. Seine intensivsten Gefühle verspürt er, wenn er in seinem Labor aufregende Dinge durch das Mikroskop betrachten kann. Es ist nicht so, dass er andere Menschen nicht leiden kann. Aber Menschen, sogar jene, die ihm nahe stehen, sind für ihn lange nicht so aufregend und interessant wie Dinge, die er in seinem Mikroskop ansehen kann. Das war aber nicht immer so. Als er Monica begegnet war, hatte er den Eindruck, sie wäre exotischer als alles, was er jemals in der Natur kennen gelernt hatte. Sie war hübsch, intelligent und hatte eine zauberhafte Ausstrahlung. Alle liebten sie und sie schien alle zu lieben. Wenn Martin Monicas Aktivitäten als Studentenvertreterin und ihre vielen Sozialkontakte zu viel wurden, zog er sich in seine Studentenbude zurück, legte seine Lieblings-CD von Miles Davies auf und vergrub sich in seinen Büchern.

Bei seiner ersten Therapiesitzung erkannte Martin, dass er immer ein Einzelgänger gewesen war. Als Kind hatte er Marken gesammelt anstatt Freunde. Die Ursache dafür schien sein Vater gewesen zu sein, der mehr wie eine unberechenbare Naturgewalt gewesen war, anstatt wie ein liebevoller Vater. Martin erinnerte sich, dass sein Vater bei jedem Freund, den Martin kennen lernen wollte, reflexartig das Negative an ihm hervorhob. So kam Martin schließlich zu dem Schluss, dass es leichter wäre allein durchzukommen, als seinen ablehnenden Vater zu überzeugen. So entwickelte er ausgeklügelte Gedankenwelten, in denen imaginäre Baseballteams auf imaginären Baseballfeldern gegeneinander spielten. Später interessierte er sich für Elektronik und wurde Amateurfunker. Über Funk mit anderen in Kontakt zu treten, ermöglichte ihm Freunde zu haben, denen er nie persönlich begegnen musste. Leblose Objekte waren befriedigender als seine Mitmenschen. Bei ihnen konnte er sich darauf verlassen, dass sie seinen Anweisungen folgten und Kämpfe austrugen, die er in seinem Kopf für sie vorgesehen hatte.

Monica war ganz anders. Sie war Cheerleaderin und Studentenvertreterin und solange sie zurückdenken konnte, hatte sie Gruppen geleitet oder war Gruppenmitglied gewesen. Als Journalistin bewies sie oft ihre große Begabung, andere Menschen für Interviews aus der Reserve zu locken. Diese Begabung war auch für ihre Liebesbeziehung ausschlaggebend gewesen. Als sie Martin kennen gelernt und ihn dazu gebracht hatte, aus seinem Labor herauszukommen und sich für eine verbindliche Partnerschaft zu öffnen, wurde sie rasch zu einem unverzichtbaren Bestandteil seines Lebens. Anstatt wie bisher vorzugeben, dass die äußere Welt nicht existierte, konnte er nun in Monicas Windschatten ein Leben führen, das sie für beide organisierte.

Seine ungeschickte Art bei gesellschaftlichen Anlässen führte aber öfter zu Problemen. Das war schon vor ihrer Hochzeit so gewesen. Nun war Ashley, ihre gemeinsame Tochter, bereits zehn Jahre alt. Und je mehr sie sich der Welt öffnete, je interessanter die Welt für sie wurde, desto mehr zog ihr Vater sich hinter seinen Computer und in sein Forschungslabor zurück. Was Ashley unternahm, wohin sie ging, wie sie sich kleidete, welchen Sport sie ausübte …, all das lag ganz in Monicas Verantwortungsbereich. Und Martin war ihr zutiefst dankbar dafür.

Als Monica aber hörte, dass Martin ihr Engagement als Mutter als Ringelspiel bezeichnete, war sie sehr verletzt. Sie konnte nicht eingestehen, dass sie übertrieben hatte, zur Managerin von Ashleys Sozialleben geworden war und dabei ihre Stellenbeschreibung so ausgeweitet hatte, dass sie Elternvertreterin in Ashleys Schule geworden war und den alljährlichen Flohmarkt organisierte. Je mehr sie sich in Ashleys Bereiche einbrachte, desto weniger Zeit und Zuneigung blieb ihr für die Beziehung zu Martin.

Die beiden sehr unterschiedlichen Ehepartner konnten erkennen, dass sie ganz aus der Balance geraten waren, sodass ihr System nahe am Kippen war. Monica meinte, Martin solle einen Nachmittag pro Woche mit Ashley verbringen, aber er weigerte sich: »Warum gibst du ihr nicht einfach einen Nachmittag frei?« Martin hatte den Eindruck, dass seine Tochter dringend unstrukturierte Zeit ohne geplante Aktivitäten brauchte. Monicas Verteidigung war wiederum ein Angriff auf Martin: »Warum kannst du nicht irgendetwas dazu beitragen, dass Ashley eine normale Kindheit hat?« Martin hatte den Eindruck, dass Monica ihre Tochter zwangsbeglückte und dass Ashleys Freundeskreis ein erweitertes Betätigungsfeld für den zwanghaften Drang seiner Frau war für andere zu sorgen.

In vieler Hinsicht war Monica eine großartige Mutter. Sie ermutigte ihre Tochter zu Freundschaften und zur Teilnahme an Gruppen. Andererseits drängte sie Ashley aber zu übergroßer Verantwortung, indem sie sie ermunterte, sich selbst den Wünschen der Gruppe unterzuordnen. Sie übersah den Unterschied zwischen »Dem, was ich möchte« und »Dem, was die Gruppe möchte« und brachte ihrer Tochter bei, sich ausschließlich an den Bedürfnissen der Gruppe zu orientieren, anstatt auf sich selbst zu achten. Ashley übernahm dieses Verhalten ihrer Mutter, nicht nur, weil sie ihr zuhörte, sondern auch, weil sie imitierte, was ihre Mutter tat. Es schien, als müsse ihre Mutter um jeden Preis im Mittelpunkt stehen.

Der Grund, warum sie zur Therapie kamen, war jedoch ein anderer. Ashley sagte sehr oft, dass sie sich einen kleinen Bruder oder eine kleine Schwester wünsche. Monica und Martin stimmten darin überein, dass es denkbar wäre, ein weiteres Kind zu bekommen, denn sie hatten ursprünglich vorgehabt, zwei Kinder zu bekommen. Aber das war auch schon alles, worüber sie sich einig waren. Es lag klar auf der Hand, dass beide an sich arbeiten müssten, um ihre Beziehung zu verbessern und zu stärken, bevor sie Kraft und Energie für ein weiteres Kind hätten.

An der ehelichen Beziehung arbeiten und Heilung erfahren

Monica und Martin konnten erst lernen, für ihre Tochter in guter Weise verfügbar zu sein, als sie genug Mut aufbrachten, sich mit ihrem Partner auseinander zu setzen. Ashley schien in der Mitte einer Wippschaukel zu stehen und zu versuchen, die Balance zwischen ihren Eltern herzustellen. Für Martin war es ganz wichtig, dass Monica verstehen lernte, dass sein Einzelgängertum nur eine Fassade war, hinter der er seine alles durchdringende Einsamkeit versteckte. Und für Monica war es wichtig, dass Martin ihr half zu entdecken, dass sie ein gutes Leben führen konnte, ohne das Leben ihrer Tochter dafür heranzuziehen.

Im Laufe der Therapie begann Martin offen über die Einsamkeit seiner Kindheit zu sprechen und über das Gefühl, auch als Erwachsener nirgends dazuzugehören. So konnte Monica erkennen, dass Martin zwar Zeit für sich alleine genießen konnte, aber keineswegs isoliert sein wollte. Er brauchte ihre Unterstützung um zu lernen, mit den Menschen in seiner Nähe in Verbindung zu treten. Nun begann Martin seine Vorstellungskraft zu nutzen, um eine neue Vision für sein Leben zu finden. In seiner Phantasie entwickelte er eine Szene, die er gern in die Realität umsetzen wollte. Er stellte sich vor, er besuchte in Begleitung seiner Frau ein gesellschaftliches Ereignis und fühlte sich dabei ganz entspannt und in seiner Mitte. Vor seinem geistigen Auge sah er sich souverän, lächelnd und freundschaftlich den Menschen rund um ihn zuhören. Nachdem er dieses Bild einige Male visualisiert hatte, bat er seine Frau um Unterstützung, um zu versuchen es zu verwirklichen. Monica half ihm, indem sie zwei befreundete Paare zum Abendessen einlud. Es wurde ein sehr netter Abend. Mit der Zeit stellte sich heraus, dass Martin ein großes Bedürfnis danach hatte, von Monica immer wieder zu hören, dass sie seine Gegenwart genoss.

Im Lauf der nächsten Monate hielt Martin Ausschau nach Gelegenheiten, Kontakte mit eigenen Bekannten zu pflegen. Er genoss es zwar sehr, dass Monicas Freunde auch seine Freunde werden konnten, aber er merkte, dass er es auch selbst schaffen wollte Freundschaften zu pflegen. So wurde er initiativ und stellte den Kontakt zu einem Zimmerkollegen aus seiner Collegezeit wieder her, und wenig später auch den Kontakt zu einem Arbeitskollegen, der zu Beginn seiner Berufstätigkeit im selben Labor gearbeitet hatte. Sich mit diesen beiden Männern zu treffen, war ein großes Erfolgserlebnis für ihn. Sie hatten viel zu lachen und erinnerten sich an die gemeinsame Zeit, als sie noch jung waren. Martin hatte nicht vor, diese Freunde nun wöchentlich zu treffen, aber er lernte durch sie zu erkennen, dass Monicas Streben nach Sozialkontakten nicht bedeutete, dass sie allein zu schwach wäre oder das Alleinsein nicht verkraften könne, sondern dass es sich hier um ein menschliches Grundbedürfnis handelte, das auch Martin teilte.

Keine dieser Veränderungen wäre ohne den Imago-Dialog möglich gewesen. Anstatt durch ihre Gegensätzlichkeit zuerst voneinander fasziniert zu sein und später in einem Machtkampf zu leben, gewöhnten Martin und Monica sich daran einander zu spiegeln, gelten zu lassen und sich einzufühlen, um einander besser verstehen zu lernen. Sie gingen zurück in ihre Kindheit und erkannten, wie sie dorthin gekommen waren, wo sie nun waren. Und sie fühlten noch einmal den Schmerz über alles, was sie auf ihrem bisherigen Lebensweg verloren hatten. Martin konnte verstehen, warum Monicas Angst zu ihrem exzessiven Pflegen von Sozialkontakten geführt hatte. Und Monica konnte verstehen, warum Martins Angst zu seinem Rückzug geführt hatte. Martin hatte sich isoliert, um sich vor der Ablehnung anderer Menschen zu schützen. Monica hatte sich selbst verleugnet, um sich vor der Ablehnung anderer Menschen zu schützen.

Monica stand nun vor der Herausforderung zu lernen, um das zu bitten, was sie brauchte. Sie musste die vage Hoffnung aufgeben, dass Martin das ohne ihre Hilfe erraten könnte. Monica hatte ihm unbewusst die Schuld gegeben für all das, was ihr in ihrem Leben fehlte. Mit ihren vielen Verpflichtungen fühlte sie sich ausgenutzt.»Wenn Martin mir helfen würde, müsste ich die ganze Last nicht alleine tragen!« Sie fühlte sich nicht wertgeschätzt: »Würde er sich nur Zeit nehmen« mich wahrzunehmen, dann könnte ich die Liebe bekommen, die ich verdiene.« Als Monica begann Martin zu sagen, was sie brauchte, bat sie ihn auch ihre Gefühle zu spiegeln. Sie wünschte sich, dass er hörte und gelten ließ, wie erschöpft sie war, und dass sie in ihrem anstrengenden und selbstaufopfernden Alltag eine gewisse Leichtigkeit des Seins ganz verloren hatte.

Im Rahmen des Dialogs »Bitte um Verhaltensänderung« erklärte Martin sich bereit, sie von ihrem Monopol der Verantwortung für Ashley und die ganze Hausarbeit zu befreien. Er war nun bereit Mitverantwortung für Ashley zu übernehmen. So wurde es Monica möglich etwas zu tun, wovon sie schon lange geträumt hatte, nämlich ihr Publizistikstudium abzuschließen.

Im Laufe des folgenden Jahres kam Bewegung in ihre bisher rigiden Rollenzuschreibungen. Martin und Ashley entwickelten eine immer bessere Beziehung zueinander, denn Martin half seiner Tochter bei den Hausaufgaben, fuhr sie zur Orchesterprobe und erledigte mit ihr gemeinsam die Lebensmitteleinkäufe. Monica war überglücklich ihr Studium abschließen zu können und lernte, dass es in Ordnung war, auch eigene Ziele zu verfolgen. Als Monica eines Tages zu Martin sagte: »Schau doch mehr auf dich selbst!«, erkannten beide, wie sehr sie sich bereits verändert hatten, und konnten von Herzen darüber lachen.

Auf die Bedürfnisse eines Kindes eingehen

Monicas und Martins gemeinsamer Heilungs- und Veränderungsprozess brauchte ungefähr ein Jahr. Und nicht immer war er mit Leichtigkeit und Freude erfüllt. Da sie sich ganz aufeinander einließen und bereit waren einander Heilung zu schenken, wurde ihre Beziehung viel inniger und sie konnten bewusste Eltern für ihre Tochter werden.

Monica lernte es Ashley zuzuhören, wenn sie Probleme mit Freunden hatte. Sie spiegelte die Gefühle und Gedanken ihrer Tochter, anstatt wie früher darauf zu drängen, dass Ashley sich selbst verleugnete um die Freundschaft zu erhalten. Mithilfe des Imago-Dialogs lernte Ashley selbst Entscheidungen zu treffen, anstatt sich auf die Ratschläge ihrer Mutter zu verlassen. Monica erkannte, dass ihre Tochter viel zu sagen hatte und sie auf einiges aufmerksam machen konnte, das sie in ihrer eigenen Entwicklung versäumt hatte. Beide waren erleichtert, dass sie nun Nähe genießen konnten, ohne dass ein gesellschaftliches Ereignis ihre Beziehung definierte. Ganz bewusst zeigte Monica Ashley nun, was es hieß loszulassen, »Nein« zu sagen, authentisch seine eigenen Bedürfnisse zu vertreten und für sich selbst zu sorgen. Sie vertrat inzwischen die Ansicht, dass dies das größte Geschenk wäre, das sie ihrer Tochter geben könne. Denn gerade Frauen seien oft versucht, ganz im Dienst für andere zu stehen und sich selbst dadurch zu verlieren. Monica freute sich, dass sie Ashley nun vorleben konnte, dass man Freundschaften schließen, pflegen, aber auch beenden konnte.

Martin legte das Image des einsamen Wolfes immer mehr ab. Er bemühte sich um Sozialkontakte und lernte sich in seine Tochter einzufühlen, die ebenfalls lernte selbständig Freundschaften zu schließen. Er stützte sich auf den Imago-Dialog, um Ashleys Gefühle verstehen zu können, als ihre beste Freundin Andrea die Freundschaft kündigte und dadurch große Enttäuschung und Einsamkeit bei Ashley auslöste. Er stärkte ihr den Rücken eine neue Freundin zu suchen. Er hörte seiner Tochter geduldig zu, wenn sie ihm erzählte, wer in ihrer Klasse wen gern mochte und wer auf wen eifersüchtig war … Eines Nachmittags, als er Ashley von der Schule abholte, sagte er zu ihr, dass gute Freunde zu den schönsten Dingen im Leben zählten. Das Besondere daran war, dass er diese Aussage inzwischen ehrlich und tief nachempfinden konnte. Und dann eröffnete er Ashley, dass sie bald eine kleine Schwester oder einen kleinen Bruder bekommen würde.

13.　　　　　**Die Phase der Nähe**
　　　　　　Alter: 12 bis 18 Jahre

Nun kommen wir zur letzten Entwicklungsstufe auf dem Weg zum Erwachsen-Sein. Das Kind, besser gesagt, der/die Jugendliche, hat schon vieles erreicht. Es nähert sich seiner sexuellen Reife und fühlt sich immer mehr zum »Tanz der romantischen Liebe« mit einem gegengeschlechtlichen Partner hingezogen. Wenn auch die romantische Liebe sein/ihr derzeitiges Leben prägt, bleiben die bisherigen Entwicklungsimpulse doch weiterhin aktuell. Der/die Jugendliche sucht und pflegt weiterhin enge Freundschaften mit gleichgeschlechtlichen FreundInnen und sucht Bestätigung für seine eigene Kompetenz in Aktivitäten und Beziehungen. Noch immer entdeckt er/sie neue Aspekte an der eigenen, weiterhin in Entwicklung befindlichen Identität und erlebt Bindung auf verschiedensten Ebenen.

In die Phase der Nähe eintreten

Das Verhalten von Jugendlichen ist oft sonderbar und kann unter Umständen sehr nervenaufreibend für seine Eltern/Bezugspersonen sein. Sie erleben zahllose Vulkanausbrüche jugendlichen Verhaltens. Welche Katastrophe jeweils der Anlass dafür ist, darüber spricht der/die Jugendliche allerdings nicht mit seinen Eltern. Wenn Jugendliche am Abend fortgehen, fühlen Eltern sich einerseits erleichtert, andererseits aber sind die ruhigen Stunden auch von Sorge überschattet. Oft sind Eltern selbst nicht sicher, ob sie über manches gern näher Bescheid wüssten. Unser Leben bringt immer wieder Veränderungen mit sich - aber in der Phase der Nähe scheinen sich die Spielregeln zwischen Eltern und Kindern besonders drastisch zu verändern.

　　Jugendliche sind launisch und unkommunikativ. Das ist ganz normal so. Auch wir Erwachsenen kennen Stimmungsschwankungen. Die plötzlichen Hormonschübe von Jugendlichen steigern normale Höhen und Tiefen zu olympischen Höhen und zu den Tiefen der Unterwelt. Zweifellos spielen die Hormone dabei eine entscheidende Rolle, dennoch glauben wir, dass viele dieser emotionalen Vulkanausbrüche auch Anpassungen und Schutzmuster sind, mit denen Jugendliche auf unbewusste Eltern und unbewusste Verhaltensweisen reagieren. Wenn Jugendliche trotz aller Probleme die Verbundenheit zu ihren Eltern nicht verlieren und ihre bisherigen Entwicklungsphasen mehr oder weniger erfolgreich bewältigt haben, kann die Zeit der Jugend eine wertvolle Zeit für die ganze Familie sein[1]. Denken Sie nur an all das, wozu Teenager nun schon selbst in der Lage sind. Sie können die Sorgen und Interessen ihrer Eltern teilen, sie interessieren sich offensichtlich für andere Menschen und sind bereits in der Lage, auf sehr fortgeschrittenem Niveau zu lernen. Sie können erzählen, was sie in der Zeitung gelesen haben, können Fotos von Schülerreisen oder selbst organisierten Wochenendtrips zeigen oder im Jugendteam eines siegreichen Fußballklubs oder einer Volleyballmannschaft ... spielen. Wenn wir ab und zu ein Auge zudrücken und unsere Phantasie spielen lassen, können wir schon ansatzweise erahnen, welch wunderbare erwachsene Menschen aus unseren Kindern werden könnten.

Die Phase der Nähe umfasst eine lange Zeitspanne. Man unterteilt sie deshalb in drei Stadien, um dem großen Unterschied zwischen 13-Jährigen und 18-Jährigen gerecht zu werden. In der ersten Phase, der frühen Adoleszenz, beginnt die Pubertät: ein großer körperlicher Wachstumsschub löst diese Entwicklung aus. Das ist der Zeitpunkt, wo ein Kind zum ersten Mal den Wirbelwind sexueller Gefühle verspürt und an die Grenze zwischen Kindheit und Erwachsen-Sein gelangt.

Ungefähr 12 bis 18 Monate nach dem Beginn der Pubertät folgt die Phase der mittleren Adoleszenz. Der/die Jugendliche beschäftigt sich vorwiegend mit Personen des anderen Geschlechts, wodurch das bisherige Gefüge aus der Balance gerät. Langjährige und enge Freundschaften und Cliquen werden in Frage gestellt oder lösen sich auf. Es dauert eine ganze Weile, bis die alten und die neuen Elemente im Leben der Jugendlichen eine neue Balance finden, und die dritte Phase sich anbahnt. Gegen Ende dieser zweiten Phase lässt sich eine starke Spannung zwischen Aufbegehren und Konformität beobachten. Sie zeigt sich im Aufbegehren gegen Eltern und gesellschaftliche Normen und im Anpassen an den Freundeskreis.

In den ersten beiden Phasen der Adoleszenz sind Trotz und Rebellion an der Tagesordnung, was stark an die Trotzphase im Alter von zwei Jahren erinnert.[2] Wenn Eltern bereits mit der Entdeckerphase Schwierigkeiten hatten, wird diese Entwicklungsphase ihnen in ähnlicher Weise Probleme bereiten. Sie wird den Eltern noch viel mehr abverlangen, besonders, wenn sie stark dazu neigen, die Gedanken und das Verhalten des Kindes steuern zu wollen. Eltern müssen sich damit abfinden, dass es unrealistisch ist Jugendliche zu kontrollieren. Wir können sie beeinflussen, aber wir können sie nicht kontrollieren. Die meisten Teenager haben große Schwierigkeiten damit elterliche Weisheit zu akzeptieren, ohne sie zu hinterfragen. Möglich, dass Eltern sich dadurch verletzt und abgelehnt fühlen. Aber es ist eine Tatsache, dass die Kinder nun selbst denken lernen müssen. Sie müssen ihre Fähigkeit zu eigenständigem Denken entwickeln. Es ist nicht möglich, sie in konträre Gedankenwelten zu zwingen, die ihren Eltern entsprechen. Wenn Eltern und ihre heranwachsenden Kinder den Imago-Dialog anwenden, der es möglich macht einander gelten zu lassen, ist das eine große Hilfe, weiterhin partnerschaftlich miteinander zu kommunizieren.

Ein wichtiger Teil des Entdeckerdranges ist sexueller Natur. Oft manifestiert dieser Drang sich im Übertreten von Verboten und im Austesten der eigenen Grenzen, wobei seelische Nähe noch kein vorrangiges Ziel ist. Wahre Nähe, der romantische Zauber einer tief empfundenen Verbundenheit mit einer Person des anderen Geschlechtes, kann vom Jugendlichen teilweise noch nicht in den Sexualtrieb integriert werden. Der Teenager fühlt zwar das Drängen seines Sexualtriebes, aber er ist noch ambivalent, was echte Nähe betrifft.

Die dritte Phase der späten Adoleszenz ist eine Vorbereitungszeit für jene Aufgaben und Herausforderungen, die auf die Zukunft hinzielen. Nun finden die umfassenden Veränderungen, die die Jugendzeit charakterisieren, ein Ende. Der Jugendliche möchte sich bewusst jene Fähigkeiten aneignen, die seiner Meinung nach für die Rolle des Erwachsenen wichtig sind. Er lernt, seine Begrenzungen zu akzeptieren und öffnet sich langsam wieder für Hilfestellung und Anleitung seiner Eltern und anderer Erwachsener. Wird er/sie auf die Universität gehen, eine Arbeit suchen, heiraten ... - und wie wird er/sie die neuen Herausforderungen bewältigen? Was möchte er/sie mit seinem Leben anfangen? Er/sie steckt sehr tief in dem Prozess, seine/ihre persönliche Identität zu formen, unter Umständen gemeinsam mit jener Person, die er/sie als PartnerIn auswählt. In dieser Beziehung vereinen sich die emotionalen und körperlichen Aspekte der Nähe wieder.[3]

Emotionale und sexuelle Nähe zu erreichen ist das vorrangige Ziel der Jugendzeit. Dazu gehört es, seine eigenen Bedürfnisse und die Bedürfnisse anderer erfüllen zu lernen. Der Jugendliche lernt, was es bedeutet, einer anderen Person so sehr zu vertrauen, dass er ihr den innersten Kern seiner Persönlichkeit preisgeben kann. Sich selbst zu zeigen scheint eine gefährliche Sache zu sein. Tiefe Ehrlichkeit impliziert die Angst, es könne offenkundig werden, welch unvollkommener Mensch man ist, zumindest in der eigenen Einschätzung. Im Inneren der/des Jugendlichen tobt ein Widerstreit seiner Gedanken und Gefühle.

Einerseits warnt sein Altes Gehirn ihn sich selbst zu schützen, während sein Neues Gehirn ihn angesichts aller bisherigen Erfolgserlebnisse dazu ermutigt, seinen Widerstand zu überwinden und seine Gedanken und Gefühle mit einem auserwählten Menschen zu teilen.

Dieser unbewusste innere Dialog setzt sich fort, während der Jugendliche einen ersehnten Partner umwirbt, dem er vielleicht später seine intimsten Geheimnisse anvertrauen könnte, und von dem er sich vollkommene Ehrlichkeit wünscht, die ihm aber auch Angst macht. Das ist der Tanz zwischen Nähe und Distanz, der uns erwachsen werden lässt. In gewisser Weise hat der/die Jugendliche schon sein/ihr Leben lang für diese Aufgabe geprobt, sowohl mit den Eltern als auch mit seinen FreundInnen.

James Joyces Klassiker *Jugendbildnis*[4] handelt von einem jungen Mann an der Schwelle zum Erwachsen-Werden. Zielsicher greift er das Wesentliche der ersten zaghaften Annäherungsversuche zwischen einem Jungen und einem Mädchen heraus:

> Sie hörten einander andächtig zu, er stand auf seiner Stufe und sie eine Stufe darunter. Oft machte sie einen Schritt hinauf zu ihm und zwischen den Sätzen trat sie wieder auf ihre Stufe zurück. Ein oder zweimal stand sie für ein paar Momente ganz nahe neben ihm und vergaß zurück zu steigen, aber dann mach-

te sie doch wieder einen Schritt hinunter. Bei jeder ihrer Bewegungen tanzte sein Herz wie ein Korken auf der Wasseroberfläche. Er hörte, was ihre Augen ihm sagen wollten, wenn sie es auch zu verbergen versuchten, und er hatte das vage Gefühl, dass er im Traum oder in Wirklichkeit bereits gehört hatte, was ihre Augen ihm sagen wollten.

Diese Schilderung zeigt, wie die Körper des Jungen und des Mädchens einander in einem unsichtbaren Rhythmus der gegenseitigen Anziehungskraft immer näher kommen, während jeder für sich auf den Stufen tanzt. Bald werden nicht nur ihre Augen und Füße kommunizieren, sondern Liebesgeflüster, Worte und Lachen folgen, und sie werden miteinander die nächsten Schritte entdecken. Beide haben sich auf das zärtliche und riskante Abenteuer eingelassen, die fremde Welt des anderen zu erforschen.

Wenn Jugendliche bereit sind zu diesem Tanz der Nähe, haben sie bereits eine wichtige Schwelle überschritten. Sie haben einander Einlass gewährt, sie sind achtsam für die feinen Nuancen ihrer Interaktionen und sie zeigen sich in Gesprächen mit ihren Eltern gelangweilt und ungeduldig. Sie hören die Stimmen ihrer Eltern ohnehin in sich und haben all ihre Ermahnungen, ihre Zärtlichkeitsbeweise und ihre Lektionen bereits verinnerlicht und zu einem Teil ihrer Weltsicht gemacht. Sie blicken nicht nur in die Zukunft, sondern verlassen sich weiterhin auf die innere Stimme ihrer Eltern und suchen weiterhin den realen Kontakt zu ihnen, um sich Begleitung für ihre letzte Phase auf dem Weg zum Erwachsen-Sein zu sichern.

Was ein Kind in der Phase der Nähe braucht

Wenn ein Paar ein Kind bekommt, ist das sowohl die Krönung ihrer Liebe zueinander als auch ein Schritt auf eine neue Ebene der Nähe in ihrer Beziehung. In dieser erweiterten Nähe begegnen wir allerdings oft dem Paradoxon, dass Eltern sich trotz der berührenden und tief gehenden Erfahrung Kinder großzuziehen, denen sie gemeinsam das Leben geschenkt haben, voneinander entfernen. In diesen anstrengenden Jahren verdrängen sie gewissermaßen manche Teile von sich selbst. Wenn ihre Kinder die Phase der Nähe erreicht haben, führen Sie eine sogenannte Parallel-Ehe - sie leben nebeneinander her. Eltern würden jedoch einen guten Zusammenhalt sehr nötig brauchen, um Jugendlichen in dieser turbulenten Zeit gute Wurzeln bieten zu können.

Es ist die Aufgabe der Familie, Kinder die Fähigkeit zu emotionaler Nähe zu lehren. Kinder lernen, andere an ihren Gedanken und Gefühlen Teil haben zu lassen, wenn sie es daheim üben können. Wenn ein Kind in einer Familie aufwächst, die den Dialog ins tägliche Leben integriert und zu einem Familienritual macht, gewöhnt es sich auch daran, dass Kommunikation Tiefgang haben kann und soll. Jugendliche, die in so einem Umfeld aufwachsen, haben viel größere Chancen, echte Nähe zu ihren Partnern aufzubauen und gleichzeitig ihre persönlichen Grenzen zu wahren, als Jugendliche, deren Eltern es gewohnheitsmäßig vermieden haben, einander ihre wahren Gefühle mitzuteilen. Echte Nähe erfordert den Austausch tiefer Gefühle und persönlicher Gedanken. Der Imago-Dialog bietet einen sicheren und strukturierten Rahmen dafür. Diese Art der Kommunikation ergibt sich nicht von selbst beim Frühstückstisch, sondern erfordert einiges an Lernen und Üben. Nicht jede Konversation braucht der Form des Imago-Dialogs entsprechen. Wenn die Atmosphäre in einer Familie vom Geist des Imago-Dialogs geprägt ist, lernen Kinder und Jugendliche, diese Atmosphäre und diese Grundsätze für ihre eigene spätere Partnerschaft und Familie zu übernehmen.

Menschen, die zu wahrer Nähe fähig sind, haben die innere Sicherheit, sich für andere zu öffnen. Sie wissen, dass Momente der Nähe sich spontan ergeben können. Man kann sie nicht immer planen und bewusst darauf hinarbeiten. In Familien, wo es an der Tagesordnung ist, einander an seinen Gedanken und Gefühlen teilhaben zu lassen und wo Offenheit und Vertrauen zwischen den Ehepartnern und ebenso zwischen Eltern und Kindern zum Familienklima gehören, entsteht ein Umfeld, in dem Kinder Nähe erfahren können und erleben, dass ihr Vertrauen nicht enttäuscht wird.

Wenn die aufkeimende Sexualität Ihres Kindes unbehagliche Gefühle in Ihnen hervorruft oder Sie in Ihrer eigenen Sehnsucht nach sexueller und intimer Nähe enttäuscht wurden, könnte es sein, dass Sie selbst in dieser Entwicklungsphase verwundet wurden. Es wird Ihnen nicht möglich sein, Ihr Kind durch diese Phase zu begleiten, ohne Ihr Unbehagen und Ihre fehlenden Selbstanteile in diesen Bereichen zu bearbeiten. Wenn Sie sich in Ihrem eigenen Leben damit auseinander setzen, ist das ein wesentlicher Schritt, eine bewusste Mutter bzw. ein bewusster Vater zu werden. In einer bewussten Familie sind die Erfahrungen des Jugendlichen im Kontext eines Elternhauses eingebettet, das solide Werte und Verhaltensweisen in den Vordergrund stellt. Bewusste Eltern wissen, dass man Werte am besten und effektivsten vermitteln kann, indem man sie in der eigenen Partnerschaft vorlebt. Bewusste Eltern pflegen einen respektvollen Umgang miteinander und eine gute, authentische Kommunikation. Wenn es Spannungen in der Ehe gibt, dann ist jetzt ein guter Zeitpunkt, sich für eine bewusste Ehe zu entscheiden und allen Schmerz und alle Enttäuschungen einzuweben in ein Netz der wahren Nähe. Die besten Rahmenbedingungen hat ein Kind, dessen Eltern selbst an ihrer Beziehung arbeiten. Das gilt in ganz besonderer Weise für die Zeit der Adoleszenz. Eine instabile Ehe ist kein geeignetes »Basislager« für einen Jugendlichen, der sich auf die Bergtour des Erwachsen-Werdens vorbereitet.

Bewusste Eltern können ihre persönlichen Moralvorstellungen und Werte authentisch begründen und verwirklichen. Wenn ein Erwachsener beim zweiten oder dritten Martini seinem Kind erklärt, dass Drogen gefährlich sind, macht er sich selbst lächerlich und verliert in den Augen seines 16-jährigen Sohnes seine Glaubwürdigkeit.»Tu, was ich dir sage, auch wenn ich mich selbst nicht immer daran halten kann ...« - dieses Argument zieht einfach nicht! Es ist eine ungeeignete Strategie, um einem Jugendlichen Moral und Werte zu vermitteln. Gerade in diesem Alter sind junge Erwachsene erstaunlich aufmerksam und verabscheuen jegliche Scheinmoral. Kinder, die diese Entwicklungsphase erreicht haben, sind bereits zu intelligent um Eltern zu respektieren, die ihr Leben selbst nicht im Griff haben.

Sicherheit: Viele Kulturen erlauben sexuelles Experimentieren, manche ermuntern Jugendliche sogar dazu. Aber ungeachtet der Tatsache, ob es erlaubt ist oder nicht, ist sexuelles Experimentieren gewissermaßen in allen Kulturen anzutreffen. Die Rolle bewusster Eltern in der Phase der Nähe liegt nicht nur darin, gesunde Grenzen aufzuzeigen, sondern auch die aufkeimende Sexualität des jungen Erwachsenen zu akzeptieren und gutzuheißen. Der Erwachsene muss seinem Kind Aufklärung über die möglichen Gefahren der Welt der Sexualität geben, damit diese Entdeckungsreise ungefährlich ist - an das Thema selbst muss er ohne Vorbehalte herangehen und nicht nur die Gefahren, sondern auch all das Positive betonen. Bewusste Eltern stellen sich darauf ein, mit ihren Kindern schon vor Beginn der Pubertät über Sex zu sprechen. Information gibt Sicherheit.

Für Kinder ist es schwierig, das Thema Sex ihren Eltern gegenüber anzuschneiden. So ergreifen bewusste Eltern die Initiative, um Antworten zu geben anstatt auf Fragen zu warten. Die Antworten müssen sachbezogen, offen, ehrlich und wahr sein. Bewusste Eltern verlieren sich nicht in Verallgemeinerungen, stellen keine taktlosen Fragen und nehmen Abstand von autoritären Regeln. Auf keinen Fall sollen die Eltern peinlicher berührt sein als ihre Kinder.

Das Kind muss wissen, dass Eltern kein Problem damit haben, über den Themenkreis der Sexualität zu reden, sie sollen es aber nicht dazu drängen. Die Privatsphäre des Kindes bzw. Jugendlichen muss respektiert werden. Es ist wichtig, dass das Kind weiß, dass es sich immer an seine Eltern wenden und darauf vertrauen kann, von ihnen jene Informationen zu bekommen, die es braucht, um die richtigen Entscheidungen zu treffen: Entscheidungen, die ihm helfen, seine eigenen gesunden Grenzen zu wahren und sich dennoch schrittweise und vorsichtig auf Nähe und Intimität einzulassen. In diesem Zusammenhang ist »Safer Sex« zweifellos ein wichtiges Thema, ebenso wie die verschiedenen Formen der Sexualität.

Bewusste Eltern sind herausgefordert, offen über Sexualität zu sprechen und mit großer Sorgfalt und Umsicht ein Sicherheitsnetz für den/die Jugendliche(n) zu knüpfen. Das Netz muss unsichtbar, aber sehr tragfähig sein. Die Botschaft des Erwachsenen lautet:»Ich bin für dich da, wenn du mich brauchst, auch wenn ich nicht in deine Privatsphäre eindringen möchte. Ich werde dich nie im Stich lassen. Du kannst auf mich zählen. Ich vertraue dir, dass du die richtigen Entscheidungen treffen wirst und zu mir kommst, wenn du in irgendeiner Weise Hilfe brauchst.« Dieses Sicherheitsnetz berücksichtigt die Tatsache, dass die Verbundenheit mit seinen Eltern für den Jugendlichen noch immer äußerst wichtig ist, selbst wenn er äußerlich bereits erwachsen scheint. Wenn Eltern im Hinterkopf behalten, dass ihr »Kind« noch deutlich zu wenig Lebenserfahrung hat und tief in seinem Inneren noch immer Kind ist, können Eltern ihm weiterhin einen Rahmen anbieten, in dem es den Mantel der Verantwortung der Erwachsenenwelt von Zeit zu Zeit einmal ablegen darf.

Unterstützung: In der frühen Adoleszenz, wenn Kinder in die Pubertät kommen, sind sie in großer Sorge darüber, wie sie sich verändern werden. Bewusste Eltern versichern ihrem Kind, dass es »normal« ist. Manche Kinder haben Sorge, dass sie zu schnell erwachsen werden, schneller als die meisten ihrer Freunde. Andererseits ist es auch möglich, dass manche Freunde sich schneller entwickeln und Jugendliche das Gefühl haben, immer im Rückstand zu sein: »Was ist nur los mit mir?« Bewusste Eltern vermitteln ihren Kindern, dass der Körper jedes Menschen sich in seinem eigenen Tempo verändert.

Bewusste Eltern ermutigten ihre Kinder fort zu gehen und sich an Gruppenaktivitäten zu beteiligen. Wenn sich aus langen, spät abendlichen Telefongesprächen oder anderen unmissverständlichen Zeichen ablesen lässt, dass Ihr 13-jähriger Sohn eine bestimmte Freundin auserwählt hat, wäre es eine gute Möglichkeit, dieses Mädchen zu manchen Familienunternehmungen einzuladen, sofern auch Ihr Sohn mit dieser Einladung einverstanden ist. Genauso, wie Sie als Eltern in der vorangegangenen Entwicklungsphase die Freunde Ihres Sohnes akzeptiert und sich für sie interessiert haben, sollten Sie nun auch Interesse an der neuen Freundin Ihres Sohnes bzw. am neuen Freund Ihrer Tochter zeigen. Interesse ist aber keineswegs mit Aufdringlichkeit gleichzusetzen. Bewusste Eltern delegieren die Gastgeber-Rolle an ihr Kind, sobald sie eine herzliche Einladung ausgesprochen haben.

In der Atmosphäre einer offenen Familie kann ein Teenager verschiedene Meinungen und Glaubenssätze ausprobieren, genauso, wie er mit verschiedenen Identitäten experimentierte, als er noch jünger war. Nun kann er sich in seine Experimente vertiefen, indem er alternative Verhaltensweisen und Lebensstile ausprobiert und versucht, seine Identität als Erwachsener zu finden. Bewusste Eltern lassen die Sichtweise des Kindes gelten, so oft es möglich ist. Geltenlassen bedeutet das Kind anzuerkennen, ist aber nicht zu verwechseln mit Zustimmung oder Übereinstimmung. Das ist eine gute Basis und hilft dem Kind zu erkennen, welche Meinung seine Eltern in verschiedenen Fragen unserer Gesellschaft vertreten.

Struktur: Manchmal kommen Eltern in Versuchung, Jugendliche beim Heimkommen mit den Worten »Wohnst du tatsächlich noch hier?« zu begrüßen. Der/die Jugendliche geht oft mit Freunden weg, geht zur Schule oder arbeiten, hat Termine und Verabredungen ... Bewusste Eltern müssen mit dem Kind in verschiedensten Fragen Grenzen aushandeln, zum Beispiel im Hinblick auf das abendliche

Ausgehen, auf die Hausaufgaben und schulischen Termine, auf das Ausleihen eines Autos und auf die Notwendigkeit informiert zu werden, wenn sich Abmachungen nicht einhalten lassen. Die Adoleszenz ist eine Zeit großen persönlichen Wachstums, die auch einige Gefahren mit sich bringt. Es besteht die Versuchung, dass der Jugendliche sich ganz an eine Gruppe oder Clique anpasst, ob das nun für ihn/sie persönlich günstig oder ungünstig sein mag. Fehlentscheidungen in diesem Alter können wesentlich schwerwiegendere Konsequenzen nach sich ziehen als Fehlentscheidungen jüngerer Kinder. Ohne jeden Zweifel setzen Teenager bereits Handlungen, die große gesellschaftliche Auswirkungen haben oder sie selbst bzw. andere Menschen sogar in Lebensgefahr bringen können.

Manche FreundInnen des Jugendlichen bringen beim Flirten bedenkliche Verhaltensweisen ins Spiel. Bewusste Eltern erkennen solche Gefahren klar und sind bereit dazu, auch über heikle Themen zu reden. Es ist besonders wichtig Kindern zu vermitteln, dass niemand das Recht hat, einen anderen Menschen zu irgendetwas zu zwingen, sei es in sexueller oder anderer Hinsicht, was gegen sein Gewissen oder gegen besseres Wissen spricht. Sowohl Jungen als auch Mädchen müssen wissen, dass »Nein« ein vollständiger Satz ist und dass sie immer das Recht haben »Nein« zu sagen. Das gilt nicht nur für den Bereich der Sexualität, sondern auch für viele andere Bereiche: Alkohol, Drogen, Gewalt, Stehlen, bei unverantwortlichen Menschen ins Auto zu steigen … Eine(n) Jugendliche(n) bewusst dazu zu ermutigen, »Nein« sagen zu können, hilft ihm, Respekt für sich selbst zu entwickeln und ein Gefühl für seine eigene Integrität aufzubauen.

Zusammengefasst lässt sich sagen, dass bewusste Eltern aufmerksame Eltern sind. Sie tun, was ihnen möglich ist, um dem Jugendlichen zu helfen, seine aufkeimende Sehnsucht nach Intimität in sein Leben zu integrieren, ohne dass er emotionale Wunden davonträgt und einem großen Risiko von Promiskuität, Drogenmissbrauch, Depressionen … ausgesetzt ist. Jugendlichen in unserer heutigen, unsicheren Welt Sicherheit zu vermitteln, ist eine sehr große Herausforderung. Es ist wirklich nicht leicht für Eltern, hier eine gute Balance zu finden. Zu viel Strenge richtet genauso großen Schaden an wie ein Laissez-Faire-Stil ohne Grenzen. Wenn Eltern streng und unflexibel sind, ist ihr Kind gezwungen, gegen sie zu rebellieren, da seine eigene Identität sonst von ihrem unrealistischen Wunsch nach Kontrolle erstickt würde. Wenn Eltern allerdings allzu nachgiebig und unentschieden sind, ist das Kind dem immensen Druck der Gleichaltrigen ausgesetzt und kann sich nirgends Orientierung holen, um einen sicheren Kurs zu fahren. Beide Extreme sind sehr bedenklich.

Wenn es deutliche Hinweise auf problematische Konstellationen gibt und das Kind selbstzerstörerische Verhaltensweisen zeigt, wie z. B. Depressionen, Lernprobleme, Alkohol- oder Drogenmissbrauch, Promiskuität, Gewalt …, werden umsichtige Eltern professionelle Hilfe organisieren. Sie setzen selbst den ersten Schritt, um Beratung oder professionelle Hilfe zu finden, weil sie wissen, dass es leicht zu einer Überforderung kommen kann, wenn man meint, schwerwiegende Probleme alleine bewältigen zu können. Heutzutage gibt es zahlreiche Möglichkeiten und Angebote, um kompetente Hilfe in Anspruch zu nehmen, auch Schulen, Behörden und Krankenkassen bieten hier oft Unterstützung an. Professionelle Hilfe zu organisieren ist ein großes Geschenk von Eltern für einen Jugendlichen, der in Schwierigkeiten steckt.

Der minimierende Elternteil in der Phase der Nähe - Rebellion

Ein unbewusster, minimierender Elternteil, der selbst in der Phase der Nähe verwundet wurde, neigt dazu, ein einsamer und aufbegehrender Mensch zu sein. Einsam ist er deshalb, weil seine Eltern ihn während seines Erwachsenen-Werdens weitgehend sich selbst überlassen haben. Rebell ist er deshalb, weil er wenig oder gar keine Anleitung bekam, wie man sich in intimen Beziehungen verhalten könnte, wie man mit seiner aufkeimenden Sexualität umgehen und wie man die vielfältigen Herausforderungen des Erwachsen-Werdens bewältigen könnte. All diese Fragen überforderten seine Eltern, obwohl Antworten darauf für den Jugendlichen von größter Bedeutung gewesen wären.

So zog er sich in die Isolation zurück und verinnerlichte folgende Botschaft: »Werde nicht erwachsen, ich weiß nicht, was ich dann mit dir anfangen soll. Ich kann dir nicht helfen bei deinen Gefühlen und deinen Problemen. Du bist auf dich alleine gestellt.« Er fühlte sich allein gelassen mit seinen Hormonschüben und all den anderen Herausforderungen der Welt der Erwachsenen. Niemand gab ihm Halt, Orientierung und Grenzen. So musste der Minimierer in seinem Inneren Grenzen errichten, um mit seinen Ängsten zurecht zu kommen. Um sich vor seinen sexuellen Bedürfnissen und der komplexen äußeren Welt zu schützen, musste er rigide Selbstgrenzen errichten, wodurch er den Zugang zu seinen eigenen Gefühlen und den Gefühlen anderer Menschen verlor.

Abgeschnitten von seinen eigenen Gefühlen begann er, sein Leben nach selbst erstellten Regeln auszurichten. In gewissem Sinn verkörperte nur er selbst das für ihn geltende Gesetz. Da seine persönlichen Regeln oft den Regeln anderer Menschen widersprachen, konnte er seine Eltern und andere Menschen damit beunruhigen oder sie vor den Kopf stoßen. Sie reagierten entweder mit Hilflosigkeit oder mit strengen Gegenmaßnahmen. Da er als Minimierer nicht wusste, wie er sich in Beziehungen verhalten sollte, und keinen Zugang zu den Gefühlen hinter seinen Impulsen fand, folgte er unreflektiert jedem Impuls, ohne die Grenzen anderer zu respektieren oder die Konsequenzen für sich selbst zu bedenken.

Das Paradoxe daran ist, dass sein Streben nach Unabhängigkeit nicht auf eine Befreiung von elterlichen Regeln abzielt. Im Grunde wünscht er sich Struktur und würde sie dringend brauchen, und sein Rebellieren gegen Strukturen ist ein unbewusster Versuch Verbundenheit herzustellen. Sein Ziel ist es, seine Eltern, die sich nicht für ihn interessieren, dazu zu bewegen, sich für ihn zu interessieren. Um die Aufmerksamkeit der Eltern erregen zu können, muss er sie provozieren, sie dazu veranlassen, ihm Grenzen zu setzen und Belehrungen zu erteilen. Sich in Schwierigkeiten zu begeben und Vorgaben der Eltern zu ignorieren, enthält im Grunde eine Botschaft an seine Eltern: »Kümmert euch doch um mich!«

In unserer Gesellschaft haben Rebellen nicht selten ein romantisches Flair, wie jene Charaktere, die James Dean in vielen Filmen verkörperte. Im realen Leben sind sie meist einsame und zu Depressionen neigende Menschen, die ihr wahres Selbst hinter der Fassade ihrer Wut verstecken. Wenn ein Rebell nicht zu stark in einer frühen Entwicklungsphase verletzt wurde, kann er seine generelle Ablehnung von Autoritäten in sinnvolle Bahnen lenken. Er/sie könnte beispielsweise SozialreformerIn werden. Wenn seine Wunden zu tief sind, verfällt er unter Umständen in asoziales oder sogar kriminelles Verhalten.

Der minimierende Elternteil ist in dieser Phase oft nicht zugänglich für Gespräche mit seinem Kind, welches ebenfalls lernt sich zurückzuziehen. Da der Minimierer wenig Einblick in die Problematik sexueller und emotionaler Nähe hat, ist er keineswegs prüde, lässt aber sein Kind in einem wichtigen Bereich im Stich. Minimierende Eltern machen den Fehler, ihrem Kind nicht genug Struktur zu bieten. Da sie ihre eigene Adoleszenz alleine bewältigen mussten, bereitet es ihnen Unbehagen anderen Grenzen zu setzen. Was aussieht wie eine sehr aufgeschlossene Haltung und dem Jugendlichen oberflächlich gesehen viel Freiraum zu schenken scheint, ist in Wahrheit eine Haltung der Vernachlässigung, die auf Unwissenheit oder auf Handlungsunfähigkeit beruht. Diesem Erwachsenen ist nicht bewusst, dass das Vernachlässigen seines Kindes es in die Arme von Gleichaltrigen treiben kann, die ihm Tipps über Promiskuität, Drogen, Alkohol und andere selbstzerstörerische Dinge geben.

Der maximierende Elternteil in der Phase der Nähe - Angepasstes Verhalten

Jener Elternteil, der ein Maximierer ist, wurde von einem konservativen und rigiden Elternteil geprägt. Er lernte Nähe, Intimität und seine aufkeimende Sexualität abzulehnen. Zuerst verdrängte er seine natürlichen sexuellen Impulse um diesem Elternteil zu gefallen. Das Lob, das er dafür bekam, dass er sich an die Regeln hielt, wurde in dieser Familie mit Intimität verwechselt. So lernte er, nie etwas zu tun, womit die Eltern nicht einverstanden gewesen wären. »Sei brav, wenn du geliebt werden möchtest. Anders zu sein bedeutet, nicht geliebt zu werden. Wenn man nur den Regeln folgt, dann ist alles in Ordnung!« So wird das Kind zu einem »Vorzeige-Kind«. Sich dafür zu entscheiden, wird in unserer Gesellschaft weit besser akzeptiert, als zu sich selbst zu stehen. Als Elternteil ersetzt der Maximierer offene Gespräche kurzerhand durch das Aufstellen von Regeln und hält so die Illusion von Verbundenheit aufrecht, was aber nicht der Realität entspricht. Dieser Elternteil gibt seinem Kind nur minimale Informationen über Sexualität und diese Informationen sind keineswegs der Beginn einer Kommunikation über dieses

Thema - sie sind bereits das Ende der Kommunikation. Er meint, es wäre nicht nötig Begründungen zu liefern, warum er gewisse Regeln aufstellt: »Das ist Sex, du sollst noch keinen haben, denn du bist zu jung. Drogen sind schlecht für dich. Also sag einfach ›Nein‹!« Ein derart einseitiger Zugang ist völlig unzureichend, um den außergewöhnlichen Veränderungen Rechnung zu tragen, die das Kind durchlebt. Regeln sind kein Ersatz für Kommunikation. Aber jener Elternteil hat das Gefühl, dass nichts anderes erforderlich ist, solange die Regeln eingehalten werden.

Er leidet selbst unter Problemen im Bereich der Sexualität und der Intimität, und so erscheint ihm die beginnende Sexualität seines Kindes sehr beängstigend. Deshalb leugnet er die sexuelle Reife seines Kindes und lehnt jeden möglichen Liebespartner ab, den das Kind ihm vorstellt. Manchmal führt das soweit, dass ein Kind sich fügt und nur Partner wählt, die seine Eltern akzeptieren.

Ein Paar auf dem Weg aus der Krise

Tony hielt sich selbst für einen mutigen und kreativen Nonkonformisten. Als er zur Therapie kam, beschuldigte er seine Frau Gina ihn einzuengen. Tony war ein etablierter Landschaftsarchitekt und hatte großen Erfolg damit, unkonventionelle Steinkonstruktionen und Wasseranlagen in seine Entwürfe zu integrieren. Tony wusste, dass Gina für die nötige Struktur und Stabilität in seinem Leben sorgte, damit er selbständig arbeiten und sein eigener Chef sein konnte. Und dennoch litt er sehr darunter, dass er im Geschäftsleben immer Einschränkungen hinnehmen musste und viele Sozialkontakte pflegen musste, um beruflich erfolgreich zu sein.

Gina liebte seine Kreativität und seinen Mut, sich sehr ästhetische und unkonventionelle Landschaften auszudenken. Sie musste aber zugeben, dass es auch einen Teil in ihr gab, der Tony zähmen und seine wilde Natur zügeln wollte. Es war ihr schrecklich peinlich, wenn Tony bei gesellschaftlichen Anlässen nicht angemessen gekleidet war. Wenn er dann konterte: »Wir leben in den neunziger Jahren, jeder darf tragen, was ihm gefällt!«, fand Gina seine Vorwürfe sehr ungerecht.

Als Josh, ihr einziger Sohn, in die Pubertät kam, begannen die beiden, unablässig mit ihm zu streiten, Ausgehverbote zu verhängen und seine Freunde zu kritisieren. Bald wurde auch das Thema Sex aktuell. Tony hatte eine klare Meinung dazu: »Überlass das nur ihm selbst, er wird das schon schaffen!« Gina, die sich immer über alles Sorgen machte, verbrachte schlaflose Nächte: »Er ist noch zu jung, um ihn in die Eigenverantwortung zu entlassen. Denk nur an Aids oder die verschiedenen Geschlechtskrankheiten! Was ist, wenn ein Mädchen von ihm schwanger wird?« Als Josh schließlich seine erste Freundin mit nach Hause brachte, entsprach sie absolut nicht Ginas Vorstellungen. Sie erklärte ihm, dass seine Freundin weder intelligent noch hübsch genug für ihn sei. Sie fand, das Mädchen sei langweilig und hätte keinerlei Ausstrahlung. Tony war anderer Meinung und erklärte, dass Äußerlichkeiten schließlich nicht den Wert einer Person ausmachten. Um seine Meinung zu unterstreichen, verwies er auf seine früheren Freundinnen. Das machte die Sache nur noch schlimmer. Gina hatte das Gefühl, sowohl ihr Sohn als auch ihr Mann brachten ihre tiefe Ablehnung entgegen.

Grund dafür, dass sie schlussendlich professionelle Hilfe suchten, war der Verdacht, dass Josh mit Drogen zu tun haben könnte. Sogar Tony musste zugeben, dass ihm aufgefallen war, dass Josh sich oft und lange in sein Zimmer zurückzog, und dass er launisch und auffallend zurückgezogen war. Er hatte den Kontakt zu seinen früheren Freunden abgebrochen und eine neue Clique kennen gelernt, die seinen Eltern unbekannt war. Josh brachte nie einen seiner neuen Freunde mit nach Hause. Als Gina und Tony das erste Mal zu uns zur Therapie kamen, waren sie in großer Sorge. Sie befürchteten, dass Josh sich noch weiter entfremden könnte, und gleichzeitig wollten sie das Problem ihm gegenüber offen ansprechen. Sie waren bereit dazu konstruktiv daran zu arbeiten.

Nach einem langen Gespräch erkannten sie, dass es in ihrer Partnerschaft fast keine Nähe und Gemeinsamkeiten mehr gab. Jeder hatte sich sein eigenes Leben eingerichtet und sie verbrachten sehr wenig Zeit miteinander. Tony ging Gina aus dem Weg, weil sie ständig nörgelte, dass er dies oder das tun sollte. Er wollte einfach nicht mehr hören, dass er unsensibel sei. Er fühlte sich von Gina in diese Rolle gedrängt. Als die Probleme mit Josh begannen, zog Tony sich weiter zurück und wurde immer deprimierter. Im Gegenzug dazu begann Gina, ihre gesellschaftlichen Kontakte außerhalb der Familie zu intensivieren.

Schließlich gab Gina zu, dass sie eine Affäre begonnen hatte. Sie hatte nun ihrerseits begonnen zu rebellieren und Tony aus ihrem Leben ausgeschlossen. Auf einer Party hatte sie einen Mann kennen gelernt, dessen Gesellschaft sie außerordentlich genoss. Bald verbrachte sie mehr Zeit mit ihm und begann eine Affäre. Einerseits hatte Gina Gewissensbisse, andererseits hatte sie den starken Wunsch, Abstand von Tony zu gewinnen.

Tony war sehr getroffen, aber es überraschte ihn nicht. Er konnte eingestehen, dass auch er Gina aus seinem Leben ausgeschlossen hatte. Obwohl er sich betrogen fühlte, war ihm klar, dass Ginas Affäre fast unvermeidlich gewesen war. Es war verständlich, dass sie bei jemand anderem Intimität gesucht hatte.

An der ehelichen Beziehung arbeiten und Heilung erfahren

Der Konkurrenzkampf zwischen Tony und Gina hatte in eine Sackgasse geführt. Gerade zu dem Zeitpunkt, wo es entscheidend ist, dass Eltern ihren Kindern vorleben, wie man intime Beziehungen gestalten kann, war ihre Beziehung zerbrochen. Jugendliche lassen sich nicht täuschen. Josh wusste genau, dass die Ehe seiner Eltern in Trümmern lag. Wenn sie die Probleme bearbeiten wollten, die sie mit ihm hatten, dann war es ein vorrangiger Aspekt, ihre Partnerschaft wieder in Ordnung zu bringen. Die Tatsache, dass Tony und Gina professionelle Hilfe in Anspruch nahmen, zeigte, dass es ihnen ernst damit war ihre Ehe zu retten. Unsere Elternschaft stellt täglich neue Herausforderungen an uns und kann nicht darauf warten, bis wir unsere Eheprobleme gelöst haben. Wenn aber Eltern beginnen an ihrer eigenen Heilung zu arbeiten, fördert das einen positiven Prozess mit ihrem Kind außerordentlich. Ein Kind spürt es genau, wenn seine Eltern sich Mühe geben ihre Beziehung zu retten, und das vermittelt ihm Trost und Zuversicht.

Das größte Stück Arbeit für diese Eltern bestand darin, eine ganz neue Art der Kommunikation zu erlernen. Als sie mit der Therapie begannen, war ihre Kommunikation fast gänzlich zum Stillstand gekommen. Wir wollen nicht verharmlosen, wie groß die Herausforderung ist, eine Ehe neu zu beleben, wenn die Partner schon längere Zeit getrennte Wege gegangen sind. Tony und Gina mussten mühsam Schritt für Schritt lernen den Imago-Dialog anzuwenden, um einander wieder als wirkliche Menschen und nicht als Karikaturen anzusehen. Der Imago-Dialog macht das Wiederverlieben in einer Partnerschaft möglich und kann die Freude und Aufregung wieder aufflammen lassen, die die Partner zu Beginn ihrer Beziehung füreinander empfunden hatten. Das braucht jedoch seine Zeit und erfordert viel Geduld. Auch Tony und Gina schafften das nicht über Nacht. Eine Affäre ist eine ernste Sache, aber wenn eine Ehe nicht aussichtslos zerrüttet ist, ist es möglich, dass die Partner sich neu für ihre Ehe entscheiden.

Zu Beginn wünschte Tony sich vor allem, dass Gina wieder das Gespräch mit ihm pflegte. Er wollte, dass sie wieder Gemeinsamkeiten entdecken konnten. Sie vereinbarten, zumindest fünfmal pro Woche eine halbe Stunde lang ungestört miteinander zu reden. Das klingt wie ein kleiner Schritt, aber sogar für eine gesunde Beziehung wäre es eine große Bereicherung. Für zwei Menschen, die fast nicht mehr miteinander gesprochen hatten, war es ein enormer Schritt. Sie übten, in ihren Gesprächen wahrhaft präsent zu sein. Und bald erlebte Tony, dass Gina Nähe für ihn empfand, etwas, das er seit seiner Kindheit sehr vermisst hatte. So konnte Tony endlich lernen, Zuneigung und Nähe zu genießen.

Beide bemühten sich mit ganzer Kraft, ihr Inneres verständlich zum Ausdruck zu bringen, einander zu spiegeln und gelten zu lassen. Eines der ersten Ergebnisse dieser Gespräche war die Entscheidung, die Probleme mit Josh offen anzusprechen und mit Hilfe eines Therapeuten daran zu arbeiten.

Tony wünschte sich, dass Gina ihm zuliebe manche Regeln brechen würde. Worunter er am meisten litt, war die Tatsache, dass sie niemals ihm zuliebe irgendwelche Regeln überschritten hatte, aber genau das für ihren Liebhaber getan hatte. Tony wollte, dass seine unkonventionelle Seite wertgeschätzt wurde. Da sie ganz unterschiedliche Ansichten hatten, war Spontaneität etwas, das sie nie zusammen genießen hatten können. Es brauchte viel Überredungskunst, bis Gina soweit war es zu riskieren. Sie willigte ein, ohne Vorplanung einen Tag mit Tony zu verbringen, indem sie eine Ausrede benutzte, um schon gegen Mittag ihren Arbeitsplatz zu verlassen. Dann fuhren Tony und Gina einfach ins Blaue. Dieses Gefühl der Freiheit war sehr aufregend für sie. Sie sahen sich einen schönen Kinofilm an, gingen fein essen, shoppen und nahmen spontan ein Hotelzimmer in einem 5-Sterne-Hotel.

Gina konnte spüren, wie befreiend solche Erfahrungen waren, aber auf der anderen Seite brauchte sie die Gewissheit, dass Tony sich nicht gänzlich ihren Versuchen, ihn zu zivilisieren, verschließen würde. Eine der wichtigsten Übungen, die sie während ihrer Therapie machten, bestand darin, die Rollen zu tauschen. Tony war damit einverstanden, die Rolle eines liebevollen und vertrauensvollen Ehemannes zu spielen, der viel Zeit mit seiner Frau verbringen wollte und Treue als gemeinsame Vision ansah. Dadurch konnte Tony nachvollziehen, welche Einschränkung ihre Ehe für sie beide gewesen war. Als Tony Ginas Bedürfnis nach Struktur erkannte und sie ihrerseits sein Bedürfnis nach Freiraum, fühlten sie wieder jene aufregenden Gefühle, die sie zu Beginn ihrer Partnerschaft gehabt hatten. Sie konnten nun wieder über jene Werte nachdenken, die ihnen wichtig waren, um ein neues Fundament für ihre Ehe zu schaffen.

Nachdem Tony und Gina einige Monate lang daran gearbeitet hatten, viele gemeinsame Interessen zu pflegen, ihre ursprüngliche Leidenschaft neu zu beleben und neue Gemeinsamkeiten zu finden, kaufte Gina einen Ring für Tonys 50. Geburtstag. Sie wusste nicht, ob er bereit sein würde, ihn zu tragen. Aber sie wollte ihm diesen Ring als Symbol ihrer Treue und ihrer verbindlichen Bereitschaft für ein gemeinsames Leben schenken. Zu Beginn ihrer Ehe hatte Tony gesagt, er wolle keinen Ehering tragen. Als er nun Ginas Geschenk auspackte, kamen ihm die Tränen. Er meinte, tief in seinem Inneren hatte er sich schon seit längerem einen Ehering gewünscht, aber er hatte sich nie getraut, das einzugestehen. Von diesem Tag an trug Tony seinen Ehering immer und überall.

Auf die Bedürfnisse eines Kindes eingehen

Nach einiger Zeit waren Tony und Gina soweit, den Imago-Dialog, mit dem sie inzwischen sehr vertraut waren, auch in der Beziehung zu ihrem Sohn anwenden. Als sie wieder begonnen hatten, auch Alltagsprobleme miteinander zu lösen, erkannte Tony, dass sein Laissez-Faire-Stil im Umgang mit seinem Sohn nicht zielführend war. Josh brauchte zweifellos etwas anderes. Auch wenn es Tony ziemliche Überwindung kostete, spürte er doch, dass es für Josh gerade nun in seiner Adoleszenz wichtig war, dass er sich als Vater engagierte. So begann Tony mit Josh gemeinsam Therapiestunden zu absolvieren. Er unterstützte die Arbeit des Therapeuten aktiv, indem er mit Josh einige Verhaltensregeln erarbeitete, die er einzuhalten versprach. Und es war nicht Gina, die auf deren Einhaltung achtete, wie sie sonst pflichteifrig getan hätte - nun war Tony die treibende Kraft. Anstatt der Versuchung nachzugeben, davonzulaufen, sobald ernstliche Probleme auftraten, blieb er am Ball und unterstützte Gina darin, Gespräche mit Josh zu führen. Sie sprachen offen mit ihm, was sie von ihm erwarteten. Tony überwand sein Unbehagen und lernte, Joshs kooperatives Verhalten zu loben und seinem Stolz über seinen Sohn offen Ausdruck zu verleihen.

Für Gina war es wichtig zu erkennen, dass die strengen Regeln, die sie für sich selbst aufgestellt hatte, schuld daran gewesen waren, dass sie aus ihrer Ehe ausgebrochen war. Nun begann sie darüber nachzudenken, ob sie vielleicht auch zu ihrem Sohn zu streng gewesen war. Sie erkannte, wie wichtig es war, mit ihm darüber zu reden, was sie von ihm erwartete, anstatt nur autoritäre Befehle zu geben. Sie überwand sich auch dazu, Joshs Freundin Luise zu einem gemeinsamen Abendessen einzuladen. Als Josh und Luise sich später trennten, konnte Gina seine Enttäuschung nachfühlen und mittragen. Als Josh sich ein Monat später erneut in ein Mädchen verliebt hatte, fragte Gina, ob er sie nicht bald einmal zum Essen zu ihnen einladen wolle. Sie konnte ihren strengen Ton ablegen und lernte ganz bewusst, Josh zuzutrauen eigene Entscheidungen zu treffen. Er brauchte keine Mutter mehr, die ständig über seine Schulter spähte. Ihr Vertrauen freute Josh sehr und er begann, seiner Mutter wieder wesentlich mehr zu erzählen. Gina meinte eines Tages: »Es ist so schön, wieder deine Mutter sein zu dürfen. Ich dachte, wenn du mit der Schule fertig bist, wird es mit meiner Mutterrolle auch vorbei sein.« Die Heilung, die Tony und Gina einander geschenkt hatten, wirkte sich entscheidend auf die Heilung ihres Sohnes aus. Schritt für Schritt begaben sich Mutter, Vater und Sohn auf eine neue Reise, die Stabilität, Ausgewogenheit sowie seelische und körperliche Nähe versprach.

Teil V
Ein neues Erbe
für unsere Kinder

14. Mögliche Wege für eine bewusste Zukunft

All das kann nur in einer lebendigen Partnerschaft Platz finden. Es braucht eine gemeinsame Situation, in der ich mich vorbehaltlos öffne für den »Anteil« meines Partners und ihn tatsächlich als seinen Anteil respektiere. Es ist möglich, dass diese Grundhaltung unbeantwortet bleibt und der Dialog schon im Keim erstickt. Wenn sie aber auf Gegenseitigkeit beruht, kann das Zwischenmenschliche sich zu einem echten Dialog entfalten.
Martin Buber, Knowledge of Man

Wir haben die vielfältigen Erscheinungsbilder unbewusster Elternschaft beschrieben, haben Stolpersteine benannt und einen Weg zur bewussten Eltern-Kind-Beziehung mit ihrem großen Potential für seelische Veränderungen aufgezeigt. In diesem abschließenden Kapitel möchten wir unsere persönliche Hypothese über jenes Universum darlegen, in dem es möglich ist, als bewusste Eltern zu leben und Visionen für eine bewusste Zukunft unserer Gesellschaft zu erkennen. Diese Hypothesen, beruhend auf Erfahrung und Reflektion, beschreiben das Wesen des Universums, unsere wahre Natur und die Kausalität von Ereignissen. Solche Hypothesen nennt man »metaphysisch«, ein Wort, das sich auf die Realität hinter unserer sichtbaren Erfahrungswelt bezieht. Eine metaphysische, naturwissenschaftliche Aussage könnte lauten: »Der Sessel, den wir sehen, setzt sich aus Atomen zusammen, die wir nicht sehen können.« Ein Beispiel aus der Theologie wäre die Aussage, dass das Universum eine göttliche Schöpfung ist und sein Funktionieren ein Ausdruck göttlicher Gesetze. Möglicherweise haben Sie im Verlauf dieses Buches bereits die spirituell-metaphysische Anschauung hinter unserer Sicht des Eltern-Seins entdeckt. Damit möchten wir uns nun intensiver befassen und auch begründen, warum wir es als wichtig ansehen.

Eine metaphysische Sicht unseres Lebens kann uns in Zeiten der Dunkelheit und Verwirrung stützen und Orientierung schenken - wenn wir in unserem Alltag keinen Sinn erkennen und in bestimmten Situationen nicht wissen, wie wir uns verhalten sollen. Eine bewusste Auseinandersetzung mit der kosmischen Ordnung ermöglicht uns, unseren Platz im Universum zu finden und in Einklang mit dem göttlichen Plan zu handeln. Und sie kann uns helfen zu erkennen, wann unser Handeln nicht in Harmonie mit dem Universum ist.

Unsere Sicht der Eltern-Kind-Beziehung stützt sich auf den Glauben, dass das Universum von Gott geschaffen wurde und dass bewusste Elternschaft als verbindender Prozess ein Ausdruck der Gesetze des Universums ist. Wenn wir bewusste Eltern werden, wie dieses Buch sie beschreibt, nehmen wir teil an der kosmischen Ordnung und leisten einen Beitrag zu dem, was das Universum vorhat. Von diesem Standpunkt aus gesehen ist Elternschaft weit mehr als ihr biologischer und gesellschaftlicher Aspekt: wir haben teil an der Schöpfung Gottes und den Gesetzen des Universums. So gesehen ist eine bewusste Eltern-Kind-Beziehung nicht nur eine moralische Leistung - sie ist eine moralische Verpflichtung. Sie entspricht unserer tiefsten Bestimmung.

Was für ein Universum ist es also, in dem wir leben? Zum Ersten, da unsere Bewusstheit unser wichtigstes menschliches Merkmal ist und wir ein Ich-Bewusstsein entwickeln können, glauben wir daran, dass wir in einem bewussten Universum leben[1], ja dass Bewusstheit sogar dessen wichtigster Baustein ist. Und da wir eine Schöpfung dieses bewussten Universums sind und die Fähigkeit besitzen ein Ich-Bewusstsein zu entwickeln, glauben wir, die Autoren, dass die Menschheit ein Phänomen ist, soweit wir wissen das bisher einzige, an dem das Universum sich seiner selbst bewusst wird.[2] Indem das Universum durch uns an Bewusstheit gewinnt, erkennen auch wir das Universum und unsere Verbundenheit mit allem bewusster. Wir erkennen bewusster, wie das Göttliche durch uns seinen Plan verwirklichen will.[3] Das bedeutet, es ist uns möglich bewusste Eltern zu sein, weil unser Wesen die Bewusstheit ist. Und wenn unser Elternsein von der Warte der Bewusstheit ausgeht, haben wir teil am göttlichen Plan.

Zum Zweiten teilen wir die allgemeine Sicht der Physik, dass das Universum vor ungefähr 10 bis 14 Milliarden Jahren durch den Urknall entstanden ist - und damit auch die Galaxien, Sterne und schließlich alle Lebensformen, wir selbst miteingeschlossen. Deshalb bestehen wir aus demselben Material wie alles andere. Während Wissenschaftler sich den Kopf darüber zerbrechen, wie aus leblosem Material Bewusstheit entstehen konnte, unterstützen wir die Meinung mancher Physiker, dass der Sternenstaub, aus dem wir bestehen, selbst lebendig[4] und im Wesentlichen Bewusstheit ist. Wir sind der Ansicht, dass unsere Bewusstheit nicht eine Eigenschaft unserer physischen Realität ist, die an einem gewissen Punkt unserer Evolution entstanden ist, sondern das Wesentliche unseres physischen Seins ist.

Wir glauben, dass es Bewusstsein war, das den Zustand von Energie und Materie angenommen hat, wodurch alle Dinge entstanden sind, sowohl die lebenden als auch die leblosen. Und dass folglich *das grundlegende Prinzip des Universums die Verbundenheit ist,* weil alle Dinge aus demselben Material hervorgegangen sind. Alle Dinge sind in einem kunstvollen Wandteppich des Seins miteinander verwoben. Jedes einzelne ist ein bewusster Knoten in diesem Wandteppich des Bewusstseins und ist mit allen anderen verbunden.

Zum Dritten glauben wir, dass das Bewusstsein, dessen Wesen immateriell ist, sich danach sehnt, sich in einer Vielzahl von Formen auszudrücken. Jene Form, die das Bewusstsein durch uns angenommen hat, ist die menschliche Existenz. Aber das Bewusstsein ist ebenso seinem Bedürfnis gefolgt, sich auf millionenfach andere Weise zu verstofflichen. Wenn wir in die Natur schauen, wird es offensichtlich, wie sehr das Leben die Artenvielfalt liebt. Es gibt über 200 Varianten ein Papagei zu sein. Es gibt 250.000 verschiedene Arten von Käfern. Jeder von ihnen unterscheidet sich minimal von all den anderen und ist dennoch ein Käfer.

Sogar eineiige Zwillinge sind unterschiedliche Menschen, weil ihre unverwechselbaren Erfahrungen sie zu unverwechselbaren Individuen machen. Auch wir sind keineswegs ident mit unseren Kindern. Durch sie wird uns der Segen zuteil, die Welt auch mit anderen Augen wahrnehmen zu können. Durch sie eröffnet sich für uns die Chance Dinge zu erkennen, die für uns sonst unsichtbar wären, und Dinge zu wissen, die wir sonst nie erfahren hätten. Unsere Aufgabe als Eltern ist es, diese unterschiedlichen Perspektiven bewusst zu erkennen und zu lieben. Dennoch gehen wir alle aus demselben kosmischen Schöpfungsakt hervor. Wir bestehen aus denselben Atomen und wir unterliegen alle demselben unausweichlichen Zyklus des Geboren-Werdens und des Sterbens.

Das Wesen des Kindes aus metaphysischer Sicht

Aus dieser Perspektive heraus möchten wir Sie einladen, Ihr Kind auf vollkommen neue Weise zu betrachten. Ihr Kind ist weitaus mehr, als man auf den ersten Blick erkennen kann. Es ist durch unvorstellbare Äonen von Zeit und Raum gereist, um nun als Ihr Kind zur Welt zu kommen. Sein Körper besteht aus denselben Elementen, aus dem das ganze Universum besteht - aus Sternenstaub. Es kommt in seiner Ganzheit und ist in völliger Harmonie mit den Elementen und dem Rhythmus des Kosmos, aus dem es hervorging. In seinem Urzustand erlebt es diese Harmonie als Zustand entspannter Freude. Es ist mit allen Teilen seines Selbst verbunden, auch mit seinem sozialen und physischen Umfeld, und es ist sich in intuitiver Weise über seine Einheit mit dem Kosmos bewusst und auch über die Einheit mit Gott. In seinem Gehirn finden sich ferner die Muster angehäufter Weisheit aus Millionen Jahren der Evolution. Das meiste von dem, was das Kind ausmacht, hat sich schon vor seiner Geburt zugetragen. Unsere Aufgabe als Eltern besteht nun darin dem Kind zu helfen, sein volles Potenzial zu entwickeln und die Schöpfung zu vollenden.

Herausforderungen für die Elternschaft

In unseren Augen ist, wie gesagt, *das Prinzip der Verbundenheit* das fundamentale Prinzip des Universums. In dieser Verbundenheit manifestiert sich der Geist Gottes. Das Kind erlebt Verbundenheit (Einheit) mit dem Universum durch seine Eltern. Die Eltern sind das Universum des Kindes. Sein emotionales und geistiges Universum wird aufgrund der Art der erlebten Eltern-Kind-Beziehung entweder harmonisch oder durch Störungen irritiert sein. Auch seine Beziehung zu Gott wird entscheidend durch die Beziehung zu seinen Eltern beeinflusst.[5]

Diese Sichtweise lädt uns ein, anders als bisher mit unserem Kind umzugehen. Aus dem Verständnis des bisher Gesagten leitet sich ein neues Handeln ab. Wenn wir unsere Elternrolle als statisch ansehen und nicht als dynamisch, dann verlieren wir die Chance an der Schöpfung Gottes mitzuwirken, die das Wesentliche am

Elternseins darstellt. Wenn wir als Eltern bewusst handeln, nehmen wir teil an dem großen Streben des Universums, sich selbst zu vervollständigen und zu heilen. Wenn wir uns im Umgang mit unseren Kindern um heilsame Beziehungen bemühen, so schenkt das unseren Kinder und uns selbst, den verwundetsten Teilen des Universums, die Gelegenheit, unsere Verbundenheit zu vertiefen und unsere Ganzheit wiederzufinden.

Wenn Eltern ihre Verbundenheit mit dem neugeborenen Kind stärken, indem sie seine Bedürfnisse erfüllen, dann wird das Kind weiterhin tiefe Harmonie mit seiner Welt empfinden und Verbundenheit wahrnehmen. Wenn die Eltern nicht dazu in der Lage sind, die Bedürfnisse des Kindes zu erfüllen, so erleidet es Verwundungen und steht in Disharmonie oder Dissonanz zur Welt. Eltern wollen ihre Kinder im Normalfall nicht verwunden, sondern haben die Absicht, seine Bedürfnisse zu erfüllen. Die Menschheit hat sich jedoch bisher noch nicht soweit entwickelt, dass es gelingt, Kinder großzuziehen ohne sie zu verwunden. Wir alle sind in Familien hineingeboren, die mit Beeinträchtigungen, Unvollkommenheit und fehlender persönlicher Ganzheit an diese Aufgabe herangingen. Unsere Eltern wurden selbst von Menschen großgezogen, die nicht perfekt waren. Sie haben deshalb Verwundungen erlitten, die es verhindern, immer in idealer Weise auf ihre Kinder zu reagieren. Darunter leidet die Verbundenheit zwischen Eltern und Kindern mehr oder weniger stark, oder sie geht verloren.

Kollektiv gesehen hat die Menschheit verschiedenste Strukturen und Prozesse entwickelt, um den Verlust der Verbundenheit zu überwinden und jene Entfremdung zu heilen, unter der wir leiden, weil wir beeinträchtigt sind in der Beziehung zu geliebten Menschen und zum Schöpfen aus der Fülle des Lebens. Die großen Weltreligionen geben uns hier eine sehr sinnvolle und hilfreiche Antwort. Sie beschäftigen sich im Wesentlichen mit Verbundenheit - sie wollen uns nahe bringen, wie wir mit *dem* verbunden sein können, das größer ist als wir selbst, und wie auch wir Menschen miteinander verbunden sein können. Ein weiterer Weg ist die Psychotherapie in all ihren Formen, die im Leben vieler Menschen eine überaus heilsame Rolle einnimmt. Persönlich sind wir aber der Ansicht, dass die entscheidendste Verwandlung und Heilung dort stattfindet, wo wir einander am allernächsten stehen, nämlich in unseren Familien. Wir glauben, dass die bewusste Ehe ein Mittel und eine Möglichkeit für umfassende und tiefe Heilung darstellt. Nun kommt eine weitere Möglichkeit hinzu: die bewusste *Eltern-Kind-Beziehung*. Durch das Pflegen und Stärken dieser Beziehung können wir eine Verbundenheit mit unserem Kind entwickeln, die ihrem tiefsten Wesen nach spirituell ist.

Alles steht in Verbindung

Bewusste Elternschaft schließt eine relationale Sicht unseres Lebens ein, wo der Art und der Qualität unserer Beziehungen eine ganz besondere Bedeutung zukommt, weil sie die Grundlage und das Gefüge unseres Lebens bilden. Wenn jemand fragt: »Wie kann ich ein besserer Vater, eine bessere Mutter sein?«, so sehen wir die Antwort auf diese Frage tief in der emotionalen, sozialen, intellektuellen und spirituellen Verbundenheit verankert, die jener Mensch in seinem Leben entwickelt.

Kinder großzuziehen ist kein für sich allein stehender Prozess. Eltern und Kinder sind nicht losgelöst voneinander zu betrachten. Gefühle existieren nicht losgelöst vom Denken. Der Körper existiert nicht losgelöst vom Geist. Menschliche Wesen existieren nicht losgelöst von der Natur. Menschliche Wesen sind vielmehr offene Systeme, die einander fortwährend beeinflussen, ob sie nun in physischem Kontakt zueinander stehen oder nicht. Vernunft und Gefühl sind intrinsisch miteinander verbunden. Die Natur und wir Menschen sind zutiefst voneinander abhängig. Die Unterscheidung zwischen dem Weltlichen und dem Heiligen ist nicht weiter haltbar. Alles ist Verbundenheit. Wenn wir uns für eine bewusste Beziehung zu unserem Kind entscheiden, steht unser Handeln in Entsprechung zu dieser Perspektive, und so bejahen wir das kosmische Geschehen und haben Anteil daran.

Unsere Ausgangsposition

Wir haben in hohem Maße unsere Verbundenheit mit unserem wahren Wesen, mit anderen Menschen und mit der kosmischen Ordnung verloren. Das Paradies, unser naturgegebener Urzustand, ist uns verloren gegangen. Das zeigt sich besonders deutlich, wenn wir einen Blick auf die Situation der Familien in unserer heutigen Gesellschaft machen. Im Bericht des »Council on Families in America« (USA, 1995) heißt es: »Um die aktuelle Verschlechterung der Situation der Kinder und des gesellschaftlichen Lebens in den Vereinigten Staaten einzudämmen, müssen wir die Institution Ehe stärken. Die Vorzeichen für stabile Ehen stehen schlecht, was verheerende negative Folgen für das Wohlergehen unserer Kinder hat. Das führt zu wachsender Instabilität der Familien und bewirkt, dass Eltern im Durchschnitt weniger Zeit und Energie in ihre Kinder investieren.«[6]

Wir stimmen diesem Bericht zu, dass gute Ehen ein Umfeld der Kraft und Stabilität bieten, das hilft, die anstrengende Aufgabe Kinder großzuziehen, besser zu bewältigen. Eltern zu sein ist eine große Herausforderung für uns Menschen. Keine andere Aufgabe verlangt uns so viel ab. Wir sind überzeugt, dass das am besten im Rahmen einer Ehe möglich ist, wo jeder der Partner ehrlich bereit ist, durch sein Verhalten einen positiven Beitrag zur Gesundheit und zum Glück des Partners und der Kinder zu leisten. Deshalb setzen wir uns mit ganzer Kraft dafür ein, dass der Zusammenhang zwischen guten Ehen bzw. verbindlichen Partnerschaften und guten Eltern-Kind-Beziehungen in angemessener Weise erkannt und gewürdigt wird.

Verstehen Sie uns bitte nicht falsch, wir wollen damit keineswegs sagen, dass eine Scheidung stets schlecht und das Umfeld einer Ehe stets gut ist; oder dass alle

Scheidungskinder schlimme seelische Verwundungen davontragen und alle Probleme der heutigen Kinder auf die Scheidung ihrer Eltern zurückzuführen wären. Was wir zu bedenken geben möchten ist nur, dass Kinder, die mit beiden Elternteilen in einer stabilen und guten Beziehung aufwachsen, im Allgemeinen eine bessere Ausgangsposition haben als Kinder, in deren Leben das nicht der Fall ist. Davon leitet sich auch unsere folgende Hypothese ab: *Eltern, die ihre Kinder unter optimalen Bedingungen großziehen möchten, tun wirklich gut daran, ihre eigene Ehe/Partnerschaft zu pflegen und zu fördern, solange die Kinder in ihrer Obhut leben.*

Für immer mehr Menschen trifft das jedoch nicht zu. Die Situation der Ehe und die Situation der Kinder sind, bezogen auf unser modernes Zeitalter, gefährdeter als je zuvor.[7] Wir sind uns zwar dessen bewusst, dass es riskant ist, eine kausale Beziehung zwischen Phänomenen herzustellen, die dem Zufall unterworfen sind - dennoch glauben wir wie viele andere Menschen, dass ein Zusammenhang zwischen der Krise der Ehe in unserer Zeit und der kritischen Situation unserer Kinder besteht.

Der Studie des »Council on Families in America« aus dem Jahr 1995 entnehmen wir folgende Fakten:

1. Von Jugendlichen verübte Gewaltverbrechen haben sich zwischen 1960 und 1992 versechsfacht. 70 Prozent der jugendlichen Straftäter sind nicht mit beiden Elternteilen aufgewachsen.
2. Die Zahl angezeigter Fälle von Kindesvernachlässigung und -missbrauch hat sich seit dem Jahr 1976 verfünffacht.
3. Psychische Probleme von Kindern und Jugendlichen sind alarmierend im Steigen begriffen. Ess-Störungen und Depressionen treten immer häufiger auf, die Selbstmordrate von Jugendlichen hat sich verdreifacht. Ein großer Prozentsatz der Jugendlichen ist von Alkohol- und Drogenmissbrauch betroffen. Neuen Untersuchungen zufolge tragen Scheidungskinder (verglichen mit Kindern aus intakten Familien) ein zwei- bis dreifach erhöhtes Risiko, verhaltensauffällig zu werden und unter psychischen Problemen zu leiden.
4. Die bei SAT-Tests (Standardtests zur Studienzulassung in den USA) erzielten Ergebnisse sind um durchschnittlich 80 Punkte gesunken.
5. Die Armut hat sich von älteren auf jüngere Menschen verlagert. 38 Prozent jener US-Bürger, die unter der Armutsgrenze leben, sind bereits Kinder. Und Kinder alleinerziehender Mütter fallen fünfmal häufiger unter die Armutsgrenze als Kinder aus intakten Familien.
6. Die Heiratsstatistik ist rückläufig. Im Jahr 1995 waren in den USA 62 Prozent der Erwachsenen verheiratet (verglichen damit waren es 1970 noch 72 Prozent). Und mehr als 30 Prozent aller Kinder kamen unehelich zur Welt (verglichen mit 5,3 Prozent im Jahr 1960). Die Wahrscheinlichkeit, dass eine Ehe geschieden oder dauerhaft getrennt wurde, lag bei ca. 60 Prozent. Ungefähr die Hälfte aller Kinder in den USA erleben, dass ihre Eltern sich scheiden lassen, solange sie

selbst daheim wohnen. Mehr als ein Drittel aller Kinder lebt nicht mit ihren biologischen Vätern zusammen.

Ob wir nun genaue Statistiken im Kopf haben oder nicht, in allen Bevölkerungsschichten gibt es Menschen, die aufgrund der genannten Entwicklungen sehr beunruhigt sind. Unser siebenter Sinn sagt uns, dass die Situation unserer Kinder wirklich besorgniserregend ist - darüber können wir uns nicht länger hinwegtäuschen. Unsere persönliche und unsere kollektive Zukunft ist bedroht, wenn Kinder nicht bekommen, was sie brauchen, um gut aufzuwachsen und Vertrauen in die Zukunft zu entwickeln. Es besteht kein Zweifel daran, dass es höchste Zeit für gesellschaftliche Reformen ist. Aber auch finanzielle Investitionen und Sozialprogramme für Kinder und Jugendliche, zweifellos eine sehr wichtige Sache, können jenen Schaden nicht ausgleichen, der durch Probleme in Ehe bzw. Partnerschaft und durch Probleme in der Beziehung zwischen Eltern und Kindern entsteht.

Es ist gut nachvollziehbar, dass jene innere Haltung und jene Verhaltensweisen, die wir unter dem Begriff »unbewusste Elternschaft« zusammenfassen, teilweise eine naturgegebene Folge unserer menschlichen Schwächen ist. Unser Gehirn funktioniert einfach so, dass wir Verhaltensweisen wiederholen, mit denen wir vertraut sind. Wir sind fest entschlossen uns selbst zu verteidigen, auch wenn eine »Bedrohung« nur von unserem geliebten zweijährigen oder 13-jährigen Kind ausgeht. Wenn wir über unbewusste Elternschaft sprechen, dann sprechen wir von etwas, das sich keineswegs *fern von uns* zuträgt, bei Menschen, die anders sind als wir. Nein, wir sprechen von *uns selbst*, und der Zustand der Unbewusstheit betrifft uns alle in gewissem Ausmaß. Manche Menschen sind bewusster als andere, aber wir alle kennen gewisse Situationen oder Lebensphasen, wo wir unbewusst handeln und anderen Menschen kein »eigenes Leben« zugestehen. Wir möchten diesen Tatsachen ins Auge blicken und eingestehen, dass wir alle begrenzte menschliche Wesen sind. Wir sind aber zugleich voll Zuversicht, dass es realistische Möglichkeiten für Veränderungen gibt.

Vor diesem Hintergrund stellt sich die Frage, was wir tun können, um unsere körperlichen und geistigen Anlagen in Zukunft besser einzusetzen.

Was der Glaube in unserem Leben bewirken kann

Schon öfters in diesem Buch war die Rede von einem philosophischen und spirituellen Rahmen, in den wir unser Konzept der Elternschaft eingebettet haben. Wenn unser Handeln in Einklang mit den universellen Gesetzen des Kosmos steht und in Harmonie mit der Lebenskraft, die uns alle vereint, so können wir für unser Leben und für unsere Familien jene Verbundenheit wiederfinden, nach der wir uns alle sehnen. Um es mit einer Metapher zu sagen: wir müssen zurück ins Paradies finden, zurück in ein Reich, wo wir mit anderen Menschen so verbunden sind, dass Liebe, Glaube und Treue real erfahrbar werden. Nur so können wir wahrhaft in Beziehung zueinander treten und unseren Platz in der naturgegebenen Ordnung aller Dinge wieder einnehmen.

Unser ethisches Handeln und unsere religiöse Praxis müssen in Resonanz mit der kosmischen Weltordnung sein, mehr noch, sie müssen wie selbstverständlich aus ihr hervorgehen. Meinen Nächsten lieben ist nicht nur »eine gute Sache«; die Zeitung weglegen und die Sorgen und Ängste meines Kindes anhören, ist nicht nur »eine gute Sache«; meinen Ehepartner nicht kritisieren, sondern stattdessen seinen Schmerz nachfühlen, ist keineswegs nur »eine gute Sache«.

Denn es ist ganz von unserer persönlichen Bereitschaft abhängig, ob wir verwirklichen, was wir für »gut« halten. Wir tun es vermutlich nur dann, wenn es uns gerade gelegen kommt, wenn es gute Gefühle verursacht und keiner allzu großen Anstrengung bedarf.

Wir sprechen hier von menschlichem Verhalten, das sich deutlich von »moralischem Verhalten« unterscheidet: von einem Verhalten, das die existenzielle Wirklichkeit unseres Lebens widerspiegelt und anerkennt. Unsere normalen, alltäglichen Handlungen sollen von Liebe geprägt sein, in dem Bewusstsein, dass sie in Einklang mit den höheren Zielen des Universums stehen. Die Summe dieser »gewöhnlichen« Handlungen im Laufe unseres Lebens wird dann letztlich zum Ausdruck unserer persönlichen Interpretation unserer höheren Bestimmung.

Obwohl dieses Kapitel zukunftsorientiert ist, ertappen wir uns persönlich dabei, eher an unsere Vergangenheit zu denken. Dabei erkennen wir deutlich, dass Religion im Laufe unseres Lebens immer wichtiger für uns geworden ist. Es fällt uns gar nicht leicht, das in Worte zu fassen oder die richtigen Worte dafür zu finden und ihnen »neues Leben einzuhauchen« um vermitteln zu können, was wir meinen. Wir erleben die Religion in der ehrenvollen Rolle, Ausdruck dieser Bewusstheit zu sein. Und wir bezeichnen das Wesen Gottes, das in jedem von uns transzendiert, als Inkarnation dieser Bewusstheit. Welche Worte wir auch wählen, wir erkennen, dass religiöse und spirituelle Praxis direkt unserer Sehnsucht entspringt, mehr Bewusstheit in unserem Leben zu finden und eine tiefere Verbundenheit in unseren Beziehungen zu erreichen.

Das Wort Religion ist lateinischer Herkunft (rem ligere) und bedeutet »sich an etwas binden« oder »zur Quelle zurückkehren«. Religion ist die Form, in der unsere Sehnsucht nach Bewusstheit und Verbundenheit in Worte gefasst und durch Rituale ausgedrückt wird. Unsere Wurzeln können unter Umständen viel Sinn und Lebensmut vermitteln. Religiöse Praxis führt uns zur Quelle, zu den Ursprüngen unserer Existenz, und sie erinnert uns daran, wer wir sind. Die Bedeutung der Religion innerhalb unserer Eltern-Kind-Beziehung liegt darin, dass unser Kind durch eine religiöse Ausrichtung die Verbindung mit dem Universum spüren und erfahren kann.

Die Familie als Keimzelle des Glaubens

Wir haben nun schon ausführlich beschrieben, was die Familie einem Kind in physischer, geistiger und emotionaler Hinsicht mit auf den Lebensweg geben kann. Nun möchten wir auch auf die Familie als Keimzelle des Glaubens eingehen. In unserer eigenen Familie haben wir Glaubenstraditionen als wichtigen Bestandteil unserer Elternschaft angesehen. Der Glaube hat unter anderem den Identitätssinn unserer Kinder gestärkt, weil sie aus ihren historischen, kulturellen und religiösen Wurzeln lernen konnten.

Viele Aspekte des religiösen Lebens sind für Kinder wichtig und bereichernd. Religiöse Traditionen, denen man Bedeutung zumisst und die mit Überzeugung ausgeführt werden, sind ein starkes Mittel um Verbundenheit zu finden. Wir wollen hier ein besonders wichtiges Element hervorheben, das uns in allen religiösen Traditionen begegnet, nämlich den *ethischen Aspekt der Liebe*. Möglicherweise ist das die Kernaussage aller Glaubensrichtungen. Wir meinen damit das Bemühen, das eigene Ich und das Ich meines Gegenübers als gleichwertig anzusehen und den Raum des »Dazwischen« durch die Qualität und das Wesen bedingungsloser Liebe zu füllen. Wenn es uns gelingt, das zu verwirklichen, so wird das »Dazwischen« ein Ort göttlicher Präsenz.

Unsere menschliche Natur verleitet uns dazu, uns selbst im Mittelpunkt des Universums zu sehen, ähnlich wie die Erde in der Antike als Mittelpunkt des Universums angesehen wurde. Wir maßen uns an, das globale *Wir* zu sein. Wenn *wir* das Zentrum sind, dann definieren wir, was richtig oder falsch, gut oder böse ist. Wer unsere Meinung und unsere Weltanschauung teilt, gehört zu uns. Wer das nicht tut, ist unser Feind.

Diese Haltung ist Ursache für enorme persönliche, gesellschaftliche und globale Konflikte - zwischen Ehepartnern, zwischen Geschwistern, zwischen ethnischen Gruppen und zwischen den Nationen. Das ist die tragische Situation, in der die Menschheit sich befindet: wir sind nicht nur als Individuen in unserer Sehnsucht und Suche nach umfassender Bewusstheit und Ganzheit enttäuscht worden. Auch die Menschheit insgesamt ist in ihrer Entwicklung zur Bewusstheit stecken geblieben, durch unsere kollektive Unfähigkeit bewusst zu realisieren, dass wir alle eine Einheit bilden. Wir sind alle weit entfernt vom gelobten Land, wir sind Pilger auf dem Weg zurück zur Ganzheit, die nur durch Liebe gefunden werden kann.

Unser Überleben kann am besten durch eine Ethik der Liebe gesichert werden, die den intrinsischen Wert anderer Menschen einschließt und ihnen gut gesinnt ist. Wenn wir dafür sorgen, dass es anderen gut geht, ist das paradoxerweise die beste Garantie dafür, dass es uns selbst gut geht. Liebe, so wie wir sie definieren, ist nicht einfach nur Energie oder ein abstraktes Ideal, sondern die Qualität einer echten Beziehung.

Wenn eine Familie geistige oder religiöse Traditionen pflegt, so ist das eine Chance für Kinder zu erleben und zu verstehen, was es heißt, andere Menschen und andere Dinge zu lieben. Regelmäßig eine Kirche, Synagoge oder Moschee zu besuchen oder einer anderen religiösen Vereinigung anzugehören, schenkt offenbar ein tiefes Gefühl der Zugehörigkeit, das man bei einem Fußballmatch oder dem Besuch eines Vergnügungsparks keineswegs in vergleichbarer Weise finden kann. Ein Kind, dessen Familie Teil einer größeren geistigen Gemeinschaft ist, wird sich in höherem Maße seiner Verbundenheit mit anderen Menschen und mit unserer Erde bewusst.

Religiöse und spirituelle Traditionen bieten Kindern einen Rahmen, mit menschlichen Erfahrungen vertraut zu werden, unter anderem mit Erfolg und Versagen. Gott ist immer größer als wir es sind. Wenn Kinder mit dieser Realität aufwachsen, betrachten sie ihren eigenen Erfolg mit mehr Bescheidenheit und wissen, dass ihre Leistungen nur durch die Unterstützung und die Ermutigung anderer möglich sind. Wenn sie versagen, dann haben sie die sichere Gewissheit, dass es eine Dimension des Trostes gibt, die ihnen hilft, ihren Schmerz und ihren Verlust zu verarbeiten. Durch religiös-spirituelle Erfahrungen können Eltern ihren Kindern eine unerschütterliche innere Sicherheit und Geborgenheit für ihr Leben mitgeben, sodass sie eines Tages selbst dazu in der Lage sind, ihren Kindern diese Geborgenheit zu vermitteln.

In der tiefen Liebe innerhalb der Familie, in der Verbundenheit zwischen Mutter und Vater, zwischen Eltern und Kindern und zwischen Geschwistern ist es uns am besten möglich, das Wesen der Liebe bewusst zu erkennen. Darin manifestiert sich unsere innere Verbundenheit mit dem Göttlichen. Und das ist auch das Entscheidende an bewusster Elternschaft: die Liebe zu unserem Kind, die Liebe als Qualität der Beziehung, des sogenannten »Dazwischen«. Martin Buber drückt es so aus: »Gott wird im ›Dazwischen‹ geboren. In allen Familien gibt es Leid. Wenn wir aber als bewusste Eltern die Weisheit unserer Glaubenstraditionen respektieren, dann verwandeln wir unsere Beziehungen und öffnen uns selbst für die Realität der Verletzlichkeit, eine Erfahrung, die man nur innerhalb einer bewussten Familie machen kann.«

Teil VI

Werkzeuge für *bewusste Eltern*

18 Übungen

15. Von der Theorie zur praktischen Umsetzung

Einleitung

In den vorangegangenen Kapiteln hatten wir das Ziel, Ihnen grundlegendes theoretisches Wissen über bewusste Elternschaft zu vermitteln. Kognitives Lernen und Erkennen ist ein wichtiger erster Schritt dazu, in Beziehungen zu anderen Menschen mehr Bewusstheit zu erlangen und auch danach zu handeln. Wenn Sie einen Gedanken für sich erarbeiten können und ihn dann in die Praxis umsetzen, wird er mit der Zeit zu einem integrierten, selbstverständlichen Teil dessen, was Sie sagen und tun.

Bewusstwerdung ist ein Prozess, der niemals aufhört. Er geht schrittweise vor sich, beispielsweise durch Selbstbeobachtung, besonders, wenn Sie eine Diskrepanz zwischen Ihrem Verhalten und den erwünschten Ergebnissen erkennen. Je besser Sie sich selbst kennen lernen, desto mehr werden Ihre Selbsterkenntnis und Ihre Einsichten auch Ihre Reaktions- und Verhaltensweisen beeinflussen. Weniger mit sich selbst und seinen eigenen Ängsten beschäftigt zu sein, schenkt Ihnen immer mehr jenen Freiraum, den Sie brauchen, um Ihre Kinder so anzunehmen, wie sie wirklich sind. Das ist aber nur ein Aspekt des Selbstheilungsverlaufes, der generell viel Positives mit sich bringt.

Die Übungen in diesem Kapitel sollen Ihnen helfen, eine bewusste Mutter/Vater zu werden. Ihre Reihenfolge hat einen tieferen Sinn. Zuerst können Sie Einsichten über Ihre Eltern-Kind-Beziehung gewinnen, danach erkennen, wie Ihre Eltern sich Ihnen gegenüber verhalten haben und schließlich Einsichten in Ihre Ehe oder Partnerschaft gewinnen. So können Sie Schritt für Schritt Ihr Wachstum als bewusste Mutter/Vater und bewusster Partner fördern. Wir empfehlen Ihnen diese Reihenfolge zu berücksichtigen, da jede Übung auf den vorangegangenen Übungen aufbaut. Eine Ausnahme sind nur die letzten vier Übungen.

Wenn Sie verheiratet sind oder in einer verbindlichen Partnerschaft leben, empfehlen wir, die Übungen jeweils zuerst allein zu machen und sich anschließend mit Ihrem Partner über die Ergebnisse auszutauschen. Für den Austausch möchten wir Ihnen die Methode des Imago-Dialogs ans Herz legen, die in Übung 15 beschrieben wird. Wenn Sie AlleinerzieherIn sind, empfehlen wir, für den Austausch der Erkenntnisse, die Sie durch diese Übungen gewinnen, einen Menschen zu suchen, der Ihnen wirklich nahe steht und vertraut ist. Fragen Sie jenen Menschen, ob er/sie bereit wäre, Sie dabei zu unterstützen, Ihren persönlichen Wachstumsplan umzusetzen.

Wie Sie von diesem Teil des Buches am besten profitieren können

Dieses Kapitel gliedert sich in vier Teile. Jeder dieser Teile enthält Übungen, die Ihnen helfen werden sich selbst als Kind, als Partner und als Elternteil besser kennen zu lernen. Wissen allein verwandelt Menschen noch nicht in bewusste Eltern. Diese Übungen wollen nicht Ihr Wissen erweitern, sondern ihr vorrangiges Ziel ist es, Impulse für einen Veränderungsprozess in Richtung Bewusstheit zu geben. Diese Übungen wollen Sie auf einem Weg der inneren und äußeren Veränderungen hin zu einer bewussten Beziehung zu Ihrem Partner und Ihrem Kind begleiten und Sie auf diesem Weg stärken.

Damit Sie einen Gesamtüberblick über alle Übungen bekommen, sind hier alle vier Teile dieses Kapitels zusammengefasst.

Teil 1   Mich selbst als Mutter/Vater kennen lernen

Übung 1: Fragebogen über meine Eigenschaften als Mutter/Vater
Übung 2: Mein energetisches Reaktionsmuster als Mutter/Vater
Übung 3: Grenzen setzen
Übung 4: Meine persönlichen Herausforderungen als Mutter/Vater
Übung 5: Mein persönlicher nächster Wachstumsschritt als Mutter/Vater

Teil 2   Wie meine Eltern sich mir als Kind gegenüber verhalten haben

Übung 6: Meine persönlichen Glaubenssätze
Übung 7: Meine Gefühle, Ängste und Schutzmuster
Übung 8: Wie meine Eltern sich in mein Leben als Kind eingebracht haben
Übung 9: Wie meine Eltern Grenzen gesetzt haben

Teil 3   Meine Partnerschaft besser verstehen

Übung 10: Überblick über meine Partnerschaft
Übung 11: Glaubenssätze über mich selbst in Beziehung zu meinem Partner
Übung 12: Meine Beziehungsängste
Übung 13: Das Kernthema meiner Partnerschaft
Übung 14: Wachstumschancen in meiner Partnerschaft
Übung 15: Der Imago-Dialog
Übung 16: Wiederverlieben in der Partnerschaft - Ein neues Bild meines Partners

Teil 4   Plan für Heilung und Wachstum

Übung 17: Nützen wir, was wir bereits wissen
Übung 18: Plan für Heilung und Wachstum

Aus Platzgründen ist es uns nicht möglich, hier alle Übungen vorzustellen, die wir verwenden, um Menschen auf ihrem Weg, bewusste Eltern zu werden, zu unterstützen. Diese Übungen sind die Grundstruktur eines Veränderungsprozesses, den wir wesentlich ausführlicher in einem eigenen Buch beschrieben haben. Es heißt Parents' Manual und bietet Schritt für Schritt Anleitungen für Sie und Ihren Partner.

Hinweis: Die Arbeitsblätter zu allen Übungen finden Sie auch im DIN A4-Format als PDF-Download unter der Webadresse:

www.rgverlag.com/H3KI

Teil 1 # Mich selbst als Mutter/Vater kennen lernen

Auf dieser Seite finden Sie einen Fragebogen, der Ihnen hilft Fragen, Gedanken und Gefühle bezüglich Ihrer Elternrolle genauer zu betrachten und zu klären; das schließt auch Ihren Partner und Ihre Eltern ein. Finden Sie heraus, was Sie an sich verändern möchten. Dabei kann es hilfreich sein, die Antworten in ein Notizbuch zu schreiben, das Sie später wieder heranziehen können. Ergänzen Sie jeden Satz mit dem ersten Gedanken, der Ihnen in den Sinn kommt.

Übung 1   Fragebogen über meine Eigenschaften als Mutter/Vater

ICH
1. Als Elternteil möchte ich erreichen, dass
2. Ich bin Mutter/Vater geworden, weil
3. Als Mutter/Vater fühle ich mich sehr oft
4. Mein tiefstes Bedürfnis als Mutter/Vater ist
5. Wenn ich als Mutter/Vater in Höchstform bin, dann
6. Womit ich als Mutter/Vater wirklich zufrieden bin, ist
7. Ganz allgemein sind meine Stärken als Mutter/Vater
8. Als Mutter/Vater bin ich am glücklichsten, wenn mein Kind/meine Kinder

9. Meine schönste Erinnerung als Mutter/Vater ist
10. Wenn ich als Mutter/Vater meine schlechtesten Seiten zeige, bin ich
11. Was ich am wenigsten am Mutter/Vater-Sein mag, ist
12. Ganz allgemein sind meine Schwächen als Mutter/Vater
13. Meine größte Angst als Mutter/Vater ist
14. Ich bin als Mutter/Vater wütend oder frustriert, wenn mein Kind/meine Kinder
15. Mein schlimmstes Erlebnis als Mutter/Vater war
16. Ich denke, meine Beziehung zu meinem Kind/meinen Kindern war bis jetzt

17. Wenn Eltern ihrem Kind gegenüber Liebe ausdrücken wollen, sollten sie

18. Wenn Eltern ihrem Kind gegenüber Missfallen ausdrücken wollen, sollten sie

19. Der Mensch, den ich in seiner Mutter-/Vaterrolle am meisten bewundere, ist

MEIN PARTNER
20. Das Beste an meinem Partner als Mutter/Vater ist ___
21. Was ich an meinem Partner als Mutter/Vater am wenigsten gut finde, ist

___
22. Wenn mein Partner und ich in unserer Elternrolle einen Konflikt haben, dann ___
23. Was ich mit meinem Partner gern besser machen würde ___

MEINE EIGENEN ELTERN
24. Das Beste, was ich von meinen Eltern über Elternschaft gelernt habe, ist

___
25. Von dem, was ich von meinen Eltern für meine eigene Elternrolle übernommen habe, ist mir am wenigsten hilfreich, dass ___
26. In dieser Hinsicht möchte ich wie meine Mutter/mein Vater sein: ___
27. In dieser Hinsicht möchte ich nicht wie meine Mutter/mein Vater sein:

___
28. Ich wäre eine bessere Mutter/Vater, wenn meine Mutter/mein Vater Folgendes getan hätte: ___
29. Ich wäre eine weniger gute Mutter/Vater, wenn meine Mutter/mein Vater Folgendes nicht getan hätte: ___

VERÄNDERUNG
30. Fünf Dinge, die ich als Mutter/Vater an mir verändern möchte, sind:
    a) ___
    b) ___
    c) ___
    d) ___
    e) ___

Wie Sie diese Erkenntnisse für sich nützen können:

Wir nehmen uns als Eltern nur selten Zeit, über die eben genannten Fragen zu reflektieren. Meistens handeln wir instinktiv oder nach unserem Gefühl. Wie wir bereits wissen, ist das ein Kennzeichen unbewusster Elternschaft. Bewusste Elternschaft bedeutet bewusst wahrzunehmen, was im gegenwärtigen Moment präsent ist. Als bewusste Eltern versuchen wir, unsere versteckten Gefühle, vorgefassten Meinungen, Glaubenssätze und Instinktreaktionen an die Oberfläche zu bringen. Denn all das hindert uns daran uns dessen bewusst zu werden, was im aktuellen Moment vor sich geht. Wir müssen unsere eigenen Reaktionen in Frage stellen, nachdenken, woher sie kommen könnten, und uns fragen: »Möchte ich weiterhin so denken und reagieren?« Wenn die Antwort »Ja!« lautet, können Sie diesen Weg mit neuer Energie und Überzeugung weiter verfolgen. Wenn die Antwort »Nein!« ist, sind Sie vermutlich hier an einem Punkt angelangt, an dem es sich lohnt, zu reflektieren und einen persönlichen Wachstumsschritt zu entdecken, der Sie entscheidend weiterbringen kann.

Wachstum in Richtung bewusste Elternschaft kann allerdings schmerzlich sein. Es ist schwierig, vertraute und lieb gewonnene Anteile seines Selbst zu verändern - auch wenn das ein erfüllteres und dynamischeres Leben verspricht. Ihre Schutzmuster sind Teil Ihrer Persönlichkeit geworden. Sie sind als Antwort auf Ihr inneres Streben nach Überleben entstanden. Obwohl Sie selbst weiterhin gewachsen sind und sich verändert haben, haben sich Ihre Schutzmuster nicht automatisch aufgelöst oder Ihrem neuesten Entwicklungsstand angepasst. Und Ihre Schutzmuster lösen sich solange nicht auf, bis Sie sie selbst bewusst durch effektivere Reaktionen ersetzen. Eine schützende Reaktionsweise aufzugeben und durch eine andere Reaktion zu ersetzen, kann auf der Gefühlsebene schmerzlich und beängstigend sein.

Wenn Sie den Mut fassen und beginnen, Ihre Kindheitsverletzungen zu heilen, befreien Sie sich schließlich von jenen Persönlichkeitsanteilen, die für Sie selbst und Ihre Beziehungen nicht mehr förderlich sind. Wenn Sie Ihrem Kind das geben, was es für das erfolgreiche Bewältigen seiner von Geburt an vorgegebenen Entwicklungsstufen braucht, und wenn Sie Ihrem Partner das geben, was er für seine emotionale Heilung braucht, dann dehnen Sie sich über Ihre Schutzmuster hinaus und wachsen in eine neue Ganzheit hinein. Dann ergeben Ihre Worte und Handlungen in Ihrer gegenwärtigen Lebensrealität Sinn.

Übung 2   Mein energetisches Reaktionsmuster als Mutter/Vater

A. Die Tabelle auf Seite 324 listet jene Eigenschaften auf, die die energetischen Reaktionsmuster des Maximierens und des Minimierens beschreiben. Gehen Sie bitte diese Tabelle durch und bewerten Sie jede Verhaltensweise nach einer Skala von 1 bis 5. Bewerten Sie jenes Verhalten mit 1, das Sie am besten beschreibt. Zählen Sie am Ende die Punktezahl zusammen und schreiben Sie sie am Ende jeder Spalte hin. Dann nehmen Sie eine andere Farbe und bewerten Sie, wie Sie Ihren Partner wahrnehmen. Am Ende können Sie sich mit Ihrem Partner in Form eines Dialogs über Ihre Ergebnisse austauschen.

B. Erinnern Sie sich nun an alles, was Sie über sich selbst, Ihren Partner und Ihr Verhalten als Elternteil wissen, und beantworten Sie folgende Fragen:
   1. Welcher der beiden Begriffe beschreibt Ihre Charakterstruktur in der Beziehung zu Ihrem Partner eher?
      a. Maximierer   b. Minimierer
   2. Welcher der beiden Begriffe entspricht Ihrer Wahrnehmung der Charakter-

struktur Ihres Partners eher?
a. Maximierer   b. Minimierer
3. Welcher der beiden Begriffe beschreibt den Charakter Ihrer Mutter oder mütterlichen Bezugsperson in der Beziehung zu Ihrem Vater am ehesten?
a. Maximierer   b. Minimierer
4. Welcher der beiden Begriffe beschreibt den Charakter Ihres Vaters oder väterlichen Bezugsperson in der Beziehung zu Ihrer Mutter am ehesten?
a. Maximierer   b. Minimierer
5. Welcher der beiden Begriffe beschreibt Sie in Ihrer elterlichen Reaktionsweise am ehesten?
a. Maximierer   b. Minimierer
6. Welcher der beiden Begriffe beschreibt in Ihren Augen Ihren Partner im Umgang mit Ihren Kindern am ehesten?
a. Maximierer   b. Minimierer

Wie Sie diese Erkenntnisse für sich nützen können:

Das Wissen darüber, wie Sie und Ihr Partner tendenziell Ihre Energie ausdrücken, indem Sie sie entweder nach außen oder nach innen entladen, wird Ihnen helfen, die Gegensätzlichkeit Ihrer Beziehung zu erkennen. Sie werden erkennen, in welcher Hinsicht Sie komplementär sind. Da die Schutzmuster jedes Partners beim anderen Frustration und Schmerz auslösen, weil sie ihn an das Verhalten seiner Eltern erinnern, überlegen Sie nun vermutlich, wie Sie sich verändern können. Das heißt nicht, dass Sie und Ihr Partner einfach Plätze tauschen. Aber wenn Sie sich einander annähern, beginnen Sie mit dem Prozess unbewusstes Verhalten zu vermeiden - und das ist eine bedeutsame Veränderung.

Ein Kind wird sich mit jenem Elternteil identifizieren, den *das Kind* als einflussreicher und deshalb als dominant erlebt. Das gibt Ihnen die Möglichkeit zu erahnen, zu welcher Charakterstruktur Ihr Kind sich entwickeln wird. Ein bewusster Elternteil erklärt sich gerne dazu bereit, die Extreme von Minimierer und Maximierer zu modifizieren und flexibler zu werden, indem er/sie seine/ihre nötige Energie in jeder Situation angemessen auszudrücken lernt.

Das Energiemuster eines Minimierers - er bringt sich zuwenig ein und hat die Tendenz ...	Das Entergiemuster eines Maximierers - er bringt sich zuviel ein und hat die Tendenz ...
... Gefühle nach innen zu entladen	... seine Gefühle nach außen zu entladen
... Affekte abzuschwächen	... Affekte zu übertreiben
... Abhängigkeit zu leugnen	... von anderen abhängig zu sein
... Bedürfnisse zu verleugnen	... seine Bedürfnisse zu übertreiben
... niemandem Einblick in seine eigene innere Welt zu gewähren	... zwanghaft offen und subjektiv zu sein
... andere aus seiner Welt auszuschließen	... übertrieben vereinnahmend gegenüber allen zu sein, die in seine Nähe kommen
... Gefühle, Gedanken oder Verhaltensweisen zurückzuhalten	... zu klammern und übertrieben großzügig zu sein
... zu rigiden Selbstgrenzen	... zu diffusen Ich-Grenzen
... innengesteuert zu sein und sich hauptsächlich nach sich selbst zu richten	... außengesteuert zu sein und im Allgemeinen nach Weisungen von anderen zu fragen
... weitgehend an sich selbst zu denken	... andere in den Mittelpunkt zu stellen
... zwanghaft zu denken und zu handeln	... impulsiv zu handeln
... andere zu dominieren	... zu unterwürfigem und manipulativem Verhalten
... sich passiv-aggressiv zu verhalten	... zwischen aggressivem und passivem Verhalten zu wechseln
Ergebnis für die Spalte **Minimierer**	Ergebnis für die Spalte **Maximierer**
Meine Punkteanzahl: So nehme ich meinen Partner wahr (Punkteanzahl):	Meine Punkteanzahl: So nehme ich meinen Partner wahr (Punkteanzahl):

Übung 3 Grenzen setzen

Angemessene Grenzen zu setzen ist wohl der wichtigste Aspekt bewusster Elternschaft. Kinder lernen von ihren Eltern, wie sie sicher bleiben können; wie sie den Bedürfnissen und Wünschen von anderen Menschen begegnen; und wie sie gleichzeitig die Freiheit haben, die zu sein, die sie sind.

A. Wählen Sie in dieser Übung eine Antwort, die am besten die Art von Grenzen beschreibt, die Sie und Ihr Partner setzen:
1. Als Elternteil setze ich
   a. zu viele Grenzen
   b. ausreichend Grenzen
   c. zu wenig Grenzen
   d. inkonsequente Grenzen
   e. zu strenge Grenzen
   f. keine Grenzen

2. Als Elternteil setzt mein Partner
   a. zu viele Grenzen
   b. gerade genug Grenzen
   c. nicht genug Grenzen
   d. unbeständige Grenzen
   e. strenge Grenzen
   f. keine Grenzen

B. Wer von Ihnen hat mehr Einfluss auf Ihr Kind/Ihre Kinder? _____
C. An wem orientieren sich Ihre Kinder eher? _____

Wie Sie diese Erkenntnisse für sich nützen können:

Diese einfachen Fragen können weitere Gedankenanstöße sein und Diskussionen zwischen Ihnen und Ihrem Partner auslösen. Sie könnten sich fragen, warum Sie so geantwortet haben; was die Folgen sind, wenn Sie und Ihr Partner nicht einer Meinung sind; ob Sie Ihren Kindern unterschiedliche Grenzen setzen (wenn Sie mehr als ein Kind haben) und warum Sie das tun. Was vermitteln Sie Ihrem Kind durch Ihre Art ihm Grenzen zu setzen? Wenn Ihnen nun Ideen kommen, wie Sie Ihren Kindern Ihre Grenzen besser nahe bringen könnten, was könnte Sie dennoch daran hindern?

Übung 4   Meine persönlichen Herausforderungen als Mutter/Vater

Diese Übung hat das Ziel, die größten Herausforderungen aufzuzeigen, die Sie und Ihr Partner als Eltern zu bewältigen haben. Wählen Sie alle Antworten aus, die auf Sie zutreffen, und unterstreichen Sie dann jene zwei Antworten, die für Sie die größten Herausforderungen zu sein scheinen. Von diesen beiden Antworten wählen Sie bitte wiederum jene, die die allergrößte Herausforderung für Sie darstellt, und unterstreichen Sie sie doppelt.

1. Als Mutter/Vater sehe ich die größte Herausforderung für mich darin, ...
   a. Mich mit meinem Kind verbunden zu fühlen
   b. Mein Kind die Welt entdecken zu lassen
   c. Meinem Kind Privatsphäre zuzugestehen
   d. Mein Kind selbstständig und allein Dinge tun zu lassen
   e. Grenzen zu setzen
   f. Konsequent zu sein
   g. Mit Ärger und Konflikten angemessen umzugehen
   h. Ganz da zu sein, wenn mein Kind mich braucht
   i. Gespräche mit meinem Kind zu spiegeln
   j. Wahrnehmungen und Denkweise meines Kindes gelten zu lassen
   k. Meinem Kind gegenüber einfühlsam zu sein
   l. Mit den unaufhörlichen Bedürfnissen und Wünschen meines Kindes zurechtzukommen
   m. Mit Aktivität, Lärmpegel und Bewegungsenergie meines Kindes zurechtzukommen
   n. Mein Kind selbständiges Denken zu lehren und ihm Freiraum dafür zu geben
   o. Mein Kind darin zu unterstützen, seine Gefühle zum Ausdruck zu bringen
   p. Mein Kind zu ermutigen, alle seine Sinne einzusetzen und zu genießen
   q. Mein Kind zu ermutigen, seine Muskeln zu bewegen und Freude an seinem Körper zu haben
   r. Meinem Kind jenen Freiraum zu geben, der/die zu sein, der/die es ist.

2. Meiner Meinung nach besteht für meinen Partner die größte Herausforderung als Elternteil darin, ... (kreuzen Sie zuerst jene Antwort an, die Sie selbst für Ihren Partner als zutreffend empfinden, und unterstreichen Sie anschließend jene, von der Sie glauben, dass Sie aus der Sicht Ihres Partners die größte Herausforderung darstellt).
   a. Mich mit meinem Kind verbunden zu fühlen
   b. Mein Kind die Welt entdecken zu lassen
   c. Meinem Kind Privatsphäre zuzugestehen

d. Mein Kind selbstständig und allein Dinge tun zu lassen
e. Grenzen zu setzen
f. Konsequent zu sein
g. Mit Ärger und Konflikten angemessen umzugehen
h. Ganz da zu sein, wenn mein Kind mich braucht
i. Gespräche mit meinem Kind zu spiegeln
j. Wahrnehmungen und Denkweise meines Kindes gelten zu lassen
k. Meinem Kind gegenüber einfühlsam zu sein
l. Mit den unaufhörlichen Bedürfnissen und Wünschen meines Kindes zurechtzukommen
m. Mit Aktivität, Lärmpegel und Bewegungsenergie meines Kindes zurechtzukommen
n. Mein Kind selbständiges Denken zu lehren und ihm Freiraum dafür zu geben
o. Mein Kind darin zu unterstützen, seine Gefühle zum Ausdruck zu bringen
p. Mein Kind zu ermutigen, alle seine Sinne einzusetzen und zu genießen
q. Mein Kind zu ermutigen, seine Muskeln zu bewegen und Freude an seinem Körper zu haben
r. Meinem Kind jenen Freiraum zu geben, der/die zu sein, der/die es ist.

Wie Sie diese Erkenntnisse für sich nützen können:

Bei diesen Aussagen handelt es sich um positive Möglichkeiten, wie Eltern ihre Kinder durch die jeweiligen Entwicklungsphasen begleiten können. Diejenigen, die Sie gewählt haben, geben Ihnen wertvolle Informationen über sich selbst. Erstens geben sie Ihnen darüber Auskunft, wo Sie in Ihrem Verhalten Ihrem Kind/Ihren Kindern gegenüber besonders aufmerksam sein müssen, um seine/ihre Bedürfnisse zu erfüllen. Zweitens weisen die Antworten auf Ihren nächsten persönlichen Wachstumsschritt hin. Wie wir bereits gesagt haben, ist das Erkennen Ihrer besonderen persönlichen Herausforderungen in Ihrer Elternschaft ein wichtiger Hinweis auf Ihre Kindheitsverletzungen. Vielleicht können Sie die Wunde erkennen, die es so schwierig macht, sich dieser Herausforderung zu stellen. Nehmen wir einmal an, Sie haben den letzten Punkt angekreuzt, dass es herausfordernd für Sie ist, Ihrem Kind den Freiraum zu geben, der/die zu sein, der/die es ist. Blicken Sie in diesem Zusammenhang zurück auf Ihre eigenen Erfahrungen. Vielleicht taucht eine Erinnerung auf, die erklärt, warum Sie gerade auf dieses Bedürfnis Ihres Kindes nicht so eingehen können, wie es Ihrem Kind entsprechen würde. Möglicherweise erinnern Sie sich an Ihren Vater, der Ihre künstlerische Ader verkannt hat und Sie stattdessen zum Ballsport gedrängt hat. Seien Sie so genau, wie Sie können. Jedes Kreuzchen, das Sie gemacht haben, ist ein Hinweis auf anstehende Veränderungsmöglichkeiten. Sie sollten Ihre Aufmerksamkeit besonders auf jene Antwort richten, die Sie zweimal unterstrichen haben. Wenn Sie beginnen, mit Ihrem Kind anders umzugehen, können Sie zugleich Heilung für Ihre eigenen Wunden finden.

Wenn Sie Ihr Kind/Ihre Kinder gemeinsam mit Ihrem Partner großziehen, dann laden Sie ihn ein sich Zeit zu nehmen, um sich darüber auszutauschen, was jeder von Ihnen über sich selbst herausfindet und wie Sie Ihren Partner einschätzen würden. Dieses Gespräch kann als Vorstufe eines Imago-Dialogs angesehen werden. Wenn es Ihnen möglich ist, konzentrieren Sie sich auf jene besonderen Herausforderungen, die jeder von Ihnen beiden für sich erkennt, und ebenso auf jene, die Sie gemeinsam erkennen, und entwickeln Sie einen konkreten Wachstumsplan.

Übung 5   Mein persönlicher nächster Wachstumsschritt als Mutter/Vater

Das Ziel dieser Übung ist es, Ihnen dabei zu helfen, Ihren persönlichen nächsten Wachstumsschritt zu finden. Wenn Sie erkennen, wo Sie als Kind blockiert oder beeinträchtigt wurden und einen Abwehrmechanismus entwickelt haben, können Sie dort bewusst eine neue Entwicklung in Gang bringen. Sie haben Ihre Verletzung und das daraus resultierende Verteidigungsmuster in Ihre Persönlichkeitsstruktur integriert, und zwar so stark, dass Sie es inzwischen als Teil Ihres Selbst ansehen. Aber Ihre Verteidigungsmuster zählen nicht zum Wesen Ihres Selbst. Sie sind nur eine Anpassung an Ihre persönlichen Lebensumstände - und sie können, wenn Sie das wollen, verändert werden.

Ihr Partner kennt meist Ihre Verwundbarkeit und Ihre Abwehrmechanismen - und umgekehrt ist es genau so. Sie selbst spüren Ihre Verletzlichkeit, wenn Ihr Partner durch sein Verhalten eine unbewusste Erinnerung an eine Ihrer Kindheitsverletzungen auslöst und die unbewusste Angst weckt, wieder verwundet zu werden. Deshalb schützen Sie sich durch Ihre Schutzmechanismen. Das Paradoxe daran ist, dass Ihre Schutzmechanismen Ihren Partner wieder verletzen - und umgekehrt. Ihre Abwehrhaltung verhindert es, die Bedürfnisse Ihres Partners zu erfüllen, wenn diese Bedürfnisse sich in Ihrer Beziehung melden. Sie und Ihr Partner können einander Heilung ermöglichen, indem Sie füreinander die Elternrolle übernehmen, um alte Kindheitsverletzungen zu heilen.

Ihre Verletzlichkeit und Ihre Abwehrmechanismen spiegeln sich auch in Ihrer Elternschaft wider. Wenn Ihr Kind eine Entwicklungsstufe erreicht, die Sie selbst nicht erfolgreich abschließen konnten, wird Frustration, Angst und vielleicht auch Hilflosigkeit in Ihnen aufsteigen. Dann werden Sie auf die normalen Entwicklungsbedürfnisse Ihres Kindes so reagieren, wie Ihre Eltern auf Sie reagiert haben. Und Sie werden Ihre Schutzmechanismen aktivieren. Das wiederum frustriert Ihr

Kind; und solange Sie daran nichts ändern, verletzen Sie Ihr Kind genau so, wie Sie selbst verletzt worden sind.

A. In dieser Übung sind Sie dazu eingeladen, über jene Reaktionen nachzudenken, die Sie haben, wenn Ihr Kind Sie frustriert. Wenn Sie Ihre Frustrationen mit Ihrem Kind erkennen, erkennen Sie auch Ihren nächsten persönlichen Wachstumsschritt. Das wird Ihnen dabei helfen, auf Ihr Kind angemessen in der jeweiligen Entwicklungsphase zu reagieren, ihm die Unterstützung zuteil werden zu lassen, die es braucht und es durch die jeweilige Entwicklungsphase zu begleiten.
   1. Um mit dieser Übung zu beginnen, brauchen Sie ein leeres Blatt Papier. Legen Sie es bitte quer vor sich hin.
   2. Schreiben Sie als Überschrift: »Mein persönlicher nächster Wachstumsschritt und mein Plan für Veränderung«. Jetzt unterteilen Sie das Blatt in 5 vertikale Spalten. Über die Spalten schreiben Sie: »Frustrationen«, »Gefühle«, »Reaktionen«, »Gedanken« und »Versteckte Angst«.
   3. In die Spalte Frustrationen tragen Sie alle Verhaltensweisen (Handlungen oder Worte) Ihres Kindes ein, die Sie frustrieren.
   4. In die Spalte Gefühle tragen Sie die Gefühle ein, die diese Frustrationen bei Ihnen auslösen.
   5. In die Spalte Reaktionen tragen Sie Ihre gefühlsmäßige und Ihre tatsächliche Reaktion auf das frustrierende Verhalten ein.
   6. In die Spalte Gedanken tragen Sie alle Gedanken ein, die Sie diesbezüglich haben: »Was sagen Sie zu sich selbst?« und »Was ist Ihre Interpretation der Frustration?« Bei den meisten von uns versteckt sich hinter einer Reaktion eine Angst. Die Reaktion stellt also einen Versuch dar, dieses Gefühl der Angst zu vermeiden. Vielleicht müssen Sie ein wenig darüber nachdenken, um diese Angst zu benennen. Wenn Sie soweit sind, nehmen Sie sie in die fünfte Spalte auf, die mit Versteckte Angst betitelt ist.
   7. Sehen Sie die Liste der frustrierenden Verhaltensweisen Ihres Kindes durch und sehen Sie, ob Sie darin ein Muster erkennen können. Wenn Sie ein oder mehrere Muster frustrierender *Verhaltensweisen* Ihres Kindes erkennen, notieren Sie es/sie am Ende der Spalte.
   8. In der Spalte Gefühle notieren Sie am Ende jenes Gefühl, das am häufigsten auftaucht.
   9. Am Ende der Spalte Reaktionen notieren Sie Ihre intensivste Reaktion.
   10. Am Ende der Spalte Gedanken schreiben Sie Ihr Gedankenmuster auf, das wirksam wird, wenn Sie frustriert sind.
   11. Zu guter Letzt schreiben Sie die versteckte Angst auf, die Sie am häufigsten fühlen.

Jetzt denken Sie an Ihre Kindheit zurück und rufen sich die schlimmsten Frustrationen ins Gedächtnis, an die Sie sich erinnern können. Gibt es hier einen Bezug zu den Frustrationen Ihres Kindes/Ihrer Kinder?

B. In dieser Übung werden Sie eingeladen, eine der frustrierenden Verhaltensweisen, die Sie oben genannt haben, genauer zu betrachten und daran zu arbeiten. Das wird Ihnen helfen, den Prozess noch tiefer zu verstehen. Da Sie in dieser Übung auch ganze Sätze schreiben sollen, ist es sinnvoll, einen eigenen Zettel oder ein Notizbuch zu verwenden.

1. Wie lange sind Sie schon verheiratet?
2. Wie alt waren Sie, als Sie geheiratet haben?
3. Wie viele Kinder haben Sie und wie alt sind sie?
4. Was war für Sie das schwierigste Alter mit jedem einzelnen Ihrer Kinder?
5. Rufen Sie sich eine Situation in Erinnerung, die erst kürzlich stattgefunden hat, in der ein Kind etwas getan hat, was Sie frustriert oder irritiert hat.
    a. Beschreiben Sie kurz die Situation.
    b. Wie alt war das Kind?
    c. Was hat das Kind getan?
    d. Was haben Sie dabei gefühlt?
    e. Wenn Sie reagiert haben, wie haben Sie reagiert?
6. Was ist die typische Reaktion Ihres *Partners*, wenn diese frustrierende Situation eintritt?
7. Können Sie sich an eine frühe frustrierende Situation aus *Ihrer Kindheit* erinnern, die der oben beschriebenen ähnlich ist?
    a. Wenn ja, beschreiben Sie kurz die Situation.
    b. Welcher Elternteil (Bezugsperson) war daran beteiligt?
    c. Was hat er/sie getan?
    d. Wie haben Sie sich gefühlt?
    e. Wie haben Sie darauf reagiert?
8. Erinnern Sie sich an eine weitere frustrierende Situation (wenn möglich mit einem anderen Kind)
    a. Beschreiben Sie kurz die Situation.
    b. Wie alt war das Kind?
    c. Was hat das Kind getan?
    d. Was haben Sie dabei gefühlt?
    e. Wenn Sie reagiert haben, wie haben Sie reagiert?
9. Wie hat Ihr Partner auf Sie reagiert?
10. Können Sie sich an eine frühe frustrierende Situation aus Ihrer Kindheit erinnern, die der zweiten gerade beschriebenen Situation ähnelt?
    a. Wenn ja, beschreiben Sie kurz die Situation.
    b. Welcher Elternteil (Bezugsperson) war daran beteiligt?

c. Was hat er/sie getan?
d. Wie haben Sie sich gefühlt?
e. Wie haben Sie darauf reagiert?
11. Was tun Sie Ihrer Wahrnehmung nach, das die intensivsten negativen Reaktionen in Ihrem Kind/Ihren Kindern auslöst?
   a. Beschreiben Sie kurz, was Sie tun.
   b. Wie verhält sich Ihr Partner in Bezug darauf?
12. Was tut Ihr Partner Ihrer Wahrnehmung nach, das die intensivsten negativen Reaktionen in Ihrem Kind/Ihren Kindern auslöst?
   a. Beschreiben Sie kurz, was er tut.
   b. Wie verhalten Sie sich in Bezug darauf?
13. Was tut Ihr Partner als Elternteil, das Sie am meisten frustriert?
   a. Beschreiben Sie kurz die Situation.
   b. Was tun Sie, wenn Ihr Partner sich so verhält?
14. Was tun Sie Ihrer Wahrnehmung nach, das die intensivste positive Reaktion in Ihrem Kind/Ihren Kindern auslöst? (Was funktioniert wirklich?)
   a. Beschreiben Sie kurz, was Sie tun.
   b. Wie verhält sich Ihr Partner, wenn Sie das tun?
15. Was tut Ihr Partner Ihrer Wahrnehmung nach, das die intensivsten positiven Reaktionen in Ihrem Kind/Ihren Kindern auslöst?
   a. Beschreiben Sie kurz, was er/sie tut.
   b. Wie verhalten Sie sich, wenn Ihr Partner das tut?
16. Wählen Sie ein Verhalten aus, das Sie oben beschrieben haben und das Sie am meisten frustriert.
17. Jetzt vervollständigen Sie bitte folgende Sätze (abgesehen vom Verhalten Ihres Kindes beziehen sich die weiteren Lücken auf *Übung 5A, Punkt 7-11):*
   Wenn mein Kind (sich) *(Verhaltensmuster)* _____
   fühle ich mich *(das Gefühl, das Sie am häufigsten haben)* _____
   und reagiere häufig dadurch, dass ich *(Reaktionsmuster)* _____
   und ich denke, dass *(Gedankenmuster)* _____
   und habe Angst, (dass) *(Muster der versteckten Ängste)* _____
   Durch diese Ängste kann ich erkennen, dass meine Wunde *(intensivstes Gefühl bei Frustrationen)* _____ war/ist.
   Aufgrund der Tatsache, dass Minimierer ihre Energie nach innen richten und sich zu wenig einbringen, und Maximierer ihre Energie nach außen richten und sich zuviel einbringen, deuten meine Reaktionen darauf hin, dass ich ein Minimierer/Maximierer bin *(Nichtzutreffendes bitte streichen)*.
   Vergleichen Sie das mit den Antworten, die Sie bezüglich der Frustrationen durch Ihre Eltern gewählt haben.
18. Als nächstes vervollständigen Sie bitte diese Sätze mit Ihren neu gewonnenen Erkenntnissen:
   Wenn mein Kind *(Verhaltensmuster)* _____

braucht es folglich (dass ich) *(positive Elternreaktion)* _____
weil es sich _____ fühlt.
Das bedeutet für mich die Veränderung meines Gedankenmusters ___
und es bedeutet, meinem Kind zu sagen, dass _____

19. Um Ihren nächsten persönlichen Wachstumsschritt herauszufinden, verwenden Sie Ihre bisherigen Erkenntnisse und vervollständigen Sie bitte die folgenden Sätze:
Wenn ich in meiner Kindheit *(Verhaltensmuster)* _____
hatten meine Eltern das Gefühl *(Gefühlsmuster)* _____
und reagierten so, dass sie *(Reaktionsmuster)* _____
weil sie vor *(größte versteckte Angst)* _____
Angst hatten (oder Angst hatten, zu _____).
Was ich daher tun muss, um zu wachsen: _____
Wenn mein Kind *(Verhaltensmuster)* _____
kann ich anstatt (zu) _____
(positive Elternreaktion) _____.
Das kann mir helfen, (zu) *(positives Verhaltensmuster)* _____
und mein Kind zu unterstützen, wenn sich dieses Verhalten einstellt.

Wie Sie diese Erkenntnisse für sich nützen können:

Da Sie nun erkannt haben, wo Ihre ganz persönlichen nächsten Wachstumsschritte liegen könnten, und dieses Buch Ihnen bereits so manche Erkenntnisse ermöglicht hat, können Sie eine Liste von Bitten zusammenstellen und diese Liste Ihrem Partner zeigen, der/die bereit ist, Sie auf Ihrem Weg zur bewussten Elternschaft zu unterstützen. Tragen Sie Ihre Bitten in Form des Dialogs »Bitte um Verhaltensänderung« vor. Ihr Partner ist Ihr bester Verbündeter, wenn es darum geht, Sie bei Veränderungsprozessen zu unterstützen.

Teil 2 Wie meine Eltern sich mir als Kind gegenüber verhalten haben

Ihr Verhalten als Eltern spiegelt weitgehend wider, wie Ihre Eltern sich in Ihrer Kindheit Ihnen gegenüber verhalten haben. Wir neigen dazu, unsere Eltern zu verinnerlichen und sie unbewusst als Vorbilder für unsere eigene Elternschaft heranzuziehen. Das hat einen Einfluss darauf, welche Einstellungen und welche Glaubenssätze wir übernehmen, besonders auch für unsere Beziehungen zu anderen Menschen. Die Übungen in diesem Teil des Kapitels werden uns helfen zu verstehen, wie das Verhalten unserer Eltern Einfluss darauf hatte, wie wir uns nun unseren Kindern gegenüber verhalten.

Übung 6　　　　Meine persönlichen Glaubenssätze

Diese Übung will Ihnen dabei helfen, wertvolle Erkenntnisse über die persönlichen Glaubenssätze zu gewinnen, die Sie in Ihrer Kindheit verinnerlicht haben.

1. Ziehen Sie unter Punkt L unter beiden Spalten der Tabelle auf Seite 335 einen Strich.
2. Lesen Sie die positiven Glaubenssätze von A bis L in der linken Spalte und die negativen Glaubenssätze von A bis L in der rechten Spalte.
    a. Wählen Sie jeweils zwei Punkte aus jeder Spalte, die Ihren persönlichen Glaubenssätzen entsprechen.
    b. Unterstreichen Sie jenen Satz in beiden Spalten, von dem Sie glauben, dass er am meisten auf Sie zutrifft.
3. Lesen Sie dann die positiven Glaubenssätze von M bis P in der linken Spalte und die negativen Glaubenssätze von M bis P in der rechten Spalte.
    a. Wählen Sie auch von diesen Punkten jeweils zwei aus jeder Spalte, die Ihren Glaubenssätzen über Ihre eigene Person entsprechen.
Sie können die Antworten auch in ein eigenes Notizbuch schreiben.

Wie Sie diese Erkenntnisse für sich nützen können:

Die Punkte A bis L auf der rechten Seite beziehen sich auf jene Glaubenssätze, die Sie auf Grund Ihrer Kindheitsverletzung verinnerlicht haben, und auf jene Entwicklungsphase, in der Ihr Wachstum beeinträchtigt war. Die Punkte A - L in der linken Spalte spiegeln die Entwicklungsphasen wider, in denen Sie gut unterstützt wurden.

Punkt A und B in der rechten Spalte weisen auf Verletzungen in der Bindungsphase hin; Punkt C und D auf die Entdeckerphase; Punkt E und F auf die Identitätsphase und G und H auf die Kompetenzphase; Punkt I und J weisen auf die Phase der sozialen Verantwortung hin und K und L auf die Phase der Nähe. Die Punkte in der linken Spalte beziehen sich auf dieselben Entwicklungsphasen, lassen aber erkennen, in welcher Phase Sie angemessen unterstützt wurden.

Um die Übung zu vervollständigen, ergänzen Sie bitte diesen Satz:

»Ich bin in der _____ phase (Phase der _____) verletzt worden und meine Verwundung ist _____.«

Wenn Sie diesen Satz vervollständigen, dann überprüfen Sie in sich selbst, wie verwundet Sie sich fühlen, wenn Sie diese Gedanken zulassen.

In beiden Spalten bezieht sich M auf unser Denken, N bezieht sich auf unser Fühlen, O auf unser Spüren und P auf unser Handeln.

Die rechte Spalte bezieht sich auf Kindheitswunden in Bezug auf diese vier Bereiche. Die linke Spalte bezieht sich auf Bereiche, die während der Kindheit gefördert wurden. Die meisten von uns mussten zwei der angeführten Bereiche ihres Selbst einschränken oder verdrängen, während die anderen beiden ausgelebt werden konnten. Die unterdrückten Bereiche sind Teil unseres Verlorenen Selbst. Wir bitten Sie, zwei von jeder Spalte auszuwählen.

Bitte ergänzen Sie diesen Satz:

»Jene beiden Bereiche, in denen ich gefördert wurde, sind _____ und _____, während _____ und _____ unterdrückt und eingeschränkt wurden.«

Die Bereiche, die vernachlässigt, eingeschränkt oder verdrängt wurden, bilden Ihr Verlorenes Selbst, das sich vor Ihnen und anderen versteckt hält. Wenn Sie zum Beispiel über sich sagen »Ich bin kein gefühlsbetonter Mensch«, werden Ihnen die meisten Menschen zustimmen. Wenn Sie diesen Satz vervollständigt haben, überprüfen Sie ihn mit Ihrer eigenen Erfahrung und dem Feedback, das Sie von anderen bekommen haben, um festzustellen, ob andere mit Ihrem Ergebnis übereinstimmen.

Übung 7   Meine Gefühle, Ängste und Schutzmuster

Diese Übung ist eine Vertiefung von Übung 6 und verwendet die Erkenntnisse von Schritt 2b dieser Übung. Sie werden Ihre *emotionalen Verletzungen* erkennen können, einschließlich all jener Gefühle, die Sie haben, wenn Sie im gegenwärtigen Leben verwundet werden oder wenn Sie Angst haben verwundet zu werden. Weiters werden Sie erkennen, wie Sie sich selbst schützen, wenn diese Gefühle und Ängste auftauchen.

Positive Glaubenssätze	Negative Glaubenssätze
A. Die meisten meiner Bedürfnisse werden erfüllt.	A. Die meisten meiner Bedürfnisse werden nicht erfüllt.
B. Ich habe ein Recht zu existieren.	B. Ich habe kein Recht zu existieren.
C. Ich kann mich auf andere verlassen.	C. Ich kann mich nicht auf andere verlassen.
D. Ich kann »Nein« sagen und werde dennoch geliebt.	D. Wenn ich »Nein« sage, werde ich nicht geliebt.
E. Ich werde gesehen, wertgeschätzt und akzeptiert.	E. Ich werde nie gesehen, wertgeschätzt und akzeptiert.
F. Ich kann »ich selbst« sein und werde geliebt.	F. Wenn ich »ich selbst« bin, werde ich nicht geliebt.
G. Ich weiß, wie man etwas macht.	G. Ich weiß nicht, wie man etwas macht.
H. Auch wenn ich nicht perfekt bin, werde ich doch geliebt.	H. Ich muss perfekt sein um geliebt zu werden.
I. Es ist o.k. Bedürfnisse zu haben.	I. Ich muss die Bedürfnisse anderer erfüllen.
J. Ich bin liebenswert, so wie ich bin.	J. Ich bin nicht liebenswert, so wie ich bin.
K. Ich habe die Freiheit, ich selbst zu sein.	K. Um geliebt zu werden, muss ich brav und wie die anderen sein.
L. Man vertraut mir.	L. Man vertraut mir nicht.
M. Ich kann klar denken und mein Denken wird wertgeschätzt.	M. Ich kann nicht klar denken.
N. Ich habe Zugang zu meinen Gefühlen.	N. Ich habe zu den meisten meiner Gefühle keinen Zugang.
O. Ich fühle mich in meinem Körper wohl; alle meine Sinne sind lebendig.	O. Ich fühle mich in meinem Körper nicht wohl; einige meiner Sinne sind abgestumpft.
P. Ich kann all meine Muskeln frei bewegen.	P. Einige/Die meisten meiner Muskeln sind angespannt.

Die Aussagen in der *linken Spalte* der folgenden Tabelle beschreiben allgemeine Ängste und Gefühle. Kreuzen Sie jene beiden an, die Ihre Ängste und Gefühle am treffendsten beschreiben. Unterstreichen Sie dann diejenige, die am wichtigsten für Sie ist.

Die Aussagen in der *rechten Spalte* sind Ergänzungen des Satzes »Wenn ich das fühle, dann ...«. Sie beschreiben die gängigsten Verteidigungsmuster, mit denen Menschen auf die Ängste und Gefühle der linken Spalte reagieren. Lesen Sie die unterstrichenen Aussagen noch einmal durch und kreuzen Sie in der rechten Spalte an, welches Verteidigungsmuster Sie aufgrund dieser Gefühle und Ängste anwenden.

Wie Sie diese Erkenntnisse für sich nützen können:

Die Aussagen beider Spalten beziehen sich auf die Entwicklungsphasen: Punkt A und B beziehen sich auf die Bindungsphase, C und D auf die Entdeckerphase, Punkt E und F auf die Identitätsphase, G und H auf die Kompetenzphase, I und J auf die Phase der sozialen Verantwortung und schließlich K und L auf die Phase der Nähe.

Wenn Sie Ihre Auswahl getroffen haben, vervollständigen Sie bitte den Satz:
»Mein wichtigster Glaubenssatz ist, dass ich _____
(*verwenden Sie den unterstrichenen negativen Glaubenssatz von Übung 6, 2b*).
Meine Wunde ist, dass ich mich _____
fühle und Angst habe, dass _____
(*schreiben Sie die Angst aus der linken Spalte hinein*).
Um mich vor dieser Angst zu schützen _____.«
(*schreiben Sie Ihr Verhalten aus der rechten Spalte hinein*)

Eine Möglichkeit, sich seiner Wunden, Ängste und Verteidigungsmuster bewusst zu werden, besteht darin, Ihren Partner zu bitten, Sie in diesen Übungen einzuschätzen. Er kann diese Übung auch für sich selbst machen und Sie können Ihrerseits Ihre Einschätzung anbieten. Teilen Sie einander Ihre Erkenntnisse mit und laden Sie Ihren Partner zu einem Dialog ein.

Wenn Sie miteinander ausgetauscht haben, wie Sie sich selbst sehen, führen Sie einen Dialog darüber, wie Sie sich gegenseitig wahrnehmen.

Um diese Übung abzuschließen, vervollständigen Sie den folgenden Satz:
»Meiner Wahrnehmung nach ist der größte Schmerz meines Partners (zu fühlen) _____
Seine größte Angst ist _____
(*aus der linken Spalte*)
und er schützt sich vor diesem Gefühl, indem er _____.«
(*aus der rechten Spalte*)

Gefühle und Ängste	Verteidigung: »Wenn ich das fühle, dann ...«
A. Ich fühle mich im Stich gelassen und getrennt von anderen.	A. Beginne ich zu klammern und übertreibe meine Gefühle.
B. Ich fühle mich nicht gewollt und habe das Gefühl vernichtet zu werden.	B. Ziehe ich mich zurück, pflege keine Kontakte und lasse keine Gefühle zu.
C. Ich fühle mich abgelehnt und habe Angst davor allein zu sein.	C. Beginne ich, andere zu verfolgen und meine Gefühle intensiv auszudrücken.
D. Ich fühle mich erdrückt und habe Angst absorbiert zu werden.	D. Gehe ich auf Distanz und ziehe mich gefühlsmäßig zurück.
E. Ich fühle mich beherrscht und habe das Gefühl benutzt zu werden.	E. Werde ich rigide, widersetze mich und halte meine Gefühle zurück.
F. Ich fühle mich schuldig und nicht gut genug und habe das Gefühl benutzt zu werden.	F. Gebe ich mir noch mehr Mühe, trete in Konkurrenz und halte meine Gefühle zurück.
G. Ich fühle, dass meine Anstrengungen abgewertet werden, und habe Angst hilflos zu erscheinen.	G. Werde ich manipulativ und kommuniziere unklare Gefühle und Botschaften.
H. Ich fühle mich unsichtbar und habe Angst beschämt zu werden.	H. Werde ich diffus und verwirrt und drücke gemischte Gefühle aus.
I. Ich fühle, dass meine Bedürfnisse ignoriert werden, und habe Angst zu bedürftig zu sein.	I. Werde ich gesellig und bin um die Gefühle anderer sehr besorgt.
J. Ich fühle mich von anderen abgelehnt und ich habe Angst, nicht gemocht und ausgeschlossen zu werden	J. Versuche ich allein zu sein und teile meine Gefühle mit niemandem.
K. Ich fühle, dass meine Einzigartigkeit unterdrückt wird, und habe Angst, dass mein Anderssein nicht akzeptiert wird.	K. Erfülle ich, was von mir erwartet wird, und beklage mich vehement darüber.
L. Ich fühle, dass mir kein Vertrauen entgegen gebracht wird, und habe Angst, so wie alle anderen sein zu müssen, damit man mir vertraut.	L. Rebelliere ich und lasse meinen Gefühlen freien Lauf.

Übung 8 **Wie meine Eltern sich in mein Leben als Kind eingebracht haben**

Die nachfolgenden Fragen werden Ihnen helfen herauszufinden, wie Ihre Eltern mit Ihnen umgegangen sind und welche Rückschlüsse Sie auf Ihre gegenwärtige Eltern-Kind-Beziehung ziehen können.

A. Kreuzen Sie für den Kontext der folgenden beiden Sätze jeweils zwei Antworten an, die am besten Ihrer Wahrnehmung der Beziehung Ihrer Eltern zu Ihnen als Kind entsprechen, und schreiben Sie jene Aussage, die am meisten zutrifft, auf die Linie.
  1. Meine Mutter war mir gegenüber oft _____.
     a. ichbezogen   d. abweisend
     b. abgelenkt   e. erdrückend
     c. liebevoll   f. aufgeschlossen
  2. Mein Vater war mir gegenüber oft _____.
     a. ichbezogen   d. abweisend
     b. abgelenkt   e. erdrückend
     c. liebevoll   f. aufgeschlossen
B. Bewerten Sie, wie sehr Ihre Eltern sich in Ihrer Kindheit eingebracht haben. Verwenden Sie dazu eine Skala von 1 - 7, um das Zuviel oder das Zuwenig an Engagement zu bewerten.

	Zu wenig eingebracht			Optimal eingebracht		Zu viel eingebracht	
Mutter	1	2	3	4	5	6	7
Vater	1	2	3	4	5	6	7
Andere	1	2	3	4	5	6	7

C. Wenn sich ein Elternteil abwechselnd zuviel und zu wenig eingebracht hat, welches Verhaltensmuster dominierte Ihrer Einschätzung nach?
   1. Zu viel eingebracht   2. Zu wenig eingebracht
D. Wie oft hat dieser Elternteil Ihrer Meinung nach zwischen beiden Verhaltensweisen abgewechselt?
   Bitte kreuzen Sie den zutreffenden Punkt an:
   1. Selten   2. Gelegentlich   3. Oft
E. Was war in Ihren Augen der Grund für diese Unbeständigkeit? _____

Wie Sie diese Erkenntnisse für sich nützen können:

Im ersten Teil dieses Kapitels hatten Sie Gelegenheit, über Ihren eigenen Stil in Ihrer Elternschaft nachzudenken. Was Sie jetzt über Ihre Eltern herausgefunden haben, ist ein Hinweis darauf, wie Ihr Stil von Ihren Eltern oder einem Elternteil beeinflusst oder geformt worden ist. Um die Verbindung herzustellen, können Sie die obigen Fragen A, B und C für sich selbst und Ihre Elternschaft beantworten.

Sind Sie eher wie Ihre Mutter oder wie Ihr Vater? Was sagt das über Ihren Einfluss auf Ihre Kinder aus?

Übung 9   **Wie meine Eltern Grenzen gesetzt haben**

Bitte wählen Sie für die folgenden Fragen jeweils jene Antwort aus, die am besten beschreibt, wie Ihre Eltern Ihnen Grenzen gesetzt haben.

A. Meine Mutter setzte mir als Kind ...
    1. zu viele Grenzen
    2. ausreichend Grenzen
    3. zu wenig Grenzen
    4. inkonsequente Grenzen
    5. zu strenge Grenzen
    6. keine Grenzen
B. Mein Vater setzte mir als Kind ...
    1. zu viele Grenzen
    2. ausreichend Grenzen
    3. zu wenig Grenzen
    4. inkonsequente Grenzen
    5. zu strenge Grenzen
    6. keine Grenzen
C. Welchem Elternteil standen Sie näher?   Mutter   Vater
D. Welcher Elternteil beeinflusste Sie stärker?   Mutter   Vater
E. Welchem Elternteil ähneln Sie mehr?   Mutter   Vater

Wie Sie diese Erkenntnisse für sich nützen können:

In Ihrer gegenwärtigen oder zukünftigen Elternschaft werden Sie sich vermutlich ähnlich verhalten wie Ihr dominanter Elternteil. Das bedeutet, dass Sie von Ihren Kindern verlangen, dieselben Persönlichkeitsanteile zu unterdrücken oder zu verdrängen, die auch Sie selbst bereits unterdrücken oder verdrängen mussten. Wenn Sie sich dessen bewusst sind, können Sie erkennen, welche Auswirkungen Ihre Elternschaft auf Ihre Kinder hat. Sie können sich fragen, ob und in welche Richtung Sie sich verändern wollen. Wenn Sie einen Zusammenhang herstellen zwischen der Eltern-Kind-Beziehung Ihrer Kindheit und jener Eltern-Kind-Beziehung, die Sie heute mit Ihren Kindern haben, und einen Zusammenhang zwischen den Gefühlen, die Sie als Kind hatten, und dem, was Ihr Kind vielleicht gerade fühlt, so ist das eine ausgezeichnete Möglichkeit, ein besseres Verständnis über Ihre eigene Elternrolle zu erlangen.

Teil 3 Meine Partnerschaft besser verstehen

Das Verhalten Ihrer Eltern während Ihrer Kindheit und Jugendzeit hat einen großen Einfluss auf Ihre Elternrolle und auf Ihre Rolle in einer Ehe oder verbindlichen Partnerschaft. In diesem Teil des Kapitels haben Sie die Möglichkeit, eine Serie von Übungen zu machen, die Ihnen neue Erkenntnisse über Ihre Ehe oder verbindliche Partnerschaft ermöglichen. Wenn Sie AlleinerzieherIn sind, können Sie einen Liebespartner oder Ihren ehemaligen Partner (sofern Sie nun eine freundschaftliche Beziehung pflegen) bitten, diese Übungen mit Ihnen zu machen.

Übung 10   Überblick über meine Partnerschaft

A. Auf einem Blatt Papier zeichnen Sie bitte eine Tabelle mit vier Spalten. In die erste Spalte schreiben Sie positive Eigenschaften Ihres Partners, in die zweite Verhalten, mit dem Ihr Partner Sie beschenkt hat, in die dritte positive Gefühle, die Ihr Partner in Ihnen auslöst, und in die vierte positive Gedanken und Glaubenssätze über Ihren Partner.

Positive Eigenschaften meines Partners	Verhalten, mit dem mein Partner mich beschenkt hat	Positive Gefühle, die mein Partner in mir auslöst	Positive Gedanken und Glaubenssätze über meinen Partner

Bewerten Sie nun jeden Punkt, den Sie in diese Spalten eingetragen haben, auf einer Skala von 1 bis 5, wobei 1 bedeutet, dass dieser Punkt größte Bedeutung für Sie hat, und 5, dass er in Relation dazu wenig Bedeutung hat. Jene Punkte, die Sie mit 1 bewertet haben, ziehen Sie nun bitte heran, um die folgenden Sätze zu vervollständigen.
Wenn ich über meinen Partner nachdenke, sehe ich es als seine positivste Eigenschaft an, dass er _____. Womit er mich am meisten beschenkt hat, war, dass er _____.
Das hat in mir das überaus positive Gefühl ausgelöst _____ und dazu beigetragen, zu glauben, dass mein Partner _____ ist.

B. Erstellen Sie nun bitte eine weitere Tabelle, diesmal eine mit fünf Spalten, und schreiben Sie in die erste jene Verhaltensweisen Ihres Partners, die Sie frustrieren, in die zweite Ihre diesbezüglichen Gefühle, in die dritte Ihre eigenen Reaktionen auf diese Verhaltensweisen, in die vierte Ihre Gedanken oder Glaubenssätze über dieses Verhalten und in die fünfte, welche Angst dieses Verhalten bei Ihnen auslöst.

Frustrierende Verhaltensweisen	Gefühle	Reaktionen	Gedanken und Glaubenssätze	Ängste

Bitte wählen Sie nun fünf frustrierende Verhaltensweisen aus und ordnen Sie sie auf einer Skala von 1 bis 5. 1 ist die frustrierendste Verhaltensweise, von der Sie sich am meisten wünschen, dass Ihr Partner sie ablegen könnte. Bitten Sie dann Ihren Partner, jene fünf Verhaltensweisen anzusehen, die Sie ausgewählt haben, und sie ebenfalls auf einer Skala von 1 bis 5 einzustufen, wobei 1 bedeutet, dass sie für ihn am schwierigsten zu verändern ist.

Wie Sie diese Erkenntnisse für sich nützen können:

Sie werden bemerken, dass diese Übung im ersten Schritt positive Gefühle und im zweiten Schritt negative Gefühle über Ihren Partner wachrufen wird. Es ist wichtig sich bewusst zu machen, dass es beides gibt. Das ermöglicht es Ihnen zu erkennen, dass es gewisse Dinge gibt, die positiv sind, und gewisse Dinge, die negativ sind. Und dass man nie sagen kann, alles sei schlecht oder alles sei gut. Interessanterweise fällt es Partnern oft gar nicht leicht Verhaltensweisen zu benennen, die sie am anderen frustrierend finden. Wenn Sie sie benennen und auch die Ängste erkennen, die diese Verhaltensweisen bei Ihnen auslösen, können Sie herausfinden, warum sie ein Problem für Sie darstellen und warum sie so viel Macht haben. Diese Übung ist äußerst hilfreich, wenn beide Partner sie machen und bereit sind, ihre Erkenntnisse in Form des Imago-Dialogs miteinander auszutauschen.

Übung 11   Glaubenssätze über mich selbst in Beziehung zu meinem Partner

Diese Übung wird Ihnen helfen zu erkennen, was Sie über sich selbst in der Beziehung zu Ihrem Partner denken. Sich Zeit zu nehmen, um über unsere Glaubenssätze nachzudenken, hilft uns, konkrete Einsichten zu erlangen, die uns weiterbringen, anstatt nur vage Gefühle der Zufriedenheit oder Unzufriedenheit zu spüren. Bitte wählen Sie jene zwei Punkte aus der Tabelle auf der nächsten Seite aus, die Ihren Glaubenssätzen über sich selbst in der Beziehung zu Ihrem Partner am ehesten entsprechen. Anschließend unterstreichen Sie bitte jene zwei Punkte, die dem grundlegendsten Glaubenssatz Ihres Lebens (unabhängig von Ihrer Partnerschaft) am meisten entsprechen.

Wie Sie diese Erkenntnisse für sich auswerten und nützen können:

Wie es auch für andere Übungen in Teil 1 und 2 dieses Kapitels zutrifft, entsprechen diese Glaubenssätze den verschiedenen Entwicklungsphasen. Die Glaubenssätze A und B entsprechen Verletzungen in der Bindungsphase, C und D Verletzungen in der Entdeckerphase, E und F Verletzungen in der Identitätsphase, G und H Verletzungen in der Kompetenzphase, I und J Verletzungen in der Phase der sozialen Verantwortung, sowie K und L Verletzungen in der Phase der Nähe.

Wenn Sie die Punkte A, C, E, G, I oder K gewählt haben, sind Sie vermutlich ein Maximierer. Haben Sie die Punkte B, D, F, H oder J gewählt, sind Sie vermutlich ein Minimierer. Entspricht das den Ergebnissen vorangegangener Übungen?

Jene Punkte, die Sie aus der *linken Spalte* ausgewählt haben, sind ein Hinweis auf jene Entwicklungsphasen, in denen Sie unterstützt wurden. Jene Punkte, die Sie aus der *rechten Spalte* ausgewählt haben, entsprechen den Entwicklungsphasen, in denen Sie verwundet wurden.

Diese Übung ist eine Möglichkeit, wie Sie ausgehend von Ihrer Partnerschaft mehr über Ihre Kindheitsverletzungen herausfinden können. Das ist für Sie als Eltern deshalb besonders wichtig, weil Sie mit Hilfe dieses Wissens voraussehen können, in welcher/welchen Entwicklungsphase(n) es für Sie schwierig sein wird, Ihre Kinder zu unterstützen, und in welchen Ihnen das vermutlich gut gelingen wird.

Ich glaube, in meiner Beziehung ...

A. Werden die meisten meiner Bedürfnisse erfüllt.

B. Werde ich in meinem Recht zu existieren unterstützt.

C. Kann ich mich auf meinen Partner verlassen.

D. Kann ich »Nein« zu meinem Partner sagen und werde dennoch angenommen und geliebt.

E. Werde ich von meinem Partner gesehen, geschätzt und angenommen.

F. Kann ich in jeder Hinsicht so sein, wie ich bin, und werde so angenommen und geliebt.

G. Kann ich kompetent sein und meine Stärke zum Ausdruck bringen und werde dabei von meinem Partner unterstützt, angenommen und geliebt.

H. Kann ich unvollkommen sein und Fehler machen und werde dennoch geliebt.

I. Kann ich bedürftig sein und erfahren, dass meine Bedürfnisse ernst genommen werden.

J. Bin ich liebenswert, so wie ich bin.

K. Kann ich meiner Einzigartigkeit Ausdruck verleihen.

L. Darf ich mir selbst und meinen Gefühlen Ausdruck verleihen und sagen, was ich möchte.

A. Werden meine Bedürfnisse nicht erfüllt.

B. Habe ich kein Recht zu existieren.

C. Werde ich in meinen Bedürfnissen durch einen unverlässlichen Partner stets enttäuscht werden.

D. Möchte mein Partner mich immer beeinflussen. Ich kann nicht »Nein« sagen und mir gleichzeitig seiner Liebe sicher sein.

E. Wird mein Selbst verfälscht und meine Grenzen nicht respektiert, während ich nicht gesehen und wertgeschätzt werde.

F. Darf ich nicht der/die sein, der/die ich wirklich bin. Mein Partner möchte dominieren und über mich verfügen.

G. Weiß ich mir nicht zu helfen. Meine Leistungen werden immer abgewertet, sodass ich meine Stärke verstecke und zu manipulieren beginne.

H. Muss ich perfekt sein um zu verhindern, dass ich bestraft werde oder mir künftig nichts mehr zugetraut wird.

I. Muss ich die Bedürfnisse meines Partners und anderer Menschen erfüllen und meine eigenen verleugnen, denn andere Menschen brauchen mich.

J. Wird mein Partner mich nie mögen und mir niemals Anerkennung aussprechen.

K. Muss ich anderen ähnlich sein und ihren Erwartungen entsprechen.

L. Wird mir nicht zugetraut, mir selbst oder meinen Gefühlen Ausdruck zu verleihen.

Übung 12   Meine Beziehungsängste

Die nächsten Übungen sind dazu gedacht, einen Zusammenhang zwischen Ihren eigenen Erfahrungen (Ihren Ängsten, Verwundungen und Schutzmustern) und der Beziehung zu Ihrem Partner herzustellen. Wenn Sie AlleinerzieherIn sind, können Sie einen Menschen, dem Sie sehr nahe stehen und vertrauen (unter Umständen auch Ihren ehemaligen Partner, falls Sie nun eine freundschaftliche Beziehung pflegen), bitten, diese Übung mit Ihnen zu machen. Bitte wählen Sie zwei Antworten aus, die am meisten auf Sie zutreffen, und unterstreichen Sie schließlich jene Antwort, die Ihre größte Angst widerspiegelt.

Wovor ich am meisten Angst habe, ist ...
A. Getrennt zu sein, verlassen zu werden oder mich selbst in meiner Partnerschaft zu verlieren.
B. Körperlich und gefühlsmäßig nicht geliebt und von meinem Partner zurückgewiesen zu werden.
C. Die ambivalente Unverlässlichkeit meines Partners - einmal ist er für mich da, beim nächsten Mal aber nicht.
D. Von meinem Partner erdrückt, absorbiert und erniedrigt zu werden.
E. Mich unsichtbar zu fühlen, mich zu behaupten und dadurch die Liebe meines Partners zu verlieren.
F. Mich für mein eigenes Selbst schämen zu müssen, die Kontrolle zu verlieren und meinem Partner gegenüber mein Gesicht zu verlieren.
G. Als aggressiv, erfolgreich, kompetent und stark angesehen zu werden und dadurch die Liebe meines Partners zu verlieren.
H. Als Versager gesehen zu werden, die Anerkennung meines Partners zu verlieren und ihm meinen Wert beweisen zu müssen.
I. Bedürfnisse zu haben und auszudrücken und deshalb von meinem Partner zurückgewiesen und ausgeschlossen zu werden.
J. Von meinem Partner nicht gemocht oder alleingelassen zu werden und nicht als gleichwertig angesehen zu werden.
K. Anders als andere und mein Partner zu sein und keine Anerkennung für meine Einzigartigkeit zu erhalten.
L. Von meinem Partner in allen meinen Handlungen kontrolliert zu werden und mein eigenes Selbst nicht so ausdrücken zu können, wie ich das gern möchte, ohne kritisiert zu werden.

Wie Sie diese Erkenntnisse für sich nützen können:

Wie bei anderen Übungen entsprechen A und B der Bindungsphase, C und D der Entdeckerphase, E und F der Identitätsphase, G und H der Kompetenzphase, I und J der Phase der sozialen Verantwortung sowie K und L der Phase der Nähe. Wenn

Sie noch einmal zu den Ergebnissen von Übung 11 zurückblättern, können Sie einen Zusammenhang zwischen Ihren Ängsten und den Verletzungen bestimmter Entwicklungsphasen herstellen. Der zweite Teil von Übung 7 half Ihnen zu erkennen, welche Schutzmuster Sie aufgrund dieser Kindheitsverletzung entwickelt haben. Wenn Sie die Ergebnisse von Übung 7 mit den Erklärungen von Übung 12 vergleichen, werden Sie sehen, dass Ihre Ängste in Bezug auf Ihre Partnerschaft mit den Kindheitsverletzungen aus bestimmten Entwicklungsphasen eng in Zusammenhang stehen.

Bitte vervollständigen Sie als Abschluss dieser Übung den folgenden Satz:

»Die tiefste Angst in meiner Partnerschaft ist _____.«

Übung 13   Das Kernthema meiner Partnerschaft

Diese Übung will Ihnen helfen, das Kernthema Ihrer Ehe oder verbindlichen Partnerschaft zu ermitteln. Lesen Sie dazu die folgenden Sätze und wählen Sie zwei aus, die Ihnen am bedeutsamsten erscheinen. Unterstreichen Sie schließlich jenen Satz, der dem Kernthema Ihrer Partnerschaft Ihrer Ansicht nach am meisten entspricht. Anschließend lesen Sie diese Sätze bitte noch einmal durch und betrachten Sie sie diesmal aus der Perspektive Ihres Partners. Wählen Sie jene beiden, die für Ihren Partner am bedeutsamsten sind, und unterstreichen Sie bitte jene, die Ihr Partner Ihrer Meinung nach wählen würde.

Das Kernthema unserer Beziehung ist ...
A. Die Sehnsucht meines Partners nach mehr Eigenständigkeit und Ungebundenheit.
B. Die Forderung meines Partners nach mehr Gemeinsamkeit und seine Abhängigkeit.
C. Dass mein Partner meine Bedürfnisse vernachlässigt, meine Interessen nicht teilt und sich distanziert.
D. Dass mein Partner mir meinen Freiraum und meine Autonomie nimmt und ständig Forderungen stellt.
E. Die Rigidität meines Partners, sein zwanghaftes Bedürfnis mich zu kontrollieren.
F. Dass mein Partner passiv und chaotisch ist, kein klares Selbstbild hat und diffus ist.
G. Dass mein Partner zwanghaft konkurrieren muss und immer gewinnen möchte.
H. Dass mein Partner mich manipulieren und indirekt die Macht an sich reißen möchte.

I. Dass mein Partner mich aus seinen Gedanken und Gefühlen ausschließt und einsam ist.
J. Dass mein Partner meine Grenzen nicht respektiert, sich zwanghaft um alles sorgt und stets bei allen Menschen angesehen sein möchte.
K. Dass mein Partner sich nicht an unsere Abmachungen und Regeln hält und immer rebelliert.
L. Dass mein Partner sich immer an die Erwartungen anderer anpasst und alle positiv beeindrucken möchte.

Wie Sie diese Erkenntnisse für sich nützen können:

Wenn Sie die Punkte A, C, E, G, I oder K gewählt haben, sind Sie vermutlich ein Maximierer. Haben Sie die Punkte B, D, F, H, J oder L gewählt, sind Sie vermutlich ein Minimierer. Auf beiden Seiten gibt es noch weitere Unterteilungen. Bei den Maximierern bedeutet A zu klammern, C zu verfolgen, E diffus und nachgiebig zu sein, G zu manipulieren, I ein Einzelgänger zu sein und K ein Rebell zu sein. Bei den Minimierern bedeutet B Nähe zu vermeiden, D sich zu distanzieren, F rigide zu kontrollieren, H zu rivalisieren, J ein aufopfernder Helfer zu sein und L ein Konformist zu sein.

Dieses Wissen kann hilfreich sein um zu erkennen, dass jeder von uns beide Gegensätze in sich trägt, und wir dazu neigen, einen dieser beiden Gegensätze auf andere Menschen zu projizieren und dann an ihnen zu kritisieren. Erst wenn wir das nachvollziehen können, können wir auch verstehen, welch starken Einfluss wir auf unsere Kinder haben. Wenn wir verstehen, dass wir Charakterzüge abwerten, die in ganz besonderer Weise unserer eigenen Charakterstruktur entsprechen, befreit uns dieses Wissen von der Fehleinschätzung, dass diese Charakterzüge real bei unseren Kindern existieren und dass sie immer negativ sein müssen.

Das ist deshalb so wichtig, weil ein Kind dazu neigt, jene projizierten Eigenschaften an sich selbst abzuwerten, die sein dominanter Elternteil abwertet, jener, der mehr Einfluss auf das Kind hat. So gibt ein Erwachsener sein charakterliches Schutzmuster an sein Kind weiter, das dieses Muster später, wenn es selbst erwachsen ist, wieder an seine Kinder weitergeben wird. Die nächste Übung kann Ihnen helfen, diesen Kreislauf zu durchbrechen und einen Veränderungsprozess zu beginnen.

Übung 14	Wachstumschancen in meiner Partnerschaft

Diese Übung möchte Ihnen ausgehend von allen bisher erlangten Erkenntnissen helfen, einen vorläufigen Wachstumsplan zu erstellen. Wenn Sie zu den vorangegangenen Übungen zurückblättern, wird Ihnen auffallen, dass Sie bei verschiedenen Fragen immer wieder ähnliche Buchstaben gewählt haben. Sehen Sie nun, welche Sätze in der vorliegenden Übung Ihren am häufigsten gewählten Buchstaben entsprechen. Wenn Sie zum Beispiel immer wieder A, C, E, G, I und K gewählt haben, so lesen Sie nun die entsprechenden Sätze durch. Das sind Ihre nächsten, ganz persönlichen Wachstumsschritte. Beachten Sie jedoch, dass andere Schritte, die nicht in Ihre persönlichen Bereiche fallen, dennoch wichtige und hilfreiche Vorsätze sein können. Lesen Sie deshalb alle Sätze durch, denn vielleicht entdecken Sie weitere Wachstumsschritte, die Sie ansprechend finden.

Ein nächster persönlicher Wachstumsschritt für mich wäre:
A. Loslassen lernen und mehr allein tun.
B. Das Recht einfordern, ich selbst zu sein, meine Gefühle ausdrücken und mehr Nähe zu meinem Partner suchen.
C. Mehr auf eigenen Beinen stehen und mehr eigene Interessen entwickeln.
D. Mehr Nähe zu meinem Partner suchen und meine Gefühle mit ihm teilen.
E. Mich besser durchsetzen, mich besser abgrenzen und die Grenzen anderer Menschen mehr respektieren.
F. Loslassen lernen, die Kontrolle abgeben, mehr Flexibilität und Einfühlsamkeit entwickeln.
G. Direkter werden, meine eigene Stärke mehr zeigen und den Erfolgen meines Partners Anerkennung schenken.
H. Meine eigene Kompetenz annehmen und mehr mit anderen kooperieren.
I. Meine Bedürfnisse meinem Partner und anderen Menschen vermitteln, für mich selbst sorgen und die Privatsphäre meines Partners respektieren.
J. Mit meinem Partner gemeinsam Sozialkontakte pflegen und meine Gedanken und Gefühle mit ihm teilen.
K. Mehr Risiken eingehen und mit neuen Verhaltensweisen experimentieren.
L. Anderen Vertrauen schenken, Rücksicht nehmen auf andere Menschen und auf allgemein geltende Werte.

Wie Sie diese Erkenntnisse für sich nützen können:

Sie haben Ihre ganz persönlichen nächsten Wachstumsschritte erarbeitet und können sich nun dafür entscheiden, sich während der nächsten drei Monate täglich um eine Veränderung und die Umsetzung dieses Schrittes zu bemühen. Nach Ablauf der drei Monate können Sie evaluieren, ob Sie weiter daran arbeiten möchten, oder unter Umständen einen neuen Wachstumsschritt auswählen und versuchen ihn umzusetzen.

Anmerkung: Die folgenden beiden Übungen sind grundlegende Übungen für jede bewusste Partnerschaft. Sie sind nicht Teil einer bestimmten Übungsfolge. Sie können sie jederzeit anwenden.

Übung 15 Der Imago-Dialog

Das entscheidendste Kennzeichen einer bewussten Ehe ist die Anwendung des Imago-Dialogs. Das Beste, das Sie und Ihr Partner für Ihre Partnerschaft und Ihre Elternschaft tun können, ist es, miteinander zu vereinbaren, den Imago-Dialog für Ihre Kommunikation zu nützen. In emotional aufgeladenen Situationen ist es gut, sich genau an seine Struktur zu halten. In anderen Situationen genügt es, wenn Sie die Intentionen des Imago-Dialogs gedanklich berücksichtigen, zum Beispiel auch in spontan auftretenden Situationen. Das hilft Ihnen, symbiotische Gewohnheiten abzulegen und mit einem realen Menschen in Beziehung zu treten, nicht mit dem Bild, das Sie sich von ihm gemacht haben. In Kapitel 5 *Der Imago-Dialog* finden Sie eine genaue Anleitung, wie man Imago-Dialoge führen kann.

Ein paar wichtige Aspekte:
1. Erkennen Sie Ihre Wachstumschancen als Eltern: Was müssen Sie beide verändern, um Ihr Kind/Ihre Kinder optimal zu unterstützen? Wie können Sie einander dabei helfen, die nötigen Veränderungen zu erreichen?
2. Bringen Sie in Erfahrung, wie die Ehe Ihrer Eltern war und wie Sie Ihre Partnerschaft beeinflusst. Was kann jeder von Ihnen beiden tun, um diesen Einfluss zu verändern und eine bewusste Ehe zu führen, die Ihre jeweiligen Bedürfnisse einbezieht? Finden Sie heraus, was Sie in Ihrer Partnerschaft verändern müssen, um das zu erreichen.
3. Finden Sie heraus, wie der Einfluss Ihrer eigenen Eltern sich auf Ihre heutige Eltern-Kind-Beziehung auswirkt. Was können Sie tun, um sich davon zu lösen und bewusste Eltern zu werden?

Übung 16 Wiederverlieben in der Partnerschaft - Ein neues Bild meines Partners

Ein paar Monate nach der Eheschließung und insbesondere nach der Geburt eines Kindes lässt die gegenseitige romantische Anziehung nach und wird oft durch einen Machtkampf abgelöst. Wenn Sie den Imago-Dialog verwenden um romantische Erinnerungen wieder wachzurufen, dann kann das Glück der ersten Zeit wieder aufleben. Wenn Sie bewusst den Dialog in Ihrer Beziehung pflegen, kann das Glück auch von Dauer sein. Sowohl für Eltern als auch für Kinder ist es ganz besonders wichtig, nicht nur ihre Konflikte im Auge zu haben, sondern vor allem auch das positive Potenzial Ihrer Beziehung. Kinder können glückliche Momente in sich aufnehmen und in ihrem Gedächtnis sehr gut speichern, deshalb haben Sie eine Vorbildwirkung für ihre spätere Ehe und Elternschaft. Die folgenden Übungen zum Wiederverlieben in der Partnerschaft werden Ihnen helfen, positive Erinnerungen wachzurufen und zu stärken.

1. Nehmen Sie ein Blatt Papier und unterteilen Sie es in drei Spalten. Die erste Spalte betitelten Sie mit »Liebevolles Verhalten - Früher«, die zweite mit »Liebevolles Verhalten - Jetzt« und die dritte mit »Liebevolles Verhalten - In Zukunft«.

Liebevolles Verhalten Früher	Liebevolles Verhalten Jetzt	Liebevolles Verhalten In Zukunft

2. In der ersten Spalte zählen Sie alle positiven Verhaltensweisen auf, die Ihr Partner Ihnen in der Vergangenheit geschenkt hat, besonders auch in der ersten Zeit Ihrer Verliebtheit. In der zweiten Spalte zählen Sie alle liebevollen Verhaltensweisen auf, die Ihr Partner Ihnen derzeit schenkt. Und in der dritten Spalte sollten jene liebevollen Verhaltensweisen genannt werden, die Sie sich für die Zukunft wünschen. Vielleicht blättern Sie noch einmal zurück zu Übung 1 in Teil 1, um sich Anregungen zu holen, was in dieser Liste enthalten sein könnte.
3. Wenn Sie und Ihr Partner dieses Blatt vollständig ausgefüllt haben, vereinbaren Sie mit ihm einen Zeitpunkt um miteinander darüber zu reden. Wenn Ihr Partner alle liebevollen Verhaltensweisen genannt hat, die er früher genossen hat, dann fragen Sie ihn, welche dieser Verhaltensweisen er sich wieder von Ihnen wünschen würde. Wenn er die Punkte seiner zweiten Spalte aufzählt, dann fragen Sie ihn, welche liebevollen Verhaltensweisen Sie beibehalten sollen. Wenn er erzählt, welche liebevollen Verhaltensweisen er sich für die Zukunft wünscht, dann fragen Sie ihn, welche Punkte ihm dabei am wichtigsten sind und womit Sie beginnen sollen. Anschließend bitten Sie Ihren Partner, anhand Ihrer eigenen Liste dasselbe zu tun.
4. Wenn Sie damit fertig sind, platzieren Sie Ihre Listen an einem Ort, wo Sie sie oft sehen können. Lesen Sie sie immer wieder durch und halten Sie sich an Ihre Vereinbarungen. Noch ein Tipp zum Schluss: Wenn Ihr Partner wieder einmal verärgert über Sie ist, dann reagieren Sie anders als bisher und zeigen Sie eine liebevolle Verhaltensweise.

Teil 4   Plan für Heilung und Wachstum

Dieser Teil des Kapitels *Werkzeuge für bewusste Eltern* soll Ihnen dabei helfen, einen persönlichen Wachstumsplan zu erstellen. Wie wir schon gesagt haben, besteht der erste Schritt darin, Ihr Wissen und Ihre Erkenntnisse zu erweitern. Wenn Sie mehr über sich selbst, Ihren Partner und Ihre Kinder in Erfahrung bringen, können Sie bewusster handeln. Wenn Sie die bisherigen Übungen dieses Kapitels ausgefüllt haben, haben Sie schon viel Einsicht erlangt darüber, wer Sie sind, woher Sie kommen und welche Themen persönliche Wachstumsschritte für Sie sein könnten. Daraus können Sie einen persönlichen Plan für Heilung und Wachstum entwickeln, um eine bewusste Mutter oder ein bewusster Vater zu werden. Der Prozess des Bewusstwerdens ist die Vorstufe dazu, neue Verhaltensweisen zu integrieren.

Übung 17   Nützen wir, was wir bereits wissen

Nun folgt eine Zusammenfassung, die all Ihre bisherigen Erkenntnisse in einen zusammenhängenden Text integriert. Er wird Ihre aktuelle Situation als Eltern beschreiben und jene Bereiche hervorheben, an denen Sie arbeiten können, um Ihre Kinder darin zu unterstützen, die Herausforderungen ihrer aktuellen Entwicklungsphasen gut zu bewältigen. Wenn Sie Ihre Reaktionsweisen erkennen und Ihre Verteidigungsmuster bei frustrierenden Verhaltensweisen Ihrer Kinder verändern können, werden Sie Ihren Kindern helfen können zu integrierten Persönlichkeiten heranzuwachsen. Wenn Ihre Kinder bereits einen ihrer Persönlichkeitsanteile verdrängt haben, können Sie ihnen helfen, diesen Anteil wieder zu integrieren. Sie können Ihren Kindern bereits jetzt helfen und müssen nicht warten, bis Sie selbst Heilung gefunden haben.

Für die folgende Übung blättern Sie bitte noch einmal alle bisherigen Übungen durch, dann haben Sie alle Ihre persönlichen Antworten parat.

Durch den Inhalt dieses Buches und mithilfe der bisherigen Übungen habe ich erkannt, dass meine größte Frustration mit meinem Kind/meinen Kindern darin besteht, dass mein Kind/meine Kinder _____ .
Wenn mein Kind/meine Kinder das tun, fühle ich mich _____ ,
reagiere darauf, indem ich _____
und denke, dass _____ .

Deshalb glaube ich, dass jene Entwicklungsphase, die ich nicht gut bewältigt habe, die _____ Phase (der _____) ist. Was ich nicht lernen konnte, ist, _____ .

Das bedeutet, dass mein nächster persönlicher Wachstumsschritt als Mutter/
Vater darin besteht, (zu) _____ ,
damit ich meinem Kind helfen kann, (zu) _____ .

Da ich in dieser Phase nicht unterstützt wurde, entwickelte ich die Angst, (dass)
_____ ,
die zu einer Kindheitswunde geworden ist, und ich schütze mich vor dieser
Angst, indem ich _____
(das ist mein Schutzmuster). Deshalb wurde ich ein(e) MinimiererIn/Maxi-
miererIn, dessen/deren primäres Schutzmuster das _____ ist.
Ich bringe mich ins Leben meines Kindes/meiner Kinder zu viel/zu wenig ein
und setze _____ Grenzen. Meine größte Herausforderung im
Zusammenhang mit dem Setzen von Grenzen ist es, _____
und _____ Grenzen zu setzen. Da einige meiner Entwicklungsimpulse
nicht unterstützt wurden, musste ich manchmal _____ , um in meiner
Familie zu überleben, was mir nicht bewusst war. In anderen Situationen war
ich/habe ich _____ , was mir ebenfalls
nicht bewusst war. Ich verstehe, dass ich nun meine verleugneten und abgelehnten Selbstanteile auf andere projiziere, besonders auf meinen Partner und mei-
ne Kinder. Es ist mir bewusst, dass ich manche Eigenschaften an meinen Kindern und meinem Partner ablehne oder unterdrücke. Ich weiß, dass meine verleugneten und abgelehnten Selbstanteile mir selbst nicht bewusst sind, aber andere sie erkennen können. Die verlorenen Funktionen meines Selbst sind für andere und für mich nicht sichtbar. All das zusammen ergibt mein Fehlendes
Selbst.

Meine größte Herausforderung im Hinblick auf mein Fehlendes Selbst ist es,
_____ . Als Folge der Ehe meiner Eltern, die _____
und _____ war, übernahm ich für meine eigene Ehe, dass sie _____
und _____ ist, und wurde zu einer Mutter/Vater, die _____ und
_____ ist. Das führt zu meiner Überzeugung, dass ich im Leben im
Allgemeinen _____ *(positives Verhalten)* und _____
(negatives Verhalten).

Das ist wiederum die Ursache für den Glaubenssatz, dass ich in meiner Ehe/ver-
bindlichen Partnerschaft _____ .
Dieser Glaubenssatz ist die Ursache für mein Kernthema in der Partnerschaft,
das darin besteht, (dass) _____ .
Das hängt mit meinem Gefühl _____ zusammen
und mit meiner Angst, (dass,) _____ ,
mit der ich zurechtzukommen versuche, indem ich _____ .

Als Folge davon bin ich in meiner Partnerschaft ein Minimierer/Maximierer und mein primäres Schutzmuster ist _____ .
Aus all dem lässt sich ableiten, dass es meine größte Herausforderung in meiner Ehe/Partnerschaft ist, dass ich _____
und die größte Herausforderung in meiner Rolle als Mutter/Vater, dass ich
_____ .

Wie Sie diese Erkenntnisse für sich nützen können:

Es dauert seine Zeit, diesen Text fertig zu stellen. Er ist eine Zusammenfassung all dessen, was Sie aus den Gedanken und Übungen dieses Buches erkennen können. Dieser Text will Sie begleiten, jene Veränderungen zu erreichen, die Sie als Mutter/Vater erreichen möchten. Diese Übung ist die Basis für die nächste Übung, die Ihnen helfen kann konkret festzulegen, wie Sie nun damit beginnen können, eine bewusste Mutter/ein bewusster Vater zu werden.

Übung 18 **Plan für Heilung und Wachstum**

Nun sind Sie dazu in der Lage niederzuschreiben, was Sie brauchen und möchten, um eine bewusste Mutter/ein bewusster Vater für Ihre Kinder zu werden

1. Nehmen Sie ein Blatt Papier, legen Sie es waagrecht und unterteilen Sie es in vier Spalten. Die erste Spalte betiteln Sie mit »Frustrierende Verhaltensweisen«, die zweite mit »Meine Reaktionsmuster«, die dritte mit »Die Bedürfnisse des Kindes« und die vierte mit »Konstruktive Reaktionen«. Verwenden Sie die Ergebnisse von Übung 5, um die erste und zweite Spalte auszufüllen.
2. In die dritte Spalte schreiben Sie dann die Bedürfnisse Ihres Kindes - dabei versuchen Sie bitte, mithilfe aller Erkenntnisse, die dieses Buch Ihnen schenken konnte, aus den Verhaltensweisen Ihres Kindes seine teilweise verborgenen Bedürfnisse abzuleiten. Und in die vierte Spalte schreiben Sie konstruktive Reaktionsmöglichkeiten auf Ihre Frustration.
3. Wenn Sie damit fertig sind, ziehen Sie einen Strich unter die letzten Einträge. Gehen Sie alles durch und fassen Sie das wichtigste Thema heraus. Dieses Thema schreiben Sie unter die Linie und vervollständigen dann die folgenden Sätze:

Inzwischen weiß ich, was mein Kind beabsichtigt, wenn es _____ *(frustrierende Verhaltensweise)*, und ich weiß, dass es _____ braucht *(Bedürfnisse des Kindes)*.
Also reagiere ich nicht weiter durch _____ *(mein Reaktionsmuster)*, sondern damit, dass ich _____ *(konstruktive Reaktion, die Ihr Kind braucht)*. Das hilft mir, immer weniger maximierende/minimierende Verhaltensweisen *(Nichtzutreffendes bitte streichen)* zu zeigen, da ich mich bewusst dafür entscheiden kann, meine Energie nicht weiterhin als Reaktion auf mein Kind implodieren/explodieren *(Nichtzutreffendes bitte streichen)* zu lassen.

Wie Sie diese Erkenntnisse für sich nützen können:

Sie haben dieses Buch aufmerksam gelesen, die Übungen durchgearbeitet und einige Erkenntnisse darüber gewonnen, was Ihr Kind braucht. Sie haben vielleicht auch erkannt, was Sie brauchen, um die Bedürfnisse Ihres Kindes erfüllen zu können. Lesen Sie den ausgefüllten Text - Ihren persönlichen Plan für Heilung und Wachstum - von Zeit zu Zeit wieder durch, um sich Stärkung und neue Zuversicht zu holen. So wird es Ihnen viel besser gelingen, Ihr Kind bewusst so anzunehmen, wie es wirklich ist, angemessen auf sein Verhalten zu reagieren und dadurch zugleich an Ihrem eigenen Heilungsprozess zu arbeiten. So entscheiden Sie sich für eine bewusste Lebenshaltung und setzen entsprechende Handlungen, von denen Sie selbst und Ihr Kind sehr profitieren werden.

Unser besonderer Dank gilt

Jean Coppock Staeheli

An dieser Stelle möchten wir uns in besonderer Weise bei Jean Coppock Staeheli für ihre professionelle Hilfe bei unserer Arbeit an diesem Buch bedanken. Es ist ihr Verdienst, dass aus zwei unvollständigen Manuskripten, vielen Seiten unfertiger Notizen und aus Dutzenden Gesprächen ein gut strukturiertes, verständlich formuliertes und thematisch interessantes Buch werden konnte. Mit ihrer Umsicht und ihrem Scharfsinn, mit ihrem tiefen Verständnis für das, was wir in diesem Buch zum Ausdruck bringen wollen, und mit ihrer unerschütterlichen Ruhe und Geduld angesichts all unserer eigenen Überarbeitungen war sie uns eine große Stütze darin, das Fünf-Jahres-Projekt dieses Buches zu einem exzellenten Ergebnis zu führen. Herzlichen Dank, Jean.

Danksagungen

»Kein Mensch ist eine Insel ...«, und so ist auch dieses Buches nicht allein ein Produkt unserer Gedanken. Wir haben direkt und indirekt aus vielen Quellen geschöpft. Unser aufrichtiger Dank und Respekt gebührt deshalb Harry Stack Sullivans Theorie der interpersonalen Zusammenhänge, Heinz Kohuts Ansichten über Empathie und Verbundenheit, Eric Bernes Konzept der Transaktionsanalyse, Margaret Mahlers Entwicklungstheorie, Martin Bubers Konzept des »Dazwischen« in der Ich-Du-Beziehung und seine Ansichten über die Kraft des Dialogs, Robert Coles' Wirken auf dem Gebiet der ethischen Entwicklung von Kindern und der Förderung ihrer Spiritualität, Daniel Sterns interpersonalen Theorien über Babys und Kleinkinder und ihr in Entwicklung begriffenes Selbst, John Bowlbys Definition des »sicher gebundenen Kindes«, Martin Hoffmanns Thesen über empathisches Verhalten von Kleinkindern, Jerry Lewis' und Robert Beavers' Studien über die Familie, Benjamin Spocks Gedanken über liebevolles Verhalten und das Stillen von Bedürfnissen, Berry Brazeltons brillante Erkenntnisse über Kinder verschiedener Altersstufen, Sigmund Freuds Modell des Unterbewusstseins, Carl Jungs Theorie des kollektiven Unbewussten, Martha Welchs Methode der Halte-Therapie, Paul McLeans Modell des dreieinigen Gehirns, Lloyd deMauses Erkenntnisse über Kindheit, Paul Davies' Konzept von »Geschöpfen aus Sternenstaub« und Danah Zohars Ansichten über die Bewusstheit des Universums. Wir danken auch explizit all jenen Autoren, deren Gedanken wir bereits derart assimiliert haben, dass es uns gar nicht mehr auffällt, wenn wir uns auf sie beziehen. Wir verdanken weiters der westlichen Spiritualität manche metaphysische These sowie die religiösen Aspekte bewusster Elternschaft.

Drei Elternpaare haben unsere Arbeit in besonderer Weise beeinflusst: R. J. und Edwina Patterson, David und Susan Bagwell, Jack und Janie McNairy. Sie haben durch ihre Intuition die Grundaussagen unseres Buches in ihren Familien bereits »zum Blühen gebracht«.

Für ihre besondere Unterstützung danken wir weiters Laura Torbet, Meg Blackstone und Elisabeth Neustader für das Überarbeiten der ersten Manuskriptentwürfe, Sanam Hoon für das Aufbereiten von relevanten Fachartikeln, Kathy Borrego für praktische Details und die Organisation unseres Büros, damit wir Zeit zum Schreiben hatten, Teresa Setchell, die sich unseren Kindern Leah und Hunter widmete, Bernadette Gallegos, die unsere Telefonanrufe erledigte, Delma Fernandez und ihrem Team, die besonders in der Endphase dieses Buches, als wir unter Druck standen, für unser Mittagessen sorgten, und allen weiteren Mitarbeitern, die uns auf verschiedenste Weise in unserer Arbeit unterstützt haben.

Unser tiefster Dank geht an unsere Kinder Hunter, Leah, Kimberly, Kathryn, Mara und Josh, die unsere besten LehrerInnen waren auf unserem Weg bewusste Eltern zu werden. Sie waren auch unsere Cheerleader in der Endphase dieses Buchprojektes und sie hatten viel Geduld und Verständnis dafür, dass wir sie als Eltern vernachlässigten, um ein Buch über »gutes Eltern-Sein« zu schreiben!

Anmerkungen

Einleitung

1. Ein ausgezeichnetes Buch, das beschreibt, wie unsere eigenen Eltern unsere Elternschaft beeinflussen, ist How to Avoid Your Parents' Mistakes When You Raise Your Children von Claudette Wassil-Grimm, New York 1990.
2. Wir werden »Bewusstheit« noch näher definieren, besonders im Kapitel 6 Bewusste Eltern. Vereinfacht kann man sagen, dass wir Bewusstheit als Phänomen in der Tiefe unserer Persönlichkeit betrachten. Eine genauere Begriffsdefinition war für Philosophen und Wissenschafter aller Zeiten eine spannende Herausforderung. Wir benützen den Begriff Bewusstheit hauptsächlich um zu betonen, dass menschliche Wesen über die Fähigkeit verfügen, über sich selbst nachzudenken sowie ihre Persönlichkeit und ihre Verhaltensweisen verändern zu können. Menschen sind dazu in der Lage, weil sie im Wesentlichen aus Bewusstheit bestehen, die wir für das entscheidende Charakteristikum des Universums halten.
3. Das »Unbewusste« gab der Wissenschaft jahrhundertelang Rätsel auf. Sigmund Freud war der erste, der es systematisch analysierte. In seinen frühen Schriften beschrieb er das Unbewusste als Region des menschlichen Gehirns, später änderte er seine Meinung und beschrieb es als jenen Bereich der menschlichen Psyche, der aus unserem Bewusstsein verdrängt wurde. Vergleiche Freud, Collected Papers, Band 4, New York, 1959, S. 22-29, 98-136. Im Gegensatz zu bewusstem Verhalten stehen bei unbewusstem Verhalten unreflektierte, reaktive Verhaltensweisen im Vordergrund.

Kapitel 1: Eine Welt der Verbundenheit

1. Das Wort »Verbundenheit« entwickelte sich in den letzten Jahren in der Physik zu einem Schlüsselwort für die Beschreibung des Universums (siehe Paul Davies, The Mind of God: The Scientific Basis for a Rational World, New York, 1992; Danah Zohar, The Quantum Self: Human Nature and Consciousness Defined by the New Physics, New York, 1990; Menas Kafatos und Robert Nadeau, The Conscious Universe: Part and Whole in Modern Physical Theory, New York, 1990). Eine psychologische Bewertung der Verbundenheit in menschlichen Beziehungen finden Sie bei Heinz Kohut, The Search of the Self; Selected Writings of Heinz Kohut: 1950-1978, Band 1, New York, 1978; Harry Stack Sullivan, The Interpersonal Theory of Psychiatry, New York, 1953. Dieses Thema ist essenziell für die Unterscheidung zwischen normaler und eingeschränkter Persönlichkeitsentwicklung.
2. Martin Buber, I and Thou, New York, 1958; Ich und Du, Reclam. Buber, ein Theologe, der sich mit jüdischer Mystik befasste, bewirkte ein radikales Umdenken hinsichtlich unserer menschlichen Lebensrealität, weil er den Raum zwischen zwei Personen für wichtiger hielt als den »persönlichen inneren Raum« einer Person. Buber sah dieses so genannte »Dazwischen« als wichtigste Realität an. Das war ein dramatischer Fokuswechsel. Bisher war der einzelne Mensch und seine Psyche im Mittelpunkt gestanden. Nun wurde dem »Dazwischen« eine entscheidende Bedeutung zugemessen. Das stellte die bisherigen Ansichten der Philosophie, der Psychologie und der Theologie nun stark in Frage. Wir glauben, dass dieses neue Paradigma die Dynamik aller Beziehungen bestätigt und äußerst hilfreich für Erkenntnisse über die intimsten menschlichen Beziehungen in Ehe und Elternschaft ist.
3. Paul Davies, The Mind of God. In diesem Buch beschreibt Davies eine Kosmologie, die besagt, dass die Schaffung des Universums auch die Schaffung von Zeit und Raum inkludierte. Er vertritt weiter den Standpunkt, dass beim Urknall des Universums jener Grundstoff entstand, aus dem sich alle Dinge zusammensetzen. Seine Schlussfolgerung

lautet, dass alles im Grunde aus demselben Stoff besteht und intrinsisch miteinander verbunden ist - das heißt, ein Ereignis, das irgendwo im Universum auftritt, hat Einfluss auf alle anderen. Wenn die sichtbare Welt der Newton'schen Physik die Dinge auch als unabhängig voneinander ansieht, erlaubt die unsichtbare Welt der Atome dennoch die Sichtweise einer universellen Verbundenheit.
4. Die systemische Theorie wurde durch Murray Bowen in die Familientherapie integriert. Er erkannte den Einfluss vorangegangener Generationen auf Kinder. Das erste Modell der Wiederholung von Verhaltensmustern fand schon durch Sigmund Freud durch sein Konzept des Wiederholungszwanges Eingang in die psychologische Literatur, siehe Sigmund Freud, Collected Papers, Band 4, New York, 1959, S. 391, sowie New Introductory Lectures, New York, 1933, S. 145.
5. Im Bericht des Council on Families in America, »Marriage in America: A Report to the Nation, 1995«, werden die Auswirkungen von Scheidung auf die Entwicklung der Kinder und deren Konsequenzen für die Gesellschaft beleuchtet. Dieser Bericht ist beim Institute for American Values, 1841 Broadway, Suite 211, New York, NY 10023 erhältlich.
6. Buber, I and Thou, New York, 1958, S. 25, Ich und Du, Reclam. Buber drückt in poetischer Sprache seine Überzeugung aus, dass die Geburt eines Kindes der Beginn seines Vergessens ist: es vergisst die Welt, aus der es kommt.
7. Das Wort »Symbiose« hat für uns eine ganz besondere Bedeutung. In der Biologie ist eine Symbiose eine Beziehung zwischen zwei Organismen, die voneinander profitieren, wodurch das Wohlbefinden und das Überleben beider gesichert wird. In der Psychologie verwendet man den Begriff der Symbiose, um eine sehr enge Beziehung zwischen einem Kind und einem Elternteil oder seiner primären Bezugsperson zu beschreiben (siehe auch Margaret Mahler S., On Human Symbiosis and the Vicissitudes of Individuation: Infantile Psychosis, New York, 1968). Symbiose hat auch eine negative Bedeutung, wenn sie den Widerstand eines Kindes gegen eine Differenzierung und Loslösung von seinen Eltern beschreibt oder den Sehnsucht nach Verschmelzung zwischen Erwachsenen. In Ableitung davon definieren wir Symbiose als »den Glauben, dass andere Menschen die Welt genauso wahrnehmen wie wir«. Das zeigt sich in unserem Alltagsleben und in ganz alltäglichen Formulierungen: »Es ist heiß hier. Wie konntest du nur so denken? Nein, das ist falsch!« Unbewusst sehen wir uns selbst als Bezugspunkt für die Interpretation und den Wert der Erfahrungen anderer Menschen. Wir denken, wir selbst sind der Mittelpunkt, sodass andere Menschen an den Rand des Geschehens rücken. Diese Haltung ist unserer Meinung nach sehr verbreitet und die Ursache der meisten zwischenmenschlichen und gesellschaftlichen Probleme.
8. Paul McLean, »Man and His Animal Brains«, Modern Medicine, 3. Februar 1964.
9. Frank Sulloway, Born to Rebel: Birth Order, Family Dynamics and Creative Lives, New York, 1996.
10. Lloyd deMause, Hg., The History of Childhood, Northvale, NJ, 1995.
11. Jon Kabat-Zinn, Im Alltag Ruhe finden (Wherever You Go, There You Are), Arbor Verlag.
12. Wir distanzieren uns von der Ansicht, die June Stephenson, Ph.D., in ihrem Buch The Two-Parent Familiy Is Not the Best (Napa, CA, 1991) vertritt, dass die traditionelle Familie mit zwei Elternteilen nicht die beste Form ist Kinder großzuziehen. Wir teilen zwar Stephensons Meinung, dass Kinder in jeder Familienkonstellation verwundet werden können, sind aber der Ansicht, dass die traditionelle Familie trotz all ihrer Schwächen und möglicher Unzulänglichkeiten das naturgegebene und beste Umfeld für Kinder darstellt.
13. Die Bedeutung der Väter für gesunde Kinder ist unbestritten und wird sowohl in der Populärliteratur als auch in der Fachliteratur immer stärker betont. Unser Konzept der bewussten Elternschaft bezieht den Vater in jede Lebensphase des Kindes mit ein, weshalb wir die Rolle der Väter per se nicht besonders hervorheben. (Vgl. Newsweek, Sonderausgabe, Frühling/Sommer 1997, S. 75, sowie Bryan E. Robinson und Robert L.

Barret, The Developing Father: Emerging Roles in Contemporary Society, New York, 1986.)
14. T. C. Martin und Larry L. Bumpus, »Recent Trends in Marital Disruption«, Demography, 26 (1989), S. 37-51.

Kapitel 2: Die Familie - Ursprung unserer Imago

1. Diese Version des Märchens Schneewittchen ist der Anthology of Children's Literature entnommen, 4. überarbeitete Fassung, hg. von Edna Johnson, Evelyn R. Sickels und Frances Sayers, Houghton Mifflin, Boston, 1970.
2. T. C. Martin und Larry L. Bumpus, »Recent Trends in Marital Disruption«, Demography, 26 (1989), S. 37-51.
3. Ken Wilber, Hg., The Holographic Paradigm and Other Paradoxes: Exploring the Leading Edge of Science, Boston, 1985, S. 6.
4. Eine sehr empfehlenswerte und fundierte Meinung über die gesunde Familie finden Sie bei Jerry M. Lewis, How's Your Family? A Guide to Identifying Your Family's Strengths and Weaknesses, New York, 1979.
5. Devlin, Keith, Mathematics, the Science of Patterns: The Search for Order in Life, Mind and the Universe, New York, 1997.
6. Diese Gedanken bilden eine Synthese der Ansichten zweier großer Philosophen, Heraklit und Parmenides, hinsichtlich der Frage, ob Dinge veränderlich oder gleichbleibend sind. Ihre Ansichten widersprachen einander. Das Paradoxe daran ist, dass beide Recht hatten.
7. Es ist eine uralte Weisheit, dass eine Generation die nächste beeinflusst und dass Verhaltensmuster und Problemkonstellationen von Eltern an ihre Kinder weitergegeben werden. Beispiele dafür finden sich bereits in der Bibel, ebenso wie in der systemischen Familientheorie, die die Herkunft von Schwierigkeiten zurückverfolgt zu vorangegangenen Generationen.
8. Wir teilen im Wesentlichen die Ansicht, in einem lebendigen Universum zu leben. (Vgl. Rupert Sheldrake, The Rebirth of Nature: The Greening of Science and God, Rochester, VT, 1991, 1994, S. 223.) In einem solchen Universum haben alle Lebensformen, auch Pflanzen, eine Art von Bewusstheit und reagieren auf ihre Umgebung. Unsere Definition des Begriffs »bewusst« bezieht sich auf die Fähigkeit, sich seiner selbst, seiner Mitmenschen und seiner inneren Welt bewusst zu werden und bereit dafür zu sein, mit dem Gegenüber eine empathische Beziehung zu pflegen.
9. Die Imago-Theorie umfasst eine Systematisierung der menschlichen Partnerwahl und der Dynamik von Ehe bzw. Partnerschaft und bietet Methoden zur therapeutischen Intervention. (Vgl. So viel Liebe wie du brauchst - Der Wegbegleiter für eine erfüllte Beziehung und Ohne Wenn und Aber - Vom Single zur Liebe fürs Leben, Harville Hendrix)
10. Die Imago-Theorie vertritt die Ansicht, dass jeder Mensch in seiner Kindheit in Interaktionen mit seinen Eltern in unterschiedlichem Ausmaß verletzt wurde. Der Begriff »Verwundung« bezieht sich auf die frühe Erfahrung der Bedürfnisdeprivation. Ein Kind leidet, wenn seine Bedürfnisse nicht erfüllt werden. Und es leidet auch dann, wenn es nur befürchten muss, sie könnten nicht erfüllt werden.
11. Im Grunde gibt es zwei Theorien über das menschliche Bewusstsein. Die bekanntere Theorie lautet, dass das Bewusstsein im Laufe der Entwicklung des menschlichen Gehirns entstanden ist. Die andere Theorie besagt, dass das Gehirn eine Art von Bewusstsein besitzt, das außerhalb seiner selbst existiert. Während die Rätselhaftigkeit des Bewusstseins die Wissenschaft in Atem hält, tendieren wir persönlich zu den Hypothesen der Quantentheorie: das Universum ist bewusst und Bewusstheit ist der natürliche Zustand von uns Menschen. Unter »unbewusst« verstehen wir daher eine Einschränkung dieser Bewusstheit oder einen Verlust derselben aufgrund von seelischen Verwundungen. Daraus folgt, dass durch seelischen Schmerz verursachte Verwundungen geheilt

werden können, wodurch auch unsere Bewusstheit wieder hergestellt werden kann. In vielen religiösen und geistigen Traditionen wird dies als erweitertes Bewusstsein oder kosmisches Bewusstsein bezeichnet. Dies war der Ursprung der Mystik und wir sind der Ansicht, dass es auch das Vermächtnis jedes Menschen ist. Eine fundierte und sehr interessante Theorie über Bewusstsein finden Sie bei David J. Chalmers, in The Conscious Mind: In Search of a Fundamental Theory, Oxford und New York, 1996.

Sigmund Freud, der Entdecker des Unbewussten, sah unser Bewusstsein als kleinen Bereich unseres Selbst an. Ursprünglich dachte Freud, das Unbewusste sei eine Gehirnregion; später jedoch definierte er es als jenen Bereich der menschlichen Psyche, der aus unserem Bewusstsein verdrängt wurde. (Siehe Sigmund Freud, Collected Papers, Band 4, New York, 1959, S. 13-30.) Wir sehen das Bewusstsein als Haupt-Charakteristikum des menschlichen Lebens an und das Unbewusste als Einschränkung des Bewusstseins, vergleichbar mit Freuds Definition von verdrängten Bereichen der Psyche.

12. Der Prozess der Internalisierung wird von Roy Schafer in seinem Buch Aspects of Internalization, New York, 1968, beschrieben. Soweit wir wissen, handelt es sich dabei um die umfassendste Beschreibung des Internalisierungsprozesses, die jemals veröffentlicht wurde.
13. Dies wird sehr gut dokumentiert in dem Buch How's Your Family? von Jerry M. Lewis, das wir bereits zitiert haben. Dieses Buch unterstützt unsere Ausführungen und ist wirklich zu empfehlen.
14. Die in diesem Buch beschriebenen Entwicklungsphasen sind eine Synthese vieler verschiedener Entwicklungsmodelle und entsprechen daher keinem von ihnen in direkter Weise. Die meisten dieser Modelle (vgl. Margaret Mahler S., et. al., The Psychological Birth of the Human Infant: Symbiosis and Individuation, New York, 1975) legen ihr Hauptaugenmerk auf die ersten drei Lebensjahre. Andere fokussieren das erste Lebensjahr. (Z.B. Daniel Stern, The First Relationship: Infant and Mother, Cambridge, MA, 1977.) Freud und seine Schüler betonen die ersten sechs Lebensjahre. Freud war der Ansicht, dass die Latenzphase, die wir »Phase der sozialen Verantwortung« nennen, relativ ruhig sei, wohingegen Harry Stack Sullivan belegte, dass diese Phase in emotionaler Hinsicht als sehr aktiv und dynamisch zu werten ist. (Siehe auch Harry Stack Sullivan, The Interpersonal Theory of Psychiatry, New York, 1953.) Die Zeit der Adoleszenz wird üblicherweise als Einheit angesehen. Eine umfassende Auseinandersetzung mit diesem Thema bieten Joseph L. Stone und Joseph Church in ihrem Buch Childhood and Adolescence: A Psychology of the Growing Person, New York, 1957, S. 263-294. Unsere Ansicht ist es, dass Menschen in ihren ersten sechs Lebensjahren einen Zyklus von vier Entwicklungsimpulsen durchlaufen (Bindung, Entdeckung, Identität und Kompetenz), die sich in der späteren Kindheit und Jugendzeit wiederholen, und zwar hervorgerufen durch den jeweiligen Kontext, den diese Phasen schaffen.

Kapitel 3: Unbewusste Eltern

1. Einen guten Einblick in die Situation der Kinder in den USA gibt der Bericht des Council on Families in America, »Marriage in America: A Report to the Nation«, finanziert durch das Institute for American Values, 1841 Broadway, Suite 211, New York, NY 10023.
2. »Marriage in America«, ebd. Diese Sichtweise wird von genanntem Bericht unterstützt, dessen Autoren sagen: »Die wichtigste Ursache für die offensichtliche Verschlechterung der Situation der Kinder ist der auffallende Niedergang der Institution Ehe, der eine wachsende Instabilität der Familien zur Folge hat, weswegen Eltern sich immer weniger um ihre Kinder kümmern.« Die Autoren teilen unsere Ansicht, dass »unsere Gesellschaft dabei versagt, der nächsten Generation den Sinn, die Ziele und die Verantwortlichkeiten der Lebensform der Ehe zu vermitteln. Wenn dieser Trend weiterhin anhält, wird er zweifellos in einem kulturellen Selbstmord enden« (siehe S. 4).

3. Siehe Fußnoten 8 und 11, Kapitel 2, wo Sie eine gute Definition der Begriffe »bewusst« und »unbewusst« finden.
4. Lloyd deMause, Hg., The History of Childhood, Northvale, NJ, 1995, S. 51-54.
5. Tobias Wolff, »Nightingale«, The New Yorker, 72 (41): 54-57, 6. Jänner 1997.
6. Michael Schwartzman und Judith Sachs, The Anxious Parent, New York, 1990. Dieses Buch ist eine exzellente Abhandlung der Ursachen elterlicher Angst, die die Quelle einer reaktiven, unbewussten Art der Kindererziehung ist.
7. Siehe Fußnote 7, Kapitel 1, hinsichtlich unserer Verwendung des Begriffs »Symbiose«.
8. Der Begriff der psychologischen Projektion wurde zum ersten Mal von Sigmund Freud in einem Brief an seinen Freund Fleiss im Jahre 1895 verwendet (Sigmund Freud, »Extracts from the Fleiss Papers,« 1895, Neuauflage unter dem Titel The Complete Psychological Work of Sigmund Freud, Hogarth Press, London, 1953-74, Band 1, S. 207) sowie weiter ausgeführt in seiner Schrift »The Unconscious« (aus derselben Quelle, Band 4, S. 159-215). Im Wesentlichen handelt es sich um einen unbewussten Prozess, bei dem schmerzhafte mentale Inhalte (Gedanken, Emotionen, Absichten ...) verdrängt und auf andere Menschen übertragen werden. Ein exzellentes, wissenschaftliches Buch, das auf Freud aufbaut und näher ausführt, wie Eltern Eigenschaften auf ihre Kinder projizieren: Projections: Our World of Imaginary Relationships, von James Halpern, Ph.D., und Ilsa Halpern.
9. Aufgrund der Beschaffenheit unseres Gehirns erleben wir uns selbst als Zentrum unseres Kontextes, ähnlich wie die Menschen in der Antike die Erde als Zentrum des Universums ansahen. Seit dem Beginn der Menschheit sind die Menschen überzeugt, dass ihre persönlichen Erfahrungen eine absolute Wahrheit besitzen. Erst die Fähigkeit zu erkennen, dass andere Menschen sich ebenfalls als Zentrum betrachten, hilft uns, uns ein relatives Universum vorzustellen, innerhalb dessen jede Wahrnehmung von ihrer Perspektive abhängt. Wir können uns selbst nicht vorstellen, außerhalb des Zentrums zu sein, ebenso wenig, wie wir uns unser eigenes Begräbnis vorstellen können ohne uns selbst in eine Zuschauerrolle hineinzuversetzen. Wenn wir den Begriff der Relativität verstehen und annehmen, wird es uns gelingen, unsere Welt mit anderen zu teilen. Ein bewusster Mensch kann die Spannung einer Meinungs- und Sinnvielfalt akzeptieren. Ein unbewusster Mensch neigt dazu, seine eigenen Erfahrungen als absolut anzusehen und die Wahrheit der Wahrnehmung anderer Menschen nicht gelten zu lassen. Das ist die Ursache für Konflikte in der Elternschaft, in der Partnerschaft und in unserer Gesellschaft insgesamt.
10. Diese beiden unterschiedlichen Energiemuster sind Anpassungen aufgrund unseres Überlebensinstinktes. Den meisten Lebensformen, auch uns Menschen, ist es in ihrem natürlichen Urzustand möglich, ihre Energie entweder nach innen oder nach außen zu richten. Menschliche Wesen wählen eines dieser beiden Schutzmuster und geben es auch an ihre Kinder weiter.
11. Eine aufschlussreiche Analyse von Charaktermustern und ihrer gegenseitigen Beeinflussung finden Sie in Stephen Johnsons Büchern Characterological Transformation: The Hard Work Miracle und Humanizing the Narcissistic Style, New York, 1983 und 1987.
12. Wir definieren den Charakter als Schutzmechanismus, den ein Mensch entwickelt, um sich an seinen Kontext anzupassen. Der Charakter umgibt den energetischen Kern einer Persönlichkeit und bestimmt, wie jene Person in der jeweiligen Situation reagiert. Unser Charakter ist eine Konstruktion, die wir in unserer Kindheit ausbilden und die sich verändern lässt.

Kapitel 4: Von unseren Kindern lernen

1. Siehe Fußnote 3, Kapitel 1.
2. Erich Jantsch, The Self-Organizing Universe: Scientific and Human Implications of the

Energy Paradigm of Evolution, Oxford und New York, 1980. Deutscher Titel: Die Selbstorganisation des Universums.
3. Lloyd deMause, Hg., The History of Childhood, Northvale, NJ, 1995. Der Autor vermittelt einen umfassenden Einblick in den Wandel der Kindheit in der Menschheitsgeschichte und arbeitet besonders die in Veränderung begriffene Sicht des Kindes und der Elternschaft heraus. Sein Buch beginnt mit dem Satz »Geschichtlich gesehen ist Kindheit ein Albtraum, aus dem wir langsam erwachen«. Wie Kinder in der Vergangenheit behandelt wurden, fiele heute in vielen Fällen klar in die Kategorie des Kindesmissbrauchs. »Das Kind ist Mutter bzw. Vater der Menschen«, deshalb wirkt sich laut Lloyd deMause die Art der Erziehung von Kindern direkt auf die Qualität einer Gesellschaft aus. Heutzutage werden Kinder vorwiegend aus einer ganz anderen Perspektive gesehen als früher, wodurch ihre Situation sich generell gesehen verbessert hat.
4. Menas Kafatos und Robert Nadeau, The Conscious Universe: Part and Whole in Modern Physical Theory, New York, 1990, S. 3 und 179.
5. Martin Buber, I and Thou, New York, 1958, Ich und Du, Reclam.
6. James Halpern und Ilsa Halpern, Projections: Our World of Imaginary Relationships, New York, 1983, S 38ff.
7. Ebd., S. 49ff.
8. Jeffrey Seinfeld, The Bad Object: Handling the Negative Therapeutic Reaction in Psychotherapy, Northvale, NJ, 1990.

Kapitel 5: Der Imago-Dialog

1. Frank Conroy, Stop-Time, New York, 1967, 1971.
2. Wenn Sie ein exzellentes Buch darüber lesen möchten, wie man lernen kann mit Kindern zu kommunizieren, empfehlen wir How to Talk So Kids Will Listen and Listen So Kids Will Talk von Adele Faber und Elaine Mazlish, New York, 1980.
3. Die Dreiteilung des Imago-Dialogs und seine Abfolge wurde von uns entwickelt. Martin Buber jedoch entwickelte bereits das Konzept des Dialogs und erkannte sein Veränderungspotential. Dies hielt Buber in seinen Büchern I and Thou und Between Man and Man fest. Eine exzellente Weiterentwicklung dieser Gedanken finden Sie bei Maurice S. Friedman, Martin Buber: The Life of Dialogue, New York, 1955. Siehe auch Polly Young-Eisendrath, You're Not What I Expected: Learning to Love the Opposite Sex, New York, 1993 - ein exzellentes Buch über den Dialog aus der Jung'schen Perspektive.
4. Diese Ansicht entstammt Richard Stuarts Buch Helping Couples Change: A Social Learning Approach to Marital Therapy, New York, 1980.
5. Sharon Begley, »How to Build a Baby's Brain«, Newsweek, Sonderausgabe, Frühjahr/Sommer 1997, S. 28-32.
6. Unsere Arbeit mit Paaren inspirierte uns zur Suche nach einer Methode ihnen zu helfen, ihre Verbundenheit neu zu finden und zu stärken. Wir wollten die bestmöglichen Kommunikationsmethoden miteinander verbinden und unsere Paare weitergeben. Wir erkannten, dass gute Kommunikationstechniken stets den Prozess des Wiederholens des Gesagten einbezogen, den wir »Spiegeln« nennen. Andere gängige Ausdrücke dafür sind »Aktives Zuhören« oder »Reflexives Zuhören«. Dabei wird der Empfänger einer Botschaft angeleitet, die Worte des Senders zu wiederholen. In unserer Arbeit mit Paaren erkannten wir aber, dass dies in vielen Fällen höchst unbefriedigend für die Partner war, ja sogar dazu beitrug, dass die Spannungen zwischen ihnen sich noch verstärkten. Deshalb stellten wir weitere Nachforschungen an, befragten Liebespartner und Kinder, was sie sich wirklich wünschten, und stießen auf ein Phänomen, das wir »Geltenlassen« nannten. Den Partner gelten zu lassen bedeutet, ihm nach dem Wiederholen seiner Worte zu verstehen zu geben, dass es Sinn macht, was er gesagt hat, und dass seine Perspektive ihre Berechtigung hat. Die Kraft dieses Schrittes liegt darin, dass die beiden Partner ler-

nen, zu differenzieren und die andere Person nicht abzuwerten, sondern ihre Meinung, ihre Gedanken und Gefühle wahrzunehmen. Der Partner wird gesehen und seine Meinung wird weder verzerrt noch gering geschätzt, sondern differenziert wahrgenommen. So können zwei eigenständige Persönlichkeiten miteinander in Kontakt treten und eine Verbindung aufbauen. Theoretisch basiert das Geltenlassen auf dem Konzept der relativen Wahrnehmung, die jegliche absolute Wahrheit in Frage stellt. Wir alle sehen die Welt nur »durch ein dunkles Glas«.
Diese Methode reichte jedoch nicht aus, um eine tiefe und umfassende Verbindung herzustellen. Auf unserer Suche nach tiefer Verbundenheit und wahrer Gleichwertigkeit stießen wir auf die Studien von Carl R. Rogers zum Thema Empathie (Client-Centered Therapy: Its Current Practice, Implications and Theory, Boston, 1951), und auf einen seiner Studenten, Robert R. Carkhuff, den Autor von Helping and Human Relations: A Primer for Lay and Professional Helpers, Band 1: Selection and Training, New York, 1969.
Wir beschäftigten uns auch mit Heinz Kohuts Buch The Search of the Self; Selected Writings of Heinz Kohut: 1950-1978, New York, 1978. Kohut erkannte die Bedeutung und den Wert des empathischen Einfühlens als therapeutische Intervention.

7. Eine ausgezeichnete Abhandlung der Frage, was geschieht, wenn Kinder in ihrer frühesten Kindheit keine Empathie erleben, finden Sie bei John Leopold Weil, Early Deprivation of Empathic Care, Madison, CT, 1992.

Kapitel 6: Bewusste Eltern

1. Robert Coles, The Moral Intelligence of Children: How to Raise a Moral Child, New York, 1997.
2. Eines der Hauptmerkmale von Bewusstheit, den Begriff der »bewussten Intention«, fanden wir bei Rollo May, Love and Will, New York, 1969.
3. Menas Kafatos und Robert Nadeau, The Conscious Universe: Part and Whole in Modern Physical Theory, New York, 1990. Dieses Buch erklärt, dass man nicht beweisen, wohl aber durch Ableitung begründen kann, das Universum als bewusstes System anzusehen. Eine Abhandlung über die Bewusstheit finden Sie bei Robert Ornstein, The Evolution of Consciousness: Of Darwin, Freud, and Cranial Fire: The Origins of the Way We Think, New York, 1991. Siehe auch Ornstein, Psychology of Consciousness, San Francisco, 1972.
4. Wir verweisen wiederholt auf die Sehnsucht nach Einheit mit dem Universum, eine Sehnsucht, die Inhalt der Weltreligionen ist. Auch die moderne Physik widmet sich diesem Thema. Unsere ursprüngliche ganzheitliche Verbundenheit mit dem Universum, nach der wir uns sehnen, ist nicht a priori eine philosophische Hypothese. Sie ist Bestandteil eines Universums, das unter gewissen Umständen erahnen lässt, dass ein Beobachter in keiner Hinsicht unabhängig vom Beobachtungsprozess ist. Vgl. Kafatos und Nadeau, The Conscious Universe: Part and Whole in Modern Physical Theory, siehe oben, S. 199. Eine psychologische Auseinandersetzung mit dem Begriff »Einheit« finden Sie in The Search for Oneness von Llyod H. Silverman, Frank M. Lachmann und Robert H. Milich, New York, 1982.
5. Der Dialog »Bitte um Verhaltensänderung« ist eine Anpassung und Erweiterung von Richard Stuarts Konzept des Konstruktiven Formulierens von Bitten. Siehe Richard B. Stuart, Helping Couples Change: A Social Learning Approach to Marital Therapy, New York, 1980, S. 228ff. Wir entwickelten diese Methode ursprünglich für Paare, aber wie viele andere Übungen, die sich gut für Paare eignen, erwies sich auch diese Übung als überaus hilfreich für konstruktive Eltern-Kind-Beziehungen. Unsere weiterentwickelte Form ermöglicht ein flexibles Eingehen auf plötzliche Emotionen und erlaubt das Ausdrücken von regressiven Impulsen.
6. Diese Übung wurde ursprünglich für Paare entwickelt, lässt sich aber ausgezeichnet auf die Eltern-Kind-Beziehung übertragen. Wir empfehlen, dass Eltern diese Übung in ihrer

eigenen Partnerschaft anwenden, um ihren Kindern vorzuleben, wie man konstruktiv mit Ärger und Wut umgehen kann. Wenn Kinder erleben, dass negative Gefühle sich auflösen und Probleme überwunden werden, so können sie diese Erfahrung verinnerlichen und später selbst darauf zurückgreifen.
7. Martha G. Welch, Holding Time: How to Eliminate Conflict, Temper Tantrums and Sibling Rivalry and Raise Happy, Loving, Successful Children, New York, 1988. Wir entdeckten dieses Buch in einer New Yorker Auslage, lasen es und entwickelten in Anlehnung daran die Übung »Die Wiege« für Paare. Ursprünglich war sie für Kinder gedacht. Das Buch von Dr. Welch ist sehr zu empfehlen, wenn Sie sich tiefgehender mit dieser Übung auseinander setzen möchten.
8. Dieser Kommentar zeigt die buddhistische Tradition des Loslassens und Annehmens aller Dinge in ihrer sichtbaren Realität, ohne sie zu bewerten. Im Buddhismus erwartet man keine konkreten Ergebnisse sondern konzentriert sich ausschließlich auf Prozesse.
9. Diese Übung kommt in der Verhaltenstherapie zur Anwendung. Ihr positiver Effekt auf die Eltern-Kind-Beziehung steigert das Gefühl der Sicherheit und vertieft das emotionale Band zwischen Eltern und Kind.
10. Diese Übung haben wir von John Pierrakos übernommen, dem Begründer der Core-Energetik, einer spirituellen Schwester der Bio-Energetik. Wir wenden sie in der therapeutischen Arbeit mit Paaren und Eltern an und empfehlen sie auch für die Eltern-Kind-Beziehung. Soweit wir wissen, hat Pierrakos diese Übung nicht schriftlich festgehalten.

Kapitel 7: Über unsere Kindheit hinauswachsen
1. Jack Kornfield, A Path With Heart: A Guide Through the Perils and Promises of Spiritual Life, New York, 1993.

Teil IV: Mein Kind auf neue Weise wahrnehmen
1. Edward Edinger, Ego and Archetype: Individuation and the Religious Function of the Psyche, New York, 1972.
2. Wenn Sie eine systematische und genaue Diskussion über die Entwicklung Ihres Kindes lesen wollen, empfehlen wir Richard Lansdown und Marjorie Walker, Your Child's Development From Birth Through Adolescence: A Complete Guide for Parents, New York, 1991.
3. Melvin Konner, Childhood, Boston, 1991. Dieses Buch ist sehr geeignet, wenn Sie mehr über die kindlichen Entwicklungsphasen wissen möchten.
4. Ronald Kotulak, Inside the Brain: Revolutionary Discoveries of How the Mind Works, Kansas City, 1996.
5. Sharon Begley, »How to Build a Baby's Brain«, Newsweek, Sonderausgabe, Frühjahr/Sommer 1997, S. 28-32.

Kapitel 8: Die Bindungsphase
1. Wir sind der Ansicht, dass ein Kind bereits bei seiner Geburt eine einzigartige Persönlichkeit ist und seine psychische Geburt mit seiner biologischen Geburt einher geht. Das widerspricht den Theorien von Sigmund Freud und Margaret Mahler, die das Kind bei seiner Geburt als symbiotisch, gänzlich ichbezogen und beziehungslos ansehen. (Margaret Mahler, On Human Symbiosis and the Vicissitudes of Individuation: Infantile Psychosis, New York, 1968). Wir teilen weitgehend die Ansichten von Daniel Stern, The First Year of Life: Infant and Mother, Cambridge, MA, 1977 und die Ansichten von Karen B. Walant in ihrem wirklich guten und provokanten Buch Creating the Capacity for Attachment: Treating Addictions and the Alienated Self, Northvale, NJ, 1995, sowie die Auffassung von John Bowlby in A Secure Base: Parent-Child Attachment and Healthy

Human Development, New York, 1988 - ein Buch, das sich mit der kindlichen Symbiose und der Wichtigkeit der späteren Ablösung befasst. Beachten Sie in Walants Buch bitte besonders das Kapitel 2 »Symbiosis Revisited«, S. 37-71.
2. Eine sehr interessante und umfassende Abhandlung des kindlichen Interesses an sozialen Interaktionen finden Sie bei T. Berry Brazelton, M.D., und Bertrand G. Cramer, M.D., in ihrem Buch The Earliest Relationship: Parents, Infants and the Drama of Early Attachment, New York, 1990. Dieses Buch ist informativ und für betroffene Berufsgruppen sehr zu empfehlen, aber auch für Laien durchaus verständlich.
3. John Bowlby, siehe oben. Vgl. auch M. D. Ainsworth, M. C. Blehar, E. Waters und S. Wall, Patterns of Attachment: Assessed in the Strange Situation and at Home, Hillsdale, NJ, 1978. Unsere Erkenntnisse über die Bindungsphase beziehen wir aus diesen Quellen.
4. In einer Zeit, in der oft beide Elternteile eine berufliche Karriere anstreben und die Frage der frühen außerhäuslichen Betreuung von Kindern sehr umstritten ist, wird die Bedeutung von Berührung und Körperkontakt für Kinder wissenschaftlich erforscht. Eine gründliche Abhandlung des Themas »Körperliche Berührungen« finden Sie bei Kathryn E. Bernard und T. Berry Brazelton, M.D., in ihrem Buch Touch: The Foundation of Experience, Madison, CT, 1990. Die vorgestellte Philosophie über körperliche Berührungen ist von zeitloser Gültigkeit und sei allen Eltern wärmstens ans Herz gelegt. Vgl. auch Sarah Van Boven, »Giving Infants a Helping Hand«, Newsweek, Sonderausgabe, Frühling/Sommer 1997, S. 45.
5. Daniel Glick, »Rooting for Intelligence«, Newsweek, Sonderausgabe, Frühling/Sommer 1997, S. 32. Dieser interessante Artikel unterstreicht den Wert des Stillens zur Vertiefung der Verbundenheit zwischen Mutter und Kind, führt aber auch aus, dass Berührungen und Stillen die Gehirn- und Intelligenzentwicklung des Kindes positiv beeinflussen. Es gibt so viele Stimmen, die den Wert des Stillens propagieren, dass wir an dieser Stelle nicht näher darauf eingehen wollen.
6. Bowlby und Ainsworth, siehe Fußnote 3, Kapitel 8.
7. Eine ausgezeichnete Abhandlung des Problems, dass manche Eltern versuchen, ihre Kinder zur Erfüllung ihrer eigenen Bedürfnisse heranzuziehen, finden Sie bei Patricia Love und Jo Robinson, The Emotional Incest Syndrome: What to Do When a Parent's Love Rules Your Life, New York, 1990. Dr. Love behandelt die Phänomene »Papas kleines Mädchen« und »Mamas kleiner Junge«, indem sie erklärt, wie nachteilig es sich auf ein Kind auswirkt, wenn es als Ersatz für einen nicht verfügbaren Partner herhalten muss.
8. Denis M. Donovan und Deborah McIntyre, Healing the Hurt Child: A Developmental-Contextual Approach, New York, 1990. Dieses Buch ist für betroffene Berufsgruppen geschrieben und für den Laien eher schwierig zu lesen. Menschen, die professionell mit Kindern arbeiten, vermittelt es exzellente diagnostische und therapeutische Richtlinien für die Therapie von Kindern, die massiv in ihrer Entwicklung verletzt und beeinträchtigt wurden, vor allem von Kindern, die bereits in der Bindungsphase verletzt wurden.

Kapitel 9: Die Entdeckerphase

1. Im Gegensatz zu der traditionellen Auffassung, dass ein Kind in dieser Entwicklungsphase den Impuls verspürt, eine Trennung von seiner Mutter anzustreben, meinen wir, dass Kinder in dieser Phase ihre Verbundenheit bewahren möchten und keine Trennung anstreben, sondern nur beginnen, zwischen sich selbst und ihrer Mutter zu differenzieren. Die alte Auffassung sieht die Symbiose als naturgegebenen Zustand und die Trennung als notwendigen Entwicklungsschritt an. Jegliches Streben nach Verbundenheit seitens Kindern oder Erwachsenen wird als Regression angesehen. Auch die spirituelle Sehnsucht nach Verbundenheit gilt als regressiv (wie z.B. die von Freud beschriebene Sehnsucht nach einer organischen Verbundenheit mit der Mutter durch Rückkehr in das Organ der Gebärmutter). Wir sehen das Ziel, Verbundenheit zu erreichen und zu bewah-

ren, nicht als regressives Ziel an, ebensowenig wie die Sehnsucht nach Eins-Sein, und wir werten beide Ziele als wesentliche Charakteristika einer gesunden Verbundenheit mit dem Leben und mit dem Universum. Eine detaillierte Abhandlung über Kinder in diesem Alter finden Sie in Creating the Capacity for Attachment: Treating Addictions and the Alienated Self, von Karen B. Walant, Northvale, NJ, 1995. Siehe auch Lloyd H. Silverman, Frank M. Lachmann und Robert H. Milich, The Search for Oneness, New York, 1982.

Kapitel 10: Die Identitätsphase

1. Wenn Sie sich fundiert mit der Entwicklung der Identität beschäftigen möchten, empfehlen wir Ihnen das Originalwerk von Erik Erikson, Insight and Responsibility: Lectures on the Ethical Implications of Psychoanalytic Insight, New York, 1964, sowie sein Buch Childhood and Society, New York, 1950.
2. Eine umfassende Abhandlung über die moralische Entwicklung von Kindern finden Sie bei Robert Coles, The Moral Intelligence of Children: How to Raise a Moral Child, New York, 1997. Siehe auch William Damon, The Moral Child: Nurturing Children's Natural Moral Growth, New York, 1988. Diese beiden Bücher betonen, dass die moralische Entwicklung von Kindern von der Qualität der Zuwendung ihrer Eltern und von deren moralischem Charakter abhängt. Vgl. auch Nancy Eisenberg, The Caring Child, Cambridge, MA, 1992, die über die soziale Entwicklung von Kindern schreibt.
3. Beschämung und Abwertung sind die Hauptwunden dieser Entwicklungsphase. Eine klassische Abhandlung über die Folgen der Beschämung für die Identitätsentwicklung finden Sie bei Helen Merrell Lynd, On Shame and the Search for Identity, New York, 1961.
4. Alice Miller, Prisoners of Childhood: How Narcissistic Parents Form and Deform the Emotional Lives of Their Gifted Children, New York, 1981. Miller beschreibt diese Dynamik ausgehend vom Phänomen des Narzissmus. Sie ist vermutlich die prägnanteste und profilierteste Autorin, die sich dieses Themas aus der Sicht der Kinder annimmt.

Kapitel 11: Die Kompetenzphase

1. Siehe Erik Erikson, Childhood and Society, New York, 1950, S. 45-87. Ein Werk über die kindliche Sexualität, das Freuds frühe Ansätze vorstellt und kritisch betrachtet. Eine kritische Stellungnahme zum Thema der kindlichen Sexualität und des Ödipuskomplexes liefert Alice Miller in Du sollst nicht merken: Variationen über das Paradies-Thema, Suhrkamp Taschenbücher. (Thou Shalt Not Be Aware: Society's Betrayal of the Child, ins Englische übersetzt von Hildegarde und Hunter Hannum, New York, 1984, S. 119-157) Unserer Meinung nach kämpft das Kind zwar um die Aufmerksamkeit des gegenschlechtlichen Elternteiles, aber dieser Kampf ist nicht sexueller Natur, sondern ein Machtkampf. Der ausschlaggebende Entwicklungstrieb ist kein sexueller Trieb, sondern das Streben nach Kompetenz.
2. Ein ausgezeichnetes Buch zum Thema Abwertung bzw. Beschämung des Kindes und ihre Auswirkungen auf seine Identitätsentwicklung ist On Shame and the Search for Identity von Helen Merrell Lynd, New York, 1961. Ihre Ansätze unterstützen unsere Sichtweise, dass das Kind in jeder Entwicklungsphase besonders anfällig für eine konkrete Verwundung ist. Unserer Ansicht nach ist Beschämung die Folge einer Verwundung in der Identitätsphase.

Kapitel 12: Die Phase der sozialen Verantwortung

1. Verglichen mit der großen Aufmerksamkeit, die in die Erforschung der ersten sechs Lebensjahre und im Besonderen der ersten drei Lebensjahre von Kindern investiert wurde,

wurde die mittlere Phase der Kindheit mehr als stiefmütterlich behandelt. Freud nannte diese Jahre »Latenzphase« und war der Ansicht, dass hier kaum wichtige Veränderungen stattfinden. Harry Stack Sullivan führt jedoch in seinem Buch The Interpersonal Theory of Psychiatry, Hg. Helen Swick Perry und Mary Ladd Gawel, New York, 1953, aus, dass auch diese mittleren Jahre erfüllt von aktiven Veränderungen sind, und zwar insofern, als das Kind die Bindungsphase wiederholt, diesmal aber im Hinblick auf gleichgeschlechtliche Freunde, »Kameraden«. Es gibt auch psychologische Fachliteratur zu diesem Thema: Joseph L. Stone und Joseph Church, Childhood and Adolescence: A Psychology of the Growing Person, New York, 1957, S. 202-236.
2. Sullivan, ebd., S. 245-262. Sullivan legt hier sein Konzept der »Kameradschaft« dar.

Kapitel 13: Die Phase der Nähe

1. Unserer Erfahrung nach ist jugendliches Aufbegehren häufiger eine Reaktion auf fehlendes Engagement der Eltern als auf restriktive Erziehungsmaßnahmen. Deshalb vertreten wir die Ansicht, dass jugendliches Aufbegehren im Rahmen einer angemessenen und bewussten Eltern-Kind-Beziehung selten zum Problem wird.
2. Eine Definition der Adoleszenz als zweite Individuationsphase finden Sie bei Peter Blos, »The Second Individuation Process of Adolescence«, The Psychology of Adolescence: Essential Reading, Hg. Aaron H. Esman, M.D., New York, 1975. Blos beschreibt, dass Kinder in der Adoleszenz die Dynamik ihrer ersten Individuation wiederholen. In diesem zweiten Individuationsprozess überwinden sie die Abhängigkeit von ihrer Familie. Dieses Buch behandelt alle erdenklichen Fragen rund um die Zeit der Adoleszenz und ist ein Standardwerk für jene, die beruflich mit Jugendlichen zu tun haben.
3. Eine systematische Beschreibung der drei Stadien der Adoleszenz finden Sie bei Joseph L. Stone und Joseph Church, Childhood and Adolescence: A Psychology of the Growing Person, New York, 1957, S. 264-386.
4. James Joyce, A Portrait of the Artist as a Young Man, Jonathan Cape, London, 1926. (Deutscher Titel: Jugendbildnis.)

Kapitel 14: Mögliche Wege für eine bewusste Zukunft

1. Das Universum als bewusstes Universum anzusehen ist kein Diktum der Quantenphysik oder einer anderen Wissenschaft. Manche Wissenschafter und Philosophen leiten allerdings aus der Quantentheorie ab, »dass das Universum als bewusstes System angesehen werden kann«. (Vgl. Menas Kafatos und Robert Nadeau, The Conscious Universe: Part and Whole in Modern Physical Theory.) Ein weiteres Buch, das aufhorchen lässt, ist The Quantum Self: Human Nature and Consciousness Defined by the New Physics von Danah Zohar, New York, 1990. Es widerspricht der These, dass wir in einem bewussten Universum leben. Die Autorin behauptet jedoch, dass Bewusstsein und Materie sich stark voneinander unterscheiden, aber gemäß der Quantentheorie aus einer gemeinsamen »Mutter« hervorgehen. Auf dieser Basis beobachtet sie, dass unsere Gedanken und Beziehungen dieselben Gesetze und Muster widerspiegeln, die für Elektronen und Photonen gelten. Vgl. auch Rupert Sheldrake, The Rebirth of Nature: The Greening of Science and God, Rochester, VT, 1991. Sheldrake, einer der weltweit führenden Biologen, zeigt eine belebte und mystische Sicht der Natur, die besagt, dass die Welt lebendig ist und wir Teil dieses lebendigen Systems sind und nicht lebendiger Teil in einer ansonsten »toten« Welt. (S. 223).
2. Paul Davies, The Mind of God: The Scientific Basis for a Rational World, New York, 1992, S. 232.
3. Richard Maurice Bucke, M.D., Cosmic Consciousness: A Study in the Evolution of the Human Mind, New York, 1969.
4. Ebd.

5. David Briggs zitiert eine Untersuchung, derzufolge »Wissenschafter einen starken Zusammenhang feststellten zwischen der Art, wie Kinder ihre Eltern wahrnehmen, und der Art, wie sie Gott wahrnehmen.« Wenn Kinder ihre Väter als liebevoll erlebten, war ihr Gottesbild ein liebevolles, wenn sie sie als stark erlebten, stellten sie sich Gott mächtig vor. Wenn Kinder ihre Mütter und Väter als liebevoll und als stark erlebten, so war ihre Vorstellung von Gott eine liebevolle und mächtige.
6. The Council on Families in America, »Marriage in America: A Report to the Nation«, Institute for American Values, 1995, S. 4.
7. Ebd., S. 6.

Bibliographie

Ainsworth, M. D., Blehar, M. C. Waters, E. und S. Wall. Patterns of Attachment: Assessed in the Strange Situation and at Home, Lawrence Erlbaum, Hillsdale, NJ, 1978.
Allport, Susan. A Natural History of Parenting, Harmony Books, New York, 1997.
Bernard, Kathryn E. und T. Berry Brazelton, M.D. Touch: The Foundation of Experience, International Universities Press, Madison, CT, 1990.
Blos, Peter. The Psychology of Adolescence, Aaron H. Esman, M.D., Hg., International Universities Press, New York, 1975.
Bowlby, John. A Secure Base: Parent-Child Attachment and Healthy Human Development, Basic Books, New York, 1988.
Brazelton, T. Berry, M.D. und Bertrand G. Cramer. The Earliest Relationship: Parents, Infants and the Drama of Early Attachment, Addison-Wesley Publishing Co., Reading, MA, 1990.
Buber, Martin. Between Man and Man, The Macmillan Company, New York, 1947.
Buber, Martin. I And Thou (second edition), Charles Scribner's Sons, New York, 1958. Ich und Du, Reclam
Buber, Martin. Knowledge of Man: Selected Essays, Humanities Press, New Jersey, 1988.
Bucke, Richard Maurice, M.D. Cosmic Consciousness: A Study in the Evolution of the Human Mind, E. P. Dutton & Co., New York, 1969.
Carkhuff, Robert R. Helping and Human Relations: A Primer for Lay and Professional Helpers (Vol. 1: Selection and Training), Holt, Rinehart & Winston, New York, 1969.
Chalmers, David J. The Conscious Mind: In Search of a Fundamental Theory, Oxford University Press, Oxford und New York, 1996.
Coles, Robert. The Moral Intelligence of Children: How to Raise a Moral Child, Random House, New York, 1997. Kinder brauchen Werte, Rowohlt Taschenbuch-Verlag, 2001.
Conroy, Frank. Stop-Time, Dell Publishing Co., New York, 1967, 1971.
Council on Families in America. »Marriage in America: A Report to the Nation«, Institute for American Values, New York, 1995.
Damon, William. The Moral Child: Nurturing Children's Natural Moral Growth, The Free Press, New York, 1988.
Davies, Paul. The Mind of God: The Scientific Basis for a Rational World, Simon & Schuster, New York, 1992.
deMause, Lloyd, Hg. The History of Childhood, Jason Aronson, Northvale, NJ, 1995.
Devlin, Keith. Mathematics, the Science of Patterns: The Search for Order in Life, Mind and the Universe, Scientific American Library, W. H. Freeman & Co., New York, 1997.
Donovan, Denis M. und Deborah McIntyre. Healing the Hurt Child: A Developmental-Contextual Approach, W. W. Norton & Co., New York, 1990.
Edinger, Edward. Ego and Archetype: Individuation and the Religious Function of the Psyche, Putnam, New York, 1972.
Eisenberg, Nancy. The Caring Child, Harvard University Press, Cambridge, MA, 1992.
Erikson, Erik H. Childhood and Society, W. W. Norton & Co., New York, 1950. Kindheit und Gesellschaft, Stuttgart, 1991
Erikson, Erik H. Insight and Responsibility: Lectures on the Ethical Implications of Psychoanalytic Insight, W. W. Norton & Co., New York, 1964.
Faber, Adele und Elaine Mazlish. How to Talk So Kids Will Listen and Listen So Kids Will Talk, Avon Books, New York, 1980.
Freud, Sigmund. Collected Papers (Vol. 4), Basic Books, New York, 1959.
Freud, Sigmund. New Introductory Lectures. W. W. Norton & Co., New York, 1933.
Friedman, Maurice S. Martin Buber: The Life of Dialogue, Harper & Brothers, New York, 1955.
Grimm-Wassil, Claudette. How to Avoid Your Parents' Mistakes When You Raise Your Children, Pocket Books, New York, 1990.

Halpern, James und Ilsa Halpern. Projections: Our World of lmaginary Relationships, Seaview/ Putnam, New York, 1983.
Hendrix, Harville. Getting the Love You Want: A Guide for Couples, Henry Holt & Co., New York, 1988. So viel Liebe wie du brauchst - Der Wegbegleiter für eine erfüllte Beziehung, Renate Götz Verlag, Dörfles.
Hendrix, Harville. Keeping the Love You Find: A Personal Guide, Pocket Books, New York, 1992. Ohne Wenn und Aber - Vom Single zur Liebe fürs Leben, Renate Götz Verlag, Dörfles.
Jantsch, Erich. The Self-Organizing Universe: Scientific and Human Implications of the Energy Paradigm of Evolution, Pergamon Press, Oxford und New York, 1980. Die Selbstorganisation des Universums.
Johnson, Edna, Evelyn R. Sickels, Frances Sayers, Hg. Anthology of Children's Literature, Fourth Revised Edition, Houghton Mifflin, Boston, 1970.
Johnson, Stephen M. Characterological Transformation: The Hard Work Miracle W. W. Norton & Co., New York, 1983.
Johnson, Stephen M. Humanizing the Narcissistic Style, W. W. Norton & Co., New York, 1987.
Joyce, James. A Portrait of the Artist as a Young Man, Jonathan Cape, London, 1926. Jugendbildnis.
Kabat-Zinn, Myla und Jon Kabat-Zinn. Everyday Blessings: The lnner World of Mindful Parenting, Hyperion, New York, 1997.
Kabat-Zinn, John. Wherever You Go, There You Are, Hyperion, New York, 1994. Im Alltag Ruhe finden, Arbor Verlag
Kafatos, Menas und Robert Nadeau. The Conscious Universe: Part and Whole in Modern Physical Theory, Springer-Verlag, New York, 1990.
Kohut, Heinz. The Search for the Self; Selected Writings of Heinz Kohut: 1950-1978,Vol. 1., Paul H. Ornstein, Hg., International Universities Press, New York, 1978.
Konner, Melvin. Childhood, Little Brown & Co., Boston, 1991.
Kornfield, Jack. A Path With Heart: A Guide Through the Perils and Promises of Spiritual Life, Bantam Books, New York, 1993.
Kotulak, Ronald. Inside the Brain: Revolutionary Discoveries of How the Mind Works, Andrews & McNeel, Kansas City, 1996.
Lansdown, Richard und Marjorie Walker. Your Child's Development From Birth Through Adolescence: A Complete Guide for Parents, Alfred A. Knopf, New York, 1991.
Lewis, Jerry M., M.D. The Birth of the Family: An Empirical Inquiry, Brunner/Mazel Publishers, New York, 1989.
Lewis, Jerry M., M.D. How's Your Family? A Guide to Identifying Your Family's Strengths and Weaknesses, Brunner/Mazel Publishers, New York, 1979.
Love, Patricia und Jo Robinson. The Emotional Incest Syndrome: What to Do When a Parent's Love Rules Your Life, Bantam Books, New York, 1990.
Lynd, Helen Merrell. On Shame and the Search for ldentity, Science Editions, New York, 1961.
Lynn, David B. The Father: His Role in Child Development, Brooks/Cole Publishing Co., Monterey, CA, 1974.
Mahler, Margaret S., M.D. On Human Symbiosis and the Vicissitudes of lndividuation: Infantile Psychosis, International Universities Press, New York, 1968.
Mahler, Margaret S., Fred Pine und Anni Bergman. The Psychological Birth of the Human lnfant: Symbiosis and lndividuation, Basic Books, New York, 1975.
May, Rollo. Love and Will, W. W. Norton & Co., Inc., New York, 1969.
McLean, Paul. »Man and His Animal Brains«, Modern Medicine, 3. Februar 1964
Miller, Alice. Prisoners of Childhood: How Narcissistic Parents Form and Deform the Emotional Lives of Their Gifted Children, Basic Books, New York, 1981.
Miller, Alice. Thou Shalt Not Be Aware: Society's Betrayal of the Child, trans. Hildegarde and

Hunter Hannum, New American Library, New York, 1984. Du sollst nicht merken: Variationen über das Paradies- Thema, Suhrkamp Taschenbücher.

Newsweek Sonderausgabe Edition: Your Child, From Birth to Three, Frühling/Sommer 1997.

Ornstein, Robert. The Evolution of Consciousness: Of Darwin, Freud, and Cranial Fire: The Origins of the Way We Think, Prentice Hall Press, New York, 1991.

Ornstein, Robert. The Psychology of Consciousness, W. H. Freeman & Co., San Francisco, 1972.

Robinson, Bryan E. und Robert L. Barret. The Developing Father: Emerging Roles in Contemporary Society, The Guilford Press, New York, 1986.

Rogers, Carl R. Client-Centered Therapy: Its Current Practice, Implications, and Theory, Riverside Press, Cambridge, MA, 1951. Die Klientenzentrierte Gesprächspsychotherapie.

Rowe, Crayton E., Jr. und David S. Mac Isaac. Empathic Attunement: The »Technique« of Psychoanalytic Self Psychology, Jason Aronson, Northvale, NJ, 1989.

Schafer, Roy. Aspects of Internalization, International Universities Press, New York, 1968.

Schwartzman, Michael und Judith Sachs. The Anxious Parent, Simon & Schuster, New York, 1990.

Seinfeld, Jeffrey. The Bad Object: Handling the Negative Therapeutic Reaction in Psychotherapy, Jason Aronson, Northvale, NJ, 1990.

Sheldrake, Rupert. The Rebirth of Nature: The Greening of Science and God, Park Street Press, Rochester, VT, 1991.

Silverman, Lloyd H., Frank M. Lachmann und Robert H. Milich. The Search for Oneness, International Universities Press, New York, 1982.

Stephenson, June. The Two-Parent Family Is Not the Best, Diemer, Smith Publishing Co., Napa, CA, 1991.

Stern, Daniel. The First Relationship: Infant and Mother, Harvard University Press, Cambridge, MA, 1977.

Stone, Joseph L. und Joseph Church. Childhood and Adolescence: A Psychology of the Growing Person, Random House, New York, 1957.

Stuart, Richard B. Helping Couples Change: A Social Learning Approach to Marital Therapy, The Guilford Press, New York, 1980.

Sullivan, Harry Stack. The Interpersonal Theory of Psychiatry, Hg. Helen Swick Perry und Mary Ladd Gawel, W. W. Norton & Co., New York, 1953.

Sulloway, Frank. Born to Rebel: Birth Order, Family Dynamics and Creative Lives, Pantheon Books, New York, 1996

Walant, Karen B. Creating the Capacity for Attachment: Treating Addictions and the Alienated Self, Jason Aronson, Northvale, NJ, 1995

Weil, John Leopold, M.D. Early Deprivation of Empathic Care, International Universities Press, Madison, CT, 1992.

Welch, Martha G., M.D. Holding Time: How to Eliminate Conflict, Temper Tantrums, and Sibling Rivalry and Raise Happy, Loving, Successful Children, Simon & Schuster, New York, 1988.

Wilber, Ken, Hg. The Holographic Paradigm and Other Paradoxes: Exploring the Leading Edge of Science, Shambhala Publications, Boston, 1985.

Young-Eisendrath, Polly. You're Not What I Expected: Learning to Love the Opposite Sex, William Morrow & Co., New York, 1993.

Zohar, Danah. The Quantum Self: Human Nature and Consciousness Defined by the New Physics, Quill/William Morrow, New York, 1990.

IGÖ - Imago Gesellschaft Österreich

»Wir helfen Ihnen, die Beziehung Ihrer Träume zu entdecken - mit Ihrem eigenen Partner«

Die Imago Gesellschaft Österreich besteht seit 1999 als Vereinigung der Imago-Therapeuten und -Therapeutinnen in Österreich. Alle Mitglieder sind entweder PsychologInnen oder PsychotherapeutInnen, mit einer spezialisierten Ausbildung in Imago-Paartherapie.
Unser Ziel ist:
1. Die Verbreitung der Inhalte und Methoden der Imago-Beziehungsarbeit, der Imago-Paartherapie und der Imago-Konfliktlösung.
2. Die Information über die Imago-Beziehungsarbeit bei einzelnen Personen, Paaren und Familien, um ihre Konfliktfähigkeit zu stärken und ihre Fähigkeit zu erweitern, stabilere und zufriedenere Beziehungen zu führen und damit Trennungen und Scheidungen zu verhindern.
3. Die Information zur Ausbildung in Imago-Paartherapie.

Alles Wissenswerte über die IGÖ, über Imago-Paartherapie, Imago-Paarworkshops »So viel Liebe wie Du brauchst«, die Imago-Ausbildung und eine Liste der Adressen aller Imago-Therapeuten und -Therapeutinnen in Österreich finden Sie unter

www.imagoaustria.at

Bitte kontaktieren Sie uns, wenn Sie Fragen haben.

Harville Hendrix, Ph.D.

So viel Liebe wie Du brauchst

Der Wegbegleiter für eine erfüllte Beziehung

Erstmals im Jahre 1988 erschienen, half das Buch *So viel Liebe wie Du brauchst* Tausenden von Paaren ihre Beziehungen zu verbessern und liebevoller und sensibler miteinander umzugehen.

Mit seinen wirklich bahnbrechenden Einsichten in die Dynamik der Paarbeziehung, aus mehr als dreißigjähriger Erfahrung in der Arbeit mit Paaren, kann Dr. Harville Hendrix auch Ihnen dabei helfen, Ihre eigene Beziehung zu einer Quelle der Liebe und gegenseitigen Unterstützung werden zu lassen. In der überarbeiteten, deutschen Neuausgabe schildern Dr. Hendrix und seine Frau Helen LaKelly Hunt die wirklich unglaubliche Ausbreitung der Imago-Therapie. Mit diesem Lernprogramm, das Schritt für Schritt vorangeht, wird es auch Ihnen gelingen, Ihre Beziehung wieder mit neuem Leben zu erfüllen.

256 Seiten, Paperback
Renate Götz Verlag, 2007
ISBN 978-3-9501011-8-8

Harville Hendrix, Ph.D.

Ohne Wenn und Aber

Vom Single zur Liebe fürs Leben

Ihr Traum, einen liebevollen und wirklich zu Ihnen passenden Partner zu finden, entspringt einem gesunden und zutiefst menschlichen Aspekt Ihrer Natur - und die Erfüllung Ihres Traumes ist tatsächlich erreichbar!

Wie auch immer Ihre Beziehungen in der Vergangenheit verlaufen sind - als Single sind Sie in der idealen Position zu lernen, was Sie wissen müssen und was Sie tun können, um Ihre Chancen zu verbessern. Nützen Sie diese Zeit zur Vorbereitung auf eine geglückte Liebesbeziehung.

Der bekannte Beziehungstherapeut und Bestsellerautor Dr. Harville Hendrix zeigt in *Ohne Wenn und Aber* mit Wärme, Weisheit und Professionalität positive Veränderungen auf, die Ihnen helfen, eine neue, reife und nährende Beziehung einzugehen und eine dauerhafte Liebe zu genießen!

320 Seiten, Paperback
Renate Götz Verlag, 2007
ISBN 978-3-902625-00-7

Notizen

Notizen

Notizen

Notizen